★ "느리게 100권 읽기의 힘"을 경험한 사람들의 한마디

- 늘백을 통한 즐다잘! 즐겁게 100권을 읽다 보니 많이 읽고 잘 읽게 되는 마법을 경험해요. – 세령(4세) 엄마 문은지
- 책으로 연결되어 너와 내가 만나는 미러클 체험 시간들. – 해린(12세) 재현(8세) 엄마 김양은
- 늘백이 나를 영어와 사랑에 빠지게 해주었어요. 《영읽힘》은 나침반처럼 즐거운 책 읽기로 이끌어주었고요. – 중등교사 정선린
- 매일 '오늘의 책'과 함께 그림책 여행한 지 어느덧 3년차, 늘백 없이는 잠들지 못해요. – 예온(7세) 소율(5세) 엄마 권이솜
- 나만의 인생 그림책을 만나게 해주는 힐링 친구 늘백, 매일매일 행복한 비타민 충전소. – 훈&민 두 남매의 최고 친구인 아빠 전진수
- 아이를 위해 시작했는데 아이도 엄마도 함께 스며들었어요. – 서휘(5세) 엄마, 초등학교 교사 김규미
- 매일매일 힐링이 되고 호흡이 되었던 늘백, 우리 삶의 일부가 되었어요. – 예나(9세) 예빈(3세) 엄마 김미연
- 늘백은 보물 같은 그림책을 즐기며 엄마와 대화하는 우리들의 힐링 타임이에요. – 제주 소녀 예린(10세), 예나(8세)
- 영어책과 사랑에 빠지는 신기한 미러클! 영어 원서에 대한 두려움이 사라져요. – 현지(9세) 현아(7세) 엄마 김소민
- 아이와 함께 영어책 읽는 행복을 선물해준 보석 같은 친구, 당신에게도 소개합니다. – 지아(7세) 엄마 김시내
- 늘백의 영어 그림책으로 아이와 엄마, 아빠가 하나 되는 시간을 가져보세요. – 태리 엄마 영욱 아내 김지혜
- 명작으로 마음을 어루만지는 그림책 테라피! 함께 읽고 대화하니 몇 배의 힐링! – 두 아들 엄마 김연희
- 느리게 100권 읽기로 영어 그림책이 평생의 즐거운 동반자가 되었어요. – 은준(4세) 엄마 김은빈
- 늘백의 기적 같은 시간이 나에게는 순수함을, 아이에게는 설레임을 안겨주었어요. – 서연(초4) 맘 이현정
- 최고의 영어 그림책을 매일 한 권씩 마음에 담아요. 혼자서는 못했겠지만 함께라서 가능했어요. – 남우(12세) 시우(10세) 엄마 김인화
- 늘백의 영어책 읽기는 사춘기 아이들과 소통하게 해주는 마법의 지팡이입니다. – 윤서 지후 엄마 김지순
- 함께의 가치를 알게 해주는 슬로우 미러클! 아이에게 선물할 수 있는 최고의 인생 길잡이! – 태동 지은 엄마
- 늘백은 아이와 함께 책 속 동심의 세계로 들어가는 마법의 문입니다. – 연우(8세) 엄마 노미영, 영어교사
- 혼자만의 시간에 슬미와 마주하며 그 안에 담긴 인생을 읽어요. – 다섯 살 승현 엄마 민정선
- 늘백 덕분에 아이와 즐겁게 그림책 세상을 여행하고 있어요. – ♡남준(6세) 엄마 박선영
- 영어가 영어로 보이지 않는 마법, 스토리에 퐁당~! 언어는 단지 거들 뿐이죠! – 미인 중의 슬미인 박연주
- 영어 그림책이 다르게 보이는 재미와 감동의 늘백 소개글, 최고예요. – 예림(11세) 예은(8세) 엄마 박하영
- 늘백은 엄마표 혁신 프로젝트죠! 불안은 멀리, 아이 마음은 바로 내 곁에!- 진호(초3) 엄마 방지현
- 힘든 육아의 일상 속에서 초긍정의 미러클을 경험케 하는 늘백, 감동입니다. – 주현(6세) 지후(3세) 엄마 선미희
- 우리 엄마가 늘백을 하면서 행복해하시는 모습이 정말 좋아요. – 초등학생 김다준
- 매일 매일 책이 읽고 싶어졌어요. – 슬미와 늘백이라는 마법에 걸린 어른이 손유나
- 늘백은 항상 생각할 거리를 던져주고 상상 속 나라로 모험을 떠날 수 있게 해줘요. – 정우(9세) 엄마 송현주
- 새로운 눈으로 글과 그림을 바라볼 수 있게 해주는 늘백, 그 감동은 아이에게 전해집니다. – 하준(5세) 하선(3개월) 엄마 혜선
- 느리게 100권 읽으며 나를 가득 채우고 아이들 마음도 채워요. – 두 아이 엄마 민정
- '영어'를 빼고 그냥 책 읽기라 해도 다 말이 됩니다. – 늘백식으로 영어 유창 청년(23세) 맘 유수현
- 엄마가 먼저 영어 그림책에 푹 빠지니 아이들도 자연스레 스며듭니다. – 하윤(8세) 연우(7세) 엄마 윤미숙
- 늘백은 설레임! 늘백 덕분에 영어 그림책 제대로 읽는 법을 배웠어요. – 찬희(7세) 채휘(4세) 엄마 고희선
- 슬로우 미러클, 이제는 내 삶의 당연한 루틴이 되어버렸어요. – 수빈(4세) 엄마 윤보영
- 벌써 2년째, 늘백의 많은 책 친구들과 영어 그림책을 함께 읽으며 나누는 것이 행복합니다. – 슈퍼파워 워킹맘 슬미 운영팀 윤인아
- 함께할 수 있어 행복한 시간, 느리게 100권 읽기, 모두에게 강추합니다. – 근호 태경 지광 엄마 이산지나
- 늘백은 내게 매일매일 재미와 행복을 주는 곳이죠. – 초등 1학년 박서윤
- 바쁜 일상에서 나만의 시간을 가질 수 있는 늘백 타임, 하루 한 권 영어 그림책 읽으며 힐링합니다. – 도현(4세) 엄마 이예린
- 늘백에서 매일 좋은 영어 그림책을 만나요. 오늘도 기대와 설렘 가득한 마음으로 함께합니다. – 건혁(초1) 건하(2세) 엄마 김선희
- 늘백, 일단 시작해보세요. 영어책과 친구가 되고 영어책에 푹 빠지게 되는 미러클을 경험하게 됩니다. – 윤지 엄마 강미선

- 고층빌딩의 엉뚱한 면에 잘못 올라가던 나를 다독여 올바른 방향으로 다시 올라가자고 손을 잡아 이끌어주었어요.
  – 휘(6세) 호(4세) 엄마 이은미
- 슬로우 미러클에 참여한 기적의 1년 반, 흔들리지 않을게요. 함께 멀리 가겠습니다. – 가은(9세) 엄마 이은주
- 늘백! 영어 그림책으로 힐링하는, 육아에 지친 엄빠들의 안식처. – 루한(4세) 아빠 윤석인
- 서서히 스며드는 그림책의 감동에 우리집은 행복으로 가득 차고, 영어 실력은 덤으로 가져가요. – 초등생 성하 아빠 홍성문
- 천천히 꾸준히 읽으며 설렘과 감동을 경험하고 탄탄한 영어 실력을 쌓아가고 있어요. – 지범(8세) 한결(4세) 도현(2세) 맘 임수지
- 늘백의 매직 덕분에 우리 가족 모두가 영어책 읽기를 더욱 사랑하게 되었어요. – 소현(6세) 다현(3세) 엄마 장미영
- 하루에 한 번 늘백이라는 행복한 마법에 걸렸던 지나온 날들, 그 소중한 날들을 생각할 때마다 행복이 느껴져요.
  – 대구 다원이(7세) 엄마 전수인
- 학생들에게 매일 늘백 그림책 한 권과 소개글을 읽어주고 있어요. 제가 경험한 감동과 힐링을 제자들과 나누고 싶거든요.
  – 은호(7세) 엄마, 영어교사 정소라
- 늘백에서 영어 그림책을 읽으며 엄마인 나를 마주하고 위로와 용기를 얻습니다. – 은진(11세) 선진(6세) 엄마 서덕순
- 매일 아침을 설렘으로 시작해 감동하고 힐링하며 인생을 배워요. 고마워요 늘백! 사랑해요 슬로우 미러클!! – 다연(11세) 엄마 정혜선
- 혼자라면 작심삼일로 끝났겠지만, 느리게 함께 가니 하루하루가 기다림과 설렘으로 반짝반짝 빛나는 소확행이었죠~.^^
  – Jasper(9세) 엄마 조경호
- 아이 없어도 괜찮아요. 영알못도 괜찮아요. 나를 위한 영어 성장! 즐기는 늘백에 in 하세요 – 세현 맘 후배 웅이맘 김유나
- 아이들과 엄마 아빠를 따뜻한 이불 속으로 소집시키는 늘백, 우리집 행복 타임입니다. – 관영 관윤 미교 아빠 박부성
- 늘백 이전엔 어떻게 살았나 모르겠어요. 그림책을 제대로 읽는 유일한 방법! 내 삶의 힐링 에너지입니다!
  – 승우(고1) 승주(중1) 엄마 채지연
- 온전히 나를 찾게 해준 늘백, 내 인생의 전환점이 되었어요. – 지호(7세) 엄마 최선영
- 늘백은 그림책을 통해 나를 발견하고 서로를 격려하는 아름다운 소통의 장이지요. – 하온(7세) 하루(4세) 엄마 최유진
- 매일 읽는 그림책이 나를 행복하게 해줘요. – 이준(5세) 이은(3세) 유준(1세) 엄마 홍현지
- 가볍게 영어 공부나 하려고 들어왔다가 늘백의 매력에 빠졌어요. 그냥 눌러앉을 것 같아요. – 황 세실리아
- 갱년기로 지친 삶이 다른 길로도 갈 수 있다는 걸 알게 해주었어요!! 희지(대4) 희찬(중2) 희애(초5) 희율(초3) 다둥 엄마 정재실
- 늘백 덕분에 매일 조금씩 마음과 생각이 넓어지고 있어요. – 채윤(6세) 엄마 최혜령
- 교수님, 엄마가 늘백을 만나고 영어 그림책을 읽어주셔서 좋아요. 엄마에게 더 많이 읽어주라고 말씀해주세요. – 초등 5학년 유림
- 엄마가 책을 더 재미있게 읽어줘요. 엄마랑 영어 그림책 읽는 시간이 좋아요. – 숭인초 연아킴
- 아이들과 함께 영어책을 즐기는 꿈같은 시간, 늘백에서 함께해요. – 지수(6세) 서준(4세) 하준(2세) 엄마 임은지
- 영어의 맛을 알게 해준 늘백의 영어책 읽기! 느려 보이지만 가장 빠른 길입니다. – 초4 딸 엄마 배소혜
- 매일 새로운 책 친구를 만나면서 느낀 그 설렘은 세상에서 가장 건전한 중독이었어요. – 윤지(초4) 엄마 강미선
- 지하로 내려간 나를 지상으로 끌어 올려준 늘백, 정말 보석 같은 곳입니다. – 승현(초4) 유지(초2) 엄마 곽경남
- 아이와 많은 '할 거리'를 선물해줘요. 웃을 거리, 얘기할 거리, 껴안을 거리, 뽀뽀할 거리, 칭찬할 거리. – 태연(4세) 엄마 기성미
- 엄마랑 함께한 잠자기 전 영어 그림책 읽기, 꿀잠 자기 딱 좋았어요.^^ – 엄마 아빠의 막내딸 민서
- 매일 연애하듯 만나는 늘백의 영어 그림책 읽기가 우리 아이들 영어교육의 나침반이 되었어요. – 찬솔(11세) 예솔(7세) 엄마 김기정
- 나를 위한 늘백이 아이를 위한 최고의 선물이 되는 기적, 직접 경험해보세요. – 예준(7세) 예찬(5세) 엄마 김미은
- 슬로우 미러클과 함께한 시간, 온 열정 다해서 밤을 새도 거뜬합니다. – 그림책 러버 김보령
- 매일 아침 온전한 나와 마주하며 나를 안아주는 시간. 고마워요, 사랑해요. – 지환 윤재 엄마 김소연
- 늘백! 매일 마시는 물과 같이 꼭 필요한 일상, 이젠 하루도 빼놓을 수 없어요.*^^* – 정호(중2) 준호(5세) 엄마 김신우
- 영어책을 읽으며 감동받고 지혜를 얻어요. 거룩한 책임감을 배우고 실천하는 곳이죠. – 지혜 남편 태리(3세) 아빠 김영욱
- 그림책은 아이들만 보는 책? 영어는 어렵다? 이 모든 편견을 늘백이 깨주었어요. – Amy(7세) 엄마 김은영
- 하루 한 권씩의 영어 그림책이 결혼, 출산, 육아로 잊고 있었던 나를 일깨워주었어요. – 삼남매 엄마 김장현
- 이젠 늘백 이전의 삶으로 돌아갈 수 없게 되어버렸어요. 설레이며 오늘의 책을 맞이합니다. – 오서랑(초3) 엄마 김지영
- 늘백은 영어 그림책을 통해 만난 나의 친구, 나의 선생님! – 어진 윤진 엄마 김지희

- 혼자 읽었다면 절대 느낄 수 없었을, 깊은 감동과 빛나는 깨달음이 있습니다. – 태인(4세) 엄마 김효정
- 영어 그림책과 함께 울고 웃는 시간. 늘백을 통해 진정한 그림책 테라피를 만나보세요. – 국어교사 문상미
- 아이들과 함께 영어와 그림책의 매력에 풍덩 빠지는 시간을 즐기고 있습니다. – 소연(9세) 지홍(7세) 엄마 박경원
- Slow Miracle은 아이들의 새 희망! 늘백과 함께하는 영어교육의 새 바람이 기대됩니다! – 하음(7세) 하진(3세) 뽀기(1세) 맘 박선주
- 조금씩, 꾸준히, 제대로! 쉬운 듯하지만 실천은 결코 쉽지 않은 성공의 비결. 늘백과 함께라면 누구나 가능합니다.
  – 소훈(7세) 아빠 정우철
- 지식과 함께 희망을 나누는 슬미와 늘백, 모르는 사람 없는 날이 속히 오면 좋겠어요. – 승원(9세) 예현(5세) 엄마 박해경
- 늘백은 우리 온 가족을 영어 저 너머 책 읽기의 즐거움으로 데려가는 곳! – 둥이 아빠 신상헌
- Slowly but surely! 늘백 그림책 한 권이면 하루 종일 든든합니다. – 그림책과 함께 자란 아이 엄마 소현정
- 나에게 늘백이란 매일 먹는 밥, 영어뿐 아니라 삶을 채워주는 곳! 같이하실래요? – 서해(1세) 엄마 손정음
- 백발 할머니가 될 때까지 늘백에 참여할 거예요. 제겐 언제나 힘이 되는 곳입니다. – 세 남매 엄마 변선의
- 슬로우 미러클이 우리 가족의 이야기가 되고 있어요. 영어책과 함께하는 일상의 기적, 꼭 경험해보세요!
  – 6세 아이 엄마 신선미 아빠 김경준
- 읽는 건 100권의 그림책, 얻는 건 마음의 위로와 힘, 그것은 바로 늘백! – 서윤(8세) 엄마 심재옥
- 늘백과 함께하는 순간에는 현재의 나를 잊고 동심으로 맘껏 상상 여행을 떠날 수 있어요. – 건우(3세) 맘 엄현지
- 《영읽힘》 읽고 영어책을 읽고 싶은 마음이 생겼습니다. 늘백에서 실천할 용기와 방법을 알았습니다. – 환쭌관 맘 오윤경
- 낯선 공항에 도착했을 때의 설레임과 기대감, 다가올 내 노후의 찬란함!! Visionary 슬미, 사랑하고 축복합니다!!
  – 연아 맘. 영어교사 유지선
- 늘백은 믿음과 실천과 감동의 하모니! 멀리 가기 위해 서로 격려하며 함께 걸어갑니다. – 시후 준서 제휘 엄마 윤민영
- 영어책이 재미있어지는 기적, 어느 순간 아이와 영어책을 보며 놀고 있네요. – 세훈(12세) 지안(9세) 엄마 윤수현
- 보지 못했던 세상을 넓게 보고, 이웃의 삶을 깊이 이해하게 하는 늘백 여행, 앞으로도 계속하고 싶어요.
  – 프랑스 나린 나옐 엄마 윤지수
- 하루 한 권의 늘백 그림책으로 깊은 감동과 삶의 지혜를 얻으며 나를 위한 시간을 즐깁니다. – 두 아이 엄마 이삼지
- 늘백의 영어 그림책, 엄마는 매일 느리게 천천히, 아이들은 매일 엄마의 책꽂이에서 즐겁게! – 상현 설후 엄마 서미혜
- 교수님이 골라주신 보물 같은 영어 그림책을 따라 읽으면 삶의 지혜를 배우고 재미와 감동을 얻을 수 있어요!
  – 슬미 예비 작가, 국어교사 이예린
- 육아 우울증에서 나를 꺼내준 매일 한 시간의 기적이 벌써 1년! – 승빈(6세) 엄마 이은실
- 엄마와 아빠와 함께 책 읽는 시간이 가장 즐겁고 행복해요. – 초등학생 가은이
- 일상의 쉼표, 그림책을 읽으며 웃고 울고 위로받는 나만의 달콤한 시간. – 루한(4세) 엄마 이지윤
- 나를 위한 위로와 감동을 선물해주는 늘백의 그림책과 소개글, 정말 마법 같아요. – 서은(8세) 서준(8세) 엄마 이진희
- 늘백은 대한민국 영어 그림책 읽기의 새로운 표준입니다. – 공립 유치원 교사 임수지
- 하루의 시작은 늘백 소개글로, 하루의 마지막은 아이들과 함께 읽는 늘백 그림책으로! 나의 하루가 늘백으로 가득 채워지네요.
  – 민정 민주(초3) 엄마 장윤선
- 영어책을 느리게 읽으면서 느끼고 생각하며 매일 성장하는 마법을 경험하고 있어요. – 지우(11세) 지빈(6세) 엄마 전주연
- 설레는 영어 그림책과의 만남! 매일 또 다른 세상을 경험하는 기쁨의 시간이었습니다! – 세영(12세) 다영(10세) 엄마 정숙경
- 늘백은 코로나 블루를 날려버린 나의 소중한 상상 놀이터! – 데이비드(초3) 애나(초1) 엄마 성경미
- 일단 한번 해보세요. 어렵지 않아요. 함께하면 더욱 좋아요. – 류다인(5세) 엄마 정혜선
- 방대한 그림책의 세계에서 방황할 때, 늘백이 등대가 되어주었어요. – 아현(9세) 무현(6세) 엄마 조민아
- 많은 그림책을 알고 있었지만 세상에 이렇게 많은 멋진 영어책들이 있었다니! 언니 덕분에 같이 읽었습니다. – 수호 맘 맹보영
- 그림책만 펴면 16살 중3 아이들의 눈빛이 6살 아이들의 그것으로 변하는 늘백 미러클을 직접 경험하고 있어요!
  – 대구 모 중학교 3-3 담임
- 우리집이 늘백의 감동으로 감화되어 감사하는 가정이 되었습니다. – 슬미 찐팬 남편 한 이사
- 삶의 올바른 길, 영어교육의 올바른 길을 친절하게 안내해주는 따뜻한 곳, 행복 충전소입니다. – 지영(10세) 소진(7세) 엄마 최수은

- 어제는 딸을 만나고 오늘은 기억에도 없는 아빠를 만나게 한 늘백! 그 감동을 잠자리에서 딸과 함께합니다. - 최은숙
- 알고는 있는데 혼자서는 어려웠던 영어 그림책 읽기, 늘백을 만나고 용기가 났습니다. - 귀요미 둘 엄마 한경미
- 멋진 스토리와 함께하는 보물 같은 퀄리티 타임. 아는 책도 달리 보이는 마법의 시간이죠.♡ - 현우 선우 엄마, 그림책 러버 황미영
- 영어가 이제는 우리 가족 모두에게 두려움의 대상이 아니라 재미있고 흥미로운 일상이 되었어요. - 예은(6세) 예준(4세) 엄마 황헌주
- 손주들과 아들딸은 물론 나도 함께 오래오래 늘백하고 싶어요. - 예온(8세) 라희(7세) 라율(4세) 할머니 김용희
- 아이의 영어교육 문제 더 이상 고민하지 않아요. 늘백을 선택한 것은 제 인생 최고의 행운입니다. - 이가온(9세) 아빠 이승우
- 언니랑 나랑 맨날 이렇게 말해요. "Sign it!" - 뽀로로와 미키를 좋아하는 7세 윤아
- 아이의 마음으로 울고 웃던 소중한 시간, 내 마음을 울린 영어책 읽기의 힘! - 초6 아들과 함께했던 정수진
- 매일 아침 늘백의 그림책 읽기는 위로와 힐링이 있는 제 마음의 요람입니다. - 두 자매 엄마 이소희
- 엄마가 슬로우 미러클을 만난 후 내 아침 인사는 "엄마, 오늘의 늘백책은 뭐예요?" - 초등 4학년 윤지
- 나를 위한 늘백, 일상의 루틴, 서서히 일어나는 슬로우 미러클, 함께하니 더욱 힘이 나요. - 윤하(8세) 엄마 곽진영
- 아이와 함께 영어책 읽기를 통해 슬로우 미러클의 힘을 느끼며 천천히 걸어갑니다. - 도연(6세) 엄마 김건희
- 늘백, 그림책이 내 삶에 깊이 들어와 서로 손 잡고 걸어가는 행복한 시간. - 소민(3세) 엄마 김경애
- 느리게 함께 읽으면서 까막눈이 밝아지는 것을 느꼈습니다. - 하연(초2) 하온(6세) 하은(4세) 엄마 김명옥
- 늘백, 바쁜 일상에도 빼놓을 수 없어요. 위안과 용기를 주고 삶을 활기차게 합니다. - 두 아들 엄마 김미정
- 영어책 즐독은 영어를 배우는 최고의 방법! 늘백과 함께하면 모두가 Miracle! - 영어교육 전문가 Rosa Kim
- 늦은 밤 오롯이 나만을 위한 시간! 천천히 기적을 만나는 중입니다. - 82년생 김송화
- 기대와 설렘, 나의 마음을 위로하는 시간, 아이와의 아름다운 추억은 덤이지요. - 주원(7세) 엄마 김연정
- 때론 소박하게 때론 큰 울림으로 영어책의 깊은 맛을 알게 해준 늘백, 매력 만점이에요. - 태하 서하 엄마 김윤정
- 그림책 풍경을 수많은 벗과 함께 즐기며 천천히 가요. 하지만 느려도 결국 가장 빠른 길이지요. - 김은영 on 늘백 highway
- 육아에 지친 나를 긍정적 에너지로 채워 기쁘게 살아갈 수 있게 해준 최고의 선물! - 현원(9세) 나희(6세) 맘 김정은
- 늘백의 '오늘의 책'은 무엇일까 궁금하여 자꾸 열어보게 되는 보물상자 같아요. - 김지영 우리 엄마의 아들 열 살 오서랑
- 늘백은 유창한 영어를 향한 길고 먼 여정에 한 줄기 빛 같은 친구이지요. - 상우(4세) 정우(2세) 엄마 김희연 스텔라
- 책의 그림과 스토리, 깊고 으윽한 소개글이 우리 마음 곳곳을 따뜻하게 비추어줍니다. - 혜린 소율 엄마 문설희
- 함께해서 멀리 가는 마법의 시간! 늘백은 지혜와 영감 가득한 육아 동반자랍니다. - 주호(8세) 워킹 맘 박라영
- 늘백의 영어 그림책을 통해 아이들과 따뜻한 마음을 나누고 교감하고 공감합니다. - 서연(15세) 종윤(12세) 엄마 김태은
- 늘백 덕분에 기울어진 운동장을 거슬러 모든 아이들의 손을 잡고 신나게 달리는 미래를 꿈꿉니다. - 이현(8세) 엄마 박선향, 영어교사
- 제 인생의 소중한 선물인 감동의 늘백은 아이들에게 줄 큰 사랑입니다! - 예림(15세) 예지(12세) 엄마 박일향
- 조금씩 스며들어 어느 순간 내 삶의 일부가 되어버린 소중한 늘백, 사랑합니다. - 해인(6세) 해윤(3세) 엄마 박혜영
- 1년 365일, 언제나 함께하는 그림책의 감동. 육아도 내 삶도 즐거움과 감사로 채워집니다. - 정민 정주(4세) 엄마 배가란
- 돌아갈까? 흔들렸던 영어 벽타기의 게임 체인저 늘백!! 사교육 없는 울 가족은 그림책으로 FLEX!!
  - 사춘기 아들과 분투하며 니온 서준 자등 엄마 유미
- 엄마가 유일하게 "경청하는 래빗"이 되는 시간, Not 자유시간 But 늘백시간! - 성경미 딸 애나(초1)
- 슬로우 미러클의 늘백이 책장에 먼지 쌓이던 그림책들에 숨결을 불어넣어 주었어요. - 도하(6세) 리안(4세) 엄마, 좋은 아내 손금희
- 난생처음 스스로 영어책을 읽었다. 영어와 상극이던 내가 달라졌다. 아이들은 덕분에 엄마와 함께 읽는 영어책이 늘어간다.
  삶이 변하고 있다. - 시현(11세) 시완(9세) 엄마 손정현
- 호기심에 시작했다가 눌러앉았습니다. 늘백은 기적이 일어나는 곳이라 떠날 수가 없네요. - 슬미 운영팀 봉선 씨
- 늘백이란, 나도 모르게 시나브로 영어책과 사랑에 빠지는 곳이죠. - 윤솔(7세) 엄마 신송인
- 영어 그림책으로 나만의 힐링, 아이들도 깔깔 웃을 수 있는 시간을 선물 받아 행복합니다. - 다은(8세) 지훈(6세) 엄마 심희정
- 영어 동화책만 읽는 줄 알았는데, 좋은 엄마까지 되게 해주네요.^^ - 건우 엄마 엄현지
- 하루 한 권의 영어 그림책, 삶에 지친 나에게 힘이 되어준 늘백의 시간들, 감사하고 행복합니다. - 원(8세) 엄마 오하정
- 영어책으로 경험하는 힐링과 위로, 감사와 기쁨의 시간. - 재민(12세) 하늘(8세) 엄마 유혜린

슬로우 미러클

영어 그림책
느리게
100권
읽기의 힘

영어 그림책 느리게 100권 읽기의 힘

초판 1쇄 발행 | 2022년 7월 20일
초판 3쇄 발행 | 2022년 12월 1일

지은이 | 고광윤
발행인 | 이종원
발행처 | (주)도서출판 길벗
출판사 등록일 | 1990년 12월 24일
주소 | 서울시 마포구 월드컵로 10길 56(서교동)
대표 전화 | 02)332-0931 | 팩스 · 02)323-0586
홈페이지 | www.gilbut.co.kr | 이메일 · gilbut@gilbut.co.kr

기획 및 책임편집 · 최준란(chran71@gilbut.co.kr) | 디자인 · 강은경
제작 · 이준호, 손일순, 이진혁 | 영업마케팅 · 진창섭, 강요한 | 웹마케팅 · 조승모, 송예슬
영업관리 · 김명자, 심선숙, 정경화 | 독자지원 · 윤정아, 최희창

전산편집 · 수디자인 | 본문 일러스트 · 김은빈
CTP 출력 및 인쇄 · 상지사피엔피 | 제본 · 상지사피엔피

- 잘못된 책은 구입한 서점에서 바꿔 드립니다.
- 이 책에 실린 모든 내용, 디자인, 이미지, 편집 구성의 저작권은 길벗과 지은이에게 있습니다.
  허락 없이 복제하거나 다른 매체에 옮겨 실을 수 없습니다.

ISBN 979-11-407-0062-2 03590
(길벗 도서번호 050184)

ⓒ고광윤, 2022

독자의 1초를 아껴주는 정성 길벗출판사

{{{ (주)도서출판 길벗 }}} IT실용, IT/일반 수험서, 경제경영, 취미실용, 인문교양(더퀘스트), 자녀교육 www.gilbut.co.kr
{{{ 길벗이지톡 }}} 어학단행본, 어학수험서 www.eztok.co.kr
{{{ 길벗스쿨 }}} 국어학습, 수학학습, 어린이교양, 주니어 어학학습, 교과서 www.gilbutschool.co.kr

{{{ 페이스북 }}} www.facebook.com/gilbutzigy
{{{ 트위터 }}} www.twitter.com/gilbutzigy

머리말

저에겐 꿈이 있습니다

느리게 100권 읽기, 그 대장정의 출발에 붙여

1.
저에겐 꿈이 있습니다. 〈느리게 100권 읽기〉를 범국민 운동으로 발전시키고자 하는 커다란 꿈이 있습니다. 책 읽기로서의 영어책 읽기가 지닌 가치와 올바른 방법론을 널리 알리고 싶기 때문입니다. 영어책 읽기의 즐다잘(즐독·다독·잘독)이 우리 아이들의 영어 문제를 해결할 수 있는 최선의 방법이며 사실상의 유일한 방법임을 확신하기 때문입니다. 영어 때문에 우리 아이들이 어린 시절의 소중한 시간을 낭비하도록 그냥 내버려 둘 수 없기 때문입니다. 영어 때문에 우리 사회의 교육 양극화가 계속 심화되는 것을 두고만 볼 수 없기 때문입니다.

2.
여러분의 아이들이 어린 시절을 행복하고도 알차게 보내면서 동시에 영어 문제도 해결할 수 있는 일석이조 혹은 일석삼조의 좋은 방법이 있는데도 그 방법을 외면하시겠습니까?

그 방법은 바로 영어책 읽기의 즐다잘입니다. 즐다잘은 '슬로우 미러클'을 만들어냅니다. 어떤 아이도 차별하지 않습니다. 영어책 읽기의 즐다잘과 이를 통한 슬로우 미러클, 이것은 오직 엄마 아빠만이 선물해줄 수 있습니다.

이젠 누구나 다 아는 것 같은 영어책 읽기, 하지만 그 가치와 중요성을 제대로 깨닫지 못하면 선택과 실천은 여전히 어렵습니다. 올바른 요령과 구체적인 방법을 모르면 성공할 수 없습니다. 분명한 확신과 그 확신의 명확한 근거가 없으면 끝까지 가기 힘듭니다. 이 모두를 갖추고 있어도 혼자서는 쉽지 않습니다.

3.
〈느리게 100권 읽기〉는 문제 해결의 시작이 될 함께 걷기 운동입니다. 유용한 지식을 나누며 어려운 이웃과 희망도 함께 나누고자 하는 나눔 운동입니다. 여러분과 함께 지식과 희망을 나누는 일에서 정말 멀리까지 가고 싶습니다. 여러분에게 필요한 지식과 희망을 먼저 나누어 드리겠습니다. 〈느리게 100권 읽기〉를 통해 슬로우 미러클의 싹이 여기저기에서 돋아나 무럭무럭 자라나는 것을 여러분과 함께 보고 싶습니다.

4.
이 모든 것의 시작은 바로 엄마 아빠들이어야 합니다. 엄마 아빠들이 먼저 영어책 읽기의 즐다잘에 대해 배우고 그것이 어떻게 슬로우 미러클을 만들어낼 수 있는지 알아야 합니다. 내 아이뿐 아니라 주변의 엄마 아빠들까지 전염시킬 수 있는 큰 열정을 가져야 합니다. 그리하여 우리 아이들을 '운' 좋은 아이로 만들어주어야 합니다. 정말 중요한 뭔가를 알고 끝까지 실천하는 엄마 아빠를 만난 덕분에 모든 것을 즐기면서 행복하게 자라나는 운 좋은 아이 말입니다.

이것이 바로 제가 〈느리게 100권 읽기〉를 시작한 이유입니다. 이것이 〈느리게 100권 읽기〉와 영어책 읽기의 즐다잘이 범국민 운동이 되어야 하는 이유입니다.

5.
사람들이 제게 묻습니다, 당신 착한 척하는 것 아니냐고. 솔직히 착한 척하는 거 맞습니다. 그런데 착한 척이란 거, 그거 계속하면 진짜로 착해질 수도 있다고 하더군요. 그리고 진짜 착하든 그렇지 않든 끝까지 계속 착한 척하면 되는 것 아닐까요?

아무튼 이왕 하는 김에 한번 제대로 해볼까 합니다. 이를 위해 가장 먼저 저와 함께 착한 척해보실 분을 딱 100명만 찾고 싶습니다. 앞으로 저와 함께 착한 척 한번 제대로 해보길 원하시는 분 어디 없을까요?

슬로우 미러클 드림

추천하는 글

천일야화처럼 이어지는 감동과 힐링의 영어 그림책 이야기

지난 2년 동안 전국의 수많은 사람들을 울고 웃게 했던 범국민 〈느리게 100권 읽기〉, 그 감동과 변화의 현장을 만들어낸 100편의 영어 그림책 소개글이 바로 여기에 있습니다. 단순한 책 소개가 아닙니다. 하나하나가 깊고 풍성한 책 읽기의 감동, 파도처럼 이어지는 책 수다와 자발적인 글쓰기를 가능케 했던 주옥같은 글입니다. 균형 잡힌 시각, 객관적인 분석, 깊이 있는 통찰, 쉽고도 친절한 설명이 독자들의 마음을 열어주고 상상력을 자극합니다. 생각이 흐르고 깨달음을 얻도록 도와줍니다. 위로와 용기를 주고 자존감을 높여줍니다. 새로운 눈으로 스스로와 세상을 바라보게 합니다.

영어 그림책이나 원서 읽기에 관한 책은 시중에 이미 많이 나와 있습니다. 그러나 영어 그림책에 대한 고품격 해설의 정수를 보여주고 책 읽기를 제대로 즐길 수 있게 해주는 것은 이 책이 유일하다고 감히 단언합니다.

슬로우 미러클의 소개글은 이렇게 다릅니다.

슬로우 미러클의 소개글을 통해 저희가 직접 체험한 일명 '오오오 효과(5-5-5 Effect)'입니다.

- 모르는 단어가 있어도 영어책 읽기를 즐길 수 있습니다.
- 단어나 문장의 해석을 넘어 책 읽기와 책 수다에 집중하게 됩니다.
- 부족한 영어 실력으로도 영어책 읽기의 재미와 감동을 맛볼 수 있습니다.
- 영어 원문이 주는 영어의 맛을 제대로 느낄 수 있습니다.
- 모르는 사이에 영어 실력이 차곡차곡 쌓이고 자신감도 점점 늘어납니다.

- 즐기는 것에 집중하게 되고 보이지 않던 것이 보이기 시작하면서 모르는 것이 하나 둘 절로 이해됩니다.
- 이미 아는 책인데도 계속 새로운 것이 보이고 깨달음이 깊어집니다.

- 생각거리를 던져주고 스스로 많은 질문을 하게 합니다.
- 상상하는 힘과 스토리텔링 능력이 길러지고 책 대화가 풍성해집니다.
- 마음에 깊은 울림을 주고 오래가는 여운을 남깁니다.

- 자존감을 높여주며 나다운 내가 되도록 도와줍니다.
- 세상을 바라보는 눈과 삶에 대한 태도가 달라집니다.
- 감동과 위로를 얻으며 힐링까지 됩니다.
- 하루하루가 설렘과 즐거움으로 채워지고 삶의 새로운 활력소가 됩니다.
- 아이 때문에 시작했는데 엄마가 더 빠져듭니다. 그런 엄마를 보고 아이가 따라오게 되는 마법 같은 일이 일어납니다.

슬로우 미러클의 〈느리게 100권 읽기〉를 통해 영어책 읽기의 올바른 방법을 배우고 그 즐거움을 맛보았습니다. 이제는 더욱 많은 분들과 그 기쁨을 나누고 싶습니다. 이 책의 안내에 따라 영어 그림책을 즐기다 보면, 어느새 원서에 대한 부담감은 사라지고 훌륭한 작품을 즐기고 있는 자신을 발견하게 될 것입니다. 영어책 읽기의 즐다잘이 유창한 영어를 위한 최고의 방법이자 유일한 방법이라는 사실을 깨닫게 해준 《영어책 읽기의 힘》, 그 책의 구체적인 실천 안내서라 할 수 있는 슬로우 미러클의 《영어 그림책 느리게 100권 읽기의 힘》을 통해 여러분도 영어 그림책 읽기의 정수를 직접 체험해보시길 바랍니다.

슬로우 미러클을 사랑하는
슬미 예비 작가들 드림

강정선, 김보령, 김승연, 김은미, 김은빈, 김은영, 김정은, 김지형, 김지혜, 김희연, 박연주, 배가란, 서춘희, 성경미 성미진, 송봉선, 유수현, 윤민이, 이영주, 이예린, 이현경, 임수지, 전미양, 정소라, 정채린, 채지연, 최숙희, 최여울
〈총 28명, 가나다순〉

책의 구성과 활용을 위한 안내

책 선정과 순서 배열

최고 중의 최고라고 할 수 있는 영어 그림책 100권을 고르고 또 골랐습니다. 선정 즉시 모두 교보문고와 알라딘을 비롯한 주요 온·오프라인 서점의 베스트셀러로 등극하여 현재까지도 계속 널리 읽히고 있는 책들입니다.

100권의 늘백 그림책은 다음과 같이 분류하고 순서를 정했습니다.
첫째, 계절별로 그 분위기에 어울리는 책을 각각 25권씩 배치했습니다.
둘째, 매주 5권을 월요일부터 금요일까지 난이도가 조금씩 높아지도록 배열하였습니다.
셋째, 각 계절 안에서는 책 읽기에 대한 기대감을 극대화하기 위해 제비뽑기 방식으로 순서를 정했습니다. 포레스트 검프(Forrest Gump)의 말처럼, 우리 인생은 마치 다양한 맛의 초콜릿 상자와 같아서 다음에 어떤 맛이 나올지 도무지 알 수 없기 때문입니다. 때로는 원치 않는 맛이 나올 수도 있겠지요. 하지만 우리 삶의 바로 그런 예측 불가성과 의외성(意外性) 때문에 설렘과 기대가 더 커지고 감동도 그만큼 더 특별할 수 있지 않을까요?

> Life is like a box of chocolates. You never know what you're gonna get.
> ― Forrest Gump ―

이 책의 활용법

이 책을 교과서 삼아 영어책 읽기의 올바른 방법을 배우고 책 읽기를 즐김으로써 "영어책 읽기의 재미와 감동", "영어 실력의 향상"이라는 두 마리 토끼를 한꺼번에 잡아보시기 바랍니다. 다음과 같은 방식을 기본으로 하되 각자의 상황과 필요에 따라 적절히 변형하여 진행하시면 됩니다.

① 먼저 오늘의 책을 천천히 느리게 읽습니다.
② 모르는 단어가 있어도 멈추지 말고 끝까지 읽어 갑니다.
　가급적 사전을 찾지 말고 그림과 문맥, 배경 지식과 상상력을 동원하여 내용을 파악하려고 노력하세요. 모르는 표현에 겁먹지 말고 모호함을 친구로 삼아야 합니다. 영어책 읽기의 핵심은 단어를 공부하고 문장을 해석하는 것이 아닙니다. 모르는 것이 있어도 아는 것을 최대한 활용하여 내용을 파악하고 책 읽기를 즐기는 것입니다.
③ 읽는 도중 만나는 모르는 단어나 표현은 (나중에 찾아보기 위해) 살짝 표시해둡니다.
④ 내용이 충분히 파악되지 않았다고 느끼면 한 번 더 읽어봅니다.
⑤ 어렵게 느껴지는 책은 소개글을 먼저 읽은 후 읽을 수도 있습니다.
⑥ 책의 내용을 어느 정도 파악했다고 생각되면 소개글을 천천히 읽습니다.
　소개글을 통해 책에 대한 이해를 높이고, 몰랐던 것, 보지 못했던 것들을 배우고, 생각과 시야를 확장합니다. 자연스레 떠오르는 생각과 깨달음, 의문점 등을 간단하게 메모합니다. 마음에 깊이 와닿는 구절은 소리를 내어 낭독해보는 것도 좋습니다.
⑦ 각 소개글에 이어지는 〈한 줄 소감〉을 절대 놓치지 마세요.
　모든 소감은 슬로우 미러클 카페에서 작성된 실제 댓글을 실명으로 실은 것입니다. 진솔한 한 마디 한 마디가 여러분의 책 읽기를 확장시켜 줄 것입니다.
⑧ 소개글을 읽은 후에는 오늘의 책을 다시 한번 읽습니다.
　처음 읽을 때 몰랐던 내용, 보지 못했던 부분에 유의하며 새로워진 책 읽기의 재미와 감동을 즐깁니다. 모르는 표현에도 눈길을 주며 그 의미를 그림과 앞뒤 문맥을 통해 가볍게 추측해봅니다. 마음의 여유를 가지고 천천히 소리 내어 읽는 것도 책 읽기의 맛을 더할 수 있는 좋은 방법입니다.
⑨ 마지막으로, 책 읽기의 감동을 다른 사람들과 나눕니다.
　책 읽기를 모두 마치고 나면 책에서 얻은 느낌과 생각, 깨달음과 감동을 다른 사람들과 함께 적극적으로 나누어야 합니다. 아이들과도 마찬가지입니다. 책을 읽은 후 해야 할 가장 중요한 일은 내용 점검이나 이런저런 독후 활동이 아닙니다. 책을 읽으면서

느끼고 생각한 것, 마음에 와닿았던 것들에 대해 함께 대화하는 것입니다. 그런 후에는 당연히 책 읽기의 마법 속으로 다시 풍덩 빠져야 합니다.

핵심 용어 설명

- 슬로우 미러클 → 저자의 닉네임으로서 "영어책 읽기의 즐다잘을 통해 얻게 되는 유창한 영어 실력"을 말하며, 크게 다음의 네 가지 의미를 가지고 있다.
  ① 유창한 영어라는 기적은 시간이 오래 걸린다.
  ② 천천히 느리게 가면서 제대로 해야만 얻을 수 있는 기적이다.
  ③ (빠른 아이는 물론) 느린 아이에게도 가능한 기적이다.
  ④ 느린 아이에게 오히려 더 유리할 수 있다.
- 슬로우 미러클 마법학교 → 〈슬로우 미러클〉 네이버 카페를 기반으로 하는 전국 최대 규모의 온라인 영어책 읽기 학교
- 느리게 100권 읽기 → 슬로우 미러클 마법학교의 대표적인 영어책 읽기 프로그램으로 1년을 4학기로 나누어 학기마다 40~50권의 엄선된 영어 그림책을 읽는다.
- 슬미 → 슬로우 미러클
- 늘백 → 느리게 100권 읽기
- 슬며들다 → 슬로우 미러클에 빠져들다
- 영읽힘 → 고광윤 교수의 저서 《영어책 읽기의 힘》
- 즐다잘 → 즐독·다독·잘독! 슬로우 미러클의 핵심 모토로서, 읽는 것이 즐거우면 많이 읽게 되고, 많이 읽으면 잘 읽게 되며, 잘 읽으면 더 즐거워 더 많이, 더 잘 읽게 된다는 원리
- 안뽀사 → 안아주고 뽀뽀하고 사랑한다고 말하기
- 슬미병 → 슬미 카페에서 영어책을 읽고 나누는 것이 즐거워 밤낮을 가리지 않고 슬

미 활동에 푹 빠져 지내는 현상
- 슬미 북클럽 → 슬미 네이버 카페 안에서 회원들의 자발적인 재능 기부로 진행되는 다양한 형태의 영어책 읽기 모임
- 슬미 키즈 → 슬로우 미러클을 목표로 영어책 읽기의 즐다잘을 배우고 실천하며 자라는 아이들
- 영유아 → 영어가 유창한 아이들. 영어책 읽기의 즐다잘을 꾸준히 실천하면 누구나 '영유아'가 될 수 있다.
- 오늘의 책 → 슬미의 늘백에서 그날 읽을 영어책으로 선정된 책
- 홈런 문장 → 오늘의 책에서 크게 와닿는 문장
- 책 수다 → 영어책을 읽고 느낀 점이나 깨달음을 함께 나누는 일
- 슬미 예비 작가 → 슬로우 미러클과 함께 정기적으로 책 소개글을 쓰는 슬미 조교쌤들
- 슬미 성우 → 오늘의 책을 리드 얼라우드(read aloud) 해주는 슬미 조교쌤들
- 슬미 화가 → 오늘의 책과 관련된 미술 활동을 진행하는 슬미 조교쌤들

차례

머리말 | 저에겐 꿈이 있습니다 ⋯⋯⋯⋯⋯⋯⋯⋯⋯⋯⋯⋯⋯⋯⋯⋯ 004
추천하는 글 ⋯⋯⋯⋯⋯⋯⋯⋯⋯⋯⋯⋯⋯⋯⋯⋯⋯⋯⋯⋯⋯⋯⋯ 006
책의 구성과 활용을 위한 안내 ⋯⋯⋯⋯⋯⋯⋯⋯⋯⋯⋯⋯⋯⋯⋯ 008
내가 바로 슬로우 미러클이다! ⋯⋯⋯⋯⋯⋯⋯⋯⋯⋯⋯⋯⋯⋯⋯ 018

봄 · 슬로우 미러클의 씨를 뿌려요

Day 001	Don't Let the Pigeon Drive the Bus!	022
Day 002	They All Saw a Cat	027
Day 003	A House Is a House for Me	033
Day 004	Miss Nelson Is Missing!	039
Day 005	Alexander and the Terrible, Horrible, No Good, Very Bad Day	043
Day 006	I Wish You More	047
Day 007	Olivia	052
Day 008	Guess How Much I Love You	058
Day 009	Stephanie's Ponytail	063
Day 010	The Fantastic Flying Books of Mr. Morris Lessmore	068
Day 011	Don't Push the Button!	077

Day 012	Big Red Lollipop	081
Day 013	Mole Music	085
Day 014	The True Story of the 3 Little Pigs!	089
Day 015	The Man Who Walked Between the Towers	095
Day 016	We're All Wonders	099
Day 017	Little Blue and Little Yellow	103
Day 018	The Kissing Hand	108
Day 019	A Child of Books	111
Day 020	Miss Rumphius	117
Day 021	I Spy Fly Guy!	122
Day 022	Someday	126
Day 023	Now One Foot, Now the Other	131
Day 024	Officer Buckle and Gloria	135
Day 025	A Bad Case of Stripes	139

여름 · 슬로우 미러클이 무럭무럭 자라요

Day 026	Not a Box	146
Day 027	Where's My Teddy?	150
Day 028	A Friend for Dragon	154

Day 029	Have You Filled a Bucket Today?	158
Day 030	The Paper Bag Princess	162
Day 031	The Dot	166
Day 032	A Color of His Own	170
Day 033	A Visitor for Bear	174
Day 034	A Chair for My Mother	178
Day 035	The Gardener	182
Day 036	We Found a Hat	186
Day 037	Who Sank the Boat?	191
Day 038	Library Lion	195
Day 039	Ruby the Copycat	201
Day 040	The Snail and the Whale	205
Day 041	When Sophie Gets Angry — Really, Really Angry...	210
Day 042	Whistle for Willie	215
Day 043	If You Give a Mouse a Cookie	220
Day 044	Me … Jane	224
Day 045	Sylvester and the Magic Pebble	228
Day 046	I Want My Hat Back	233
Day 047	Ocean Meets Sky	238
Day 048	Swimmy	242
Day 049	The Library	246
Day 050	The Relatives Came	250

가을 · 슬로우 미러클이 무르익어요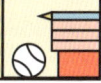

Day 051	Good Night, Gorilla	256
Day 052	Sam and Dave Dig a Hole	260
Day 053	After the Fall: How Humpty Dumpty Got Back Up Again	267
Day 054	On the Night You Were Born	272
Day 055	The Three Little Wolves and the Big Bad Pig	276
Day 056	The Little Mouse, the Red Ripe Strawberry, and the Big Hungry Bear	281
Day 057	Kitten's First Full Moon	285
Day 058	A Sick Day for Amos McGee	290
Day 059	The Big Orange Splot	294
Day 060	Anatole	299
Day 061	Each Peach Pear Plum	303
Day 062	Amelia Bedelia	307
Day 063	Voices in the Park	311
Day 064	Caps for Sale	318
Day 065	Blueberries for Sal	323
Day 066	Leo the Late Bloomer	329
Day 067	The Adventures of Beekle: The Unimaginary Friend	333

Day 068	Fortunately	339
Day 069	Stuck	343
Day 070	The Little House	350
Day 071	The Mixed-Up Chameleon	354
Day 072	Giraffe Problems	359
Day 073	Mole's Star	364
Day 074	Chrysanthemum	369
Day 075	Strega Nona	374

겨울 · 슬로우 미러클을 즐겨요

Day 076	Goodnight Moon	380
Day 077	There Was an Old Lady Who Swallowed a Fly	385
Day 078	The Heart and the Bottle	389
Day 079	The Tiger Who Came to Tea	394
Day 080	Stellaluna	399
Day 081	That Is Not a Good Idea!	404
Day 082	Penguin Problems	409
Day 083	Gorilla	415
Day 084	Cookies: Bite-Size Life Lessons	421

Day 085	Corduroy	426
Day 086	The Rabbit Listened	431
Day 087	Square	435
Day 088	Owl at Home	439
Day 089	Peppe the Lamplighter	444
Day 090	Cloudy with a Chance of Meatballs	451
Day 091	Joseph Had a Little Overcoat	455
Day 092	Small in the City	460
Day 093	The Wednesday Surprise	465
Day 094	Stone Soup	470
Day 095	No Roses for Harry!	475
Day 096	Froggy Gets Dressed	479
Day 097	Click, Clack, Moo: Cows That Type	483
Day 098	The Important Book	488
Day 099	The Polar Express	492
Day 100	Harvey Slumfenburger's Christmas Present	497

책 찾아보기 · 511

내가 바로 슬로우 미러클이다!

강민정3101	김미은1173	김정은1357	박라영1545	성미진1747
강은혜1031	김미정1174	김주은3437	박민지1555	손다은3473
강자영1035	김민숙1190	김지나1380	박선주1565	손미경1756
고경희1047	김보람1198	김지영1386	박선향1567	손유나1759
고명희1049	김새봄1210	김지형3603	박연주1604	손정현1765
고희선1063	김세영2838	김지혜2858	박지원1644	손채연3170
공승연1065	김세진3710	김지희3579	박진희1659	송봉선1770
곽경남1066	김소연1235	김태은1432	박태미3462	송여진2915
구지예1082	김승연1259	김하영1436	박하영1667	송현주1788
권민희1090	김신우1266	김혜란3447	박해경1668	송현주1789
권숙진1093	김양은1277	김효정3716	박혜영1675	신선미1795
권은화3409	김연정1281	김희연3451	박호영2900	신송인2920
김건희1118	김연희1283	김희정3452	배가란1683	신은경1805
김경미1121	김영희2842	노미영1502	배소영1690	신진숙1814
김경애1126	김윤정1309	류호연3453	배은영1692	신향진1819
김경진1130	김윤희1316	문상미1518	백나영1696	심은주3175
김경희2823	김은빈3431	문설희1519	서유미3165	심희정1837
김동희1151	김은영3432	민경진1528	서을희1730	아끼꼬1838
김명옥1156	김은주2847	민정선3717	서춘희3470	안경미1839
김미성1165	김인화1344	박경원1536	선미희1743	안근영1840
김미연1169	김장현2848	박다정3455	성경미1745	안영지1845

슬로우 미러클을 실천하며 감상과 감동, 응원의 댓글을 남겨준 195명 (가나다순)

양동식1853	이예린2124	전미양3351	조연주2492	홍현지2707
엄현지1875	이유영2133	전민경2365	조은경2505	황미영2712
여민정3483	이유진2977	전성미2369	조은영3240	황보혜인2715
여윤미1878	이은정3367	전수인2372	조정은3244	황수진2720
염향란3484	이은주2157	전주연2378	조혜영3780	황현경2729
오성희3485	이주영2195	정광은3229	채경진2545	황현주2733
오현미1895	이주옥3346	정미나2397	채지연2547	
원문기1909	이지윤2221	정선린3231	천주연3249	
위원혜3489	이지현2226	정성호3532	최미나3252	
유선영1927	이진경2236	정소라2410	최민희2563	
유수현1932	이진희3520	정숙경2415	최서우2565	
유지민1941	이현경2258	정승아2416	최수은2575	
윤나경3329	이현숙2261	정정은2433	최숙희2577	
윤미숙1954	이현정2266	정주영3355	최옥희2585	
윤민이1955	이현주3751	정지윤2448	최혜령2632	
윤보영3189	이효정2290	정혜선2458	하진희3777	
윤인아1965	이희정2294	정혜선2459	한혜원2675	
윤지수1973	임수지2307	정효주3778	함주현2680	
이명숙2017	임숙연3218	정희정3755	현연금2693	
이미숙2026	장미영2338	조경호3538	홍정현3764	
이영선2111	장윤이2350	조민아2480	홍지윤3765	

I wish you more give than take.
I wish you more we than me.
I wish you more pause than fast-forward.
《I Wish You More》

봄

슬로우 미러클의
씨를 뿌려요

SLOW MIRACLE

여러분의 아이들이 어린 시절을 행복하고도 알차게 보내면서 동시에 영어 문제도 해결할 수 있는 일석이조 혹은 일석삼조의 좋은 방법이 있는데도 그 방법을 외면하시겠습니까? 그 방법은 바로 영어책 읽기의 즐다잘(즐독·다독·잘독)입니다.

 **느리게 100권 읽기** 난이도

001

Don't Let the Pigeon Drive the Bus!
by Mo Willems

슬로우 미러클의 느리게 100권 읽기에 참여하신 모든 분들을 진심으로 환영합니다. 앞으로 2탄, 3탄 등으로 계속 이어지게 될 슬로우 미러클의 느리게 100권 읽기, 그 1탄은 아이들의 세계를 너무도 잘 아는 천재적인 작가 Mo Willems의 《Don't Let the Pigeon Drive the Bus!》로 문을 열도록 하겠습니다.

1.

크고 동그란 눈을 가진 연푸른색 비둘기는 버스를 운전하는 것이 소원입니다. 버스 운전기사 아저씨가 잠시 자리를 비우게 되면서 드디어 기회를 잡는 듯하네요. 하지만 독자들의 동의가 필요합니다. 자신이 돌아올 때까지 비둘기가 운전을 하지 못하게 해달라고 기사 아저씨가 독자들에게 부탁했거든요. 그래서 비둘기는 온갖 가능한 방법을 다 동원하여 독자들을 설득하려 합니다. 비둘기는 과연 자신의 소원을 성취할 수 있게 될까요?

2.

버스를 운전하고 싶어하는 주인공과 그걸 막아야 하는 독자가 함께 만들어가는 이야기입니다. 등장인물들이 독자에게 대놓고 말을 걸고 적극적인 반응과 참여를 유도합니다. 짧고 쉬운 문장 속에 작가의 창의성과 유머가 가득 담겨 있습니다. 기발하면서도 코믹한 비둘기의 말과 행동이 아이들의 상상력을 자극하고 웃음보를 마구 건드립니다. 특히 "I have dreams, you know! (나도 꿈이 있단 말이야!)"라고 말하는 장면, 해도 해도 안 되니 결국 "LET ME DRIVE THE

BUS!!!"라고 크게 소리 지르는 장면에서는 도저히 웃지 않을 수 없습니다.

크레용을 사용해 단순한 선과 동그라미만으로 그린 소박한 그림인데도 표현력이 놀랍도록 풍부합니다. 비둘기의 다양한 감정이 생생하게 묘사되어 있고 속마음까지도 느껴지는 듯합니다. 눈동자와 얼굴 표정은 물론 온몸으로 자신을 표현하고 어필하는 모습이 각 장면의 상황과 분위기에 너무도 잘 어울립니다.

3.
버스 운전을 허락받기 위해 애교와 애원은 물론 동정심에 호소도 하고 심지어는 거짓말과 회유까지도 하는 비둘기. 그 비둘기에게서 자신의 모습을 볼 수 있기 때문일까요? 어떻게 해서든 자기가 원하는 것을 얻어내려고 애쓰는 비둘기의 낯설지 않은 모습에 아이들은 크게 공감합니다. 계속되는 실패에도 불구하고 끝까지 포기하지 않는 모습에 열렬히 환호합니다.

결국엔 실패하고, 버스가 떠나버리자 고개를 푹 숙이고 실망하며 좌절하는 비둘기. 하지만 빨간 트럭을 발견하자마자 금세 기운이 나서 어느새 트럭 운전을 꿈꿉니다. 두말할 필요가 없습니다. 영락없는 우리 아이들의 모습이니까요. 원하는 것을 얻지 못해 시무룩해졌다가도 다른 흥밋거리가 생기면 언제 그랬냐는 듯이 금방 헤헤거리고 쌩쌩해지는 모습. 비록 어른들의 눈에는 황당해 보일지라도 끊임없이 무언가를 꿈꾸고 갈망하는 모습 말이죠. 그래서 더 쉽게, 더 깊이 공감하나 봅니다.

비둘기처럼 이것저것 해보고 싶은 것이 너무나도 많은 우리 아이들, 그 넘치는 호기심과 탐구심을 잘 살려주어야 한다는 것을 알면서도 무엇을 어디까지 허용해주어야 할지 고민되시죠? 혹시라도 그 정도가 지나쳐 다치거나 위험해지지 않을까 두려운 마음도 들고요. 엄마 아빠의 이런 마음까지도 깊이 헤아리고 있는 작가의 작품. 그래서 어른들도 아이 못지않게 빠져드나 봅니다.

4.
다른 책들과 달리 독자가 끼어들 자리가 있어 책 읽기가 더욱 흥미롭습니다. 읽어주는 엄마 아빠는 물론 영어를 잘 모르는 아이들도 쉽게 참여할 수 있습니다. 어떻게든 버스를 운전하고 싶어하는 비둘기의 간절한 마음이 잘 드러나도록 읽어주는 것이 포인트입니다. 비둘기의 말과 행동을 똑같이 흉내 내어 실감나게 읽어주면 아이들은 너나 할 것 없이 까르르하며 그냥 넘어가버립니다.

책을 읽어주면서 비둘기가 부탁할 때마다 아이에게 "No!"라고 대답하도록 해보세요. 이렇게 역할이 주어지면 아이들은 엄청나게 좋아하고 열심히 참여하여 영어책을 읽는 재미가 배가됩니다. 계속 간절하게 조르고 조르면 No! No! No! 하다가도 비둘기가 불쌍해서인지 자신도 모르는 사이에 Yes! 하게 됩니다. 그러다가 다시 정신을 차리고 No! 하기도 하고요. 단호하게 No!를 외치는 모습도 귀엽지만 여리고 착한 마음에 Yes!라고 답하는 모습은 더욱 사랑스럽습니다.

여러 번 읽어 익숙해지면 나중에는 역할을 바꾸어 아이가 비둘기를 맡고 엄마 아빠는 No!를 담당합니다. 그런 식으로 누가 더 실감나게 잘 읽어주는지 경쟁하며 역할을 바꾸어 읽으면 책 읽는 재미와 즐거움이 더욱 커집니다. 비둘기 역할을 맡은 아이의 표정과 말하는 모습이 너무도 귀엽고 사랑스러워 안아주지 않을 수 없습니다. Again! Again!을 연발하며 다시 읽어달라고 하는 것도, 몇 날 며칠에 걸쳐 비둘기 책을 계속 가져오는 것도 매우 당연한 일이 될 겁니다.

5.
세계적인 어린이 TV Show 〈세서미 스트리트(Sesame Street)〉의 작가로도 유명한 Mo Willems의 첫 번째 그림책입니다. 2004년 칼데콧 아너북(Caldecott Honor Book) 수상작이며 최고의 그림책 100권(Teachers' Top 100 Books for Children, NEA)에 들어가는 작품이기도 합니다. 읽는 동안 내내 웃음이 여기저기서 빵빵 터지는 흥미 만점의 책. 영어책은 어렵다는 생각을 바꾸어주고 영어에 대한 거부감을 한 방에 날려버릴 책. 아이들이 영어책 읽기를 좋아할 수밖에 없도록 만드는 책. 영어가 익숙하지 않은 아이를 위해 쉽고 재미있는 영어책을 찾고 있다면, 가장 먼저 추천하고 싶은 책 중 하나입니다.

이 책 외에도 Pigeon 시리즈에 속하는 9권의 책이 더 있습니다. 하나같이 재미있고 읽기 쉬우며 널리 호평받는 책입니다. 강추합니다.

〈Mo Willems의 Pigeon 시리즈〉
- 《Don't Let the Pigeon Drive the Bus!》(2003)
- 《The Pigeon Finds a Hot Dog!》(2004)
- 《The Pigeon Has Feelings, Too!》(2005)
- 《The Pigeon Loves Things That Go!》(2005)
- 《Don't Let the Pigeon Stay Up Late!》(2006)
- 《The Pigeon Wants a Puppy!》(2008)
- 《The Duckling Gets a Cookie!?》(2012)
- 《The Pigeon Needs a Bath!》(2014)
- 《The Pigeon Has to Go to School!》(2019)
- 《The Pigeon Will Ride the Roller Coaster!》(2022)

P. S.
너무나도 재미있어 반복해서 읽다 보면 어느 날 아이가 일상 속에서 책 속의 문장을 사용하게 될지도 모릅니다. 맛있는 간식을 달라거나 무언가 원하는 걸 하게 해달라고 "Please~!" 하기도 하고, 혹은 마음에 들지 않는 일이 있을 때 "No fair!" 하면서 말이죠. 그렇게 되더라도 너무 놀라지 마시기 바랍니다. 꾸준히 영어책 읽기를 즐기다 보면 모두 자연스레 생기는 일이니까요. 그리고 그렇게 시작된 영어는 힘들게 공부한 영어와 그 차원이 다릅니다. 아시죠? 영어책 읽기의 즐다잘은 최선의 방법이 아닙니다. 유일한 방법입니다.

한 줄 소감

김인화1344
영어를 잘 모르는데도 아이들과 함께 정말 즐겁게 읽을 수 있었어요. 생동감 넘치는 표현과 잠시도 쉴 틈 없는 유머에 감탄이 절로 나옵니다. 막판에 간절함을 단번에 포기하는 장면에서는 배신감(?) 같은 게 느껴져요.^^

유지민1941
교수님께서 알려주신 것처럼 아이에게 No!를 부탁하며 함께 읽었어요. 아이가 키득키득하며 무척 즐거워하네요. 이젠 책을 보지 않고서도 "Can I drive the bus?"라고 하면 신나게 "No!"라고 외칩니다. ㅋㅋ

김지혜2858
아이가 이 책을 엄청 좋아해요. 글자도 모르는데, 단순한 비둘기 한 마리에 왜 이토록 열광하는지! 교수님 글을 읽으면서 연신 고개를 끄덕끄덕했습니다.

신송인2920
저희 애는 일자무식 영어 왕초보거든요. 근데 No!라고 외치며 참여할 기회가 생기니 너무너무 좋아합니다. 모 윌렘스 작가님, 완전 동심 저격이에요! 이런 식이라면 즐다잘이 절로 될 것 같아요.

고희선1063
교수님의 소개글에도 슬미 가이젤 상을 드려야 할 것 같아요! 누구나 Mo Willems의 진가를 알 수 있도록 이렇게 쉽고도 재미있게 풀어주시잖아요.^^

정미나2397
아이에게 책을 읽어주는데 pigeon의 표정과 말투가 얼마나 간절한지! 어느새 "YES!!!"라고 대답하는 아이의 눈빛과 표정에서 제가 더 빵 터져 웃게 되었네요!

이미숙2026
고개를 한쪽으로 떨구고 Please~! 하고 간청하는 아이를 보니 Yes라고 말할 수밖에 없었어요.^^ 근데 pigeon이 원하는 바를 이루지 못하게 막아 자기가 이겼다고 생각하기 때문인지 아이들이 더 환호하는 것 같아요.

전주연2378
재미있는 포인트를 찾기 힘들었는데 낭독도 하고 교수님 글도 읽으며 점점 빠져듭니다. 특히 오늘은 작은 아이가 No fair!라는 말을 해서 깜짝 놀랐어요. 역시 즐기는 게 최고네요.

이현경2258
계속 No!를 하던 아이들이 How about I give you five bucks?에서는 1초의 망설임도 없이 바로 YES!라고 외치는 것을 보고 남편이랑 함께 한참을 웃었답니다. 이놈들!ㅋㅋ

김은영3432
아이가 No! No!를 단호하게 외치다가도 비둘기의 애절함에 마음이 움직여 끄덕끄덕하던 모습이 떠올라 자꾸 웃음이 나요.^^

김영희2842
하고 싶은 건 기어코 하고야 말겠다는 Pigeon의 모습이 엄마에게 조르는 우리 아이들 같아 귀엽기만 하네요. 얘들아, 담엔 꼭 Yes! 해줄게. 사랑해.^^

안영지1845
Pigeon은 정말 밀당의 찐 고수네요. 근데 우리 아이들도 결코 Pigeon 못지않은 것 같아요. 하고 싶은 것도 많고, 원하는 것도 많고, 거기다가 자기가 원하는 것을 당당하고도 끈질기게 요구하는 모습까지도요.

느리게 100권 읽기
DAY 002

난이도 ■■□□□□

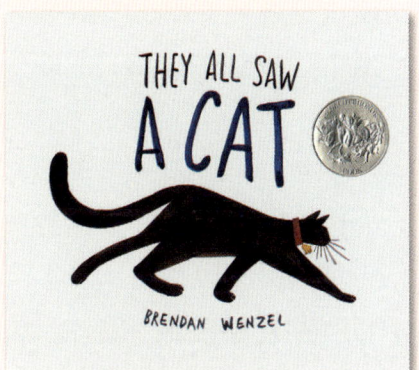

They All Saw a Cat
by Brendan Wenzel

세상의 모든 것은 어떤 눈으로 바라보느냐에 따라 크게 달라질 수 있습니다. 관점의 차이에서 비롯되는 서로 다른 견해와 다양한 해석은 인터넷상에 범람하는 수많은 정보와 더불어 우리의 마음을 더욱 혼란스럽게 합니다. 오늘 우리가 함께 읽을 늘백의 그림책은 다양한 관점과 그것이 가지는 의미에 대해 생각해보게 하는 Brendan Wenzel의 《They All Saw a Cat》입니다.

1.

멋진 수염과 날카로운 발톱, 유연하고 민첩한 몸을 가진 고양이가 우아한 모습으로 천천히 걸어갑니다. 그렇게 여기저기를 다니는 동안 아이와 개, 여우와 물고기, 생쥐와 꿀벌, 새와 벼룩, 뱀과 스컹크, 그리고 지렁이와 박쥐를 차례로 만납니다. 그런데 흥미롭게도 그들 모두 똑같은 고양이를 보았음에도 불구하고 그들의 눈에 비친 고양이의 모습은 모두 다르고, 우리가 평소에 생각했던 모습과도 확연히 다릅니다. 대체 어떤 것이 고양이의 진짜 모습일까요?

2.

사물을 바라보는 다양한 관점에 대한 이야기입니다. 보는 이의 시각에 따라 같은 사물이 어떻게 달라 보이는지를 아주 예리하게 포착하여 섬세하고도 생동감 있게 표현하고 있습니다. 고양이를 바라보는 많은 눈을 통해 다양한 시각과 관점의 변화를 실감나게 경험할 수 있습니다. 사람마다 사물에 대한 인식이 다르다는 사실을, 평소 잘 깨닫지 못하고 알아도 잊기 쉬운 그 중요한 사실을 명확히 볼 수 있게 해줍니다.

그림책에서 가장 핵심적인 역할을 하는 그림이 특히 많은 일을 하는 책입니다. 글 없이도 거의 모든 내용을 어렵지 않게 이해할 수 있습니다. 하지만 표현 하나하나를 자세히 보고 되새겨봐야만 그 깊은 뜻을 파악할 수 있는 책입니다. 쉽고 단순한 문장, 재치와 통찰 가득한 아름다운 그림이 아이들의 호기심과 상상력을 자극합니다. 순수하고 편견 없는 눈을 갖고 있기 때문일까요? 아이들의 관찰력이 빛을 발하고 질문이 꼬리에 꼬리를 물고 이어집니다.

3.
그림을 보는 기쁨과 즐거움이 유난히 커서 눈이 호강하는 책입니다. 사물을 바라보는 관점에 대한 심오한 통찰을 어린아이들까지도 쉽게 이해할 수 있도록 풀어낸 책. 중요한 메시지를 우아하고 세련된 방식으로 전달하는 책. 작가의 상상력과 창의성, 기발하고도 독창적인 아이디어가 돋보이는 책. 내용은 매우 단순하지만 생각할 거리가 정말 많은 책. 〈뉴욕타임스(The New York Times)〉의 리뷰처럼, 말이나 글로는 충분히 설명하거나 제대로 평가할 수 없는, 반드시 직접 읽어봐야만 그 진가를 알 수 있는 책입니다. 2017년 칼데콧 아너북(Caldecott Honor Book) 수상작입니다.

똑같은 상황을 서로 다른 네 가지 시각에서 볼 수 있게 해주는 Anthony Browne의 그 유명한 《Voices in the Park》와 서로 자신이 보는 게 맞다고 우기는 상황을 그린 Amy Krouse Rosenthal의 《Duck! Rabbit!》이 생각납니다. 관점의 차이에 대해 깊이 생각하고 깨달음과 지혜를 얻고자 하는 사람들에게 가장 우선적으로 추천하고 싶은 책입니다.

4.
산책 과정에서 고양이가 만나는 등장인물들의 순서에 유의하세요. 맨 처음 만나는 셋(child, dog, fox)은 먹이사슬에서 모두 고양이보다 상위에 있는 포식자에 해당합니다. 이들 셋의 눈에 비친 고양이는 우리가 생각하던 모습과 크게 다르지 않지요. 다음 셋(fish, mouse, bee)은 고양이의 먹이가 될 수도 있는 약한 동물들입니다. 그래서일까요? 이들 셋의 눈에 비친 고양이의 모습은 처음 셋의 경우와 매우 대조적입니다. 그리고 나머지 여섯(bird, flea, skunk, snake, worm, bat)은 고양이와의 관계에서 약간의 거리가 있는 존재들입니다. 그들의 눈을 통해 우리는 평소에 생각하지 못했던 고양이의 색다른 모습을 접하게 됩니다.

열둘이나 되는 관찰자의 다양한 시각이 통합적으로 반영된 고양이의 모습도 무척 흥미롭습니다. 그러한 묘사를 단순한 재밋거리로 여길 수도 있습니다. 작가의 상상력이 가미된 것이기에 사실보다는 허구에 더 가깝다고 해야 할지도 모릅니다. 그렇지만 괴상하게 느껴질 정도로 여러 시각이 뒤죽박죽 뒤섞여 있는 그 모습이 우리가 아는 것보다 고양이의 진짜 모습에 덜 가깝다고 누가 단언할 수 있을까요?

그것으로 끝이 아닙니다. 고양이의 산책은 아직 끝나지 않았거든요. 고양이는 마침내 물가로 가서 자신의 모습을 직접 보게 됩니다. 고양이의 눈에는 자신의 모습이 어떻게 비쳤을까요?

사실 타자의 관점은 충분히 고려하면서도 정작 당사자의 시각은 잊기가 쉽습니다. 자신의 생각이 늘 우선이고 기껏해야 상대의 입장을 고려하는 척하기 일쑤인 사람들에게는 결코 떠올리기 쉽지 않은 부분이지요. 많은 창의적인 발상과 아이디어의 구현 과정에서 간과하기 쉬운 당사자의 관점, 즉 고양이의 시각을 놓치지 않은 작가의 치밀함에 박수를 보내지 않을 수 없습니다.

5.
텍스트는 얼마 되지 않고 문장은 단순하지만 단어 하나하나에 깊은 뜻이 담겨 있습니다. 그중에서도 짧은 텍스트 안에서 네 번이나 반복되며 책 전체를 관통하는 다음 문장이 가장 돋보입니다.

> The cat walked through the world, with its whiskers, ears, and paws
> ...

고양이는 언제나 같은 수염, 같은 눈과 귀, 같은 발과 다리를 가지고 세상을 활보합니다. 하지만 고양이를 바라보는 주체가 누구냐에 따라 각 부분의 모습이 달라지고 아예 보이지 않거나 무시되기도 합니다. 실상은 그들 모두가 똑같은 그 고양이(the cat)를 본 것이지만, 각자의 눈에 비친 고양이의 모습은 서로 달랐기 때문에 (같은 그 고양이가 아니라) 각각 임의의 어떤 고양이(a cat)를 본 것과 다름이 없었습니다. 심지어는 그들 모두가 그 고양이를 알고 있었고 고양이도 그들을 알고 있었음에도 불구하고 결국은 자기 나름의 고양이를 본 것이지요. 책 제목에서 예고되었던 것처럼 "YES, THEY ALL SAW A CAT!"이었던 것입니다.

    ... and the bat saw A CAT.
    Yes, they all saw the cat
      ⋮
    YES, THEY ALL SAW A CAT!

    The cat knew them all,
    and they all knew the cat.

6.
조금만 깊이 생각해보면 하나의 똑같은 사실을 놓고도 서로 다르게 보고 다르게 해석하는 것은 너무도 당연한 것임을 알 수 있습니다. 한 사람의 관점은 그 사람의 모든 것을 담고 있습니다. 사람마다 성장 배경과 생활 환경, 받은 교육과 경험한 것이 다르니 관점은 다를 수밖에 없는 것입니다. 관점이 다르다는 것은 하나의 사물을 서로 다른 각도에서 본다는 뜻입니다. 보는 위치나 각도가 다르면 대상이 달라 보일 수밖에 없습니다. 따라서 관점의 차이도, 그 차이가 가져오는 다른 차이들도 매우 자연스럽고 당연한 것입니다. 그러하기에 그것은 결코 옳고 그름의 문제가 될 수 없습니다. 오히려 이해와 공감의 대상, 나 자신의 시야를 넓힐 수 있는 기회가 되어야 하는 것이지요.

이 책을 통해 알게 되길 바랍니다. 당신이 아닌 다른 사람들에게는 고양이를 포함한 세상의 모든 것이 당신에게 보이는 것과는 다르게 보인다는 사실을. 그리고 그 차이가 당신이 생각하는 것보다 훨씬 더 클 수 있다는 것을. 아무리 가까운 사람이라도 마찬가지입니다. 아무리 비슷해도, 설사 일란성 쌍둥이라 할지라도 예외가 될 수는 없습니다. 이러한 사실을 깨닫고 인정하는 것이 상대를 이해하고 상대의 공감을 이끌어내는 과정의 첫걸음입니다.

거기에서 한 걸음 더 나아가 주어진 문제를 상대의 입장에서 바라보고 이해하려는 노력을 기울여야 합니다. 물론 이것으로도 충분하지 않습니다. 상대가 겪고 있는 것과 똑같은 상황에 처해보지 않는 한 상대의 처지와 심정을 헤아리는 것은 불가능에 가까울 정도로 어려운 일이기 때문입니다. 따라서 Put yourself in someone else's shoes란 말을 비유적으로 해석하여 이해하는 것에 그치지 말고, 말 그대로 상대의 신발을 신어봐야 하는 것입니다. 상대방을 평가하고 판단하기 전에 그의 (불편한) 신발을 신고 그가 걸어온 길을 걸어봐야만 하는 것이지요.

그럼에도 불구하고 자신의 관점과 해석만을 고집하며 다른 입장, 다른 의견을 좀처럼 인정하지 않는 사람들을 자주 보게 됩니다. 우리 아이들이 충분히 어려서 말랑말랑한 마음으로 너와 나의 다름을 받아들일 수 있을 때, 우리 어른들처럼 편견과 아집에 사로잡히기 전에 깨닫게 되길 바랍니다. 사람마다 보이는 것이 다르고 해석도 다를 수밖에 없다는 사실을. 그래야만 다른 사람과의 관계에서 상대의 상황과 입장, 감정이나 기분, 욕구와 바람을 이해하고 상대가 느끼는 것처럼 느낄 수 있는 공감 능력을 갖출 수 있을 테니까요. 그래야만 행복하게 살 수 있고 다른 사람들의 행복에도 기여할 수 있을 테니까요.

한 줄 소감

천주연3249
똑같은 책을 읽었는데도 이토록 다양한 해석이 가능하다니 교수님의 해설에 감탄이 절로 납니다. 또 한 번 깨닫게 되네요.

황현경2729
내가 보는 게 다가 아니다! 보이는 게 다가 아니다! 더 겸손해져야겠어요. 누군가의 행동이 도무지 이해되지 않을 때 오늘의 소개글을 다시 꺼내보고 싶습니다.

조민아2480
재미있고 흥미로운 책이라고 생각했지만, 소개글과 함께하니 깊이가 더해집니다. 특히 자기 자신의 시각을 놓치지 않은 것에서 정말 무릎을 치게 되네요.

김보람1198
다른 사람의 신발은 신어볼 생각을 못 했어요.ㅠㅠ 혹여 제가 원하는 방향으로만 아이를 키우고 있진 않은지 반성하게 됩니다. 더욱 느리게 키우겠습니다.

강민정3101
오늘 소개글은 인생 강의를 한 편 들은 것 같아요. 그림책 한 권의 큰 힘을 느낍니다. 새겨두겠습니다.

정숙경2415
그림책을 읽고 나서 교수님의 소개글을 읽으면 정말 좋아요. 여러 가지 관점을 비교하며 더 깊이 있고 다양하게 책 읽기를 즐길 수 있으니까요. 이 책은 특히 그러네요.

김미연1169
다르다는 것을 인정하면 서로 행복할 텐데 왜 잘 안 될까요? 이 책을 통해 반성도 해보고 새로운 의지도 다져봅니다.

김소연1235
눈이 호강하는 책이라니! 정말 교수님 표현 그대로입니다. 그림책 읽기의 매력을 다시금 깨닫게 해주시네요.

손미경1756
교수님 소개글을 읽고 책을 처음부터 다시 펼쳐봤어요. 오~! 달리 보입니다. 정말 신기하네요.^^

김윤희1316
그 사람의 신발을 신고 그 사람이 걸어온 길을 걸어봐야 상대방을 이해할 수 있다는 말씀이 마음에 크게 와 닿습니다. 정말 공감이 가는 책이네요.

조은경2505
늘백에 참여하면서 가장 많이 변화한 것이 제 관점입니다. 언제부터인가 제 입에서 "이해가 안 돼"라는 말이 쏘~옥 들어가 버렸거든요.^^

위원혜3489
남편에게, 아이들에게, 혹은 친구에게 나는 어떻게 보일까? 궁금해집니다. 나, 너, 그리고 우리에 대한 다양한 시각을 배우게 되네요. 역시 늘백입니다.

느리게 100권 읽기

DAY 003

난이도 ■■■□□

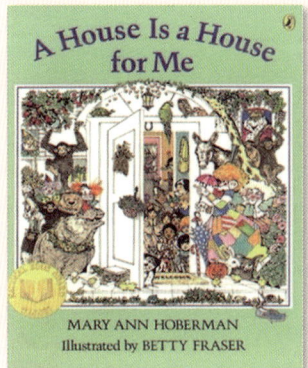

A House Is a House for Me
by Mary Ann Hoberman, Betty Fraser (illustrator)

세상의 모든 것은 집이 있습니다. 땅과 하늘과 바다의 각종 동물과 곤충들은 물론 자동차와 기차, 배와 비행기 같은 탈것들, 그리고 옥수수, 완두콩, 감자, 히코리 열매 같은 식물들까지도. 오늘 우리가 함께 읽을 늘백의 그림책은 Mary Ann Hoberman이 글을 쓰고 Betty Fraser가 그림을 그린 세상의 모든 집에 관한 책 《A House Is a House for Me》입니다.

1.

언덕은 개미의 집, 벌집은 꿀벌의 집, 그리고 땅속의 구멍은 두더지나 쥐의 집입니다. 그렇다면 거미와 벌레, 새와 닭, 돼지와 양, 소와 말 등은 모두 어디에 살까요? 우리의 손과 발, 무릎의 집은 어디일까요? 책과 장미꽃, 우리의 목구멍과 머리는 각각 무엇을 위한 집일까요? 개는 당연히 개집에 살겠지요? 그렇다면 개는 누구의 집이 될까요? 이와 같이 집에 관한 이야기가 끝을 모르는 듯 계속 펼쳐집니다. 작가의 상상력은 과연 어디까지 갈 수 있을까요?

2.

생각할 수 있는 모든 가능한 것들의 집에 관한 이야기입니다. 생물은 물론 무생물까지 그리고 심지어는 눈에 보이지 않는 것들까지 포함하여 세상의 아주 많은 것들을 집과 그 안에 사는 것이란 관점에서 바라보게 해줍니다. 기발하고 참신한 발상을 담은, 집에 관한 많은 표현들이 있습니다(예: A dog is a house for a flea; A throat is a house for a hum). 그중에서도 지구에 관한 맨 마지막 문장이 읽을 때마다 가슴을 무겁게 짓누릅니다. 우리가 살 수 있는 유일한 곳이며 우리가 가진 사실상의 전부인데 우리는 왜 그렇게 소중한 지구를 함부로 대할까요? 모두를 위한 집인데도 왜 나만의 것인 양 생각하고 행동하는 것일까요?

And the earth is a house for us all.

그림이 예쁘고 사랑스러우며 놀라울 정도로 볼거리가 풍부합니다. 책을 펼치기도 전에 많은 등장인물들이 마치 기대해도 좋다는 듯한 얼굴로 우리를 바라봅니다. 면지의 글자 디자인 또한 심상치 않습니다. 단 한 페이지도 그냥 넘길 수 없는 화려하고 매력적인 그림들이 계속 이어집니다. 각 그림 속에 많은 이야기가 담겨 있습니다. 천천히 주의 깊게 들여다보면 볼 때마다 새로운 것이 보이고 다른 것이 느껴집니다. 그림 속에 있는 흥미로운 요소들이 책 읽는 재미를 더해줍니다. 《이상한 나라의 앨리스(Alice's Adventures in Wonderland)》 같은 장면도 보이고, 《잭과 콩나무(Jack and the Beanstalk)》도 들어와 있는 듯합니다. 꽃을 좋아하는 황소 페르디난드를 아시나요? 그 황소에 대한 책 《The Story of Ferdinand》를 읽고 있는 아이도 눈에 띕니다.

책이 약간 두툼하고, 글밥이 좀 있는 페이지도 있고, 낯선 단어들도 등장합니다. 하지만 같은 패턴의 문장이 반복되고 있어 생각보다 읽기가 어렵지는 않습니다. 낯선 단어들은 주어진 글과 그림을 통해 의미를 짐작하려고 노력해보세요. 마음을 열면 오히려 새로운 표현들을 자연스럽게 접하고 친해질 수 있는 좋은 기회가 될 수도 있으니까요.

3.
얼핏 보면 다양한 유형의 집에 대해 배울 수 있는 논픽션 책이라고 생각할 수 있습니다. 그래서 선뜻 손이 가지 않을 수도 있고요. 하지만 천천히 느리게 읽어보면 지루함이나 무미건조함을 그림의 화려함으로 만회하려는 정보책이 아님을 알게 됩니다.

모두에게 익숙하면서도 당연하게 느껴지는 '집'을 통해 상상력과 창의적인 사고가 무엇인지 보여주고 우리의 생각을 확장시켜 줍니다. 집에 대해 생각하면 생각할수록 세상의 더 많은 것들이 집이나 그 집에 사는 것들로 보입니다. 주변의 사물들이 다르게 보이기 시작합니다. 세상과 우리 자신에 대해서도 새로운 시각을 갖게 됩니다. 이런저런 생각이 꼬리에 꼬리를 물고 계속 이어집니다.

책을 읽고 난 후 아이들과 함께 집에 대해 이야기를 나누어보세요. 핵심은 영어 문장의 해석이 아니라 상상력의 발휘입니다. 아이들의 생각이 막힘 없이 흐를 수 있도록 도와주세요. 아이들의 때 묻지 않은 순수한 마음과 자유로운 영혼이 마음껏 뛰놀 수 있도록 허용하고 격려해주세요. 책 읽기를 통해 한껏 자극받은 아이들의 상상력이 어떤 기발하고 신기한 생각을 만들어내게 될지 궁금합니다.

4.
우리의 몸은 흔히 우리의 마음과 생각을 담는 그릇인 동시에 우리의 영혼이 사는 집이라고 합니다. 여러분은 그 집을 잘 관리하고 계십니까? 프란시스 베이컨(Francis Bacon)은 "건강한 신체는 영혼을 위한 안식처이지만 병든 몸은 영혼의 감옥이다(A healthy body is a guest chamber for the soul; a sick body is a prison.)"라고 했습니다. 건강한 마음과 정갈한 영혼은 신체의 병과 고통을 견디고 이겨내도록 도와줍니다. 하지만 몸이 강건해야 그 안에 담긴 생각은 물론 영혼까지도 건강해집니다.

"기적은 하늘을 날거나 바다 위를 걷는 것이 아니라, 땅에서 걸어 다니는 것이다"라는 중국의 속담이 있습니다. 알고 보면 건강한 몸으로 일상생활을 영위하는 것 자체가 엄청난 기적입니다. 평소에는 너무도 당연하게 느껴지기 때문에 잃고 나서야 비로소 그 소중함을 알게 되는 우리 몸의 건강, 일상의 행복과 우리 영혼의 평안을 위해 그 어떤 것보다도 중요한 것임을 잊지 않았으면 좋겠습니다.

여러분의 깨달음을 돕고자 하는 마음으로 윤세영 님의 〈일상의 기적〉이란 글 (2016년 3월 3일 〈동아일보〉 칼럼)을 소개합니다. (참고로 이 글은 〈박완서의 노년관(老年觀)〉이란 그럴듯한 제목과 함께 인터넷에 널리 유포되고 있지만 사실은 돌아가신 박완서 선생님의 글이 아님을 알려드립니다.)

일상의 기적

덜컥 탈이 났다. 유쾌하게 저녁식사를 마치고 귀가했는데 갑자기 허리가 뻐근했다. 자고 일어나면 낫겠거니 대수롭지 않게 여겼는데 웬걸, 아침에는 침대에서 일어나기조차 힘들었다. 그러자 하룻밤 사이에 사소한 일들이 굉장한 일로 바뀌어버렸다. 세면대에서 허리를 굽혀 세수하기, 바닥에 떨어진 물건을 줍거나 양말을 신는 일, 기침을 하는 일, 앉았다가 일어나는 일이 내게는 더 이상 쉬운 일이 아니었다. 별수 없이 병원에 다녀와서 하루를 빈둥거리며 보냈다.

비로소 몸의 소리가 들려왔다. 실은 그동안 목도 결리고 손목도 아프고 어깨도 힘들었노라, 눈도 피곤했노라, 몸 구석구석에서 불평을 해댔다. 언제나 내 마음대로 될 줄 알았던 나의 몸이 이렇게 기습적으로 반란을 일으킬 줄은 예상조차 못했던 터라 어쩔 줄 몰라 쩔쩔매는 중이다.

이때 중국 속담이 떠올랐다. "기적은 하늘을 날거나 바다 위를 걷는 것이 아니라 땅에서 걸어 다니는 것이다." 예전에 심겹게 웃어넘겼던 그 말이 다시 생각난 건 반듯하고 짱짱하게 걷는 게 결코 쉬운 일이 아님을 실감하게 되었기 때문이다. 괜한 말이 아니었다. '아프기 전과 후'가 이렇게 명확하게 갈라지는 게 몸의 신비가 아니고 무엇이랴.

얼마 전에는 젊은 날에 윗분으로 모셨던 분의 병문안을 다녀왔다. 몇 년에 걸쳐 점점 건강이 나빠져 이제 그분이 자기 힘으로 할 수 있는 것은 눈을 깜박이는 정도에 불과했다. 예민한 감수성과 날카로운 직관력으로 명성을 날리던 분의 그런 모습을 마주하고 있으려니 한때의 빛나던 재능도 다 소용이 없구나, 서글픈 마음이 들었다.

돌아오면서 지금 저분이 가장 원하는 것이 무엇일까 생각해보았다. 혼자서 일어나고 좋아하는 사람들과 웃으며 이야기하고, 함께 식사를 하고 산책을 하고, 그런 아주 사소한 일이 아닐까. 다만 그런 소소한 일상이 기적이라는 것을 깨달을 때는 대개는 너무 늦은 다음이라는 점이 안타깝다.

우리는 하늘을 날고 물 위를 걷는 기적을 이루고 싶어 안달하며 무리를 한다. 땅 위를 걷는 것쯤은 당연한 일인 줄 알고 말이다. 사나흘 노인네처럼 파스도 붙여보고 물리치료도 받아보니 알겠다. 타인에게 일어나는 일은 나에게도 일어날 수 있는 일이라는 것을. 크게 걱정하지 말라는 진단이지만 아침에 벌떡 일어나는 일이 감사한 일임을 이번에 또 배웠다. 건강하면 다 가진 것이다.

한 줄 소감

최혜령2632
상상력을 마구 자극하는 책이네요. 책을 읽고 주위의 보이는 것들에 대해 생각해봤어요. 공유해주신 〈일상의 기적〉도 읽고 나니 생각이 확 달라지네요.

배은영1692
집에 대한 이야기가 놀랍도록 신선하네요. 어려운 표현이 많아 머뭇거리던 책인데 흥미를 자극하는 생각 포인트를 짚어주셔서 끝까지 재미있게 읽을 수 있었습니다.

임숙연3218
지구는 세입자만 잔뜩 살아서 자꾸 흠집이 나고 여기저기 문제가 생기는 것일까요?ㅠㅠ 자고로 주인이 살아야 관리가 잘된다고 하던데….

박해경1668
책을 처음 봤을 때는 재미없는 논픽션이라 생각했어요. 근데 소개글을 읽고 다시 보니 완전히 달리 보입니다. 아이와 나눌 이야깃거리도 막 생각이 나구요.

김주은3437
집의 소중함을 알기 위해 여행을 간다지요? 돌아올 집이 있음에 감사합니다. 우리 모두의 집인 지구를 더 잘 보살피고 싶어요.

홍지윤3765
핵심은 영어 문장의 해석이 아니라 상상력의 발휘라는 말씀이 확 와닿네요. 무릎, 목구멍의 집까지는 생각해본 적이 없었는데…. 소개글을 읽고 나니 책을 읽고 싶은 마음이 갑자기 커졌습니다.

정혜선2459
아는 만큼 보이는 책인 것 같아요. 아는 게 없는 저는 교수님 소개글에 의지하면서 봅니다.^^

송봉선1770
늘벽이 아니었으면 읽지 않았을 책이에요. 소개글의 안내처럼 아이들과 천천히 집에 대해 살펴보고 이야기 나눠볼게요.

신송인2920
걷는 것이 기적이다라는 말이 너무 와닿네요. 코로나 상황에 일상이 더 소중한 이때, 이 그림책이 정말 딱인 것 같습니다.

위원혜3489
세상에는 정말 많은 집이 있지만 우리의 지친 마음이 쉬어 가는 곳, 정다운 대화와 웃음이 넘쳐나는 곳, "슬로우 미러클", 일명 "슬미"를 소개합니다.^^

김미성1165
책만 읽었다면 재미없었을 것 같아요. 소개글이 살렸습니다, 제 머릿속의 상상력을.^^

함주현2680
이 책을 놓쳤더라면 큰일 날 뻔했어요. 동화책 한 권으로 집에 대한 통찰은 물론, 지구와 인간의 삶, 건강과 영혼까지, 지구를 한 바퀴 돌고 온 느낌입니다.

Miss Nelson Is Missing!
by Harry Allard, James Marshall (illustrator)

워낙 고운 마음씨를 지녀 아이들을 혼내지 않고 늘 친절한 말로 타이르는 선생님이 있습니다. 그런데 그런 선생님에게 무례한 언행도 서슴지 않고 못된 짓만 골라서 하는 아이들이 있다면 어떻게 하는 게 좋을까요? 오늘 우리가 함께 읽을 늘백의 그림책 Harry Allard 글, James Marshall 그림의 《Miss Nelson Is Missing!》은 바로 그런 문제를 기상천외한 방법으로 재치 있게 해결한 선생님과 그녀의 학생들에 대한 이야기입니다.

1.
Nelson 선생님이 맡은 Room 207의 아이들은 최고의 불량아들입니다. 선생님이 있는데도 큰 소리로 떠들고, 쓰레기통을 뒤집어쓰고, 종이를 씹어 천장에 던지고, 종이비행기를 날립니다. 한마디로 교실 전체가 난장판입니다. 자리에 앉으라고 해도 말을 듣지 않고 계속 떠들며 킥킥거리기만 합니다. 수업시간에도 공부는 완전히 뒷전입니다.

아이들에게 크게 실망하고 마음에 상처를 입었기 때문일까요? 갑자기 Nelson 선생님이 학교에 나타나지 않습니다. 그러자 아이들은 이제 제대로 난리를 칠 수 있겠다고 생각하며 환호하지요. 그런데 바로 그때 시커먼 옷을 입은, 딱 봐도 만만치 않은, 무서운 마녀처럼 생긴 Miss Viola Swamp가 대리 교사로 들어와 아이들을 휘어잡기 시작합니다. 사람의 마음은 역시 상황에 따라 달라지기 마련인 것일까요? 급반전된 상황과 험악한 분위기 속에서 아이들은 Nelson 선생님을 그리워하고 염려까지 하게 됩니다. 하지만 Nelson 선생님은 며칠이 지나도 나타나지 않습니다. 대체 무슨 일이 있는 것일까요?

2.
어른 아이 할 것 없이 누구나 즐길 수 있는 유쾌하고 코믹한 미스터리입니다. 재미있고 귀엽고 기발합니다. 독특한 그림 스타일이 읽는 재미를 더해줍니다. 대충 그은 것 같은 선에서는 물론이고 자그마한 눈과 큼지막한 미소, 풍성한 머리카락이 특징적인 등장인물들의 모습에서 얽매이지 않은 자유분방함이 느껴집니다.

표지 그림부터가 심상치 않습니다. 선생님 자리는 비어 있고 책상에 앉아 있는 아이들의 표정은 어둡고 심각하기만 합니다. 첫 페이지의 교실 모습에서는 통제 불가능한 상황에 난감해하는 Nelson 선생님의 깊은 한숨 소리가 들려오는 듯합니다. 크고 뭉툭한 코, 길고 뾰족한 턱, 무섭게 쏘아보는 눈, 날카롭고 기다란 손톱, 한마디로 흉측하고 혐오스러운 모습의 Miss Swamp는 마치 악한 마녀의 현신처럼 느껴집니다. 구제불능의 못된 말썽꾸러기들을 착하고 얌전한 아이들로, 상냥하고 친절한 Nelson 선생님을 무서운 마녀로 둔갑시킨 작가의 상상력과 그림 솜씨가 놀랍습니다.

세 권으로 이루어진 Miss Nelson 시리즈의 첫 번째 책입니다. 다른 2권도 못지않게 재미있습니다.

- 《Miss Nelson Is Missing!》 (Miss Nelson #1, 1977)
- 《Miss Nelson Is Back》 (Miss Nelson #2, 1982)
- 《Miss Nelson Has a Field Day》 (Miss Nelson #3, 1985)

3.
행방불명된 Nelson 선생님을 그리워하며 걱정하는 장면에서 아이들의 엉뚱한 상상력을 엿볼 수 있습니다.

"Maybe she was gobbled up by a shark!"
(상어에게 잡혀 먹혔을지도 몰라!)

"Maybe Miss Nelson went to Mars!"

(화성에 간 건 아닐까?)

"Maybe Miss Nelson's car was carried off by a swarm of angry butterflies!"

(어쩌면 성난 나비 떼가 데리고 갔을 거야!)

마음씨 고운 천사표 선생님에게는 못되게 굴던 아이들이, 무섭고 엄한 선생님에게는 순식간에 말 잘 듣는 순한 양으로 변하는 것을 보면서 사람은 역시 약자에겐 강하고 강자에겐 약한 것인가 하는 생각을 하게 됩니다. 하지만 사라진 선생님을 그리워하고 염려하며 본연의 착하고 사랑스러운 모습을 되찾는 아이들을 보면서 아이들은 역시 아이들인가 보다 하는 생각도 동시에 갖게 됩니다.

4.

가까운 곳에 있어 언제나 누릴 수 있는 것들은 그 소중함을 잘 모르기 쉽습니다. 깨끗한 공기와 물도 그렇고, 부모님이나 친한 친구도 그렇습니다. 어느 날 갑자기 사라지거나 자리를 비운 후에야 비로소 그 가치와 무게를 깨닫게 되는 것이지요.

친절을 베풀면 그것을 당연한 권리로 여기는 사람들이 종종 있는 듯합니다. 드물지만 상대의 호의를 자신의 이익을 위해 이용하려는 경우도 있는 것 같고요. 뱀같이 지혜롭고 비둘기처럼 순결하라고 하신 성경 말씀이 떠오릅니다(마태복음 10:16). 선의가 선의로 받아들여지려면 착함에 더해 슬기롭고 단호한 모습이 꼭 필요한가 봅니다.

아이들에 대한 믿음을 잃지 않고 소중한 것의 존재를 깨달을 수 있도록 도와준 Nelson 선생님이 진심으로 존경스럽습니다. Nelson 선생님이 보여주신 착함과 지혜로움, 그 둘을 동시에 소유하는 것이 얼마나 어려운 일인지를 잘 알기에 더욱 부럽고 대단하게 느껴집니다. 운 좋게도 우리 아이들이 착함과 지혜를 겸비한 Miss Nelson 같은 선생님을 만나게 되면 정말 좋겠습니다. 아이들이 가는 곳마다 선의가 선의로 받아들여지고, 친절이 친절로 이어지면 좋겠습니다.

한 줄 소감

김지나1380
그녀의 이중생활을 어느 누가 탓할 수 있으랴! Miss Nelson의 변신은 완전 무죄입니다. 땅! 땅! 땅!

김연정1281
교수님의 마지막 말씀이 마음을 울립니다. 선의가 선의로 받아들여지고, 친절이 친절로 이어지기를 간절히 바랍니다.

이은정3367
미스터리 사건을 해결하기 위해 저희집 아이들도 매의 눈으로 지켜보다가 마지막 장면에서 난리가 난 책입니다. 아주아주 흥미진진한 책, 멋진 소개글, 진심으로 감사드려요.

이현정2266
희한하죠~? 착하면 왜 자꾸 함부로 대하거나 무시할까요? 그래서 자꾸만 무표정이 되어가는 건 아닌지…. 수백 마디의 잔소리보다 역시 행동 한 방이네요!

손다은3473
그니까, 있을 때 잘해, 쫌! 제 곁의 착하고 소중한 미스 넬슨들, 정말 고맙습니다.

박연주1604
제발 그녀를 변하게 하지 말아요! 지금 이대로가 최고로 좋은 사람이니까요.^^ 아이들을 가르치는 선생님들의 고충이 고스란히 느껴집니다.

정선린3231
정말 재밌고 한 방의 펀치가 있는 책이었어요. 나의 아이들이여, 기대하시라, Your mom is missing을!ㅋㅋ

안영지1845
제겐 선한 영향력으로 겸손과 지혜를 나눠주시는 교수님이 미스 넬슨 선생님이십니다. :) 그런데 교수님이 어느 날 갑자기 변신이라도 하시면 어떡하죠?^^

김보람1198
여러분, 우리 모두 있을 때 잘합시다! 친절이 친절로 이어지고 슬미가 슬미로 이어지길 바랍니다. 교수님, 조교 선생님들, 정말 감사드려요.

오성희3485
아이들이 죽어라 말 안 들으면, 우리 엄마들도 이렇게 변신했다가 돌아와도 될까요?^^ 진짜로 한번 해보고 싶어요.^^

황미영2712
세상에 당연한 것은 없다! 내가 지금 편안하다면 누군가가 나를 위해 배려하고 헌신하고 있는 것! 그 점을 잊지 않겠습니다.

원문기1909
Miss Nelson 선생님의 기상천외한 방법이 너무나 맘에 듭니다. 언젠가는 저도 험악한 마녀 엄마로 둔갑하여 남편과 아이들을 한번 휘어잡아보고 싶습니다!^^

느리게 100권 읽기

DAY 005

난이도 ■■■■□

Alexander and the Terrible, Horrible, No Good, Very Bad Day

by Judith Viorst, Ray Cruz (illustrator)

무언가 좋지 않은 일이 생길 것만 같은, 불길한 예감이 드는 아침, 혹시 경험해보셨나요? 오늘 우리가 함께 읽을 늘벡의 그림책은 한 소년의 불운한 하루 이야기 《Alexander and the Terrible, Horrible, No Good, Very Bad Day》입니다.

1.

나는 알고 있었습니다. 오늘 하루가 아주 재수 없고 기분 나쁜 날이 될 것이라는 사실을. 왜냐고요? 아침에 일어나 보니 머리에 껌이 붙어 있었거든요. 침대에서 나오면서는 스케이트보드에 걸려 넘어졌고요. 아니나 다를까, 아침을 먹을 때 형들의 시리얼 박스에서는 경품이 나왔는데 내 것만 아무것도 없더군요. 자동차를 타고 학교에 갈 때에도 다른 사람은 모두 창가에 앉았는데 나만은 예외였고요. 학교에서도 재수 없기는 마찬가지였습니다. 선생님이 내 그림보다 친구의 그림을 더 칭찬하시네요. 정말이지 기분이 더럽습니다. 이 답답한 마음을 누구에겐가 털어놓고 싶은데, 누군가는 알아주면 좋겠는데, 여기저기 하소연도 해보았지만 아무도 신경 쓰지 않더군요. 괜히 말했다는 생각만 듭니다. 오늘따라 외로움과 서러움은 왜 이리 크게 느껴질까요? 남은 하루도 계속 이렇게 가는 걸까요?

2.

무엇을 하든 맘대로 되는 일이 없어 답답하고 우울한 한 소년의 이야기입니다. 유머와 재치, 창의성이 글과 그림 모두에 가득합니다. 흑백의 색상이 예스러운 느낌을 줍니다. 어른 아이 할 것 없이 성장기의 우울증을 경험한 사람이라면 누구나 쉽게 공감합니다. 자신의 모든 일이 잘못되고 있는 것 같아 실망하고 좌절하는 아이들에게는 아주 좋은 선물이 됩니다. 누구에게나 잘 풀리지 않는 날이 있음을 알게 해줍니다. 주인공 소년의 푸념을 통해 대리만족과 스트레스 경감, 마음의 평안이 회복되는 경험을 할 수 있습니다. 자신과 주변을 바라보는 균형 잡힌 관점을 가르쳐줍니다.

소리라도 질러대거나 어딘가에 화풀이라도 할 수 있다면 좋을 텐데 그것도 쉽지 않고, 누군가가 하소연을 들어주고 공감해주면 기분이 좀 나아질 것도 같은데 귀 기울여주는 사람은 아무도 없네요. 정말 끔찍하고 아주 안 좋은 날임에 틀림없습니다. 그런 하루를 경험한다면 누구나 주인공 소년처럼 기분이 좋지 않고 우울할 수밖에 없을 겁니다. 소년의 불운을 동정하지 않을 수 없습니다.

시각을 좀 바꾸어보겠습니다. 주인공 소년이 마음을 약간만 고쳐먹고 조금 다른 관점에서 자신에게 일어난 일들을 바라본다면 그런 일들이 누구에게나 충분히 일어날 수 있는 것임을 알 수 있게 되지 않을까요? 그리 나쁘게만 볼 일도 아니고요. 설사 불운이 겹친 것이라 해도 그런 불운의 겹침 또한 누구에게나 가능한 일임을 깨닫게 될 수 있지 않을까요?

3.
매일매일이 재수 없고 맘대로 되는 것이 하나도 없다고 불평하면서, "I'm going to Australia(호주로 가버릴 거야)"를 반복하는 아들에게 하시는 엄마의 말씀.

"Some days are like that. Even in Australia."
(그런 날이 있단다. 호주에서도 마찬가지야.)

두 사람의 대화에서 매우 소중한 인생의 지혜와 통찰을 얻습니다. 언제 어디서건 누구에게나 원치 않는 일은 일어나기 마련입니다. 그러한 사실은 지금 처한 현실에서 도피한다고 달라지지 않습니다.

현재의 상황이 너무도 싫어 어떻게든 벗어날 수 있는 방법을 찾고 계십니까? 부디 성공하시길 바랍니다. 하지만 잊지 마십시오. 그 상황에서 빠져나온다고 문제가 해결되는 것은 아님을. 용기 있게 적극적으로 문제에 대처하지 않으면 실제로 달라지는 것은 사실상 아무것도 없다는 사실을.

4.
이 글을 읽은 모든 분들의 하루하루가 기쁘고 좋은 일만 가득하길 진심으로 기원합니다. 하지만 우리 모두가 잘 알고 있듯이 살다 보면 우리가 바라는 것과는 다르게 원치 않은 일도 일어나기 마련입니다. 불행은 떼를 지어 온다(Misfortunes never come singly)고 했던가요? 때로는 좋지 않은 일이 계속될 수도 있습니다. 여러 가지가 한꺼번에 몰려올 수도 있고요.

행복한 인생을 원한다면 눈앞에 벌어지는 일만을 보고 너무 크게 흔들리지 말아야 합니다. 일이 잘 풀리지 않고 실패가 거듭되어 불행하다고 느낄 때에도 너무 크게 슬퍼하거나 좌절하지 않기를 바랍니다. 실패를 발판 삼아 자신을 성숙시키는 기회로 삼아야 합니다. 반대로, 좋은 일이 계속되어 성공의 길에 서 있다고 여겨질 때는 감사하며 겸허하게 자신을 낮출 수 있어야 합니다. 지나친 기뻐함이나 자랑을 삼가고 어려운 입장에 처한 사람들의 마음을 헤아릴 수 있어야 합니다. 새옹지마(塞翁之馬)란 말처럼, 인생의 모든 것은 복이 화가 되기도 하고 화가 복이 될 수도 있기 때문입니다.

현명한 사람은 자신의 행복을 남의 손에 맡기지 않습니다. Every cloud has a silver lining이란 서양의 속담처럼, 아무리 좋지 않은 상황이라도 긍정적인 면은 있기 마련입니다. 감사는 내가 원하는 좋은 일이 생길 때에만 가능한 것이 아닙니다. 삶의 진정한 고수는 그 모든 것에도 불구하고 감사할 수 있는 사람입니다. 오래전 한 선지자의 고백처럼(하박국 3:17), 비록 무화과나무가 무성하지 못하고 포도나무에 열매가 없으며, 우리에 양이 없고 외양간에 소가 없을지라도 감사하고 기뻐할 수 있다면 얼마나 좋을까요? 그러한 감사와 긍정의 삶은 나와는 다른 아주 특별한 사람에게만 가능한 것일까요?

한 줄 소감

한혜원2675
부정적인 기운을 긍정적인 기운으로 바꿔주는 감사, 잊지 않고 실천해볼게요! 깨우침과 힘을 주는 글을 읽을 수 있음에 오늘도 감사합니다.^^

위원혜3489
주인공 Alexander가 너무 안쓰러워 꼭 안아주고 싶어집니다. 그런데 교수님의 글이 더해지니 Alexander의 웃는 얼굴이 보이기 시작하네요. 저의 웃는 얼굴도 함께요. "내 삶의 행복 찾기 코칭", 감사드립니다.

이지현2226
어제 학교에서 돌아온 아이가 학교에서 마음 다친 이야기를 했어요. 이 소개글을 어제 읽었더라면 좀 더 지혜로운 엄마가 되었을 텐데 정말 아쉽습니다. 아이가 성장하는 내내 곁에 두고 계속 읽어볼게요.

구지예1082
나쁜 일이라 생각했던 것도 지나고 나면 꼭 나쁜 것만은 아니더라고요. 답답했던 마음이 뻥 뚫리는 것 같습니다. 감사합니다.

박연주1604
이 책이 이렇게 읽히기도 하네요. 칼자루는 내가 쥐고 있다. 내 인생은 내가 운전한다! 캬! 가슴이 뻥 뚫립니다.

이유진2977
이 책은 어른인 저에게도 감동을 주네요. 소개글 덕분이겠죠? 오늘이라는 기적에 감사하는 하루를 보내겠습니다.

이지윤2221
안 그래도 오늘 짜증 나는 일이 있어 하루 종일 울적했는데 교수님의 소개글을 읽고 마음이 평온해졌어요. 감사드려요.

채지연2547
처음엔 왜 이렇게 아이가 부정적일까 싶었습니다. 호주는 또 뭐고요. 근데 소개글을 읽고 나니 고개가 끄덕여집니다. 그런 날 정말 많거든요!ㅋㅋ 색다른 책과 울림을 주는 소개글, 감사합니다.

김미연1169
생각해보면 사는 것 자체가 감사한 일인데 자꾸 잊어버리게 되네요. 잊지 않도록 노력할게요. 매일같이 배움과 감동이 있는 좋은 책, 위로와 힘이 되는 글, 감사합니다.

김세영2838
우울한 한 소년의 이야기에서 우리 교수님은 감사와 긍정의 에너지를 채굴해내셨네요!^^ 그 에너지가 널리 퍼져나가 많은 사람들의 생각을 바꾸고 삶을 변화시킬 수 있길 빌게요.

최서우2565
저희 남편과 이야기했던 고민거리들에 대한 해답이 바로 여기 있었네요. 마음을 고쳐먹고 적극적으로 대처하렵니다.

정희정3755
오늘도 많이 배우고 힐링 받습니다. 현명한 사람은 자신의 행복을 남의 손에 맡기지 않는다는 말씀이 크게 와닿네요. 감사와 긍정적인 삶의 주인이 되도록 노력할게요.

I Wish You More
by Amy Krouse Rosenthal, Tom Lichtenheld (illustrator)

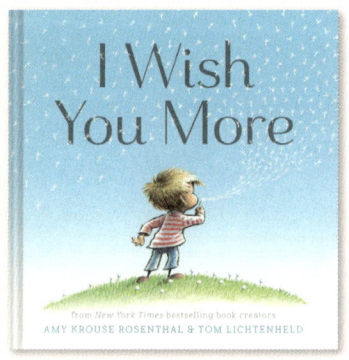

거칠고 험한 세상, 힘들고 고달픈 인생길, 여러분은 아이가 어떤 생각과 마음, 어떤 자세와 태도를 가지고 살아가길 원하십니까? 오늘 우리가 함께 읽을 늘백의 그림책은 사랑하는 아이를 위한 세상의 모든 아름다운 소망을 담은 《I Wish You More》입니다. Amy Krouse Rosenthal이 글을 쓰고 Tom Lichtenheld가 그림을 그린 책입니다.

1.

한없이 소중하고 사랑스러운 우리 아이들, 우리는 그 아이들을 위해 소망합니다. 우울한 일보다는 기분 좋은 일이 더 많기를(more ups than downs). 받기보다는 더 많이 나누기를(more give than take). 혼자이기보다는 함께 협력하기를(more we than me). 친구를 밀어내기보다는 애정을 담아 꼭 안아주기를(more hugs than ughs). 상대를 멈춰 세우기보다는 함께 기분 좋게 달려나가기를(more Woo-hoo than Whoa). 그리고 힘든 언덕길을 오를 때에도 의욕과 열의가 넘쳐나기를(more will than hill). 이외에도 훨씬 더 많은 바람이 있을 겁니다. 그리고 그런 바람은 단지 우리 아이들만을 위한 것은 아니겠지요. 인생의 순간순간마다 소중한 사람들을 위해 바랄 수 있는 모든 소망, 이 책 속에서 만나보시기 바랍니다.

2.

글과 그림이 모두 따뜻하고 아름다운 책입니다. 제목과 표지 그림을 보고 누구나 자연스레 자신의 아이를 가장 먼저 떠올리게 됩니다. 눈이 시리도록 아름다운 하늘색 빛깔의 표지가 우리의 눈과 마음을 정화시켜주고 동심에 젖어들게 합니다. 민들레 홀씨를 불어 날리는 아이의 모습에서 모든 것이 아름다웠던 어린 시절을 떠올리게 됩니다. 그 시절의 행복했던 기억들이 하나하나 새록새록 돋아나며 밝고 행복한 미래에 대한 꿈을 다시금 되살려봅니다.

페이지의 양면에 걸쳐 그려진 그림이 시원시원합니다. 책장을 넘길 때마다 격려와 응원의 말들이 펼쳐집니다. 사랑하는 내 아이와 소중한 사람들에게 애정을 듬뿍 담아 전해주고 싶은 소망의 메시지입니다. 소박하지만 깊은 의미가 담겨 있습니다. 재치와 맑은 기운이 가득합니다. 하나하나가 기적과도 같은 아이들에게 들려주고 싶은 사랑의 표현입니다.

3.
이렇다 할 스토리나 플롯은 없지만 그 어떤 이야기보다도 더 흥미롭고 감동적입니다. 책장을 넘길 때마다 따스함이 느껴지고 마음에 절절함이 더해집니다. 세상의 시선도, 엄마의 욕심도, 내 아이만을 생각하는 이기심도 없습니다. 오직 아이와 그 아이의 행복을 바라는 엄마의 지극한 마음이 있을 뿐이지요. '아이에게 전하고 싶은 마음, 해주고 싶었던 말, 남겨주고 싶은 메시지가 바로 이런 것이었구나!' 하고 깨닫게 되실 겁니다. 이렇게 자라나면 좋겠다 싶은 모든 것들이 빠짐없이 담겨 있어 책을 읽는 내내 놀라게 되실 겁니다. '이래서 좋은 책이로구나!' 감탄하게 되실 겁니다.

무궁무진한 가치와 쓸모가 느껴지는 책입니다. 사랑하는 아이에게 해주고 싶은 말과 그 표현 방법을 알려줍니다. 바라고 소망하는 모든 것들이 마음속에 꼬리에 꼬리를 물고 이어지도록 영감을 줍니다. 입을 통해 나오도록 도와줍니다. 뛰어난 성취와 성공, 세상의 인정과 칭찬, 좋은 학교와 직장, 돈과 명예 같은 것보다 더 소중한 것들이 있음을, 삶에서 진정으로 가치 있고 의미 있는 것은 오히려 우리의 영혼을 살찌우고 즐겁게 해주는 일상 속의 작은 행복임을 깨닫게 해줍니다.

애정을 담아 읽어줄 때마다 기쁨과 감사가 솟아나고 행복과 희망이 불어납니다. 조용히 혼자 읽으면 아이를 위한 간절한 기도가 됩니다. 우울하거나 슬플 때, 위로와 격려가 필요할 때에도 잊지 마세요. 그 어떤 의미 있는 시간, 뜻깊은 자리에도 잘 어울립니다. 새 학년의 시작이나 생일, 한 해의 시작이나 마무리, 졸업이나 입학, 결혼이나 아기의 탄생, 그리고 먼 곳으로의 여행이나 이주 등, 이 모든 경우를 위한 최고의 선물이 됩니다.

4.
문장의 길이가 짧고 구조가 단순하여 읽기가 쉽습니다. 하지만 표현의 의미를 온전히 이해하는 것은 생각보다 쉽지 않습니다. 지극히 단순한 언어로 엄청나게 많은 것을 표현하고 있기 때문입니다. 우리말 해석이나 번역에 지나치게 얽매이지 않길 바랍니다. 머리보다는 마음으로 읽고 가슴으로 느끼려 노력해야 합니다. 그렇게 하면 문장의 정확한 의미는 몰라도 그 안에 담겨 있는 엄마의 마음은 느낄 수 있을 겁니다.

조용한 장소에서 마음을 담아 차분한 목소리로 속삭이듯 읽어보세요. 여유를 가지고 천천히 가면서 생각할 시간을 충분히 갖는 것이 중요합니다. 시를 읽듯 음미하며 읽어보세요. 문장 하나하나를 깊이 생각하고 그 의미를 곱씹어보세요. 그림을 하나씩 찬찬히 감상하며 자연스레 떠오르는 기억과 생각을 즐겨보시기 바랍니다. 모든 부분이 정확하게 해석되지 않아도 괜찮습니다. 문장의 전체적인 의미와 그 안에 담겨 있는 메시지를 느낄 수 있다면 그것으로 충분합니다.

5.
이 책의 작가인 Amy Krouse Rosenthal은 2017년 만 51세의 젊은 나이에 남편과 세 자녀를 남겨두고 세상을 떠났습니다. 불치의 난소암으로 시한부 인생을 살고 있었고 사망 2년 전인 2015년에 《I Wish You More》를 출간했습니다. 세 자녀를 향한 작가의 애절함이 얼마나 컸을까 생각하니 가슴이 미어집니다. 사랑하는 자녀들을 남겨두고 멀리 떠날 준비를 해야 했던 그 마음이 상상조차 되지 않습니다. 읽을 때마다 가슴이 먹먹하고 눈시울이 뜨거워집니다. 머지않아 우리도 작별을 고해야 할 때가 곧 올 텐데 사랑하는 사람을 위해 무엇을 남겨야 할까요?

아직 기회가 있을 때, 그 기회가 영원히 사라져 돌이킬 수 없는 후회가 밀려오기 전에 열심히 사랑을 고백하라고 외칩니다. 사랑하는 사람과 함께 있을 수 있음에 감사하며 함께 있는 시간에 의미를 두고 최선을 다해 사랑하라고 고함칩니다.

아이에게 진정으로 바라는 것은 과연 무엇일까 생각해봅니다. 아이가 행복하게 살아가길 바라는 마음은 작가를 포함한 모든 부모가 마찬가지겠지요. 하지만 그 소망이 나도 모르는 사이에 너무 현실적인 것들로 채워지고 있지는 않은지, 기대와 욕심이 지나쳐 아이에게 무리한 것을 요구하고 있지는 않은지, 그리고 바라고 소망하는 것들이 내 아이만의 행복을 위한 것은 아닌지 돌아보게 됩니다.

P. S.
영어책 읽기는 문장의 해석이 아닙니다. 단어와 어구의 의미를 모두 명확하게 알아야 하는 것도 아닙니다. 우리말과 다른 점이 많은 외국어이니 모호한 부분이 있을 수밖에 없습니다. 사실 외국어 읽기에서 모호함은 매우 자연스러운 것입니다. 완전히 피할 수도 없고 피할 필요도 없습니다. 더구나 모호성을 피하려는 노력은 바람직하지 않습니다. 읽는 사람으로 하여금 우리말 해석이나 번역에 계속 의존하게 만들어 제대로 된 영어책 읽기를 어렵게 하기 때문입니다. 그냥 편안히 받아들이고 즐길 수 있어야 합니다. 모호함을 끌어안고 영어를 영어로 느끼고 이해하려고 노력해야 합니다. 그렇게 하면 잘 모르거나 확실치 않은 것이 있어도 영어책을 읽는 것이 가능해집니다. 내용에 자연스레 집중할 수 있게 되어 책 읽는 즐거움이 점점 더 커집니다.

한 줄 소감

문설희1519
표지부터 쏙 빠져듭니다. 사랑하는 자녀들에게 들려주고 싶은 말들이 모두 담겨 있네요. 한 문장 한 문장 읽을 때마다 가슴이 뭉클해집니다. 잘 보이는 곳에 두고, 수시로 펼쳐 보고 싶어요. 저도, 아이도 두고두고 보렵니다.

김영희2842
사랑하는 사람을 남겨두고 떠나야 한다니 얼마나 슬프고 가슴 아팠을까요? 훗날 후회가 남지 않도록 오늘 당장 최고의 사랑을 아이에게 남편에게 전하고 싶어요.

민경진1528
사실 늘백을 쭉 진행하며 그림책보다 교수님 글이 더 기억에 남을 때가 있는데, 이번 책이 딱 그런 책이네요. 해석이나 번역 말고 모호함을 남겨둔 채 그대로 읽기! 명심할게요.

이명숙2017
"세상의 시선도, 엄마의 욕심도, 내 아이만을 위한 이기심도 없이!"에 밑줄 치고 싶어요. 더불어, "영어를 영어로 이해하고 즐기라"는 말씀에 한 번 더 영어책 읽기의 즐다잘을 위한 힘을 충전합니다.

정미나2397
조용히 혼자 읽으면 아이를 위한 기도가 된다는 말씀에 깊이 공감합니다. 읽는 내내 위로와 힐링이 되는 것을 느꼈습니다.

박민지1555
읽는 것만으로도 아이에게 사랑의 표현을 넘치게 해줄 수 있는 책이네요. 필사 정도가 아니라 책을 아예 통째로 외우고 싶어요. 두고두고 음미하며 감동을 느끼고 싶습니다.

김민숙1190
아이가 행복한 삶을 살기 원하는 부모의 마음은 세계 공통이겠지요. 그런 마음을 이토록 멋지게 표현하다니요! 눈이 시리도록 아름다운 한 편의 드라마를 보는 것 같습니다

김지영1386
좋은 책을 읽는 감동만으로 이미 충분한데, more ~ than ~ 비교급 같은 표현을 이렇게 가슴에 와닿는 주옥같은 문장으로 접할 수 있다니! 슬미의 아이들은 정말 운이 좋다는 생각이 들어요.

배은영1692
작가가 투병 중에 써 내려간 글이었음을 생각하니 더욱 뭉클합니다. 표현 하나하나에 담겨 있는, 작가의 자녀들을 향한 애틋한 사랑이 고스란히 느껴지고, 한없는 안타까움에 눈물이 납니다.

김보람1198
이런 시적인 표현은 우리말로 옮기기도 쉽지 않지만 옮긴다고 해도 그 의미를 정확히 알기가 어려운 것 같아요. 하지만 모호성에 대한 교수님의 가르침에서 다시 한번 지혜와 용기를 얻습니다.

최수은2575
처음엔 읽기 쉬운 듯했지만 이해가 잘 되지 않고 깊이 와닿지도 않았는데, 가슴으로 느껴야 하는 것이군요. 모호함을 끌어안고 영어를 영어로 이해하려고 노력해보겠습니다.

이예린2124
Amy 작가님의 작품은 읽을 때마다 따스함과 먹먹함이 동시에 제 마음에 휘몰아칩니다. 오늘도 읽으면서 아낌없이 후회 없이 사랑하며 살아야겠다고 또 한 번 다짐하게 됩니다.

느리게 100권 읽기

난이도 ■■☐☐☐

007

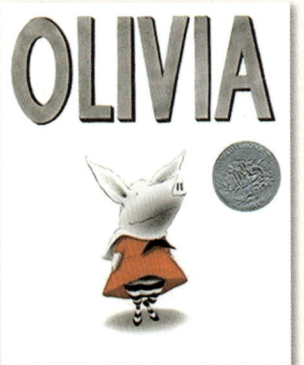

Olivia
by Ian Falconer

너무나도 활동적이어서 하루 종일 엄마를 기진맥진하게 만들고 때로는 스스로도 지쳐버리는 아이, 혹시 댁에는 그런 아이 없으신가요? 오늘 우리가 함께 읽을 늘백의 그림책은 매우 특별하면서도 여느 아이들과 크게 다르지 않은 한 아이의 이야기 《Olivia》입니다. Ian Falconer가 글을 쓰고 그림도 그렸습니다.

1.

Olivia는 한마디로 잠시도 자신을 그냥 놔두지 않는 아이입니다. 하루의 본격적인 시작에 앞서 마음에 드는 옷을 찾기 위해 옷이란 옷은 모조리 다 입어봅니다. 오페라 가수라도 된 듯 목청을 높여 노래를 부르고, 발레리나가 되어 우아하게 춤도 춥니다. 온갖 동작으로 체조를 하며 이리저리 뛰어다니고, 공놀이와 줄넘기, 뜀뛰기와 물구나무서기, 요요와 요리까지, 쉼 없이 움직이고 끊임없이 무언가를 합니다. 하고 싶은 일도, 되고 싶은 것도 정말 많기 때문입니다.

사실 Olivia는 재능이 아주 많은 아이입니다. 그중에서도 특히 잘하는 것은 다른 사람들을 녹초로 만드는 것이죠. 그렇게 하루를 보내고 나면 자기도 분명 지치고 피곤할 텐데 잠자리에서조차 여전히 의욕이 넘칩니다. 책을 잔뜩 가져와 읽어달라고 조르고 피곤한 엄마와 밀당까지 하거든요. 대체 어떻게 그럴 수 있을까요?

2.
에너지와 열정이 샘솟고, 넘치는 상상력과 섬세한 예술적 감성에 용감함과 당당함까지 갖춘 소녀 Olivia의 이야기입니다. '지나치게 활동적(hyperactive)'이라는 말의 진정한 의미가 무엇인지 확실하게 보여줍니다. Kevin Henkes의 작품 《Lilly's Purple Plastic Purse》의 주인공 Lilly처럼 우리 모두가 한두 명씩은 꼭 알고 있는 아이. 겉으론 달라 보여도 실상은 다르지 않기에 아이라면 누구나 공감할 수밖에 없는 아이. 사실은 거의 모든 부분이 우리 아이의 모습 그대로이기 때문에 도저히 사랑하지 않을 수 없는 아이입니다. 이번에는 다만 쥐가 아닌 돼지 캐릭터일 뿐이지요.

쉽고 간결한 문장으로 맛깔나게 표현한 글, 곳곳에 번뜩이는 위트와 유머, 산뜻하고 선명한 색상의 단순한 그림, 그리고 무엇보다 통통 튀는 개성을 지닌 매력 만점의 주인공까지, 어느 것 하나 놓칠 수 없는 책입니다. 글과 그림이 공모하여 우리의 마음속 어딘가에 숨어 있던 어린아이의 때 묻지 않은 순수함을 이끌어내고, 시종일관 미소 지으며 때로 키득거리게 만듭니다. Olivia란 이름을 가진 작가 자신의 조카로부터 영감을 얻은 이야기라는 사실도 흥미롭습니다.

아무런 배경 없이 검정과 하양, 그리고 빨강만을 사용해 그린 그림들이 정말 아름답습니다. 단순함의 극치를 보여줍니다. Olivia의 빨간색 드레스가 눈길을 확 잡아끕니다. 유명한 화가의 실제 작품이 등장하는 것도 인상적입니다. 최소주의(minimalism)의 전형을 보여주는 근사한 그림들이 주인공 Olivia를 더욱 돋보이게 합니다. 작가의 스토리텔링에 오롯이 집중하고 몰입할 수 있게 해줍니다.

3.
Olivia만 바라보지 말고 누나의 뒤를 졸졸 따라다니는 따라쟁이 동생 Ian에게도 주목해보세요. 그냥 지나치기 쉬운 부분에 관심을 가지는 것도 책 읽기를 풍성하게 만드는 좋은 방법입니다. Ian은 마치 경기장 바로 바깥의 대기

장소에서 출전의 기회를 기다리며 몸을 풀고 있는 선수처럼 느껴집니다. 나에게도 관심을 가져달라고 외치는 Ian의 목소리를 들어보세요. Ian에게서도 우리 아이들의 모습이 보이니 전혀 어렵지 않을 겁니다. 눈을 조금만 돌리면 새로운 것이 보이고 생각도 흐르기 마련입니다. 이전과는 다른 책 읽기가 시작되는 것이지요.

2001년 칼데콧 아너북(Caldecott Honor Book) 수상작입니다. 최고의 그림책 100권에 단골로 들어가는 작품입니다. 학교도서관저널(SLJ)의 Top 100 Picture Books (2012), 미국교사협회(NEA)의 Teachers' Top 100 Books for Children (2007), 그리고 〈타임〉지가 선정한 Time Magazine's 100 Best Children's Books of All Time에 선정된 바 있습니다.

4.
영리하고 호기심 많으며, 자유롭게 상상하고, 배우고 도전하기를 멈추지 않는 아이. 언제나 삶의 기쁨과 의욕에 가득 차 있고, 용감하고 당차며 위풍당당하기까지 한 아이. 잠자는 동안 꿈까지도 멋지게 꾸는 아이. 아무리 엄한 엄마 아빠라 해도, 아무리 힘들고 지치게 만들어도, 결국 사랑할 수밖에 없는 아이입니다. Olivia와 엄마가 주고받는 사랑의 표현처럼 말이죠. "그래도 엄마는 널 사랑해." "나도 그래요."

"You know, you really wear me out. But I love you anyway."
"I love you anyway too."

이 책을 읽고 나면 Olivia 인형을 사달라거나 Olivia 같은 애완돼지를 구해달라고 조를지도 모릅니다. 내일이라도 당장 잭슨 폴락(Jackson Pollock)의 〈가을의 리듬(Autumn Rhythm)〉과 에드가 드가(Edgar Degas)의 〈무대 위의 발레 리허설(Ballet Rehearsal on the Set)〉 같은 미술작품을 관람하러 미술관에 가자고 보챌지도 모르고요. 집에 돌아오자마자 예술적 감흥과 도전 욕구를 바로 실천에 옮긴 Olivia처럼 나도 한번 해보겠다고 덤벼들지도 모릅니다.

바로 우리집 이야기라고 생각하실 섭니다. 어떤 이이에게나 Olivia 같은 면이 분명 있으니까요. 아이들은 Olivia에게서 자신의 모습을 보고, 엄마들은 공감하며 "정말 그래!"를 연발합니다. 누구나 좋아하지 않을 수 없을 겁니다. 좋고 싫음을 떠나 결코 잊을 수는 없을 겁니다. 엄청 피곤할 텐데도 책을 한 아름 들고 와서는 엄마에게 읽어달라고 조르는 Olivia, 우리 아이들이 모두 그런 Olivia처럼 책 읽기를 사랑하고 즐긴다면 얼마나 좋을까요? 날마다 새로운 것을 기대하며 시도해보고 싶은 아이들을 위한 이야기. 코로나19로 인한 오랜 집콕 생활이 답답하기만 한 아이들과 엄마들에게 최고의 선물이 될 것이라 확신합니다.

5.
아마도 많은 분들이 다음 문장에서 bask가 무슨 뜻인지 궁금해하실 것이라 생각됩니다.

> Sometimes Olivia likes to bask in the sun.

이 문제를 어떻게 해결하면 좋을까요? 가장 흔히 하는 방법은 사전에서 우리말 정의를 찾아보고 아이에게도 알려주는 것일 겁니다. 하지만 그것보다 훨씬 더 좋은 방법은 문맥적 힌트를 활용하는 것입니다. 여기에서는 Olivia가 빨간 수영복을 입고 매트 위에 누워 있는 모습과 "in the sun"이란 표현에 주목해야 합니다. 이러한 실마리를 이용하면 사전을 찾지 않아도 내용을 충분히 이해할 수 있습니다. 답답함이 절로 해소되는 듯한 우리말 번역이나 해석을 찾는 것보다 문맥을 활용하고 상황을 설명해주는 것이 내용을 즐기는 것은 물론 영어 실력의 향상을 위해서도 훨씬 더 효과적인 방법입니다. 그렇게 하면 아이들의 우리말 해석 요청이 점점 줄어들게 되어 있습니다. 어른들은 몰라도 아이들은 잘만 이끌어주면 얼마든지 가능합니다.

P. S.
우리 주변에도 Olivia같이 아주 다양한 색깔을 지니고 있으며, 사실상 어떤 색깔이라도 모두 가능할 것 같은 아이들이 있지요. 그런 아이들을 응원하는 마음으로 여러분과 함께 듣고 싶습니다. Stella Jang(스텔라 장)이 부르는 〈Colors〉입니다.

 〈Colors〉

한 줄 소감

 김세영2838
교수님 소개글을 읽으니 우리집 Olivia가 생각나네요. 아이가 책 속에서 자기 모습을 보면 얼마나 좋아할까 기대가 돼요!

 김은영3432
헉! 작가님이 우리집 왔다 가셨나? 소개글을 읽다 빵 터짐. 자정까지 노래하고 춤추고 땀에 젖어 책더미 사이에서 잠든 저 애는 대체 누구?ㅋㅋ

 김하영1436
네, 저희집 이야기 맞습니다! 매일매일 녹초가 되지만, 주말에는 넘치는 에너지를 마음껏 발산하라고 아침부터 유부초밥 도시락 싸서 나들이 나갑니다. 자연 속에서 마음껏 뛰어놀면 정서적으로도 확실히 좋은 것 같아요.

 정미나2397
지나치게 활동적이고 그만큼 치명적인 매력을 가진 아이는 집집마다 하나씩은 있는 거 아닌가요?!^^ 저는 오늘도 그 엉뚱한 매력에 치명타를 여러 번 입었습니다! 뭐니 뭐니 해도 아이는 역시 아이다워야죠!

 정혜선2458
오늘 아침 아이에게 상처 주는 말을 하고 왔는데, 소개글 읽으면서 엄청 후회하고 너무 미안해졌습니다. 당장 가서 "그래도 엄마는 널 사랑해"라고 말해주고 싶어요.

 송봉선1770
따라쟁이 동생 Ian을 놓쳤군요. 교수님 소개글이 없었다면 영영 기억하지 못할 뻔했네요.^^ 다시 책을 펼쳐 이번에는 Ian의 목소리를 들어보겠습니다. 더 풍성한 책 읽기가 될 것 같아요.

 김지형3603
저희집엔 올리비아가 세 명이나 있어요! 웃어야 할지 울어야 할지 모르겠네요. 시너지 효과가 아주 확실하거든요.ㅠㅠ 아휴, 엄마는 역시 체력을 길러야 합니다. 그래도 사랑해~ 얘들아.♥

 임숙연3218
교수님은 오늘의 주인공에 대해서도 역시나 '사랑하지 않을 수 없는 아이'라고 하시네요. 근데 궁금해요. 교수님께 못마땅한 아이도 있나요?ㅎㅎ 네 아이를 모두 사랑하지 않을 수 없으셨을 장면들이 충분히 상상되네요.^^

 김태은1432
어릴 때는 하고 싶은 것도 많고 즐거운 일도 많았는데, 갈수록 내 안의 Olivia가 점점 희미해지는 것 같아서 서글퍼지네요. 앞으로 언젠가 제 꿈과 끼를 마음껏 펼칠 수 있는 날이 다시 오게 될까요?

 채지연2547
엄마를 녹초로 만드는 걸 젤 잘한다는 올리비아, 혹시 댁에 그런 아이 없냐고 물어보셔서 "네, 저희집에 있습니다"라고 엄청 크게 소리 지를 뻔했어요.ㅋㅋ 저희 큰애가 딱 그랬거든요. 근데 저희 친정엄마는 제가 더 심했다고 하시네요.ㅋㅋ 어느 집에나 있는 아이 맞나 봅니다.

오성희3485
이 세상의 모든 Olivia들이 열정을 잃지 않고 살아갈 수 있도록, 우리 어른들이 정말 잘해야겠다는 생각이 드네요. Olivia야, 사랑해! 지금 그 모습 그대로!

심희정1837
사 놓고 제대로 읽지 않은 책인데 교수님 소개글을 읽고 꺼내어 보았습니다. 얌전한 우리 아이들과 달라서인지 읽을수록 오히려 더욱 사랑스럽네요. Olivia 같은 아이 하나 더 있는 것도 그리 나쁘지 않을 것 같아요.^^

김세진3710
부모의 무조건적인 사랑을 생각나게 하는 책입니다. 너무도 따뜻한 표현 "그래도 널 사랑해!" 마음에 담아봅니다.

고명희1049
자신감 있게 자신을 표현하는 올리비아를 보며 역시 마음이 건강해야 자기 표현도 잘할 수 있음을 깨닫습니다.

정효주3778
교수님의 소개글을 읽고 나서 Ian에 집중해 다시 보았더니 그동안 몰랐던 또 다른 재미를 발견했습니다.

함주현2680
저도 올리비아처럼 열정과 에너지 넘치는 삶을 살고 싶습니다. 그렇게 하면 아이들도 한 편이 되겠지요?

구지예1082
아이는 아이다워야죠! 올리비아 엄마와 여유롭게 커피 한 잔 하며 우리 딸과 올리비아를 베프로 만들어주고 싶어요.

장윤이2350
저희 딸의 영어 이름이 Olivia예요. Sometimes Olivia likes to bask in the sun에서 "bask가 무슨 의미일까? 엄마는 잘 모르겠다"고 했더니 챕터북에서 basket이 나온 문장을 찾아오네요.ㅋㅋㅋ 완전히 다른 단어이지만 비슷한 단어가 들어 있는 문장을 찾아오니 기특합니다.

최서우2565
엄마의 체력을 마이너스까지 내려오게 만드는 내 아이들. 자기 전 But I love you anyway라고 말해주지 못하고 자고 나서야 하네요. 내일은 이 책을 함께 읽고 꼭 이야기해주어야겠어요.

느리게 100권 읽기

DAY **008**

난이도 ■■□□□

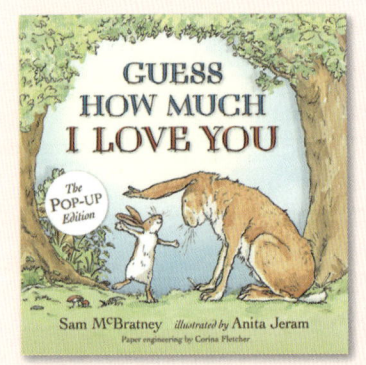

Guess How Much I Love You
by Sam McBratney, Anita Jeram (illustrator)

슬로우 미러클의 느리게 100권 읽기에서 가장 많은 사랑을 받고 있는 표현 중 하나는 아마도 '안뽀사'가 아닐까 생각됩니다. "안아주고 뽀뽀하고 사랑한다 말해주고"의 줄임말인 안뽀사, 오늘 우리가 함께 읽을 늘백의 그림책은 바로 그 안뽀사를 위한 최고의 책이 될 Sam McBratney 글, Anita Jeram 그림의 《Guess How Much I Love You》입니다.

1.

세상에서 가장 사랑하는 내 아이, 엄마 아빠가 자신을 얼마나 사랑하는지 알고 있을까요? 자신이 상상할 수 있는 것보다도 훨씬 더 많이 사랑한다는 사실을 어떻게 알려주면 좋을까요? 하늘만큼 땅만큼 사랑한다고 말해주면 될까요? 만일 어떻게 표현해야 할지 잘 모르겠다면, 어떤 이유로든 그 일이 쉽지 않게 느껴진다면, 그림책 작가의 천재적인 재능과 책 읽기의 힘을 빌려보는 건 어떨까요?

2.

너무나도 예쁘고 사랑스러운 책입니다. 그림과 이야기가 모두 따뜻하고 매우 아름답습니다. 깊은 울림과 잔잔한 감동, 오래도록 지속되는 여운이 있습니다. 서로 더 많이 사랑한다고 경쟁하듯 주고받는 대화가 마음을 흐뭇하게 합니다. 너무나도 순수하고 천진난만한 아기 토끼의 모습과 행동에 미소가 절로 나옵니다. 특히 마지막에 아기 토끼가 잠들어 있는 모습은 깨물어주고 싶을 정도로 귀엽고 사랑스럽습니다. 어른 아이 할 것 없이 읽는 모든 사람의 마음을 사로잡을 수밖에 없는 책입니다.

같은 패턴의 표현이 반복되어 읽기가 쉽습니다. 여러 번 읽어주고 번갈아 가며 읽다 보면 나중에는 아이가 혼자서도 읽을 수 있게 됩니다. 1994년 출간 이후 전 세계적으로 꾸준히 큰 사랑을 받아왔으며, 57개나 되는 많은 언어로 번역되어 4,000만 권이 훨씬 넘게 팔렸을 정도로 초절정의 인기를 누리고 있는 작품입니다.

3.
수백 번을 읽어줘도 질리지 않을, 특히 잠자리에서 들려주는 이야기로는 단연 최고라 할 수 있는 책입니다. 아이에게 정서적인 안정을 주고 특히 엄마 아빠의 사랑을 깊이 느끼도록 해줍니다. 어려서부터 꾸준히 읽어주면 아이가 바르게 자랄 수밖에 없고, 험한 세상 속에서도 여리고 섬세한 감성을 고스란히 지켜줄 것 같은 책입니다. 읽을 때마다 목이 메어오고 가슴 뭉클한 무언가를 느낄 수 있는 책, 마음속에서 평생토록 그 특별함이 줄어들거나 사라지지 않을 그런 책입니다. 짧은 영어 그림책 한 권이 이렇게 엄청난 힘을 발휘할 수 있다니, 새삼 놀라게 되실 겁니다. 읽는 횟수가 거듭될수록 고개가 더 크게 끄덕여질 것입니다. 여러분도 저처럼 달에 갔다 오고도 남을 만큼 엄청나게 좋아하게 되리라 확신합니다.

4.
사랑은 경쟁이 아니라고 누가 말하나요? 세상에서 가장 아름다운 경쟁이 여기 있습니다. 아이와 아빠 사이에 벌어지는 사랑의 크기 경쟁입니다. 사랑한다면 고백해야 합니다. 경쟁적으로 해야 합니다. 아이와는 물론 부부끼리도 해야 합니다. 상대에게 더 많이 사랑한다고 말하는 게 왠지 자존심 상하고 손해 보는 것처럼 생각되는 경우도 있을 겁니다. 이제는 사랑을 고백하는 일 자체가 어색하고 쑥스러운 일이 되어버렸을지도 모릅니다.

이런 문제들을 해결하는 가장 좋은 방법 중 하나는 사랑을 노래하는 영어책을 활용하는 것입니다. 부부가 함께 늘백에 참여하는 것은 아마도 최고의 선택이 될 것입니다. 엄마 아빠가 함께 즐다잘하며 안뽀사하는 모습을 보면서 자라는 아이는 얼마나 행복할까요? 부부가 함께 늘백에 참여하시는 가정이 있습니다. 그런 분들께 존경과 부러운 마음을 담아 축하의 말씀을 드립니다.

5.
책을 읽으며 서로 뽀뽀하고 안아주고 책 속의 아기 토끼에게도 키스하다 보면 조금씩 알 수 있게 됩니다. 영어책 읽기의 즐거움이 무엇인지, 그것을 깨닫게 해주려면 어떻게 해야 하는지, 편리한 이 북(e-book)이나 디지털 북(digital book)이 있는데도 왜 종이책이 필요한지, 비싸고 좋다는 이런저런 학습교재와 프로그램이 왜 책 읽기를 대체할 수 없는지, 그리고 무엇보다 진짜 영어책 읽기가 어떤 것인지.

6.
이 책은 엄마가 아니라 아빠와의 사랑을 이야기한다는 점에서 더욱 특별한 책입니다. 또 그런 의미에서 엄마보다는 아빠가 읽어주면 더 좋은 책일 수도 있습니다.

사실 슬로우 미러클을 가져오는 영어책 읽기에서 아빠의 참여는 대단히 중요합니다. 엄마 혼자서는 어렵습니다. 지치기도 쉽습니다. 이해하고 도와주기는 커녕 이견을 보이고 방해까지 한다면 훨씬 더 힘듭니다. 반면에 아빠가 참여하여 돕는다면 모든 것이 쉬워집니다. 더 즐겁고 더 행복해집니다. 당연히 그만큼 성공의 가능성도 높아집니다. 무엇을 얼마나 어떻게 해야 하느냐고요? 아빠의 참여, 어렵거나 복잡할 필요가 없습니다. 쉽고 재미있는 영어책을 골라 매일 딱 한 권씩만 읽어주세요.

사랑한다면 표현해주세요. 그리고 행동으로 보여주세요. 엄마 아빠의 관심과 매일의 작은 실천이 아이의 미래를 바꿀 수 있습니다.

P. S.

우리의 소중한 인연이 계속 아름답게 이어지길 소망하며, Placido Domingo와 John Denver가 부르는 아름다운 노래 〈Perhaps Love〉를 함께 듣고 싶습니다.

 〈Perhaps Love〉

한 줄 소감

 여윤미1878
사랑은 경쟁이 아니라고 누가 말하느냐는 말씀에 무릎을 탁 칩니다. 아이들이랑 "내가 더 사랑해!" 하며 얘기하는데 그걸 경쟁이라고는 생각하지 못했거든요.^^

 황현주2733
어려서부터 꾸준히 읽어주면 아이가 바르게 자랄 수밖에 없을 것 같다는 말씀에 바로 책을 꺼내 놓았어요. 오늘 하원하면 꼭 안아주며 자주 읽어줘야겠어요.

 신선미1795
내가 더 사랑해, 내가 더 사랑해! 이보다 더 사랑스런 비교가 있을까요? 서로가 사랑받고 있는 존재임을 느끼게 해주는 내용과 일러스트가 담긴 이 책을 평생 소장하고 싶습니다.

 조경호3538
말씀처럼 세상에서 가장 아름다운 경쟁이네요~. 사랑한다면 고백하라! 오늘도 안뽀사하며 고백할게요.

 송봉선1770
교수님의 소개글에서도 사랑이 막~~ 뿜어져 나옵니다. 아이의 미래를 바꾸고 싶다면 반드시 선택해야 하는 그림책! 오늘도 사랑을 아끼지 않고 표현하겠습니다.^^

 정숙경2415
너무나 사랑스러운 단어 '안뽀사'를 마구마구 실천할 수 있게 해주는 책이네요. 읽으면서 절로 미소가 지어지고 따뜻한 애정이 마음속에서 차올라요~.

 원문기1909
'사랑한다'고 말하면 뒤돌아서는 우리 아들, 사춘기가 오기 전에 더 많이 사랑한다고, 우주 끝까지 사랑한다고 귀에 못을 박아둘걸! 정말 크게 후회하고 있습니다.ㅠㅠ

 송현주1789
주책맞게 떨리는 목소리로 눈물을 글썽거리며 읽게 됩니다. 지금은 항상 제가 이기는데, 아이가 이기게 되는 날까지 계속 함께 읽으면 좋겠습니다.

 이예린2124
부모와 자녀가 서로 온몸을 활용해 자신이 더 많이 사랑한다고 경쟁하는 모습이 왜 이리 감동스러울까요? 교수님의 글을 읽으니 그 감동이 더욱 선명히 다가옵니다.

 손유나1759
슬미를 만나고, 교수님을 만나서 제게 꽃이 된 책입니다. 조금은 커버린 저희집 아이들도 기꺼이 받아주면 좋겠습니다. :)

김지혜2858
요즘 안뽀사를 자주 했더니, 아이가 갑자기 다가와서 볼에 뽀뽀를 쪽~ 하고 가더라구요. 내 생에 그런 감동스러운 순간이 또 있을까 싶었어요.

 정희정3755
지난봄 교수님 강연에서 소개해주셨을 때 감동받은 책이었어요. 뜬금없이 갑자기 사랑한다고 말해주는 딸 덕분에 정말 행복합니다.

 최수은2575
엄마 아빠가 이 책을 읽어주는 아이들은 참 좋겠어요. 사랑을 충분히 표현해줄 테니까요. 오늘 저녁에는 남편에게 살며시 건네야겠어요.

 김보람1198
경쟁하듯 사랑하라. 표현을 아끼지 마라. 내가 더 사랑한다 말하자는 교수님의 말씀 전부가 제게는 큰 교훈이 됩니다. 오늘도 안뽀사하겠습니다. 잘 되지 않아도 노력하겠습니다.

 김정은1357
경쟁은 싫지만 이런 아름다운 경쟁이라면 얼마든지 준비되어 있습니다.

 김경미1121
표현에 서툰 사람의 마음도 열게 만드는 마법의 책! 사랑은 표현하는 것이라는 진리를 실천하도록 만드는 책!

 김효정3716
남편에게도 사랑을 표현해야겠다는 생각이 드네요.^^ 사랑의 표현에서 가족 누구도 소외됨이 없도록 말이죠. 아이가 어른이 되어서도 사랑을 경쟁하며 표현할 수 있으면 좋겠습니다.

 윤보영3189
무한 사랑을 부끄럽지 않게 고백할 수 있는 책. 누가 읽어줘도 좋겠지만 무뚝뚝한 아빠들이 있다면 자녀에게 꼭 읽어주라고 권하고 싶어요.

심은주3175
아빠들도 모두 슬로우 미러클에 동참합시다! 오늘 밤은 안뽀사하고 열심히 경쟁하면서 이 책을 꺼내 읽어보려 합니다.

느리게 100권 읽기

DAY 009

난이도 ■■■□□

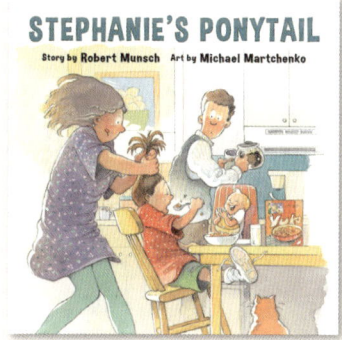

Stephanie's Ponytail
by Robert Munsch, Michael Martchenko (illustrator)

타인의 행위를 무의식적으로 따라 하고 공감하는 심리는 아이들이 언어나 사회규칙을 배우도록 돕는 등의 긍정적인 효과가 있지만 개인의 개성을 존중하고 발전시키는 데에는 부정적인 영향을 미치기도 합니다. 오늘 우리가 함께 읽을 늘백의 그림책은 개성과 모방심리 문제를 흥미롭게 풀어낸 Robert Munsch 글, Michael Martchenko 그림의 《Stephanie's Ponytail》입니다.

1.

어느 날 Stephanie는 포니테일 머리를 하고 학교에 갑니다. 반 친구들은 모두 보기 흉하다고 놀리지만 금방 Stephanie의 헤어스타일을 따라 하지요. 그러자 자신만의 개성 있는 모습을 원했던 Stephanie는 머리 모양을 다르게 바꿉니다. 하지만 친구들은 여전히 흉을 보면서도 계속 따라 하고, 급기야는 선생님까지도 Stephanie와 똑같은 머리 모양을 하고 학교에 오게 됩니다. 남들이 자신을 따라 하는 것에 신물이 난 Stephanie, 드디어 모두에게 최후의 통첩을 하게 되는데… Stephanie는 대체 무슨 생각을 하고 있는 것일까요?

2.

개인의 개성과 주체성, 순응과 모방 등의 문제를 매우 창의적인 방식으로 쉽고도 재미있게 풀어낸 책입니다. 누구나 가볍게 웃고 즐길 수 있는 이야기이지만 결코 가볍지 않은 주제와 진지한 메시지가 있습니다. 한마디로 "Be yourself!" 즉, "본래의 너, 너다운 네가 되어라"라고 외칩니다. 남과 달라도 자신의 있는 모습 그대로 아무 문제가 없음을 알게 됩니다. 자신이 진정으로 원하는 것이라면 다른 사람들의 생각이나 말에 흔들리지 말고 뭐든 하고 싶은 대로 하라고 말해줍니다. 겉으로는 상대의 다름을 비판하는 사람도 속으로는 그 다름에 대한 당당함을 부러워한다고 알려줍니다. 다른 사람들의 놀림과 비난에 대처하는 자세는 물론 따라쟁이를 다루는 요령도 배울 수 있습니다.

뒤통수의 포니테일을 옆머리, 윗머리, 앞머리 버전으로 계속 바꾸는 누나를 보며 즐거워 어쩔 줄 몰라 하는 어린 동생, 역시 아이들의 마음은 다 똑같은가 봅니다. 그 어린 동생에게서 누나에 못지않은 커다란 가능성을 보게 됩니다. 갈수록 점입가경인 Stephanie의 헤어스타일을 이상하다, 밉다 흉보면서도 계속 더 열심히 따라 하는 친구들의 모습이 일면 우리의 현실을 반영하는 것 같아 씁쓸함이 느껴지기도 합니다. Stephanie가 따라쟁이들에게 복수하는 마지막 장면이 모두에게 기분 좋은 웃음을 선사합니다. 반 친구들은 물론 선생님까지도 대머리로 만들어놓고 도망치는 Stephanie, 입이 귀에 걸린 듯한 그녀의 즐거운 얼굴이 잊히지 않을 것 같습니다.

자신의 모습에 자부심과 자신감을 갖지 못하는 아이, 남들과 다른 모습 때문에 고민하는 아이, 또래 집단의 압력에 쉽게 흔들리는 아이, 왕따 문제로 힘들어하는 아이, 남들의 비웃음이 두려워 자신을 있는 그대로 드러내지 못하는 아이. 이처럼 자신에 대한 확신과 자신감이 부족한 우리 주변의 많은 아이들과 그런 아이를 둔 엄마 아빠들에게 추천하고 싶습니다.

3.
영어 그림책의 초베스트셀러 《Love You Forever》로 유명한 Robert Munsch 특유의 스타일이 잘 드러난 책입니다. 또래 집단의 압력과 개성의 문제를 작가만의 독특한 방식으로 다루고 있습니다. 매우 유머러스하여 마치 신문의 연재만화를 보는 것 같습니다. 표현의 많은 반복과 익살 가득한 캐릭터, 만화 스타일로 그려진 등장인물들, 이를 뒷받침하고 더욱 빛나게 해주는 명콤비 Michael Martchenko의 홀딱 반할 수밖에 없는 삽화가 완벽할 정도로 함께 어우러져 독자들에게 잊기 어려운 즐거운 경험을 선사합니다.

글밥이 좀 있어 보여 겁이 날 수도 있습니다. 하지만 어려운 단어도 별로 없고 표현과 문장이 반복되어 쉽게 잘 읽힙니다. 천천히 읽다 보면 글밥에 속았다는 것을 알게 되실 겁니다.

그림 속에 숨겨진 소소한 재밋거리를 놓치지 마세요. Stephanie의 헤어스타일을 흉내내는 개와 고양이와 새, 등장할 때마다 다른 과일을 들고 나오는 꼬마 남자아이, 몇 박자 늦게 헤어스타일을 흉내내는 교장 선생님, 누나의 모습이 우스워 죽겠다는 듯 박장대소하며 즐거워하는 어린 동생 등, 여유를 가지고 자세히 들여다보면 책 읽기를 더욱 즐겁고 풍성하게 해주는 다양한 요소들을 발견할 수 있습니다.

4.
Robert Munsch의 유쾌하고도 통쾌한 또 한 권의 책 《The Paper Bag Princess》를 언급하지 않을 수 없습니다. 속물 근성을 보이는 왕자에게 시원하게 한 방 먹이는 당당하고 용감한 공주가 등장하지요. 이번에는 그 무대를 현대로 옮겨와 주인공 소녀 Stephanie가 공주를 대신하여 다시 한번 멋진 실력을 보여줍니다.

톡톡 튀는 개성에 자기 주관도 뚜렷하고 남들이 뭐라 하든 신경 쓰지 않습니다. 과감하게 결단하고 마음먹은 것은 바로 실행에 옮깁니다. 남들에게 미치는 영향력이 큰 인플루언서이면서도 남들이 자신을 따라 하는 것에 우쭐하지 않습니다. 오히려 타인의 모방으로 인해 자신의 독특함이 사라지는 것을 못 참아 합니다. 자신의 모습을 드러내고 지켜가는 과정에서 자연스레 따라오는 비난과 손가락질, 시기와 질투, 그로 인한 분노와 스트레스 속에서도 주변의 따라쟁이들에게 한 방 제대로 먹일 줄 아는 여유와 유머 감각까지 갖추고 있습니다. 어디 하나 나무랄 데가 없어 도저히 미워할 수 없는, 누구라도 사랑하지 않고는 배길 수 없는 또 하나의 스타 탄생이라 하지 않을 수 없습니다.

반 친구들과 선생님을 모두 어리석고 표리부동한 바보처럼 희화화하고 있다는 이유로 아쉬움을 느끼는 독자들도 있을 것 같습니다. 하지만 적어도 다름의 가치를 모르고 흉보거나 비난하면서도 속으로는 은근히 부러워하는 이중적인 모습의 사람들에게 새로운 깨달음을 위한 좋은 기회가 될 수 있을 것입니다.

5.
머리 모양이 흉하다고 놀리는 친구들에게 당당하게 말합니다. 이건 내가 좋아하는 내 포니테일이라고.

"It's my ponytail and I like it."

그 의연한 당당함에 반한 것일까요? 놀렸던 많은 여자아이들이 따라 하더니 곧 남자아이들과 선생님을 포함한 모두가 따라쟁이 대열에 합류합니다. 다수가 이상하다고 놀리면 기죽을 법도 한데 다른 사람들의 생각과 행동까지 변화시킨 그 자신감과 당당함이, 자신에 대한 확신과 강한 멘탈이 부럽습니다.

Stephanie의 이런 모습이 하루아침에 우연히 갖추어진 것은 아닐 겁니다. 갈수록 더 이상한 포니테일 머리를 해달라고 했을 때 이건 아니다 싶으면서도 본인의 의사를 확인할 뿐 반대하거나 막지 않고 원하는 대로 해주고 지지해주는 엄마, 그걸 묵묵히 지켜보며 응원하는 아빠가 있었기 때문 아니었을까요? Stephanie는 매우 중요한 뭔가를 아는 엄마와 아빠를 만난 아주 운 좋은 아이였던 것이지요. 타고난 재능이나 배포, 색다른 성격 때문이라기보다는 뭔가를 확실하게 아는 엄마 아빠에게서 제대로 배우면서 자랐기 때문인 것이지요.

"Very strange," said the mom. "Are you sure that is what you want?"

"아들아, 딸아, 뭐든 너 하고 싶은 대로 다 해보거라." 이렇게 말해줄 수는 없을까요? Stephanie 엄마처럼 물어는 보되 뭐가 되었든 도와주고 지지해주는 엄마 아빠가 될 수는 없을까요? 남에게 보이는 부분, 대세나 유행을 따라가는 것이 더욱 중요한 듯 느껴질 수 있는 요즘, Stephanie처럼 자신의 본래 모습을 사랑하는 아이, 자기만의 독특한 모습을 자랑스럽게 여기고 발전시켜 나가는 아이, 그런 아이를 바라보고 있으면 정말 뿌듯할 것 같지 않으십니까? 우리 주변에 그런 아이들이 많아지면 좋겠습니다.

한 줄 소감

성미진1747
훗날 제 아이들에게서 "나는 정말 운 좋은 아이였어!"란 말을 듣고 싶습니다. 얘들아, 엄마 아빠가 뜨거운 마음으로 응원하고 있단다! 네 모습 그대로, 개성을 마음껏 뽐내며, 멋지게 한번 살아보렴!

배은영1692
패션의 완성은 자신감이라던데, 그 자신감은 결국 나다움에서 만들어지는 것이겠지요. 그걸 씩씩하고 유쾌하게 보여주는 스테파니의 내공과 멋진 모습에 박수를 보냅니다.

이주옥3346
따라쟁이들 덕분에 Stephanie의 헤어스타일은 날로 발전하네요.^^ 그 정도면 아이들도 따라 하는 것이 별로라는 걸 완벽하게 이해할 것 같아요.

조은영3240
기발하고 당당한 Stephanie의 복수에 통쾌함을 느꼈습니다. 풍부한 표정과 다양한 움직임, 아기자기한 소품 그림들도 정말 재미있어요.

이은주2157
저희집에도 Stephanie 같은 애가 한 명 있어요. 그녀의 헤어와 패션스타일은 그 누구도 따라갈 수 없지요. 자기만의 스타일이 있거든요. 그러고 보니 제 영어 이름이 Stephanie인데, 혹시 모전여전?ㅋㅋ

김효정3716
주변의 놀림에도 기죽지 않고, 그들을 이리저리 흔드는 걸로도 모자라, 변화시키기까지 하는 Stephanie. 그녀의 스스로에 대한 강한 확신과 강철 멘탈! 너무나 멋지고 부럽습니다.

김지혜2858
슬미를 만나 늘백을 하면서 아이뿐 아니라 엄마 아빠의 자존감까지도 함께 올라갑니다. 우리는 참 운이 좋은 가족입니다.^^ 이 행복을 다른 분들에게도 나누어 드리고 싶어요.

송봉선1770
딸아이와 깔깔거리며 읽은 그림책입니다. 영어를 못해 함께 읽을 수 있을까 걱정했지만, 저희 두 모녀 너무 웃어서 배꼽이 빠지겠습니니다. 푸하하!

고희선1063
나를 비웃는 이들에게 제대로 한 방 먹이는 방법을 아는 재치 있는 아이 Stephanie. '이런 게 바로 통쾌함이었지!' 그림책을 통해 오랜만에 다시 느껴보는 감정입니다.^^

전수인2372
누가 뭐래도 내 갈 길을 가는 Stephanie! 다름과 틀림의 경계가 점점 모호해지는 것 같아 답답하고 안타까운 요즘, 마음속 답답함을 뻥 뚫어주네요.

오성희3485
개성과 자신감이 충만한 Stephanie의 매력에만 빠졌다가, 세상의 많은 Stephanie를 키워낼 부모의 역할로 초점을 옮겨주시니 정신이 확 듭니다. 내가 가진 틀에 아이를 가두지 않았으면 좋겠어요.

박하영1667
Stephanie의 자존감에는 역시 훌륭한 엄마가 있었네요. 유쾌한 책이라고만 생각했는데 교수님의 글을 읽고 엄마의 역할이 얼마나 중요한지 다시 한번 깨닫습니다!

The Fantastic Flying Books of Mr. Morris Lessmore
by William Joyce

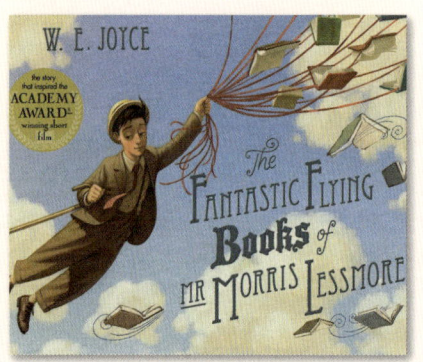

얼마나 책을 사랑하면 하루 종일 책 속에 파묻혀 책을 읽고 돌보며 평생을 보낼 수 있을까요? 오늘 우리가 함께 읽을 늘백의 그림책은 책과 평생을 함께한 한 애서가 이야기, William Joyce의 《The Fantastic Flying Books of Mr. Morris Lessmore》입니다.

1.

책과 스토리가 지닌 치유력에 대한 우화(寓話; fable, allegory)입니다. 태풍으로 모든 것을 잃고 절망에 빠진 Morris Lessmore가, 날아다니는 책들이 사는 도서관에서 책을 돌보며 위로와 힘을 얻고, 다른 사람들의 삶에도 새로운 희망과 활력을 주며 세상을 밝힙니다. 그리고 자기 삶의 중요한 모든 것을 담아 한 권의 책으로 만들어냅니다.

그림이 아름다우면서도 기발하여 글 못지않은 많은 이야기를 들려줍니다. 먼저 스토리를 중심으로 읽은 후 그림에 주목하면서 다시 천천히 읽어보세요. 그렇게 하면 전에는 보이지 않던 것들이 보이기 시작할 것입니다.

(뮤지컬 영화 〈오즈의 마법사〉에서 캔자스의 현실로부터 환상의 세계 오즈로 넘어갈 때 흑백이 컬러로 바뀌는 것처럼) 흑백과 컬러의 색상 대비를 이야기 전개를 위한 장치로 사용하고 있습니다. 태풍으로 인해 모든 것을 빼앗기고 슬픔과 절망만이 남은 세상은 흑백으로, 책들이 날아다니고 위로와 희망이 가

득한 평화로운 세계는 컬러로 나타내고 있습니다.

2.
저자 겸 영화 제작자인 William Joyce가 자신의 멘토였던 아동서적 출판가 William Morris의 삶을 모델로 하여 쓴 이야기입니다. 그런데 흥미롭게도 보통의 경우와는 달리 책으로 출간되기 전에 영화로 먼저 만들어졌습니다. 그리고 영화는 2012년 제84회 아카데미상(단편 애니메이션 부문)을 수상했지요. 하지만 제작 순서에 의미가 있다기보다는 책이든 영화든 작품의 핵심은 역시 스토리라는 점을 말해준다고 할 수 있습니다.

책과 영화 속의 태풍 장면은 영화 〈Steamboat Bill Jr.〉(1928)와 〈The Wizard of Oz〉(1939), 그리고 2005년 미국 Louisiana주의 New Orleans를 덮친 태풍 Katrina로부터 영감을 받았다고 합니다.

3.
책과 스토리가 가진 힘은 실로 놀랍습니다. 큰 환란과 역경으로 삶의 모든 것을 잃고 절망에 빠진 사람들에게 위로를 주고 평안을 회복시켜 줍니다. 어두움 속에서 새로운 빛을 보게 하며 어려움을 이겨낼 힘과 용기를 줍니다. 감옥처럼 절망적인 곳에서도 새로운 희망을 품고 나아갈 길을 찾도록 도와줍니다. 상상하기 힘든 큰 장애나 불리함을 지녔어도 자신의 약점을 오히려 강점으로, 불리함을 더 큰 성장의 기회로 만들 수 있게 합니다. 사람이 만든 책이 오히려 사람을 만들어가는 것이지요.

4.
책 속의 문장과 표현 하나하나에 결코 가볍지 않은 의미가 담겨 있습니다. 마음속에 혼자만의 느낌이나 생각으로 담아두지 말고 다른 사람들과 함께 나누라고 아우성칩니다.

(1)

낱말과 스토리와 책을 사랑했다는 Morris Lessmore, 그를 통해 책에 대한 사랑은 그 중심에 언어적인 표현과 스토리에 대한 깊은 애정이 있음을 깨닫습니다.

> Morris Lessmore loved words.
> He loved stories.
> He loved books.

(2)

Morris Lessmore의 인생은 그가 직접 쓴 한 권의 책이었습니다. 참으로 멋진 비유가 아닐 수 없습니다. 우리의 인생도 각자가 써나가는 한 권의 책이라고 할 수 있을 겁니다. 그가 했던 것처럼 우리도 매일 아침 각자의 책을 열고 우리의 기쁨과 슬픔, 우리가 아는 것과 소망하는 것을 모두 기록하는 것이죠. 우리의 삶은 결국 살아가는 동안 경험하거나 알게 되는 많은 것들과 이런저런 바람으로 채워지는 것일 테니까요.

> His life was a book of his own writing. He would open it every morning and write of his joys and sorrows, of all that he knew and everything that he hoped for.

수많은 책 속에 파묻혀 살면서도 자신의 책을 쓰는 일에 소홀하지 않았던 주인공의 모습에 나 자신을 돌아봅니다. '혼란한 세상 속에서 나는 스스로를 잘 지켜나가고 있는가?' '본래의 내 모습을 사랑하며 휩쓸리거나 휘둘리지 않고 주어진 삶을 오롯이 살아가고 있는가?'

(3)

모든 사람의 인생에는 굴곡이나 상처, 불운이나 불행이 있기 마련입니다. 그래서 어느 날 세찬 비바람이 불어와 우리 삶의 거의 모든 것을 순식간에 빼앗아가기도 하지요. 주인공의 책은 물론 그가 기록한 단어들까지 전부 흩어 사라지게 했듯이. 그렇게 되면 우린 무엇을 어찌해야 할지, 어디로 가야 할지 모르고 방황하기 마련이고요.

But every story has its upsets. One day the sky darkened. The winds blew and blew ... till everything Morris knew was scattered—even the words of his book. He didn't know what to do or which way to go. So he began to wander. And wander.

(4)
좌절과 절망 속에서 그렇게 방황하다가 어느 날 평소와는 달리 위를 올려다보았는데 우연히도 새로운 희망을 보게 되기도 하지요. Morris Lessmore가 뜻밖에도 책들과 함께 공중을 날아가던 아름다운 한 여성을 만나 그녀로부터 자신을 새로운 삶으로 안내할 책을 선물 받게 된 것처럼 말이죠.

Then a happy bit of happenstance came his way.
Rather than looking down, as had become his habit, Morris Lessmore looked up. Drifting through the sky above him, Morris saw a lovely lady. She was being pulled along by a festive squadron of flying books.

그 아름다운 여성은 알았지요, Morris Lessmore가 방황에서 벗어나기 위해서는 좋은 스토리 하나가 필요하다는 것을. 마찬가지로 우리도 좋은 책 한 권이면 새로운 희망과 길을 찾을 수 있습니다.

The flying lady knew Morris simply needed a good story, so she sent him her favourite. The book was an amiable fellow, and urged Morris to follow him.

(5)

떨어지고 해어진 책들을 수술이라도 하듯 정성스레 손보고 고쳐주고 하는 모습을 보며 책에 대한 주인공의 깊은 사랑을 느낍니다. 자녀들의 찢어진 책을 스카치테이프로 붙여주던 오랜 과거의 기억이 떠오르면서 '그래, 책 사랑은 역시 종이책이지' 하는 생각을 다시금 하게 됩니다.

> Morris found great satisfaction in caring for the books, gently fixing those with fragile bindings and unfolding the dog-eared pages of others.

(6)

수많은 책과 스토리 중에는 많은 인기를 누리는 것이 있는가 하면 누구도 관심을 기울이지 않는 것들도 적지 않을 텐데 나의 스토리는 과연 어느 쪽일까? 널리 읽히든 그렇지 못하든 모든 스토리는 그 나름의 의미가 있는 법인데 과연 나는 다른 사람들의 삶이 지닌 의미를 충분히 인정하고 또 그렇게 대하고 있는가?

> Morris liked to share the books with others. Sometimes it was a favourite that everyone loved, and other times he found a lonely little volume whose tale was seldom told.

(7)

"모든 책의 스토리가 중요해." 주인공과 책들이 모두 공감했던 말, 여러분에게도 크게 와닿을 것이라 생각합니다. 우리는 서로 모습과 역할이 다를 뿐 각자 자신에게 주어진 삶을 성실하게 살아가는 한 그 삶은 충분한 무게와 가치를 지니는 것이지요. 그것을 안다면 누구라도 쉽게 생각하거나 함부로 대하지 못할 텐데! 누군가 한 사람이 내게 오는 것은 실로 어마어마한 일이라고 노래했던 어느 시인의 목소리가 들려오는 듯합니다.

"Everyone's story matters." said Morris.

　And all the books agreed.

(8)

세월이 흐르면 사람은 누구나 늙고 병들어 떠나야만 합니다. 하지만 책과 그 안의 스토리는 변하지 않습니다. 언제나 우리에게 기쁨과 즐거움, 위로와 평안, 힘과 용기를 주지요. 그리고 약해진 우리를 돌보아줍니다. 마치 Morris Lessmore가 늙고 병들어 약해졌을 때 그동안 그가 정성껏 돌보았던 책들이 그를 보살펴주었던 것처럼 말입니다.

　But the books never changed. Their stories stayed the same.
　Now his old friends took care of him the way he had once cared for them, and they read themselves to him each night.

(9)

세상을 떠나야만 할 때가 내게도 곧 올 텐데 그때까지 나는 책을 완성할 수 있을까? 내가 쓴 책도 다른 책들과 함께 날아다니며 누군가에게 새로운 희망과 영감을 줄 수 있을까?

　Then one day he filled the last page in his book. He looked up and said with a bittersweet sigh, "I guess it's time for me to move on."

잠시 머물던 이 세상을 떠날 때가 되었을 때 나도 Morris Lessmore처럼 "이제 새로운 곳으로 떠날 때가 되었어"라고 담담하게 말할 수 있을까? 비록 몸은 늙고 병들어 꾸부정하고 쭈글쭈글하겠지만 완성된 책 한 권을 가슴에 품은 채 행복한 얼굴로 큰 미련 없이 떠날 준비를 할 수 있을까?

(10)

이제는 헤어져야 할 작별의 시간, Morris Lessmore는 "너희 모두를 여기 이 가슴속에 담아둘게"라는 마지막 인사를 하고 펄럭이는 책들과 함께 날아갑니다.

"I'll carry you all in here." he said, and pointed to his heart.

하지만 그는 책 한 권을 남기지요. 비록 한 권에 불과하지만 자기 삶의 소중한 모든 것들이 담겨 있는 책을. 마치 자신의 이름이 왜 Lessmore인지 그 의미를 잊지 말라고 말하는 것처럼. 그리고 얼마나 많이 읽히고 환영받게 될지에 대해서는 그리 큰 관심이 없다는 듯이. 그런 것들은 모두 남겨진 사람들의 몫이라는 것을 잘 알고 있었기 때문일까요?

Inside was Morris's story. All of his joys and sorrows, all that he knew and everything that he hoped for.

(11)
마지막으로, 누군가 내가 쓴 책을 펴서 읽게 되면 우리의 삶은 끝나면서도 동시에 다시 새롭게 시작되는 것이죠. 책을 쓴 사람들은 결국 모두 떠나가지만 여러분과 여러분의 아이들이 책을 펼쳐 즐거운 책 읽기를 시작하는 순간 그들의 삶이 다시 시작되는 것처럼 말입니다.

The girl began to read. And so our story ends as it began … with the opening of a book.

P. S.
책을 읽은 후 영화를 보면서 같은 이야기의 두 가지 버전이 어떻게 다른지 살펴보시길 바랍니다.

 〈The Fantastic Flying Books of Mr. Morris Lessmore〉

P. P. S.

(1) Morris Lessmore는 단어와 스토리와 책을 사랑합니다. 여러분은 무엇을 사랑하나요?

(2) 여러분이 사랑하는 표현에는 어떤 것이 있을까요? 그 표현을 왜 사랑하나요? 그 표현은 여러분에게 어떤 느낌과 감흥을 불러일으키나요?

한 줄 소감

박연주1604
와아! 책을 꼬옥 끌어안게 만드는 소개글입니다. 표현 하나하나에 담겨 있는 깊은 의미가 천천히 스미듯 마음속에 들어옵니다. "아, 그랬었구나!" 깨닫게 됩니다. 위로가 되고 치유가 되고 또 희망이 됩니다. 행복을 느낍니다. 오늘도 고맙습니다.

채지연2547
책도 넘 좋은데 교수님이 풀어주시니 더욱 좋습니다. 와닿는 게 확실히 다르네요. 표현들이 새롭게 말을 걸어오는 느낌도 받았구요. 책이랑 친구가 되고 자신만의 스토리를 남길 수 있어 행복했던 Lessmore처럼 살고 싶어요.

구지예1082
이 책을 읽으면 책을 더 사랑하게 될 것 같습니다. 책에 대한 사랑이 제 마음속에서 퐁퐁 솟아날 것 같아요. 오늘 소개글은 저의 남은 인생을 어떤 장르의 책으로 만들어가면 좋을지 생각하게 만드네요.

성미진1747
아침 일찍 '오늘의 책'을 확인하러 카페에 들렀다가 어마무시한 글밥의 소개글에 눈은 휘둥그레! 입은 떡! 벌어졌어요. 빨리 읽고 싶었지만 꾹 참고 책을 먼저 읽고 소개글을 읽었는데, 주인공에 견줄 만한 교수님의 책에 대한 애정과 좋은 책을 함께 나누시려는 깊은 마음이 느껴졌습니다.

조은경2505
오늘 소개글을 읽으면서 또 한 번 감동했습니다. "저 같은 학생들을 위해 이렇게 풀어 써주셨구나!" "책의 감동을 꼭 전해주고 싶으셨구나!" "똑같은 것도 교수님이 표현하시면 이렇게 달라지는구나!" 다시 한번 느끼며 교수님의 배려를 배워갑니다.

윤민아1955
남의 일 같았던 Morris Lessmore의 말이 슬미를 통해 이제는 저의 이야기가 되었어요. I love words. I love stories. And I love books.

김은영3432
사람이 만든 책이 오히려 사람을 만들어가는 것이라고 하셨는데 책이 가진 커다란 힘을 한 문장으로 옮겨주신 것 같아요. 저도 읽을 만한 가치를 지닌 '책'이 되고 싶네요.

이예린2124
사람은 떠나지만 책은 남는다는 말씀이 강렬하게 와닿네요. 언젠가 제 인생을 한 권의 책으로 써본다면 더없는 행복이 될 것 같습니다.

문설희1519
A happy bit of happenstance came my way. 슬미를 만난 이런 행복한 우연이 제 이야기도 가치 있다고 토닥여줍니다. 그렇게 되니, 다른 사람의 이야기도 더 의미 있게 받아들이게 되네요. 정말 행복합니다.

김지혜2858
주인공처럼 슬미를 만나 매일 책을 읽으며 힐링하고 있습니다. 저도 다른 이들에게 희망을 주는 사람이 되고 싶습니다.

박호영2900
책이 날아다니는 세상이라니요! 그림책을 통해서 새로운 세상을 접하게 되고, 교수님의 소개글을 통해 계속 새로운 책을 만나게 되네요. 이런 선순환이야말로 책이 날아다니는 세상이 아닐까요?

고명희1049
저는 책을 사랑합니다. 그곳에는 제가 경험해보지 못한 신비한 일들이 펼쳐져 있기 때문이지요. 그래서 책꽂이에 꽂혀 있는 책들을 보면 가슴이 마구 설렙니다. 저도 Morris Lessmore처럼 평생 책과 친구하며 제 스토리를 담은 한 권의 책을 남기고 싶습니다.

송여진2915
소개글을 읽으니 많은 책들과 어울려 살며 자신의 책을 써 나가고 있는 주인공의 이야기를 빨리 만나보고 싶습니다.

배은영1692
우리의 인생은 각자 써 나가는 한 권의 책이라는 말씀에 제 삶이 더할 나위 없이 멋지게 느껴집니다. 정말 멋진 책으로 만들어내고 싶어요.

송봉선1770
글밥이 있어서인지 솔직히 제겐 크게 와닿지 않는 책이었어요. 그런데 교수님의 소개글을 읽고 나니 다시 읽어보고 싶네요. 천천히 읽으며 깊이 음미해보겠습니다.

유지민1941
서로의 모습과 역할이 다를 뿐, 성실하게 살아낸 삶의 그 무게는 모두가 비슷하지 않을까요? 나의 책에는 어떤 내용들이 담겨 있을지 궁금합니다. 앞으로는 어떤 기록을 남겨야 할지도 생각해보게 되네요.

배가란1683
촤르르 하고 펼쳐지는 책들의 향연, 그리고 그 안에 담긴 스토리 하나하나가 한 편의 영화이자 삶이네요. 제게는 늘백이 그렇게 찾아와 시작되었습니다.

이은정3367
영원할 것 같은 우리의 인생도 결국엔 끝이 오겠지요. 오늘 하루 우리의 삶이 의미 있는 스토리가 되기를 바라며 살고 싶어요.

신송인2920
소개글을 읽으며 책에 대한 사랑이 제 마음속에서 매일 퐁퐁 솟아나고 있습니다. 감사드려요.

조혜영3780
책을 더 좋아하게 만들어주는 책인 것 같아요. 어린아이인데도 눈을 동그랗게 뜨고 신기해하며 읽네요.

노미영1502
나만의 책을 만들고 싶다는 생각을 대학생 시절에 잠시 했다가 포기했는데, Lessmore를 보면서 제 인생을 책으로 엮어보고 싶다는 욕심이 생깁니다.

류호연3453
어릴 때 책을 무척 좋아했는데 시간이 지나면서 점점 멀어지게 되었어요. 책을 너무나도 좋아하는 아들만큼은 계속 흔들림 없이 좋아할 수 있도록 환경을 만들어주고 싶습니다.

Don't Push the Button!
by Bill Cotter

정말 별것 아닌데도 하지 말라고 하면 갑자기 없던 마음도 생기고 하고 싶은 마음은 더욱 커지는 경험, 한두 번씩은 해보셨겠지요? 오늘 우리가 함께 읽을 늘백의 열한 번째 그림책은 평범한 보통 사람이라면 그 유혹을 도저히 이기기 힘들 Bill Cotter의 《Don't Push the Button!》입니다.

1.
Larry는 보라색 괴물입니다. 엄청 무섭겠다고요? 천만에요. 괴물인데도 친절하고 다정하며 전혀 위협적이지 않습니다. 그런데 Larry는 지금 걱정이 이만저만이 아닙니다. 빨간색 버튼을 누르면 정말 큰일 난다는 것을 알고 있거든요. 누군가 버튼을 누를까 봐 너무 불안하고 걱정이 되어 멘붕이 올 지경입니다. 그래서 버튼을 누르지 말라고, 아예 생각지도 말라고 경고합니다. 그런데도 아이들은 자꾸 그 빨간 버튼을 누르려고 하네요. 대체 버튼을 누르면 무슨 일이 생기기에 생각조차 하지 말라고 하는 것일까요?

2.
상호작용을 위해 누가 컴퓨터 프로그램이나 스마트폰 앱이 필요하다고 하나요? 바로 여기 재치와 장난기 넘치는 상호 소통 방식의 대화형 그림책이 있습니다. 특히 귀엽기 그지없는 괴물과 직접 소통할 수 있기 때문에 아이들이 엄청나게 좋아합니다. 단지 책을 읽는 것에 그치지 않습니다. Larry에게 직접 말을 겁니다. Larry가 시키는 대로 버튼을 누르고 또 누르고, 수없이 눌러댑니다. 책을 이리저리 흔들고, Larry의 배를 긁기까지 합니다.

어린아이들도 가뿐하게 읽을 수 있는, 아주 쉽고 대단히 유쾌한 책입니다. 책이라기보다는 재밌는 장난감이며, 책 읽기라기보다는 흥미진진한 놀이입니다. 아이들의 호기심을 자극하는 아이디어가 정말 기발합니다. 긴장감과 긴박감이 장난이 아닙니다. 누구든 빠져들 수밖에 없습니다. 책 읽기를 싫어하는 아이들조차도 Larry의 변하는 모습에 깔깔대며 좋아합니다. Larry를 정상으로 돌려놓으려고 최선을 다합니다. 여럿이 함께 읽으면 즐거운 웃음소리가 방안에 그득합니다. 푹 빠져들어 서로 누르고 간지럼 태우며 노느라 정신이 없습니다.

3.
더할 나위 없이 쉽고 짧은 책. 그런데도 무지무지 재미있어 아이들은 아무리 반복해 읽어줘도 질려 하지 않습니다. 보고 또 봐도 여전히 다시 보고 싶어합니다. 자꾸 읽다 보면 자신도 모르는 사이에 모든 문장을 모조리 외우게 됩니다. 그리고 읽어주는 도중에 표현을 조금만 바꾸어도 금방 알아채고 즉각 반발합니다. "No, Mom! 그거 아니에요!" 실제로 해보면 엄청 재미있습니다.

4.
아시죠, 이 책에서 말하는 Don't는 부정이 아니라 오히려 긍정이라는 것을? 사실 누르지 말라고 하는데 어떻게 누르지 않을 수 있겠습니까? 하지 말라는 Don't는 도리어 아이들의 마음을 흔들고 더욱 부추깁니다. 귀엽다 못해 순진하게까지 느껴지는 Larry의 모습은 유혹에 빠져들 수밖에 없도록 만듭니다.

그런데 알고 계셨나요? 엄마 아빠들의 하지 말라는 Don't도 우리 아이들에게는 많은 경우 Don't가 아니라 Do처럼 들린다는 사실을? 이런 청개구리 심보는 어린아이들뿐만 아니라 제법 큰 아이들도, 때로는 우리 같은 어른들까지도 마찬가지인 듯합니다.

사람의 마음 돌아가는 원리가 이와 같으니, 절대 해서는 안 되는 일은 하라고 하고, 꼭 해야만 하는 일은 하지 말라고 하는 게 차라리 나으려나요? 많은 분들이 중요하게 생각하는 파닉스와 집중 듣기, 단어의 무작정 암기와 문장의 한국어 해석, 책 읽기를 놓치면 아무 소용 없다고, 차라리 하지 말라고 아무리 외쳐도 달라지기는커녕 오히려 더 열심히 하고 있네요. 그러니 이제 앞으로는 "계속 열심히 하세요. (그래서 아이의 소중한 기회도 날려버리고 영어도 망쳐 버리세요.)"라고 해야 하나 하는 생각이 문득 아주 잠시 들었습니다.^^

5.
책이 너무 마음에 들어 이와 비슷한 유형의 재미있는 다른 책을 찾고 싶다면, 같은 저자의 《Don't Touch This Book!》(2016)도 있습니다. 귀여운 괴물 Larry가 다시 등장합니다. 하지만 아쉽게도 전작보다 재미는 좀 덜하네요. 물론 너무 성급한 실망은 금물입니다. 아주 좋은 다른 책들이 많이 있으니까요. 그중에서도 (우리가 이미 읽은 Mo Willems의 《Don't Let the Pigeon Drive the Bus!》를 포함해) 다음 5권의 책을 가장 우선적으로 권하고 싶습니다.

- 《Count the Monkeys》 by Mac Barnett, Kevin Cornell (illustrator)
- 《Don't Let the Pigeon Drive the Bus!》 by Mo Willems
- 《Press Here》 by Hervé Tullet
- 《Tap the Magic Tree》 by Christie Matheson
- 《The Monster at the End of this Book》 by Jon Stone, Michael J. Smollin (illustrator)

한 줄 소감

이희정2294
책과 상호소통하는 기분이 바로 이런 것이군요! 누르지 말라는데 제게는 "무조건, 반드시, 꼬옥, 꾸욱 누르세요."로 들리네요. 흐흐.^^

윤나경3329
아이들이 최고로 좋아하는 책. 우리집 1, 2, 3호가 모두 좋아해요. 고사리 같은 손으로 push, push 하고 있습니다. 급기야는 bellybutton까지 꾹!

홍지윤3765
누르고, 흔들고, "어떡하지?" 했다가, 깔깔 웃고.^^ 책과의 소통을 확실히 알게 해준 우리집 홈런북입니다.

장미영2338
3살 막내딸과도, 영잘못 10살 아들과도, 영알못 65세 친정엄마와도, 온 가족의 홈런북 장착이요! 어느 누구와도, 영어를 알든 모르든, 잘하든 못하든, 실패가 불가능한 책이네요.

이진경2236
아들의 최애책입니다. 얼마나 많이 읽어줬는지 줄줄 외울 정도예요.

박지원1644
이 책을 좋아하지 않는 아이도 있을까요? 너무나도 재미있는 책. 버튼이 닳아 없어질 정도입니다.

김미연1169
뜨끔하네요. 저도 이런 심보가 있는 것 같아요. 못 말려요 정말.ㅋㅋ

박라영1545
아이가 대체 왜 말을 안 듣나 했는데, 이 책에서 답을 찾았습니다. 근데 저도 누르지 말라는데 누르고 있네요! ㅋㅋ

최서우2565
영어를 거부하는 5세 남아도 이 책만큼은 깔깔대며 버튼을 누르려고 안간힘을 쓰네요. 정말 재미나게 읽었어요.

김보람1198
한글책으로 먼저 접했는데 영어책으로 보니 역시 더 재밌네요. 아이도 이미 알고 있는데 그래도 재미있어해요. 파닉스, 집중듣기, 무작정 단어암기 등등, 하지 말라고 하신 거 절대 안 할게요. :)

박연주1604
Don't가 Do로 들린다는 말에 빵 터졌습니다. 중간중간 교수님의 반어법 위트에 그냥 넘어갑니다.^^ 슬로우 미러클 따라갑니다. 따라오지 말래도 끝까지 갈 거예요. 보너스 추천책까지, 냉큼 읽어볼게요.

정승아2416
하지 말라고 하면 정말 더 하고 싶은 심리. 하지만 하라고 하면 꼭 진화된 청개구리처럼 하지 않았으면 하는 것만 골라 꼬박꼬박 말 잘 듣는 아이. 그런데 소개글을 읽다 보니 교수님에겐 제가 청개구리였네요.^^

느리게 100권 읽기

Big Red Lollipop
by Rukhsana Khan, Sophie Blackall (illustrator)

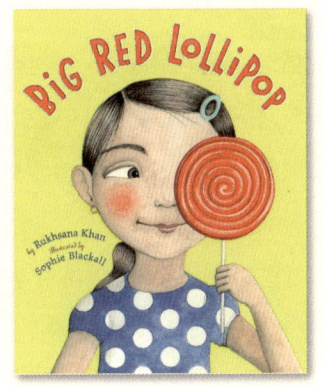

어린 시절 언니나 오빠, 형이나 누나, 혹은 동생과 사이좋게 지내다가도 대수롭지 않은 일 때문에 다투고 마음 상한 기억이 있으시지요? 오늘은 우리 모두 함께 Rukhsana Khan과 Sophie Blackall의 《Big Red Lollipop》을 읽으며 어린 시절의 추억을 한번 소환해보도록 하겠습니다.

1.

난생처음 생일 파티에 초대를 받은 Rubina는 들뜬 마음을 감출 수 없습니다. 그런데 동생 Sana가 생일 파티에 따라가겠다고 막무가내로 떼를 쓰네요. 엄마는 그런 동생을 데려가라고 하시고요. 아니나 다를까 기어코 언니를 따라간 Sana는 생일 파티에서 제멋대로 고집을 피우며 울고불고 난리법석을 떱니다. 그리고 그것도 모자라 언니가 선물로 받아온 막대사탕까지 몰래 먹어버립니다. 그런데도 엄마는 그런 얄미운 동생 편만 드시네요. 속상하고 화나는 Rubina, 그 마음을 대체 누가 알 수 있을까요?

어느덧 시간이 흘러 드디어 자신도 처음으로 생일 파티에 초대받게 된 Sana. 그런데 문제는 Sana에게도 더 어린 동생 Maryam이 있다는 사실입니다. 아! 누가 알았으랴, 자신도 언니와 똑~같은 운명에 처하게 될 줄을! Sana는 과연 생일 파티에 무사히 다녀올 수 있을까요?

2.
어렸을 적 누구나 한 번쯤은 경험해보았을, 특히 동생이 있다면 공감 백배할 자매의 아웅다웅 이야기, 신선하고 훈훈한 반전이 있는 이야기, 벌을 받아 마땅한 사람에게 베푸는 진정한 용서와 자비에 관한 이야기입니다.

파키스탄에서 태어나 캐나다에서 성장한 작가 Rukhsana Khan의 자전적인 작품입니다. 캐나다에 사는 파키스탄 이민 가정의 지극히 개인적인 가정사 이야기 속에 범문화적이며 보편적인 메시지를 담고 있습니다.

그림이 화사하고 따뜻하여 주로 여자아이들이 선호할 것 같지만 의외로 남녀 구분 없이 모든 아이들이 공감하고 좋아합니다. 막무가내로 떼쓰는 동생, 그런 동생을 무조건 두둔하는 엄마의 모습이 우리에게도 전혀 낯설지 않습니다. 동생에게 늘 양보해야 하는 언니나 오빠, 형 누나는 물론 그들을 속상하게 하는 얄미운 동생들에게도 강추합니다.

3.
자신을 엄청나게 괴롭힌 동생이 같은 운명에 처했을 때 오히려 구원의 손길을 내민다고? 그동안 쌓인 분노와 원한은 대체 어떻게 하고? 이런 예상치 못한 사건 전개가 아이들의 마음에 묵직한 울림을 줍니다. 용서와 자비란 말의 참된 의미를 깨닫게 합니다. 착한 사람은 복을, 나쁜 사람은 벌을 받게 되는 권선징악을 기대하거나, 뿌린 대로 거둔다고 믿는 사람들에게 한 방 가볍게 날려줍니다.

얄미운 상대에게 복수하는 최고의 방법을 배울 수 있습니다. 누군가와 화해하거나 친구가 될 수 있는 쉽고도 효과적인 요령을 알려줍니다. 진지하고 딱딱한 설교 없이 배우게 합니다. 도덕 교과서나 직접적인 훈계보다 문학이나 흥미로운 스토리가 훨씬 더 효과적임을 보여줍니다.

4.
구약시대 모세의 율법에서는 남의 눈을 상하게 하였다면 그의 눈도 상하게 하라고 합니다. 반면에 예수님은 누군가 오른편 뺨을 때리면 왼쪽 뺨마저도 내밀라고 하십니다. 비록 원수라도 용서해야 하며, 어려움에 처했을 때는 도와야 한다고 가르쳐주십니다. 여러분은 정의와 자비 중 어떤 것을 원하십니까? 여러분의 아이는 어떤 선택을 하길 바라십니까?

"Two wrongs don't make a right"라는 말이 의미하는 것처럼 악을 악으로 갚으면 미움과 죄만 더해질 뿐 해결되거나 나아지는 것은 아무것도 없습니다. "이에는 이, 눈에는 눈", 즉 "너도 한번 당해보라"는 마음을 내려놓고 긍휼과 관용을 생각해보는 것은 어떨까요? 벌을 받아 마땅한 사람에게 베푸는 용서야말로 진정한 용서와 자비입니다. 그러한 용서를 경험한 사람만이 참된 평안을 누릴 수 있습니다.

한 줄 소감

김신우1266
아~! 언니의 속상한 마음이 막 전해 오네요. 책을 읽으면서 동생보다 엄마가 더 얄미웠어요.

이희정2294
마치 첫째 아이의 마음을 열어본 것 같아요. 짠하면서도 사랑스럽네요. 어른보다 더 기특한 마음을 가진 Rubina가 정말 대견합니다.

정숙경2415
크게 공감이 가는 상황들이었어요. 너그러운 마음과 지혜로운 해결 방안에 무릎을 탁 치게 되네요.

김은영3432
문화 차이라고 생각하며 이해는 하지만 좀 답답하신 엄마네요. 팥쥐 엄마 슬하에서 착하고 지혜로운 콩쥐 언니가 못된 팥쥐의 마음을 녹인 것 같아요.

홍정현3764
정의와 자비 중 어느 것을 택해야 할까요? 참으로 어렵습니다. 감정은 정의인데, 이성은 자비를 선택하라고 하네요.ㅠㅠ 저 자신의 평안을 위해 맘에 천사 하나 키워야 할까 봐요.^^

조연주2492
"너도 똑같이 당해봐라"가 아니라 "나는 그 마음이 어떨지 아니까" 하며 이해하고 큰 사랑으로 품어주는 Rubina의 깊고 너그러운 마음이 감동입니다.

이유영2133
책을 읽으며 엄마는 왜 언니에게 불편한 상황을 만들고 사과는 없을까 궁금했던 책입니다. 부모도 잘못된 부분은 자녀들에게 사과하는 용기가 필요한 것 같습니다.

박하영1667
저도 첫째인지라 읽는 내내 Rubina에게 감정이입을 하며 읽었어요. 그러다 마지막 부분에서 저보다 훨씬 성숙한 Rubina의 태도에 정말 감탄했습니다.

 김경진1130
어릴 적 저의 모습 같아 계속 웃음이 났습니다. 언니를 참 많이도 쫓아다녔던 것 같아요. 언니, 미안하고 고마웠어!♡♡♡

 이현경2258
전 언니가 항상 양보를 해줘서 당연하게 생각했는데 이 글을 보니 제가 참 얄미운 동생이었네요. 언니에게 전화해서 고맙다고 해야겠어요. 뜬금없이 하겠지만요?ㅋㅋ

 천주연3249
악에게 지지 말고 선으로 악을 이기라(로마서 12:21)는 성경 말씀이 떠오르네요. 얄미운 상대에게 복수하는 최고의 방법이 '용서'라니요! 오늘도 큰 것 하나 배우고 갑니다.

 백나영1696
동생만 있는 언니의 입장에서는 읽을수록 울컥해지는 책입니다. 하지만 읽으면서 그 속상함이 치유되기도 했습니다.

 김정은1357
직접적인 교훈보다 흥미로운 이야기를 통해 용서와 자비에 대해 생각해볼 수 있어 좋았어요.

 정성호3532
얄미운 상대에게 복수할 수 있는 최고의 방법을 진지하거나 딱딱한 설교 없이 배울 수 있어 정말 기쁩니다.

 유지민1941
역지사지라는 말이 즉각 떠오릅니다. 언니의 넓은 마음과 슬기로움에 엄지 척!

 여윤미1878
동생보다는 엄마 때문에 더 서운했어요. 어른인 나보다 더 기특한 마음을 가지고 있는 Rubina, 정말 훌륭합니다.

김은주2847
자매들에게는 지극히 현실적으로 와닿을 것 같아요. 언니의 용서를 통해 진정한 용서의 의미를 되새겨봅니다.

느리게 100권 읽기

DAY 013

난이도 ■■■□□

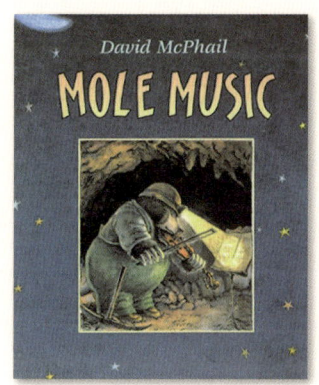

Mole Music
by David McPhail

음악이나 예술로 세상을 바꾸는 일이 가능할까요? 정말 대단한 것도 맞고 큰 감동을 주는 것도 사실이지만 그 정도까지는 아니지 않겠느냐고요? 오늘 우리가 함께 읽을 늘백의 그림책은 David McPhail의 가슴을 뛰게 하는 꿈에 대한 이야기 《Mole Music》입니다.

1.

땅속에서 굴 파는 일을 하며 홀로 살아가던 두더지는 자신의 삶에 대해 무언가 허전함을 느낍니다. 그러던 어느 날 TV에서 아주 멋진 바이올린 연주를 듣고 자신도 아름다운 음악을 연주하고 싶다는 소망을 갖게 됩니다. 그 소망은 실제 바이올린 연습으로 이어지고, 연습을 거듭하면서 점점 더 큰 소망으로 발전하게 됩니다. 두더지의 소망은 어디까지 발전하게 될까요? 두더지는 과연 자신의 소망을 이룰 수 있게 될까요?

2.

두더지를 의인화하여 이야기의 현실성을 극대화하고 있습니다. 감미로운 음악이 만들어내는 감동적인 이야기와 차분하고 소박한 느낌의 아름다운 수채화 그림이 너무도 잘 어울립니다. 글과 그림은 물론 이야기 구조까지 단순하지만 전달하는 메시지와 그 울림은 결코 가볍지 않습니다.

어른 아이 할 것 없이 사실상 모든 사람에게 어필합니다. 보통은 현실성을 기

085

대하기 어려운 내용이지만 읽고 나면 생각이 달라집니다. 가슴을 뛰게 하고 실현 가능성에 대한 기대를 갖게 됩니다. 다람쥐가 놓고 간 도토리가 싹을 틔우고 나무로 자라납니다. 두더지의 바이올린 연주가 만들어내는 음악이 그 나무를 키웁니다. 사람과 동물들을 불러 모으고, 그들의 마음에 감동과 평안을 안겨줍니다. 심지어는 전쟁까지도 멈추게 합니다.

3.
영화 〈Mission〉에서 가브리엘 신부가 원주민들 앞에서 연주하던 〈가브리엘 오보에(Gabriel's Oboe)〉의 아름다운 선율이 들려오는 듯합니다. 두더지가 연주하는 바이올린의 선율이 웅장한 파도가 되어 밀려옵니다. 그 감동이 얼마나 깊고 넓은지 세상을 온통 덮어버리고도 남을 것 같습니다. 특히 마지막 장면에서 싸움이 그치고 잔잔한 바이올린 소리가 울려 퍼질 때에는 미움도 분쟁도 슬픔도 없는 평화로운 천국을 보고 있는 듯한 느낌까지 듭니다.

하지만 두더지는 자신이 만들어낸 바깥세상의 변화를 전혀 알지 못하고 있었습니다. 자신의 상상이 현실이 되었는데도 그 사실을 모르고 있었던 것이지요. 그럼에도 불구하고 두더지는 자신의 음악 연주만으로도 충분한 행복을 누렸습니다. 무슨 일에서건 가장 큰 보상은 역시 바라는 바를 성취했을 때 느끼는 기쁨과 만족감인가 봅니다.

4.
땅속에 혼자 살던 두더지는 아름다운 음악을 듣고 삶의 허전함을 채워줄 새로운 소망이 생겼습니다. 당신은 어떻습니까? 가슴을 뛰게 하고 마음의 공허함을 채워줄 꿈을 갖고 계십니까? 언젠가 한때는 그런 꿈이 있었지만 현실에 쫓겨 살다 보니 이제는 아예 없었던 일처럼 되어버렸다고요? 아니, 그런 꿈을 가져본 적조차 없으시다고요? 만일 그렇다면, 더 늦기 전에 마음의 소리에 귀를 기울여보시기 바랍니다.

꿈을 찾고 그 꿈을 키워나가는 일이 갈수록 더 어려워지는 것 같습니다. 그래서일까요? 요즘 아이들은 꿈이 없다고들 합니다. 하지만 그럴수록 꿈을 꾸는 것이 중요합니다. 비록 작은 것일지라도. 당신 아이의 꿈은 무엇입니까? 의사나 약사, 판사나 검사, 교사나 공무원, 배우나 가수, 아니면 (설마) 건물주? 그것이 무엇이든 아마도 많은 고민의 결과이고, 충분히 좋은 것들이겠지요.

하지만 묻고 싶습니다. 그것이 아이의 가슴을 뛰게 하나요? 다른 사람들에게 감동을 줄 수 있나요? 세상을 바꾸거나 더 나은 세상을 만드는 일에 도움이 되는 것인가요? 아이가 왜 그런 꿈을 가지게 되었나요? 단 한 번이라도 마음속 깊은 곳에서 들려오는 내면의 소리를 들어본 적이 있나요? 당신의 아이가 가슴 뛰는 꿈을 꾸고 그 길을 갈 수 있도록 돕는 부모가 되고 싶은 생각은 없으신가요?

P. S.
여러분과 함께 듣고 싶습니다. 〈넬라 판타지아〉의 원곡으로 유명한 〈가브리엘 오보에〉입니다.

 Henrik Chaim Goldschmidt plays 〈Gabriel's Oboe〉

한 줄 소감

 박라영1545
우연히 바이올린 연주를 듣고 시작된 작은 꿈, 그리고 수년간 꾸준히 연습하는 두더지의 음악을 많은 사람들이 듣게 되는 기적. 세상을 바꾸는 건 바로 이런 게 아닐까 생각해봅니다.

 이예린2124
오늘의 소개글이 또 한 번 제 가슴을 뛰게 하고 꿈을 꾸게 합니다. 두더지의 아름다운 바이올린 연주를 듣는 것만큼 멋진 글입니다. 감사합니다.

 민정선3717
두더지의 감동 연주가 들리는 듯합니다. 두근두근 떨리는 꿈을 꾸며 자라나갈 아이가 기대되고 그걸 지지하는 엄마가 되고 싶어요.

 정광은3229
책의 표지부터 설레였던 책입니다. 두더지의 바이올린 연주 소리로 인해 행복해진 세상을 두더지에게 보여준다면, 아마도 감격의 눈물을 흘리지 않을까요?

윤지수1973
나이가 들수록 꿈을 잊어가는 것 같아요. 그저 나와 내 가족의 몸이 편안하고 많이 갖게 되는 것을 추구하지 않았나 반성해봅니다. 10대와 20대 때 꾸었던 꿈을 다시 한번 꾸어보고 싶습니다.

전주연2378
처음 읽었을 때는 잘 몰랐는데 소개글을 읽고 다시 읽는 책은 정말 감동입니다. 아이들의 가슴을 뛰게 하는 꿈은 무엇인지 궁금해져요. 그 꿈이 무엇이 되었든 응원하겠습니다!

정주영3355
한계를 뛰어넘는 꿈과 도전이 너무 멋진 책입니다. 제 영어 그림책 읽기도 한계에 부딪힐 때가 있지만 아름다운 연주가 될 때까지 천천히 꾸준히 하렵니다.

현연금2693
Mole이 꾸준한 연습으로 바이올린 연주에 성공한 것처럼, 늘백을 하는 우리들도, 우리와 함께하는 아이들도 분명 달라질 거라 믿어요.

김지혜2858
음악이 가지고 있는 힘을 믿습니다. 그래서 음악을 모든 사람들이 즐기고 향유했으면 하는 게 제 꿈인데, 이 책은 그 꿈을 상기시켜주고 다시 가슴 뛰게 하네요.

김명옥1156
예술은 사람을 채우고 아름답게 해주는 힘을 가진 것 같아요. 근데 그걸 자주 잊게 되네요. 예술이 가진 힘을 다시 한번 깨닫게 해주는 두더지의 이야기가 이 밤에도 또 마음을 울립니다.

채경진2545
제겐 슬로우 미러클이 가슴을 뛰게 합니다. 슬로우 미러클에서 그림책을 함께 읽으며 매일 가슴 뛰는 날들을 보내고 있거든요. 제가 할 수 있는 곳에서 많은 이들과 함께 이 행복을 나누고 싶어요.

박선향1567
가슴을 뛰게 하는 것이 없어 허전한 것일까요? 저도 아이도 가슴 뛰는 무언가가 있으면 좋겠네요. 평범하고 성실한 두더지가 찾아가는 예술의 여정에 저도 함께하고 싶습니다.

느리게 100권 읽기

DAY 014

난이도

The True Story of the 3 Little Pigs!
by Jon Scieszka, Lane Smith (illustrator)

진실을 말하는 것이 옳다는 것은 누구나 압니다. 그런데 진실이기만 하면 괜찮은 걸까요? 그리고 무엇보다 어떤 것이 진실인지 어떻게 알 수 있을까요? 오늘은 Jon Scieszka의 《The True Story of the 3 Little Pigs!》를 함께 읽으며 진실이란 것에 대해 생각해보는 시간을 가져보면 어떨까 합니다.

1.
돼지 삼형제와 늑대 이야기, 다들 들어보셨지요? 그리고 어떤 이야기인지 대충은 알고 계시죠? 그런데 그 이야기에 얽힌 비하인드 스토리도 알고 계시나요? 그리고 무엇이 진실인가를 논하기 전에 관련 당사자들의 말은 모두 들어보셨나요? 특히 늑대의 말을요? 너무나도 뻔한데 굳이 그럴 필요가 있느냐고요? 순박한 돼지들을 해친 포악한 늑대의 말을 어떻게 믿느냐고요? 충분히 이해합니다. 이전에는 저도 크게 다르지 않았으니까요.

그런데 말입니다, 세상에는 정말 별의별 일이 다 있고, 우리가 생각하는 것과 진실은 오히려 정반대인 경우도 있더라고요. 사실 관계가 꽤 분명한 듯 보일 때에도 우리가 잘 모르는 다른 면들이 꼭 있는 것 같고요. 그리고 무엇보다 늑대의 말은 한마디로 자신은 억울하게 누명을 썼다는 것인데, 궁금하지 않으십니까? 그 뻔뻔한 늑대가 대체 뭐라고 하는지? 그러니 이번 기회에 지금까지 알고 있었던 것은 잠시 접어 두고 늑대의 이야길 한번 들어보는 것은 어떨까요?

2.

그 유명한 《아기 돼지 삼형제(The Three Little Pigs)》의 패러디입니다. 돼지들을 해치고 감옥에 간 늑대의 관점에서 사건을 재구성하여 늑대의 입을 통해 들려줍니다. 어떤 의미에서 진짜 작가는 Jon Scieszka가 아니라 (책 표지에도 그 이름이 있는^^) Alexander T. Wolf인 셈이죠. 잘 들어보면 늑대가 사실 자체를 부인하는 것은 아닙니다. 다만 왜 그런 일이 발생할 수밖에 없었는지 그 피치 못할 사정을 설명하는 것이지요. 그리고 자신이 Big Bad Wolf라고 불리며 악당 중의 악당으로 알려져 있는 것은 순전히 기자들의 악의적인 언론 플레이 때문이었다고 하소연합니다.

늑대의 변명이 웃기면서도 나름 설득력이 있다고 느껴질 만큼 작가의 스토리텔링 능력이 뛰어납니다. 기발한 창의성에 번뜩이는 재치와 유머가 돋보입니다. Big Bad Wolf란 악명을 대신할 그럴듯한 이름(Alexander T. Wolf)까지 만들어 늑대의 이미지 개선을 도모합니다. 늑대의 어쩔 수 없었던 사정을 실감나게 설명하면서 돼지 삼형제의 불친절과 무례함을 부각시켜 늑대의 입장에 공감하도록 유도하고 있습니다.

3.

여전히 늑대의 말이 뻔뻔한 변명 그 이상도 그 이하도 아니라고 생각되시나요? 만일 그렇다면 천천히 느리게 읽으며 한 부분씩 차분하게 다시 한번 생각해보시면 어떨까요?

우선, 감기에 걸려 재채기하는 것을 적어도 늑대의 잘못이라고 하기는 어렵겠지요? 그건 누구라도 어쩔 수 없는 일이니까요. 그리고 조금 세게 재채기를 했다고 해서 무너질 정도로 집이 허술한 것을 늑대의 잘못이라고 할 수 있을까요? 그렇게 무너진 집에 돼지가 깔려 죽은 것은 또 어떻고요? 솔직히 그것도 늑대로서는 어쩔 수 없는 일이 아닐까요? 게다가 음식을 버리는 것은 어느 모로 보나 좋은 일이 아니겠지요? 그걸 잘 알기 때문에 보통은 잘 먹지 않는 돼지고기임에도 불구하고 상해서 버리게 될까 봐 마지못해 먹은 것뿐입니다. 그런데 그것 때문에 늑대를 욕할 수 있을까요? 설사 2인분을 먹었다고 해도 말입니다.

이런 것들을 모두 종합해보면 (비록 돼지 형제들의 죽음이 늑대와 관련되어 있는 것은 사실이지만 그렇다고) 늑대를 무조건 나쁜 심성을 지닌 흉악한 악당이라고 욕하는 것은 좀 지나친 것이 아닐까요? 더구나 늑대를 잡으러 간 경찰도 감옥의 간수도 모두 돼지이고, 신문의 제목을 보니 기자들까지도 돼지인 것 같던데 뭔가 좀 냄새가 나는 것 같지 않습니까? 그럼에도 불구하고 온갖 비난을 다 들으며 감옥에서 썩고 있으니 늑대의 입장에서 보면 확실히 억울한 면이 있는 것이죠.

4.
늑대의 이야길 듣고 여러분은 어떤 생각이 드셨나요? 아이들은 어떤 반응을 보이던가요? 책을 읽기 전에 돼지 삼형제에 관한 본래 이야기를 먼저 읽어볼 수 있을 겁니다. 하지만 원작의 이야기보다 늑대의 이야길 먼저 들어보는 것도 좋은 방법이 될 수 있습니다. 누구의 이야길 먼저 듣느냐에 따라 판단이나 평가가 달라질 수 있으니까요. 아마도 가장 좋은 방법은 두 작품을 함께 읽으며 양쪽의 이야기를 모두 들어보는 것일지 모릅니다. 어떤 순서와 방법을 택하든 그동안 알고 있었던 돼지 삼형제 이야기와 그로부터 받은 인상은 잠시 내려놓고 늑대의 이야기를 편견 없이 들어보시기 바랍니다. 그래야만 제대로 듣고 제대로 판단할 수 있을 테니까요.

5.
현대사회를 흔히 정보사회라고 합니다. 엄청나게 많은 정보들이 홍수처럼 넘쳐나기 때문이지요. 특히 각종 SNS의 발달로 걸러지지 않은 수많은 정보와 주장이 난무하고 있어 무엇이 진실이고 무엇이 거짓인지조차 구분하기 힘든 세상입니다. 이런 세상을 살아가면서 여러분은 진실과 거짓을 어떻게 구분하시나요? 여러분이 알고 있는 것이 진실이라고 어떻게 확신하시나요? 그리고 진실이면 그냥 말해도 되는 것일까요?

무언가 판단을 하거나 결론을 내리기 전에 먼저 관련 당사자의 말을 모두 들어볼 필요가 있습니다. 그것도 다른 사람을 통해서가 아니라 본인으로부터 직접. 그리고 직접 확인한 사실이라 할지라도 그 내용이 선한 것도 꼭 필요한 것도 아니라면 잊어버리거나 침묵하는 것이 좋습니다. 생각 없이 내뱉은 한마디 말과 댓글 하나가 상대에게 큰 상처를 주고 심지어는 죽음에 이르게 할 수도 있으니까요. 인터넷상에 떠도는, 출처가 불분명한 (아마도 소크라테스의 교훈을 번안한 듯한) 이야기 하나를 정리하여 공유합니다.

진실한 것도, 선한 것도, 꼭 필요한 것도 아니라면

어느 날 한 청년이 무척 화가 난 표정으로 들어와 화단에 물을 주고 있는 아버지에게 다가왔습니다.
"아버지, 정말 나쁘고 어리석은 녀석이 있어요. 그게 누군지 아세요?"
그러자 아버지가 아들의 말을 막았습니다.
"잠깐. 네가 남 이야기를 하려면 세 가지를 자문해야 한다."
어리둥절해진 아들이 되물었습니다.
"세 가지라니요?"
아버지가 말합니다.
"아들아, 우선 네가 말하려는 것이 모두 진실이냐?"
아들은 머뭇거리며 대답했습니다.
"글쎄요, 저도 전해 들었을 뿐인데요."
"그렇다면, 그것이 선(善)한 내용이냐? 그 이야기가 진실한 것이 아니라면 최소한 선한 것이어야 한다."
"글쎄요, 오히려 그 반대에 가까운 것 같은데요."
"그러면 세 번째로 그 이야기가 꼭 필요한 것이냐?"

아버지의 물음에 아들은 자신 없는 목소리로 답했습니다.

"솔직히 꼭 필요한 것인지 모르겠어요."

그러자 아버지는 환하게 웃으며 말했습니다.

"네가 이야기하려는 내용이 진실한 것도, 선한 것도, 꼭 필요한 것도 아니라면 그만 잊어버리거라. 그리고 남의 이야기는 그 사람이 바로 옆에 있다고 생각하고 해야 된다."

한 줄 소감

임숙연3218
제 귀에 달콤한 말에만 귀 기울였던 게 참 부끄럽습니다. 한쪽 말만 듣고 판단해서는 안 된다는 걸 잘 알면서도요. 덕분에 깊은 생각 없이 그대로 받아들였던 동화 속 악당들의 입장을 생각해보게 되었어요.

김효정3716
진실된 것인지, 선한 것인지, 반드시 필요한 것인지! 말씀해주신 이 세 가지가 정말 큰 도움이 될 것 같아요. 잊지 않고 꼭 기억하겠습니다.

신송인2920
늑대 입장에서 바라본 아기 돼지 3형제 이야기, 너무 신선했습니다. 교수님께서 마지막에 남겨주신 이야기를 읽으니 정말 입조심을 해야겠다는 생각이 많이 들었어요. 함부로 판단하지 않기, 좋지 않은 이야기는 전하지 않기, 명심하겠습니다.

배은영1692
넘쳐나는 정보들에 쉽게 흔들리며 말을 보탰던 저의 모습을 반성하게 됩니다. 앞으로는 반드시, 과연 그것이 진실이었는지, 선한 것이었는지, 꼭 필요한 것인지 되묻겠습니다. 이렇게 또 하나 소중한 것을 배우게 되네요. 감사합니다.

김은빈3431
너무나 익숙한 이야기라 늑대 입장에 대한 생각을 단 한 번도 해보지 못했습니다. 진실이 감추어져 있는 경우가 분명히 있을 텐데 말이죠!

박선향1567
마지막에 덧붙여주신 글에서 큰 교훈을 얻어갑니다. 포스트잇에 적어 모니터 옆에 붙여 놓았습니다. "진실한 것도, 선한 것도, 꼭 필요한 것도 아니라면!" 잊지 않을게요.

송여진2915
제가 돼지 삼형제 이야기에 너무 오래 노출되었기 때문일까요? 제게는 늑대의 말이 여전히 뻔뻔스런 소설로만 생각되네요. 근데 놀랍게도 아이들은 늑대의 말을 믿더라고요. 정말 신기했어요. 어쩌면 아이들이 보는 것처럼 늑대가 정말 억울한 일을 당했을지도 모른다는 생각이 듭니다.^^

이예린2124
교수님 글을 읽고 나니 어쩌면 늑대나 여우가 전래동화에서 가장 억울한 주인공은 아닐까 하는 생각이 들었습니다. 세상의 진실에 대해, 서로의 입장에 대해 생각할 거리를 주셨네요. 감사합니다.

송봉선1770
다른 시각으로 본 아기 돼지 삼형제 이야기가 참 좋네요. 교수님의 소개글을 읽고 있으면 제가 엄청 똑똑해지는 것 같은 기분이 듭니다. 이 기분 정말 좋~습니다!

김지형3603
예전에 이 책을 읽었을 때는 늑대의 변명이 거짓말처럼 느껴졌어요. 근데 이번에 소개글을 읽고 나니 늑대의 말을 다시 한번 들어봐야겠다는 생각이 드네요.^^

정소라2410
역지사지(易地思之), 말하기는 쉽지만 실제 삶에서 적용하며 살기는 쉽지 않은 것 같습니다. 많은 정보 속에서 진실을 분별해 낼 수 있는 지혜로운 사람이 되고 싶습니다.

함주현2680
남의 이야기는 그 사람이 바로 옆에 있다고 생각하고 해야 한다. 그림책을 읽었을 뿐인데 삶의 큰 교훈을 얻어 갑니다. 마음이 깨끗해지고 착해지는 개운함과 뿌듯함이 느껴집니다.

성미진1747
진실이 무엇이든 간에 스스로 생각하고 판단할 수 있는 능력이 있으면 좋겠어요. 작가의 의도도 그런 것이겠지요?

김지희3579
늑대에 대한 익숙한 이야기를 전혀 다른 시각으로 볼 수 있어 매우 흥미롭게 읽었습니다. 정말 기발하네요.

손채연3170
늑대야, 네 입장에서 보면 정말 억울할 수도 있겠구나!^^

전수인2372
'진실은 흔히 말하는 것과 다를 수도 있겠구나!' 하는 생각이 듭니다. 그런 가능성을 잊지 않고 마음을 언제나 조금은 열어놓아야겠어요.

김은주2847
비판적이며 논리적인 사고 능력을 기르고 싶어요. 진실이라고 말하는 모든 것을 곧이곧대로 받아들이는 어리석음을 더 이상 범치 않도록 말이죠.

김미연1169
늑대가 말이 정말 많네요. 그동안 많이 억울했나 봐요. 무척 신선하고 재미있는 책입니다.

김주은3437
입은 다물고, 두 눈으로 잘 보고, 두 귀로 잘 들으며 판단해야겠습니다.

정혜선2459
늑대의 비겁한 변명 같기도 하고, 돼지들의 농간 같기도 합니다. 무엇이 진실에 더 가까울까요?

이유진2077
늑대가 억울함을 호소하는 과정이 너무 재미있었어요. 진실이든 거짓이든 큰 상관 없이 말이죠.

느리게 100권 읽기

난이도 ■■■■■□

The Man Who Walked Between the Towers
by Mordicai Gerstein

혹시 곡예사가 줄 타는 장면을 직접 보신 적이 있나요? 서울 잠실의 롯데월드타워처럼 아주 높은 곳의 꼭대기에 올라가 발아래를 내려다본다면 어떤 느낌이 들까요? 오늘 우리가 함께 읽을 늘백의 열다섯 번째 그림책은 Mordicai Gerstein의《The Man Who Walked Between the Towers》입니다. 한 젊은 곡예사의 놀라운 도전 이야기를 통해 열정을 좇아 사는 삶에 대해 생각해보는 기회를 가져보시길 바랍니다.

1.

높이가 400미터나 되는 높은 빌딩이 바로 눈앞에 우뚝 솟아 있는 것을 본다면 어떤 생각이 들까요? '정말 높구나!' '전망대에 올라가 보고 싶어.' '꼭대기에 올라가면 무섭지 않을까?' '상상만 해도 오금이 저려.' 아마도 이런 생각을 시작으로 사람마다 매우 다양한 생각을 떠올릴 것입니다. 하지만 여기 뉴욕의 최고층 쌍둥이 빌딩을 바라보며 세상의 그 어느 누구도 상상조차 하지 못했던 엄청난 일을 꿈꾸는 한 젊은이가 있습니다. 그 청년은 대체 무슨 생각을 하고 있는 것일까요?

2.

거리에서 외발자전거를 타며 이런저런 공연을 하던 프랑스 출신의 곡예사 필립 쁘띠(Phillippe Petit)의 실제 이야기를 담은 책입니다. 1974년 8월 7일 당시 25세였던 주인공은 밤사이 친구들과 함께 뉴욕 맨해튼에 있던 세계무역센터(World Trade Center) 쌍둥이 빌딩(110층)의 꼭대기에 올라가 두 빌딩 사이에 케이블을 설치합니다. 그리고 날이 밝아오자 그 위를 약 한 시간 동안이나 걸어 다니며 춤을 추고 심지어는 눕기까지 하는 아찔한 장면을 연출합니다. 지켜보던 많은 일반 시민들과 경찰들을 깜짝 놀라게 했던 사건이었지요.

아슬아슬해 보이는 표지 그림부터가 호기심을 한껏 자극합니다. 첫 페이지를 펼치는 순간 이야기 속으로 급격히 빠져듭니다. 미친 짓이라고 할 수밖에 없는 무모하고 황당한 일을 꿈꾸고, 구체적인 계획을 세운 후, 실제로 실행에 옮긴 주인공과 세 친구의 용기와 열정에 가슴이 뜨거워집니다. 마치 48년 전의 과거로 돌아가 사건의 현장에서 당시의 아슬아슬했던 장면을 직접 목격하고 있는 듯한 착각에 빠지게 됩니다. 까마득한 상공에서 외줄을 타는 위태위태한 모습에 조마조마한 마음을 금할 수 없습니다. 책을 읽는 내내 긴장감이 느껴지고 시종일관 손에 땀을 쥐게 합니다.

비현실적으로 생각될 만큼 소설보다도 더 소설 같은 이야기에 벅찬 감동이 밀려옵니다. 하늘에서 주인공이 느꼈을 자유로움과 짜릿한 해방감을 생각하면 목숨을 걸고 위험천만한 도전을 감행한 이유를 어느 정도는 이해할 수 있을 것 같습니다. 책을 덮은 후 표지 그림을 다시 보고 있노라면 주인공의 가슴 설레는 꿈과 용감한 도전이 주마등처럼 지나갑니다. 나도 모르는 사이에 다시 아찔했던 사건의 현장으로 시공간 이동을 하게 됩니다.

3.
어린 시절 고향의 시골 장터에서 두 개의 나무 기둥 사이에 밧줄을 걸어놓고 부채 하나에 의지하여 그 위를 걷던 하얀 한복 차림의 곡예사를 본 적이 있습니다. 돌이켜 보면 2미터 정도의 높이에 불과했습니다. 하지만 어린 마음에 밧줄 위를 걸어 다니는 모습을 보는 것만으로도 가슴이 떨리고 긴장이 되어 손이 땀으로 흠뻑 젖었었지요. 그런데 400미터가 넘는 상공에서 걸어 다닐 생각을 하다니! 아니, 그런 생각을 했다는 것만으로도 놀라운데 그것을 실천에 옮겨 성공적으로 해낸 사람이 실제로 있었다니! 너무나도 엄청난 일이라 그 놀라움을 어떻게 표현하면 좋을지 모르겠습니다. 2001년 발생한 비극적인 '911 테러(September 11 attacks)'로 인해 뉴욕의 쌍둥이 빌딩은 역사 속으로 사라졌지만 필립 쁘띠의 용감무쌍한 도전은 사라진 빌딩과 함께 오히려 역사에 길이 남게 될 것입니다.

4.
2004년 칼데콧 메달(Caldecott Medal) 수상작입니다. 《쌍둥이 빌딩 사이를 걸어간 남자》(2004, 보물창고)란 제목의 우리말 번역본도 있습니다. 그리고 2015년에는 〈The Walk(하늘을 걷는 남자)〉라는 제목의 영화로 만들어지기도 했습니다.

당시의 실제 장면 사진과 신문 보도 등을 보여주는 영상입니다.

 〈Philippe Petit Walks a Tightrope Between the Twin Towers in 1974〉

5.
여러분의 아이가 주인공처럼 말도 되지 않는 비현실적인 꿈이나 목표를 갖게 된다면 어떻게 하시겠습니까? 단지 생각에 그치지 않고 그것을 실현하기 위해 무모하게 보이는 노력을 계속 기울인다면 또 어떻게 하시겠습니까?

그 이유가 무엇이든 세상에서 가장 안타까운 일 중 하나는, 선물 받은 재능이나 능력을 더 나은 세상을 만드는 데 사용하지 않는 것입니다. 세상을 바꾸거나 더 나은 사회를 만드는 일은 갈수록 더 어려워지고 때론 불가능하게 느껴지기도 합니다. 하지만 사랑하는 우리 아이들을 위해서라도 그 꿈을 포기하거나 노력을 멈출 수 없습니다. 만일 다시 옛날로 돌아갈 수 있다면 누구도 쉽게 생각할 수 없는 원대한 꿈을 가져보라고 아이를 무한 격려하고 싶습니다. 아무리 힘들고 어려워 보여도 아이의 노력을 지지하고 성원하고 싶습니다. 무엇보다 영감과 지혜를 주는 좋은 책을 함께 읽으며 꿈을 계속 키워 가도록 용기를 북돋아주고 평생토록 아이에게 큰 힘이 되는 최고의 친구가 되고 싶습니다.

P. S.

경찰에 체포되어 법정에 재판을 받으러 온 주인공에게 공원에서 아이들을 위해 공연하라는 판결을 내린 판사님, 정말 멋지십니다. 우리나라에서는 이런 훌륭한 판결을 언제쯤에나 보거나 들을 수 있게 될까요? 그런 우아하고 기품 있는 판결이 가능한 사회는 언제쯤에나 가능하게 될까요?

한 줄 소감

박라영1545
세상을 이렇게 살아가고 싶다는 생각이 듭니다. 주인공처럼 용기 있게, 또 판사님처럼 현명하게 배려하면서요.

조연주2492
원대한 꿈을 꾸고 맘껏 펼치고 싶게 만드는 책이네요. "네 꿈은 무엇이니?" "왜 그걸 하고 싶어?" 아이들과 함께 이야기 나누며 나의 꿈도 펼쳐보고 싶습니다.

김민숙1190
이 이야기가 실화라니요! 주인공과 친구들의 도전 정신에 박수를 보냅니다. 그렇지만 제 아이라면 말릴 것 같아요. 전 아직 많이 부족한 부모인가 봅니다.ㅠㅠ

박태미3462
하늘 높이 외줄 위에서 자유로움을 느끼게 했던 그 꿈의 성취에 박수를 보냅니다. 이제는 다시 볼 수 없는 빌딩이라니, 그 먹먹함에 책을 덮을 수 없네요.

김지혜2858
지금도 무모한 꿈을 꾸고 있는 저에게 힘을 주는 책이에요. 제 아이가 남들이 가지 않는 길을 간다고 하면 전 그걸 존중해주고 싶어요.

선미희1743
꿈꾸게 하는 힘의 원천은 무엇일까요? 세상을 바라보는 긍정적 마음과 용기는 어디에서 오는 것일까요?

장미영2338
인생은 외줄 타기, 도전과 위험, 불안과 고통을 짊어지고 올라타 홀로 걸어가야 하는 험난한 과정! 역사 속으로 사라진 빌딩과 주인공 청년처럼 나의 삶도 기억될 수 있을까요?

김희연3451
아이들의 원대한 꿈을 응원해주는 부모가 되기를, 우리 사회도 더 우아한 판결이 가능한 때가 속히 오기를!

윤나경3329
아이들을 위해 공연하라고 판결하신 그 판사님, 너무 멋집니다. 그리고 자녀를 어떻게 키우면 저런 꿈을 꾸고 실현까지 할 수 있을까요? 요즘 "하지 마라"를 입에 달고 있는 제가 참 부끄러워집니다.

심희정1837
아무도 없는 허공, 줄 위에 눕는 순간 저도 자유를 느꼈습니다. 하지만 그게 우리 아이들의 일이라면 과연 응원할 수 있을까요?!

최옥희2585
무모해 보일지라도 그 꿈을 이루고자 노력하는 용기 있는 아이로 키우고 싶어요. 아이의 도전을 끝까지 지지하고 응원해야지요.

이지윤2221
읽는 내내 손에 땀을 쥐게 하며 짜릿함을 맛볼 수 있게 해주었던 책입니다. 한 번 사는 인생, 용기를 내어 도전해보라고 그가 나에게 손짓하는 것 같습니다.

느리게 100권 읽기

DAY 016

난이도 ■□□□□

We're All Wonders
by R. J. Palacio

느끼고 생각하는 것은 여느 아이들과 다르지 않은데 단지 남과 다른 외모 때문에 원치 않는 주목을 받고 무시와 차별까지 당하는 아이들이 있습니다. 그런 아이들의 마음속 세계는 과연 어떤 모습일까요? 오늘 우리가 함께 읽을 늘백의 그림책은 다름에 대한 새로운 깨달음을 갖게 도와줄 R. J. Palacio의 《We're All Wonders》입니다.

1.

Auggie는 다른 아이들과 다르지 않습니다. 다만 생김새가 좀 특별할 뿐입니다. 그런데 사람들은 그런 Auggie를 이상한 눈으로 바라보며 수군거립니다. 비웃고 심한 말까지 하여 Auggie의 마음을 아프게 합니다. 하지만 Auggie는 지혜롭고 용기 있는 아이입니다. Auggie는 과연 스스로를 어떻게 바라볼까요? 자신이 처한 상황을 어떻게 헤쳐나갈까요?

2.

〈뉴욕타임스〉 베스트셀러 1위에 빛나는 세계적인 인기 소설 《Wonder》의 그림책 버전입니다. 남다른 얼굴 모양을 지닌 한 소년에 관한 이야기입니다. 친구들과 함께 어울려 지내며 자신의 모습을 있는 그대로 인정받고 싶어하는 모든 보통 아이들의 이야기이기도 합니다. 이렇게 쉽고 단순한 문장들로 이토록 아름답고 감동적인 이야기를 만들어낼 수 있다니! 작가의 글 쓰고 그림 그리는 재능이 정말 부럽습니다.

큰 감명과 깊은 울림을 줍니다. 다름을 바라보는 새로운 방법을 가르쳐줍니다. 우리 자신을 바라보는 눈도 달라지게 만듭니다. 그런 가르침과 깨달음을 담은 다음 표현들이 특히 가슴에 와닿습니다.

"I can't change the way I look. But maybe, just maybe, people can change the way they see."
(외모를 바꿀 수는 없겠지. 하지만 그 외모를 바라보는 시각은 바꿀 수도 있지 않을까?)

"We are all wonders!"
(우리 모두는 기적과도 같은 존재예요.)

아이에게 "너는 경이로운 존재야"라고 말해주는 엄마, 그런 멋진 엄마를 통해 아이도 알게 됩니다. 자신이 얼마나 귀하고 특별한 존재인지를. 아이의 행복과 성공의 이면에는 역시 뭔가를 아는 누군가가 있었음을 다시 한번 확인하게 됩니다. 엄마는 역시 모든 것을 알고 있었네요.^^

3.
우리는 모두 다릅니다. 그래서 모두가 특별하지요. 그런데 안타깝게도 사람들은 일부 눈에 띄는 다름만을 다르다고 여기고, 그 안의 특별함은 보지 못합니다. 그 다름을 편견과 비틀어진 시선으로 바라봅니다. 흉보고 욕하며 왕따까지 시킵니다. 그렇게 함으로써 상대의 마음에 치유하기 힘든 커다란 상처를 안겨 줍니다. 무심코 내뱉은 말 한마디와 별생각 없이 행한 아주 작은 행동 하나가 상대에게는 엄청나게 큰 아픔이 될 수 있습니다. 반면에 나의 따뜻한 시선과 친절한 말 한마디가 생각지도 못한 기적을 만들어낼 수도 있습니다.

다음은 원작 소설인 《Wonder》에서 Auggie가 처음 등교하던 날 Browne 선생님이 인용하신 미국 철학자 Wayne W. Dyer의 말입니다.

"If you have the choice between being right and being kind, choose being kind."

정의로운 사회를 위해 무엇이 옳고 그른지를 따지는 일은 매우 중요합니다. 옳은 일을 실천하는 과정에서의 단호함도 필요합니다. 하지만 나와 내 아이뿐 아니라 모두가 행복한, 진정으로 더불어 사는 사회를 위해서는 상대에 대한 친절과 배려가 못지않게 중요합니다. 작은 친절과 배려가 기적을 낳습니다. 어떤 힘센 노력으로도 하지 못하는 일을 자비와 관대한 용서가 해냅니다. 부드러운 것이 강한 것을 이깁니다. 노자의 《도덕경》에 나오는 유능제강(柔能制剛)이라는 말이 의미하는 것처럼.

4.
주인공 소년에 대한 약간의 배경 설명입니다.
Auggie는 크리스마스보다 얼굴을 감출 수 있는 핼러윈을 더 좋아합니다. 다른 것은 남들과 다를 게 없지만 헬멧을 쓰고 다녀야 할 만큼 외모가 특별하기 때문입니다. 그런 Auggie가 남다른 긍정적인 마음과 가족들의 응원에 힘입어 이제 헬멧을 벗고 용감하게 세상에 나가려 합니다. 크고 넓은 세상이 기다리고 있는데 계속 집에서만 숨어 지낼 수는 없기 때문입니다. 하지만 세상에 첫발을 내딛는 순간부터 Auggie는 남과 다른 특이한 외모로 인해 사람들의 관심을 끌게 되고 그들의 차가운 시선에 큰 상처를 받게 됩니다. Auggie는 과연 이 난관을 어떻게 헤쳐나갈까요? 이후의 이야기가 궁금하다면 원작 소설 《Wonder》의 일독을 권합니다. 번역판으로 읽어도 좋습니다. 물론 영화를 보는 것도 나쁘지 않겠지요.

P. S.
함께 듣고 싶습니다. "자기와 다른 모습 가졌다고 무시하려고 하지 말아요." 이렇게 노래하는 제주 소년 오연준 군의 〈바람의 빛깔〉입니다.

 〈바람의 빛깔〉

한 줄 소감

 김소연1235
사람들이 이 책을 꼭 읽으면 좋겠어요. 나의 시선이 변하고 확장되는 것을 느낍니다. 정말 좋네요.

 채경진2545
이 책의 표지만 봐도 눈물이 나네요. 제겐 주변의 시선을 받을 수밖에 없는 사랑스런 아이가 있거든요. 그래서 전 사람들의 시선과 편견이 얼마나 무서운지 잘 압니다. 다행히도 아이가 제 바람처럼 내면이 강하고 배려 깊은 아이로 잘 자라주고 있어 정말 감사해요. 아이를 볼 때마다 Auggie가 떠오를 것 같아요.

 박선향1567
다름을 바라보는 시선이 때로는 자신을 향할 때도 있는 것 같아요. 나에게도 'Being kind'가 되어야 타인에게도 같은 시선으로 바라볼 수 있지 않을까 싶습니다.

 김지나1380
위대한 변화는 바로 내 마음 안에 타인의 아름다움이 들어온 순간 시작되는 게 아닐까요? 친절과 배려의 한 마디가 지닌 아름다움 말이죠.

 신송인2920
나도 편견의 시선을 갖고 있지 않았는지 반성하게 됩니다. "우리 모두는 그 자체만으로도 아주 특별한 존재란다. 그걸 꼭 기억하렴." 이렇게 말하며 아이를 꼭 안아줘야겠어요.

 임수지2307
Being right보다 Being kind! 교수님께서 항상 해주시던 말씀이 여기에서 나왔었군요! 세상을 바라보는 시선, 제가 먼저 바꾸겠습니다.

 정소라2410
판단하기 전에 인정하고 수용하려 노력하겠습니다. 제 자신에게, 제 아이에게, 제가 만나는 아이들에게 "너는 경이로운 존재야"라고 말해주고 싶어요.

 김경희2823
Wonder를 "기적 같은 존재"라고 번역해주셨네요. 정말 마음에 듭니다. 너도 기적 나도 기적! 우리 모두가 기적이니까요.

 고경희1047
헬멧을 벗고 세상에 나오는 그 용기에 박수를 보냅니다. 세상의 곱지 않은 시선에도 당당함을 잃지 않는 Auggie, 그 모습에서 많은 깨달음과 큰 배움, 또 용기를 얻습니다.

 조연주2492
모든 아름다움은 그것을 바라보는 사람의 눈에 있다는 말이 생각납니다. Auggie는 정말 특별하고 아름다운 소년이네요. 그 가족까지 좋아집니다. 친절함을 선택하라는 말씀을 잊지 않고 싶어요. 저도 꼭 그런 선택을 하겠습니다. 감사합니다.

 김은주2847
소개글을 읽으니 "모두 다 꽃이야"라는 노랫말이 떠오르네요. 우리는 서로 다르지만, 너도 나도, 우리 모두 꽃처럼 아름답고 향기로운 존재라는 사실을 잊지 않으면 좋겠습니다.

 정희정3755
책과 노래가 정말 잘 어울리고 너무나 감동적입니다. 이 책을 읽고 노래를 들으면, 다름에 대한 올바른 생각과 시각을 아이들이 스스로 느끼고 갖게 될 것 같아요.

느리게 100권 읽기

DAY 017

난이도 ■■☐☐☐

Little Blue and Little Yellow
by Leo Lionni

쉽고 재미있는 최고의 영어책을 골라 하루 한 권씩 꾸준히 함께 읽어 나가는 슬로우 미러클의 느리게 100권 읽기에서 가장 많은 사랑을 받는 작가 중 하나는 바로 Leo Lionni가 아닌가 생각합니다. 우리가 느리게 또 느리게 읽어볼 오늘의 책은 늘백의 최애 작가 Leo Lionni 의 《Little Blue and Little Yellow》입니다.

1.

Blue는 엄마가 쇼핑하러 간 사이 절친인 Yellow를 만나러 갑니다. 여기저기 찾아도 보이지 않던 Yellow를 만나게 되자 한없이 기쁘고 반가운 마음에 Blue는 Yellow를 꼭 껴안게 되고, 서로의 몸이 하나가 되면서 둘은 Green으로 변하게 됩니다. 그런데 이게 웬일입니까? 한참을 놀다가 집으로 갔는데 Blue의 엄마 아빠도 Yellow의 엄마 아빠도 Blue와 Yellow를 알아보지 못합니다. Blue와 Yellow는 너무나도 슬퍼 엉엉 울며 한없이 눈물을 흘립니다. Blue와 Yellow는 어떻게 되었을까요?

2.

어린 손주들과 기차로 여행하는 도중 종이를 찢어 이야기를 들려주다가 영감을 얻었다는 집필의 배경부터가 무척 색다르고 흥미를 자극합니다. 누구나 쉽게 읽고 즐길 수 있는 이야기 속에 우정과 사물의 동일성(identity)에 관련된 중요한 철학적 문제들이 숨어 있습니다. 잔잔한 가운데 깊은 감동을 주고 아이들의 창의적인 생각을 북돋아줍니다. 매 장면이 인상적이지만 너무도 슬프고 서러워 엉엉 울 때 눈물이 Blue와 Yellow로 나뉘어 뚝뚝 떨어지는 부분에서 작가의 참신하고 기발한 발상이 특히 돋보입니다.

쉬우면서도 재미가 있어 여유를 가지고 부담 없이 즐길 수 있습니다. 하지만 제법 진지하게 생각할 내용은 물론 가볍지 않은 메시지까지 담겨 있습니다. 나아가 상상하는 힘까지 길러줄 수 있으니 아이와 함께 읽고 대화를 나누기에 아주 좋은 책입니다. 따라서 어린아이들과 영알못 엄마 아빠의 영어책 읽기를 위해 가장 우선적으로 추천하고 싶은 최고의 그림책 중 하나입니다.

3.
책을 읽으면서 아이와 많은 이야기를 나눠보세요. 글보다는 그림을 읽으며 내용을 파악하고 스토리를 만들어봅니다.

(1)
다음과 같이 이해하기 쉬운 의미 있는 질문으로 아이의 생각을 열어줍니다.

- 엄마가 장 보러 나간 후 혼자 남은 Blue는 어떤 마음이었을까?
- Blue는 왜 엄마 말을 듣지 않고 밖으로 나갔을까?
- Blue와 Yellow는 어떻게 Green이 되었을까?
- 엄마 아빠는 왜 Blue와 Yellow를 알아보지 못했을까?
- 엄마 아빠는 왜 Blue나 Yellow가 아니라고 (차갑게) 말했을까?
- 내가 만일 엄마 아빠라면 Blue와 Yellow를 알아볼 수 있었을까?
- 알아볼 수 있다면 Green으로 변한 Blue나 Yellow를 이전과 동일한 존재로 받아들이고 똑같이 대할 수 있을까?
- 내가 만일 Blue나 Yellow라면 어떤 심정이었을까?
- 내가 Blue와 Yellow 같은 상황에 처했다면 어떻게 했을까?
- 엄마 아빠는 Green이 된 Blue와 Yellow를 어떻게 알아볼 수 있게 되었을까?

(2)

대화가 잘 이어지면 좀 더 진지한 질문으로 들어가 볼 수도 있을 겁니다.

- Blue와 Yellow는 Green으로 변한 후에도 여전히 자신을 같은 존재로 생각했는데 왜 그랬을까?
- Green으로 변한 Blue와 Yellow를 여전히 똑같은 Blue와 Yellow라고 할 수 있을까?
- 만일 그렇다면 색깔이 달라진 것은 아무 의미가 없는 것일까?
- 색깔의 변화는 대체 어떤 의미가 있는 것일까?
- 사과 같은 과일은 상하여 맛과 향은 물론 모양과 색깔까지 달라져도 여전히 사과라고 할 수 있는데 우리는 왜 그렇게 생각하는 것일까?
- 인간에 대해서도 과일의 경우와 비슷한 주장을 할 수 있을까?

(3)

그리고 이제는 대화의 방향을 약간 바꾸어 친구와의 우정에 대해서도 많은 대화를 나눌 수 있을 겁니다.

- 친구라면 Blue와 Yellow가 Green이 된 것처럼 서로 같거나 비슷하게 되어야 하는 것일까?
- 비슷한 사람과 다른 사람 중 누가 더 친구하기에 좋을까?
- 공통점이 전혀 없는 사람과도 친구가 될 수 있을까?
- 다른 점이 많은 사람과 친구하는 것이 오히려 더 흥미로울 수 있지 않을까?
- 만일 그렇다면 그 이유는 무엇일까?
- 친구가 없으면 인생을 살아가는 데 어떤 문제가 있을까?
- 친구를 사귀지 못하거나 아예 없는 사람들은 그렇지 않은 사람들과 무엇이 어떻게 다를까?
- 친구란 존재는 반드시 필요한 것일까?
- 우정이란 대체 무엇일까?

아이의 말을 잘 들어주고 가급적 많은 이야기를 할 수 있도록 격려하고 기다려줍니다. 이와 같이 질문을 던지고 충분히 들어주고 용기를 북돋아주면 책 대화가 꼬리에 꼬리를 물고 이어집니다.

영어든 교훈이든 아니면 유용한 지식이 되었든 섣불리 뭔가를 가르치려 하지 마세요. 아이에게는 물론 엄마에게도 그냥 재미있고 즐거운 대화여야 합니다. 그래야 멀리까지 갈 수 있습니다. 그래야 결과적으로 더 빨리 더 확실하게 갈 수 있습니다. 그래야만 영어도 지식도 얻을 수 있게 됩니다.

4.
혼자서는 살 수 없는 더불어 사는 세상, 밖에 나가 사람들과 어울리다 보면 영향을 주고받기 마련입니다. 우리 아이들이 자신의 밝은색으로 상대를 더 밝게 해주면 좋겠습니다. 서로의 짐을 나누어 짐으로써 더 아름다운 색이 되면 좋겠습니다. 그리하여 어두운 그늘에 깃든 슬픔도 사랑이 더해지면 기쁨과 희망으로 바뀔 수 있음을 깨닫고 그런 기적을 직접 만들어가면 좋겠습니다.

아시지요? 섞일수록 더 어두워지는 물감의 색과 달리 빛의 색은 섞일수록 더 밝아진다는 사실을. 우리 아이들이 세상에 나가 어떤 상황에 처해도 그 빛을 잃지 않으면 좋겠습니다. 그 빛으로 어두움을 밝히고 다른 빛들과 연합하여 더 밝은 빛이 되면 좋겠습니다.

한 줄 소감

여윤미1878
단순한 그림책에서 생각할 거리를 이렇게 많이 던져주시다니요! 소개글이 있는 것과 없는 것에 아주 큰 차이를 느낍니다. 덕분에 아이와 나눌 이야기가 끝도 없겠습니다.

박호영2900
저는 이 책을 한글책으로 처음 접했습니다. 그때는 단순히 동그라미와 색깔에 관한 책이라고 생각했는데 교수님의 소개글을 보고 영어로 읽어보니 마치 다른 책인 듯 느껴집니다.

박진희1659
다른 사람들과 섞여서도 본연의 빛을 잃지 않고 더 밝은 빛을 낼 수 있는 그런 아이로 자랄 수 있도록 돕고 싶어요.

최민희2563
섞일수록 어두워지는 물감과 달리 빛은 섞일수록 더 밝아진다는 말씀이 크게 와닿습니다. 제 아이가 어떤 아이가 되면 좋을까 하는 질문에 대해 답을 찾은 것 같아요!

박경원1536
레오 리오니의 상상력과 창의력에 감탄하며 읽었어요. 우리 아이가 타인과 잘 융화되면서도 자신만의 고유한 색을 지키며 살아가면 좋겠습니다.

배소영1690
아이가 학교에서 나쁜 친구들과 어울려 나쁜 행동에 물들면 어쩌지 걱정했는데, "자신의 밝은색으로 상대방을 더 밝게" 만들 수 있는 아이로 키우면 교우관계도 걱정할 필요가 없을 것 같아요. 오늘도 감사합니다.

김윤정1309
생각 없이 꺼내 들었다가 손에서 놓는 데 시간이 걸린 책입니다. 교수님의 발문 덕분에 생각할 거리가 더욱 풍성해졌네요.^^

고희선1063
영어 그림책을 통해 아이와 진지한 대화를 나눌 수 있다는 것을 "느리게 백 권 읽기"를 하며 깨닫고 있습니다. 오늘도 아이와 함께 편안하면서도 따뜻한 수다를 이어가는 행복한 하루 보내겠습니다.^^

이진희3520
그림만으로도 아이와 흥미로운 질문을 많이 주고받을 수 있겠네요. 아이와 함께 나눌 대화가 벌써부터 기대됩니다. 이런 흥분과 기대감을 갖게 해주는 소개글, 정말 좋습니다.

최수은2575
Blue와 Yellow의 눈물 색깔을 보고 역시 Leo Lionni 했어요. 교수님 말씀처럼 아이들이 늘 빛을 발하고 다른 빛과 연합하여 더 밝은 빛을 내며 아름답게 살아가길 소망해봅니다.

민정선3717
어두운 세상에서 밝은 빛을 발하는 사람으로 자라나도록, 던져주신 다양한 질문들로 아이와 풍성한 대화의 시간을 가져볼게요.

강민정3101
아이들의 영어 공부를 위한 것이라고 생각했던 영어 그림책인데, 소개글을 읽으며 삶을 되돌아보게 되고, 위로도 받고, 아이와 대화할 계획도 세워보게 되네요.^^

The Kissing Hand
by Audrey Penn, Ruth E. Harper & Nancy M. Leak (illustrator)

아이가 새로운 세상을 만나기 위해 잠시 엄마 아빠와 떨어져야 하는 상황입니다. 당연히 절대 떨어지려 하지 않겠지요? 그럴 때 어떻게 하면 아이를 설득하고 달랠 수 있을까요? 이런저런 방법을 다 동원해도 해결하기 어렵다면 오래된 비법 하나를 시도해보는 것은 어떨까요? 오늘 우리가 함께 읽을 늘백의 그림책은 엄마와 아이가 공유할 비밀을 하나 가르쳐 줄 《The Kissing Hand》입니다. Audrey Penn이 글을 쓰고 Ruth E. Harper와 Nancy M. Leak가 그림을 그렸습니다.

1.

처음으로 학교에 갈 때가 된 아기 너구리 체스터(Chester), 엄마와 떨어지는 것이 싫어 눈물을 글썽이며 사정을 합니다. 지금까지처럼 엄마와 함께 집에 있게 해달라고. 엄마 너구리는 체스터를 달래고 설득합니다. 학교에 가면 재미있고 신나는 것들이 아주 많을 것이라고. 엄마의 말에 조금씩 기대감이 생기는 듯합니다. 하지만 아직은 불안과 염려가 더 큰 체스터에게 엄마는 아껴두었던 비장의 카드를 꺼내 듭니다. 아주 오랫동안 전해 내려온 비법입니다. 체스터가 불안한 마음을 이겨내고 용기와 확신을 갖도록 도와줄 비결이지요. 엄마가 사용한 비장의 카드는 대체 무엇이었을까요?

2.

아이를 처음으로 어린이집이나 유치원에 보내던 때를 기억하시나요? 엄마를 붙잡고 울며 단 한순간도 떨어지지 않으려 애쓰는 아이. 오랜 실랑이 끝에 겨우 떼어놓고 교실에 들여보낸 후에도 엄마가 있는지 늘 확인하던 아이. 뒤에서 아이를 지켜보다 잠시라도 자리를 비우게 되면 엄마가 없어진 것을 알고 울고불고 한바탕 난리를 치던 아이. 그런 아이를 달래느라 오랜 시간을 애쓰던 일. 그것이 지나간 먼 과거의 일이든, 현재 진행 중이거나 바로 앞에 둔 일이든, 《The Kissing Hand》는 그런 기억과 경험을 공유하는 모든 분들을 위한 책입니다.

3.
이야기도 그림도 매우 예쁩니다. 아름다운 삽화와 따뜻한 메시지가 마음을 흐뭇하고 행복하게 합니다. 새로운 세상을 만나기 위해 엄마와 잠시 떨어져야 하는 어린아이들에게 불안을 극복할 지혜를 가르쳐줍니다. 누군가를 보살펴야 할 어른이 된 후에도 여전히 위로와 확신이 필요한 우리 안의 어리고 여린 영혼을 위한 책. 엄마 아빠의 사랑을 늘 확인하고 싶어하는 아이들에게 무슨 일이 생겨도, 세상이 어떻게 변해도, 세월이 아무리 흘러도, 엄마 아빠의 사랑만큼은 조금도 변하지 않을 것임을 알게 도와줄 책. 반복해서 함께 읽으면 손뽀뽀를 통한 사랑의 따스함을 두고두고 가슴으로 느낄 수 있도록 해주는 책입니다.

4.
결국 아이들도 알게 될 것입니다. 아무리 원치 않아도 해야만 할 일이 있음을, 아무리 좋아도 계속 현재에만 머물러 있을 수는 없음을, 그리고 아무리 사랑해도 헤어져야 하는 때가 있음을. 낯설어 거부감이 느껴져도, 불안하고 염려가 되어도, 무섭고 두려운 마음이 들어도, 용기를 내야 할 때가 있음을. 무엇보다 아무리 멀리, 아무리 오래 떨어져 있다고 해도 엄마 아빠의 사랑은 결코 없어지거나 줄어들지 않음을. 그리고 어떤 경우에도 엄마 아빠는 언제나 날 믿어주고 지지하며 응원해줄 것이란 사실을.

5.
어린아이들이 손뽀뽀 한 번으로 등교 첫날의 두려움과 불안을 이겨내고 기분 좋게 기꺼이 집을 떠날 것이라 생각하는 분은 많지 않으시겠지요? 분명 쉽지 않을 겁니다. 여전히 시간도 걸리고 많은 노력이 필요할 겁니다. 두려움이나 불안이 완전히 사라지지도 않을 겁니다. 아이에 따라 정말 힘든 경우도 있을 겁니다. 하지만 믿습니다. 우리 아이들이 세상을 향해 용기 있게 나아갈 수 있는 힘은 엄마 아빠의 사랑과 그 사랑에 대한 믿음에서 나오는 것임을.

한 줄 소감

배가란1683
아이가 올봄 유치원에 갈 때 이 책을 꼭 읽어줄 거예요. 엄마의 사랑은 변함이 없단다. 손안의 사랑이 네 마음에 가득히! 사랑해, 사랑해, 정말 사랑해!

김하영1436
밖에 나가서 상처받지 않고 제대로 살아 나가려면 적어도 10번, 아니 20번의 포옹이 필요하다던데, 항상 모자라네요. 집에 가면 폭풍 뽀뽀와 안아주기를 해줘야겠어요.

손다은3473
키싱 핸드의 한국 버전 안.뽀.사! 그래서 우리 딸들이 그토록 안.뽀.사.에 집착하나 봅니다. 세상에 나아갈 힘과 용기를 얻으려고요. 그래, 오늘도 힘껏 안.뽀.사!

고명희1049
둘째 아이가 매일 아침 유치원 문 앞에서 여전히 엄마와 쉽게 떨어지지 못하네요. 사랑스러운 둘째에게 우리만의 사랑 표현을 만들어서 적극 애용해야겠어요.

김경희2823
처음 유치원에 가는 날이면 아이도 울고 엄마도 울지요. 아이는 불안한 마음에, 엄마는 벌써 이렇게 컸나 하는 마음에. 돌이켜 보니 체스터 엄마처럼 사랑을 듬뿍 담아 보내지 못한 게 아쉽기만 합니다.

정혜선2459
무조건 하게 되는 독후활동 손뽀뽀! 그리고 안뽀사! (경고: 그만하자고 할 때까지 계속합니다.^^)

임숙연3218
마지막 그림에서 사랑을 표시하는 수어 손 모양에 가슴이 찡합니다. 아이와의 사랑의 비밀 약속, 정말 좋~습니다.

백나영1696
이 책을 읽고 난 뒤, 아이가 종종 와서 손에 뽀뽀해주고 갑니다. 엄마가 해준 것처럼 엄마에게도 자기가 항상 옆에 있다고 하면서요. 정말 행복하네요.

김효정3716
우리 아이들이 세상을 향해 용기 있게 나갈 수 있는 힘은 엄마 아빠의 사랑과 그 사랑에 대한 믿음에서 나온다는 말씀에 가슴이 뭉클해집니다. 꼭 명심하고 사랑을 마구 표현할게요.

조연주2492
김광진의 〈진심〉이라는 노래가 생각납니다. "그대를 지켜주는 건 그대 안에 있어요~." 아이들에게 마음을 지킬 수 있는 힘을 키워주고 싶습니다. 말씀하신 것처럼, 따뜻한 사랑과 그 사랑에 대한 굳건한 믿음이 바로 그 시작인 것 같아요.

김지영1386
세 번은 다시 돌아와 엄마에게 안기고 나서야 등원했던 아기가 초3이 되니 이젠 반대로 엄마가 세 번 불러 세워 사랑한다 말하고 보내고 있네요. Kissing hand는 이제 제게 더 필요한 듯합니다. 커가는 게 넘 아쉬워요.

이유영2133
손뽀뽀의 힘을 믿어요! 슬미의 '안뽀사'가 우리 아이들에게 얼마나 큰 힘이고 행복인지요! 세상 행복한 아이들로 인해 제가 더 감사하고 행복합니다. 우리 꼬맹이들, 사랑해~!

A Child of Books
by Oliver Jeffers, Sam Winston

어린이가 주인공인 날은 1년 중 언제일까요? 만일 '5월 5일 어린이날'을 떠올리셨다면 다시 한번 생각해보시기 바랍니다. 어린이가 주인공인 날은 어린이날뿐 아니라 1년 365일 내내 하루도 빠짐없이 계속되어야 할 테니까요. 아이들은 그만큼 특별한 존재인 것이지요. 그런 의미에서 오늘 여러분과 함께 읽고 싶은 늘백의 그림책은 책에서 태어난 아주 특별한 아이의 이야기 《A Child of Books》입니다.

1.

책에서 태어난 한 어린 소녀(a child of books)가 있었습니다. 그 소녀는 이야기의 세계로부터 상상의 뗏목을 타고 단어의 바다(a sea of words)를 건너 한 소년을 찾아갑니다. 그러고는 초대하지요, 함께 모험을 떠나자고. 약간의 상상력만 있으면 무엇이든 가능한 이야기의 세계로. 소년은 두려워 망설여졌습니다. 하지만 소녀에게 이끌려 환상의 산과 괴물이 사는 성과 동화의 숲을 여행하면서, 소년의 두렵고 주저하는 마음은 호기심으로, 호기심은 다시 놀라움과 탄성으로 바뀌게 됩니다. 무엇을 기대하든 언제나 그 이상을 보여주는 신기하고도 놀라운 이야기의 세계, 그 속으로 함께 여행을 떠나보는 것은 어떨까요?

2.

《How to Catch a Star》,《Lost and Found》,《The Heart and the Bottle》,《Stuck》,《Here We Are: Notes for Living on Planet Earth》 등 수많은 베스트셀러를 만들어낸 저명한 그림책 작가 Oliver Jeffers와 활자 디자인(typography)으로 유명한 Sam Winston의 멋진 합작품입니다. 단어와 이야

기, 상상의 힘에 대한 최고의 찬사라 할 수 있는 책입니다. 책의 본질이 무엇이며 또 책으로 무엇을 할 수 있는지 묻게 합니다. 아이들에게는 책 읽기가 우리를 어디로 데려다줄 수 있는지 보여줍니다. 스토리가 가진 힘이 얼마나 큰지, 우리를 어떻게 변화시킬 수 있는지도 엿볼 수 있습니다.

많은 고전 작품에서 발췌한 텍스트를 재료로 삼아 참신하고 아름다운 타이포그래픽 아트(typographic art: 활자나 기호를 이용한 조형 예술)의 정수를 보여주고 있습니다. (Oliver Jeffers의) 손 글씨로 쓴 서정적 스토리와 (Sam Winston의) 디지털 방식으로 처리한 인용구들이 극명한 대비를 보이면서도 (Oliver Jeffers의) 우아한 삽화를 매개체로 완벽한 조화를 이룹니다. 책장을 넘길 때마다 단어들이 만들어내는 스토리와 이미지가 책의 페이지에만 머물지 않고 우리의 마음과 영혼에도 함께 새겨지고 있음을 느낍니다.

3.
첫 문장이 이처럼 마음에 강하게 와서 꽂히는 책이 또 있을까요?

> "I am a child of books.
> I come from a world of stories
> and upon my imagination I float."

첫 문장이 주는 신선한 감흥만큼이나 혁신적인 책 읽기를 경험할 수 있습니다. 읽는 횟수를 더할 때마다 세상을 경험하고 배우며 통찰을 얻는 주인공들의 가슴 벅찬 모험에 우리도 점점 깊이 참여하게 됩니다. 소녀와의 동행 끝에 홀로 여행을 시작한 소년처럼 독자들에게도 용기를 내어 자신만의 여행을 시작해보라고 격려합니다.

아이들보다는 어른들을 위한 그림책이라 생각될 수 있습니다. 하지만 아이들도 얼마든지 함께 즐길 수 있습니다. 어른 아이 할 것 없이 누구에게나 자신에게 맞는 읽기가 가능한 책이기 때문입니다. 여러분 각자가, 그리고 여러분의 아이들도, 이 책을 통해 책 읽기의 기쁨을 깨닫고 스토리의 바다에 깊이 푹 빠질 수 있기를 바랍니다. 주인공 소녀처럼 "나도 이야기의 세계 속에 사는 책의 아이"라고 고백할 수 있게 되면 좋겠습니다.

4.
지식과 경험, 관심 내용 등에 따라 매우 다양한 깊이와 다른 방식의 읽기가 가능합니다. 특히, 발췌된 텍스트를 이용한 이미지 형상화(imagery), 여러 텍스트 상호 간의 참조(intertextuality), 그리고 색상의 대비를 통한 상징에 유의하면 더 풍성한 읽기를 경험할 수 있습니다.

《미녀와 야수(Beauty and the Beast)》, 《보물섬(Treasure Island)》, 《프랑켄슈타인(Frankenstein)》, 《작은 아씨들(Little Women)》 등 아동 청소년들에게 친숙한 40개 이상의 고전 작품들이 앞뒤 면지를 빽빽하게 채우고 있습니다. 이들 작품에서 발췌한 텍스트를 이용해 단어의 바다(a sea of words), 이야기의 세계로 가는 길, 환상의 산(mountains of make-believe), 어둠의 동굴(the darkness), 동화의 숲(forests of fairy tales), 유령의 성에 사는 괴물(monsters in haunted castles), 노래 구름(clouds of song), 밤하늘의 우주, 그리고 스토리가 만드는 세계를 형상화하고 있습니다. 이렇게 만들어진 비유적 이미지와 삽화를 통해 우리가 보고 느끼며 상상하는, 우리들 자신을 포함한 세상의 모든 것들이 디지털과 물질보다는 단어와 스토리로 이루어져 있음을 웅변적으로 보여줍니다.

책 전체에 걸쳐 (하나의 작품 안에서 다른 작품이 언급되거나 인용되는) 작품 상호 간의 참조가 활발하게 이루어지고 있습니다. 예를 들어, "Discover Treasure in the Darkness"란 문구의 배경 그림이 되는 어둠의 동굴은 모두 로버트 루이스 스티븐슨(Robert Louis Stevenson)의 《보물섬(Treasure Island)》과 《유괴(Kidnapped)》에서 따온 표현들로 만든 것입니다. 또 동화의 숲에 있는 나무들은 그 가지들이 모두 《헨젤과 그레텔(Hansel and Gretel)》, 《황금 거위(The Golden Goose)》 등의 동화에서 나온 텍스트들입니다. 나무줄기는 세월의 흐름을 묵묵히 견디어낸 고아한 품격의 책들로 이루어져 있겠지요.

마지막으로, 책 이곳저곳에서 사용되고 있는 밝음과 어둠, 흑백과 컬러의 대비, 그리고 이를 통한 상징에 유의하세요. 예를 들어, 어둠의 동굴 장면에서 읽기 쉽게 적혀 있는 일부 문구들과 달리 동굴의 모양을 형상화한 텍스트들은 서로 뒤섞이고 뒤엉켜 어둠을 만들어내면서 밝은 곳에 있는 아이들과 대비되고 있습니다.

5.

한 번만 읽어도 그 아름다운 마법을 느낄 수 있지만 충분히 이해하고 감상하려면 여러 번 읽어야 하는 책입니다. 여유를 가지고 오래 자세히 보아야 각 페이지에 숨겨져 있는 많은 것들을 발견하고 느낄 수 있습니다. 다음과 같은 사소한 것들에도 관심을 기울이면 책 읽기에 작은 의미를 더할 수 있습니다.

우선, 헌사 페이지에 있는 다음 문구가 마음에 크게 와닿습니다.

> The universe is made of stories, not of atoms.
> — Muriel Rukeyser, "The Speed of Darkness" (1968) —

소년이 바라보는 창문 안으로 열심히 신문을 읽고 있는 (아마도 소년의 아빠인) 중년 남성과 그의 눈을 가득 채운 숫자들이 보이시지요? 숫자와 논리가 지배하는 "중요하고 심각한 것들과 사실들(important things; serious stuff; the facts)"에 치여 낱말과 상상력, 허구가 주인공이 되는 스토리는 까마득히 잊고 그저 바쁘게만 살아가는 현대인들의 자화상을 보는 듯합니다.

책의 여기저기에서 인용되고 있는 많은 고전 작품들이 보이시지요? 천천히 여유 있게 읽으며 책 속에 어떤 작품들이 몇 개나 실제로 포함되어 있는지 살펴보는 것도 색다른 재미를 느낄 수 있는 좋은 방법이 될 수 있습니다.

6.

Oliver Jeffers의 작품이 마음에 든다면 수많은 그의 그림책 중 다음 책들을 우선적으로 추천합니다.

(1) 글과 그림 작가로서

- 《How to Catch a Star》(The Boy #1, 2004)
- 《Lost and Found》(The Boy #2, 2004)
- 《The Incredible Book Eating Boy》(2006)
- 《The Way Back Home》(The Boy #3, 2007)
- 《The Heart and the Bottle》(2010)
- 《Up and Down》(The Boy #4, 2010)
- 《Stuck》(2011)
- 《This Moose Belongs to Me》(2012)
- 《Once Upon an Alphabet: Short Stories for All the Letters》(2014)
- 《Here We Are: Notes for Living on Planet Earth》(2017)
- 《What We'll Build: Plans for Our Together Future》(2020)

(2) 그림 작가로서

- 《The Day the Crayons Quit》by Drew Daywalt (2013)
- 《The Day the Crayons Came Home》by Drew Daywalt (2015)

한 줄 소감

김은주2847
이 책은 특히 교수님의 설명을 읽고 봐야 그 진가를 알 수 있는 것 같아요. 아이가 수많은 책 속에서 무한한 상상의 나래를 펼치며 자신만의 스토리를 만들어가면 좋겠습니다.

김장현2848
작가의 글씨체가 힘들었던 책인데 자꾸 보니 그 글씨체 안의 스토리가 보이기 시작합니다. 이게 슬로우 미러클이겠죠?

윤민아1955
너와 내가 만나 우리가 되어 세상을 함께 살아가듯, 단어와 단어가 만나 하나의 이야기를 만들어 우리와 소통하려는 책인 것 같네요. 슬로우 미러클에서 책을 통해 많은 분들과 소통할 수 있어 행복합니다.

이은정3367
그림과 활자만으로 환상적인 상상의 세계를 보여주는 책이군요. 혼자서는 어렵게만 느껴질 것 같은데 이런 책도 교수님의 소개글이 있어 즐다잘이 가능하네요.

김소연1235
이 책에는 정말 특별한 마법이 숨겨져 있는 것 같아요. 한 장 한 장 넘길 때마다 매 순간 몰입됩니다.

배소영1690
저의 Child of books는 교수님이세요. 그림책의 세계로 이끌어주셔서 감사드려요. 저 또한 제 아이들의 Child of books가 되어 아이들을 이야기 세계로 초대하고자 합니다.

박호영2900
활자 디자인과 그림은 무척 인상적이었지만 읽기 힘든 책이었습니다. 교수님의 소개글이 없었다면 진정한 감동을 느끼기 어려웠을 것 같아요. 소개글을 읽고 다시 보니 보이지 않던 것들이 보입니다.

조민아2480
표지부터가 인상적이어서 얼른 이 책 속으로 들어가 보고 싶다는 생각이 드는 책이에요. 소개글을 읽으니 더더욱 서두르고 싶어지네요.^^

신송인2920
저 혼자라면 이 책의 진가를 맛보지 못했을 거예요. 대소문자가 혼용된 글씨체 읽기가 너무 힘들었거든요. 하지만 교수님의 자상한 이끎으로 저도 이제 이야기의 우주 속으로 풍덩 빠져듭니다.

이미숙2026
내용도 좋지만 삽화가 아주 흥미롭습니다. 배경으로 사용된 활자들을 그냥 지나칠 수 없네요. 책표지의 질감도 좋아 자꾸 만지작거리게 돼요.

최수은2575
활자 디자인(typography)이 무엇인지 이 책을 통해 알게 되었어요. 오늘도 늘백을 통해 책 속의 단어가 만들어낸 이미지와 스토리가 제 마음과 영혼에 새겨지고 있네요.

송봉선1770
책 속에 문자들이 많아 깜짝 놀란 그림책! 소개글을 읽고 난 후에야 무엇인지 이해하게 된 책! 이래서 소개글은 절대 놓치면 안 됨. 좋은 글 나눠주셔서 감사드려요.

느리게 100권 읽기

DAY 020

난이도 ■■■■■

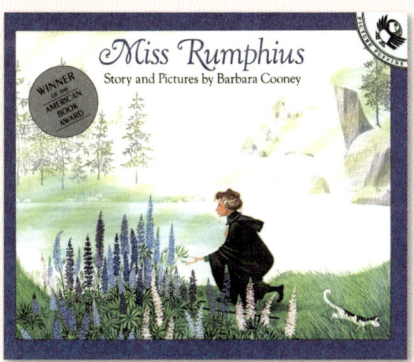

Miss Rumphius
by Barbara Cooney

여러분은 어떤 꿈을 갖고 계십니까? 여러분의 아이는 어떤 꿈을 꾸길 바라시나요? 오늘 우리가 함께 읽을 늘백의 그림책은 세상을 더 아름답게 만들고자 노력했던 한 여인에 대한 이야기, Barbara Cooney의 《Miss Rumphius》입니다.

1.

Miss Rumphius는 넓은 세상의 많은 곳을 여행한 후 바닷가에 집을 짓고 살고 있습니다. 어릴 때의 소망처럼 된 것이지요. 그런데 그녀에게는 꼭 해야 할 일이 한 가지 더 남아 있었습니다. 어린 시절 할아버지께 세상을 더 아름답게 만들 수 있는 일을 하겠다고 약속했거든요. 하지만 그녀는 그 꿈을 이루기 위해 구체적으로 무엇을 해야 할지 알지 못했습니다. 그러던 어느 날 언덕을 산책하던 Miss Rumphius는 예쁘게 활짝 피어 있는 루핀꽃(lupine)을 보고 영감을 얻게 됩니다. 자신의 세 번째 할 일을 찾게 된 것이지요. 그녀는 대체 무슨 생각을 하게 된 것일까요? 세상을 더 아름다운 곳으로 만들겠다는 할아버지와의 약속을 과연 지킬 수 있을까요?

2.

그림과 이야기가 모두 '정말 아름답구나!' 하고 생각하게 되실 겁니다. 멋진 풍경의 아름다운 표지 그림이 무척 인상적입니다. 이른 아침 바닷가의 뿌연 물안개 속에서 반백의 한 우아한 여인이 들판에 예쁘게 피어 있는 파랑과 보라와 분홍빛의 루핀꽃을 바라보고 있습니다. 매 페이지마다 눈길을 확 잡아끄는 청아한 느낌의 아름다운 삽화들이 마음을 따뜻하고 편안하게 해줍니다.

3.
"You must do something to make the world more beautiful."
(세상을 더 아름답게 만들 수 있는 무언가를 해야 해.)

주인공의 삶 전체를 이끌어주고 세대와 세대를 이어주기까지 하는 할아버지의 가르침이 잔잔한 감동으로 마음에 깊이 와닿습니다. 애정이 듬뿍 담긴 부드러운 목소리로 말씀해주시는 듯합니다. "장래희망이 무엇이든, 앞으로 무슨 일을 하며 어떻게 살아가든, 삶의 방향과 목적을 잊지 말아야 해." 현재의 삶을 돌아보고 앞으로의 방향에 대해 고민하게 해줍니다. 지금 하고 있는 일이 무엇이든, 앞으로 어떤 계획을 갖고 있든, 그것에 의미와 가치를 더해줄 지혜를 배운 것 같습니다. '어떤 씨앗을 뿌려야 할까?' 계속 고민하게 될 것 같습니다.

4.
글밥이 약간 많은 편이지만 겁먹거나 주눅 들지 않기를 바랍니다. 영어책을 읽는 것은 문장의 해석이나 번역이 아닙니다. 모르는 것이 있어도, 설사 낯선 것들이 많더라도, 어떻게든 전체적인 내용을 파악하고 스토리를 즐기는 것이 중요합니다. 가능한 일이냐고요? 물론입니다.

일단 읽기를 시작하면 가급적 끝까지 읽는 것이 좋습니다. 어렵게 느껴져도 여전히 흥미를 느낀다면, 그림 위주로 감상하며 상상의 나래를 펼쳐볼 수도 있습니다. 흔히 하는 것처럼, 자꾸 우리말로 해석하거나 번역하려 하면 뜻을 상당히 파악한 후에도 답답함을 느끼게 됩니다. 그리고 그러는 사이 책을 읽는 즐거움은 사라지고 책 읽기의 진정한 재미와 맛은 느끼지 못하게 됩니다.

모르는 단어는 그냥 빈칸이라고 생각하세요. 그리고 삽화와 글 속에 주어진 단서들을 최대한 활용하여 문장의 전체적인 의미를 파악하려고 노력하는 겁니다. 의미를 완벽하게 이해하지 못해도 좋습니다. 아니, 그런 상태를 당연히 여기고 모호함을 편안히 받아들여야 합니다. 모르는 단어와 모호한 부분이 친구처럼 느껴져야 제대로 된 영어책 읽기를 배울 수 있습니다.

영어책 읽기의 즐거움과 열정은 가르쳐지는 것이 아니라 전염되는 것임을 잊지 마세요. 적어도 우리 아이들이 엄마 아빠의 잘못된 생각과 방식을 그대로 물려받는 일은 없어야 합니다. 제대로 이끌어주기만 하면 아이들은 잘하게 되어 있습니다. 아이들은 우리들과 출발부터가 다를 수 있다는 사실을 기억하시기 바랍니다.

영어책을 읽을 때에도 긍정적인 마음이 필요합니다. 비슷한 실력, 똑같은 상황에서도 어떤 사람들은 "모르는 것이 너무 많아!" 하며 겁을 먹고 움츠러듭니다. 단어의 뜻을 검색하거나 번역부터 찾게 됩니다. 하지만 어떤 사람은 모르는 것보다 아는 것에 주목하며 책 속의 세계로 용감하게 뛰어듭니다. 영어책을 읽는 것이 우리말로 된 책을 읽는 것과 크게 다를 필요는 없습니다. 모르는 것이 있어도 책을 읽고 내용을 즐기는 것이 가능해야 합니다. 그게 진정한 책 읽기입니다.

5.
열심히 공부하고 노력하여 좋은 직업과 직장을 갖는 것은 매우 중요합니다. 쾌적한 지역의 근사한 집에 사는 것도, 세상의 곳곳을 다니며 많은 것들을 보고 경험하는 것도 큰 의미가 있는 일입니다. 하지만 그것만이 우리 삶의 전부라면, 우리 아이들조차 그것만을 위해 살아간다면, 그리하여 우리 중 어느 누구도 세상을 더 아름답게 만들려는 노력을 기울이지 않는다면, 세상은 과연 어떻게 될까요? 우리의 삶은 또 어떤 의미가 있을까요?

세상을 아름답게 만드는 일은 쉽지 않습니다. 방법을 아는 것조차 어렵습니다. 방법을 알아도 그것을 실천하는 과정이 험난합니다. 세상을 아름답게 만들려는 노력은 많은 경우 무익하고 의미 없는 일처럼 보이기 때문입니다. 비

웃음이나 조롱, 비난은 물론 심지어 핍박까지 받게 될 수도 있습니다. 마치 곳곳을 다니며 꽃씨를 뿌리던 Miss Rumphius에 대해 쓸데없이 이상한 짓을 한다고 여기며 그녀를 "That Crazy Old Lady"라고 불렀던 것처럼 말이죠.

대부분의 사람들은 당신의 노력이 결실을 맺고 난 후에야 당신을 인정하게 될 겁니다. 마치 바닷가 마을 전체가 아름다운 루핀꽃으로 뒤덮이고 있을 때가 되어서야 비로소 그녀를 "Lupine Lady"라고 부르기 시작했던 것처럼 말이죠. 사람들의 인정과 칭찬, 그것은 세상을 아름답게 만드는 일에 관한 한 무언가의 시작과 원인이 아니라 결과입니다. 없거나 부족하다고 실망하거나 낙담하지 마시기 바랍니다.

P. S.
여러분과 함께 듣고 싶습니다.
"난 난 꿈이 있었죠.
버려지고 찢겨 남루하여도~ 🎵"
인순이가 부르는 〈거위의 꿈〉입니다.

 〈거위의 꿈〉

한 줄 소감

 강민정3101
인정과 칭찬은 결과일 뿐인데 그것들이 먼저 있기를 기대하고 있었네요. 매일 소개글 읽는 재미가 쏠쏠합니다. 육아에서 좋은 인생의 멘토가 옆에 있는 것 같아요.

 이유영2133
꿈이란 것은 역시 계속 꾸고 있어야만 이룰 수 있나 봅니다. 저도 제 꿈을 계속 키워 나가고 싶어요. 세상을 더 아름답게 만들겠다는 약속을 지킨 Lupine Lady가 오래 기억될 것 같습니다.

 정소라2410
저도 세상을 아름답게 만들려는 노력에 참여하고 싶어요. 그리고 동시에 Miss Rumphius의 할아버지처럼 다음 세대가 그런 꿈을 가질 수 있도록 돕고 싶습니다.

신향진1819
아름다운 그림에 한 번 반하고 아름다운 스토리에 또 한 번 반했습니다. 세상을 아름답게 만드는 일은 아주 거창한 일이 아니라 내 주변을 가꾸는 일만으로 얼마든지 가능하겠군요. 잊지 않을게요.

손정현1765
슬미의 늘백에 참여하면서 제가 손에 꼽는 예쁜 그림책 중 하나입니다. 그림만으로도 힐링이 돼요. 그리고 책도 너무 좋았지만, 교수님 소개글을 읽고서 또 많은 생각을 하게 되네요. 나는 과연 무엇을 그리며 사는지 생각해봅니다

박라영1545
할아버지가 가르쳐준 세상이 따뜻하고 아름다웠기에 세상을 더 아름답게 만들라는 가르침이 의미 있게 다가왔고, 또 결실까지 맺게 된 것 아닐까요? 아이들이 아름다운 꿈을 꾸고 가꾸어가도록 돕고 싶습니다.

이주옥3346
가르쳐지는 것이 아니라 전염되는 것이군요! Miss Rumphius의 열정에 전염된 사람들이 있겠죠? 저도 그 중 하나인 것 같아요.^^

김혜란3447
아름다운 세상을 위한 꿈을 꾸는 사람은 언제나 아름답습니다. 저도 작지만 같은 방향으로 걷고 싶어요. 우리 슬미 안에서 자란 아이들 하나하나가 세상을 아름답게 만드는 일에 참여하는 사람이 되길 소망해봅니다.

송여진2915
주인공처럼 꽃씨를 뿌리지는 못하더라도 향기를 내는 사람이 되고 싶습니다. 소개글을 읽으며 글밥이 많은 영어책을 편안히 읽을 수 있는 용기를 얻어가네요.^^

정혜선2459
늘백 참여 전에는 많은 글밥 때문에 어질어질했던 책입니다. 그때는 한두 장 정도 읽다가 그림만 봤었는데, 늘백 4학기 참여 중인 지금은 술술 읽히네요. 이렇게 꾸준히만 하면, 슬로우 미라클이 정말 가능할지도 모른다는 생각이 듭니다.

신송인2920
모르는 단어가 나와도 과감하게 다음 페이지로 넘길 수 있는 용기가 생긴 것은 순전히 교수님의 격려 덕분입니다. 제가 받은 이 격려로 저도 Miss Rumphius처럼 세상을 더 아름다운 곳으로 만들기 위해 노력할게요.

김경애1126
문득 든 생각이, 교수님은 세상을 더 아름답게 하기 위해 '느리게 100권 읽기'를 시작하신 것 같아요. 저도 어떤 일로 세상을 더 아름답게 만들 수 있을까 생각해봅니다. 우선 제가 속해 있는 커뮤니티에 슬미를 소개하고, 동시에 환경 보호와 지속가능한 삶을 돕기 위한 일을 하고 싶네요.

느리게 100권 읽기

DAY 021

난이도 ■□□□□

I Spy Fly Guy!
by Tedd Arnold

알맞은 영어책을 고르는 가장 중요한 기준은 '쉬움과 재미'라고 말씀드렸지요? 오늘 우리가 함께 읽을 늘백의 스물한 번째 그림책은 쉽고도 재미있는 영어책의 대명사 가이젤 아너북(Theodor Seuss Geisel Honor Book) 수상에 빛나는 Tedd Arnold의 《I Spy Fly Guy!》입니다.

1.
아무리 이색 애완동물이 많다지만 특이하게도 파리를 애완동물로 가지고 있는 소년 Buzz, 그리고 그런 Buzz의 이름을 ("buzz!" 하고) 발음할 수 있는 재능을 가진 애완 파리 Fly Guy. 어느 날 둘이서 숨바꼭질을 하고 있는데 갑자기 청소차가 와서 쓰레기통에 숨어 있던 Fly Guy를 쓰레기와 함께 실어가 버립니다. Buzz는 그런 Fly Guy를 구하기 위해 쓰레기 하치장(dump)으로 달려가지요. Buzz는 과연 Fly Guy를 찾을 수 있게 될까요?

2.
"Genius!" 이 책을 제대로 읽은 사람들의 머릿속에 가장 먼저 떠오를 것이라 기대되는 말입니다. 파리가 사람에게 하는 온갖 더럽고 귀찮은 일로 이토록 흥미로운 스토리를 만들어낼 수 있다니! 더군다나 이렇게 쉬우면서도 어른이나 아이, 빠른 아이나 느린 아이 할 것 없이 누구에게나 어필할 수 있는 방식으로!

쉽고 재밌고 기발하여 아이들의 엉뚱한 생각을 마구마구 자극할 것 같은 책. 쉬운 영어를 사용하면서도 최고의 창의력과 상상력을 발휘하여 영알못이나 영어 왕초보까지도 영어책을 읽는 재미에 푹 빠지도록 만들 것 같은 책. 이 책을 읽고 나면 주변의 파리가 이전과는 전혀 다르게 보일지도 모릅니다. 왜 가이젤 아너북으로 뽑혔는지가 너무나도 명확히 이해되는 책입니다.

3.
세상에, 더럽기가 한이 없고 지극히 비위생적이라서 가장 피하고 싶은 파리가 애완동물이라니! 윙윙거리는 소음은 사람의 이름을 말하는 기가 막힌 재주로, 널리고 널린 파리 중 하나는 그런 놀라운 재능을 지닌 특별한 존재로 둔갑시키다니!

'파리' 하면 누구에게나 금방 떠오르는 것들, 즉 윙윙거리는 소리, 더러운 쓰레기통, 음식물에 달라붙기, 지저분한 곳이면 어디든 들끓고, 귀찮게 따라붙으며, 잡으려면 날아가고, 때론 물어뜯기까지 하는… 이 뻔한 것들로 어쩌면 이렇게 그럴듯하고 흥미진진한 이야기를 만들어낼 수 있을까요? 심지어는 마지막 소음(Buzzz Loozzz!)까지도 의미 있게, 그리고 전체 플롯에 잘 어울리는 딱 맞고도 꼭 필요한 발화(즉 '버즈 네가 졌어!')로 만들어내다니! Fly Guy의 언어적 재능을 단어 발화 수준에서 문장 발화의 수준으로 끌어올린 이런 마무리는 소름이 돋을 정도입니다. 작가의 천재성에 감탄하지 않을 수 없습니다. 이런 천재에겐 아무리 흔하고 당연한 것이라도 전혀 다른 차원의 신기한 일로 탈바꿈시키는 것이 가능하지 않을까요?

4.
김춘수 시인의 〈꽃〉이란 시가 생각납니다. "내가 그의 이름을 불러주기 전에는 그는 다만 하나의 몸짓에 지나지 않았다"라는 시구가 말해주듯, Buzz도 Fly Guy가 그의 이름을 불러주기 전까지는 단지 평범한 한 소년에 지나지 않았으며, Fly Guy 또한 그 흔하고도 하찮은 파리 한 마리에 불과했을 겁니다. 상상력의 엄청난 힘을 역설한 아인슈타인의 말이 더욱 설득력 있게 다가옵니다.

Logic will get you from A to B; imagination will get you everywhere.
(논리로는 A로부터 B까지 갈 수 있지만 상상력으로는 어디든 갈 수 있다.)

― Albert Einstein ―

창의성, 새로운 것을 생각해내는 특성, 이 재능은 반드시 타고나는 것일까요? 만일 꼭 그런 것이 아니라면 어떻게 해야 우리 아이들의 창의성을 키워줄 수 있을까요? 만일 마땅한 방법을 찾지 못하고 있다면 천재적인 작가들의 번뜩이는 재치와 유머 넘치는 작품을 즐기며 그들을 흉내 내는 것부터 시작해보는 것은 어떨까요? 이보다 더 쉽고 좋은 방법은 아마도 찾기가 어려울 것입니다.

5.
파리는 여전히 마음에 들지 않지만 이 책의 스토리가 너무나도 재미있어 이젠 Fly Guy만큼은 도저히 싫어할 수가 없다고요? 그렇다면 다른 책을 통해 Fly Guy를 계속 만나보는 것은 어떨까요? 현재 Fly Guy 시리즈에는 총 19권의 책이 있습니다. 그중에서도 《I Spy Fly Guy!》 외에 다음 10권을 우선적으로 추천합니다.

- 《Hi! Fly Guy》(2005)
- 《Super Fly Guy》(2006)
- 《Shoo, Fly Guy!》(2006)
- 《There Was an Old Lady Who Swallowed Fly Guy》(2007)
- 《Fly High, Fly Guy!》(2008)
- 《Hooray for Fly Guy!》(2008)
- 《Buzz Boy and Fly Guy》(2010)
- 《Fly Guy vs. the Flyswatter!》(2011)
- 《There's a Fly Guy in My Soup》(2012)
- 《Fly Guy Meets Fly Girl》(2013)

한 줄 소감

신향진1819
너무나 재미있어 아이가 책을 통째로 외워버릴 정도로 읽고 또 읽고 하는 책입니다. 사람과 파리의 우정이 실제로도 믿어질 정도예요.^^

송봉선1770
아들이 너무나도 좋아해 추천해주신 다른 스토리도 모두 구입했어요. 정말 강추, 강추합니다. 교수님의 소개글도 최고예요.^^

성미진1747
지저분한 파리와 김춘수 시인의 아름다운 시 〈꽃〉의 만남이라니요! 그야말로 멋진 소개글이 아닐 수 없습니다.

박라영1545
정말 재밌네요. 정말 천재적이에요. 실제 파리에 대해 호감이 생길 것만 같습니다. 작가들의 상상력은 대체 어디까지인지! 그들의 무한한 상상력에 감탄하지 않을 수 없습니다.

박선향1567
솔직히 전 이런 책 별로인데, 제게 평범했던 책까지 특별하게 만들어주시는 교수님의 소개글, 정말 감동입니다. 마음이 변했어요.^^ Fly Guy 시리즈를 다 구해 읽어보고 싶네요.

김연정1281
마음만 먹으면 누구와도 친구가 될 수 있단 생각이 들었어요. 진짜 웃긴 Fly Guy! 아이가 정말 좋아하네요.

이은주2157
즐다잘로 가는 고속열차를 타게 해주는 책입니다. 이 책을 읽고 나서 아이가 하루 종일 "buzz!"를 외치고 다녀요.^^

조연주2492
어떻게 이런 조합을 만들었는지 정말 최고네요! Buzz에게는 너무나 사랑스러운 pet 파리, 둘의 우정도 감동입니다.

홍정현3764
내 그녀가 도서관에서 줄기차게 빌려오는 책입니다. 한번 읽어주니 도서관 갈 때마다 귀신같이 찾아내어 빌려오네요. 정말 마법 같은 우정이 펼쳐지는 책! 읽을 때마다 한동안은 'Buzz lose' 하면서 날아다니는 것 같습니다.

최민희2563
책을 덮고 나서도 buzzzzz~ 소리를 계속 내게 되는 신기한 책입니다. 파리가 pet이라니, 상상도 못 한 설정으로 놀라움과 재미에 푹 빠졌습니다.

최혜령2632
Buzzz Looozzz!! 했을 때의 기발함에 소름 돋았어요~. 발상의 전환이 바로 이런 것 아닌가 싶습니다. 파리는 정말 싫어하지만 이 책에서만큼은 아주아주 귀엽게 보입니다. 정말 대박이네요.

이명숙2017
과거 한때 한국에서도 파리 유머가 유행했던 적이 있었는데 그 유머의 끝이 파리가 인간한테 잡혀 죽는 것이라서 정말 허무했던 기억이 있어요. 근데 인간과 교감하는 파리라니, 더구나 아이 이름이 '버즈'라니요! 완전 찰떡 궁합이네요. 정말 genius!입니다.

느리게 100권 읽기

022

난이도 ■■□□□

Someday
by Alison McGhee, Peter H. Reynolds (illustrator)

높고 높은 하늘이라 말들 하지만
나는 나는 높은 게 또 하나 있지

오늘 우리가 함께 읽을 늘백의 스물두 번째 그림책은 Alison McGhee 가 글을 쓰고 Peter H. Reynolds가 그림을 그린, 모두의 심금을 울리는 책 《Someday》입니다.

1.

곤히 잠들어 있는 아이를 보고 있노라면 아이와 함께한 시간들이 주마등처럼 지나가고 행복했던 기억들이 새록새록 돋아나 매번 가슴이 찡하게 됩니다. 사랑하는 자녀가 건강하게 자라나 청년이 되고 사회에 나가 자리를 잡고 또 혼자서도 잘 살아가는 모습을 지켜보는 것만큼 행복하고 감사한 일도 없을 것입니다. 하지만 동시에 나의 사랑하는 아기가 더 이상 어린아이가 아닌 것만큼, 아무리 많은 사랑을 줘도 괜찮을 그 어린 시절이 지나버린 것만큼 슬프고 안타까운 일이 또 있을까요? 자식을 둔 어머니라면, 모성 못지않은 부성을 가진 아버지라면, 그리고 누군가의 아들이나 딸이라면, 눈시울이 뜨거워지지 않을 수 없는 이야기, 지금 만나보시기 바랍니다.

2.

어머니의 사랑과 삶에 대한 지극히 아름답고 감동적인 서정시입니다. 아이를 처음 만나던 순간부터 아이가 성장하고 나이 들어 백발이 될 때까지 인생의 전 과정을 보여줍니다. 아이가 자라나고 부모에게 의지하다가 독립하고 스스로 인생길을 걸어가는 모습을 한 편의 영화처럼 감명 깊게 그려내고 있습니다. 어머니의 마음이 그대로 담겨 있습니다. 어머니로서의 삶이 어떠한 것인지 알 수 있습니다. 눈에 보이는 수고와 희생이 전부가 아님을 깨닫게 됩니다. 어머니의 한없는 사랑에 대한 사무침에 말할 수 없는 슬픔이 더해져 독자의 심금을 울립니다. 숙연해지지 않을 수 없습니다. 눈물을 참기 힘듭니다.

3.
시선을 사로잡는 Peter Reynolds의 맑고 투명한 수채화 그림이 Alison McGhee의 시적인 표현과 하나가 되어 독자의 감성을 자극하고 마음속 깊은 곳까지 스며듭니다. 수많은 늘백 멤버들의 최애책이 되리라 확신합니다. 읽고 또 읽고, 읽어주고 또 읽어주게 될 것입니다.

아들보다는 딸, 아빠보다는 엄마를 위한 책이라 생각될 수 있습니다. 하지만 아들을 둔 엄마의 마음도 크게 다르지 않을 것이라 믿습니다. 만일 그래도 이 책이 딸을 둔 엄마를 위한 책이라 여겨진다면 아들을 둔 엄마를 위해서는 Robert Munsch의《Love You Forever》가 있습니다. 두 책 모두 핵심은 아들이나 딸이 아닙니다. 어머니와 어머니의 조건 없는 사랑입니다.

단순히 아이들을 위한 그림책이 아닙니다. 어린아이와도 함께 읽을 수 있지만 자라나 청년이 되고 더 나이가 들어 부모가 되고 세월이 더 흘러 백발이 되어도 여전히 똑같은 감동으로, 아니 갈수록 깊어지는 감동과 깨달음으로 읽게 되는 책입니다. 학교 때문에, 직장 때문에 둥지를 떠나는 자녀들에게 줄 수 있는 최고의 선물이 될 수 있습니다.

4.
단순하고 꾸밈없는 글이 읽는 이의 마음을 크게 움직이고 깊고 복잡한 감정을 불러일으킵니다. 표현 하나하나가 가슴을 먹먹하게 합니다. 제게는 다음 표현들이 가장 크게 와닿았습니다. 여러분의 마음을 울리는 표현은 무엇인지 궁금합니다.

"Someday you will hear something so sad that you will fold up with sorrow." (언젠가는 너무도 슬픈 이야길 들어서 설움으로 웅크리게 될 거야.)

"Someday you will look at this house and wonder how something that feels so big can look so small." (언젠가는 이 집을 바라보며 그토록 크게 느껴지는 것이 어떻게 이렇게 작아 보일 수 있지 하며 의아해할 거야.)

"Someday, a long time from now, your own hair will grow silver in the sun. And when that day comes, love, you will remember me." (아주 먼 훗날, 네 머리가 햇살에 은빛으로 빛나는 백발이 되겠지. 사랑하는 딸아, 그날이 오면 엄마 생각이 날 거야.)

5.
우리 인생의 짧음을 다시 한번 느끼게 됩니다. 품에 있던 아기가 자라나 어느새 학교에 다니기 시작하고, 학교를 마치고 사회에 나가는가 싶더니 금세 부모가 되어 아이를 갖게 됩니다. 그리고 눈 깜짝할 사이에 그 아기도 자라나 집을 떠날 때가 올 것입니다. 그러는 사이 당신의 머리는 하얗게 변하고 얼굴과 손등엔 주름이 가득하겠지요. 그리고 상상이 잘 되지 않겠지만 당신의 딸도, 책의 마지막 장면에서처럼, 머지않아 은빛 머리를 하게 될 겁니다.

어머니는, 아니 부모는, 다른 것은 몰라도 자식만은 포기하지 못합니다. 아무리 약하고 가진 것이 없어도 자식이라면 비장하고 결연해집니다. 그런데 아이들이 알까요? 엄마 아빠가 자신들을 보며 세상을 살아나갈 힘과 용기와 위로를 얻는다는 것을? "사랑하는 내 아이들아, 지금은 세상살이에 바빠 인생을 돌아볼 여유가 없겠지만 너희들도 어른이 되어 주름과 흰 머리가 생기기 시작할 때가 되면 엄마와 아빠를 기억하게 될 거야!"

6.
언제나 자신보다 자식을 먼저 생각하시던 어머니, 당신의 따뜻한 사랑과 부드러운 손길이 세상을 살아갈 힘을 줍니다. 어떤 어려움도 헤쳐나갈 굳센 마음을 갖게 합니다. 당신의 눈에 글썽거리는 눈물은 회초리보다 훨씬 두렵습니다. 바른 길 걸어가리라 오늘도 다짐하지만 작은 어려움에도 마음이 흔들리는 부족한 자식. 무언가에 걸려 넘어져도, 힘들어 그냥 주저앉아도, 어머니의 사랑이 절 다시 일으켜 세워줍니다. 넘어지고 깨어져도 다시 일어나 가야 할 길을 끝까지 가겠습니다.

P. S.
여러분과 함께 듣고 싶은 노래 두 곡이 있습니다. 첫 번째는 어머니의 헤아릴 수 없이 큰 사랑을 노래한 〈꽃구경〉입니다. 가슴속 깊은 곳에서 우러나오는 목소리로 장사익 선생님이 부릅니다.

 〈꽃구경〉

두 번째는 엄마가 딸에게 해주는 사랑의 말, 〈엄마가 딸에게〉입니다. 양희은과 악동뮤지션이 부릅니다.

 〈엄마가 딸에게〉

한 줄 소감

 오현미1895
오늘도 어김없이 제 자식만 챙기는 제게는 마지막 문장이 정말 크게 와닿았어요. 소개해주신 음악을 듣고 펑펑 울었고요. 노래 가사처럼 엄마보다 더 좋은 엄마가 되겠다고 철없는 생각을 했었지요. 그런데 그것도 아닌 듯하고, 불효자식이라는 생각만 드네요.ㅠㅠ

 송봉선1770
노래 듣는데 눈물이 멈추지 않습니다.ㅠㅠ 마지막 문구에 마음이 먹먹해지고 그림만 봐도 몽글몽글해지는 내 심장. 힝~!

유선영1927
성장통에 밤잠 설치는 아이의 다리를 주무르며 졸고 있던 제 모습이 떠올랐어요. 그런 제 모습이 제가 어릴 적 우리 엄마와 너무 똑같아 맘이 시렸습니다. 세월은 그렇게 엄마를 기억하게 하나 봅니다.

유수현1932
엄마의 사랑을 절절이 느낄 수 있는 책이네요. 아이가 먼 훗날 엄마를 추억할 때 사랑만이 가득하길 바라며, 오늘도 환한 미소로 "사랑해"라고 말해봅니다.

윤보영3189
눈물 없이는 책장이 넘어가질 않습니다.ㅠㅠ 내면의 복잡한 감정과 감동에 눈시울이 붉어집니다.

정주영3355
한글로 보았던 책인데 원서로 보니 감동이 배가됩니다. 엄마가 되어서야 엄마의 사랑을 조금 알게 되네요.

최미나3252
마치 엄마가 머리를 곱게 빗겨주며 이야기해주시는 것 같아요. 너무도 소중한 느낌입니다. 이런 좋은 책, 행복한 나눔, 진심으로 감사드려요.

조정은3244
편찮으신 엄마를 볼 때면 살아계심 그 자체에 감사하게 됩니다. 아이들에게도 제 존재가 그 자체로 위로가 되겠지요?

윤민아1955
소개글만 읽어도 눈물이 왈칵 납니다. 절 낳고 키워주신 엄마 생각에, 그리고 할머니를 그리워하는 엄마 생각에 마음 한켠이 찡해지네요.

성미진1747
일곱 살 딸이 책을 읽고 저를 꼬옥 안아줍니다. 엄마를 만나러 가면 이 책을 읽어 드리고 꼬옥 안아 드리고 싶어요.

정혜선2458
교수님의 소개글을 보면서 정말 펑펑 울었습니다. 친정 엄마와 시어머님 살아오신 여정을 생각해보면서요. 제 딸이 기억할 저의 모습도 돌아보게 됩니다.

윤미숙1954
영어 그림책을 읽고 감동의 눈물을 흘리는 날이 올 줄이야! 전에는 생각해보지 못했던 일이네요.^^ 정말 슬로우 미러클입니다!! 책을 읽을 때의 마음을 잊지 않고 아이를 대해야겠어요.

느리게 100권 읽기

DAY 023

난이도 ■■□□□

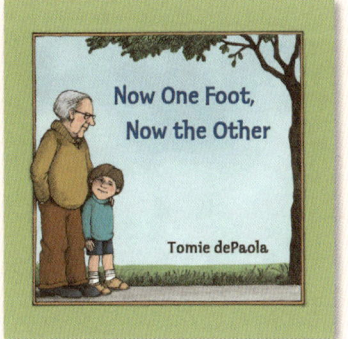

Now One Foot, Now the Other
by Tomie dePaola

어떻게 하면 아이가 태어나 처음으로 내뱉는 말이 '엄마' 혹은 '아빠'가 아니라 할아버지의 이름이 될 수 있을까요? 엄마와 아빠 없이 할아버지가 홀로 키운 경우라면 그런 일이 가능할까요? 오늘 우리가 함께 읽을 늘백의 그림책은 Tomie dePaola가 들려주는 할아버지와 손자의 특별한 사랑 이야기 《Now One Foot, Now the Other》입니다.

1.

할아버지는 Bobby의 가장 좋은 친구입니다. Bobby란 이름도 할아버지의 이름 Bob을 따라 지었고, 걸음마를 배울 때에도, 가장 좋아하는 블록 쌓기를 할 때에도 언제나 할아버지와 함께했습니다. 물론 무릎에 앉혀 재미있는 스토리를 들려주시던 것도 할아버지였고요. 그러던 어느 날 할아버지가 뇌졸중(腦卒中)으로 쓰러져 말도 못 하고 움직이지도 못하게 됩니다. 더욱 슬픈 것은 할아버지가 가족들조차 알아보지 못한다는 것이었지요. 처음에 Bobby는 그런 할아버지가 무섭게 느껴져 도망치기까지 합니다. 하지만 곧 할아버지가 자신을 알아본다는 확신을 갖게 되고 할아버지를 도울 방법을 찾기 시작합니다. 사랑하는 할아버지를 위한 Bobby의 특별 프로젝트, 과연 어떻게 진행될까요?

2.

모든 중요한 순간을 함께하며 사랑을 아낌없이 듬뿍 주셨던 할아버지, 그런 할아버지에게 받은 사랑을 그대로 되돌려주는 어린 손자의 감동적인 이야기입니다. 데칼코마니(décalcomanie)라는 회화 기법처럼 이야기의 앞부분과 뒷

부분이 대칭을 이루듯 연결됩니다. 인간에 대한 애정과 긍정적인 시각이 글과 그림 속에 가득합니다. 읽는 내내 마음을 흐뭇하고 따뜻하게 해줍니다. 잔잔하지만 오래가는 여운이 있습니다. 어른 아이 할 것 없이 눈물샘을 자극합니다. 읽고 또 읽어도 가슴속 깊이 스며드는 감동이 조금도 줄지 않습니다.

3.
할아버지를 Grandpa가 아니라 Bob이라는 이름으로 부르는 것에서 Bobby와 할아버지의 특별한 관계를 엿볼 수 있습니다. 최초로 했던 말이 할아버지의 이름이었을 정도로 각별한 사이입니다. 오랜 시간에 걸쳐 자연스럽게 전해진 사랑의 힘이 얼마나 대단한지를 느끼게 해줍니다. 가족조차 알아보지 못하는 할아버지를 보면 슬픔과 절망에 빠지지 않을 수 없고 어른이라도 대부분은 좌절하고 포기할 텐데, 그러한 상황을 오히려 받은 사랑을 되돌려줄 절호의 기회로 삼다니! Bobby의 긍정적인 마음가짐과 어린아이답지 않은 꿋꿋함이 기특하기만 합니다. Bobby에게 그런 신념과 용기를 가져다준 것은 할아버지와의 행복했던 많은 순간과 기억들이었겠지요. 존경스럽고 부럽습니다. 세상은 아직도 살 만한 곳이며, 그 중심에는 사랑과 우정이 있음을 다시금 깨닫습니다.

4.
연로하시고 약해진 심신으로 오랫동안 고생하시던 어머니를 작년 10월 말에 보내 드렸습니다. 때론 정신도 온전하지 못하여 손주들을 잘 구분하지 못하셨던 어머니, 그렇게 시간이 더 흘러가면서 자식들까지도 제대로 알아보지 못하시는 것은 아닐까 두려웠던 것 같습니다. 그런데 그러한 두려움은 오히려 어머니에게 더 크지 않았을까요?

  염려 마세요, 어머니.
  잊지 않을게요.
  어머니의 자애로우신 모습,
  깊은 밤까지 바느질하시던 모습,

언제나 당당하셨던 모습,

잊지 않고 기억할게요.

부끄럽지 않게 살아갈게요.

자녀들은 물론 자녀의 자녀들을 위해서도 늘 노심초사하시며 온갖 수고와 희생을 아끼지 않으셨던 어머니 아버지. 이제는 아버지만 홀로 남으셨네요. 무엇이 항상 그렇게 바쁜지, 여행은커녕 밖에 모시고 나가 잠시 바람을 쐬는 것도, 가끔씩 맛있는 음식을 대접하는 것은 물론이고 말씀을 들어 드리는 것조차도 제대로 하지 못하는 변변치 못한 자식. 정말 죄송합니다. 아프지 마시고 건강하게 오래오래 곁에 계셔주세요. 남은 세월, 후회가 더 커지지 않도록 노력할게요. 어머니 아버지, 사랑합니다. 그리고 존경합니다.

P. S.
다시 청하지 않을 수 없습니다. 들어도 들어도 감동이 줄어들지 않는 노래, 김진호가 부르는 〈가족사진〉입니다.

 〈가족사진〉

한 줄 소감

 김윤희1316
어릴 때 아빠가 제 손을 잡고 장날에 풀빵을 사주셨는데, 지금은 녹내장으로 앞이 안 보여 제 손을 잡고 암치료를 위해 병원에 다니십니다. 앞으로는 더 따뜻하게 잡아드려야겠어요.

 서유미3165
15년 전 손주를 못 보시고 돌아가신 아버지가 생각나 울면서 본 책입니다. 살아 계셨다면 손주를 얼마나 사랑해주셨을까요? 아이에게 늘 할아버지 이야기를 들려주는데, 이 책을 함께 보며 더 진하게 나누었죠.

 정정은2433
우리 모두는 사랑받고 보살핌 속에 성장하고, 어느 순간 그 사랑에 보답할 때가 오는 것 같아요. Bobby처럼요.

 한혜원2675
누군가를 진짜로 안다는 건 공유된 따뜻한 추억이 많다는 것 같아요. 함께하는 시간들이 온기 가득한 추억이 되어 마음속에 자리하도록 오늘도 아이들과 열심히 추억을 적립할래요.

박라영1545
영어 그림책을 보며 처음으로 울었던 책입니다. 우리 삶의 마지막에는 사랑만이 남기에 오늘도 더 사랑하며 살아가겠습니다.

 윤인아1965
잔잔하지만 아주 진한 감동을 느꼈습니다. 한 발 한 발 손자와 할아버지가 함께 내딛는 발걸음이 어떤 역경도 이겨낼 수 있는 큰 사랑의 진한 발자국으로 남는 것 같습니다.

 김효정3716
할머니가 떠오르네요. 마지막까지도 참 소중히 여겨주셨는데! 비록 어렸다지만 나는 왜 Bobby처럼 생각하고 행동하지 못했을까요?ㅠㅠ

 유선영1927
할아버지와 손자의 걸음마가 서로 바뀌어버린 장면에서 정말로 가슴이 찡하고 울컥했어요. 이보다 아름다운 추억이 또 있을까요?

 하진희3777
한 걸음 한 걸음 상대의 속도에 맞춰 걷는다는 것은 그 사람에 대한 마음의 표현이겠지요. 제 어머니가 어린 저의 발걸음에 맞춰 걷고, 저는 제 아이의 발걸음에 맞춰 걷고, 어느덧 어머니와 아이의 발걸음이 같은 날이 왔네요. 먼 훗날 아이가 할머니의 발걸음에 맞춰 걸어주길 바라봅니다.

 김세영2838
머지않아 Bob과 같이 될 부모님 생각에 자꾸 눈물이 흐르네요. 받은 사랑의 1/10이라도 부모님께 돌려드릴 수 있을까요?

 노미영1502
무뚝뚝한 할아버지를 두었던지라 할아버지와 Bobby의 모습이 너무 부러웠습니다. 제 딸은 다정다감한 조부모의 정을 느끼며 나중에 추억할 수 있도록 부모님을 자주 찾아뵈야겠어요.

 고명희1049
늘백에서 만난 인생 그림책 중의 한 권입니다. 할머니 손에 자라서 엄마보다 할머니가 더 친근했던 저이기에 너무나 공감이 되고 읽을 때마다 가슴이 뭉클합니다.

Officer Buckle and Gloria
by Peggy Rathmann

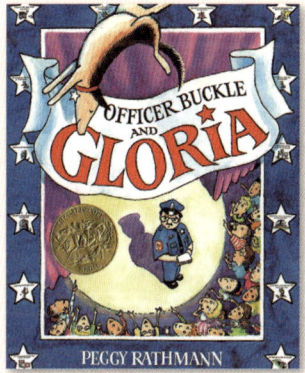

사랑하는 아이에게 중요한 것을 하나라도 더 가르쳐주기 위해 늘 애쓰고 계시지요? 그런데 그럴 때 아이가 엄마 아빠의 말을 열심히 듣고 받아들이려 하던가요? 오늘 우리가 함께 읽을 늘백의 그림책은 익살과 유머의 중요성에 대해 생각해보게 하는 Peggy Rathmann의 《Officer Buckle and Gloria》입니다.

1.

관내의 학교를 순회하며 안전수칙을 강의하는 Buckle 경관, 늘 최선을 다하지만 학생들은 지루해하며 딴짓하기에 바쁩니다. 그러던 어느 날 경찰견 Gloria가 합류하면서 강연은 갑자기 큰 호응을 얻게 되고 방송을 탈 만큼 엄청난 인기를 누리게 됩니다. Gloria의 우스꽝스러운 행동과 표정이 Buckle 경관의 지루한 설교를 재밌고 신나는 공연으로 만들었기 때문이지요. 그런데 문제는 강연이 왜 그렇게 인기가 있는지 Buckle 경관 혼자만 모른다는 것. 하지만 결국 Buckle 경관도 그 이유를 알게 되면서 강연은 물론 Gloria와의 우정과 학생들의 안전까지도 위기를 맞게 됩니다. 대체 어떻게 된 일일까요?

2.

밝고 활기찬 색상의 익살스러운 삽화가 독자의 눈길을 사로잡습니다. 스토리의 단순 묘사나 보완을 넘어 스스로 많은 이야기를 들려줌으로써 내용을 확장하고 흥미를 더해줍니다. 삽화의 이러한 능동적인 역할은 Buckle 경관의 안전수칙을 온몸으로 표현하는 Gloria의 재치와 애교, 장난기 가득한 모습에서 특히 잘 드러납니다. 또한 Buckle 경관과 Gloria의 표정 하나하나가 글로 다 하지 못한 많은 이야기를 대신하고 있습니다. 그중에서도 무대에서 아무 일도 없었다는 듯이 미소 짓고 있는 Gloria의 능청맞은 얼굴, 뉴스를 보고 인기의 비밀을 알게 된 Buckle 경관의 표정, 그런 Buckle 경관의 눈치를 보는 듯한 Gloria의 모습 등은 놓치기에 너무도 아까운 부분입니다.

안전수칙과 파트너십 같은 진지한 메시지, 그런 메시지만큼이나 진지하고 재미없는 경관 Buckle, 그리고 유쾌하고 익살 넘치는 Gloria의 이야기를 매우 솜씨 있게 결합하여 완성도가 높은 한 편의 드라마를 만들어내고 있습니다. 지극히 사실적이면서도 개성 넘치는 인물 Officer Buckle의 창조에 성공함으로써 개연성이 다소 떨어질 수 있는 경찰견 Glroia까지도 매우 현실성 있는 존재로 느껴지게 합니다. 앞뒤 면지에 Gloria의 모습과 함께 꼼꼼하게 적혀 있는 실제적인 안전수칙도 인상적입니다. 장난기와 애교 넘치는 귀여운 강아지를 좋아하는 사람이라면 결코 피해 갈 수 없습니다. 1996년 칼데콧 메달(Caldecott Medal) 수상작입니다.

3.
윤리 교과서와 이야기책의 결합이라고 할까요? 안전수칙같이 무겁고 딱딱한 주제를 경쾌하고 유쾌한 느낌의 만화처럼 유머러스하게 풀어가고 있습니다. 아이들로 하여금 가벼운 마음으로 웃고 즐기면서 생각까지 하도록 도와줍니다. 중요한 안전수칙도 삶의 교훈도 자신도 모르는 사이에 배우고 기억하게 될 것입니다. 교육적 내용이나 교훈적 메시지도 유쾌하고 재미있는 이야기 속에 자연스럽게 녹여 제시하는 것이 얼마든지 가능함을 보여주고 있습니다.

4.
아이에게 무언가를 가르쳐주고자 할 때 아이가 마음을 열고 기꺼이 받아들이는 모습을 보고 싶으시죠? 그렇다면 진지하고 엄숙한 표정은 버리고 무엇을 말하든 그 안에 유머와 웃음을 담아보세요. 평소의 대화에서는 물론 타이르거나 꾸짖을 때에도, 심지어는 부부 싸움을 하거나 언쟁을 벌일 때에도 유머만큼은 절대 잊지 마십시오. 재치 있는 유머 한마디가 상대의 마음을 풀어주고 분위기를 부드럽게 만듭니다. 중요한 걸 망치거나 최악으로 치닫는 것을 막아줍니다. 아이가 엄마 아빠의 다투는 모습을 떠올릴 때에도 얼굴을 찌푸리기보다 멋지다는 생각을 하게 될 것입니다. 결과적으로 아이의 행복에도 엄청나게 큰 영향을 미칩니다.

5.
앞뒤 면지와 책 속의 많은 안전수칙 가운데 여러분에게 가장 와닿는 수칙은 어떤 것인가요? 수많은 사건 사고와 해프닝을 두루 경험한 Buckle 경관이 제시하는 최고의 안전수칙은 바로 "Always stick with your buddy." 이것을 저는 "친구라면 언제나 함께 있어주세요"라고 옮기고 싶습니다.

P. S.
젊은 시절 즐겨 듣던 Simon & Garfunkel의 〈Bridge Over Troubled Water〉란 팝송이 생각납니다. 당신이 지치고 초라하게 느껴질 때(When you're weary feeling small), 두 눈에 눈물이 가득할 때(When tears are in your eyes), 당신의 눈물을 닦아줄 친구가 있는지 궁금합니다. 언제나 당신 곁에 있어 당신을 지지하고 당신 편이 되어줄 친구, 노래 제목의 우리말 번역 〈험한 세상 다리가 되어〉처럼, 거칠고 험한 세상에서 다리가 되어줄 그런 진정한 친구가 있는지 궁금합니다.

여러분과 함께 듣고 싶습니다. 두 친구 Simon과 Garfunkel이 부르는 노래 〈Bridge Over Troubled Water〉입니다.

 〈Bridge Over Troubled Water〉

한 줄 소감

 강민정3101
책 소개와 함께 어우러지는 음악 선곡, 정말 최고입니다.^^ 소개글을 읽고 음악까지 들으니 라디오 프로그램을 청취하는 느낌입니다.^^

 이현정2266
일상 속에서 주고받는 소소한 유머와 우스꽝스런 행동들이 삶을 얼마나 윤택하게 하는지! 제가 진지하기만 한 엄마는 아닌지 돌아보게 됩니다.

 손다은3473
버클 경관이 바로 나왔네요. 아이가 내 말을 듣지 않고 쉽게 변하지 않는 이유를 이제 알겠어요.ㅠㅠ 글로리아, 컴온!

 윤보영3189
같은 소리도 엄마가 하면 잔소리, 책이 하면 재밋거리와 감동이 되는군요. 어떠한 상황에서도 유머를 겸비할 수 있게 마음을 넓혀봐야겠습니다.

 김연희1283
재치있는 Gloria, 참 기특합니다. Buckle 경관과 Gloria는 환상의 짝꿍이네요. 저런 안전 교육이라면 저도 들어보고 싶어요.

 송여진2915
별로 어울리지 않을 것 같은데도 두 주인공의 케미가 정말 좋네요. 저도 누군가에게 함께하면 시너지를 내는 그런 사람이 되고 싶어요.

 최혜령2632
사랑스러운 글로리아! 딱딱한 내용도 유머와 함께라면 다른 것처럼, 늘 유머와 함께하는 여유를 가지고 싶네요.

 김하영1436
마음을 얻는 법 중 강압이란 방법은 없는 것 같아요. 해님과 바람 이야기도 생각납니다. 효과적이면서도 상처 주지 않는 방법을 계속 찾고 있어요.

 천주연3249
아이에게 무언가를 가르쳐주고 싶을 때 '유머'를 곁들일 것! 오늘도 밑줄 쫙! 별표 땡땡입니다.^^

 유선영1927
아이들은 역시 재미! 왜 열심히 안 듣고 안 읽고 안 보냐고? 그야 재미없으니깨!

 조민아2480
늘백의 책을 읽으며 삶에서 유머라는 것이 얼마나 중요한 것인지 깨닫습니다. 아이들과 엄마 사이에도 필요한 것 같아요. 재치 있는 유머 한마디가 중요한 걸 망치거나 최악으로 치닫는 것을 막아준다는 말씀, 꼭 기억할게요.

 서유미3165
제게 부족한 한 스푼은 유머! 유머를 맛깔나게 하고프네요. 친구 사이, 모자 사이, 모두 유머로 착 달라붙게 되는 것 같아요.

DAY 025 느리게 100권 읽기

난이도 ■■■■□

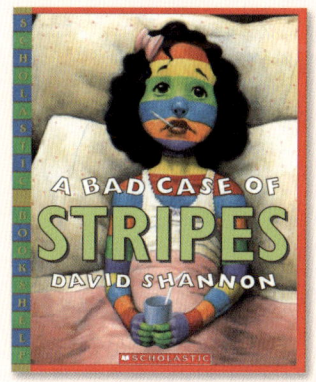

A Bad Case of Stripes
by David Shannon

아이가 혹시 남의 눈을 지나치게 의식하며 남들과 다른 점 때문에 고민하거나 그 다름을 숨기려고 애쓰고 있지는 않은가요? 아니, 아이보다 오히려 엄마 아빠인 여러분 자신이 남의 눈을 더 신경 쓰고 있지는 않은지요? 오늘 우리가 함께 읽을 늘백의 그림책은 우리 자신의 모습을 돌아보게 해 줄 David Shannon의 지혜와 통찰 가득한 이야기 《A Bad Case of Stripes》입니다.

1.

친구들과 달라 보이길 원치 않는 카밀라(Camilla Cream)는 리마콩(Lima bean)을 좋아하지만 친구들이 좋아하지 않기 때문에 먹지 않습니다. 그런데 학교에 가는 첫날 아침 온몸에 알록달록한 줄무늬가 생긴 것을 발견하고 깜짝 놀랍니다. 학교에서는 친구들이 그런 카밀라를 보며 마구 놀려대고, 무늬와 색깔이 친구들이 말하는 대로 계속 바뀌어 카밀라를 더욱 당황하게 합니다. 결국 학교에는 더 이상 가지 못하고 집에 머물면서 원인을 찾아 치료해보려 하지만 상황은 자꾸 악화되기만 합니다. 카밀라에게는 대체 무슨 문제가 있는 것일까요? 카밀라는 정상적인 모습을 되찾을 수 있게 될까요?

2.

작가인 David Shannon의 기발한 상상력과 창의성이, 괴이하다고 할 수 있을 만큼 엉뚱한 방향으로 발휘된 작품입니다. 주인공인 카밀라가 경험한 일이 우리 중 누군가에게 실제로 일어난다면 매우 무섭고 끔찍한 일이 될 겁니다. 하지만 바로 그러한 점 때문에 처음부터 읽는 이의 관심을 확 끌고 호기심을 자극합니다. 사건이 어떻게 전개될지, 다음 이야기는 어떻게 이어질지 궁금해집니다.

미국 아동들이 학교에서 아마도 가장 많이 듣는 말일 것이라 생각되는 "Just be yourself (그냥 너다운 네가 되어라)"를 흥미로운 이야기로 풀어낸 그림책입니다. 독자의 나이, 처한 상황, 관심사에 따라 자아 정체성, 다름이나 차이, 상대에 대한 배려와 존중, 따돌림이나 왕따, 자존감과 용기 등 매우 다양한 주제의 대화와 토론으로 이어질 수 있습니다.

3.
사람은 누구나 자신의 모습을 그대로 인정하고 자연스럽게 행동할 때 가장 편안하고 행복할 수 있습니다. 남들과 같지 않아도, 많이 달라도 전혀 문제없습니다. 일찍부터 그러한 깨달음을 가지고 세상에서 단 하나뿐인 자기 자신을 주어진 모습 그대로 사랑할 수 있다면 더욱 좋을 겁니다. 다른 사람의 말이나 생각에 휘둘리지 않고, 자신의 모습을 떳떳하게 여기며, 다름을 즐길 줄 아는 지혜와 용기, 바로 이 책 속에서 발견할 수 있습니다. 우리의 행복을 가로막고 있는 많은 문제들, 그것들 중 상당수는 우리 자신의 모습을 있는 그대로 받아들이고 진정으로 사랑하게 되면 대부분 절로 낫게 되는 병입니다. 카밀라가 자신이 좋아하는 것을 받아들이고 인정하는 순간 문제가 해결되었던 것처럼 말이죠.

4.
David Shannon의 다른 그림책과 달리 글밥이 좀 있고 종종 일상적이지 않은 단어도 등장합니다. 하지만 내용이 어렵지는 않습니다. 아니 설사 좀 어렵다고 해도 큰 문제가 되지 않을 수 있어야 합니다. 좋은 그림책은 그림만 보고서도 많은 것을 느끼고 배울 수 있기 때문입니다. 아이와 함께 읽을 경우 아직 어려운 수준이라고 생각되면 그림과 아는 표현만을 바탕으로 내용을 파악해 보세요. 상상력을 발휘해 함께 대화하며 책 내용에도 지나치게 얽매이지 말고 자유롭게 이야기를 만들어보십시오.

영어책 읽기는 문장의 해석이 아닙니다. 문장을 해석하는 것에 집중하면 모르는 단어와 구문이 내용의 이해를 방해하고 그로 인해 영어책 읽기의 재미를 느끼는 것이 어렵게 됩니다. 모르는 것이 있어도 책 읽기를 즐길 수 있어야 합니다. 아는 것과 그림을 바탕으로 내용을 능동적으로 파악하고 상상력과 창의성을 발휘하여 적극적으로 이야기를 만들어갈 수 있어야 합니다. 이것이 제대로 된 영어책 읽기의 특징적인 모습입니다. 그림책은 이런 능동적이며 적극적인 책 읽기를 쉽게 만들어줍니다. 영어책 읽기의 즐다잘을 배우고 연습하기 위해 그림책을 최대한 활용해보시기 바랍니다.

P. S.
다시 한번 청하지 않을 수 없습니다. R. J. Palacio의 《We're All Wonders》를 읽었을 때 함께 들었던 노래입니다. "자기와 다른 모습 가졌다고 무시하려고 하지 말아요." 이렇게 노래하는 〈바람의 빛깔〉, 제주 소년 오연준 군이 부릅니다.

 〈바람의 빛깔〉

한 줄 소감

 문설희1519
어쩜 이렇게 딱 맞는 노래까지 더하여 큰 울림을 주시는지요! 바람이 보여주는 아름다운 빛을 볼 수 있는 눈을 가질 수 있기를, 그 눈으로 서로 다른 모습의 우리를 함께 바라보게 되기를!

 이진희3520
자연스러운 것이 최고인데, 같을 수도 있고 다를 수도 있고, 남과 달라도 아무 문제가 없는 것인데, 그것을 왜 자꾸 잊는 걸까요? 소개글과 함께 오늘의 선곡이 가슴을 울립니다.

 김연정1281
아이가 콩을 잘 먹게 해준 고마운 책. "너이기에 소중해"라는 말을 해줘서 힘들 때 힐링되었던 책입니다.

 유지민1941
'남에게 잘 보이기 위한 나'가 아니라 '나 자체'가 소중함을 다시 한번 깨닫습니다. 아이에게도 어른에게도 꼭 필요한 책인 것 같아요.

최옥희2585
자신의 모습을 그대로 인정하고 자연스럽게 행동할 때 가장 편안하고 행복할 수 있다는 말씀이 마음에 깊이 와닿습니다. 남과 달라도 아무 문제 없다는 사실을 우리는 왜 깨닫지 못하는 것일까요?

조민아2480
아이가 이걸 이해할 수 있을까 걱정했는데 기우였어요. 설명해주신 것처럼 해석에 얽매이지 않고도 읽기가 충분히 가능하다는 것을 알게 된 책입니다.

정성호3532
아이에겐 어려울까 봐 아직 읽히지 않았는데 "영어책 읽기는 문장의 해석이 아니다"라는 말씀에 힘을 얻어 그냥 즐겁게 읽어봐야겠습니다!

이지현2226
나다운 나를 찾아가는 주인공의 여정을 따라가다가 엄마인 나의 정체성과 만나게 된 책이에요. 엄마가 된 후 나 자신이 누구인지, 어떤 엄마가 가장 나다운지 고민하게 되네요.

전미양3351
책 한 권을 통해 자아정체성, 다름, 배려와 존중, 따돌림, 자존감, 그리고 용기까지! 이렇게 많은 것을 어른도 아이도 아주 자연스럽게 생각해볼 수 있다니 참 놀랍습니다.

홍지윤3765
내용을 모를 텐데도 아이가 자꾸 읽어달라고 해서 의아해했던 책입니다. 근데 교수님 말씀을 들으니 이제 알겠네요. 아이는 그림을 통해 능동적인 책 읽기를 하고 있었나 봅니다.

문상미1518
강렬한 표지 그림 때문인지 아이는 읽고 싶어했고 저는 글밥이 많아 주저했던 책이었어요. 그래도 아이와 함께 대화하고 상상하며 그림책을 즐기라는 교수님의 말씀에 용기를 내보렵니다.

이주영2195
이 책을 펼치니 일곱 살 아들이 쪼르르 달려와 같이 읽자며 옆을 파고듭니다. 글밥이 많아 어려운 것 같은데도 그림을 통해 많은 것이 이해되는지 아이는 해석 없이도 집중해서 잘 보고 듣네요. 이런 경험을 할 때마다 영어책 읽기는 문장의 해석이 아니라는 교수님 말씀이 더욱 와닿습니다.

Picture books are for everybody at any age,
not books to be left behind as we grow older.
The best ones leave a tantalising gap between the pictures
and the words, a gap that is filled by the reader's imagination,
adding so much to the excitement of reading a book.

— Anthony Browne —

Sometimes there is a good reason
to break the rules. Even in the library.
《Library Lion》

여름

슬로우 미러클이
무럭무럭 자라요

줄다잘은 '슬로우 미러클'을 만들어냅니다. 어떤 아이도 차별하지 않습니다. 하지만 오직 엄마 아빠만이 선물해줄 수 있습니다. 〈느리게 100권 읽기〉를 통해 슬로우 미러클의 싹이 여기저기에서 돋아나 무럭무럭 자라나는 것을 여러분과 함께 보고 싶습니다.

SLOW MIRACLE

느리게 100권 읽기

DAY 026

난이도 ■□□□□

Not a Box
by Antoinette Portis

상상력이 중요하다고 합니다. 지식보다 더 중요한 것은 물론이고 심지어는 아인슈타인처럼 "모든 것"이라고 말하는 사람도 있습니다. 지극히 평범한 것에서도 기이한 것을 보게 해주는 상상력, 오늘은 Antoinette Portis의 《Not a Box》를 읽으며 그러한 상상력이 우리를 어디까지 데려다줄 수 있는지 생각해보는 기회를 가져볼까 합니다.

1.

토끼가 종이 박스를 가지고 어디론가 가고 있네요. 그러고는 박스 안에 앉아 있기도 하고, 위에 서 있기도 하며, 물을 뿌리기도 하고, 옷처럼 입기도 합니다. 왜 그렇게 하느냐고 물어보지만 그때마다 토끼는 박스가 아니라고만 합니다. 토끼는 대체 무얼 하고 있는 것일까요? 아무리 봐도 단순한 종이 박스에 불과한데 박스가 아니라니 토끼는 대체 무슨 생각을 하고 있는 것일까요?

2.

어른들의 눈에는 평범한 종이 박스이지만 상상의 나래를 펼치는 아이들에겐 결코 종이 박스가 아닙니다. 아니면 뭐냐고요? '박스가 아닌 것(Not-A-Box)'이랍니다. 박스가 아니라면 그 어떤 것이라도 될 수 있다는 뜻이지요. 맞습니다. 흔하디흔한, 그렇고 그런 평범한 물건이라도 아이들의 제약 없는 상상력이 더해지면 그 무엇이라도 될 수 있습니다. 이것이 바로 세기의 천재 아인슈타인(Albert Einstein)이 "상상력이야말로 우리가 기대할 수 있는 모든 것"이라고 말한 이유일 겁니다.

Imagination is everything. It is the preview of life's coming attractions.

— Albert Einstein —

3.
아이들의 상상력이 얼마나 대단한지를 보여줍니다. 책 표지부터가 다릅니다. 색상부터가 실제 종이 박스로 만든 것 같고, 뒤표지에는 종이 박스라는 증거(?)도 있습니다.^^ 쉽고 재밌고 기발하여 어린아이들의 상상력과 창의성을 마구 자극하고 영감을 줍니다. 상자가 아니라고 해도 상자 외의 다른 것은 생각하기 힘든지 계속 똑같은 질문을 반복하는 어른들, 그런 어른들에게도 아주 오래전 순수했던 자신의 모습을 떠올려보게 합니다. 그리고 가볍지 않은 메시지와 깨달음의 기회를 제공합니다.

글도 매우 적고 그림도 더할 나위 없이 단순합니다. 그래서 무언가 있다기보다는 오히려 없다는 느낌이 듭니다. 이런 책에서 무엇을 기대할 수 있을까 하는 의문이 들 수도 있습니다. 하지만 실로 대단한 것이 담겨 있습니다. 아이들의 기발한 상상력에 대한 최고의 찬사라 할 만합니다.

4.
많은 비용 부담에도 불구하고 아이들을 위해 멋있어 보이는 교재나 교구, 장난감을 기꺼이 구입하신 적이 있으시지요? 그런데 아십니까? 아이들이 상상력을 펼치는 데는 빈 종이 박스처럼 단순한 것들이 오히려 더 유리하다는 사실을? 아이들의 지적 발달을 돕고 창의성을 촉진시킨다고 선전하는 값비싼 것들이 오히려 아이들의 상상력을 억누르고 심지어는 죽이기까지 할 수도 있다는 사실을?

5.
아이들에게 최고의 놀이는 상상 놀이이며, 최고의 장난감은 (좋은) 책, 그것도 종이책이라고 할 수 있습니다. 왜 책이냐고요? 책은 아이들의 상상력을 제한

하지 않고 자극하여 제멋대로 날뛸 수 있도록 해주기 때문입니다. 그렇게 해주는 가장 좋은, 중독이나 과도함을 염려하지 않아도 되는 사실상의 유일한 장난감이기 때문입니다. 어떤 언어로 되어 있든 좋은 책이면 최고의 장난감이 될 수 있습니다. 그렇기에 만일 영어책 읽기를 마음대로 즐길 수 있게 된다면 그런 아이의 상상력은 최고의 날개를 달게 될 것입니다.

하지만 안타깝게도 우리 주변에는 영어책 읽기를 지나치게 학습적으로 접근하여 책 읽기 자체는 물론이고 영어까지도 망치고 있는 경우를 자주 보게 됩니다. 심지어는 아이를 올바른 방향으로 이끌어줘야 할 사람들까지도 스스로 영어책을 즐겨 읽어본 적이 없어 아이들을 지도하는 데 어려움을 겪고 있습니다.

역설적이지만 어떤 의미에서 영어책 읽기를 가르치는 가장 좋은 방법은 가르치지 않는 것입니다. 제대로 된 방향과 방법이 아니라면 차라리 아무것도 하지 말고 일단은 그냥 내버려두는 게 더 낫다는 뜻입니다. 아이의 영어와 영어책 읽기를 제대로 도와주길 원한다면 먼저 올바른 방법을 알아야 합니다. 그리고 무엇보다 엄마 아빠가 영어책을 읽는 재미와 성취감을 직접 맛보아야 합니다. 그렇게 해서 영어책 읽기의 진짜 재미와 열정이 아이에게 자연스레 전해지고 아이 스스로 영어책 읽기의 즐거움을 느낄 수 있도록 해주어야 합니다. 그리고 그 즐거움에 계속 머물 수 있도록 지켜주어야 합니다. 영어책 읽기의 즐다잘을 통한 슬로우 미러클, 오직 엄마 아빠만이 선물해줄 수 있습니다.

한 줄 소감

김은영3432
택배만 오면 박스를 탐내는 딸이 생각나요. 아이의 상상 놀이, 책 놀이의 즐거움을 오래 지켜주고 싶습니다.

문상미1518
상자 안의 토끼, 우리 아이들의 모습과 많이 닮았다는 생각이 듭니다. 그래서 아이들이 이 책을 좋아하나 봐요.

권민희1090
오늘도 큰 깨달음을 주는 늘백의 좋은 책을 가까이 두고 저부터 제대로 즐겨야겠어요. 고정된 시각과 닫힌 사고로 아이들의 상상력을 막아버리는 일이 없도록 말이죠.

김하영1436
여백은 우리 아이들이 뭐든지 채울 수 있는 공간이죠. 빈 박스는 아이들이 상상의 나래를 마음껏 펼칠 수 있는 창의력 놀이터이고요.^^

김건희1118
상상력 더하기 상상력! 새로운 아이디어가 그야말로 끝없이 솟아나는 Not a box입니다. 이렇게 짧고 단순한데, 울림과 깨달음은 그 어떤 책에도 못지않네요.

배은영1692
병뚜껑을 모으고 돌멩이를 주워 오며 자신의 상상력을 무한히 키우고 있던 아이의 마음을 전혀 이해하지 못하고 있었네요. 이 무지한 엄마는 정말 뜨끔합니다.ㅠㅠ

서유미3165
최고의 상상력 놀잇감은 책! 영어를 가르치는 최고의 방법은 가르치지 않는 것! 매번 가르치고자 하는 욕구가 불쑥불쑥 올라오지만 교수님 말씀을 기억하며 꾹꾹 눌러둡니다. 덕분에 아이는 영어의 재미에 빠져 상상력을 듬뿍 채우는 중입니다.^^

전미양3351
아무것도 아닌 것이 그 어떤 것보다 아이들의 상상력을 더 크게 키워줄 수 있다는 사실. 그리고 그것을 위한 가장 훌륭한 도구는 책이라는 사실을 다시 한번 깨닫습니다.^^

최수은2575
1층에서 냉장고 배달 중이면 얼른 쫓아가 큰 종이 박스를 얻어 신나게 놀던 기억이 떠오르네요. 아이들이 책 읽기의 즐거움에 계속 머물 수 있도록 지켜주어야 한다는 교수님의 말씀, 제 마음속에도 계속 머물러 있도록 노력하겠습니다.

채지연2547
어린 시절 커다란 박스 안에 들어가서 실컷 놀았던 저희 아들들이 떠오릅니다. "Not a box"가 정말 마법의 장난감이네요. 원하기만 하면 무엇이든 될 수 있으니까요.^^

이진경2236
이제 초등학생이 된 아들의 최애 장난감은 여전히 커다란 종이 박스입니다. 그 박스는 아이의 도서관이자 집이고 또 자동차더라구요. 너덜너덜해져서 정말 버리고 싶지만 절대절대 버리지 못하게 하는 아들 덕에 아직도 큰 자리를 차지하고 있습니다. 아이들의 머릿속이 정말 궁금합니다.^^

정주영3355
오늘도 빈 박스를 버리려다가 아이와 싸웠습니다. 멋진 작품을 만들 건데 왜 버리냐며 항의를 하네요. 아이의 상상력은 무에서 유를 창조하는 것이란 걸 잊고 있었어요.ㅠㅠ

느리게 100권 읽기

난이도 ■■□□□

027

Where's My Teddy?
by Jez Alborough

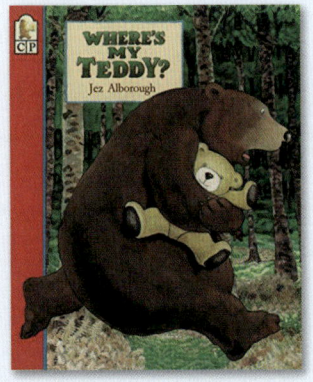

누구나 두려움을 느끼는 대상이 있습니다. 여러분은 무엇을 두려워하십니까? 우리 아이들은 어떤 두려움을 가지고 있을까요? 두려움은 어떻게 이겨낼 수 있을까요? 오늘은 Jez Alborough의 《Where's My Teddy?》를 읽으며 두려움에 대해 함께 생각해보면 어떨까 합니다.

1.

Eddy는 잃어버린 테디 베어 Freddy를 찾기 위해 숲으로 들어갑니다. 한참을 헤매다가 결국 찾긴 찾았는데 정말 깜짝 놀라게 되지요. Freddy가 어마어마하게 커져버렸거든요. 그런데 어디선가 갑자기 흐느끼는 소리가 들립니다. 그리고 쿵쿵 발자국 소리가 나더니 커다란 곰이 아주 작은 테디 베어를 안고 나타납니다. 그렇지 않아도 어두운 숲속이 무서웠던 Eddy는 곰을 보고 더욱 겁을 집어먹게 됩니다. Eddy는 과연 어떻게 되었을까요?

2.

많은 문장이 라임으로 되어 있어 읽기 쉽고 흥겹습니다. 아이들은 당연히 아주 좋아합니다. 읽어주면 토끼처럼 귀를 기울이고 집중하지요. 얼마나 잘 듣는지 모릅니다. 주인공 소년과 자신을 동일시하며 이야기 속의 세계로 순식간에 빨려듭니다.

그림이 따뜻하고 주인공들의 표정이 무척 사랑스럽습니다. 표지 그림에서 잔뜩 겁을 먹은 얼굴로 테디 베어를 안고 뛰어가는 곰의 모습이 궁금증을 자아냅니다. Eddy와 곰의 표정이 너무도 리얼하여 절로 빠져듭니다. 덩치 큰 곰이 겁먹은 모습엔 피식 웃음이 나기도 하고요.

3.
작고 연약한 Eddy가 거대한 숲을, 그리고 자신보다 덩치가 훨씬 더 큰 곰을 무서워하는 것은 매우 당연한 일일 것입니다. 하지만 커다란 곰도 Eddy 못지않게 겁을 먹고 있었다는 사실은 정말 뜻밖의 일이 아닐 수 없습니다.

사실 남녀노소를 떠나 모든 사람은 자신보다 더 크고 강한 대상에 대해 두려움을 느끼기 마련입니다. 따라서 작고 연약한 어린아이들이 미지의 것들로 가득한 주변 세상과 잘 모르는 낯선 어른들에 대해 두려움을 갖는 것은 매우 자연스러운 일일 것입니다. 여기에서 한 가지 흥미로운 사실은 내가 두려움을 느끼는 상대도 나 못지않은 두려움을 가지고 있을 가능성이 매우 크다는 것이지요. 이러한 사실을 알게 되면 두려움에 대한 아이의 마음도 조금은 달라지지 않을까요?

4.
어찌 보면 우리의 삶은 늘 불안과 두려움의 연속입니다. 그로 인해 고통받고 불행을 느낍니다. 이 세상에서의 불확실한 삶을 완전히 끝내지 않는 한 상황은 크게 달라지지 않을 것입니다.

사실 두려움은 매우 자연스러운 것입니다. 나이가 많든 적든, 잘났든 못났든, 얼마를 가졌든, 누구나 두려움을 느끼고 자기 몫의 두려움이 있기 마련입니다. 하지만 두려움에 휩싸여 계속 피하기만 한다면 두려움은 점점 커져 우리를 완전히 지배하게 될 것입니다. 우리의 마음과 삶을 옥죄는 불안과 공포에서 벗어나길 원한다면 두려움에 당당히 맞설 필요가 있습니다. 보다 적극적으로 두려움에 맞서길 원하는 분들에게 그동안의 실패와 성공의 경험, 그것을 통한 작은 배움, 그리고 개인적인 성찰을 바탕으로 크게 다음 두 가지 대응 방안을 추천합니다.

먼저, 두려움의 대상을 명확히 알아야 합니다.
우리가 두려움을 느끼는 이유는 많은 경우 그 실체를 정확히 알지 못하기 때문입니다. 무엇을 두려워하는지 분명히 알면 두려움의 상당 부분은 빛을 만난 어둠처럼 사라질 것입니다. 적에 대한 두려움은 대부분 적에 대해 모를 때 생깁니다. 적의 실체를 명확히 파악하고 직접 마주하게 되면 불확실한 부분이 해소되면서 불안했던 마음이 줄어들고 한번 해보자는 마음을 얼마든지 가질 수 있습니다.

두려움의 대상을 명확히 하는 좋은 방법 중 하나는 글로 적어보는 것입니다. 지금 당장 종이와 펜을 꺼내 들고 두려움을 느끼게 하는 것이 무엇인지 적어보세요. 몇 개의 짧은 문장으로 단순 명료하게 적어보는 겁니다. 그렇게 하면 두려움의 대상을 더 분명히 볼 수 있습니다. 명확히 볼 수 있게 되면 두려움의 많은 부분이 줄어듭니다. 아예 사라질 수도 있습니다. 이전과는 다른 마음과 자세를 갖게 될 것입니다. 한 걸음 더 나아가 두려움의 대상에 대해 자세히 알아보면 문제를 풀어갈 방법도 찾을 수 있을 것입니다.

둘째, 두려움에 대한 생각을 바꾸어야 합니다.
누구나 두려움을 느낍니다. 나보다 더 큰 두려움을 가진 사람도 적지 않을 것입니다. 하지만 그들 중 상당수는 당당히 맞서 두려움을 이겨내고 자신의 삶을 주도적으로 만들어갑니다. 용기 있는 사람은 두려움을 느끼지 않는 사람이 아닙니다. 이겨내고 극복하는 사람입니다. 이겨내려면 두려움에 정면으로 맞서야 합니다.

실패하거나 실수할까 봐, 그로 인해 부끄러움을 당할까 봐 두려우십니까? 실패나 실수는 누구나 합니다. 하지만 누군가는 그것을 두려워 피하고 다른 누군가는 그것을 배움과 성장의 기회로 삼습니다. 실패를 통해 배우지 않으면 발전도 성공도 없습니다. 실패나 실수로 인해 웃음거리가 된다 해도 두려워

마십시오. 오히려 영광의 상처나 훈장으로 여겨야 합니다. 성공한 사람은 누구나 그런 과정을 거칩니다. 모든 것은 여러분 자신에게 달려 있습니다. 두려움에 맞서 용감하게 앞으로 나아갈 것인지, 아니면 두려움에 빠져 소중한 인생을 낭비하며 계속 실패자로 남아 있을 것인지.

한 줄 소감

선미희1743
앞으로는 아이에게 두려워할 것 없다고 감정을 강요하는 대신 아이가 두려워하는 이유를 먼저 차분히 들어주겠습니다. 그런 다음 그 두려움을 이겨낼 수 있도록 용기를 북돋아주고 싶어요.

윤나경3329
두려움을 잘 다룰 수 있는 사람이 되고 싶습니다. 제가 두려워하는 것들이 무엇인지 직시하는 것이 가장 중요할 것 같아요. 오늘의 일기감입니다.

정숙경2415
두려움이 닥쳤을 때 피하지 않고 적극적으로 대처하는 법을 배웁니다. 어른이라도 여전히 어려운 것들이 있을 수밖에 없는데 인생 선배로부터 조언을 듣는 것 같아 기쁩니다.

정주영3355
겁먹은 소년이 바로 나였어요. 영어가 무조건 두려웠거든요. 지금도 어렵고 두렵지만 슬미 안에서 다른 분들과 함께 천천히 가면서 즐기려고 노력합니다. 그래서인지 요즘엔 실제로 조금씩 즐기고 있다는 걸 느낍니다.

양동식1853
아이들 그림책에서 인생을 배우네요. 두려움에 당당함으로 맞서 어제보다 더 성장한, 앞으로도 계속 성장하는 아버지가 되겠습니다.

정승아2416
새로운 도전에 두려워하다 무력해진 저에게 그 어떤 격려보다도 교수님의 소개글 하나가 더 크게 와닿습니다. 오늘도 용기 내서 다시 도전해볼게요.

윤지수1973
처음에 읽어보고는 잘 이해가 가지 않았어요. 그림을 제대로 읽지 못했기 때문이더라고요. 역시 아는 만큼 보이나 봅니다. 교수님의 설명을 듣고 읽으니 생각할 게 정말 많아지네요. 멋진 그림책입니다.

임수지2307
복직을 앞두고 두려움이 컸었는데 소개글에서 용기를 얻습니다. 해주신 말씀, 잘 메모해 두었습니다. 두고두고 읽어볼게요.^^

최수온2575
실패하거나 실수할까 봐 두려워요. 그래서 요리조리 피하며 살아왔지요. 오늘 교수님 말씀에서 두려움에 맞설 용기를 얻게 되네요. 감사드려요.

전주연2378
교수님 말씀대로 종이를 꺼내 두려운 것을 적기 시작했어요. 근데 한 장 빼곡하게 채워져서 놀랐습니다. 이제부터는 두려움을 직시하고 하나씩 극복해 나가겠습니다!

노미영1502
단순히 "덩치가 큰 곰도 무서워하는 것이 있네!" 하며 그냥 웃고 넘길 책이 아니네요. 교수님의 소개글을 통해서 그동안 자세히 들여다보지 못했던 제 마음속의 두려움에 대해서 깊이 생각해보게 되었습니다.

권민희1090
두려움의 본질을 깨닫게 해주시고 두려움에 맞설 지혜와 용기를 나눠주셔서 감사합니다. 어른이 된 지금도 두려움이 사라지지 않지만 조언해주신 방법을 따라 천천히 극복해 나가도록 해볼게요.

느리게 100권 읽기

DAY 028

A Friend for Dragon
by Dav Pilkey

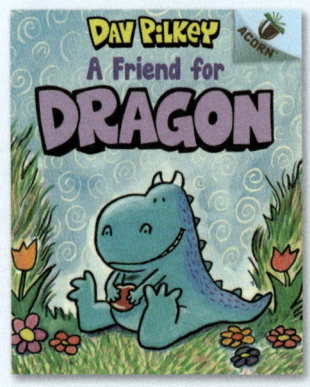

착하고 순진한 사람은 안타깝게도 종종 놀림의 대상이 되기도 합니다. 때로는 못된 장난이나 나쁜 짓의 표적이 되기도 하고요. 결국 손해를 보거나 어려움에 처하게 될 가능성이 적지 않습니다. 그렇다면 순진하고 어리숙한 것은 물론이고 순수하고 착한 것까지도 모두 버려야 하는 것일까요? 오늘 우리가 함께 읽을 늘백의 그림책은 Dav Pilkey의 어리석음이 승자가 되는 이야기 《A Friend for Dragon》입니다.

1.

혼자라서 외로운 Dragon은 친구를 갖는 것이 소원입니다. 그래서 열심히 찾아다녀 보지만 아무도 친구가 되어주지 않습니다. 결국 실망하여 나무 밑에 앉아 쉬고 있는데 갑자기 사과 하나가 머리에 떨어집니다. 마침 그곳을 지나가던 뱀이 바위 뒤에 숨어 자신이 사과인 척 Dragon에게 말을 걸고, 순진한 Dragon은 뱀에게 속아 사과가 자신의 친구가 되었다고 믿게 되지요. 그렇게 시작된 Dragon과 사과의 기이한 우정은 당장이라도 허망하게 끝날 것 같지만 신기하게도 멈추지 않고 계속됩니다. Dragon과 사과는 과연 어떻게 우정을 이어갈까요? 어떤 결말이 기다리고 있을까요?

2.

읽기가 쉽습니다. 은근히 웃기고 재미있습니다. 밝고 다채로운 색상의 귀엽고 매력적인 그림이 눈을 즐겁게 해줍니다. 잘 속아 넘어가면서도 우직한 Dragon의 순진함과 순수함에 마음이 열리고 어느새 그를 응원하게 됩니다. 주인공의 바보 같은 모습이 우습기도 하고 안타깝기도 하지만 그래서 오히려 너 진한 감동을 줍니다.

달콤하면서도 슬픈 이야기. 마음 따뜻한 흐뭇함이 무거운 슬픔으로, 다시 기분 좋은 결말로 이어집니다. 죽음이라는 민감한 주제를 아이들이 접근하기 쉽도록 순화시켜 부드럽게 담아내고 있습니다. 커다란 슬픔도 결국엔 지나가고 행복한 순간이 다시 오게 됨을 알려줍니다.

3.
장난을 친 뱀은 물론 의사와 바다코끼리를 포함한 그 누구도 Dragon의 어리석음을 깨우쳐주려 하지 않습니다. 그런 모습에서 타인의 고통이나 불운에 무관심한 오늘날의 사회와 이기적인 현실을 보는 것 같아 마음이 씁쓸해집니다. 하지만 마지막 순간과 그 이후까지도 사과와의 우정을 조금도 의심치 않았던 Dragon, 그의 우직한 순수함이 가져다준 기적 같은 선물을 보며 행복은 역시 똑똑함이나 성적순이 아님을 확인하게 됩니다.

4.
작가인 Dav Pilkey의 성장 스토리가 그의 작품만큼이나 흥미롭습니다. 그는 어린 시절 난독증(dyslexia)에 ADHD(주의력 결핍 및 과잉 행동 장애)까지 있어 수업에 방해가 되었기 때문에 매일 복도에 나가 서 있었다고 합니다. 그런데 바로 그 시간에 그는 그림을 그리고 스토리를 지어내 작품을 만들고 있었다고 하네요. 그리고 현재까지 무려 8,000만 부가 넘게 팔린 챕터북《Captain Underpants》시리즈도 이미 초등학교 2학년 때 구상을 시작했다고 합니다. 그런데 재미있게도 '쓰레기 같은 책'이라며 찢어버렸던 선생님의 말을 듣지 않았던 덕분에 그런 초베스트셀러가 탄생하게 되었다네요. 작가의 그런 성공 스토리 이면에는 아마도 뭔가를 아는 엄마나 아빠 혹은 현명한 그 누군가가 있지 않았을까요?

5.
마음이 모질거나 단호하지 못해 상대의 요청을 거절하지 못하고 속으로 고민하고 계십니까? 착함은 차마 거절할 수 없어 속으로 갈등하거나 손해를 감수하는 것이 아닙니다. 그런 상태로 계속 끌려다니는 것은 더욱 아닐 것입니다. 성경(마태복음 10:16)은 말합니다, "뱀같이 지혜롭고 비둘기같이 순결하라"고. 착함을 포기하지 않고 지켜나가되 동시에 슬기로운 사람이 되어야 한다는 뜻입니다. 쉽지 않은 일입니다. 뱀처럼 영리하려면 착함을 버려야 할 것 같고, 비둘기같이 순결하려면 지혜나 융통성을 발휘할 여지가 확 줄어드는 것 같기 때문입니다. 하지만 성경은 그렇게 하라고 말합니다. 그렇게 할 수 있다는 뜻입니다.

착한 척 한번 해보겠다고 시작한 〈느리게 100권 읽기〉, 벌써 세 번째 해를 맞이하여 이제는 더욱 탄탄하게 자리를 잡아가고 있습니다. 착한 척이란 걸 해보려고 약간 애를 써보니, 끝까지 제대로 해내려면 지혜가 꼭 필요함을 느낍니다. 착함을 위해서는 지혜가 필요하고, 가장 지혜로운 것은 어쩌면 변하지 않는 착함과 순수함이 아닐까 하는 생각도 듭니다. 낙심하거나 포기하지 않고 계속 씨를 뿌리고 가꾸면 거두게 될 때가 분명 오게 되리라 확신합니다.

비둘기같이 순결하면서도 뱀같이 지혜롭게 함께 격려하며 착한 척해나갈 친구, 어디 없을까요? 그런 친구들을 우선 딱 100명만 찾고 싶습니다.

한 줄 소감

신은경1805
Dragon의 순수하고 우직한 모습이 안쓰러웠어요. 하지만 결국 더 많은 친구를 얻은 모습을 보며 함께 행복했습니다.

김희정3452
가장 지혜로운 것은 변치 않는 착함과 순수함이란 말씀에 크게 공감합니다. 저도 그 지혜를 배우고 싶습니다. 그리고 세상 사람들이 그걸 모두 알게 되면 좋겠습니다.

이진희3520
그동안 나는 사람들을 얼마나 순수하게, 또 얼마나 지혜롭게 대했는지 생각해봅니다. 내 삶의 자화상과 마주하게 되는 책. 오늘도 감동입니다.

강민정3101
착함을 포기하지 말고 동시에 지혜로운 사람이 되라는 말씀, 이해는 되지만 실천은 정말 어려운 것 같아요. 하지만 교수님이 시작하신 슬로우 미러클 운동은 분명 좋은 결실을 맺으실 거라 믿어요.^^

김연희1283
착해 보여서 손해보는 일들을 겪었습니다. 지혜가 부족했기 때문이었던 것 같네요. 이제 깨닫습니다. 제게 필요한 일은 선함을 버리는 게 아니라 지혜를 얻는 것임을.

엄현자1875
교수님의 글이 저의 가슴을 후벼 팝니다. 비둘기처럼 순결하고 뱀처럼 지혜로운 사람이 되렵니다. 착한 척으로 시작된 슬미의 모든 일들이 착하게 결실 맺으면 좋겠습니다.

김지형3603
난독증에 ADHD 판정, 그런데도 그는 글을 쓰고 있었다니! 작가의 성장 스토리를 보며 '진정한 교육이란 무엇일까? 정상과 비정상을 나누는 잣대는 어디서 올까?' 생각해봅니다.

이예린2124
학생의 잠재력과 창의성을 죽이는 사례를 접할 때마다 교사로서 안타깝고 답답한 마음이 정말 큽니다. 어려움에 굴하지 않고 자신이 어떤 존재인지를 확실히 보여준 작가에게 찬사를 보내고 싶습니다.

정소라2410
Dav Pilkey는 바보 같은 Dragon을 통해 무엇을 얘기하고 싶었을까요? 작가도 어렸을 때 Dragon처럼 단 한 명의 진정한 친구를 바라지 않았을까요?

김보람1198
Dragon이 너무 착하고 순진해서 보는 내내 안타까웠어요. 존 클라센 작가님의 Square도 오버랩되네요. 무엇보다 이 책은 해피 엔딩이라 좋아요. 다른 사람에게 생각 없이 한 장난이 그 사람의 모든 것을 앗아갈 수도 있으니까요. 이번에도 우직함과 한결같음이 이긴 것 같네요.^^

유수현1932
민감한 주제인 죽음에 아이들이 부드럽게 접근할 수 있도록 도와준다는 해설과 큰 슬픔이라도 결국엔 지나가기 마련이고 다시 행복이 온다는 말씀에 엄지척! 합니다.

전미양3351
오늘따라 더 위로가 되는 소개글입니다. 착한 척을 계속해주셔서 감사드려요.^^ 때로는 저도 남에게 무관심하고 이기적이지 않았나 스스로를 반성합니다. 드래건의 우직하고 순수한 마음을 잊지 않도록 노력할게요.

느리게 100권 읽기

DAY
029

난이도 ■■■□□

Have You Filled a Bucket Today?
by Carol McCloud, David Messing (illustrator)

알고 계셨습니까, 우리 각자에게는 눈에 보이지 않는 투명한 버킷이 하나씩 있는데 그 버킷이 우리의 행복과 아주 밀접한 관련이 있다는 사실을? 오늘 우리가 함께 읽을 늘백의 그림책은 매일의 행복을 위한, 매우 쉽고도 간단한 비결을 가르쳐주는 《Have You Filled a Bucket Today?》입니다.

1.
지구상에 살고 있는 모든 사람은 각자 버킷(bucket)을 하나씩 가지고 있습니다. 단지 눈에 보이지 않을 뿐입니다. 그 버킷이 가득 차 있으면 기분이 좋고 행복한 반면 비어 있으면 외로움과 슬픔을 느끼게 됩니다. 그렇다면 그 버킷은 무엇으로 어떻게 채울 수 있을까요?

2.
책의 부제처럼 일상의 행복에 이르는 지혜를 가르쳐주는 책입니다. 보이지 않는 버킷이라는 비유를 사용하여 다른 사람에 대한 친절이 어떻게 그 상대와 자신의 행복에 기여할 수 있는지 설명합니다. 친절한 말과 행동은 상대와 나의 버킷을 채우고 못된 언행은 버킷을 비게 만듭니다. 버킷이 채워지면 행복을 느끼고, 비워질수록 우울함이 늘어납니다. 어떤 말과 행동을 하느냐에 따라 마음의 상태와 행복의 크기가 달라지게 되는 것이지요. 친절을 베풀고 친절에 감사하는 마음을 가지면 나와 상대가 더 행복해집니다. 더 나아가 내 가족과 이웃은 물론이고 사회와 국가, 우리가 사는 세상 전체를 더 행복한 곳으로 만들 수 있습니다.

모두가 잘 아는, 뻔하고 진부한 이야기 아니냐고요? 그렇게 느껴질 수도 있습니다. 하지만 그렇다면 많은 사람들에게 일상의 행복은 왜 여전히 멀리 있는 것일까요? 안다고 생각하지만 제대로 알지 못하거나 알아도 실천하지 않기 때문 아닐까요? 쉽고 간단하지만 그 효과는 실로 엄청난데 말입니다. 일상의 행복을 원한다면, 그것에 이르는 방법을 찾고 있다면 오늘부터라도 당장 실천해야 합니다.

3.
혹시 상대가 먼저 당신의 버킷을 채워주길 기대하십니까? 그것도 가능은 하겠지요. 하지만 더 쉽고 확실한 방법은 내가 먼저 상대에게 베푸는 것입니다. 남의 버킷을 채워주면 나의 버킷도 함께 채워집니다. 상대도 당신도 모두 기분이 좋아지고 행복이 늘어납니다. 행복해지는 이처럼 손쉬운 방법이 또 어디 있을까요?

그런데도 사람들은 먼저 손을 내밀거나 상대를 도우려 하지 않습니다. 심지어 어떤 때는 상대의 감정을 상하게 할 언행도 서슴지 않습니다. 하지만 잊지 말아야 합니다. 남을 미워하거나 험담하고 괴롭히는 것은 결국 자신의 행복을 해치는 것임을.

당신이 성공하고 행복해질 수 있는 가장 좋은 방법은 바로 상대의 성공과 행복을 돕는 것입니다. 내가 가진 것을 활용해 남을 이롭게 하는 것입니다. 성경에서 말하는 것처럼, 상대에게 대접받고자 하는 대로 상대를 대접하는 것입니다. 상대가 원하는 것을 얻도록 충분히 돕는다면 당신도 당신이 원하는 모든 것을 얻게 될 겁니다.

4.
혹시 친절한 말과 행위가 마음에서 우러나오지 않아 위선처럼 느껴지십니까?

그렇다면 버킷을 채우기 위한 행위를 '착한 척'이라고 생각하면 어떨까요? 당신은 실제 착한 사람이 아니고 친절한 언행도 진심에서 우러나오는 것이 아닙니다. 하지만 설사 그렇다고 해도 착한 척은 할 수 있지 않을까요? 겉과 속이 다르게 느껴져도 괜찮습니다. 단지 착한 척하는 것뿐이니까요. 그리고 아십니까, 착한 척에도 연습이 필요하다는 것을? 모든 중요한 일에는 연습이 필요합니다. 따라서 의도대로 되지 않아도 신경 쓸 필요가 없습니다. 여러분은 단지 착한 척을 하는 것뿐이고, 그것도 연습을 하고 있는 것이니까요.

5.
Bucket filler와 Bucket dipper 중 여러분은 어느 쪽에 속하십니까? 오늘은 누구의 버킷을 채워주셨습니까? 무엇으로 그 버킷을 채워주셨는지요? 설마 혹시라도 상대의 버킷에 담긴 행복을 퍼내는 일은 하지 않았겠지요? 크고 작은 친절과 나눔을 통해 버킷을 채우고 그렇게 함으로써 자신과 주변의 많은 사람들을 기쁘고 행복하게 만드는 일, 그것은 매일매일의 작은 실천에 달려있습니다.

잘 되지 않을 수도 있습니다. 아니, 쉽지 않을 겁니다. 하지만 염려 마십시오. 우리 삶의 중요한 것 가운데 쉽게 거저 되는 일은 사실상 아무것도 없으니까요. 따라서 잘 되지 않는다고 실망할 필요는 없습니다. 작심삼일이어도 좋습니다. 삼일이 아니라 이틀이어도, 아니 단 하루만이라도 괜찮습니다. 시도하다가 잘 되지 않으면 다시 작심하여 하루이틀 실천하고, 또다시 작심하여 하루나 이틀 실천하는 일을 계속하기만 하면 되니까요.

한 줄 소감

정혜선2458
나눔과 베풂에 대해 다시 생각해보게 됩니다. "덕불고, 필유린"(덕이 있으면 외롭지 않고, 반드시 이웃이 있다)이란 말이 떠오르네요. 이 말에 딱 어울리는 곳이 슬미인 것 같아요.

이현경2258
집에 모셔만 두었던 책인데 덕분에 열어 보며 감탄을 금치 못하고 있습니다. 소개글이 아니었다면 이 보물같은 책을 그냥 지나칠 뻔했어요.^^ 남에게 퍼주다 보면 어느 순간 힘들어 그만하고 싶다는 생각이 들더라고요. 근데 이 책을 읽으니 위로가 되고 뿌듯한 마음이 드네요.

김건희1118
Bucket filler만 생각했지 bucket dipper에 대해서 생각해본 적은 없었네요. 나도 모르게 누군가에게 dipper가 될까 봐 두려워요. 행복과 희망을 주는 filler가 되고 싶습니다.

류호연3453
남의 버킷에서 행복을 퍼낸다는 말에 뜨끔했습니다. 아이들에게 하는 잔소리가 그런 것 아닐까 하고요. 우리 아이들은 물론이고 다른 이들의 버킷에 행복을 채워주는 사람이 되렵니다.

민경진1528
책과 교수님의 글을 읽고 저의 버킷은 무엇으로 채워야 하나 생각해봅니다. 슬미를 통해 깨달은, 교수님이 말씀하시는 그 '착한 척'을 한번 담아보겠습니다.

김지나1380
아주 작은 미소와 친절만으로도 타인의 행복 바구니를 채워주고 나의 바구니도 채울 수 있다는 사실, 잊지 않겠습니다. Invisible bucket, 실제로 존재하면 좋겠어요.

김인화1344
혼자 읽었을 때는 진부한 내용이라 생각하고 덮었습니다. 근데 교수님의 소개글을 읽으니 다시 보이네요. 일상에서 매일매일 작은 실천을 알려주는 메시지가 참 좋습니다.

김연희1283
친절과 나눔을 베푸는 일이 내 행복을 채우는 방법임을 깨닫습니다. 중요한 것은 실천이겠지요. 작심삼일, 아니 매일매일 작심해서라도 버킷을 채워 나가겠습니다.

전미양3351
어른들에게는 당연하고 단순한 듯 보일 수도 있겠지만, 아이들에게는 이만큼 직관적이며 쉽게 와닿는 설명이 또 있을까 싶어요. 친절한 말과 작은 선행으로 나와 상대의 바구니를 채우는 일, 나부터 실천하겠습니다.

채경진2545
오늘 제 둘째 아이의 버킷을 사랑으로 가득 채워주지 못한 것이 안타까워요. 오빠와 동생이 둘 다 건강이 좋지 않아 늘 자기 버킷에서 배려와 사랑을 덜어주는 아이인데, 정말 미안하네요.

함주현2680
상대의 버킷을 채우면 나의 버킷도 채워진다는 것을 미처 생각하지 못했어요. 남의 버킷을 채우는 것은 "밑 빠진 독에 물 붓기"라고 생각했거든요. 그런데 교수님 말씀을 들으니 생각을 바꿀 필요가 있을 것 같아요. 다른 사람들의 버킷을 채워 나의 버킷도 채우는 삶을 살게요.

김경애1126
무엇이든 진심이 아니면 차라리 하지 않는 게 더 낫다고 생각했어요. 하지만 착한 척에도 연습이 필요하다는 말씀에 공감합니다. 앞으로는 저도 착한 척이란 걸 좀 편안한 마음으로 해볼 수 있을 것 같아요.^^

느리게 100권 읽기

030

난이도 ■■■■□

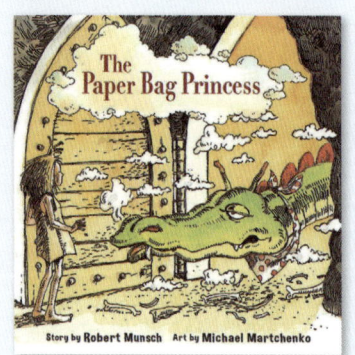

The Paper Bag Princess
by Robert Munsch, Michael Martchenko (illustrator)

누구나 적어도 한두 번쯤은 읽어보았을 왕자와 공주 이야기, 하지만 이제는 그 뻔한 설정과 스토리 전개에 별 흥미나 감흥이 생기지 않으시죠? 오늘 우리가 함께 읽을 Robert Munsch 글, Michael Martchenko 그림의 《The Paper Bag Princess》는 바로 그런 당신을 위한 책입니다. 납치당한 예쁜 공주, 공주를 구하는 용감한 왕자, 그리고 두 사람의 행복한 결혼, 뭐 이런 이야길 기대하신다면 아마 적잖이 실망하실 겁니다.

1.

동화책의 단골인 무서운 드래건과 왕자와 공주 이야기. 하지만 이번에는 글쎄 공주가 아닌 왕자가 납치를 당한다고 하네요. 공주는 용감무쌍하게도 드래건을 쫓아가 왕자를 구하게 되고요. 근데 그뿐만이 아닙니다. 구조받은 왕자는 뻔뻔하게도 적반하장의 태도를 보이고, 우리의 씩씩한 공주는 그런 왕자를 정말 쿨~하게 처리합니다. 어떻게 그럴 수 있느냐고요? 읽어보시면 압니다. 아, 근데 책 제목이 왜 'The Paper Bag Princess'인지, 공주는 또 어떻게 그 무시무시한 드래건을 물리쳤는지 궁금하지 않으신가요? 이런 것들도 모두 읽어보시면 바로 알 수 있습니다.

2.

반전에 반전을 거듭하는 공주와 왕자의 이상하고도 흥미로운 모험과 사랑 이야기입니다. 좋아하는 멋진 왕자와 결혼하기로 되어 있던 아름다운 공주 엘리자베스, 그리고 그런 왕자와 공주가 함께 있던 성에 불을 뿜어 공격하는 거대한 드래건. 하지만 딱 거기까지입니다. 그 이후의 이야기는 일반적으로 기대하는 것과는 전혀 딴판이니까요.

처음에 왕자에게 반한 모습은 다른 이야기 속의 공주들과 크게 다르지 않습니다. 하지만 주머니 속의 송곳은 감출 수 없다고 했던가요? 드래건의 공격으로 성이 불타고 왕자가 납치되면서 드디어 공주의 본색과 진가가 드러나기 시작합니다. 용감하고 거침이 없습니다. 위기의 순간에도 냉철하게 판단합니다. 바로 행동에 들어갑니다. 체면 따위는 과감히 무시합니다. 무시무시한 드래건을 물리칠 만큼 지혜롭습니다. 경솔하지 않고 인내할 줄도 압니다. 속물인 왕자를 대할 때에는 당당하다 못해 여유까지 느껴집니다.

3.
공주의 마지막 뒷모습이 David Shannon의 작품《David Goes to School》의 마지막 장면과 겹쳐 보입니다. 두 주인공 모두 자유를 얻은 기쁨이 무척 크기 때문일까요? 한편, 은혜도 모르고 공주의 지저분한 모습만 문제 삼는 왕자, 그런 찌질이 왕자를 한 방에 날려버린 공주의 사이다 발언이 특히 기억에 남습니다. 역시 "눈에는 눈, 이에는 이"인 것일까요?

"You look like a real prince, but you are a bum."
(넌 진짜 왕자처럼 보이긴 해. 근데 형편없는 인간이야.)

4.
"내 삶의 주인은 바로 나"임을 선언하고 당당하게 행동하는 현대판 공주 이야기. 행복한 삶에서 왕자와의 결혼은 필수가 아님을, 사람의 겉모습만을 보는 어리석은 멍청이에겐 일말의 미련도 없음을 확실히 보여줍니다. 남성 위주의 시각과 해석을 거부하는 새로운 공주와 왕자 이야기, 정치적으로 올바른(politically correct), 다시 말해, 인종이나 성(gender)에 대해 비차별적이고 정치·사회적인 견지에서 공정한, 진보적인 시각의 페미니즘 동화라고도 평가받고 있습니다.

지혜와 용기, 냉철한 이성과 판단력, 과감한 실행력, 뚜렷한 주관과 자기 주도성, 그리고 재치와 유머까지 모두 갖춘 공주. 여기에 따뜻한 감성이 더해진다면, 현대를 살아가는 여성으로서 많은 분들이 떠올리는 최고의 역할 모델이 될 수도 있지 않을까 생각해봅니다.

5.
왕자가 아닌 공주가 주인공이지만 여자 남자 할 것 없이 모든 아이들이 좋아합니다. 문장의 길이가 약간 긴 편입니다. 하지만 크게 어렵지는 않습니다. 그림만 봐도 내용을 대충 파악할 수 있고요. 그러니 너무 겁내지 않길 바랍니다. 영어가 어렵게 느껴져도 아이가 흥미를 보인다면 그림 위주로 읽으면서 상상의 나래를 펼쳐보세요. 본격적인 영어 읽기는 나중에 해도 되니까요. 아이가 좋아하는 영어책 한 권을 저축해 두는 셈이라고 생각하면 쉽습니다.

찾아보니 《종이 봉지 공주》란 제목의 우리말 번역본이 있네요. 영어 원서의 느낌은 솔직히 많이 다릅니다. 직접 한번 느껴보세요, 왜 원서로 읽는 게 좋은지. 물론 비교하며 읽어보는 것도 아주 좋습니다. 하지만 추천합니다, 본래 영어로 쓴 책은 영어로, 우리말로 쓴 책은 우리말로.

한 줄 소감

이희정2294
반전에 반전을 거듭하면서 황당하고 흥미로운 이야기 전개에 공주의 마지막 사이다 발언까지! 깊은 통찰력과 통쾌함을 동시에 맛볼 수 있는 매력적인 책이었어요.

조은영3240
공주인데도 종이 옷이라도 걸치는 대범함. 무시무시한 용에게 용감하게 맞서는 용기와 지혜. 왕자에 대한 실망감에 그동안의 모든 걸 과감하게 버리는 쿨함. 왕자만 못 알아본 대단한 그녀에게 박수를 보냅니다.

박진희1659
속아서 결혼했으면 정말 큰일 날 뻔했네요!^^ 우리 멋진 공주, 정말 최곱니다.

윤지수1973
요즘 대세는 〈알라딘〉의 자스민 공주, 〈겨울왕국〉의 엘사와 안나 같은 자기주도적인 주인공이죠! 이제 보니 종이 봉지 공주가 한 수 위네요! 주인공이 너무 마음에 듭니다.

안경미1839
아이에게 읽어줄 때 아이가 당황해했어요. 자기가 생각한 공주의 모습이 아니었다고.^^

고명희1049
왕자님의 후광에 가려진 공주 이야기는 이제는 그야말로 옛날이야기. 당당하고 멋진 공주뿐 아니라 훌륭한 여성들의 이야기가 점점 많아지는 요즘인데, 앞날을 미리 예측이라도 한 것 같아요.

채지연2547
유치원에서 아이들을 가르칠 때 처음 읽었는데 첫눈에 반해버린 공주입니다. 이렇게 멋진 공주와 그렇게 찌질한 왕자는 처음이었어요. 소개글에 표현해주신 공주의 모습! 진정 되고 싶은 역할 모델입니다. 늘백으로 찾은 보석 같은 주인공 중 하나입니다.

김미은1173
종이 봉투를 입었지만 그녀의 용맹함에 갑옷을 입은 듯한 착각이 들었어요. 과감하게 버릴 것은 버릴 줄 아는 쿨한 공주님께 박수를 보냅니다.

김세영2838
아들과 꼭 읽어보고 싶은 책이네요. 명작동화들을 읽다 보면 성 고정관념을 가질 것 같아 꺼려졌는데 이런 책이라면 정말 환영이에요.

구지예1082
책을 아직 읽어보지 못했는데, 교수님 소개글만 봐도 벌써 종이 봉지 공주님의 팬이 되어버린 것 같습니다. 현대판 공주의 멋진 모습을 얼른 만나보고 싶습니다.^^

황수진2720
용감하고 지혜롭게 용을 물리치고 나서 한심한 왕자를 뻥~~ 차버리는 종이 봉지 공주님! 완전 멋집니다!! 우리 딸들하고 꼭 같이 읽어야겠어요. 유쾌, 통쾌, 상쾌하고 명쾌하기까지 한 동화네요!

이현숙2261
이 이야기가 파격적으로 느껴지는 건 저에게도 무의식적으로 기대하는 공주와 왕자의 모습이 있었기 때문 아니었을까 생각되네요. 예상을 뛰어넘는 이야기 전개와 속물 왕자를 대하는 공주의 당당함까지, 정말 신선하고 통쾌한 경험이었어요.

The Dot
by Peter H. Reynolds

예술적 창의성이란 건 대체 뭘까요? 그것은 또 어떻게 끌어내고 어떻게 발전시켜 나가야 하는 것일까요? 오늘 우리가 함께 읽을 늘백의 서른한 번째 그림책은 창의성에 대한 깨달음과 영감을 얻게 해줄 Peter H. Reynolds의 《The Dot》입니다.

1.
Vashti는 그림을 그리는 게 너무 어려워 수업이 끝난 후에도 여전히 새하얀 백지를 바라보고만 있습니다. 그런 Vashti에게 던진 미술 선생님의 말 한마디.

"Ah! A polar bear in a snow storm."
(아, 눈보라 속의 북극곰이로구나.)

그리고 일단 흔적이라도 만들어보고 뭐가 될지 보라(Just make a mark and see where it takes you.)는 선생님의 말에 반항하듯 종이에 작은 점 하나를 찍습니다. 그런데 그것을 진지하게 살펴보더니 거기에 사인하라는 선생님. 한술 더 떠 Vashti의 그림을 멋진 액자에 담아 교실에 걸어 둡니다. 이것을 계기로 Vashti는 자신감을 얻고 점 그리기를 계속 이어가게 되지요. Vashti의 '점 그리기'는 과연 어떤 결과를 낳게 될까요?

2.

Vashti라는 소녀의 자신감과 자기 발견에 대한 감동적인 이야기입니다. 밝고 연한 컬러 배경에 등장인물을 흑백으로 그려 넣은 단순한 그림들이 책의 주제와 분위기에 너무도 잘 어울립니다. 예술적 창의성의 핵심에 그림 그리는 테크닉이나 타고난 재능보다 자기 발견과 자존감이 있음을 알게 해줍니다. Vashti로 하여금 이를 깨닫도록 돕고, 자신만의 길을 찾아 계속 걸어가도록 용기와 자신감을 북돋아주며 믿음을 가지고 기다려준 선생님이 참으로 존경스럽습니다.

엄마 아빠 혹은 선생님의 한마디 격려가 작은 시도를 낳고 더 크게 도전할 용기를 갖게 합니다. 자기 발견과 발전으로 이어집니다. 발전과 변화를 거듭하여 전혀 예상치 못했던 결과를 낳습니다. 그리고 나눔의 경지에까지 도달하게 됩니다. 점 그리기를 계속 발전시켜 전시회를 열고, 똑같은 고민을 가진 다른 아이의 문제 해결까지 돕게 되는 Vashti처럼 말이죠.

3.

모든 아이의 내면에 충분한 창의성의 씨앗이 있음을 알려줍니다. 그 씨앗이 잘 자라나도록 돕기 위해 부모로서 무엇을 해야 하는지, 아니 그 엄청난 가능성을 훼손시키지 않기 위해 무엇을 하지 말아야 하는지 고민하도록 만듭니다. 아마도 엄마나 아빠가 더 큰 영감을 얻게 될 책. 어린아이들에게도 커다란 울림을 줄 것이 분명한 책. 자녀가 이미 커버린 부모들에게는 깊은 안타까움과 회한을 느끼게 할 가능성이 큰 책. 반복해 읽어도 감동이 줄지 않고 그 여운이 아주 오래도록 가시지 않을 책입니다.

Peter H. Reynolds의 창의성 3부작(Creatrilogy)에 속하는 책입니다. 이야기는 서로 다르지만 동일한 감동과 영감을 얻을 수 있습니다.

- 《The Dot》(2003)
- 《Ish》(2004)

- 《Sky Color》(2012)

International Dot Day라는 것도 있는데 혹시 들어보셨는지요? 매년 9월 15일로 지켜지는 이 날은 전 세계적으로 창의성과 용기와 협업을 장려하고 그 가치를 널리 알리기 위한 날이라고 합니다. 2009년 9월 15일 Terry Shay란 이름의 선생님이 자신의 학생들에게 Peter Reynolds의 《The Dot》을 소개하면서 시작되었다고 하네요. 현재 무려 200개국에 가까운 많은 나라에서 지켜지고 있다고 하니 좋은 책 한 권의 힘이 얼마나 대단한지 가늠할 수 있을 듯합니다.

4.
성공의 비결을 아직도 타고난 재능이나 노력, 경제적 능력이라 생각하시나요? 혹시라도 그런 것들의 부재나 부족함을 안타까워하고 있는 것은 아닌지요?

지적 능력, 예술적 재능, 창의성, 이런 것들이 있으면 물론 좋겠지요. 하지만 아이들의 행복과 성공을 위해 더 중요한 것은 운입니다. 자신을 믿어주고 인정해주며 격려하고 지지해주는 엄마나 아빠 혹은 선생님을 만나게 되는 그런 운 말입니다. 사람은 무엇을 타고났느냐보다 누구를 만나느냐에 따라 훨씬 더 크게 달라집니다. 유창한 영어라는 것도 마찬가지입니다. 운 좋게도 올바른 방향과 방법을 알고 꾸준히 실천할 수 있도록 도와주는 엄마 아빠가 있어야만 가능한 기적이기 때문입니다.

선생님과 부모의 역할이 얼마나 중요한지 생각하게 됩니다. 우리에게 맡겨진 아이들이 얼마나 소중한 존재인지, 우리의 책임이 얼마나 막중한지를 깨닫게 됩니다. 이 '거룩한 책임감'을 감사하는 마음으로 기꺼이 감당하길 원합니다. 같은 마음을 가진 슬로우 미러클 가족들과 짐을 나누어 지며 멀리까지 함께 가고 싶습니다. 오늘도 우리 아이들이 자신 앞에 펼쳐진 커다란 백지에 선명한 점 하나를 콕! 찍으며 하루를 시작하면 좋겠습니다.

한 줄 소감

배가란1683
성공의 비결은 재능이나 노력이 아니라 그것을 알아봐 주는 운이라는 것! 그것을 알게 된 우리는 얼마나 운이 좋은 사람인지요!

송봉선1770
어설퍼 보이는 작은 시도를 따뜻한 시선으로 바라보는 것이 얼마나 큰 의미가 있는지, 아이들의 행복과 성공을 위해 부모와 선생님의 역할이 얼마나 중요한지 다시 깨닫습니다. 아이와 함께 점을 찍으며 하루를 시작할게요.

성미진1747
마침 오늘 아이가 피아노 연습이 어려웠는지 건반을 이마로 쿵! 내리치는데, "너무 멋진 연주인데!"라고 칭찬해주니 피식 웃으며 열심히 연습하더라구요~.^^ 저 잘한 거지요? 모두 늘백에 참여한 효과입니다.

최숙희2577
눈보라 속의 북극곰을 볼 수 있는 어른이 되고 싶습니다. 코로나19 시국에 지쳐 아이들의 소중함을 잠시 잊었던 것 같아요. 교수님 말씀대로 '거룩한 책임감'을 감사하는 마음으로 기꺼이 감당하겠습니다.

정승아2416
아이에게 조언이라고 한 말들이 행여나 점 하나 찍을 수 있는 마지막 용기마저 없애버린 건 아니었는지 반성하게 됩니다.ㅠㅠ

김세영2838
미술 시간에 선생님인 제가 가까이 가면 도화지를 숨기던 학생들이 생각나네요. 매년 첫 미술 시간에는 이 책을 아이들과 함께 읽고 싶어요.

강은혜1031
Vashti의 자신감과 자기 발견에는 선생님의 애정 어린 지지와 격려의 말이 있었네요. 용기를 북돋아주는 교수님의 소개글 덕분에 저도 힘을 얻어 오늘도 이렇게 댓글을 달고 다시 책 읽기에 풍덩 빠져봅니다.

공승연1065
기다려주는 선생님, 비록 점 하나지만 인정해주며 사인하라는 선생님, 액자에 끼워 멋지게 전시해주며 지지해주시는 선생님. 책을 덮으며 고마우신 선생님들의 얼굴이 스쳐 지나갑니다. 다짐해봅니다. 아이를 더 기다려주기, 더 믿어주기, 더 인정해주기, 더 지지해주기!

김경미1121
제가 선생님이 되고 싶었던 이유가 담긴 책입니다! 내가 하는 말 한마디, 내가 하는 행동 하나하나가 누군가의 인생에 지대한 영향을 미칠 수 있다는 것! 그래서 더욱 겸손해집니다.

송현주1789
아이가 저를 처음 그려주었을 때가 생각납니다. '이게 나야? 내 어딜 본 거야?'라는 생각이 먼저 들었습니다. 그리고 그림에 재능이 없는 아이인 걸로 단정지었지요. 저는 얼마나 많은 단정지음으로 인해 아이의 꿈을 단념시키고 있었던 것일까요?

조민아2480
오늘 교수님이 제 마음에 점을 하나 찍어주신 것 같아요. 잘할 수 있을지 걱정만 앞섰던 영어를, 꾸준히 할 수 있게 도와주셨지요. 이런 선생님을 만났으니 저는 또 얼마나 운이 좋은 사람인가요!

현연금2693
초등 시절 그림에 자신이 없던 제 그림에 "언덕 위의 빨간 집"이란 제목을 붙여 복도에 걸어주기까지 하셔서 자신감을 키워주셨던 선생님 생각이 납니다. 우리 아이들에게도 잘했다는 칭찬을 아끼지 않는 선생님이 되고자 늘 다짐하게 됩니다.

A Color of His Own
by Leo Lionni

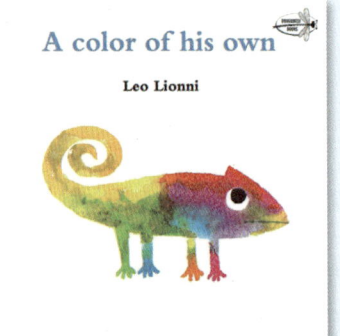

남들은 다 같은데 나만 다르면 안 될 것 같다는 생각, 다들 한두 번쯤은 해 보셨겠지요? 오늘 우리가 함께 읽을 늘백의 서른두 번째 그림책은 Leo Lionni의 《A Color of His Own》입니다. 다른 동물들처럼 변하지 않는 자신만의 색깔을 갖고 싶어했던 카멜레온의 이야기를 들려줍니다.

1.
저마다 고유의 색깔을 가지고 있는 다른 동물들과 달리 카멜레온은 자신만의 색깔이 없어 늘 고민입니다. 그런 카멜레온이 자기만의 변하지 않는 색깔을 가지기 위해 생각해낸 아이디어는 바로 푸르고 푸른 나뭇잎 곁에 계속 머무는 것이었지요. 하지만 가을이 되어 단풍이 들자 나뭇잎의 색깔이 노랑으로, 또 빨강으로 변하게 되면서 카멜레온의 색깔도 함께 변해버리고 맙니다. 아무리 고민하고 노력해도 풀리지 않는 카멜레온의 색깔 문제, 해결 방법은 아예 없는 것일까요?

2.
산뜻하고 따뜻한 색감의 예쁜 그림과 깊은 생각을 자극하는 아름다운 스토리가 읽는 사람의 마음을 차분하고 편안하게 해줍니다. 범상치 않은 메시지를 카멜레온의 색깔 변화와 연결하여 매력적인 그림으로 풀어낸 작가의 기발한 상상력과 표현력이 돋보입니다.

글도 그림도 매우 단순하여 이해가 쉬우면서도 여러 중요한 문제들을 깊이 생각하게 합니다. 변하지 않음의 의미, 다름의 가치와 인정, 나만의 색깔과 정체성, 함께함의 힘, 우정과 행복 등. 특히, 남과 같지 않아도 아무 문제가 없음을, 원하는 것을 얻지 못해도 있는 그대로 충분히 행복할 수 있음을 알게 해줍니다. 철학적 깊이가 있습니다. 생각이 커짐에 따라 깨달음의 깊이도 함께 발전하도록 돕습니다. 천천히 느리게 읽을수록 더 많은 것을 얻을 수 있습니다.

3.
아름다운 색상의 향연에 취해 카멜레온의 표정 연기를 잊지는 않으셨겠지요? 눈과 입 모양의 미묘한 변화가 주는 다양한 감정 표현에 주목하세요. 혼란, 불만, 동경, 갈구, 흐뭇함, 안도, 당황, 난감, 외로움, 우울함, 슬픔, 새로운 기대, 기쁨, 확신, 행복 등. 주인공 카멜레온의 심경뿐 아니라 바라보는 사람의 관점과 마음까지도 담아내는 듯합니다.

4.
남들과 다르면 안 된다는 생각, 이런 생각들이 모이면 다양성과 창의성은 물론 아름다움까지도 사라지게 됩니다. Oscar Wilde의 말처럼 당신이 될 수 있는 것은 오직 당신 자신밖에 없습니다. 다른 사람은 이미 누군가가 차지했으니까요.

> Be yourself; everyone else is already taken.
> ― Oscar Wilde ―

자신만의 모습을 사랑하고 소중히 여겨 잘 가꾸어나가야 합니다. 유일무이한 다름이 당신을 특별하고도 아름답게 만듭니다. 사람은 누구나 내가 나일 때 가장 편안하고 행복할 수 있습니다.

5.
누구에게나 문제는 있기 마련이고 우리는 문제 해결을 위해 항상 고민하고 노력합니다. 하지만 아십니까? 그토록 얻기를 갈구하는 그것이 사실은 우리가 궁극적으로 원하는 것이 아닐 수도 있음을. 설사 그렇다 해도 더 나은 때와 더 바람직한 방법이 존재할 수도 있음을. 더 나아가 우리에게 진정으로 필요한 것은 문제의 해결이 아니라 문제 자체가 소멸되는 문제의 해체일 수도 있음을. 그리고 문제의 해체를 위해서는 깊은 깨달음과 변화를 위한 노력이 필요함을.

6.
우리가 그토록 바라는 유창한 영어, 그것도 어쩌면 해결보다는 해체의 대상인지도 모릅니다. 유창한 영어를 위해 꼭 필요하다고 굳게 믿고 있는 것들, 그래서 큰 비용과 시간을 들여 어떻게든 얻으려 노력하는 것들, 그중 상당수는 해결이 아니라 해체되어야 할 문제들입니다. 그런 것들은 유창한 영어 실력의 근본적인 원인이 아니라 기본에 충실할 때 자연스레 따라오는 단순한 결과에 불과하기 때문입니다. 모든 것의 핵심은 즐기는 것입니다. 이러한 깨달음과 그에 합당한 실천이 뒤따라야만 진정한 의미의 슬로우 미러클이 가능하게 됨을 더 많은 사람들이 알게 되면 좋겠습니다.

한 줄 소감

이지현2226
내가 어떤 모습이든 가장 나다운 나와 그런 나를 잘 보여주는 목소리를 찾고 싶어요. 그 여정에서 슬로우 미러클이 함께하니 정말 든든합니다.

원문기1909
스스로에게 되뇌어봅니다. 남과 같지 않아도 돼! 반드시 원하는 것을 얻지 못해도 괜찮아! 너와 비슷하고 생각이 맞는 사람들과 함께 알콩달콩 행복하게 살면 되거든!

김희정3452
평가하고 서열화하기보다는 "너 지금 편안하니? 행복하니?" "괜찮아. 느려도 느린 게 아니야." "있는 그대로의 네가 소중한 거야. 너의 길을 가!" 이렇게 말해주는 슬미와 슬미 가족들 정말 좋습니다.

이유영2133
나를 나로 받아들이기까지 참 오래 걸렸고, 아직도 미완성이에요. 앞으로도 꽤 긴 여정을 필요로 할지도 모르지요. 하지만 카멜레온 이야기를 통해 인생의 중요한 메시지를 짧고 굵게 아이에게 전해줄 수 있어 좋습니다.

윤미숙1954
제가 고민하고 있는 문제들 중에서 해체되어야 할 것들이 무엇인지 생각해보았습니다. 문제의 해결만을 생각하고 고민해왔는데, 교수님의 소개글 덕분에 큰 깨달음을 얻은 것 같아요. 감사합니다.

김미은1173
오랜만에 들어보는 교수님의 말 습관 "그거 아십니까?"가 너무 반갑네요.^^ 우리에게 진정 필요한 것은 문제의 해결이 아닌 문제의 해체일 수 있다는 말씀에 오늘도 무릎을 칩니다.

김미연1169
내가 남들과 다르다는 것을 인정하고 남들도 나와 다르다는 것을 인정하며 사는 것이 왜 이리 어려울까요? ㅠㅠ 이 책을 읽으며 "나답게 살자!" 큰 소리로 외쳐봅니다.

김효정3716
그때그때 주변과 어우러져 여러 색깔로 변하는 카멜레온은 참 좋겠다고 생각했어요. 근데 정작 카멜레온은 변하지 않는 자신만의 색깔을 가지고 싶어했네요. 그게 제일 큰 매력인데 말이죠. 저도 저만 제 자신의 매력을 모르고 있는 건 아닌지 생각해봅니다.

김명옥1156
영어 문제의 해결보다는 해체를 바랍니다. 암요, 그렇고 말구요. 그래서 자꾸만 따라가고 싶습니다, 교수님을요.^^

문상미1518
영어 역시 해결보다 해체의 대상이라는 교수님의 말씀이 너무나 인상적입니다. 기본에 충실하면 되는 일인데, 우리는 왜 자꾸만 엉뚱한 방향으로 가고 있는 걸까요? 슬로우 미러클과 함께 바른 길을 따라 느리게 가고 싶습니다.

조정은3244
뭘 해도 남들 눈에는 열심히 하는 사람으로 비춰지는 게 참 싫었지요. 그래서 "열심히 말고, 재미로" 이 말을 모토로 살기도 했어요. 그런데 지금 보면 "열심히"도, "재미 삼아" 즐기는 것도 모두 제 모습의 일부인 것 같네요.

서춘희3470
환경에 적응하며 색을 바꿔가는 것은 삶의 일반적인 모습이 아닐까 합니다. 닥쳐오는 변화에 유연하게 대처하는 것은 생존에 필수인 것 같고요. 그렇다고 내가 나이기를 포기하는 건 아니겠지요. 꿈꿔봅니다, 변하면서도 나라는 integrity를 유지하는 멋진 존재를!

느리게 100권 읽기

033

난이도 ■■□□□

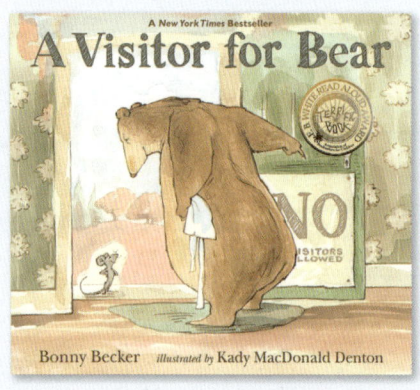

A Visitor for Bear
by Bonny Becker, Kady MacDonald Denton (illustrator)

다른 사람과 어울리거나 교류하는 것을 싫어하고 모든 것을 혼자 해결하며 살아가는 사람은 정말 친구가 필요하지 않은 것일까요? 오늘 우리가 함께 읽을 늘백의 그림책은 Bonny Becker가 글을 쓰고 Kady MacDonald Denton이 그림을 그린 《A Visitor for Bear》입니다. 고독한 삶을 즐기는 곰에게 어느 날 불쑥 찾아온 한 방문객의 이야기를 들려줍니다.

1.

곰의 집 현관문에는 "NO VISITORS ALLOWED"라고 커다랗게 써놓은 경고문이 있습니다. 외부와 단절된 상태로 살아가며 방문객을 일절 허용하지 않는 것이지요. 그렇게 관계를 거부하며 홀로 살아가던 곰에게 어느 날 생쥐 한 마리가 찾아옵니다. 곰은 단호하게 거절합니다. 그런데 생쥐도 여간 만만치가 않네요. 계속 쫓겨나지만 아주 집요하게 집 안의 곳곳에서 다시 나타나 곰을 괴롭힙니다. 곰은 도저히 참을 수 없어 화를 내다 못해 나중에는 제발 좀 내버려두어 달라고 간청까지 합니다. 하지만 쥐는 물러날 듯하면서도 물러서질 않습니다. 자신이 곰에게 원하는 것은 단지 작은 치즈 한 조각과 차 한 잔의 여유뿐이라고 하면서 말이죠. 쥐는 과연 곰에게서 자신이 바라는 것을 얻을 수 있게 될까요?

2.

따뜻하고 부드러우며 예쁘고 사랑스러운 그림책입니다. 혼자만의 조용한 삶을 원하는 퉁명스럽고 무뚝뚝한 곰과, 그와 달리 함께함의 기쁨과 행복을 아는 상냥하고 다정한 생쥐의 이야기입니다. 겨우 30쪽에 불과하고 글밥도 그리 많지 않은 짧은 책이지만 굳게 닫혀 있던 마음이 열리고 변화하는 과정을 자세히 볼 수 있습니다.

눈동자와 얼굴 표정, 몸짓에서 등장인물의 내면과 마음 상태를 고스란히 느낄 수 있습니다. 몇 개의 단순한 선과 색상을 사용하고 있을 뿐인데 어쩌면 그렇게 생생하고도 실감나게 그려낼 수 있는지 신기하기만 합니다. 작은 쥐에게 쩔쩔매는 곰과 그런 곰을 능수능란하게 상대하는 쥐의 능청맞은 모습에서 재치와 유머, 익살을 즐길 수 있습니다.

글자의 모양과 크기를 더할 나위 없이 효과적으로 사용하고 있어 등장인물의 목소리를 바로 옆에서 듣고 있는 것과 같은 착각에 빠질 정도입니다. 표현이 반복되지만 생동감을 더해줄 뿐 어색함이나 지루함은 전혀 없습니다. 이야기 전개의 빠르고 느림의 조절이 기가 막힙니다. 급하고 긴박할 때에도 여유와 넉넉함이 느껴집니다.

3.
여러 번에 걸쳐 쥐를 내쫓은 후 이젠 됐겠지 안심하며 문을 연 냉장고에서 다시 쥐를 발견하자, 미치고 환장할 지경에 이르러 마침내 폭발하고야 마는 장면에서는 웃음을 참을 수 없습니다. 강하게 거부하다가 쥐의 끈질긴 시도에 결국엔 굴복하고, 조금씩 마음을 열다가 마침내는 180도 달라지는 곰의 모습을 보며 흐뭇한 미소를 짓게 됩니다. 거듭된 곰의 거절과 냉대에도 불구하고 끝까지 포기하지 않는 쥐의 집요함과 뛰어난 밀당 능력이 얄미울 정도입니다. 물구나무서기 같은 작은 일에 대해서도 칭찬을 아끼지 않는 쥐에게서 칭찬하는 요령을 배우고, 그런 칭찬에 기뻐하고 뿌듯해하는 곰에게서 칭찬이 지닌 큰 힘을 재확인합니다. 두 주인공에게서, 적어도 그 둘 사이의 어느 지점에선가 우리 자신의 모습을 발견하게 됩니다.

곰의 말 한마디, 작은 행동 하나에도 눈빛을 반짝이며 진지한 관심을 기울이고 칭찬과 격려를 아끼지 않는 쥐의 진정성 있는 태도가 곰으로 하여금 마음의 빗장을 열게 합니다. 쥐의 따뜻한 마음과 정성이 곰을 조금씩 변화시킵니다. 어느새 자신에게도 친구가 필요함을 깨닫고 기회를 놓치지 않기 위해 필사의 노력을 기울이는 곰의 솔직한 모습에서 둘 사이의 우정이 계속 이어지고 발전하게 될 것이라는 기대를 갖게 됩니다. "방문객 사절" 표지판을 산산조각 내는 지점에 이르면 일종의 카타르시스가 느껴집니다. 이야기가 마무리될 즈음엔 곰이 과연 혼자 있는 것을 정말 즐겼을까 하는 의문이 듭니다. 더불어 과거의 이런저런 기억이 떠오르면서 우리의 마음도 조금씩 움직이기 시작합니다.

4.
〈범국민 느리게 100권 읽기〉는 영어책 읽기의 슬로우 미러클을 향한 기나긴 여정에서 멀리까지 가기 위해 함께 걷는 운동입니다. 그리고 그 과정에서 자연스레 생겨난 신념과 열정을 널리 전파하는 것입니다. 이러한 신념과 열정을 전하려면 무엇보다 사람들의 마음을 열 수 있어야 합니다. 누군가의 마음을 열려면 용기가 필요합니다. 지혜와 요령도 필요합니다. 오래 참고 인내해야 할 겁니다. 변하거나 흔들리지 않고 실망하거나 좌절하지 않는 항심(恒心)을 가져야 합니다. 그리고 무엇보다 상대에 대한 친절과 배려가 있어야 합니다. Being right, 즉 원칙을 지키며 자신의 모습을 잃지 않으면서도 being kind 할 필요가 있습니다.

P. S.
다른 사람들과의 만남이나 교류는 거의 하지 않고 학교 연구실에 처박혀 연구와 학생들 지도에만 몰두하던 한 친구가 있었습니다. 그 친구의 마음을 열기 위해 꽤 오랫동안 정말 많은 노력을 기울였지요. 감사하게도 지금은 그 친구가 저를 "외부 세상으로 통하는 비상구"라고 칭하고 있습니다. 여러분은 누구의 마음을 열고 싶으십니까? 그 사람의 마음을 열 준비가 되셨습니까?

한 줄 소감

홍정현3764
오늘은 누구 마음을 열어볼까요? 꼬옥 잠긴 마음의 빗장을 열게 할 마법의 주문, 배려와 친절, 그리고 한결같은 그 마음. 우리 함께 빗장을 풀어보아요!

박호영2900
혹시 생쥐도 이전에 곰과 같은 경험이 있었던 건 아닐까요? 그러기에 포기하지 않고 계속 곰의 마음을 열려고 했던 건 아닐까요?

곽경남1066
현재 처한 상황이 어떠냐에 따라 다르게 받아들여질 것 같아요. 감사하게도 슬미 덕분에 마음의 평안을 찾는 요즘 아주 따뜻하게 다가오는 책입니다.

오성희3485
쥐의 입장에서 생각해봅니다. 그렇게 문전박대와 타박을 받으면서도 상처받지 않는 내공은 대체 어디에서 오는 걸까요? 혹시 곰의 어머니가 쥐에게 부탁을 한 건 아닐까요? '우리 아이 좀 제발 밖으로 나오게 해주렴!' 이런 웃긴 상상도 드네요.^^

신향진1819
세상 풍파에 맞서 힘들게 살아오신 아버지를 어릴 때는 무서워했어요. 하지만 이제는 다가가 말을 건네면 세상 환한 웃음을 지으며 너무 좋아하십니다.

유선영1927
다정하고도 쉽게 포기하지 않는 생쥐가 찾아와 주길 기다리는 곰들이 분명 우리 주변에도 있겠지요? 물론 자신은 혼자가 편하다고 굳게 믿고 있을 가능성이 크겠지만요.^^

김경희2823
곰은 왜 그리 홀로 있는 삶을 원했을까요? 외로운 인생길, 함께할 벗이 있다는 건 정말 행복한 일인데 말입니다.

이진경2236
요즘은 무례하거나 민폐라는 이유로 서로 무관심한 것이 당연한 세상 같아요. 하지만 결국 생쥐와 곰이 친구가 되었다는 사실, 기억할게요.

강민정3101
우와~! 만남의 부재가 큰 요즘 같은 시기에 정말 딱인 책이네요. 교수님의 열정과 배려가 어디에서 오는지 알 것 같아요. 신념이 느껴지고 진심이 전해져 옵니다.^^

김승연1259
혼자 있는 시간을 즐기는 것과 세상으로부터 단절되어 숨어 버리는 것은 분명 다른 것이겠죠. 아마도 곰은 후자였고, 생쥐는 그런 곰의 무의식이 던지는 SOS를 인식하고 최선을 다해 곰에게 손을 내밀었던 것은 아닐까 하는 생각이 드네요.

서유미3165
외부 세상으로 열어주는 비상구, 제게도 필요하네요. 근데 아직은 곰의 닫힌 문이 제 마음을 훨 안심시켜 줘요. 그리고 주변의 쥐들이 날 불안하게 해요. 불편하게 느껴지기도 하고요.ㅠㅠ

박태미3462
한때, 곰과 같은 삶을 살았습니다. "혼자서도 괜찮다, 오히려 편하다"라고 느꼈는데, 함께하는 사람이 생긴 순간 그 생각이 깨졌습니다. 상처받기 싫어 미리 방어를 했던 것뿐이지, 전혀 괜찮지가 않았더라구요. 똑똑 두드린 이가 너무나 고마워요.

느리게 100권 읽기

034

난이도 ■■■□□

A Chair for My Mother
by Vera B. Williams

잠시 후의 일도 알 수 없는 것이 우리의 인생입니다. 늘 좋은 일만 가득하길 바라지만 좋지 않은 일도 생기기 마련이지요. 때로는 감당하기 힘든 큰 어려움이 닥쳐올 수도 있습니다. 오늘 우리가 함께 읽을 늘백의 서른네 번째 그림책은 큰 불행에도 굴하지 않고 새로운 희망을 만들어가는 평범한 한 가족의 이야기, Vera B. Williams의 《A Chair for My Mother》입니다.

1.

집에 불이 나서 한순간에 모든 것을 잃었지만 다행히도 Rosa의 가족은 모두 무사합니다. 친척과 이웃의 도움으로 새로운 곳에서 새롭게 다시 시작할 수 있었고요. 그리고 지금은 큰 유리병에 동전을 매일 조금씩 모으며 희망을 키워갑니다. 유리병이 가득 차려면 시간이 아주 많이 걸리겠지만 힘들기는커녕 즐겁기만 합니다. 동전이 쌓이면서 희망도 점점 커져 가니까요. 그렇게 동전을 모아 꼭 하고 싶은 일이 있으니까요. Rosa의 가족은 대체 무엇을 하려는 것일까요?

2.

큰 어려움에 처한 가족이 밝고 씩씩하게 살아가는 모습을 주인공 소녀 Rosa의 1인칭 시점에서 이야기하고 있습니다. 현재에서 출발해 과거로 갔다가 더 진전된 현재로 다시 돌아와 이야기의 끝을 맺습니다. 밝은 색감의 알록달록한 수채화 그림이 서정적인 분위기를 자아내면서 가난한 서민 가정의 소박한 일상, 가족 간의 애정, 이웃들의 정겨운 마음, 심지어는 파괴적이고 끔찍한 화재

현장까지 사실적이면서도 생생하게, 큰 과장이나 미화 없이 담백하게 담아내고 있습니다. 각 장면마다 테두리 디자인을 통해 주어진 상황의 분위기를 나타내고 있습니다. 1983년 칼데콧 아너북 수상작입니다.

3.
엄마를 향한 작가의 애틋한 마음이 투영된 것일까요? 편안한 의자를 구해 엄마의 고단함을 덜어주고 싶었던 어린 Rosa의 고운 마음이 참으로 기특합니다. 넉넉지 못한 형편에 큰 시련까지 더해진 설상가상의 상황에서도 시종일관 조금도 흔들리지 않는 긍정적이고 적극적인 삶의 태도와 마음가짐에 도전받고 용기와 깨달음을 얻게 됩니다. 가족 간의 신뢰와 사랑, 여기에 이웃들의 따뜻한 관심과 배려가 더해진다면, 어떤 어려움이라도 이겨낼 수 있겠구나! 아무리 힘든 상황에 처하더라도 희망을 버리거나 행복을 멀리 미루어둘 필요는 없겠구나!

우울함을 느낄 잠시의 틈조차 주지 않겠다는 의지의 표현일까요? Rosa의 가족이 새로운 집으로 이사하는 날 너도나도 필요한 물건들을 손에 들고 줄지어 찾아오는 사람들의 정겨운 모습에서 이웃들의 순수하고 따뜻한 마음이 느껴집니다. 바로 이런 이웃들이 있었기에 절망적인 상황 속에서도 다시 희망을 꿈꾸고 새롭게 시작할 용기를 가질 수 있지 않았을까요? 우리에게도 이런 이웃이 있다면 얼마나 좋을까요! 과연 우리도 누군가에게 그런 이웃이 될 수 있을까요?

4.
우리의 삶에서 진정으로 중요한 것이 무엇인지 생각해봅니다. 갑작스런 화재로 모든 것을 한꺼번에 잃어 좌절과 절망을 느낄 만도 하건만 단 한 점의 우울한 그늘도 느껴지지 않습니다. "엄마를 위한 의자", 그것은 가족의 잃어버렸던 행복을 되찾기 위한 마지막 퍼즐 조각이었던 것일까요? 빨간색 장미가 가득한 커다란 소파에 엄마와 함께, 그리고 할머니까지 포함한 세 가족 모두가 함께 앉아 있는 모습이 그렇게 편안하고 행복해 보일 수가 없습니다. 가족의 사랑과 건강 외에 행복을 위해 필요한 것은 아주 작은 것일 수 있는데 너무 큰 것만을 구하고 있었던 것은 아니었는지 반성해봅니다.

5.
행복은 많은 것을 가진 데서 오는 것이 아닙니다. 감사하는 데서 오는 것입니다. 현재 가진 작은 것에 감사할 줄 알아야 합니다. 그것이 얼마나 큰 것인지를 깨달아야 합니다. 그 작은 것 속에 감사할 것이 아주 많이 있음을 알게 되면 감사하지 못할 이유가 없습니다.

많이 가져야 행복할 수 있다는 생각에서 벗어나야 합니다. 현재 있는 것에 감사하지 못하면 더 많은 것을 가져도 만족할 수 없습니다. 작은 것에 감사하지 않으면 행복은 결코 누릴 수 없습니다. 행복은 멀리 있지 않습니다. 바로 당신 곁에 있습니다. 그 행복을 놓치지 마시기 바랍니다.

한 줄 소감

채지연2547
감사하는 삶 = 행복한 삶! 현실의 상황과 가진 것이 얼마나 많냐 적냐에 행복이 좌우된다면 정말 행복할 사람이 얼마나 있을는지요. 행복은 감사하는 마음가짐! 공감합니다.

신은경1805
힘들고 좌절스러운 상황이 나에게 닥쳤을 때, 반드시 감사를 떠올릴 것! 결코 잊지 않겠습니다.

전민경2365
요즘 삶이 팍팍하게 느껴진다는 신랑과 함께 읽고 싶습니다. 우리 가족 모두가 소소한 행복을 자주 느끼면 좋겠어요.

배은영1692
의자는 Rosa 가족에게 새로운 삶에 대한 희망인 것 같습니다. 절망에 굴하지 않고 삶을 다시 이어 나가겠다는 의지로 읽혀졌어요.

유지민1941
책을 읽으며 뭉클하고 때로 울컥하기도 했습니다. 돈이 많다고 부자가 아니고, 돈이 없다고 가난한 것은 아니겠지요. 엄마를 위한 의자, 따스한 여운이 남습니다.

오성희3485
가진 것이 많기 때문에 자꾸 더 욕심을 내게 되는 것 같아요. 모든 것을 잃었다고 생각해보면 현재 내게 있는 것이 얼마나 감사한지 비로소 크게 느껴질 것 같습니다.

김지혜2858
관점을 약간만 달리해도 주변에 감사할 것 투성이더군요. 오늘의 책과 교수님의 소개글 덕분에 삶에서 가장 중요한 것이 무엇인지를 다시금 깨닫습니다.

임수지2307
소개글을 읽다 보니 오늘도 저는 행복할 수 있는 많은 기회를 놓친 것 같다는 생각이 들었습니다. 가족의 행복과 사랑, 그리고 범사에 감사하는 마음! 잊지 않을게요.

윤지수1973
지금 가진 것에 감사하지 못한다면 더 많은 것이 있어도 감사하지 못한다는 말씀이 크게 와닿았어요. 오늘도 한 뼘 더 성장하네요. 뿌듯하고 감사합니다.

최숙희2577
맞습니다. 가진 것에 감사할 줄 알면 더욱 행복해지는 것 같아요. 내게 주어진 행복이 얼마나 큰 것인지 깨닫고 잃지 않도록 소중히 해야겠습니다.

이예린2124
행복은 감사하는 데서 오는 것이라는 말씀이 깊이 와닿습니다. 요즘 매일 영어책을 느리게 읽으며 행복한 시간을 가질 수 있어 감사합니다. 감사를 표현하니 역시 더 행복하게 느껴지네요.^^

원문기1909
행복은 항상 내 곁에 있는 사람들과 나누고 즐기며 살아가는 것! 불행은 항상 그 사람들과 비교하고 한탄하며 인생을 낭비하는 것! 어떤 선택이 더 현명할까요?^^

최수은2575
Rosa를 통해 희망과 용기를 배우고 교수님을 통해 감사와 나눔을 배웁니다.

위원혜3489
따스한 사랑이 느껴집니다. 오늘은 제가 커다란 의자가 되어 아이들에게 사랑으로 다가가 볼게요.

이지윤2221
내 곁에 있는 행복을 놓치지 않기 위해 늘 감사하는 마음으로 살겠습니다. 베풀어주시고 나눠주시는 교수님께도 감사드려요.

안근영1840
소박한 행복과 그 행복을 함께 누리는 가족이 있다면 그것으로 충분하다는 걸 다시 한번 깨닫습니다.

정선린3231
엄마를 향한 애틋한 마음이 느껴졌어요. 엄마는 제 눈물 버튼입니다.

손정현1765
가장 큰 위기일 때 가장 큰 힘을 줄 수 있는 것은 역시 사랑인 것 같아요. 오늘 하루 별 탈 없이 보냄에 감사합니다.

서유미3165
평생 자녀들의 편안한 의자가 되어주셨던 우리 엄마, 이젠 제가 연로하신 엄마의 의자가 되어드리고 싶어요.

느리게 100권 읽기

035

난이도 ■■■■□

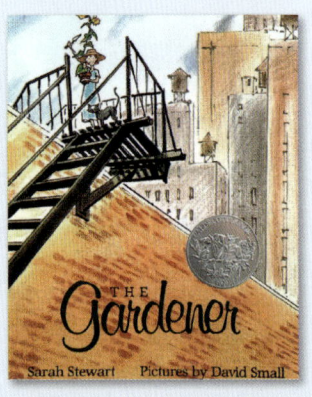

The Gardener
by Sarah Stewart, David Small (illustrator)

다른 사람들을 웃게 만든다는 것, 특히 웃음을 잃은 사람들에게 미소를 찾아준다는 것은 매우 귀한 재능입니다. 오늘 우리가 함께 읽을 늘백의 그림책은 가는 곳마다 사람들의 마음속에 행복의 씨를 뿌리고 꽃피우는 한 소녀의 이야기 《The Gardener》입니다. Sarah Stewart가 글을 쓰고 David Small이 그림을 그렸습니다.

1.

시골집에서 가족들과 함께 살던 Lydia는 도시로 올라와 외삼촌의 빵집 일을 도우며 함께 지냅니다. 고향집과 가족들이 그립지만 도시 생활도 즐겁습니다. 무엇보다 새로운 친구들과 친절한 이웃들이 있기 때문이지요. 틈틈이 할머니가 보내주신 꽃씨를 심고 가꾸기도 합니다. 피어나는 꽃들과 함께 가게도 점점 환하게 밝아지고 손님들의 얼굴에도 미소가 늘어갑니다. 아쉬운 점이 있다면 그것은 외삼촌이 웃지 않는다는 것이지요. 그런 외삼촌을 위해 Lydia는 매우 특별한 선물을 준비합니다. 대체 어떤 선물일까요? Lydia는 과연 외삼촌의 미소 짓는 얼굴을 볼 수 있게 될까요?

2.

경제 대공황이 한창이던 1930년대 중반 아빠의 실직과 가난 때문에 가족과 떨어져 살아야 했던 한 소녀의 이야기입니다. 어두운 얼굴로 말없이 짐을 챙기고 있는 할머니와 Lydia의 모습에서, 가족 모두가 울었다는 편지글에서 이별을 앞둔 가족들의 슬픔이 느껴집니다. Lydia를 배웅하는 기차역에서 손녀를 붙들고 이깃지것 당부하는 할머니, 착잡한 마음에 차마 바라보지 못하고 고개를 돌리고 있는 아빠, 안타까운 마음에 그저 바라만 보고 있는 엄마, 가족의 이별 장면이 마음을 무겁게 합니다. 기차 안에서 짧은 편지로 가족 모두에게 안부를 묻는 Lydia, 사랑을 많이 받고 자란 아이의 착하고 고운 심성이 느껴집니다. 낯설고 이질적인 도시의 크고 어두운 기차역 안에 홀로 덩그러니 서 있는 Lydia, 그렇지만 왠지 두렵거나 겁먹은 느낌은 들지 않습니다. 가족들도 Lydia의 이런 용감한 모습을 알고 있을까요? 하지만 그것과는 상관없이 Lydia에 대한 염려로 아무 일도 손에 잡히지 않을 엄마와 아빠, 그리고 할머니의 모습이 떠오릅니다.

3.
《The Library》를 공동 집필한 부부 작가 Sarah Stewart와 David Small의 합작품으로서 1998년 칼데콧 아너북 수상작입니다. 글과 그림이 무척 아름답습니다. 주인공 소녀 Lydia의 편지글 형식으로 전개됩니다. 회색빛의 차가운 도시에 온기를 불어넣고 환하고 따뜻한 빛깔로 물들이는 소녀의 이야기입니다. 도심 속 빌딩의 철제 계단 위에서 해바라기 화분을 안은 채 화사한 미소를 머금고 있는 소녀가 싱그럽게 느껴집니다. 편지와 삽화 속에 담겨 있는 Lydia의 밝고 예쁜 마음이 꽃향기처럼 은은하게 전해져 옵니다. 자신의 독특한 색깔을 유지하며 자기만의 방식으로 주변 세상을 가꾸고 변화시켜 나가는 모습에서 쉽게 꺾이지 않을 강인한 힘과 생명력을 느낍니다. 가족과 멀리 떨어진 낯선 환경, 생면부지의 낯선 사람들 속에서 쓸쓸하고 우울할 법도 하건만 그녀의 편지에는 오히려 희망과 기대가 넘쳐납니다.

그런 적극적인 마음과 긍정의 에너지는 대체 어디에서 오는 것일까요? 단지 꽃을 심고 가꾼다기보다는 희망을 심고 행복을 키워갑니다. 정원사라기보다는 치유자입니다. 어둠 속에서 밝음이 되는 아이, 주변 사람들까지도 그 밝음에 물들게 하는 아이, 마치 그 옛날 만화영화 속의 들장미 소녀 캔디를 보는 듯합니다. 빨강머리 앤이 떠오르는 분도 있을 것이라 생각됩니다.

4.
드디어 Lydia가 비밀리에 준비한 특별 이벤트를 공개하는 순간, 탄성이 절로 나옵니다. 글이 필요 없습니다. 그림만으로도 얼마든지 모든 것을 표현할 수 있기 때문입니다. 아니, 그림으로 더 잘 보여줄 수 있기 때문일 겁니다. 여전히 무표정하고 무뚝뚝한 외삼촌의 얼굴에도 감동과 기쁨, 행복의 기색이 역력합니다. 암울한 경제 여건 속에서도 조카를 맡아줄 만큼 가족에 대한 정이 깊었던 외삼촌, Lydia의 밝음에 감화되어 잊고 살았던 미소를 되찾을 것만 같습니다.

어려운 상황에서도 언제나 긍정의 마인드로 꽃을 가꾸고 주변을 아름답게 만들었던 Lydia, 결국엔 외삼촌의 마음속에도 꽃을 피우게 되었네요. 자신에게 미소를 되찾아준 Lydia에게 세상에서 가장 멋진 케이크로 화답하는 외삼촌, 가슴속 깊은 곳에서 우러나는 따뜻한 정이 듬뿍 묻어납니다. 아빠가 일자리를 찾았다는 소식을 듣고 다시 집으로 돌아가는 날 기차역에서 Lydia를 꼬옥 안아주는 외삼촌, 가슴 찡한 감동이 느껴집니다. 보는 이의 마음까지 뭉클해집니다.

P. S.
〈들장미 소녀 캔디〉는 1970년대 후반에 국내에서도 매우 큰 인기를 누렸던 일본 애니메이션입니다. 고아이지만 언제나 밝고 씩씩한 자세로 역경을 이겨내고 꿋꿋하게 자신의 인생을 개척해나가는 캔디, Lydia와 많이 닮았다는 생각이 듭니다. 캔디의 밝은 성격을 잘 나타내는 〈들장미 소녀 캔디〉의 주제가, 한국어 버전뿐 아니라 일본어 버전(가수: 호리에 미츠코)도 함께 들어보세요.

 〈캔디〉(일본어 버전)

 〈캔디〉(한국어 버전)

한 줄 소감

이현숙2261
무뚝뚝하지만 리디아를 돌봐주신 삼촌, 먼 타지의 리디아에게 한결같은 사랑을 보여준 가족들, 시종일관 따스한 마음의 리디아, 제 마음도 따뜻해집니다.

김장현2848
사랑을 많이 받아본 아이는 사랑을 주는 데도 익숙한가 봅니다. 우리 아이도 이렇게 사랑이 가득한 사람으로 키우고 싶습니다.

조민아2480
굉장히 외롭고 힘들었을 텐데, 리디아가 그렇게 초긍정의 아이로 자랄 수 있었던 배경은 무엇일까요? 참으로 멋지고 대견합니다.

유지민1941
결국 외삼촌을 웃게 만든 Lydia가 너무나 기특하고 사랑스럽습니다. 그 긍정의 힘을 나눠 받고 싶어요.

정미나2397
책 속의 리디아가 책 밖의 저까지도 웃음 짓게 해주네요. 가족들에게 보내는 편지글 형태로 이야기를 풀어가니 속마음도 잘 느껴지고 더욱 현실감 있게 다가옵니다.

김승연1259
어려서부터 받은 큰 사랑과 가족 간의 유대가 리디아가 지닌 힘의 원천이 아니었을까요? 우리 아이들도 주위 사람들을 행복으로 물들게 하는 리디아 같은 사람이 되면 좋겠어요.

송여진2915
과연 현실 속에 존재할 수 있는 아이일까 하는 생각이 들 정도로 한없이 맑고 긍정적인 심성을 가진 정말 예쁜 아이네요. 저도 제 딸도 주변에 꽃향기를 전하는 존재가 되고 싶습니다.

박호영2900
《리디아의 정원》이라는 한글책으로 읽고 너무 좋아서 늘백 과제 제출 때 함께 읽고 싶은 책으로 추천했던 책이에요. 근데 교수님 소개글을 보고 나니 번역본과는 다른 감동이 있습니다.

김지영1386
왠지 리디아가 떠난 옥상 정원을 삼촌이 더욱 아름답게 가꾸었을 것 같아요~. 호스로 물을 주며 빙그레 웃는 삼촌의 콧노래 소리가 들려오는 듯하네요~.^^

조정은3244
Lydia는 꽃과 식물 외에도 사람의 마음까지 돌보고 가꾸네요. 사실은 저희집에도 새로 오신 gardener가 있어요. 저희 둘째인데요, 요즘 느타리 버섯 키트로 버섯 키우는 데 정성이십니다. 매일 분무기로 물을 뿌리더니 뽕긋이 버섯들이 얼굴을 내미니 너무 행복해합니다.

박선향1567
책 읽으면서 저도 캔디 생각했어요. 캔디와 빨강머리 앤 말고도, 어려운 환경에서 주위에 밝은 에너지를 전하며 씩씩하게 살아가는 작은 아씨들의 '조', 키다리 아저씨의 '주디'도 생각나네요.

김경희2823
무뚝뚝한 사람이 웃으면 더 귀여운 법인데, 황소 같은 외삼촌이 리디아를 꼭 안아주시네요. 정말 감동입니다. 언제나 긍정의 마인드로 주위를 밝게 해주고 누구에게나 웃음을 주려고 애쓰는 리디아, 귀함 그 자체네요.^^

We Found a Hat
by Jon Klassen

짧고 쉬우며 재미있는 책을 싫어하는 사람은 아마도 거의 없을 것이라 생각됩니다. 거기에다 생각할 것까지 있다면 더욱 좋겠지요. 오늘 우리가 함께 읽을 늘백의 그림책은 쉬움과 재미뿐 아니라 가볍지 않은 의미까지도 갖추고 있는 Jon Klassen의 《We Found a Hat》입니다.

1.
두 거북이가 모자를 발견했어요.
둘 모두에게 아주 잘 어울리는 모자예요.
아니, 그렇다고 서로에게 말해주었지요.^^
어쨌거나 문제는 안타깝게도 모자가 단 하나뿐이란 것이죠.
누가 모자를 가져야 할까요?

2.
두 친구 거북이 사이에 둘이 동시에 발견한 모자 하나를 두고 벌어지는 일입니다. 우정(friendship), 신뢰(trust), 양보와 나눔(sharing), 시기(jealousy), 정직(honesty), 죄책감(guilt), 심지어는 고갈되어 가는 지구 자원의 문제까지 매우 다양한 주제와 문제로 읽힐 수 있습니다. 문장이 간단하여 읽기 쉽습니다. 색채 없이 흑백으로 된 그림도 매우 단순하며, 여백도 넓고 깨끗합니다. 하지만 외견적인 단순함과 달리 그 무게는 결코 가볍지 않습니다. 아주 적은 최소한의 것에 많은 극적인 요소와 윤리적인 문제들을 담고 있기 때문입니다. 단순한 듯 보이는 텍스트와 그림은 위트와 절제미의 극치를 보여주며, 넓은 여백과 (닫혀 있는 듯하면서도) 열려 있는 결말은 모두 독자가 채워넣어야 할 부분이기 때문입니다.

〈The New York Times〉의 서평처럼 진솔한 감정, 정서적 갈등, 표현의 시적인 절제를 절묘하게 담아낸 작품입니다. 그래서인지 어른들도 온전히 이해하기가 쉽지 않습니다. 하지만 어린아이들도 얼마든지 읽고 즐길 수 있습니다. 나이와 직업, 성장 배경과 경험, 영어 수준 등과 상관없이 누구나 진지한 고민, 의미 있는 생각을 할 수 있습니다. 특히 결말이 열려 있어 많은 상상과 대화가 가능합니다. 이런 책일수록 당연히 느리게 천천히 읽을 필요가 있을 겁니다. 자세히 오래, 그리고 보고 또 보면서 말이죠.

3.
작가의 다른 작품에서처럼 등장인물의 눈 연기가 일품입니다. 특히 거북이의 곁눈질하는 모습에는 웃음이 절로 나옵니다. 감정을 드러내지 않고 무표정한 얼굴로 대화를 주고받는 두 거북이를 통해 진지한 표정으로 하는 유머(deadpan humour)의 전형을 봅니다. 속마음을 숨긴 채 마음에도 없는 말을 하는 두 친구에게서 흥미롭게도 아이들의 순수한 모습과 어른들의 솔직하지 못한 모습을 동시에 보는 듯합니다. 모자에 대한 생각과 고민으로 쉬이 잠들지 못하는 밤, 꿈속의 상상을 통해 문제 해결에 도달하는 장면에서 마음이 따뜻해집니다. 짧지만 긴 여운을 남깁니다.

Jon Klassen의 유명한 모자 3부작(Hat Trilogy) 중 맨 마지막 작품입니다. 두 권의 전작에 비해 그 어두움은 훨씬 덜해 가벼운 마음으로 읽을 수 있지만 품고 있는 내용과 그 의미는 결코 뒤지지 않는 작품입니다.

- 《I Want My Hat Back》(2011)
- 《This Is Not My Hat》(2012)
- 《We Found a Hat》(2016)

세 작품 모두 대중은 물론 비평가들로부터도 크게 호평을 받는 훌륭한 작품입니다. 특히 《This Is Not My Hat》은 그림책 최초로 칼데콧상(Caldecott Medal, 2013)과 케이트 그린어웨이상(Kate Greenaway Medal, 2014)을 동시에 석권한 작품입니다.

4.
정말 많은 생각과 질문을 하게 됩니다.

- 모자는 더 잘 어울리는 거북이가 가져야 할까?
- 서로에게 모자가 잘 어울린다고 말한 두 거북이는 진심이었을까?
- 둘 다 갖지 못하는 상황에서는 아무도 갖지 않는 것이 최선일까?
- 아니면 아예 문제를 잊거나 잊으려고 노력하는 것이 좋을까?
- 하나가 포기하면 다른 하나도 포기해야 할까?
- 좀처럼 포기가 안 되는 마음은 어떻게 해야 할까?
- (먼저) 포기한 친구와 포기가 쉽지 않은 친구, 둘 중 누가 더 솔직한 것일까?
- 만일 어느 하나가 모자를 갖게 되면 둘의 관계는 어떻게 될까?
- 어느 하나가 모자를 가지면서 둘 다 행복할 수 있는 방법은 없을까?
- 모자를 놓아둔 채 잠든 두 거북이는 모자에 대한 미련을 완전히 버린 것일까?
- 꿈속에서 모자를 쓰고 있는 모습은 어떤 마음을 표현하는 것일까?
- 잠이 깨고 난 후 두 친구는 모자 문제를 어떻게 해결해 나갈까?
- 두 거북이의 우정은 앞으로 어떻게 될까?
- 사건의 발단이 된 모자는 대체 누가 가져다 놓은 것일까?
- 머리를 다 덮어버려 어울려 보이지도 않는 모자를 왜 그렇게 탐내는 것일까?
- 모자는 두 친구에게 골칫덩어리여야만 할까?
- 모자는 두 친구에게 무엇일까? 욕망의 대상? 우정의 시험대?
- 모자 문제를 깔끔하게 해결할 방법은 정녕 없는 것일까?

두 친구가 모자로 인해 상처받지 않고 우정을 계속 잘 지켜나가길 바라는 마음은 누구나 비슷하겠지요? 소유와 나눔, 인간의 욕심에 대해 생각해봅니다.

내 것이 아닌 것을 욕심내서, 아니 누구의 것이든 너무 많은 것을 욕심내서 스스로를 괴롭게 한 적은 없는지, 그 욕심으로 인해 다른 사람을 아프게 하고 자신까지도 불행하게 만들고 있지는 않은지 돌아보게 됩니다.

5.
마지막으로 한 가지만 더.
문장을 해석하는 것은 크게 어렵지 않습니다. 하지만 미묘한 뉘앙스까지 파악하는 것은 그리 쉬운 일이 아닙니다. 더구나 이런 문제는 영어 실력이 있다고 쉽게 해결되는 것도 아닙니다. 따라서 이 문제는 약간 다른 방식으로 접근해 보면 어떨까 합니다.

"독서백편의자현(讀書百遍義自見)"이란 말을 아십니까? 이 한자성어는 어떤 글이라도 백 번을 읽으면 뜻을 자연히 알게 된다는 말입니다.

Jon Klassen의 작품은 영어 실력이 웬만큼 있어도 여러 번 읽지 않으면 내용을 충분히 이해하기가 어렵습니다. 반면에 영어 실력이 부족해도 계속 반복해 읽으면 조금씩 깨달음이 옵니다. 우리의 '느리게 읽기'에 가장 잘 어울리는 책 중 하나가 아닌가 생각됩니다. 마음의 여유를 가지고 천천히 느리게 읽고 또 읽어보세요. 그림을 자세히 보면서 생각하는 시간을 충분히 가져보시기 바랍니다.

한 줄 소감

황보혜인2715
두 거북이에게 솔로몬의 지혜가 필요한 것 같네요. 둘의 우정은 어떻게 되었을지 궁금함을 잔뜩 안겨주는 책입니다.

김은영3432
교수님이 풀어주신 질문 보따리가 책 읽기를 풍성하게 해주네요. 이번에는 모자 시리즈의 다른 책과 달리 오싹해질 일이 없어 다행이에요.^^

천주연3249
안 읽을 순 있어도 한 번만 읽을 순 없는, 정말 마성의 책입니다! 마지막 부분에서 나도 모르게 첫 장으로 다시 되돌리게 되는 마법! 이것이 바로 슬로우 미라클의 힘인가요?

홍지윤3765
짧은 그림책 속에 어떻게 그토록 많은 질문과 생각 거리를 담을 수 있을까요? 그 모든 것들을 끄집어내서 알기 쉽게 풀어주시는 교수님의 친절한 설명, 너무 좋습니다.^^

고경희1047
짧고 쉬우면서도 재미있는 스토리에 더해 삶의 깊은 성찰까지도 가능하게 해주시니 마치 종합선물세트같이 느껴집니다.

김하영1436
눈빛 연기가 정말 99%인 책이네요.^^ 완전 공감합니다. 보면 볼수록 거북이의 눈동자를 통한 심리 묘사가 기가 막힙니다.

박혜영1675
말씀해주신 것처럼, 어린아이의 순수함과 어른의 솔직하지 못함을 동시에 표현한 것 같아요. 아이들도 이 책을 읽으면 복잡한 상황에서 어떻게 생각하고 행동해야 할지 조금은 감이 오지 않을까 싶네요.

이은주2157
교수님의 질문 덕분에 남편과 열띤 논쟁을 벌이며 서로 답을 구하느라 두 시간 이상을 앉아 이야기했습니다. 그림책 한 권으로 이렇게 풍성한 대화를 나눌 수 있다는 것 자체가 너무 놀랍습니다. 모두 슬미의 힘이고 슬미에서나 가능한 일이 아닐까 생각되네요.

송여진2915
표현하기 어려운 오묘한 감정들을 단순한 대사와 눈동자로 절묘하게 표현해내고 있는 것 같아요. 영어 실력이 있어도 충분한 이해가 쉽지 않지만 영어를 못하는 사람이라도 여러 번 반복해 읽으면 깨달을 수 있다는 말씀이 정말 와닿아요!

문상미1518
솔직히 존 클라센 책은 늘 어렵게 느껴져요. 하지만 말씀해주신 것처럼 곁에 두고 천천히 보고 또 보다 보면 더 많은 것이 보이고 더 즐길 수 있을 거라 기대해봅니다.

손정현1765
이런 순간들이 살면서 많이 오는데 그때마다 고민이 되는 것 같아요. 과연 어떤 선택이 옳을까요? 교수님의 질문을 차례대로 따라가봅니다.

전미양3351
표지의 단순한 그림체부터 별로 특별할 게 없어 보였는데, 오히려 그 절제 속에 많은 의미가 담겨 있었네요~. 교수님께서 남겨주신 질문들을 보니 어른인 저 또한 대답이 쉽지 않음을 느낍니다. 여러 번 곱씹어 읽으며 천천히 생각해볼게요.

느리게 100권 읽기

037

난이도 ■■☐☐☐☐

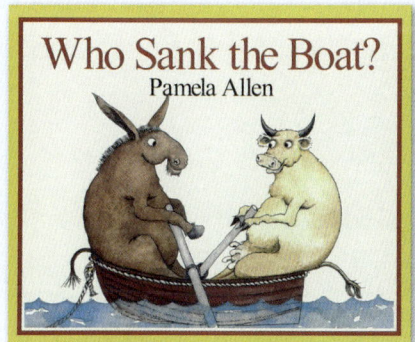

Who Sank the Boat?
by Pamela Allen

어릴 때 추리 소설이나 탐정 소설 좋아하셨나요? 아주 오래전 명탐정 셜록 홈스와 신출귀몰한 괴도 루팡의 대결 이야기에 푹 빠져 있었던 과거의 기억들이 문득 떠오릅니다. 그런 의미에서 오늘 하루는 짧고 재미있는 추리 소설 한 편으로 가볍게 시작해 보는 것은 어떨까요? 오늘 우리가 함께 읽을 늘백의 그림책은 Pamela Allen의 초미니 추리 소설 《Who Sank the Boat?》입니다.

1.
햇살이 따스한 어느 날, 바닷가에 사는 동물 친구 다섯이 뱃놀이를 하러 갑니다. 암소와 당나귀, 양과 돼지, 그리고 작은 생쥐 한 마리. 암소부터 시작해 하나씩 배에 오릅니다. 배가 너무 작아서일까요? 탈 때마다 배는 크게 흔들리고 불안불안, 위태위태, 조마조마합니다. 아니나 다를까 마지막에 생쥐가 배에 오르는 순간 배는 그만 침몰해버리고 모두 물속에 풍덩 빠지게 됩니다. 자, 그렇다면 누가 범인일까요? 정답이 아주 뻔한 문제인 것 같지만 성급한 결론은 금물입니다. 많은 경우 단순함 속에 심오함이 있기 때문이지요.

대체 누구 때문에 배가 가라앉게 된 것일까요? 덩치가 가장 큰 암소나 당나귀? 날렵하지 못한 돼지나 양? 아니면 맨 마지막에 올라탄, 가장 작고 가벼우며 존재감이 거의 없던 생쥐? 아시죠, 사건의 실마리와 증거는 모두 현장에 있다는 것을? 책 속의 현장을 방문해 직접 한번 살펴보시기 바랍니다. 여러분의 날카로운 눈과 번뜩이는 지혜, 객관적이며 균형 잡힌 시각, 논리적이며 비판적인 사고를 기대합니다.

2.

재미있는 아이디어와 기발한 상황 설정, 흥미로운 질문이 호기심을 자극하고 긴장감을 자아냅니다. 배가 크게 흔들리며 기울어지다가 다시 균형을 잡아 안정되는 상태를 오가며 아슬아슬한 위기 상황이 계속 이어집니다. 마지막 순간에 누적된 긴장감을 폭발시켜 즐거움이 최고조에 이르게 합니다. 충분히 예상할 수 있는 결말인데도 재미가 떨어지기는커녕 갈수록 더 흥미진진해집니다.

명랑한 기운이 가득한 그림이 그렇지 않아도 우스운 상황에 우스꽝스러움을 더해주고 글보다 훨씬 더 많은 것을 말해줍니다. 동물들의 표정 하나하나가 모두 살아 있고 예사롭지 않은 몸동작에 웃음이 절로 납니다.

그림 못지않게 표현의 선택 또한 상황 묘사에 생생함을 더해줍니다. 특히 배의 불안정한 상태와 안정된 상태의 대조를 보여주는 표현과 마지막 순간 긴장감을 극대화하여 절정에 이르게 하는 표현이 돋보입니다.

(1) 불안정한 상태: tilted the boat, made such a din, caused a great flutter
(2) 안정된 상태: balanced her weight, sit to level the boat, could knit
(3) 긴장감의 극대화: the last to get in, lightest of all

3.

답을 찾는 과정에서 많은 대화를 나눌 수 있습니다. 논리적으로 사고하고 근거를 제시하도록 유도합니다. 하지만 골치 아프거나 공부한다는 느낌 같은 건 전혀 없습니다. 밝고 경쾌한 분위기와 흥미를 돋우는 유머러스한 그림, 갈수록 커지는 긴장감과 궁금증, 절로 떠오르는 이런저런 생각이 있을 뿐입니다.

영어 수준은 어떠냐고요? 줄거리가 단순하여 이해가 어렵지 않습니다. 일부 낯선 표현들이 있지만 생생하고 현장감 넘치는 그림이 있어 내용을 쉽게 파악할 수 있습니다. 모르는 단어가 있어도, 문장의 해석이 분명치 않아도 누구나 읽기를 100%, 아니 그 이상도 즐길 수 있습니다.

4.

신체적인 것이든 정신적인 것이든 부담이 계속 쌓이면 아주 작은 것으로도 쉽게 무너질 수 있습니다. 가장 작고 가벼운 생쥐가 배를 가라앉게 만든 진짜 원인은 아닐지라도 마지막 순간 침몰을 가져온 것은 분명합니다.

여러분의 건강은 어떠십니까? 바쁘고 힘든 현대 사회를 살다 보면 크고 작은 여러 가지 스트레스가 있기 마련입니다. 육체와 정신의 피로가 누적되는 것 또한 피하기 어렵습니다. 잠언(4:23)의 말씀처럼, 모든 지킬 만한 것 중에 특히 마음을 지켜야 합니다. 행복도 불행도 모두 마음속에 있고 정신이 무너지면 육체의 건강도 무너지기 때문입니다. 마음의 강건함을 지키기 위해서는 무거운 짐을 내려놓고 평안을 얻을 수 있는 정신적 치유와 영적인 회복이 무엇보다 중요합니다. 여러분은 어디에서 그러한 치유와 회복을 얻고 계십니까?

P. S.
사랑하는 늘백의 모든 가족들과 함께 보고 싶습니다.
볼 때마다 전율이 느껴지는 영화 〈타이타닉〉의 마지막 장면입니다.

 〈타이타닉〉

한 줄 소감

 손유나1759
아이들과 함께 책을 읽은 후 각자 생각한 범인에 대해 이야기를 나누는 과정이 정말 흥미로웠습니다. "초미니 추리소설"이라는 표현이 너무나 정확하네요!

 김지영1386
엘리베이터에 발을 디디는 순간 삐~~! 하고 울렸을 때의 억울함이 떠오르는 책이었어요.ㅋㅋ 물에 빠졌지만 서로 너 때문이라고 싸우지 않고 한 줄로 돌아가는 모습도 아주 인상 깊었고요.

 조연주2492
아주 작은 것으로도 쉽게 무너질 수 있다는 말씀에 크게 공감합니다. 이 작은 그림책 안에서 이렇게 큰 깨달음을 얻어가리라고는 상상도 못 했습니다. 책을 천천히 보고 또 다른 사람들과 이야기를 나누면서 정말 많은 것을 배우게 되네요.

임수지2307
맞습니다. 육체적인 것이든 정신적인 것이든 스트레스가 쌓이면 아주 작은 일로도 쉽게 무너질 수 있음을 요즘 절감하고 있습니다. 어떻게 짧은 그림책 하나로 이런 통찰력을 보여주실 수 있는지 놀랍습니다.

손다은3473
아이에게 와르르! 할 때가 있어요. 참을 '인'을 100번 쓰다가도 피곤하고 예민해질 땐 사소한 것 하나가 보트를 침몰시키지요. 그래도 생쥐 녀석이 눈치 없이 타이밍을 못 맞췄으니 범인 맞네요.ㅎㅎ

황현경2729
삶의 balance 유지는 정말 중요한 것 같아요. 역시 내 마음의 문제인 것 같고요. 공감 백 프로입니다. 요즘 제게 정신적 치유와 회복의 일등 공신은 단연 슬미입니다. 교수님, 감사해요.

김장현2848
암소와 당나귀의 엄청난 덩치가 오늘따라 더 크게 느껴지는 건 왜일까요? 이리저리 흔들리는 제 마음 탓일까요? 신기하게도 볼 때마다 범인이 바뀌는 것 같네요.^^

권은화3409
누구 때문에 배가 침몰했는지 알기 위해 동물들이 배에 몸을 싣는 장면을 자꾸 다시 살펴보게 되더라구요. 하지만 읽을수록 범인이 누구인지 미궁에 빠지는 것 같아 나눌 이야기가 더 많아지는 것 같습니다.

김정은1357
아이들과 범인 찾기 놀이하는 거, 정말 재미있네요.^^ 하지만 정답이 있는 질문에 익숙하고 정답이 주어져야만 마음이 편한 사람들은 답답하게 느낄 것 같아요.ㅎㅎ

박선향1567
밋밋하고 단순하다고 생각했었는데, 교수님의 소개글과 다른 분들의 반응을 보니 책을 다시 읽어봐야 할 것 같아요. 만성피로와 목 허리 통증, 게다가 마음에서 불쑥불쑥 올라오는 분노의 감정까지. 제 보트 위에 올라와 있는 덩치 큰 놈들의 정체는 무엇일까요? 스스로를 다시 돌아보게 됩니다.

김지혜2858
책이 짧아서 별 재미가 없을 거라 생각했는데, 그림만 봐도 이해가 되어서인지 28개월 아가도 범인 찾기에 몰두하면서 보더라고요. 생쥐가 배로 점프했을 때의 해맑은 표정이 우리 아이가 장난칠 때와 꼭 닮았습니다.ㅎㅎ

최민희2563
처음 읽을 때는 범인이 누구인지 찾는 데 집중했어요. 하지만 책 소개를 읽고 아이와 다시 이야기를 나눴습니다. 동물들은 누구도 범인을 찾으려 하지 않았다는 점, 보트가 침몰한 것은 단 하나의 원인 때문은 아니라는 점, 그리고 치유와 회복까지. 덕분에 많은 이야기를 깊이 나누었네요.

느리게 100권 읽기

DAY 038

난이도 ■■■□□

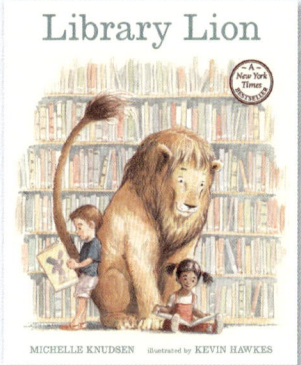

Library Lion
by Michelle Knudsen, Kevin Hawkes (illustrator)

세상의 모든 지식과 정보의 보고로서 우리의 호기심을 충족시켜 주고 상상력에 불을 당겨 활활 타오르게 할 에너지로 가득한 곳 도서관, 때로 엄숙하고 경건하게까지 느껴지는 그 도서관에 만일 호랑이나 사자가 나타난다면? 오늘 우리가 함께 읽을 늘백의 그림책은 이러한 상상이 현실이 되는 Michelle Knudsen 글, Kevin Hawkes 그림의 《Library Lion》입니다.

1.
어느 날 난데없이 도서관에 사자 한 마리가 나타나 사람들을 놀라게 합니다. 하지만 규칙 준수에 매우 엄격한 도서관장 Miss Merriweather는 사자가 규칙을 지키는 한 언제든 도서관에 와도 좋다고 선언합니다. 도서관과 스토리 타임을 무척 좋아하는 사자는 이에 부응이라도 하듯 매일같이 도서관에 나와 Miss Merriweather를 도와주고 도서관에 활기를 불어넣지요. 그러던 어느 날 Miss Merriweather가 의자에서 떨어져 다치게 되자 사자는 도움을 청하기 위해 뛰어가 큰 소리로 으르렁거리게 됩니다. 하지만 규칙을 어긴 대가로 결국 도서관을 떠나게 되지요. 그 후로 전혀 모습을 보이지 않는 사자, 사자의 부재와 빈자리로 인해 우울함을 떨쳐버릴 수 없는 Miss Merriweather와 도서관 사람들. 사자는 대체 어디로 간 것일까요? 영영 떠나버린 것은 아닐까요?

2.
마음이 따뜻해지고 뭉클한 감동을 주는 책입니다. 도서관이라는 특별한 곳을 배경으로 순수한 우정과 (친구로서의) 수용에 관한 이야기가 펼쳐집니다. 어린아이들에게 도서관이라는 매우 특별한 곳을 아주 특별한 방식으로 만날 수 있게 해주고, 어른들에게는 어린 시절을 추억하게 돕습니다. 책을 통해서라면 사자나 호랑이 같은 야생동물에 대한 아이들의 환상이 얼마든지 현실이 될 수 있음을 보여줍니다. 때로는 규칙을 깨는 것이 필요하며 어떤 때에 그것이 가능한지 알게 도와줍니다. 아이들에게 유연한 사고의 중요성을 깨닫게 도와주고 어른들에게는 자신의 모습을 돌아보게 합니다.

겁먹지 마세요. 글밥이 있어 어려울 것 같지만 사실은 의외로 어렵지 않습니다. 단어도 구문도 단순한 편이라 생각보다 쉽게 잘 읽힙니다. 따라서 많은 글밥에 움츠러들지 않길 바랍니다. 텍스트 읽기에만 몰두하지 말고 그림도 자세히 살펴보세요. 등장인물들의 표정과 시선, 몸의 움직임, 그림의 색상과 글자의 크기 등에 유의하면서 각 삽화가 이야기의 전개와 분위기, 등장인물들의 감정을 어떻게 나타내고 있는지 생각해보시기 바랍니다.

3.
글과 그림이 잔잔하고 아름다우며 포근함과 아늑함이 느껴집니다. 오래된 책처럼 약간 바랜 듯한 색상과 세월을 품은 듯한 분위기, 예스러운 스타일의 그림이 우리의 삶 속에서 오랫동안 함께해 온 조용한 도서관의 이미지와 너무나도 잘 어울립니다.

주요 등장인물들이 매우 독특하고 뚜렷한 개성을 지니고 있습니다. 너무도 특별하고 인상적이어서 우리의 주변에 실제 존재하는 인물인 것 같은 착각을 하게 됩니다. 등장인물들의 얼굴 표정이 생생하게 살아 있습니다. 사건의 전개와 상황의 변화에 따라 달라지는 사자의 표정에 특히 유의하세요.

사자는 그 강맹함을 잃지 않으면서도 매우 귀엽게 그려져 있습니다. 꼬리로 백과사전의 먼지를 털고 봉투에 침을 바르며 아이들을 등에 태우고 의기양양하게 걷는 모습 등이 무척 사랑스럽고 금방 빠져들 수밖에 없도록 만듭니다. 그토록 그리워하던 사자의 귀환 소식에 규칙이나 체면은 나 몰라라 하고 뛰어가는 관장 선생님의 모습도 모두에게 행복한 웃음을 안겨줍니다.

4.
아이들을 매일 도서관에 출근하고 싶도록 만들어줍니다. 다음번에 도서관을 방문하면 혹시 사자가 있을지도 모른다는 생각에 도서관의 이곳저곳을 살펴보게 될 것입니다. 어른들은 사자가 어떻게 도서관에 갈 수 있느냐고 묻겠지만 어린아이들에게 그런 것은 하나도 궁금하지 않고 도서관의 사자가 너무나도 자연스럽게 느껴집니다.

규칙의 준수와 예외 적용 등에 대해 생각하고 진지한 대화를 나눌 수 있게 합니다. 또한 책을 사랑하는 사람들과 함께하는 도서관에서의 소박한 일상이 더욱 소중하게 느껴지도록 해줍니다. 아이들을 위한 책은 무언가 중요한 교훈이 있어야 하는지, 아니면 그냥 즐기면 되는지에 대해 고민할 때, 이 두 가지가 동시에 가능함을, 그리고 둘은 선택의 문제가 아님을 알게 해줍니다. 글밥이 많아 읽는 데 시간은 좀 걸리겠지만 일단 한번 읽고 나면 "다시 한번!"을 외치게 될 가능성이 매우 큰 책입니다.

5.
세 유형의 등장인물들이 흥미로운 대비를 이루며 책 읽는 재미를 더해줍니다. 단지 사자이기 때문에 도서관에 올 수 없고, 그럴 기회조차 주어져서는 안 된다고 믿으며, 사자가 떠나 모두가 우울한 상황에서도 아무렇지도 않은 듯 보였던 Mr. McBee. 규칙을 지키면 사자도 도서관에 있을 수 있느냐고 묻는 어린 소녀와 아이들. 그리고 규칙을 준수하는 한 누구라도 가능하다고 생각하는, 가장 보수적이면서도 가장 진보적인 모습의 Miss Merriweather. 이들이 사자와 함께 만들어내는 한 편의 드라마를 통해서 우리 스스로의 모습을 돌아보게 됩니다.

어려움에 처한 친구를 돕기 위해 기꺼이 규칙을 깨고 처벌을 감수한 사자의 용기와 책임감 있는 모습에 박수를 보내지 않을 수 없습니다. 그런 사자였기에 그의 부재와 빈자리가 사람들에게 매우 크게 느껴지고 그의 귀환이 독자들에게 큰 울림을 주는 것이겠지요.

처음부터 줄곧 비호감이었던 Mr. McBee가 마지막 순간에 Miss Merriweather의 우울함과 슬픔의 이유를 깨닫고 그녀를 돕기 위해 사자를 찾아 나서게 됩니다. 그렇게 함으로써 그가 속죄와 구원에 이르는 장면도 결코 놓칠 수 없는 흥미로운 부분입니다. 단 한 명의 악인도, 불행한 사람도 없는 행복한 마무리가 만족감을 더해줍니다.

6.
여러 가지 교훈과 메시지를 매우 효과적으로 전달하고 있습니다. "도서관은 누구든 와서 즐길 수 있는 가장 평등한 곳이어야 한다." "사람은 신분이나 출신보다는 그의 행동을 보고 평가하고 대우해야 한다." "아무리 좋은 규칙이라도 더 나은 이유가 있을 때는 얼마든지 깰 수 있으며 또 그렇게 하는 것을 두려워하지 말아야 한다." 등등. 교훈적 성격이 뚜렷함에도 불구하고 어색하거나 억지스럽지 않고 거부감도 느껴지지 않습니다. 모든 것이 설득력을 지닌 흥미로운 이야기와 개연성 있는 등장인물들의 현실감 있는 행동에서 자연스레 나오기 때문일 것입니다. 혹시라도 책에서 교훈을 뽑아내 따로 가르치려는 생각을 가지고 있었다면 교훈과 이야기는 서로 분리할 수 없음을 잊지 마시기 바랍니다.

7.
많은 생각과 질문이 떠오르는 책입니다. 아래의 질문과 스스로 만들어낸 질문을 활용하여 다른 사람들과 함께 이야기 나누어보세요.

- 사자는 대체 어디에서 온 것일까?
- 왜 도서관을 방문한 것일까?
- 도서관에 처음 방문했을 때 사자는 어떤 마음이었을까?
- 도서관에서 다른 사람들에게 도움이 되고 있을 때 사자의 기분은 어땠을까?

- 도서관을 나서면 사자는 어디로 가는 것일까?
- 도서관에 개나 고양이 등 동물들의 입장이 허용되어야 할까?
- 책의 타이틀 페이지와 맨 마지막 페이지의 사자상은 어떻게 다른가?
- 사람들이 모두 사자의 존재를 긍정적으로 받아들이는 상황에서도 Mr. McBee는 왜 다른 태도를 보였을까?
- Mr. McBee가 사자에게 규칙을 위반하고 있다고 외쳤을 때 사자는 어떤 생각이 들었을까?
- 사자는 왜 도서관에 나타나지 않게 된 것일까? 단지 규칙을 위반했고 그것을 지적당했기 때문일까?
- Mr. McBee가 마음을 바꾸어 사자를 찾아 나서게 된 이유는 무엇일까?
- 규칙이 있는 이유는 무엇이며 규칙을 지키는 것은 왜 중요한 것일까?
- 합당하지 않은 규칙도 지키는 것이 좋을까?
- 규칙을 어겨본 적이 있다면, 왜 규칙을 어기게 되었나? 규칙을 어겼을 때의 기분이나 마음 상태는 어땠나?
- 규칙 적용의 예외가 필요하거나 정당화될 수 있는 경우는 어떤 때일까?
- 때로 규칙을 깨는 것이 필요하다면 그 이유는 무엇일까?
- 합당한 이유 없이 규칙을 어기는 경우는 왜 발생한다고 생각하나?

P. S.

세상에는 정말 다양한 사람들의 다양한 입장과 처지가 있습니다. 따라서 법이나 규칙을 아무리 잘 만들어도 그 많은 다양성을 모두 반영하거나 필요한 모든 것을 다 담을 수는 없습니다. 특히 목소리를 내기 힘든 약자들의 입장이 충분히 반영되지 못할 가능성이 매우 큽니다. 이런 상황에서 규칙의 예외 없는 준수를 고집한다면 규칙을 지킴으로써 얻게 되는 것보다 더 많은 것을 잃게 되고 더 중요한 것을 희생시키는 우를 범하게 될 것입니다. "예외 없는 규칙은 없다"는 말처럼 예외는 필요합니다. 하지만 그 예외라는 것이 결코 누군가를 위한 부당한 특혜가 되어서는 안 될 것입니다. 오히려 약자를 돕기 위한 배려의 실천이 되어야 합니다. 우리가 규칙을 지키려 노력하는 것도, 때로 규칙을 깨야 하는 것도 모두 그 규칙을 만든 근본적인 목적과 정신을 유지하고 발전시켜 나가기 위한 것임을, 더 크고 중요한 원칙을 지키기 위한 것임을 잊지 않아야 할 것입니다.

한 줄 소감

송봉선1770
도서관에 관한 이야기라 더 좋았어요. 교수님께서 던져주신 질문으로 아이와 함께 그림책, 도서관, 규칙 등에 대해 함께 이야기 나눠볼게요~! 오늘도 즐다잘!

조정은3244
요근래 도서관에 자주 못 가고 있지만 마음 한 켠에는 늘 도서관 옆에 마당 넓은 주택을 지어 살고 싶은 로망이 있답니다. 이젠 사자도 한 마리 있으면 금상첨화이겠다 싶어요~.

최민희2563
규칙을 지키는 데 있어서 융통성이라고는 찾아볼 수 없는 아이인데 이 책을 읽더니 사자의 경우는 예외를 인정해줘야 한다고 하네요.^^ 이런 게 바로 책 읽기의 힘인가 봅니다.

김명옥1156
한글책으로 먼저 접했는데 느낌이 크게 달랐어요. 신기하게도 영어로 읽으니 더 새롭고 열린 시각으로 바라보게 되네요. 그 이유가 대체 뭘까요? 읽고 나면 바로 도서관으로 달려가고 싶어지는 책입니다.

최숙희2577
그림책을 보고 이렇게 많은 생각들을 할 수 있다니 새삼 놀랍습니다. 늘 이런 기회를 주시는 교수님께 감사드립니다.

김경미1121
자신이 좋아하는 것을 잃게 될 줄 뻔히 알면서도 규칙을 어긴 사자의 용기에 감탄했습니다. 사자는 무엇이 더 중요한지를 알고 있었네요.^^

김지희3579
책은 어떤 아이도 차별하지 않는다고 하신 교수님의 말씀이 생각납니다. 사자를 포함한 그 누구에게도 평등한 곳 도서관, 그 도서관이 더욱 좋아지는 그림책입니다.

조민아2480
그림이 따스하고 잔잔한 이야기라고 생각했는데, 이렇게나 질문이 많아지는 책인 줄 몰랐네요. 늘백은 역시 다르네요.^^ 이 책을 읽고 아이와 함께 도서관을 간다면 너무 좋을 것 같아요.

박진희1659
오늘의 책과 소개글을 읽으며 스토리가 가진 큰 힘을 다시 한번 느낍니다. 규칙을 지키는 것은 매우 중요하지만 때로는 융통성을 발휘해 유연하게 대처할 수 있어야 한다는 것을 굳이 가르쳐주지 않아도 아이들이 자연스럽게 깨닫게 될 것 같아요.

유선영1927
4학기째 늘백에 참여하면서 가장 기억에 남는 책을 꼽으라면 전 이 책이 될 것 같아요. 표지만 봐도 기분이 좋아지고, 읽을 때마다 도서관으로 달려가 사자와 포옹하고 싶어집니다.

김하영1436
사자의 따뜻한 얼굴이 꼭 사람 같아요. 사자라기보단 삶의 원칙과 지혜를 알려주는 아빠와 같은 존재로 느껴지네요. 규율이나 규칙보다는 역시 사람이 더 중요하겠죠?

최수은2575
아이와 도서관에 갔을 때 필요 이상의 '음 소거'를 요구하는 사서를 보면서 답답했던 기억이 나네요. 교수님 말씀처럼, 규칙의 근본적인 목적과 정신이 무엇인지, 무엇이 더 크고 중요한지 생각하며 유연하게 살아갈 필요가 있는 것 같아요.

Ruby the Copycat
by Peggy Rathmann

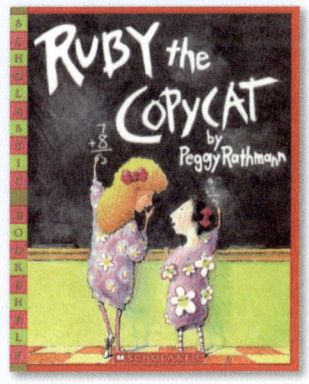

낯선 지역으로 이사하여 새로운 환경에 적응하는 것은 어른들에게도 쉬운 일이 아닙니다. 어린아이에게는 말할 것도 없겠지요. 그런 경우 아이들은 움츠러들기 쉽고 나다운 모습도, 자신감도 잃기가 쉽습니다. 오늘 우리가 함께 읽을 늘백의 그림책은 자신에 대한 애정과 자존감을 가지고 나답게 사는 것에 대해 가르쳐줄 Peggy Rathmann의 따라쟁이 이야기 《Ruby the Copycat》입니다.

1.

새로운 학교로 전학 온 Ruby는 첫날부터 바로 앞에 앉은 Angela의 모든 것을 따라 합니다. 말과 행동, 입는 옷과 머리 모양, 심지어는 수업 중에 발표하는 짧은 시까지도. Angela는 그런 Ruby에게 점점 거부감을 갖게 되고 Ruby는 갈수록 더 난처한 입장에 처하게 됩니다. 수업을 마친 후 어찌할 바를 몰라 울고 있던 Ruby에게 선생님은 애정 어린 조언의 말씀을 건넵니다. "Ruby야, 원한다면 넌 뭐든지 다 될 수 있을 거야. 그렇지만 먼저 너 자신이 되어야 해." 하지만 Ruby는 쉽게 달라지지 못합니다. 그러던 어느 날 Ruby는 자신의 학교생활에 커다란 반전을 가져다줄 뜻밖의 기회를 얻게 됩니다. Ruby에게는 대체 무슨 일이 있었던 것일까요?

2.

글밥이 제법 되지만 이해가 어렵지는 않습니다. 마치 살아 움직이는 듯 등장 인물들의 얼굴 표정과 몸의 움직임에 활기와 생동감이 넘칩니다. 사실상 누구라도 Ruby처럼 될 수 있고, 실제로도 그런 경우를 어렵지 않게 찾을 수 있기 때문에 누구나 쉽게 공감할 수 있습니다. 이야기의 내용까지 흥미로워 아이들과 함께 즐겁게 읽고 진지하고도 생산적인 대화를 많이 나눌 수 있습니다.

3.
'따라쟁이 Ruby', 강추합니다. 다른 사람들의 말과 행동에 휘둘리거나 정체성의 위기(identity crisis)를 경험하고 있는 아이들에게. 그리고 나이는 먹었지만 여전히 Ruby와 같은 따라쟁이를 완전히 벗어나지 못한 어른들에게도.

Peggy Rathmann은 우리 늘백이 가장 사랑하는 작가 중 하나입니다. 이 책에서 소개하고 있는 《Good Night, Gorilla》와 《Officer Buckle and Gloria》, 그리고 역시 강추하는 아주아주 쉬운 책《10 Minutes Till Bedtime》의 작가이기도 합니다.

4.
Ruby는 참으로 운이 좋은 아이입니다. 낯선 환경에서 어려움에 처한 Ruby를 따뜻한 말로 위로하고, 더 나아가 Ruby 자신의 진짜 모습을 찾아 그 모습을 사랑하는 게 먼저라고, 자신만의 특별함을 찾아 그것을 자랑스럽게 여기라고 가르쳐준 Miss Hart 같은 선생님이 있었으니까요. 뭔가를 아는 훌륭한 엄마 아빠와 선생님을 만나게 되는 것이 아이들의 행복과 성공을 위해 얼마나 중요한지를 다시 한번 깨닫게 됩니다.

5.
어린아이들은 또래 집단의 압력에 특히 민감합니다. 새로운 곳에 갔을 때 그 환경에 적응하는 것만도 쉽지 않은데 친구들과 친하게 잘 지내길 원하고, 친구들에게 인정도 받고 싶어하지요. 그래서 친구들의 생각에 많은 신경을 쓰고 말과 행동도 영향을 받게 됩니다. 그리고 그 정도가 심해지면 자신도 모르는 사이에 Ruby처럼 따라쟁이가 될 수도 있습니다.

남과 비슷해지고 싶은 마음에 따라쟁이가 되면 자신의 본래 모습은 사라집니다. 자존감과 자신감에도 상처를 입게 됩니다. 다른 사람들에게도 존중과 인정을 받기가 어려워집니다.

해법은 있는 그대로의 자기 모습을 사랑하고 당당하게 행동하는 것입니다. 그렇게 할 때 친구들에게도 오히려 더 인정받고 더 사랑받을 수 있습니다. 어떤 경우에도 남이 되거나 남과 비슷한 사람이 될 필요는 없습니다. 자기 자신이 되는 것이, 나다운 내가 되는 것이 스스로의 행복을 위해서는 물론이고 다른 사람들과의 사귐을 위해서도 훨씬 바람직합니다.

6.
"우리 사회는 아직 그렇지 못해."

혹시라도 이렇게 생각하는 분들이 계신지요?
다른 사람들과 달라도 자신의 모습을 사랑하고 자랑스럽게 여길 수 있습니다. 높은 자존감과 자부심을 가지고 당당하게 살아갈 수 있습니다. 내가 나다울 때 가장 멋지고 아름답기 때문입니다. 물론 말처럼 쉽지만은 않을 겁니다. 하지만 사랑하는 아이들을 위해 그런 삶이 가능한 사회를 만들어가는 것, 우리 같은 어른들의 책임 아닐까요?

한 줄 소감

이명숙2017
Ruby가 저러면 안 되는데 하며 마음 졸이며 읽었던 책입니다. 선생님의 지혜로운 해결 장면에선 미소 짓게 되고요. Be yourself first! 마음에 새겨봅니다.

심희정1837
루비가 자기 자신을 찾는 순간을 보며 전율을 느꼈습니다. 저도 루비 같은 아이를 나무라지 않고 따뜻하게 이끌어줄 수 있는 어른이 되고 싶습니다.

유선영1927
따라 하기의 본질은 '나도 사랑받고 싶다'가 아닐까요? 내가 나를 사랑해주는 것이 먼저라는 걸 다시 한번 깨닫게 되네요.

양동식1853
우리 아이가 루비와 같이 행동하면 마음이 아플 것 같아요. 그럴 땐 부모로서 어떻게 해야 할지 고민을 많이 할 것 같네요. 좋은 결말로 끝나서 마음이 흐뭇합니다.

이희정2294
영국에 온 지 1개월이 되었는데 큰애에게서 Ruby의 모습을 자주 봅니다. 아이의 그런 모습을 볼 때마다 이 책이 젤 먼저 떠오르네요. 자기 자신을 있는 그대로 사랑할 수 있는 딸이 되도록 Hart 선생님처럼 잘 격려하고 싶어요.^^

 이미숙2026
나다운 것이 익숙지 않은 엄마라서 이런 책들이 육아에 참 많은 도움을 줍니다. 그럴싸한 모조품이 아니라 흙 속에 묻힌 진주를 발견해 나가는 과정, 그게 진정한 육아겠죠?

 송여진2915
저 또한 카피캣 시절이 있었습니다. 결국에는 제 본연의 모습을 잘 살리는 것이 가장 행복하다는 것을 깨달았지요. 아이들과 이야기해볼 수 있는 좋은 책인 것 같습니다.

 이유영2133
우리집에도 따라쟁이가 있어요. 그 따라쟁이가 그녀만의 Identity를 키워갈 수 있도록 엄마가 역할을 잘해야 할 텐데… 오늘의 책과 소개글을 통해 좋은 팁을 많이 얻어가네요.

 김희연3451
결국 따라쟁이를 한 것도 나 자신을 있는 그대로 사랑하게 되는 과정이 아닐까 싶네요. 따라쟁이에 그치지 않도록 도와주신 Hart 선생님이 너무 존경스럽습니다.

 정희정3755
요즘 저에게는 늘백이 Hart 선생님 같습니다. 나의 모습도 사랑하려 노력하겠지만, 우선은 늘백을 copycat 하며 조금 더 멋진 나를 만들어가고 싶습니다.^^

 김영희2842
어른인 저도 아직 진정한 내 모습이 무엇인지 헷갈릴 때가 많은데 아이들이 나다운 게 뭔지 안다는 건 정말 힘든 일 같아요. 자신의 모습 그대로를 사랑하고 존중하는 걸 엄마인 저부터 배우도록 노력하겠습니다.

 정소라2410
아이는 은연중에 부모의 따라쟁이가 되는 것 같습니다. 저와 비슷한 말투, 행동을 보면 깜짝 놀라게 됩니다. 아이가 부모의 장점을 따라 하면서도 자신만의 독립적 자아를 만들어가면 좋겠습니다.

느리게 100권 읽기

040

난이도

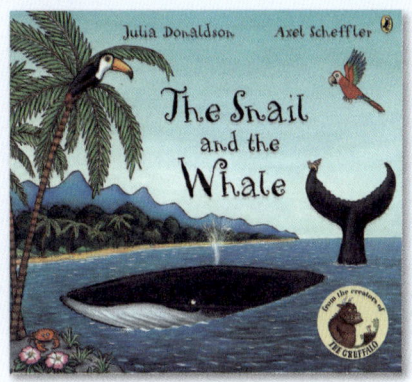

The Snail and the Whale
by Julia Donaldson, Axel Scheffler (illustrator)

무엇 하나 내세울 게 없는 보잘것없는 사람과 어느 것 하나 빠지는 것이 없는 잘난 사람이 서로 친구가 될 수 있을까요? 오늘 우리가 함께 읽을 늘백의 그림책은 넓은 세상을 꿈꾸는 한 달팽이와 그의 고래 친구 이야기 《The Snail and the Whale》입니다. Julia Donaldson이 글을 쓰고 Axel Scheffler가 그림을 그렸습니다.

1.

바닷가 부두 근처 검은 바위 위에는 바다 달팽이들이 살고 있었습니다. 그중 한 달팽이는 넓은 바다를 구경하고 싶어했지요. 그래서 그는 자신의 꼬리를 이용해 검은 바위 위에 글을 씁니다. "태워주세요. 세상을 보고 싶어요." 그런데 그 글을 보고 혹등고래 한 마리가 찾아와 함께 항해를 떠나자고 합니다. 그렇게 그 둘은 여행을 시작하게 되고 광활한 바다를 돌아다니며 놀랍고 신기한 것들을 많이 보게 되지요. 그러던 어느 날 길을 잃게 된 혹등고래는 고속보트들의 요란한 굉음에 놀라 육지와 너무 가까운 곳으로 헤엄을 치게 되고 결국에는 바닷가의 뭍에 얹혀 꼼짝 못 하는 신세가 되고 맙니다. 그 상황에서 아무 도움도 되지 못해 발만 동동 구르던 달팽이, 갑자기 무슨 생각이 떠올랐는지 어딘가로 바삐 걸음을 옮기네요. 달팽이는 대체 어디로 가는 것일까요? 고래는 어떻게 될까요?

2.

넓고 깊은 바다를 동경하는 달팽이와 바다처럼 넓은 마음을 가진 혹등고래의 가슴 흐뭇한 모험 이야기입니다. 크고 힘센 혹등고래와 작고 연약한 달팽이의 우정을 통해 친구의 조건에 대해 생각해보게 합니다. 환경과 동물 보호에 대한 메시지도 읽을 수 있습니다. 《The Gruffalo》와 《Room on the Broom》 등의 베스트셀러로 널리 알려진 영국의 그림책 작가 콤비 Julia Donaldson과 Axel Scheffler의 작품입니다.

언어적 표현의 우아함과 세련미가 돋보입니다. 책의 제목에서부터 책 전체에 걸쳐 리듬감이 충만합니다. (행의 끝에서 비슷한 소리가 반복되는) 라임(rhyme)과 (행의 첫머리에서 비슷한 소리가 사용되는) 두운(alliteration)이 살아 있습니다. 표현이 입에 착착 붙고 소리 내어 읽는 맛이 아주 그만입니다. 밝은 색상의 아름다운 그림에 생동감이 넘치고 눈이 시원해집니다. 시적인 아름다움이 가득한 글과 너무도 잘 어울립니다.

3.
(1)
끝없이 펼쳐진 광활한 바다와 하늘을 보며 넓은 세상을 향한 꿈을 키워가는 달팽이의 독백이 가슴을 뜨겁게 합니다.

> "The sea is deep and the world is wide!
> How I long to sail!"
> Said the tiny snail.

자신의 주어진 모습이나 상태, 현재의 환경에 만족하지 않고 더 넓은 세상을 꿈꾸며 그 꿈을 이루어가는 달팽이가 우리에게 속삭입니다. 꿈을 가지라고, 그 꿈을 이루기 위해 노력하고 또 노력하라고, 절대 포기하지 말라고. 사회의 변화와 발전은 때로 얼토당토않은 듯 보이는 큰 꿈을 가지고 끊임없이 노력하는 사람들에 의해 이루어집니다. 하지만 무리 중의 다른 이들은 달팽이의 꿈과 열정을 전혀 이해하지 못하지요.

(2)

다른 모든 달팽이들이 주인공 달팽이에게 한목소리로 외칩니다. 조용히 하라고, 꿈틀거리지도 말고, 다른 곳으로 가려고도 하지 말고 그냥 그 자리에 가만히 앉아 있으라고.

"Be quiet! Don't wiggle! Sit still! Stay put!"

가정이나 학교, 사회의 이곳저곳에서 꿈을 꾸고 키워 가려는 아이들에게 우리도 은연중에 같은 소리를 외치고 있는 것은 아닌지 생각해봅니다.

(3)

하늘과 바다와 땅, 파도와 동굴과 금빛 모래를 보고 또 보면서 달팽이는 자신의 작고 보잘것없음을 더욱 절실히 느낍니다.

She gazed and gazed, amazed by it all,
And she said to the whale, "I feel so small."

세상의 대단한 것들을 많이 보고 나면 우리도 스스로가 매우 작고 초라하게 느껴질 수 있습니다. 하지만 꿈꾸는 달팽이는 말합니다. 훌륭한 일을 해내기 위해 크고 강한 사람일 필요는 없다고. 작고 약해도 대단한 일을 할 수 있다고. 아주 작고 약하며 느리기까지 한 자신도 할 수 있었으니 우리도 믿음을 가지고 용기를 내라고. 결국 위기에 처한 고래를 구한 것은 아주 조그맣고 존재감이 없던 달팽이였고, 또 고래 구출 작전의 주역은 작고 힘없는 어린아이들이었으니까요.

(4)

달팽이가 여행을 마치고 돌아왔을 때 다른 달팽이들이 외칩니다.

"Haven't you grown!" (너 성장했구나!)

어렵고 힘든 모험을 모두 마치고 돌아온 달팽이는 분명 이전과 같은 달팽이가 아닐 겁니다. 시련과 역경의 시간을 거친 사람은 확실히 달라지게 되어 있습니다. 고생 끝에 즐거움이 있으며 고통 없이는 얻는 것도 없기 마련입니다. 우리 아이들이 자라나면서 언젠가는 만나게 될 시험과 연단의 과정, 두려워 말고 용기 있게 뛰어들어 성장과 발전의 기회로 삼을 수 있으면 좋겠습니다. 느리게 100권 읽기를 통한 영어책 읽기의 감동 속에서 세상을 이겨나갈 지혜와 용기를 발견할 수 있으면 좋겠습니다.

(5)
우정이나 친구 관계, 더 나아가 사람 사이의 관계를 그동안 경험했거나 일반적으로 생각하는 방식과 형태에만 묶어두지 말라고 말합니다. 전혀 어울려 보이지 않아도, 서로 많이 달라도 얼마든지 친구가 될 수 있습니다. 그 차이가 커도 일방적이지 않고 서로 돕는 상호적인 관계가 될 수 있습니다. 작고 약하여 인정받지 못해도 실망하거나 좌절할 필요가 없으며, 크고 강하여 아무 도움이 필요 없다고 생각되어도 자만하지 말아야 합니다.

4.
오늘의 주인공 꿈꾸는 달팽이를 생각하며 제가 가진 늘백에 대한 꿈("저에겐 꿈이 있습니다", 4쪽)을 되새겨봅니다.

꿈꾸지 않으면 사는 게 아니라고까지 하는데 여러분은 어떤 꿈을 갖고 계십니까? 다시 한번 청하고 싶습니다. 간디학교의 교가로 알려진 〈꿈꾸지 않으면〉입니다.

 〈꿈꾸지 않으면〉

한 줄 소감

배가란1683
거인의 등에 올라타세요! 혹등고래가 교수님인 거 눈치 못 챈 슬미 달팽이들은 어서 줄을 서세요! 혹등고래가 펼쳐주는 별천지 그림책 세상, 달팽이가 되어 그 세상을 구경하는 재미가 이렇게 좋을 줄은 들여다보기 전엔 상상도 못 했지요! 그것도 이 나이예요.^^

서유미3165
작고 보잘것없던 느린 달팽이는 바로 제 모습입니다. 그림책이란 친구와 함께 항해를 마친 후 저 자신에게 들려주고 싶어요. 'Haven't you grown!'

민경진1528
무모해 보이는 도전 끝에 꿈을 이룬 달팽이가 육아에 지친 저에게 용기를 주네요. 현재 상황에 안주하지 않고 한 발자국 더 앞으로 나아가고 싶습니다.

최수은2575
"꿈틀거리지 말고 가만히 있어!" 이 말에 귀 기울이며 살았어요. 그러다가 슬로우 미러클을 만난 후 용기를 내어 한 권, 한 권 읽어 나가고 있습니다. 근데 어느새 여행을 마치고 돌아온 달팽이처럼 성장하고 있네요. 감사드려요.

이미숙2026
꼭 저의 모습 같습니다. 어쩜 무모할지도 모르지만 영어책이라는 바다에 흠뻑 빠져 보내는 1년의 시간들, '잘 독'까지는 몰라도 '즐독, 다독'을 하고 있으니 저도 성장한 거겠죠?! 앞으로 저와 우리 아이들에게 또 어떤 모험이 펼쳐질지 정말 기대가 됩니다.

정성호3532
저도 작고 연약한 그대로, 있는 그 모습 그대로, 세상에 필요한 존재이며 누군가를 구할 수 있는 존재임을 마음속에 새기고 갑니다.

노미영1502
간절히 원하면 이루어진다고들 하던데, 정말 큰 꿈을 꾸었던 달팽이의 꿈이 이루어졌네요. 교수님의 말씀을 듣고 제 꿈은 과연 무엇이었는지 다시 한번 생각을 해봅니다.

배은영1692
보호한다는 명목으로 아이의 성장을 막아서고 있는 것은 아닌지 문득 저를 돌아보게 됩니다. 내 아이가 꿈꾸는 달팽이로 자랄 수 있도록 비록 혹등고래는 되지 못해도 시큰둥 막아서는 주변의 달팽이는 되지 말아야겠어요.

이예린2124
어른이 된 후 매일 영어 그림책을 한 권씩 읽어 나가면서 꿈을 꾸게 될 줄은 정말 몰랐습니다. 꿈꾸는 달팽이는 다름 아닌 바로 저인 것 같네요. 모두 슬로우 미러클 덕분입니다.

임수지2307
제 인생책이 되었네요.^^ 영어를 배우는 일에서 우리 사회가 보다 올바르고 건전한 방향으로 나아갈 수 있도록 돕고 있는 슬로우 미러클에 딱 맞는 책 같아요. 그 안에서의 제 작은 노력도 작은 달팽이처럼 언젠가는 꿈을 이룰 것이라 믿습니다.

김연정1281
책을 읽고 나니 갑자기 달팽이를 도와준 고래는 과연 어떤 꿈이 있었을지 궁금해집니다. 〈고래의 꿈〉이란 노래도 있는데 말이죠.^^

김은영3432
소개글이 너무나 마음을 울리네요. 달팽이가 들었던 "그냥 가만히 있어!" 류의 말에 헛! 웃음이 나면서도 한편으론 익숙하여 씁쓸하네요. 그럼에도 넓은 세상으로 나갔다 돌아온, 같은 듯 전혀 다른 달팽이에게 건네진 말 Haven't you grown! 정말 감동입니다.

느리게 100권 읽기

041

난이도 ■□□□□□

When Sophie Gets Angry— Really, Really Angry...
by Molly Bang

사람이라면 누구나 흥분하고 분노할 수 있습니다. 무조건 화를 참는 것도 좋지 않다고 합니다. 하지만 적절한 선을 넘지 않도록 주의해야겠지요. 끓어오른 감정을 해소하는 지혜로운 방법도 꼭 필요할 것 같고요. 그런 의미에서 오늘 여러분과 함께 읽고 싶은 늘빽의 그림책은 분노를 다스리고 평안을 회복하는 문제에 대해 깊이 생각해보도록 하는 Molly Bang의 《When Sophie Gets Angry—Really, Really Angry…》입니다.

1.
좋아하는 인형을 가지고 재미있게 놀고 있는데 동생이 와서 갑자기 인형을 확 잡아챈다면 기분이 어떨까요? 더구나 빼앗기지 않으려고 실랑이를 벌이고 있는데 엄마까지 나서서 동생 편을 든다면 당연히 화가 나겠지요? 분노로 얼굴이 일그러지고 목소리도 확연히 달라질 겁니다. 심한 경우에는 물건을 던지고, 발로 차고, 고래고래 소리 지르고, 그래도 분이 풀리지 않으면 주변의 모든 걸 박살 내고 싶은 마음까지 들 수도 있을 겁니다.

2.
화가 났을 때 여러분은 어떤 모습인가요? 어떻게 대처하시나요? 여러분의 아이는 어떻게 하길 원하시나요?

Sophie는 달립니다. 숨이 차서 더 이상 달릴 수 없을 때까지. 그리고 실컷 웁니다. 자연 속으로 들어가 자연을 느끼며 자연과 호흡합니다. 바위와 나무들을 보고 새 소리를 듣습니다. 큰 나무에 올라 바람을 맞으며 바닷물과 파도를 바라봅니다. 그러다 보면 위로를 얻고 마음이 점점 편안해집니다. 그리고 그렇게 평온이 회복되면 다시 집으로 돌아옵니다. 모든 걸 이해하고 따뜻하게 맞아주는 사랑하는 가족의 품으로.

3.
그동안 읽었던 다른 어떤 그림책 못지않게 진지한 주제를 다루고 있지만 읽기는 훨씬 쉽습니다. 화가 끓어오르고 폭발하는 모습을 매우 사실적으로 생생하게 묘사하고 있습니다. 영어를 모르는 아이들도 금방 이해할 수 있습니다. 그림은 강렬하게 요동치는 Sophie의 감정과 그 변화를 실감나게 보여주고, 글은 차분하고도 간결하게 상황을 설명합니다. 특히 Sophie의 감정 변화가 Sophie를 둘러싼 윤곽선을 통해 매우 효과적으로 표현되고 있습니다. 즉, 혼자 놀고 있을 때의 겨자색이 분노가 끓어오르면서 빨간색으로 바뀌고, 화가 가라앉는 과정에서는 빨강이 다홍과 주황을 거쳐 노랑으로 변합니다.

가끔씩은 누구나 화를 내기에 쉽게 공감할 수 있습니다. 화났을 때의 자기 모습을 돌아보게 합니다. 화가 끓어오를 때는 어떻게 하는 게 좋을지 생각해보게 합니다. 책장을 덮고 나면 안정을 되찾은 Sophie의 마음처럼 내 안에도 평안이 더해져 있음을 느끼게 됩니다.

글과 그림의 우수성을 동시에 인정받은 작품입니다. 삽화에 대해서는 칼데콧 아너북(Caldecott Honor Book, 2000)을, 탁월한 글에 대해서는 샬롯 졸로토우 도서상(Charlotte Zolotow Award, 2000)을 수상한 바 있습니다. 또 "평화와 사회적 평등을 위한 아동문학상"이라 할 수 있는 Jane Addams Children's Book Awards(2000)의 최종 후보(Honor)로 선정된 책이기도 합니다.

4.
화가 날 때 여러분은 어떻게 하십니까? 분노가 치밀어 오를 때 대처하는 구체적인 방법을 알고 또 실천도 하고 계시는지요? 그동안의 많은 실수와 잘못, 거듭된 시행착오 덕분인지 이제는 분노에 대처하는 저만의 효과적인 방법을 찾은 듯합니다. 마음속에 분노가 일어날 때 저는 다음과 같이 합니다.

우선, 잠시라도 있던 곳에서 벗어납니다. 동시에 (흔히들 하는 것처럼) 심호흡을 하며 숫자를 10까지 천천히 세어봅니다. 매우 단순한 일이지만 화가 날 때 실제로 그렇게 하는 것은 결코 쉬운 일이 아닙니다. 하지만 평소에 마음속으로 계속 실천을 다짐하면 결국에는 큰 어려움 없이 해낼 수 있습니다.

둘째, 왜 화가 나는지 그 이유를 생각해봅니다. 그리고 가급적 그 내용을 종이에 적어봅니다. 나와 내 것, 내 권리에 대한 무시나 부당한 침해, 상대의 파렴치함, 평소에 쌓인 울분, 나의 옹졸함 등등. 이렇게 하나씩 꺼내어 적다 보면 화나고 흥분된 마음이 조금씩 차분해지고 있음을 느낍니다.

셋째, 이번에는 제가 어떤 사람인지를 생각합니다. 얼마나 허물이 많은 사람인지, 얼마나 부족하고 어리석은지, 그리고 얼마나 크고 많은 죄를 용서받았는지 말이죠. 그러면 마음의 평안이 조금씩 회복되면서 저 스스로와 상대를 용서하는 것이 가능해집니다. "일곱 번이 아니라 일곱 번의 일흔 번까지라도 용서하라"는 마태복음(18:22)의 말씀은 단지 그만큼 용서하라는 말씀만은 아닐 것입니다. 적어도 제게는 다음과 같은 뜻으로 읽힙니다.

> 너의 죄와 허물이 너무도 많아 그토록 많은 용서를 받았으니
> 그 점을 결코 잊지 말아라.

마지막으로, 그동안 받은 복을 세어보며 감사를 회복하려 노력합니다. 스스로의 부족함을 깨닫고 감사를 되찾는 것이야말로 분노의 천적임을 잘 알기 때문입니다. 그분의 은혜와 긍휼, 가족과 친구 및 이웃의 사랑과 친절한 배려가 없다면 현재 누리고 있는 평안이 언제라도 깨질 수 있음을 깨닫습니다.

위와 같은 단계를 거쳐 감사를 되찾게 되면 어느새 분노는 가라앉고 마음속에 평안이 다시 찾아와 있음을 알게 됩니다.

5.
성경(잠언 16:32)은 "노하기를 더디하는 자는 용사보다 낫고, 자기의 마음을 다스리는 자는 성을 빼앗는 자보다 낫다"고 말합니다. 마음을 다스려 화를 절제하는 것이 사람됨의 가장 중요한 시금석 중 하나라는 뜻이겠지요. 분노를 다스리는 여러분만의 지혜와 방법, 그리고 자신에게 알맞은 방안을 찾기 위한 여러분의 노력이 궁금합니다. 사랑하는 늘백 가족들의 진솔한 이야기를 들어보고 싶습니다.

한 줄 소감

김희연3451
저는 Sophie만의 화를 식히는 방법이 매우 마음에 듭니다. 한때 화가 나면 무작정 걸었던 저로서는 쉽지 않은 저 방법을 아이가 한다니 놀라울 뿐입니다. 누구나 분노에 대처하는 필살기는 하나쯤 가져야 하지 않나 싶네요.

이예린2124
소피가 달리면서 분노를 다스리는 것을 보고 대리만족할 수 있었어요. 교수님의 소개글을 통해 더욱 성숙하게 분노를 다스리는 방법까지 배워갑니다.^^

김보람1198
스스로 감정을 추스를 줄 아는 소피가 대견합니다. 맏이로 태어나 내 것을 찾기 이전에 양보부터 배운 저의 어린 시절도 생각났어요. 그래도 가족의 사랑을 알고 집으로 안전하게 돌아와 다행이에요.

최수은2575
화가 나는 환경으로부터 벗어나고 숫자를 세어보자 해도 순간 "욱" 하고 "욱" 하는 제 모습에 힘들어합니다. 말씀하신 방법 중에 종이에 적어보는 방법을 시도해볼게요. 화를 찬찬히 들여다보고 용서와 감사로 마무리하기!

한혜원2675
분노의 천적은 감사를 되찾는 일. "받은 복을 세어본다"는 교수님의 말씀이 마음에 많이 와닿았어요. 오늘도 감사함으로 마무리하는 방법을 배워갑니다. 감사드려요.

김지혜2858
출산 전에는 크게 화내본 적이 거의 없었는데, 육아하면서 제 감정의 신세계를 발견하고 있어요. 화가 나면 어찌할지 몰라 발만 동동 굴렀는데, 교수님께서 알려주신 방법을 한번 시도해봐야겠습니다.

최옥희2585
갑자기 차오르는 화를 주체하지 못해 엉뚱한 곳에 그것을 표현하기도 합니다. 나 스스로 화를 다스리고 극복하는 방법을 진지하게 고민해봐야겠어요.

구지예1082
소피의 아이답지 않은 감정조절 능력이 너무나 대견스럽습니다. 오늘은 유난히 화가 많이 난 날인데, 교수님 소개글을 읽으니 위로가 되었어요. 감사합니다.

이은정3367
한글 그림책으로 읽었을 때는 이렇게 진지한 내용인지 몰랐는데 소개글을 읽으니 영어로 다시 읽고 싶습니다.

손채연3170
화났을 때 넓은 자연과 바람을 생각나게 해줄 것 같아요. 교수님의 "내가 어떤 사람인지를 생각하라"를 읽으며 많은 반성을 하게 되네요. 앞으로 화났을 땐 나에 대해 더욱 되돌아봐야겠습니다.

여민정3483
화가 날 때는 베란다로 나가 밖을 봅니다. 많은 사람들이 움직이는 모습을 보고 있다 보면 조금씩 마음이 진정되거든요. 직장에서는 우선 꾹 누릅니다. 교수님처럼 종이에 적어보는 것도 좋을 것 같아요.

 전성미2369
여동생과의 추억이 떠올라 얼마나 미안하고 고마웠는지요! 이런 책은 정말 세상의 모든 자매들이 꼭 읽으면 좋겠어요. 가장 좋은 친구이자 경쟁자였던 사랑하는 동생이 보고 싶네요.

 이진희3520
Sophie가 "I'm home."이라며 따뜻한 가족의 품으로 돌아온 장면과 이제 더는 화가 나지 않는다고 말한 마지막 장면의 그림이 잊히지 않네요.

 이현숙2261
화가 나는 감정을 그림으로 생생하게 표현하는 부분도 좋았고 어떻게 하면 화가 가라앉는지, 그 과정이 어떤지도 느낄 수 있어서 참 좋았어요.

 정혜선2459
주변의 모든 걸 다 부수고 싶고, 폭발하기 직전의 '화남'이란 감정을 정말 잘 표현한 것 같아요.

김승연1259
아이 스스로 화나는 감정을 갈무리할 때까지 차분하게 소피를 기다려준 가족의 모습을 배우고 싶어요.

느리게 100권 읽기

042

난이도 ■■□□□

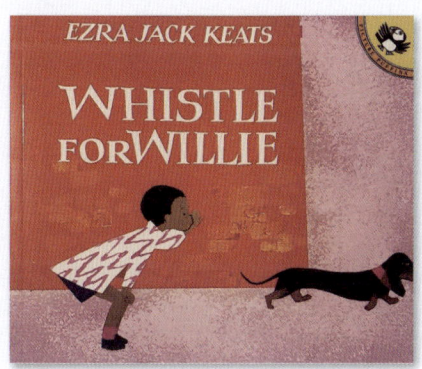

Whistle for Willie
by Ezra Jack Keats

어린아이들은 작은 것 하나를 배우는 데도 시간이 걸립니다. 열심히 노력한다고 반드시 잘 되는 것도 아닙니다. 그런데도 모든 것이 즐거울 수 있습니다. 오늘 우리가 함께 읽을 늘백의 그림책은 휘파람을 불고 싶은 한 어린 소년의 이야기, Ezra Jack Keats의 《Whistle for Willie》입니다.

1.

Peter는 휘파람을 불고 싶습니다. 휘파람을 불어 자신의 강아지 Willie를 부르고 싶거든요. 하지만 아무리 노력해도 휘파람이 나오지 않습니다. 볼이 얼얼해지도록 열심히 연습하지만 실패의 연속입니다. 그래도 Peter는 실망하거나 포기하지 않습니다. Peter는 언제쯤에나 휘파람으로 Willie를 부를 수 있게 될까요?

2.

매우 단순하고 평범한 이야기지만 어린아이들 특유의 낙천적인 시각과 마음 세계를 잘 표현하고 있습니다. 읽는 이가 직접 순수한 마음을 지닌 아이가 되어 주인공의 모든 경험과 감정에 동참하게 됩니다. 휘파람 불기에 대한 동경, 잘 되지 않아도 조바심을 내거나 조급해하지 않는 여유, 하지만 아마도 자신도 모르게 하게 되는 이런저런 엉뚱한 일들, 포기하지 않고 계속 시도하는 집요함, 마침내 성공했을 때의 희열, 엄마 아빠 앞에서의 자랑스러움 등.

콜라주와 수채화 기법을 사용하여 보통 아이의 일상과 심리를 생생하게 그려내고 있습니다. 출간 이후 60년 가까이 흘렀음에도 아이의 아이다움을 표현한 글과 그림이 조금도 어색하게 느껴지지 않습니다. 장면마다 이어지는 Peter의 아이다운 모습에 흐뭇한 미소가 절로 납니다. 휘파람을 불기 위한 노력도 가상하지만 혼자 놀기의 진수를 보여줍니다. Peter를 대하는 엄마의 여유롭고 재치 있는 모습에서 Peter가 누리는 행운과 행복을 느낄 수 있습니다.

3.
등장인물들의 표정 연기가 일품입니다. 두고두고 기억에 남을 것 같습니다. 엄마 아빠 앞에서 휘파람 불기를 뽐낼 때, 페이지를 꽉 채울 만큼 기쁨과 자랑스러움 가득한 Peter의 얼굴 표정이. 그리고 Peter를 알아보고 달려오는, 세상의 모든 반가움과 애정을 담은 듯한 Willie의 얼굴 모습이.

가끔씩은 왜 그런 장면이 있는지 잘 이해되지 않을 수도 있습니다. 하지만 모든 것들은 자유로운 영혼을 가진 아이들의 이유 없는 마음과 행동을 잘 보여주고 있습니다. 어지러울 때까지 빙글빙글 돌고, 비어 있는 커다란 박스 안에 숨고, 걸어가며 계속 색분필로 선을 긋고, 아빠 모자를 쓰고 아빠인 척도 해보고, 보도의 갈라진 틈을 따라 걷기도 하고, 그림자를 떼어버리기 위해 달려보고 높이 점프도 하고, Willie를 보자 다시 빈 박스 안에 숨는 것까지.

어린 시절 형이나 누나, 언니나 오빠가 하는 말과 행동이 얼마나 멋있어 보였는지 기억하시나요? 그러니 누군가의 휘파람 소리에 개가 달려오는 것을 본다면 어떤 아이라도 휘파람을 잘 불고 싶을 겁니다. 하지만 계속 노력해보지만 잘 되지 않으니 (아마도 자기도 모르게) 이런저런 엉뚱한 일을 시도해보는 것이겠지요. 그러다가 마침내 성공했을 때의 날아갈 것 같은 기분, 엄마 아빠와 주변 사람들에게 뽐내고 싶은 마음, 그리고 어딜 가든 하루 종일 휘파람만 불고 다니는 모습. 어른들은 몰라도 아이들은 Peter의 모든 것이 쉽게 이해되고 공감됩니다. 장난기 가득하며, 잘 되지 않아도 모든 것이 즐겁고, 포기할 줄 모르는 주인공 Peter에게서 자신의 모습을 발견하게 됩니다. 그래서 더 좋아하고 더 재미있어 합니다.

4.
아십니까? 아무리 노력해도 휘파람이 잘 불어지지 않는 사람이 상당히 많다는 것을? 사실 휘파람 부는 것은 그리 쉽지 않습니다. 혹시 별것 아니라고 생각된다면 어릴 때 휘파람 부는 걸 어떻게 배웠는지 생각해보십시오. 쉽지 않았다고 느끼실 겁니다. 조금만 더 생각해보면 본래부터 잘할 수 있었던 것은 거의 없었음도 알게 되실 거고요. Peter의 휘파람 불기 같은 크고 작은 성공의 경험들이 쌓이고 발전하여 오늘의 내가 되었음을 깨닫게 됩니다. 오늘의 자신감과 자부심은 그런 경험들이 누적된 결과이고, 오늘의 겸손함과 상대에 대한 긍휼은 그동안 경험한 실패와 아픔이 쌓인 결과일 겁니다. 이 책은 잊고 있었던 그런 사실도 다시 상기시켜 줍니다.

휘파람을 불기 위해 그렇게도 애쓰던 두 아이, 그럼에도 불구하고 여전히 휘파람을 불지 못하는 형과 휘파람 불기에 아주 멋지게 성공한 막내가 생각납니다. 인생은 노력한다고 다 되는 것은 아닌가 봅니다. 하지만 그런 부분도 마음의 여유를 가지고 담담히 받아들이면 행복은 조금도 줄어들지 않을 것이라 확신합니다.

5
작가의 칼데콧 메달 수상작 《The Snowy Day》(1962)와 함께 1960년대 초반에 흑인 아이를 어린이 책의 주인공으로 등장시켜 그림책의 문화적 다양성에 크게 기여했다고 평가받는 작품입니다. 당시로서는 받아들이기 어려웠던 그림책 속의 흑인 아이 주인공, 시대를 앞서간 작가의 용기와 지혜, 그의 예술적 재능에 박수를 보내지 않을 수 없습니다. 직접적인 설명이나 가르침 대신 아름다운 이야기를 통해 독자들의 감성에 호소합니다. 살며시 다가와 부드럽게 속삭입니다, 닫힌 마음을 조금만 열어보라고. 1985년부터는 Keats의 작품 정신과 전통에 따라 Ezra Jack Keats Award가 제정되어 아동의 보편적 특성과 다문화적 속성을 반영한 최고의 그림책을 뽑아 시상하고 있습니다.

6.
흑인 아이가 주인공이 되기 어려웠던 과거의 시대 상황에 대해 아이와 대화하는 시간을 가져보는 것은 어떨까요? 사고의 지평을 넓히고 다문화적 감수성과 공감능력을 갖추는 데 큰 도움이 될 것입니다.

우리는 이미 다문화 국가입니다. 다양한 가치와 입장이 첨예하게 대립하고 있습니다. 다른 피부색과 상이한 문화적 배경, 남녀와 세대 간의 입장 차이, 지역이나 집단 간의 대립, 경제적 부의 편중과 빈부 격차 등, 갈수록 심화되고 있는 사회 구성원 간의 갈등이 마음을 무겁게 짓누릅니다. 마음을 열고 상대의 입장에서 바라보지 않으면 해결의 실마리를 찾을 수 없습니다. 현재 가지고 있는 것이 내 것이 아님을 알아야 합니다. 내게 맡겨진 것을 이웃과 보다 적극적으로 나누어야 합니다. 그렇게 하지 않으면 문제는 더욱 악화될 뿐입니다. 우리 아이들이 살아갈 미래, 우리가 바꾸지 않으면 행복은 점점 더 멀어질 수밖에 없습니다.

P. S.
여러분과 함께 듣고 싶습니다. Christina Perri가 부르는 〈It's a Small World〉입니다.

 〈It's a Small World〉

한 줄 소감

 김하영1436
어린아이들 특유의 낙천성. 아! 저는 왜 첫째 아이의 그 낙천성을 몰라주고 시간에 맞추라며 다그칠 때가 많았을까요?ㅠㅠ

 백나영1696
제 마음속에 들어와 보신 줄 알았습니다.^^ 어릴 때 휘파람 잘 부는 언니 오빠가 왜 그렇게 멋있어 보이던지요. 나도 크면 해야지! 했지만… 여전히 휘파람 못 부는 어른입니다.

박선향1567
혼자서는 읽어낼 수 없었던 Peter의 행동과 표정 묘사들을 소개글을 통해 알게 되었습니다. 글자만이 아니라 그림을 읽는다는 것이 또 다른 의미로 다가옵니다.

이지현2226
교수님, 저의 서툰 휘파람 소리도 언젠가는 멋진 음악으로 울려 퍼질 수 있을까요? 흑인 소년의 서툰 휘파람 소리가 오늘을 살아가는 초보 엄마인 저의 휘파람인 것만 같아요.

박민지1555
휘파람 불기 못 하는 어른이 여기 있습니다.ㅎㅎㅎ 지금이라도 Peter처럼 노력해보고 싶네요.^^

황현경2729
자유로운 영혼을 가진 아이의 이유 없는 마음과 행동, 공감 백배입니다. 빙글빙글 돌고, 장롱 속에 숨고, 아빠 옷을 걸치고 아빠인 척했던 일들, 이젠 아련한 추억이네요.

한혜원2675
휘파람을 불지 못해도 신이 나고, 휘파람을 불게 되자 날아갈 듯 기뻐하는 피터의 모습을 보니 저도 덩달아 즐거워지네요. 오늘의 소개글을 통해 아이들의 모든 경험이 성공과 실패 여부를 떠나 모두 의미가 있음을 깨닫습니다.

유선영1927
젓가락질도, 시리얼 흘리지 않고 담기도, 가위질도, 선 밖으로 안 나가게 색칠하기도, 콤파스 고정시키기도 여전히 서툰 나의 꼬맹이들.^^ 얘들아, 너희들의 고군분투를 응원할게!

정광은3229
누구에게나 처음은 있고, 걸음마 시절을 거치게 된다는 너무나도 당연한, 하지만 시간이 지나면 정말 잊기 쉬운 진실을 다시 깨닫습니다. 그냥 얻어지는 것은 정말 아무것도 없는 것 같아요.

윤지수1973
소개글을 읽고 나니 무엇보다 주인공의 얼굴 색깔이 다시 보입니다. 지금도 뭔가 약간 다르다고 느껴지는데 60년 전에는 어땠을지 잘 가늠이 안 되네요. 오늘도 좋은 메시지 감사해요.

이미숙2026
오랜 시간에 걸친 인내와 노력이 보상받는 그 순간, 얼마나 기쁘고 뿌듯했을까요? 제 꿈을 그 과정에 대입해 봅니다. 상상만으로도 짜릿하네요! 그래서 오늘도 느린 걸음으로 한 발자국씩 걸어갑니다.

조정은3244
현재 가지고 있는 것은 내 것이 아니라 잠시 맡겨진 것뿐이라는 말씀이 무겁게 다가옵니다. 지금 내가 당연하게 누리고 있는 것들이 내 아이들에게는 허락되지 못할 수도 있음을 잊지 않을게요. 말과 생각과 행동에 더 큰 책임감을 느낍니다.

느리게 100권 읽기

DAY 043

난이도 ■■□□□

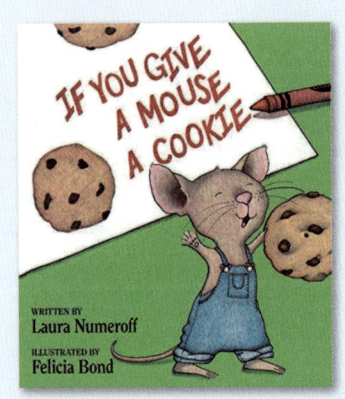

If You Give a Mouse a Cookie
by Laura Numeroff, Felicia Bond (illustrator)

꼬리에 꼬리는 무는 이야기 좋아하시나요? 쉽고 재미있는 영어책을 골라 하루에 한 권씩 꾸준히 함께 읽어가는 느리게 100권 읽기, 그 43일째를 맞는 오늘의 그림책은 Laura Numeroff 글, Felicia Bond 그림의 끝없이 이어지는 이야기 《If You Give a Mouse a Cookie》입니다.

1.

배고픈 생쥐에게 쿠키를 준다면, 생쥐는 우유를 달라고 할지도 모릅니다. 우유를 주고 나면 빨대가 필요하다고 할지도 모르고, 빨대까지 줘서 우유를 마시고 나면 냅킨을 요구할지도 모릅니다. 그러고 나면 입가에 우유 자국이 있나 싶어 거울을 보려고 할지도 모르지요. 물론 당연히 거기서 끝날 리 없습니다. 그리고 만일 이런 식으로 계속 꼬리에 꼬리를 물고 늘어진다면 당하는 사람은 무척 힘들 수밖에 없을 겁니다. 그런데 그런 이야기를 읽는 우리 아이들은 어떨까요?

2.

매 페이지가 그림과 어울리는, 어렵지 않은 한두 문장의 영어로 구성되어 있습니다. 일부 표현을 몰라도 그림을 보고 의미를 쉽게 유추할 수 있습니다. 밝고 풍부한 색채의 귀여운 그림이 아이들의 눈길을 사로잡습니다. 많은 집안일로 분주한 엄마의 인내심을 시험이라도 하듯 하루 종일 이것저것 끊임없이 요구하는 활동력 넘치는 아이들과, 그런 아이들을 뒤치다꺼리하느라 바쁜 엄마들을 떠올리게 합니다. 이야기가 꼬리에 꼬리를 물고 이어지다가 결국 다시 원점으로 돌아오게 됩니다. 이와 같은 이야기는 끊임없이 계속될 수 있고 언제든 변화와 변형이 가능하기 때문에 아이들의 상상력을 자극하고 황당한 생각을 격려하기에 좋습니다. 다음을 예측하면서, 다양한 대안적 가능성을 떠올리면서, 그리고 이어지는 사건들 사이의 인과관계를 생각하면서 많은 대화를 나눌 수 있습니다.

3.
기껏 열심히 공부한 단어가 기억나지 않는다면 투자한 시간과 노력이 너무 아깝겠지요? 그런데 아셨나요, 한국 학생들이 가장 많이 쓰는 단어 공부법은 놀랍게도 "무작정 암기"라는 사실을? 영어 단어를 공부하는 여러 가지 효과적인 방법이 있는데도 말입니다. 실은 단어뿐 아니라 무엇이든 기억을 위해 가장 좋은 방법은 연상을 이용하는 것입니다. 그렇다면 연상을 위해 가장 효과적인 방법은? 어쩌면 그림이라고 생각하실지 모르지만 정답은 바로 스토리를 통한 연상입니다. 그것도 꼬리에 꼬리를 무는 스토리를 이용하는 것이지요. 물론 인상적인 스토리와 그림이 잘 어우러진다면 더욱 좋을 겁니다. 이 책은 그와 같은 특징을 갖는 순환적 이야기(circular tale)의 대표 선수라 할 수 있습니다.

4.
유창한 영어 실력을 위해선 닥치는 대로 많이 읽어야 합니다. 그리고 이를 위해선 무엇보다 아이가 쉽게 읽을 수 있는 좋은 영어책을 아주 많이 구해주어야 하지요. 결코 쉽지 않은 일입니다. 이럴 때 엄마 아빠를 도와주는 건 바로 아이가 좋아하는 영어책이 시리즈로 이어지는 것. 다행히 《If You Give a Mouse a Cookie》도 시리즈입니다. 모든 책이 역시 꼬리에 꼬리를 무는 방식이며, 대부분 매우 재미있습니다. 그리고 간단한 한두 문장으로 되어 있어 읽기도 쉽습니다.

다음은 〈If You Give ... Series〉 중에서도 특히 재미와 인기가 만점인 작품입니다.

- 《If You Give a Mouse a Cookie》(1985)
- 《If You Give a Moose a Muffin》(1991)
- 《If You Give a Pig a Pancake》(1998)
- 《If You Give a Pig a Party》(2000)
- 《If You Take a Mouse to the Movies》(2000)
- 《If You Take a Mouse to School》(2002)
- 《If You Give a Cat a Cupcake》(2008)

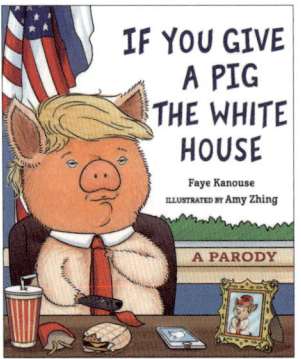

아, 그리고 〈If You Give … Series〉의 최고 인기작 중 하나인 《If You Give a Pig a Pancake》의 성인용 패러디(parody)도 있는데 아시나요? 바로 Faye Kanouse 글, Amy Zhing 그림의 《If You Give a Pig the White House》(A Parody for Adults, 2019)입니다. 작품성은 모르겠지만 대중적 인기는 꽤 높은 책입니다.

5.
마지막으로 한 가지만 더. ATOS나 렉사일 지수가 뭔지 들어보셨지요? 아이를 위해 알맞은 영어책을 고를 때 책의 난이도를 알려주는 이독성 지수들인데 상당히 유용한 자료이지만 무작정 믿으면 곤란합니다. 예를 들어, 《If You Give a Mouse a Cookie》의 난이도(ATOS Book Level)는 Junie B. Jones 같은 챕터북과 비슷한 2.7입니다. 하지만 체감 난이도는 당연히 챕터북 수준에 한참 미치지 못합니다. 문장도 짧고 글밥도 적어 아이와 함께 그냥 쉽게 읽을 수 있는 책이지요. 그림책들은 많은 경우 상황이 이와 비슷합니다.

한 줄 소감

김건희1118
뫼비우스의 띠처럼 끊임없이 반복되는 질문을 하는 저희 아이가 생각났어요. 다른 〈If you give …〉 시리즈도 모두 읽고 싶어집니다.

김경애1126
꼬리에 꼬리를 무는 이야기는 역시 다음 내용이 궁금해서 빨리 넘기고 싶어지는 것 같아요. 아이 말 트이는 데에도 좋고요. 스토리를 바탕으로 한 연상 단어 기억법도 완존 꿀팁입니다 :-)

정정은2433
끊임없이 요구하는 생쥐의 모습이 마치 우리 애 같네요. 체력이 약한 엄마는 늘 기진맥진이랍니다.ㅠㅠ 그렇지만 엄마를 향한 끊임없는 요구가 필요 없는 날이 오면 무척 서운하겠지요?

문설희1519
이 그림책이 Junie B. Jones와 비슷한 레벨이라니 정말 의외네요. 사실 그림책의 매력을 알게 되니, 책의 레벨로부터 상당히 자유로워지는 것 같아요.

윤미숙1954
처음 아이에게 영어 그림책을 읽어주기 시작할 때 책의 난이도 지수를 찾아보며 엄청 신경 썼던 것 같아요. 근데 시간이 지나면서 그냥 아이가 좋아하고 재미있어 하는 책을 읽어주게 되더라구요. 아이가 느끼는 체감 난이도는 달랐었나 봐요.^^

한혜원2675
If you give kids great books, they'll want to read them again and again. 작가의 리딩 포스터에 있던 말이 생각납니다. 늘 정성 가득 골라주시는 좋은 책들과 생각하게 만드는 소개글로 아이들과 꼬리에 꼬리를 무는 즐독이 이어지고 있습니다. 감사드려요.

손정현1765
교수님 소개글 내용 중 '무작정 암기'가 참 와닿네요. 저는 그렇게 했지만 제 아이는 그렇게 공부하지 않길 바라봅니다.

임수지2307
단어를 기억하는 데 스토리를 통한 연상이 가장 효과적이라는 말씀이 와닿습니다. 요즘 저희 아이가 책에서 재미있게 읽었던 상황을 떠올리며 영어로 간단한 말을 합니다. 이게 스토리를 통한 연상의 힘이 아닌가 싶네요.

홍정현3764
꼬리를 물며 아이에게 너무 많은 것을 요구하던 생쥐. 내 그녀는 귀여워서 좋아서 깔깔대며 웃었지만. 난 속으로 "입상~!" 이랬네요.^^

문상미1518
단어 공부는 결국 재미있는 영어책을 많이 읽다 보면 쉽게 해결되는 일이었네요. ATOS나 렉사일 지수에 대한 교수님의 이야기도 다시 한번 되새겨봅니다. 결국은 즐다잘! 명심할게요.^^

황현주2733
맞아요. 늘백하면서 새롭게 알게 된 단어가 꽤 있는데 어디선가 그 단어들을 만나면 어떤 그림책의 어느 부분이었는지 생각날 때가 있더라구요. 스토리를 통한 단어 연상법! 잘 활용해봐야겠습니다!

김은주2847
꼬리에 꼬리를 물고 늘어지는 생쥐의 모습이 우리 아이들의 모습과 참 많이 닮아서 한참을 웃었네요. 우리 아이들의 영어책 읽기도 이렇게 꼬리에 꼬리를 무는 책 읽기로 쭉 이어졌으면 좋겠어요.

느리게 100권 읽기

DAY 044

난이도 ■■■□□

Me … Jane
by Patrick McDonnell

제게는 꿈이 있습니다. 〈느리게 100권 읽기〉를 범국민 운동으로 발전시키고자 하는 커다란 꿈이 있습니다. 여러분은 어떤 꿈을 갖고 계십니까? 오늘은 Patrick McDonnell이 들려주는 한 어린 소녀의 가슴 설레는 꿈에 대한 이야기 《Me … Jane》을 함께 읽으며 우리의 꿈에 대해서도 생각해보는 기회를 가져보면 어떨까 합니다.

1.
어린 소녀 제인은 침팬지 인형인 쥬빌리와 어디든 같이 다니며 동물을 관찰하고 자연을 즐깁니다. 그리고 그 속에서 경이로움과 기쁨, 편안함을 느낀 나머지 자연에서 동물들과 함께 생활하며 그들을 돕고자 하는 꿈을 갖게 되지요. 날마다 아프리카 자연 속에서의 삶을 꿈꾸며 잠이 드는 제인, 정말 간절히 바라면 이루어지는 것일까요? 어느 날 아침 깨어나 보니 그토록 바라던 꿈이 이루어져 있음을 알게 됩니다. 제인은 어떻게 자신의 꿈을 이루게 되었을까요?

2.
영국의 세계적인 동물학자이자 침팬지 연구가인 제인 구달(Jane Goodall)의 어릴 적 꿈에 대한 이야기입니다. 꿈꾸는 소녀 제인 구달의 실제 이야기가 진솔하게 담겨 있어 감동을 줍니다. 자연과 동물을 사랑하는 순수한 마음이 생생하게 느껴집니다. 예쁘고 부드러우며 따스함이 가득한 수채화 그림이 읽는 사람의 마음을 편안하게 해주고 자연과 동물에 대한 소녀의 깊은 애정과 간절한 소망을 있는 그대로 전해줍니다. 마치 오래된 일기장을 꺼내보는 것과 같은 느낌, '나도 한때는 꿈이 있었지' 하는 생각, 분명 혼자만은 아닐 거라 확신합니다.

3.
장면 하나하나가 매우 인상적입니다. 숲속에서 쥬빌리와 함께 양팔을 활짝 벌리고 누워 자연과 하나가 되었을 때는 우리도 마치 그곳에 있는 것과 같은 착각이 듭니다. 그 시간 그 자리에 나도 함께하고 싶다는 마음이 간절해집니다. 나무에 올라 자신의 심장 뛰는 소리를 듣는 장면에서는 꿈꾸는 소녀의 순수한 마음이 생생하게 전해져 옵니다. 이런 게 바로 진짜 꿈이 아닐까 생각하게 됩니다. 타잔과 제인처럼 살기를 꿈꾸며 잠들었던 소녀 제인이 어느 날 아침 그 꿈을 이룬 여인이 되어 아프리카에서 깨어나는 장면도 신선하게 다가옵니다. 어려운 가정 형편과 주변의 반대에도 불구하고 좌절하거나 포기하지 않고 자신의 꿈을 이루기 위해 아프리카로 떠나는 제인, 어릴 적 꿈을 성취한 후에도 멈추지 않고 더 나은 세상을 만들기 위해 열정적으로 활동하고 있는 제인, 한마디로 '멋진 인생'입니다. 2012년 칼데콧 아너 수상작(Caldecott Honor Book)입니다.

4.
> and fall asleep ...
> to awake one day ...
> to her dream come true.

자고 일어나 보니 꿈이 이루어져 있었다니! 꿈꾸기를 멈추지 않는 한 꿈은 결국 현실이 된다는 말을 이보다 더 멋지게 할 수 있는 방법이 있을까요? 꿈꾸기를 그치지 않고 열심히 살았더니 어느 날 그 꿈이 이루어져 있다면 얼마나 행복할까요? 그런 일이 내게도 가능할까요?

나이가 서른을 넘어 마흔이 되어가면 좋아하는 일이나 하고 싶은 일이 뭔지조차 헷갈리기 시작합니다. 자신감도 떨어지기 마련입니다. 꿈을 이야기하기에는 나이가 너무 많이 들었다고 생각할 수도 있습니다. 쉰이나 예순이 되면 말할 것도 없겠지요. 그래도 꿈꾸기를 포기하거나 멈추지 않았으면 좋겠습니다.

더 좋은 세상을 만드는 데 기여하고 싶다는 생각, 누구나 한 번쯤은 해보았을 것이라 믿습니다. 세상을 바꾸는 일, 결코 쉽지는 않을 겁니다. 하지만 절대 불가능한 것은 아니며 그것을 위해 나도 무언가를 할 수 있다는 생각, 더 많은 사람들이, 특히 더 많은 아이들이 가지게 되면 좋겠습니다.

누구에게는 힘들고 괴로운 일이 누군가에게는 진정한 기쁨과 행복이 될 수도 있습니다. 우리 아이들이 각자 자신이 진짜 좋아하는 것을 선택하고 그 속에서 기쁨과 보람을 느끼며 진정한 행복을 누릴 수 있는 그런 세상이 되었으면 좋겠습니다.

P. S.
여러분과 함께 듣고 싶습니다. ABBA가 부르는 〈I Have a Dream〉입니다.

 〈I Have a Dream〉

한 줄 소감

 이지윤2221
마지막 문장 "dream come true"를 보며 전율을 느꼈습니다. 내가 이루고 싶은 꿈은 과연 무엇일까? 아직은 늦지 않았다고 믿기에 이제라도 그 꿈을 찾아보렵니다.

 김지형3603
아이를 키우며 꿈을 잊은 채 정신없이 살다 보니 어느덧 중년이네요.ㅠㅠ 하지만 감사하게도 슬로우 미러클을 만나 잃어버렸던 꿈을 다시 꾸기 시작했습니다. 그리고 오늘의 책 장면 하나하나에 제 가슴도 함께 뛰고 있습니다.

 유지민1941
꿈꾸면, 그 꿈을 이루기 위해 노력하고, 결국엔 이루게 된다! 결코 남의 이야기만은 아닌 것 같아 뭉클함이 더욱 큽니다. 늘백 덕분에 저도 다시 꿈을 꾸게 되었거든요. 늘 응원을 아끼지 않는 교수님의 범국민 느리게 읽기 운동도 꼭 성공하시길 바랍니다.

윤민아1955
슬미를 만나 이 책을 읽으며 다시 꿈을 꾸게 되었습니다. 언젠가는 그 꿈이 이루어질 것이란 생각에 하루하루가 행복하고 매일매일이 의미 있게 다가옵니다.

조민아2480
꿈을 품고 살았던 시간과 꿈과는 멀어진 채 어른이 된 지금을 생각하니 아프리카에서 깨어나는 제인의 모습이 감동적이면서 마음이 아릿해옵니다. 저도 다시 꿈을 꿀 수 있을까요?

이미숙2026
우연하게 슬로우 미러클을 알게 되고, 아이들과 함께 느린 걸음으로 즐다잘을 향해 가는 중입니다. 꿈처럼 놀라운 결과를 얻으면 물론 좋겠지요. 하지만 그보다 함께 걸어가는 과정이 꿈의 여정이길 바랍니다.

김태은1432
그동안은 아이들이 제 삶의 우선순위를 점하고 있어서 제 꿈은 빛바랜 마음속 서랍 안에 넣어두고 꺼내볼 엄두를 내지 못했어요. 이제 다시 그 꿈을 되살려보고 싶지만 과연 이루어낼 수 있을까 하는 두려움이 큽니다. 하지만 이제는 용기를 내보고 싶네요.

채지연2547
꿈은 이룰 수 없는 머나먼 나라에 있다고 믿었습니다. 꿈을 붙잡고 있으면 이루게 될 것이라는 말씀도 솔직히 제 얘기는 아니라고 여겼습니다. 하지만 슬미와 함께한 지난 1년, 어쩌면 이제는 내 이야기가 될 수도 있겠다는 생각이 듭니다. "함께"의 마법을 믿어보고 싶습니다.

김소연1235
그렇네요. 제게도 꿈이 있었네요.^^ 꿈에 대해 이야기할 수 있는 늘백의 시간이 참 귀하고 좋습니다. 교수님의 멋진 꿈을 처음부터 지켜본 사람으로서 작은 기적들을 함께 경험하며 그 꿈이 이루어지길 함께 기도합니다.^^

이주영2195
저에게 슬미는 '나를 찾아가는 과정'인 것 같습니다. 책을 읽고 생각을 정리하면서 내 안을 자연스레 들여다보고 모르고 있었던 내 모습을 발견하기도 합니다. 오늘은 제가 무엇을 잊고 살았는지 깨달았어요. 현재로서는 더 많은 책이 필요할 것 같습니다.

현연금2693
꿈을 이야기하기에는 나이가 좀 있는 사람 중 하나입니다. 하지만 꿈꾸기를 포기하거나 멈추지 않았으면 좋겠다는 교수님 말씀에 다시 한번 용기를 내보려 합니다.

문상미1518
슬로우 미러클에서 읽은 책들 중 홈런북을 딱 하나만 고르라면 저는 주저없이 《Me ... Jane》입니다. 특히 마지막 장면에서는 전율이 느껴집니다. 꿈에 대해 이렇게 감동적으로 이야기하는 책이 또 있을까요! 제가 너무나도 사랑하는 책입니다.

느리게 100권 읽기

045

난이도 ■■■■■

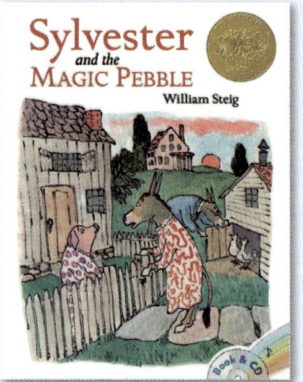

Sylvester and the Magic Pebble
by William Steig

어느 날 갑자기 사랑하는 자녀를 잃게 된다면 그 부모의 심정은 어떨까요? 단지 상상만으로도 가슴이 꽉 막히고 슬픔이 밀려드는데 실제로 그런 상황이 벌어진다면 억장이 무너지고 온 세상이 새카맣게 보이지 않을까요? 오늘 우리가 함께 읽을 늘백의 그림책은 가족과 함께하는 일상의 소중함을 깨닫게 해줄 William Steig의 《Sylvester and the Magic Pebble》입니다.

1.

특이한 조약돌을 수집하는 것이 취미인 당나귀 Sylvester는 어느 비 오는 날 강가에서 마법의 조약돌을 발견합니다. 말하는 대로 소원을 이루어주는 신기한 조약돌이었지요. 그런데 그 조약돌을 가지고 집으로 돌아가는 길에 갑자기 굶주린 사자를 만나게 됩니다. 하지만 이제는 마법의 조약돌이 있으니 아무 걱정할 필요가 없겠지요? 그런데도 Sylvester는 너무도 놀라고 당황한 나머지 얼떨결에 바위가 되었으면 좋겠다는 말을 하고 맙니다. 그리고 그 실수는 돌이킬 수 없는 비극을 초래하게 되지요. 순식간에 바위로 변해버려 말도 할 수 없고 움직일 수도 없게 된 Sylvester, 과연 본래의 모습을 다시 되찾을 수 있게 될까요?

2.

삶의 깊이가 담겨 있는 스토리로 인해 성인 독자가 유독 많다고 알려진 작가 William Steig의 작품입니다. 그의 그러한 작품 중에서도 특히 감동적이며 마음을 따뜻하게 해주는 이야기입니다. 표지 그림에서 수심이 가득한 얼굴의 당나귀 엄마, 안쓰러운 표정의 돼지 아줌마를 보며 당나귀 부부에게 대체 어떤 안타까운 사연이 있는지 궁금증을 갖지 않을 수 없습니다. Sylvester와 그의 엄마 아빠가 처한 상황이 너무도 리얼하고 애절하여 순식간에 깊숙이 빠져듭니다. 행여나 불행에서 벗어나지 못하게 될까 봐 마음을 졸이며 페이지를 한 장 한 장 넘기게 됩니다. 사건이 전개되면서 천국과 지옥을 오가게 됩니다. 희망과 기대, 좌절과 안타까움, 절망과 슬픔, 기쁨과 행복을 넘나드는 감정의 급격한 기복과 변화를 맛볼 수 있습니다.

3.
극적인 플롯과 아름다운 그림으로 인해 1970년 칼데콧 메달(Caldecott Medal)을 수상한 작품입니다. 등장인물들의 감정이 얼굴 표정에 잘 드러나 있습니다. 특히 염려와 불안, 절망과 좌절, 슬픔과 체념, 그리고 기쁨의 감정이 Sylvester 엄마 아빠의 얼굴에서 너무나도 생생하고 실감나게 느껴집니다. 그림 속에 가득한 맑은 기운이 이와 같은 감정에 순수함을 더해줍니다. 경찰을 돼지로 묘사했다는 이유로 한때 금서 목록에 올랐던 작품이기도 합니다.

늘백의 다른 그림책들에 비해 글밥이 많은 편에 속합니다. 하지만 미리 겁먹을 필요는 없습니다. 단어가 어렵지 않고 쉽게 공감할 수 있는 내용이어서 천천히 여유를 가지고 읽으면 충분히 스토리를 즐길 수 있기 때문입니다. 모르는 것보다 아는 것에 집중해야 합니다. 모르는 부분에 너무 얽매이지 말고 아는 것과 그림을 바탕으로 이야기의 전체적인 흐름을 이해하고 내용의 핵심을 파악하려고 노력하시기 바랍니다.

4.
Sylvester가 바위로 변한 것도, 나중에 다시 Sylvester로 돌아가는 것도 현실성은 사실상 전혀 없는 이야기입니다. 하지만 Sylvester의 깊은 절망과 절절한 소망을 표현한 다음 구절을 대하면 이야기 속의 상황이 더할 나위 없이 사실적으로 느껴집니다.

Someone would surely find the red pebble—it was so bright and shiny—but what on earth would make them wish that a rock were a donkey?

(세상에 어느 누가 바위를 가리켜 당나귀였으면 좋겠다고 말하겠는가?)

"I wish I were myself again. I wish I were my real self again!" thought Sylvester.

(내가 다시 내가 된다면 정말 원이 없겠어. 다시 본래의 진짜 내가 될 수 있다면 얼마나 좋을까!)

5.

"행운과 불행은 이웃(Fortune and misfortune are neighbors)"이라는 독일 속담이 있습니다. 행운이 불행이 되는 것은 그야말로 순식간입니다. 성공과 행복을 가져다줄 것이라고 믿었던 것이 오히려 우리 삶의 소중한 것을 앗아가는 경우도 드물지 않습니다. 하지만 나쁜 일이 있으면 좋은 일도 있는 법이지요. 결국 "인생사 새옹지마(人生事 塞翁之馬)"라는 말이 의미하듯, 좋은 것이 꼭 좋은 것은 아니며 나쁜 것이 꼭 나쁜 것만도 아닌 듯합니다. 우연히 행운이 주어져도 과하게 기뻐하지 않고, 갑자기 닥쳐온 불운이나 불행에도 지나치게 좌절하지 않으며, 언행을 삼가고 몸을 낮추면서 조용히 내일을 기다릴 줄 아는 성숙함과 현명함이 우리 모두에게 있으면 좋겠습니다.

6.

우여곡절 끝에 다시 가족의 품으로 돌아오게 된 Sylvester의 이야기를 통해 가족이 얼마나 소중한 것인지, 가족과 함께하는 평범한 일상이 얼마나 큰 행복인지 새삼 느끼게 됩니다. 우리가 그토록 바라는 행복이나 기적은 멀리 있지 않고 아주 가까운 곳에 있음을 다시금 깨닫습니다. 아울러 내일 무슨 일이 생길지, 미래가 어떻게 될지는 누구도 알 수 없기에 현재의 행복에 감사하며 매 순간을 최대한 즐겨야겠다는 다짐을 해봅니다.

마치 마법처럼 우리에게 온갖 좋은 것을 가져다줄 것이라 기대하는 부와 명예와 성공, 하지만 그 어떤 것이 사랑하는 가족과 함께 있을 수 있는 행복에 비할 수 있을까요? "기적은 하늘을 날거나 바다 위를 걷는 것이 아니라, 땅에서 걸어 다니는 것"이라는 중국 속담의 의미를 다시 한번 깊이 되새겨봅니다. (일상의 기적에 관한 감동적인 이야기는 36쪽을 보세요.)

P. S.
가족에 관한 노래 세 곡과 시 한 편을 함께 나누고 싶습니다.
언제 들어도 감동적인 김진호의 〈가족사진〉, 아빠(유동규)와 아들(유회승)이 부르는 〈엄마가 딸에게〉, 그리고 유회승이 부르는 〈엄마〉입니다. 시는 〈엄마〉의 후반부에 낭독됩니다.

 〈가족사진〉

 〈엄마가 딸에게〉

 〈엄마〉 ("엄마는 그래도 되는 줄 알았습니다" — 심순덕)

한 줄 소감

 전주연2378
엄마가 되어 다시 읽으니 Sylvester 엄마 아빠의 애절한 심정이 더욱 짠하게 느껴집니다. 매직 따위는 필요 없고 아이들과 그냥 건강하게 오래도록 함께 있고 싶어요.

 강민정3101
이렇게 가슴 졸이고 울먹이기까지 하며 읽었던 책이 또 있었을까 싶어요. 가족과의 평범한 일상이 최고의 행복이라는 것을 실감합니다.

 황현주2733
Sylvester의 이야기가 왜 이리도 절절하게 느껴지는지요? 이 세상의 필요한 곳 어디에서나 Sylvester와 그의 가족이 경험한 기적이 꼭 일어나길 기도해봅니다.

 정미나2397
이야기가 상당히 충격적이었어요. 사랑하는 가족들과 함께 있다는 사실이, 나의 평범한 일상이 얼마나 소중하고 기적 같은 일인지 깊이 깨달았습니다.

원문기1909
하필이면 왜 바위라고 말했냐고 딸아이가 계속 안타까워하더군요. 마법의 조약돌보다 이 책 한 권이 더 소중하게 느껴집니다.

 이은주2157
책을 읽는 내내 "변해라, 변해라, 제발! 엄마, 아빠 앞에서 제발 변해라!" 하면서 간절히 기도를 할 수밖에 없었습니다. 이야기에 아이가 그 정도로 깊이 몰입하는 것은 처음 보았어요. 정말 엄청난 책입니다.

 이현숙2261
바위가 된 후 실베스터도 그 부모도 얼마나 고통스러웠을지 너무도 절절히 와닿기에 다시 만난 순간의 기쁨이 정말 크게 느껴졌어요.

 김은빈3431
무엇이 더 필요할까요? 우리 아이와 가족이 함께 있는데 말이죠.

 조은영3240
아이를 찾고 싶은 간절함, 갈수록 깊어지는 절망, 돕기 위해 나선 동물들, 슬픔과 고통의 나날들, 그리고 감격의 재회. 장면 장면이 아직도 눈에 선하고 마음에 깊이 와닿습니다.

 신진숙1814
교수님 말씀대로 아는 것에 집중하니 그림을 통해 더욱 생생하게 다가옵니다. 모르는 단어를 마구 건너뛰면서 휘모리장단처럼 읽어버렸어요. 스토리의 힘으로 영어의 모호함을 훌쩍 뛰어넘는 놀라운 경험을 했네요!

 정지윤2448
너무나 재미있어 신기하게도 글밥은 별문제가 되지 않았던 책이에요. 저는 아이를 잃은 부모에게 감정이입이 되었고, 아이는 놀이터에서 magic pebble을 찾느라 바쁘네요.

 김지혜2858
남편과 함께 읽었습니다. 아이가 사라진다니, 생각만 해도 눈물이 납니다. 그런 일은 절대 일어나선 안 되겠지요. 아무것도 아닌 것 같은 평범한 오늘도, 사실은 가장 행복한 순간이네요.

느리게 100권 읽기

DAY 046

난이도 ■□□□□

I Want My Hat Back
by Jon Klassen

아주 큰 의미를 지니고 있어 소중히 여기던 물건이 어느 날 갑자기 사라진다면 마음이 아프고 일도 손에 잘 잡히지 않겠지요? 오늘 우리가 함께 읽을 늘백의 마흔여섯 번째 그림책은 Jon Klassen의 《I Want My Hat Back》입니다. 잃어버린 모자를 찾아 나선 곰과 그의 동물 친구들이 연출해내는 웃기면서도 섬찟한 이야기가 담겨 있는 책입니다.

1.

잃어버린 모자가 너무도 그리운 곰은 모자를 찾아 나섭니다. 그리고 만나는 모든 동물 친구들에게 물어봅니다. 하지만 모자를 보았다는 친구가 아무도 없어 크게 낙심하게 되지요. 그런데 바로 그때 사슴이 다가와 곰에게 몇 마디 말을 건넵니다. 그러자 곰은 놓치고 있었던 매우 중요한 사실 하나를 깨닫게 되고, 갑자기 벌떡 일어나 어디론가 뛰어갑니다. 곰은 대체 무엇을 알게 된 것일까요? 어딜 그리 급히 가는 것일까요?

2.

쉽고 짧은 문장이 반복되어 그 의미를 해석하는 것은 어렵지 않습니다. 하지만 작가가 말하려고 하는 바를 파악하는 것은 그리 쉽지 않습니다. (작가의 다른 작품에서처럼) 텍스트와 그림은 매우 단순한 듯 보여도 담겨 있는 의미와 그 무게는 결코 가볍지 않기 때문입니다. 최소한의 글과 갈색 톤의 소박한 그림 속에 심각할 수 있는 내용을 아무렇지도 않은 듯 유머러스하게 전달하는 재치와 재능이 돋보입니다. 페이지에 여백이 많고 깔끔하여 집중을 돕고 내용의 전달력을 크게 높여줍니다. 텍스트의 폰트 모양과 색깔, 대문자 사용(즉, "I HAVE SEEN MY HAT." "YOU. YOU STOLE MY HAT.")에 유의하세요. 등장인물의 말투와 표정, 눈 모양과 시선에서도 많은 것을 읽어낼 수 있습니다. 특히, 곰의 기분과 마음 상태를 알려주는 눈동자와 몸짓의 아주 작은 변화를 놓치지 마세요.

글로 명확하게 표현되어 있지 않은 내용을 그림 속에 함축된 정보를 바탕으로 유추해내는 재미가 만만치 않습니다. 하지만 토끼가 모자를 훔쳤다는 것도, 곰이 토끼를 잡아먹었다는 것도 단지 유추의 결과일 뿐이므로 다른 대안적 해석이 얼마든지 가능합니다. 시각적 스토리텔링을 통한 이러한 열어두기는 독자들의 상상과 질문을 돕고, 머릿속에 그려지는 어둡고 끔찍한 결말이 어린아이들에게 줄 수도 있는 충격을 완화하는 데에도 도움이 됩니다.

3.
인간의 본성이나 사회에 대한 통렬한 반어와 풍자를 담고 있는 블랙 코미디(black comedy)의 정수를 보여줍니다. 등장인물들의 절제된 대화 속에 풍자적 유머가 가득합니다. 곰의 예의 바름, 끈기와 인내, 충격적인 결말 등, 어울릴 것 같지 않은 상반된 요소들이 함께 어우러져 신선한 느낌을 주고 이야기에 생동감을 더해줍니다. 아무것도 모른다는 듯 시치미를 떼며 감정이나 속마음을 드러내지 않는 등장인물들의 무덤덤하고 무표정한 얼굴이 상황을 더욱 웃기게 만듭니다.

토끼의 거짓말을 곰이 인식하지 못하고 넘어가는 장면에서 고조되는 긴장감, 사슴과의 대화를 통해 깨달음을 얻는 순간 분출되는 분노와 그로 인한 빨개짐, 질주와 대치, 모자의 회수, 그리고 어디에서도 보이지 않는 토끼의 모습. 마치 빠르게 전개되는 한 편의 스릴러 애니메이션을 보는 듯합니다. 구조와 내용의 양면에서 서로 호응하는 토끼와 곰의 속 보이는 거짓말, 사람이든 동물이든 무언가 잘못한 것이 있을 때 어떻게 반응하는지를 잘 볼 수 있습니다.

Jon Klassen의 모자 3부작(Hat Trilogy)에 속하는 첫 번째 작품으로 재미와 웃음, 섬뜩함과 깊은 생각을 동시에 선사하는 사악하면서도 매력적인 책입니다. 가이젤 아너북(Theodor Seuss Geisel Award Nominee, 2012)을 포함한 다수의 아동문학상 수상작이며, 〈뉴욕타임스〉 베스트셀러 목록에 오랜 기간 등재되어 상업적으로도 크게 성공한 책입니다.

4.
여유를 가지고 천천히 읽다 보면 많은 생각과 질문들이 꼬리를 물고 이어집니다. 특히 다음 질문들에 주의를 기울이면 더욱 풍성한 책 읽기가 가능합니다.

(1)
- 동물들은 정말 모자를 본 적이 없을까?
- 혹시 모자의 행방을 알면서 시치미를 뗀 것은 아닐까?
- 만일 그렇다면 왜 모른 척한 것일까?
- 동물마다 조금씩 다른 반응에는 어떤 의미라도 있는 것일까?
- (곰의 질문에 대한) 토끼의 답변과 (다람쥐의 질문에 대한) 곰의 답변이 사실상 똑같은 이유는 무엇일까?
- 뭔가 떳떳지 못한 부분이 있을 때는 저절로 말이 많아지고 역정을 내게 되는 것일까? 만일 그렇다면 대체 그 이유는 무엇일까?
- 곰과 다람쥐의 "OK. Thank you anyway."는 같은 의미일까? 그렇지 않다면 둘은 어떻게 다를까?
- 처음 토끼를 만났을 때 곰은 왜 모자를 알아보지 못했을까?
- 곰의 예의 바르고 참을성 있는 태도, 끔찍한 결말에서 느껴지는 상반된 내면, 그리고 무표정한 얼굴은 어떻게 이해하면 좋을까?

(2)
- 이야기의 마지막 부분에서 토끼는 대체 어디로 간 것일까?
- 정말 곰이 토끼를 죽인 것일까? 만일 그렇다면 곰은 왜 그렇게까지 한 것일까?

- 곰의 복수가 정당화될 수도 있을까? 만일 그렇다면 그 이유는 무엇일까?
- 만일 그렇지 않다면 토끼의 행위에 대한 적절한 대응은 어떤 것이 될 수 있을까?
- 내가 만일 곰의 입장이라면 곰과 똑같은 상황에서 어떻게 생각하고 어떻게 행동할까?
- 그림에서 유추되는 일반적인 해석과는 달리, 곰이 토끼를 죽인 것이 아니라면 어떤 대안적 시나리오가 가능할까? (참고로, 살인의 심증이 아무리 강해도 시신을 찾지 못할 경우에는 혐의 입증이 어려워 피의자를 처벌하는 것이 불가능하게 될 수도 있다는 점에 유의하기 바람.)
- 만일 곰이 토끼를 죽인 게 정말 아니라면 곰이 다람쥐에게 한 말은 어떻게 설명해야 할까?

(3)
- 토끼가 정말 곰의 모자를 훔친 것일까?
- 만일 그렇다면, 사실이 드러날 경우에 닥쳐올 무서운 결과를 충분히 예상할 수 있었을 텐데 토끼는 왜 그런 짓을 한 것일까? (참고로, 곰의 질문 "Have you seen my hat?"과 여우의 답변을 통해 알 수 있듯이, 동물 친구들이 곰의 모자에 대해 이미 알고 있었을 가능성이 크다는 점에 유의할 필요가 있음.)
- 모자를 훔친 게 아니라 단지 떨어진 것을 주운 것이라면 토끼와 곰의 행위에 대한 평가는 어떻게 달라질 수 있을까?
- 만일 모자를 훔친 게 아니라면 토끼가 곰에게 한 말은 어떻게 이해해야 할까?
- 토끼와 곰의 거짓말 중 누구의 거짓말이 더 나쁜 것일까? 그리고 그렇게 생각하는 이유는 무엇인가?

(4)
- 곰의 모자는 어디에서 온 것일까?
- 모자는 또 어떻게 잃어버리게 된 것일까?
- 곰이 모자에 그토록 큰 애착을 보이는 이유는 무엇일까?

- 곰에게 모자가 갖는 의미는 과연 무엇일까?
- 토끼가 쓰고 있던 빨간 모자는 정말 곰의 모자였을까?
- 만일 그 모자가 본래 곰의 것이 아니라면 곰의 행동을 어떻게 이해해야 할까?

한 줄 소감

윤나경3329
이 짧은 책에서 어마어마한 질문과 대화들이 오갈 수 있다는 것에 감탄합니다. 하루에 끝낼 수 없을 것 같아요. 우리 삶을 돌아보게 하는 책이네요.

서유미3165
교수님 소개글을 읽고 나니 안개가 걷히는 듯합니다. 소개글의 정수를 보여주시네요.^^ 아들과 대화 나누며 다시 한번 곰의 시선부터 찬찬히 따라가 봐야겠어요.

선미희1743
내포된 의미의 깊이를 가늠하기 힘든, 구석구석 찬찬히 살펴봐야 하는 책인 것 같아요. 이 많은 생각과 상상을 가능케 하는 작가에게 존경을 표합니다.

배은영1692
그림이 전할 수 있는 이야기가 정말 무궁무진하네요. 놓쳤던 많은 부분을 교수님의 소개글 덕분에 발견하며 깊고 풍성한 책 읽기의 설렘을 경험할 수 있었습니다.

송여진2915
제게 영어책의 매력을 알게 해준 첫 번째 책입니다. 단순히 그림만 봐도 빠져드는 책, 볼수록 질문이 많아지는 책이네요.

여윤미1878
단순히 곰이 모자 찾는 이야기인 줄 알았는데 교수님 글을 보고 나니 갑자기 섬뜩하고 미스터리한 추리물로 변했네요.^^ 주인공의 눈빛만으로도 정말 많은 것을 느낄 수 있는 매력 만점의 책입니다.

정소라2410
단순한 플롯과 짧은 대화인데도 불구하고 그 속에서 수많은 질문을 끌어내 대화할 수 있고 철학적인 사고까지 가능한 책이었군요. 정말 놀랍습니다.

박태미3462
소개글을 참고하여 천천히 자세히 읽다 보니 생각할수록 많은 질문과 대화거리가 나오네요. 짧고 단순한 듯 보여도 '느리게 읽기'에 딱 맞는 책인 것 같아요.

강은혜1031
그림과 글이 정말 많은 것을 함축하고 있네요. 생각을 확장할 질문들이 이렇게 많을 수 있다니요! 덕분에 추리소설을 한 권 읽은 것 같습니다.

이예린2124
알면 알수록 정말 더 많은 것이 보이네요. 제대로 알고 나니 등장하는 동물들의 시선과 눈빛만으로도 등골이 서늘해집니다. 그리고 교수님께서 던지신 다채로운 질문들 덕분에 읽을 때마다 생각을 계속 확장하게 됩니다.

박선주1565
책이 '사악하면서도 매력적'이라는 표현이 아주 딱 맞는 것 같습니다. 많은 생각을 하게 만들고, 질문은 있지만 정답은 따로 없는 책. 충분히 사악하고 매력적으로 느껴집니다.^^

홍정현3764
사건의 발단인 그 빨간 고깔모자. 그리고 대화하는 동물에 따라 의미가 달라지는 Thank you anyway! 난 곰 편! 내 딸은 토끼 편!^^ 몇 번을 읽으며 대화해도 딸과의 생각 차이가 좁혀지지 않네요.^^ 참 깊은 재미가 있는 책입니다.

느리게 100권 읽기

047

난이도 ■■□□□

Ocean Meets Sky
by Terry Fan & Eric Fan (The Fan Brothers)

혹시 사랑하는 사람을 떠나보낸 경험이 있으신지요? 오늘 우리가 함께 읽을 늘백의 그림책은 Fan Brothers (Terry Fan & Eric Fan)의 환상적인 아름다움을 지닌 작품 《Ocean Meets Sky》입니다. 사랑하는 사람의 죽음과 그 죽음에 뒤따르는 이별에 대해 생각해보게 하는 책입니다.

1.

늘 함께 있으면서 Finn에게 하늘과 바다가 만나는 곳에 대해 말씀해주셨던 할아버지, 지금은 더 이상 곁에 계시지 않고 그 할아버지의 자리도 비어 있습니다. 돌아올 수 없는 먼 곳으로 떠나셨기 때문이지요. 하지만 Finn은 할아버지를 그냥 보내드릴 수 없었습니다. 그래서 배를 만들기 시작합니다. 할아버지가 말씀하셨던 하늘과 바다가 만나는 곳을 찾아가 보기 위해서입니다. 마침내 배가 완성되었고 항해를 시작합니다. 가는 도중 커다란 황금빛 물고기를 만나 신비로운 바다의 이곳저곳을 탐험합니다. 그리고 드디어 도착한 하늘과 바다가 만나는 곳, 그곳에서는 과연 무엇이 Finn을 기다리고 있을까요?

2.

할아버지와의 마지막 이별 과정을 황홀하리만큼 아름답게 그려낸 작품입니다. 표지에서부터 느껴지는 몽환적인 분위기가 책 속에 가득하고 아련한 슬픔의 기운이 곳곳에 배어 있습니다. 죽음으로 인한 마지막 이별의 슬픔까지도 아름답게 느껴집니다. 아직도 가슴속에 남아 있으니 멀리 떠났어도 사라진 것은 아니라고 말해줍니다. 추억할 아름다운 것이 남아 있는 한 여전히 함께 있는 것이라고 속삭입니다. 너는 추억할 무엇을 갖고 있느냐고 묻는 것 같습니다. 큰 슬픔 같은 극한의 감정은 어떤 형태로든 풀어내는 과정이 필요하다고 합니다. 그것을 위한 지혜를 혹시 이 책 속에서 발견할 수 있을까요?

바다와 하늘이 만나는 곳이기 때문일까요? 달과 구름, 열기구와 비행선, 고래와 해파리, 배와 잠수함 등 바다와 하늘의 많은 것들이 함께 어우러져 눈부시게 아름다운 한 폭의 그림을 이루고 놀라운 장관을 만들어내고 있습니다. "바다와 하늘이 만나는 곳이라니, 대체 무슨 의미일까?" 하며 질문하던 독자들의 마음을 흡족하게 해줍니다. 작가의 상상력과 표현 능력에 탄성이 절로 납니다. 감수성이 풍부한 어린아이들은 물론 세상사에 찌든 메마른 가슴의 어른들에게도 두고두고 다시 보고 싶은 최고의 그림책이 되리라 확신합니다.

사랑하는 이의 죽음과 이어지는 이별의 슬픔을 가슴 시리도록 아름답게 담아낸 책. 〈The Washington Post〉의 리뷰("Young readers will be captivated.")처럼, 어린 독자들은 물론 어른들의 눈과 마음까지도 완전히 사로잡을 만한 책. 반드시 종이책을 구해 직접 눈으로 읽어봐야 하는 책입니다. 유튜브나 디지털 이미지로는 각 장면의 환상적인 아름다움과 벅찬 감동을 제대로 느낄 수 없기 때문입니다. Fan Brothers의 글과 그림 스타일에 마음이 끌리고 그 감동과 여운을 새롭게 느껴보고 싶다면 두 형제의 《The Night Gardener》도 읽어보시길 권해드립니다.

3.
인간이라면 누구나 죽음을 피할 수 없습니다. 죽음은 자연스러운 것이기도 합니다. 혹자는 그러하니 죽음을 담담하고 편안하게 받아들이라고 조언합니다. 그렇지만 그러한 현자들의 가르침을 실천하는 것은 그리 쉬운 일이 아닙니다. 특히 사랑하는 이의 죽음은 결코 평범할 수 없습니다.

험한 세상을 살아가며 모든 것을 바칠 수 있을 만큼 깊이 사랑하는 사람을 만난다는 것은 인생 최고의 행운이며 그 무엇과도 바꿀 수 없는 커다란 축복입니다. 하지만 동시에 그런 사람을 영원히 떠나보내야 한다는 것은 도저히 견딜 수 없는 극도의 슬픔이 될 것입니다. 축복의 순간부터 이미 큰 슬픔을 필연적으로 잉태하고 있는 것이지요.

세상에서 가장 사랑하는 사람과의 이별, 단어를 떠올리는 것만으로도 슬픔이 느껴지고 가슴이 저려옵니다. 과연 그 이별의 슬픔을 감당할 수 있을까요? 그 속에서도 계속 살아갈 의미를 찾을 수 있을까요? 도저히 이겨낼 자신이 없어 같은 날 같은 시간에 함께 떠나게 해달라고 기도합니다. 사랑하는 이와의 이별을 견디어낼 지혜가 필요합니다. 그 사람과 헤어지는 나만의 방식이 필요할 것 같습니다. 할 수만 있다면 사랑하는 이의 죽음과 그 죽음에 이어지는 이별과 슬픔도 삶을 아름답고 순도 높게 만드는 내 삶의 자연스러운 일부로 만들고 싶습니다.

4.
누군가를 진심으로 사랑한다면 변하게 됩니다. 세상을 바라보는 눈도, 주어진 삶을 대하는 태도도, 그리고 오늘 하루를 살아가는 마음가짐도. 그런 변화를 가져온 이와의 예견된 이별은 죽음에 대한 진지한 생각을 더 이상 미룰 수 없게 합니다. 더 늦기 전에 죽음과 이별에 대해 생각하고 준비를 시작하라고 깨우쳐줍니다. 인생은 짧고 언제 떠나야 할지 모르니 잠시의 시간도 낭비하지 말라고 권면합니다. 사랑한다 말하라고 외칩니다. 미루지 말고 지금 당장. 함께하는 시간을 소중히 여기며 매일의 행복을 마음껏 즐기라고 말합니다.

P. S.
함께 듣고 싶습니다.
윤민수와 신용재가 부르는 〈인연〉입니다.

 〈인연〉

한 줄 소감

고희선1063
무어라 형언할 수 없는 깊은 감정이 북받쳐 오릅니다. 지금 당장, 사랑하는 사람에게 달려가 사랑한다고 말하고 싶어요. 그날이 오기 전에 더 열심히 더 적극적으로 표현하고 싶습니다.

김은주2847
사랑하는 사람과의 이별을 생각하니 눈물이 차오릅니다. 그 가슴 아픈 이별을 준비하는 지혜와 그 극한의 슬픔을 이겨낼 용기를 이 책을 통해 배우고 싶습니다.

유지민1941
한 편의 영화를 본 듯합니다. 색감이 아름답고 몽환적이며 가슴 뭉클한 영화요. 하늘과 바다가 만나는 곳이라니 표현만으로도 너무 멋집니다. 극한의 슬픔을 해소하고, 또 언젠가는 사랑하는 이들이 다시 만나게 될 곳이겠지요.

하진희3777
책을 읽기 전에 보는 표지는 아름답고 낭만적인 느낌이었는데, 책을 읽고 난 후에 보는 표지는 마음이 뭉클해지고 눈시울이 뜨거워지네요.

이진희3520
사랑하는 사람과의 이별은 형용할 수 없을 만큼의 큰 아픔이지만, 피할 수는 없기에 그 슬픔을 견뎌낼 지혜가 필요하다는 말씀, 깊이 공감합니다. 추천해주신 다른 책도 읽어볼게요.

이지윤2221
감동적인 소개글과 신비로운 아름다움이 가득한 그림책을 추천해주신 음악을 들으며 읽었습니다. 그런데 읽는 내내 눈물이 멈추질 않네요.ㅠㅠ

정숙경2415
축복의 순간부터 큰 슬픔을 잉태하고 있다는 말씀에 가슴이 아파옵니다. 함께 올려주신 음악을 들으니 마음이 더욱 울적해지네요. 모든 것에도 불구하고 사랑하는 사람과 지금 이 순간을 마음껏 즐겨야겠다는 생각이 듭니다.

조정은3244
사랑하는 가족들이 영원히 곁에 있을 것처럼 믿으며 살고 있던 저에게 누구에게나 찾아오는 죽음과 이별을 직시하고 준비하라는 목소리가 계속 들려옵니다. 오늘은 Fan brothers와 교수님의 목소리를 들었네요.

김효정3716
사랑하는 이와의 이별, 생각만 해도 너무 가슴이 아프고 눈물이 납니다. 어떻게 받아들이고, 또 어떻게 대처해야 할까요? 여전히 막막하지만, 사랑을 표현하는 일만큼은 "미루지 말고 지금 당장!" 실천하겠습니다.

이예린2124
교수님의 오늘 소개글은 마치 경건한 기도문같이 느껴집니다. 매일 더 많이, 더 부지런히 사랑하고 함께하는 시간을 최대한 즐기면서 살아야겠다는 생각을 하게 됩니다.

오성희3485
아버지와 사별했을 때 이 책을 알았더라면 얼마나 좋았을까요? 분명 더 의미 있고 더 아름다운 이별이 되었을 텐데요.

현연금2693
마지막 말씀이 마음에 크게 와닿습니다. "사랑한다고 말하기, 지금 당장!" "함께하는 시간을 소중히 여기며 매일의 행복을 마음껏 즐기기!" 지금부터라도 시작하겠습니다.

느리게 100권 읽기

048

난이도 ■■□□□

Swimmy
by Leo Lionni

인생을 살다 보면 누구에게나 어려움과 고난의 시간이 찾아오기 마련입니다. 그 피할 수 없는 삶의 과정을 아이가 어떻게 받아들이고 또 어떻게 대처해 나가길 원하시나요? 오늘 우리가 함께 읽을 늘백의 그림책은 자신에게 닥쳐온 시련과 역경을 성숙과 성장의 기회로 삼은 한 물고기의 이야기, Leo Lionni의 《Swimmy》입니다.

1.
바닷속 한구석에 사는 빨간색의 작은 물고기들, 그 사이에서 혼자서만 까만 Swimmy. 어느 날 커다란 물고기 한 마리가 쏜살같이 다가와 물고기들을 모두 삼켜버립니다. 구사일생으로 홀로 살아남은 Swimmy, 얼마나 무섭고 외로웠을까요? 하지만 바다 깊은 곳을 여행하며 바닷속 세상의 아름다움과 경이로움을 보고 느끼면서 마음의 평화와 행복을 되찾게 됩니다. 그러다가 큰 물고기가 두려워 바위와 물풀 사이에 숨어 있는 작은 물고기들을 발견하고 어떻게든 도울 방법을 고민하게 되는데… Swimmy가 짜낸 지혜는 과연 무엇이었을까요?

2.
작고 힘없는 존재들이 단결하여 크고 강한 존재에 맞서기 위한 연대와 그 힘에 관한 이야기입니다. 이야기를 풀어나가는 능력이 탁월합니다. (작가의 다른 작품에서처럼) 어린아이들에게 친숙한 동물을 주인공으로 삼아 주제에 어울리는 개성적인 캐릭터를 창조함으로써 아이들이 쉽게 판타지의 세계로 빠겨들게 만듭니다. 시련과 좌절, 아름다운 것들이 주는 힐링, 역경을 통한 성장, 문제 해결을 위한 용기와 지혜, 그리고 연대와 단결의 힘을 아름다운 수채화로 담아내고 있습니다. 1964년 칼데콧 아너(Caldecott Honor) 수상작입니다.

3.
영어책 읽기의 참맛을 경험하려면 천천히 느리게 읽어야 합니다. 천천히 오래 자세히 보면 보이지 않던 것이 보이기 시작합니다. Swimmy의 마음 상태에 따라 달라지는 바다의 색상 변화에 주목하세요. 빨간 물고기 친구들이 큰 다랑어에게 잡혀 먹힐 때는 어둡고 진한 바다색이, 홀로 남아 무섭고 외롭고 슬플 때는 회색이, 그리고 바닷속의 경이로움과 아름다움을 대할 때에는 밝아진 바다색이 사용됩니다.

Swimmy의 눈과 표정 연기가 압권입니다. 장면마다 달라지는 Swimmy의 표정과 눈 모양을 놓치지 마세요. 눈을 크게 뜨고 집중하여 자세히 보아야 합니다. 눈의 크기와 눈동자의 위치, 입의 모양과 벌어진 정도, 얼굴의 형태 등, 상황에 따라 얼굴 모습이 조금씩 다릅니다. 마음속의 심리와 감정이 느껴지는 듯합니다. 똑같은 검은색인데도 얼굴의 빛깔이나 기색이 마치 다른 것처럼 느껴집니다. "I'll be the eye."라고 외칠 때 Swimmy의 얼굴에서 뭔가 결연한 의지 같은 것이 느껴지지 않으시나요? 혹시 물고기에게도 진짜 표정이 있는 것은 아닐까요?

4.
아이가 Swimmy처럼 세상을 지혜롭고 용감하게 헤쳐나가길 원하시죠? 괴롭고 슬픈 일이 있어도 홀훌 털고 곧 다시 일어나길 바라시고요. 그리고 어려움이 닥쳐도 좌절하지 않고 시련을 통해 더욱 강하게 성장하길 기대하시죠? 거기에다 문제 해결을 위해 협력할 줄도 알고, 남과 다른 점은 물론 약점이라 여겨지는 부분까지도 강점으로 만들 수 있다면 더할 나위가 없을 겁니다. 우리의 이런 간절한 마음과 바람을 어떻게 전해줄 수 있을까요? 용기란 무엇이고, 지혜가 어떤 것인지 어떻게 하면 가르쳐줄 수 있을까요?

좋은 그림책은 어린아이뿐 아니라 순수함을 완전히 잃지 않은 어른들까지도 끌어들이는 강한 힘이 있습니다. 특히, 어릴 때 좋은 책에서 얻은 감동과 깨달음은 아이의 평생을 지탱해주고 삶을 앞으로 나아가게 하는 원동력이 됩니다. 세상에 대한 호기심을 충족시켜 주고, 환상의 세계 속에서 행복한 어린 시절을 보낼 수 있게 도와줍니다. 어렵고 힘든 상황을 헤쳐나갈 용기를 주며, 문제를 해결하고 성공적인 삶을 이끌어갈 지혜와 영감의 원천이 됩니다. 사랑하는 아이에 대한 우리의 간절한 소망, 그 소망의 실현을 위해 책 읽기의 재미를 알고 그 속에 푹 빠져 그것을 꾸준히 즐기도록 도와주는 것만큼 좋은 방법이 또 있을까요?

P. S.
마치 Swimmy가 우리에게 해주는 말 같습니다. 후회하고 있다면 깨끗이 잊어버리라고, 그리고 넌 할 수 있다고 말합니다. 강산에가 부르는 〈넌 할 수 있어〉, 여러분과 함께 듣고 싶습니다.

 〈넌 할 수 있어〉

한 줄 소감

 김지혜2858
Swimmy는 몸집은 작지만 마음은 큰 거인이군요. 교수님 말씀대로 그림을 자세히 보면서 천천히 다시 읽어 보겠습니다.

 신송인2920
교수님의 소개글이 아니었으면 Swimmy의 눈 모양이 달라지는 것을 몰랐을 거예요! 역시 아는 만큼 보이는 그림책 읽기입니다.

 노미영1502
Swimmy를 통해 물고기에게도 표정이 있을 수 있다는 것을 알고 나니 수족관의 물고기들이 예사롭지 않게 보이기 시작했습니다. 물고기들이 떼를 짓는 광경에서 아이와 함께 "와!" 하고 소리를 쳤네요.

 박하영1667
짧은 그림책 한 권에도 이렇게 큰 배움과 감동이 있는데 이런 좋은 책들을 꾸준히 읽어가는 아이들은 얼마나 크게 성장할까요? 그림책의 진정한 의미를 몰랐었는데 늘봄을 하면서 아이들은 물론 어른들에게도 그림책이 필요하다는 사실을 매일 새롭게 깨닫고 있습니다.

손유나1759
마음을 모아 함께하면 커지는 연대의 힘. 마치 우리 슬로우 미러클의 모습 같아요! 감동입니다.^^

 정희정3755
어릴 때 자주 들었던 "뭉치면 살고 흩어지면 죽는다"라는 말이 생각나네요. 함께 큰 물고기를 만들고 거기에다 어떻게 그 물고기의 눈이 될 생각을 해냈는지 정말 기발하고 또 기특합니다.

 강민정3101
Swimmy의 용기와 지혜, 리더십도 인상적이지만 회복 탄력성은 정말 놀랍네요. 제 아이도 책 읽기의 힘으로 힘든 일도 툭툭 털고 일어날 수 있는 사람으로 자라나면 좋겠습니다.

 최수은2575
교수님 말씀대로 천천히 가면서 자세히 오래 보니 달라지는 바다색도 눈에 들어오고 Swimmy의 표정 연기도 보여요. 자세히 보아야 예쁘고, 오래 보아야 사랑스럽다더니, 그림책도 역시 그렇네요!^^

 이예린2124
책을 먼저 읽었는데 결국 책을 다시 펴게 되네요. 덕분에 Swimmy의 모습을 제대로 살펴볼 수 있었습니다. 미세한 표정 변화까지 눈에 들어오니 훨씬 더 생동감 있고, 처음 읽었을 때와는 전혀 다른 감동이 느껴지네요.^^

 이은주2157
교수님께서 우리 슬미의 Swimmy 역할을 해주시니 모든 슬미 가족들이 the biggest fish가 되어 함께 나아가고 있습니다. 정말 마음 든든하고 앞으로 우리가 무엇을 이루어낼지 기대가 됩니다.

 전미양3351
세상을 살다 보면 시련과 고난, 슬픔은 누구도 피할 수 없기에 훌훌 털고 일어날 수 있는 내면의 힘이 정말 중요한 것 같아요. 작지만 지혜롭고 용감한 스위미가 참으로 멋집니다.

 박호영2900
《으뜸 헤엄이》라는 한글 제목으로 먼저 접한 이야기인데 교수님의 소개글과 함께 원서로 읽는 그림책은 그 느낌과 감동이 사뭇 다르네요. 작은 거인 Swimmy가 완전히 달라 보입니다.^^

느리게 100권 읽기

DAY 049

난이도 ■■■□□

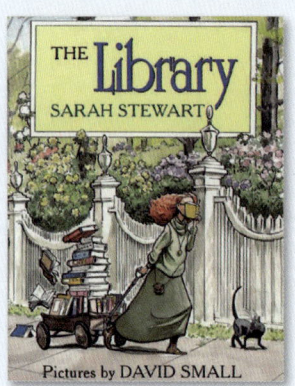

The Library
by Sarah Stewart, David Small (illustrator)

우리 늘백 가족 중에 책 읽는 것을 엄청나게 좋아해서 언제 어디서나 책을 읽고 끊임없이 책을 사서 모으시는 분 혹시 안 계신가요? 아니면 주변에 그런 친구나 아는 분 없으신지요? 오늘 우리가 함께 읽을 늘백의 그림책은 Sarah Stewart 글, David Small 그림의 어느 애서가(愛書家) 이야기 《The Library》입니다.

1.

Elizabeth Brown은 마르고 근시인데다가 부끄럼까지 많이 탑니다. 여느 아이들처럼 밖에 나가 놀거나 인형을 갖고 노는 것도 좋아하지 않습니다. 하지만 어려서부터 책을 무척 사랑했지요. 학교에 다닐 때에도 졸업하고 사회에 나간 후에도 언제 어디서나 책 읽기를 즐겼고 자나 깨나 책 속에 파묻혀 살았습니다. 그리고 기회가 있을 때마다 책을 사 모았지요. 그렇게 평생을 항상 책과 벗하며 살다 보니 집 안 전체가 온통 책으로 가득 차게 되었고 거실 벽면을 꽉 채우고도 모자라 심지어는 현관문까지도 막아버리게 됩니다. 그때 그녀는 깨닫습니다, 단 한 권의 책도 더 이상 들일 수 없다는 사실을. 결국 그녀는 무언가를 결심하고 어디론가 향하게 되지요. Elizabeth Brown은 대체 어디로 가서 무엇을 하려는 것일까요?

2.

책과 책 읽기를 너무나도 좋아한 한 여성의 이야기입니다. 실존 인물이었던 Mary Elizabeth Brown의 삶에 바탕을 두고 있습니다. 처음부터 끝까지 책과 책 읽기로 가득 차 있습니다. (표지와 속표지에서 볼 수 있듯이) 많은 책을 수레에 담아 끌고 가면서 책 읽기에 몰두하고 있는 모습, 비 오는 날 우산을 쓰고 가면서도 책을 읽고 있는 장면 등, 이야기가 시작도 되기 전에 주인공이 얼마나 책을 사랑하는지 느낄 수 있습니다.

짧은 그림책 속에 한 사람의 감동적인 일대기가 들어 있습니다. 여유를 가지고 천천히 읽어보세요. 읽는 내내 잔잔하고 흐뭇한 미소가 절로 납니다. 책 읽기에 한 번이라도 빠져본 경험이 있는 사람이라면 불현듯 다시 한번 책 속에 푹 빠져보고 싶다는 강한 유혹을 느끼게 됩니다. 기차 여행 중 길을 잃고는 그냥 덜컥 집을 사서 정착을 하다니! 그녀에게는 다른 것은 중요하지 않고 오직 책만 읽을 수 있으면 된다는 뜻일까요? 더군다나 실제로 그런 사람이 존재했다니 정말 멋지고 대~단하다는 생각을 하지 않을 수 없습니다.

3.
한 편의 시처럼 라임을 맞추고 있으며 첫 글자는 모두 대문자를 사용하고 있습니다. 밝고 산뜻한 색감의 풍부한 표현력을 지닌 삽화가 마음을 편안히 해주고 많은 이야기를 들려줍니다. 이어지는 글과 장면 속에 유머와 재치가 넘쳐납니다. 책을 읽으면서 청소기를 돌리다가 벽에 꽝 하고 부딪히고, 고양이들은 무슨 이유에서인지 달아나기에 바쁘고. 특히 그 장면에 이르면 책을 좋아하지 않은 사람이라도 공감하고 동정하지 않을 수 없습니다.

애서가에 대한 최고의 찬사라 할 만합니다. 책을 정말 좋아한다면 자화상을 보게 될 겁니다. 큰 격려와 힘을 얻고 뿌듯함을 느끼게 됩니다. 그런 친구가 있다면, 더구나 그 친구가 여성이라면, 그야말로 최고의 선물이 되리라 확신합니다.

4.
최고의 부부 작가 팀 중 하나인 Sarah Stewart와 David Small의 작품입니다. 같은 취미를 가진 친구와 함께 나이 들어가고, 언제 어딜 가든 함께 책 읽기에 몰두하는 주인공의 모습이, 그림책 작업을 함께하며 살아가는 부부 작가의 모습과 겹쳐져 더욱 아름답게 보입니다. 평생을 바쳐 사랑해 온 자신의 가장 소중한 것을 이웃을 위해 모두 기꺼이 내어주는 나눔과 무소유의 정신이 부럽고 존경스럽습니다. 평범한 한 인간의 일관된 삶이 이웃과 사회에 쉽게 지워지지 않을 선한 영향력을 발휘할 수 있다는 사실에 힘과 용기를 얻습니다.

마지막 페이지를 읽고 책장을 덮으면 잔잔한 감동이 밀려옵니다. 머지않은 미래에 편안하고 멋진 영어 도서관 겸 카페를 차려놓고 아내와 재미있는 책 읽기의 감동을 나누며 남은 여생을 보내고 싶다는 바람이 더욱 커지는 하루입니다.

P. S.
일생 동안 꿋꿋하게 자신의 길을 걸어간 Elizabeth Brown, 그녀의 삶을 생각하며 늘백 가족들과 함께 듣고 싶습니다. Frank Sinatra가 부르는 〈My Way〉입니다.

 <My Way>

한 줄 소감

 박민지1555
이렇게나 책에 푹 빠질 수 있다니! 책을 사랑하는 모습도 놀라웠는데 자신이 평생을 바쳐 사랑한 것을 다른 이들을 위해 기꺼이 내놓는 모습은 정말 감동이네요.

 이지현2226
책을 사랑하는 삶만큼 낭만적인 삶이 또 있을까요? 한 애서가의 아름다운 스토리와 향기 가득한 일러스트에 푹 빠지게 되네요. 교수님 소개글을 읽으니 당장 책 한 아름 싣고 카페로 달려가고 싶어요.

 함주현2680
어쩌면 이렇게까지 책을 좋아할 수 있을까요? 머릿속 잡다한 생각들과 복잡한 마음들이, 책에 푹 빠지면 잊히고 해결되는 것일까요? 정말 궁금해지는 밤입니다.

 김지혜2858
실존 인물의 이야기였군요! 평생을 책과 함께 살아간 주인공의 삶이 마지막 순간까지 참 아름다워 보이네요. 정말 닮고 싶은 삶입니다.

배가란1683
제가 늘백하면서 알게 된 Elizabeth Brown 같은 분이 있습니다. 그분께 이 책을 선물하고 싶어요. 당신이 주인공입니다.

김지형3603
제가 정말 좋아하는 책이 소개로 올라온 기쁜 날.^^ 마지막 노래는 저희 아버지께서 좋아하시던 노래라 아버지를 생각하며 들었네요. 지난 삶을 돌아보게 한 책이었습니다.

서춘희3470
책 그 자체가 주는 즐거움, 기쁨, 충만함에 가슴이 두근거립니다. 애써 필요성이나 효용성을 설명하지 않아도 반짝이는 눈빛과 설레는 가슴만으로도 느껴지지요, 책을 사랑하는 사람들은.

이현숙2261
이상하게 도서관이나 서점에 가면 기분이 좋아지더라고요. 자기가 모은 책들로 도서관을 만들다니, 참 멋진 삶입니다. 본인이 좋아하는 것으로 가득 채운 인생은 참 행복할 것 같아요.

김지영1386
나의 첫 번째 홈런북! 이 책 덕분에 집에 수기 도서대여대장을 만들어 아이 친구들이 편하게 책을 빌려 가는 작은 도서관을 운영하게 되었답니다.^^

신진숙1814
도서관만이 갖는 매력 때문에 책을 다 못 읽어도 자꾸만 가게 됩니다. 책 냄새, 고요함 속 바스락 책장 넘기는 소리, 자판기 커피 등. 이 책을 읽으니 도서관에 있는 듯 기분이 좋아지네요.

채지연2547
늘백 덕분에 최애 인생책 중 하나가 된 책입니다. 두꺼운 안경에 빨간 머리, 책에 얼굴을 묻은 그녀의 모습이 잊히지 않습니다. 그림책의 묘미죠. 이미지로 남는 기억! 교수님 소개글로 다시 소환되었네요.

정소라2410
Elizabeth Brown의 도서관과 교수님이 여실 도서관을 방문해보고 싶습니다. 일하면서 육아하면서 책 읽을 시간이 부족하다고 투덜거리는 제 모습이 주인공의 모습처럼 바뀌길 희망해봅니다.

느리게 100권 읽기

DAY 050

난이도 ■■■■■

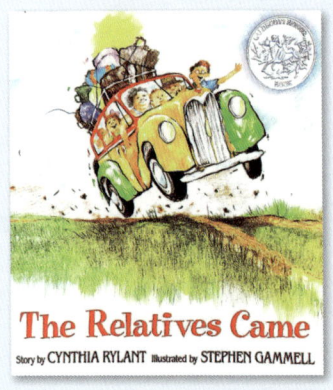

The Relatives Came
by Cynthia Rylant, Stephen Gammell (illustrator)

"생선과 손님은 사흘이 지나면 냄새가 난다"는 속담이 있습니다. 상대가 아무리 반갑게 맞아준다고 해도 너무 오래 머물면 안 된다는 뜻이지요. 핵가족은 물론 1인 가족까지 늘어가는 요즘에는 이 속담이 가족에게까지 적용되는 것 같아 아쉬움이 있습니다. 오늘 우리가 함께 읽을 늘백의 그림책은 가족과 친척의 의미를 생각해보게 하는 Cynthia Rylant 글, Stephen Gammell 그림의 《The Relatives Came》입니다.

1.
멀리 버지니아주에서 친척들이 방문합니다. 아이스박스에 먹을 것과 음료수를 가득 채우고 이른 새벽에 출발했지요. 밤낮을 쉬지 않고 먼길을 운전하여 드디어 도착합니다. 얼마나 기쁘고 반가운지 한걸음에 달려나가 서로 껴안고 안부를 물으며 회포를 풀기에 바쁩니다. 매일 함께 먹고 마시며 이야기 나누고 집 안의 이곳저곳을 돌보면서 즐거운 시간을 보냅니다. 그러는 사이 어느덧 시간이 흘러 이제는 돌아가야 할 시간. 만남이 있으면 반드시 헤어짐도 있다지만 헤어지는 슬픔에 먹먹한 가슴과 벌써부터 밀려드는 허전함은 어찌해야 할까요?

2.
오랫동안 멀리 떨어져 살고 있던 가족들이 다시 만나 누리는 재회의 기쁨과 행복을 감동적인 터치로 그려낸 작품입니다. 만남에 대한 설렘, 함께하는 즐거움, 헤어지는 슬픔, 다음 만남에 대한 기대를 순수하고 따뜻한 시선으로 진솔하게 담아내고 있습니다. 가족의 소중함을 깨닫게 하고 가족이란 무엇인지 생각하게 합니다. 가족들이 한데 어울려 먹고 자고 시간을 함께 보내며 정을 나누는 모습을 보고 있으면 가슴이 따뜻해지고 감동이 밀려옵니다. 등장인물들 속에서 자신이나 가족의 모습을 발견하고 미소 짓게 됩니다. 사랑하는 가족들과 함께했던 행복한 시간과 경험들을 떠올리며 추억에 잠기게 됩니다.

문장이 긴 편이지만 평이한 어휘와 친근하게 느껴지는 내용으로 인해 읽기가 어렵지 않습니다. 그림을 통해 많은 내용을 읽어낼 수 있기 때문에 모르는 단어가 있어도 크게 문제가 되지 않습니다. 경쾌한 리듬감이 있어 소리 내어 읽는 맛도 즐길 수 있습니다.

밝고 부드러운 색조의 아름다운 그림 속에 맑고 유쾌한 기운이 가득합니다. 스토리에 생명을 불어넣고 글로 다하지 못한 이야기를 들려줍니다. 등장인물 하나하나가 살아 움직이는 듯합니다. 표정에 생동감이 넘치고 행복한 감정과 서로에 대한 애정이 잘 드러나 있습니다. 곳곳에 엿보이는 유머와 위트가 흥미를 자극하고 공감을 불러일으킵니다. 1986년 칼데콧 아너북(Caldecott Honor Book) 수상작입니다.

3.
방과 거실에서 온 가족이 함께 뒤엉켜 자는 인상적인 장면에서 더 넓은 의미의 가족에 대한 희망을 보게 됩니다. 세월이 흘러 많은 것들이 달라져도 가족이 주는 편안함과 사랑만큼은 변치 않을 수 있을 것이라는 바람이지요. 현악기를 함께 연주하는 모습도 매우 인상적입니다. 가족들이 고상한 취미활동을 같이 즐길 수 있다는 것이 무척 부럽습니다. 가족 구성원들 사이에 그런 공통분모가 있다면 함께 교류하고 대화할 기회를 더 많이 가질 수 있고 그럴수록 유대감도 더욱 돈독해지겠지요.

혹시라도 누가 방문한 친척이고 누가 친척을 맞이한 가족인지 명확히 알 수 없어 아쉬우신가요? 그렇다고 해도 책을 잘못 읽은 것은 아니니 염려하지 마시기 바랍니다. 책 속에서 실제로 그 둘을 구분하기도 어렵거니와 그런 모호함이나 불분명함은 의도적인 것일 수도 있습니다. 누가 누구인지를 구분하기 어렵게 하는 뒤섞임과 어수선함이야말로 가족의 진정한 모습이라 할 수 있을 테니까요.

4.
설이나 추석에 온 가족이 시골집에 모여 맛있는 음식을 함께 나누어 먹고 도란도란 이야기꽃을 피우던 어린 시절이 그립습니다. '가족'의 의미가 갈수록 퇴색되고 그 범위가 좁아지고 있는 것 같아 안타깝습니다. 부모님과 자신의 배우자 및 자녀에게만 국한된 좁은 의미의 가족을 넘어 가까운 친척까지도 포함된 더 확장된 의미의 가족을 누리고 싶다면 지나치게 큰 욕심일까요? 저와 제 아내가 먼 곳으로 떠난 후에도 우리 아이들과 아이들의 아이들까지 서로 진정으로 아끼고 사랑하는 가족으로 살아가면 얼마나 좋을까요! 만나면 꼭 껴안아 줄 정도로 반갑고, 헤어지면 보고 싶어 다시 만날 날을 손꼽아 기다리는 그런 가족이면 좋겠습니다. 여러 날을 함께 있어도 여전히 즐겁고, 비좁은 공간의 불편함이 오히려 행복한 기억으로 남을 만큼 깊은 정이 있으면 좋겠습니다.

P. S.
늘백 가족 여러분과 함께 듣고 싶습니다.
오늘의 책과 그 분위기가 너무도 잘 어울리는 노래인 존 덴버(John Denver)의 〈Take Me Home, Country Roads〉입니다.

 <Take Me Home, Country Roads>

한 줄 소감

김명옥1156
그리워요. 가족들, 친척들이 어우러져 보내던 명절이요. 그땐 그게 좋은지 몰랐는데… 근데 이제는 사촌지간 마저 곧 사라질 것 같아요.ㅠㅠ

김민숙1190
어릴 때 명절이면 시골집이 너무 비좁아서 저렇게 뒤엉켜서 잤던 기억이 나요. 교통편도 좋지 않았는데 그때는 온 식구가 왜 그렇게 모였는지 모르겠습니다.^^ 여러 명이 한 차로 굽이굽이 가던 시골길이 그립습니다.

전수인2372
동서양을 막론하고 가족과 친척에 대한 느낌은 역시 통하는구나! 책장을 덮으며 가장 먼저 들었던 생각입니다.

박선향1567
미국에도 우리네처럼 대가족의 끈끈한 정을 나누던 문화가 있다니 놀랍고도 반갑네요. 어렸을 때 고모들, 삼촌들, 사촌들과 보내던 시간들이 그립습니다.

김경미1121
응답하라 시리즈를 보며 느꼈던 정겨움을 이 책에서도 느끼게 되네요. 좁지만 따스했고, 특별한 이유 없이 설렜습니다. 행복은 역시 함께한 사람인 것 같습니다.^^

이현숙2261
어릴 적 방학 때가 되면 시골 외삼촌댁에 놀러 가서 평상에 누워 수다 떨던 기억이 납니다. 오랜만에 만난 친척들이 따뜻하게 반겨줄 때의 따뜻함을 이 책에서 느꼈습니다.

김연희1283
형제, 자매를 많이 낳지 않아 이제는 아이에게 이모, 삼촌 같은 호칭도 책으로 알려주게 되는 시대가 되었습니다. 몇 안 되는 친척이나마 자주 소통하고 만나면 좋으련만 코로나19가 발목을 잡네요.ㅠㅠ

송봉선1770
추천해주신 곡과 함께 그림책을 읽으니 너무 좋네요.^^ 하루 종일 듣고 또 듣고, 읽고 또 읽으니 마치 지금 가족을 만나러 가는 기분이 듭니다.

김승연1259
마지막으로 그렇게 모여본 것이 할아버지의 제사 때였던 것 같습니다. 그때 할머니께서 본인이 사망할 때나 모두 모일 수 있겠다는 말씀을 하셨는데 마음이 많이 아팠어요. 사랑하는 가족들에게 안부 전화라도 돌려봐야겠습니다.

윤민아1955
대가족도 추억 속으로 사라지고 코로나19로 인해 사람과의 만남이 더욱 그리운 요즘, 대리 만족을 선사해주는 정겨운 책입니다. 읽는 내내 행복했어요. 노래도 너무 좋았구요.

이은정3367
가족은 무엇으로도 대체할 수 없습니다. 세월이 더 흐르기 전에 우리만의 시간과 추억을 만들어 아이들에게 그 행복과 기쁨을 알게 해주고 싶어요. 우선 가족사진부터 하나 찍어야겠습니다.

성미진1747
가족은 역시 많이 모여야 즐겁고 음식도 더 맛있지요. 친정 식구들과 지난 주말을 이 책과 거의 똑같이 보냈어요. 만나기 전엔 아이들과 함께 D-Day를 세고 돌아와서는 다시 일주일 전으로 돌아갔으면 좋겠다 생각했지요. 아이들과 함께 읽으며 행복한 기분을 다시 느껴볼래요.

Where is my self-respect? My pride? MY HONOR?
《Anatole》

가을

슬로우 미러클이 무르익어요

SLOW MIRACLE

엄마 아빠들이 먼저 즐다잘에 대해 배우고 그것이 어떻게 슬로우 미러클을 만들어 낼 수 있는지 알아야 합니다. 내 아이뿐 아니라 주변의 엄마 아빠들까지 전염시킬 수 있는 큰 열정을 가져야 합니다. 그리하여 우리 아이들을 '운' 좋은 아이로 만들어 주어야 합니다.

느리게 100권 읽기

DAY 051

난이도 ■□□□□□

Good Night, Gorilla
by Peggy Rathmann

사람과 동물은 얼마나 가까워질 수 있을까요? 개와 고양이 같은 반려동물 외의 다른 동물들과도 진짜 친구가 될 수 있을까요? 오늘 우리가 함께 읽을 늘백의 그림책은 그 가능성을 엿볼 수 있게 해주는 Peggy Rathmann의 《Good Night, Gorilla》입니다. 쉽고 재미있으면서도 작은 감동까지 준비되어 있는 책입니다.

1.

어둠이 내리고 달이 뜨면 동물원에도 어김없이 찾아오는 잠자리에 들 시간, 동물원 관리인 아저씨가 피곤한 몸을 이끌고 동물들에게 Good night 인사를 하고 돌아섭니다. 그런데 장난꾸러기 고릴라가 아저씨의 열쇠를 슬쩍하고 있네요. 아니나 다를까 우리의 문을 살짝 열고 나와 아저씨 뒤를 몰래 따라다니기 시작합니다. 그리고 가는 곳마다 문을 열어 다른 동물들도 하나씩 밖으로 나오게 합니다. 대체 어떻게 하려는 것일까요? 앞으로 무슨 일이 벌어질까요?

2.

밝고 선명한 색상의 생기 넘치는 그림, 더없이 친근하고 사랑스럽게 느껴지는 등장인물들, 특히 장난기 가득한 주인공 고릴라, 웃음이 절로 나는 스토리라인, 애정이 듬뿍 담겨 있는 작가의 시선이 읽는 사람의 마음을 편안하고 즐겁게 해줍니다. 은근히 웃기고 유쾌하며 재미가 있습니다. 처음부터 끝까지 독자들의 얼굴에서 흐뭇한 미소가 떠나지 않습니다. 엄마 아빠는 주인공 고릴라에게서 자신의 사랑스럽고 귀여운 아이의 모습을 발견할 수 있기에, 아이들은 고릴라의 행동과 마음이 너무나도 잘 이해되기 때문에 좋아하지 않을 수 없습니다. 아가들을 따로 재우려는 엄마 아빠, 그래도 엄마 아빠와 함께 자고 싶은 아이들, 너무도 잘 이해되는 상황이기에 마음에 와닿을 수밖에 없습니다.

3.
지극히 쉽고 간단한 영어, 글 못지않게 단순한 그림, 하지만 그 안의 많은 익살스런 요소들, 그리고 작가의 차분한 목소리가 서로 묘한 대비와 조화를 이루면서 책 읽기의 재미와 깊이를 더해줍니다. 그림책 읽기가 모두 비슷하지만 이 책은 특히 글보다 그림을 읽어야 합니다. 그림 읽기가 훨씬 중요하고 흥미롭기 때문입니다. 글은 매우 적어도 들려주는 이야기는 많고, 함께 나눌 이야기는 훨씬 더 많은 책입니다. 이야기 꾸며내기의 선수라 할 수 있는 우리 아이들의 무궁무진한 상상력과 수다 재능을 마구마구 건드리고 북돋아줄 자극제, 영어를 모르는 어린아이들을 영어책 읽기의 세계로 이끌어줄 최고의 책 중 하나입니다.

4.
영어를 하나도 모르는데 영어책을 읽으면서 어떻게 '책 대화'를 하느냐고요? 사실은 전혀 어렵지 않습니다. 우리말 책을 읽을 때와 크게 다르지 않기 때문입니다. 페이지마다 장면마다 그림을 살펴보며 무슨 일이 벌어지고 있는지 물어보고 이야기 나눠보세요.

- 달은 어디에 있지?
- 어떤 (색깔의) 열쇠가 어떤 동물의 우리를 열 수 있을까?
- 어느 열쇠가 맨 마지막까지 남아 있지?
- 등장인물의 얼굴 표정과 행동에서는 무엇이 느껴지니?
- 사자 우리에는 (다른 동물의 우리에 있는) 어떤 것이 없을까?
- 동물원 관리인의 집 거실에는 어떤 그림들이 걸려 있지?
- 그 그림들은 무엇을 말해주는 것일까?
- 관리인 아저씨 아주머니와 동물들은 서로를 어떻게 생각하고 있을까?

- 깜깜한 침실에서 "Good night"을 외치는 말풍선의 크기는 왜 각각 다를까?
- 옆집 2층 창문에 비친 그림자는 어떻게 달라지고 있지?
- 달라지는 그림자가 무엇을 의미한다고 생각하니?

미리 정해진 정답은 없습니다. 기발하고 엉뚱한 생각은 물론 터무니없고 황당하게 느껴지는 말이라도 칭찬하고 격려해주세요. 어느 방향으로라도, 어떤 먼 곳이라도 자유롭게 갈 수 있도록 허용해주세요. 상상의 나래를 마음껏 펼치다 행복한 마음만 가지고 스르르 잠들 수 있게 도와주세요. 최고의 잠자리 동화(bedtime story) 여기 하나 추가합니다.

한 줄 소감

서유미3165
제 아들이 그림책 읽는 재미에 눈을 번쩍 뜰 수 있게 해준 고마운 책입니다. 매일매일 가져와 마르고 닳도록 함께 보며 잠든 책인데 그때부터 그림책에 푹 빠져 살게 된 것 같아요.^^

임수지2307
역시 보는 눈이 다르십니다.^^ 여러 번 읽어본 책인데 이렇게 그림에서 찾아볼 수 있는 게 많다니요! 그림을 천천히 다시 읽어봐야겠어요!

정지윤2448
너무 단순한 문장의 책이라 시시하다는 생각을 했었어요. 그런데 그림 속에 이렇게 많은 볼거리와 찾을거리가 있다니 놀랍습니다. 문장이라고는 사실상 "Good night"뿐인데도 아주 다양한 감정이 느껴지네요. 그림으로 풀어내는 작가님의 능력이 정말 놀랍습니다.

고명희1049
글밥이 매우 적은데도 느리게 읽게 되네요. 동물 우리마다 다른 색깔의 키를 찾고, 동물들의 장난기 가득한 표정도 살펴보고, 또 불 꺼진 후 굿 나잇은 각각 누가 말했는지도 찾고, 이런 식으로 아이와 한참을 즐기다가 스르르 잠들게 됩니다.^^

김지희3579
엄마 미소를 짓게 만드는 동물원 친구들, 한두 번 해본 솜씨가 아닌 것 같아요.^^ 너무나도 자연스럽게 다시 동물원으로 돌아가니 말이에요.

김효정3716
자고 싶지 않아서 자야 할 시간에 꼭 일을 만드는 아이 같아 귀엽습니다. 하지만 실제 상황에서는 귀엽지만은 않죠. 그래도 책 속의 상황은 너무 재밌네요. 아이를 얼른 먹이고 눕혀서 함께 Good Night, Gorilla! 하고 싶습니다.^^

조민아2480
글이 아주 단순하지만 그림을 보는 것만으로도 아이들과 즐겁게 볼 수 있는 책이에요. 그림을 하나하나 살피다 보면, 주인공 부부가 동물들을 얼마나 사랑하는지도 느낄 수 있어서 감동이었어요.

신송인2920
곳곳의 디테일을 찾는 재미가 아주 쏠쏠합니다. 고릴라가 너무 귀엽고 익살스러워 아이가 좋아하네요. 이 책을 읽어준 후부터는 아이와의 잠자리 인사가 Good night, Gorilla가 되었어요.^^

심희정1837
엄마 아빠와 같이 자고 싶어하는 아이. 따로 자고 싶은 엄마 아빠. 딱 저희집 이야기네요.^^ 오랜만에 다시 꺼내 읽어봐야겠어요.:)

황현경2729
아이가 어렸을 때 정말 많이 읽었던 책인데 고릴라가 엄마 아빠와 같이 자고 싶어하는 아이라고는 한 번도 생각지 못했어요. 그냥 장난기 많은 동물원의 고릴라라고만 생각했거든요.

문상미1518
저희 아이들이 너무나 사랑했던 책이에요. 특히 불이 모두 꺼진 깜깜한 배경에 동물들의 눈만 나온 장면이 압권입니다. 누구인지 맞혀보며 깔깔거렸던 시간이 아름다운 추억으로 남아 있네요.

김소연1235
교수님의 "어느 방향으로라도, 어떤 먼 곳이라도 자유롭게 갈 수 있도록 허용하라"는 말씀이 정말 좋습니다. 제 마음까지 보듬어주는 것 같아요. 그런 너른 품을 가진 엄마가 되고 싶습니다.

최옥희2585
엄마와 장난치고 싶어했던 귀여운 우리 아이들을 잘 받아주지 않고 "엄마는 장난 싫어해" 했던 제 과거 모습이 부끄럽습니다.

전주연2378
최고의 Bedtime Story 맞습니다. 백배 천배 공감합니다. 그런데 그림을 보다 보니 쉽게 잠을 잘 수 없네요.ㅠㅠ

문설희1519
문장이라고는 오직 "Good night"뿐이지만 다양한 감정을 느끼고 긴장도 하며 그림이 주는 의미가 얼마나 큰지 깨닫습니다.

손다은3473
지금 굿 모닝 시간인데 얼른 먹이고 눕혀서 아이와 "굿 나잇 고릴라!" 하고 싶다.^^

윤민아1955
이렇게 적은 글밥으로 독자들을 웃길 수 있다니 그림으로 풀어내는 작가님의 능력이 놀랍습니다.

느리게 100권 읽기

052

난이도 ■■□□□□

Sam and Dave Dig a Hole
by Mac Barnett, Jon Klassen (illustrator)

혹시 어린 시절에 무언가를 발견할 수 있지 않을까 하는 기대감을 가지고 마당이나 모래사장에서 땅속을 파본 적이 있으신지요? 오늘 우리가 함께 읽을 늘백의 그림책은 '우리 인생의 땅 파기'에 대해 생각해볼 수 있는 Mac Barnett 글, Jon Klassen 그림의 《Sam and Dave Dig a Hole》 입니다.

1.

Sam과 Dave는 땅을 파고 있습니다. 무언가 기가 막힌 것을 찾기 위해서입니다. 열심히 작업하여 자신들의 키 높이를 훨씬 넘길 만큼 깊이 파고 들어갑니다. 하지만 원하는 것을 발견하지는 못합니다. 그러자 파 들어가는 방향을 바꾸기도 하고 둘이 갈라져 서로 다른 방향으로 파기도 합니다. Sam과 Dave는 과연 그들이 바라는 멋진 것을 발견할 수 있게 될까요?

2.

짧고 쉬운 문장에 글밥도 많지 않고 그림도 단순하여 읽기가 수월합니다. 하지만 아주 많은 생각과 질문 거리를 던져줍니다. Mac Barnett의 차분하고도 재치 넘치는 스토리 전개, Jon Klassen의 의뭉스럽기까지 한 유머 감각과 뛰어난 공간 활용이 지적으로 만족감 높은 책 읽기 경험을 선사합니다. 2015년 칼데콧 아너북(Caldecott Honor Book) 수상작입니다.

표면적으로는 두 소년이 보물을 찾아 땅을 계속 파 들어가지만 기회를 계속 놓치다가 결국 빈손으로 집에 돌아온다는 이야기입니다. 그렇지만 천천히 자세히 들여다보면 땅 파기와 보물찾기 이상의 것들이 보이기 시작하고 이런저런 의문이 생겨납니다. 단순하게 느껴지는 땅 파기 과정 속에 다양한 장치를 교묘하게 배치하여 읽을 때마다 다른 것이 보이고 새로운 생각과 상상을 불러일으킵니다. 특히 출발 전과 도착한 후의 집과 그 주변의 차이에 유의하세요. 지붕 위의 풍향계, 계단 위의 고양이, 현관의 꽃, 마당의 과일나무, 땅의 구멍 유무 등. 처음부터 끝까지 모든 과정을 함께한 개의 표정 연기도 놓치지 마시고요.

무엇보다 결말이 열려 있어 다양한 관점과 깊이를 담아낼 수 있습니다. 처음부터 정해진 답은 없으며, 아이들부터 어른에 이르기까지 누구나 각자 자신의 관점에서 자유로이 생각하고 나름의 근거를 가지고 자기만의 해석을 제시해 볼 수 있습니다. 다시 말해, 상대적으로 더 혹은 덜 그럴듯한 답은 있어도 정답이나 오답 같은 것은 사실상 없다고 할 수 있지요. 한마디로 "아는 만큼 보인다"는 말이 딱 어울리는 책입니다.

3.
구멍을 파는 일이 이렇게 흥미진진하고 심오할 수 있을까요? 책의 제목부터가 큰 관심을 끕니다. 아이들은 대부분 땅이든 모래든 기본적으로 파는 것을 좋아하고 탐험과 발견에 대한 큰 기대감을 갖고 있기 때문입니다. 아이들로 하여금 애타고 안타까운 마음으로 "제발 강아지가 바라보는 곳을 좀 쳐다봐! 바로 앞에, 옆에, 밑에 있잖아!"라고 외치게 만듭니다. 결말이 매우 도발적입니다. 독자의 흥미와 호기심을 한껏 끌어올린 후 설명할 수 있으면 한번 해보라는 듯이 도전 의식을 자극하고 있기 때문입니다.

왜 자꾸 엉뚱한 방향으로 파 들어가 왜 매번 바로 앞에서 기회를 놓치는지 답답하게 느껴지고 그런 이야기 구성에 대해 불만을 가질 수도 있습니다. '정답'이란 것에 익숙해져 있다 보니 열린 결말 자체가 마음에 들지 않을지도 모릅니다. 무엇을 말하려는 것인지 도무지 알 수 없고 이것저것 말이 되지 않는다고 느껴져 별로라고 생각할 수도 있습니다. 하지만 이 책의 바로 그런 속성이 다양한 생각과 상상을 자극하며 많은 진지한 대화를 촉발하고 평소와는 다른 새로운 차원의 책 읽기를 가능케 합니다.

4.
마지막에 도착한 장소와 결말에 대해서는 다양한 해석이 가능합니다. 루이스 캐롤의 《이상한 나라의 앨리스》에서처럼 단지 한바탕 꿈을 꾼 것일 수도 있습니다. 실제로는 같은 장소에 도착했지만 길고 힘든 모험을 마친 후라서 집과 주변의 모습이 두 소년의 기억과 살짝 달라져 보이는 것인지도 모릅니다. 아니면 두 소년이 평행 우주(parallel universe)에 떨어진 것일 수도 있습니다. '평행 우주'란 동일한 모습을 가지고 같은 시간을 공유하는 수많은 우주를 가리키는데, 평행 우주의 각 세계에서는 우리의 모습과 삶이 약간씩 다른 버전으로 존재할 수 있다고 합니다. 그런데 이런 평행 우주는 스티븐 호킹 같은 많은 과학자들이 믿고 있고 수학적으로도 증명된다고 하니 적어도 불가능하거나 크게 불합리한 해석은 아닌 듯합니다. 물론 이와 같은 설명 외에 다른 해석도 얼마든지 가능합니다.

5.
다음 예시에서 볼 수 있듯이, 비교적 쉽게 생각할 수 있는 것에서부터 꽤 진지한 것에 이르기까지 사람마다 여러 가지 다른 메시지를 읽을 수 있습니다.

- 한 우물만 파라.
- 기회는 아주 가까운 곳에 있다.
- 노심초사하며 열심히 애쓴다고 원하는 것을 얻을 수 있는 것은 아니다.
- 열심보다 방향이 더 중요하다.
- 무엇을 얻느냐보다 경험 자체가 중요하다. 그 속에서 의미를 찾고 행복을 추구하라.
- 끝없이 계속 떨어져보는 것도 꼭 나쁜 것만은 아니다. 떨어지는 것 자체가 싫고 종착점을 알 수 없어 불안하겠지만 예상 밖의 좋은 곳에 도착할 수도

있기 때문이다.
- 사람들은 큰 목표와 이상을 좇아 바쁘게 뛰어다니지만 그 과정 중에는 물론이고 모든 수고를 마친 후에도 초콜릿이나 비스킷 정도가 누릴 수 있는 최대의 행복인지도 모른다.

6.
"엄마표 영어"로 대표되는 우리의 노력도 땅 파기와 상당히 비슷하지 않은가 생각됩니다. 충분한 공부와 준비, 뚜렷한 방향 설정 없이 뭔가 멋지고 대단한 것에 대한 열망을 가지고 땅을 파기 시작합니다. 열심히 노력해도 원하는 것이 나오지 않으니 방향을 이리저리 바꾸어봅니다. 그러다가 지치고 힘들어 중간에 잠시 쉬거나 체념의 상태로 오래 잠들기도 하지요. 그런 과정을 반복하다가 다시 처음으로 돌아오기도 하고요.

땅을 파는 것은 요행이라도 바랄 수 있다지만 아이들의 영어는 그런 요행도 쉽지 않은 듯합니다. 그렇게 열심히 수고하다가 결국에는 대부분 처음과 큰 차이도 없는 곳 혹은 전혀 엉뚱한 곳에 도착하게 되는 것은 아닌지…. 그러한 일련의 과정에서 일종의 '희망 고문'을 계속하며 자신들의 목적 달성에 여념이 없는 사람들도 없지 않은 듯하고요. 과거에 이미 여러분과 제가 충분히 경험했던 것처럼 말이죠.

7.
이 책을 천천히 읽다 보면 정말 많은 다양한 질문과 생각들이 계속해서 이어집니다. 다음 예들은 읽으면서 실제로 떠올랐던 의문과 느낌입니다.

(1)
- 나중에 어떻게 나가려고 저렇게 계속 깊이 파 들어가는 것일까? 돌아가는 것은 전혀 생각하지 않는 것일까? (근데 생각해보니 우리의 인생도 크게 다르지 않은 것 같네. 일단 삶이 시작되면 돌아가거나 돌이킬 수 없는 것이니 어느 방향으로든 계속 파 나갈 수밖에 없겠지. 너무 힘들면 잠시 쉬

거나 잠을 잘 수는 있겠지만.)
- 방향을 제시하거나 새로운 제안을 하는 것은 왜 언제나 Dave일까?
- 개는 매번 보물의 위치를 어떻게 알고 있었을까?
- Sam과 Dave는 왜 개에게 주의를 기울이지 않았을까?
- 우리도 Sam과 Dave처럼 누군가의 올바른 방향 제시나 조언에 귀를 닫고 있는 것은 아닐까?
- 왜 항상 보물의 발견 직전에 다른 방향을 선택하게 되는 것일까? 단지 불운의 연속이라고 이해해야 할까?

(2)
- 땅을 팠는데 어떻게 다시 땅으로 떨어질 수 있는 거지?
- Sam과 Dave가 떨어져 도착한 부드러운 땅(soft earth)은 어디일까? 대체 어떤 의미가 있는 것일까?
- 땅에 떨어진 후 Sam과 Dave는 무엇에 대해 그리고 왜 "That was pretty spectacular."라고 말했을까?
- 비슷하면서도 다른 출발 장소와 도착 장소는 어떤 의미를 지니는 것일까? 어떻게 해석해야 할까?
- 두 장소 사이의 차이점에는 어떤 의미가 있는 것일까?
- Sam과 Dave가 도중에 먹었던, 그리고 땅에 떨어진 후 집으로 들어가 먹으려 했던 초콜릿과 동물 비스킷은 무엇을 의미할까?
- 맨 마지막 장면에서 고양이와 개는 서로 마주보며 무슨 생각을 했을까?
- 그런데 등장인물(두 친구, 개, 고양이)의 얼굴에는 왜 입이 없을까?

(3)
- 땅을 판다는 것은 대체 무엇을 의미하는 것일까?
- Sam과 Dave가 찾고자 했던 것은 대체 무엇이었을까?
- 매번 바로 앞에서 놓친 다이아몬드가 두 소년이 진짜로 찾고 싶었던 것일까?
- 노력해도 원하는 것을 얻지 못할 때는 어떻게 하는 것이 가장 현명한 것일까?
- 책에서 궁극적으로 말하려는 것은 무엇일까? 아니, 말하려는 것이 있기는

한 것일까?

8.
우리의 인생을 책에서와 같은 땅 파기에 비유한다면, 인생의 땅 파기에서 여러분이 찾고 싶은 멋진 것(something spectacular)은 무엇인가요? 그리고 만일 아이가 노력한 후에도 원하는 것을 얻지 못했을 때 여러분은 어떤 조언을 해주시겠습니까? "포기하지 말고 계속 파야 해." "방향을 바꾸어볼래?" "이젠 그만두는 게 좋지 않을까?" 아니면 "일단 좀 쉬면서 생각해볼래?"

P. S.
함께 듣고 싶은 노래가 있습니다. 영화 〈오즈의 마법사(The Wizard of Oz)〉의 주제곡으로 유명하지요. 무지개 너머 어딘가에 우리가 꿈꾸는 것이 있을 것이라고 노래하는 〈Over the Rainbow〉입니다. 주인공 Dorothy 역을 맡은 Judy Garland가 부릅니다.

 <Over the Rainbow>

한 줄 소감

 임수지2307
열심보다 방향이 중요하고, 결과보다 경험의 과정 자체에서 의미를 찾으라는 말씀이 마음에 와닿습니다. 삶의 목표가 달라지니 멋진 것이 정말 바로 제 옆에 있더라고요.^^

 이영선2111
아는 만큼 보인다는 말이 정말 딱 맞는 것 같아요. 교수님 글을 읽고 나니 책이 완전히 새롭게 읽히네요! 안 보이던 것들이 보이기 시작하니 정말 다이내믹하고 흥미진진합니다.^^

 원문기1909
와우~! 이번 책 또한 감탄을 불러일으킵니다. 교수님의 설명이 없었다면 그냥 "삽질하는 책이었구나!" 했을 것 같아요.

 김은영3432
엉뚱한 곳을 계속 파는 두 주인공의 헛짓(?)에 웃음이 나네요. 삶이 이렇지 않나 싶기도 하고요. 재치있게 여기고 재미있게만 읽었는데 교수님의 질문 보따리에 입이 벌어집니다. 오늘도 생각거리를 쏟아주시는 교수님, 리스펙!

최수은2575
어딜 가든 땅만 보면 파기 시작하는 저희 딸들을 보며 왜 파는지 궁금했는데 "탐험의 즐거움과 발견의 기대감" 때문이었나 봐요. 마음껏 즐기도록 응원해줘야겠어요.

김정은1357
우리 삶의 과정 자체를 즐겨야 나중에 후회가 없을 것 같다는 생각이 드네요. 나머지는 대부분 '운'에 가까운 것 같아요.

서유미3165
인생의 땅 파기에서 보물을 그냥 스쳐 지나갔다 해도 다시 돌아가 쉴 곳이 있다는 게 안심이 됩니다. 아이에게 그런 쉴 곳이 되어주고 싶어요.

손유나1759
보석을 바로 찾지 못하는 안타까움은 있겠지만, 아이들이 이런저런 도전을 하며 다양한 땅 파기를 경험해보면 좋겠어요.

정희정3755
보물을 요리조리 비껴가는 모습이 정말 안타까웠어요. 근데 생각해보니 제 모습도 크게 다르지 않겠다는 생각이 드네요. 포기하지 않는 것도 중요하지만, 인생도 교육도 정말 방향을 잘 잡아야 할 것 같아요. 그렇지 않으면….ㅠㅠ

권숙진1093
엄마표 영어와 땅 파기는 정말 찰떡 비유네요. 많은 분들이 엉뚱한 방향으로만 삽질을 계속하다가 결국 원하는 것을 얻지는 못하잖아요. 최선이 아니라 유일한 방법이라는 영어책 읽기를 제대로 즐겨 꼭 슬로우 미러클을 경험하고 싶습니다.

민경진1528
교수님의 글을 읽으며 자문해보았습니다. "나는 엄마표 영어의 땅굴을 얼마나 잘 파고 있을까?" 생각해보니 적어도 방향만큼은 확실히 잡은 것 같네요. 슬로우 미러클을 만나 '즐다잘'하며 많은 분들과 함께 꾸준히 가고 있으니까요.

이은주2157
책을 읽는 내내 유창한 영어라는 보석을 캐기 위해 고군분투하는 대한민국 엄마들의 모습이 떠올랐어요. "보석은 바로 여기 있는데, 왜들 그렇게 엉뚱한 방향으로만 계속 파 나가고 계실까?" 교수님께서 이렇게 안타까워하시는 것 같아요.

느리게 100권 읽기

DAY 053

난이도 ■■■□□

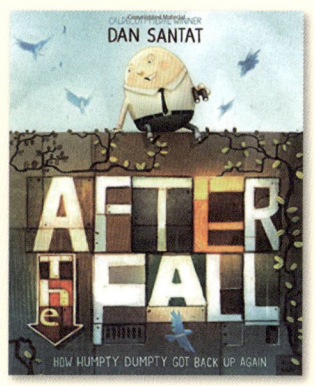

After the Fall: How Humpty Dumpty Got Back Up Again
by Dan Santat

"Humpty Dumpty sat on a wall
 Humpty Dumpty had a great fall."

위와 같은 구절로 시작되는 〈Humpty Dumpty〉 노래는 많이들 들어보셨지요? 오늘 우리가 함께 읽을 늘백의 그림책은 Dan Santat의 《After the Fall: How Humpty Dumpty Got Back Up Again》입니다. Humpty Dumpty에 대해 우리가 그동안 알지 못했던 놀라운 이야기를 들려줍니다.

1.

Humpty Dumpty가 높은 담장 위에 앉아 있다가 떨어졌다는 사실은 알 만한 사람은 누구나 다 압니다. 하지만 Humpty Dumpty가 그 후에 어떻게 되었는지도 아십니까? 그뿐이 아니지요. Humpty Dumpty가 구체적으로 누구인지, 담장 위에는 무엇 때문에 올라갔는지, 그곳에서는 대체 왜 떨어졌는지, 어디를 얼마나 어떻게 다쳤는지, 치료와 회복은 제대로 되었는지, 그리고 무엇보다 추락 사고 후에 Humpty Dumpty의 삶은 어떻게 달라졌는지 궁금하지 않으십니까? 이 모든 궁금증을 속 시원히 풀어주고 삶에서의 실패와 좌절, 그리고 다시 일어설 용기를 갖는 것에 대해 영감을 얻게 도와줄 Humpty Dumpty의 숨겨진 이야기, 지금 바로 만나보시기 바랍니다.

2.

그 유명한 추락(Great Fall) 사고 후 Humpty Dumpty가 어떻게 두려움과 좌절을 극복하고 다시 일어서게 되었는지를 설명해주는 책입니다. (책의 뒤표지에서 말하고 있듯이) "삶은 우리가 다시 일어설 때 비로소 시작된다(Life begins when you get back up)"는 점을 매우 설득력 있게 보여주고 있습니다. 사고로 부상을 입은 후 갖게 되는 상처와 두려움이 어떠한 것인지를 실감할 수 있습니다. 특히 상처의 회복에는 시간이 걸린다는 사실을 깨닫게 해줍니다. 두려움을 이겨내고 다시 일어서는 것뿐 아니라 그 이상의 삶을 꿈꾸게 도와줍니다.

시작하는 첫 페이지부터 독자의 이목을 사로잡아 이야기 속으로 순식간에 빠져들게 합니다. 장면마다 삽화와 텍스트가 절묘한 조화를 이루며 독자들의 마음속 깊은 곳까지 다가갑니다. 예상을 뛰어넘는 반전 결말에 무릎을 치게 됩니다. 가장 익숙한 이야기를 가장 새롭게 만들어낸 작가의 독창성과 스토리텔링 능력에 감탄을 금할 수 없습니다.

대놓고 설교하려는 책처럼 느껴질 수 있습니다. 그것이 도덕적 교훈이든, 삶에 대한 조언이든, 아니면 유용한 지식이든, 솔직히 노골적으로 가르치려는 책은 개인적으로 그리 좋아하지 않습니다. 하지만 도덕도 교훈도 제대로만 만들면 대박이 될 수 있음을 보여주는 책입니다.

3.
직설적이며 경제적인 언어 사용이 돋보입니다. 표현 하나하나가 단순명료하며 적확합니다. 불필요한 부분은 모두 과감하게 잘라내 일체의 군더더기나 낭비가 없습니다. 그러면서도 꼭 필요한 것은 어떤 것도 희생시키지 않습니다. 딱 맞는 곳, 딱 맞는 시간에 딱 맞는 표현을 사용합니다. 이야기하고자 하는 바의 핵심을 단도직입적으로, 아이들도 이해할 수 있는 쉬운 언어로 말합니다.

어느 한 부분도 과장되거나 비현실적으로 느껴지지 않습니다. Humpty Dumpty의 추락과 상처, 좌절과 두려움, 높은 곳에 대한 갈망과 갈등, 모형 비행기를 통한 삶의 회복 노력, (모형 비행기가 사라지는) 또 다른 사고 후 용기를 내어 다시 높은 곳에 오르기로 결심하고 드디어 재기에 성공하는 모습, 그리고 예상치 못했던 마지막 반전 결말에 이르기까지.

4.
겉으로 보이는 상처는 거의 치유되었지만 높은 곳에 대한 공포는 Humpty Dumpty의 삶을 완전히 바꾸어놓습니다. 다시 담장 위에 올라가 좋아하는 조류 관찰(bird-watching)을 즐기고 싶은 마음이 간절합니다. 하지만 이제는 높이 진열되어 있는 시리얼을 꺼내는 일조차 두렵게 느껴집니다. Humpty Dumpty의 이러한 심리적 불안, 갈망하는 대상과의 큰 괴리를 표현하기 위해 작가가 선택한 다양한 시각과 색상의 사용에 유의하세요.

자신이 정말 좋아하는 일을 포기할 수 없었던 Humpty Dumpty는 어느 날 종이비행기를 보고 영감을 얻어 하늘을 나는 비행기를 만들기로 합니다. 비행기를 만드는 과정에서 거듭된 실패와 좌절에도 불구하고 끝까지 포기하지 않고 마침내 성공하게 된 Humpty Dumpty, 그의 모습을 익살스럽게 표현한 작가의 유머 감각을 느껴보시기 바랍니다.

두려움에 떨리는 발걸음을 한 걸음씩 단단하게 내디뎌 마침내는 꼭대기에 다다르게 됩니다. 그리고 오랫동안 자신을 괴롭히던 두려움을 완전히 극복하게 되지요. 재기에 성공한 기쁨을 만끽하는 Humpty Dumpty의 의기양양한 모습을 보며 독자들은 결말을 기대합니다. 하지만 바로 그 순간 누구도 예상치 못한 기상천외한 전개를 통해 놀라움을 선사합니다. 재기의 진정한 의미는 단순히 바라던 높은 곳에 다시 오르는 것이 아님을, 그것은 단지 진정한 결말을 위한 준비 과정에 불과했음을 보여주는 반전은 소름이 돋을 정도입니다. 전래동요(nursery rhyme)를 다시 고쳐 쓰는 개작(改作)이 어떠해야 하는지를 단적으로 보여주는 최고의 작품이라 할 만합니다.

5.
사고를 당해 부상을 입거나 무언가 중요한 일에서 실패했다고 하여 인생이 끝나는 것은 아닙니다. 성공했을 때가 아니라 오히려 실패를 딛고 다시 일어설 때 비로소 진짜 인생이 시작됩니다. 다시 일어서겠다고 결심하는 순간 생각지 못했던 놀라운 일이 일어나게 되어 있습니다.

Life begins when you get back up.
When you decide to get back up, something amazing happens.
― Adapted from Back Cover ―

떨어지는 것을 좋아하는 사람은 아무도 없습니다. 하지만 사고는 일어나기 마련입니다. 언제 어디서든 뚜렷한 이유 없이도 얼마든지 일어날 수 있습니다. (참고로, 영어 단어 accident의 어원적 의미는 '떨어지다(fall)'입니다. 그리고 흥미롭게도 그 단어는 '사고'와 '우연'을 동시에 의미합니다.)

It was just an accident. But it changed my life.
But I could never do it ... because I knew that accidents can happen.
Unfortunately, accidents happen ... They always do.

불행한 사고가 거듭되어 이젠 정말 끝장이라고 생각될 때가 있습니다. 하지만 아십니까? 바로 그때가, 그러한 생각을 갖게 하는 최악의 사고가 우리를 다시 삶의 본래 위치로 되돌려주고 더 도약하게 해줄 최고의 기회가 되기도 한다는 것을? 좋은 것이 꼭 좋은 것만은 아니듯이 나쁜 것도 꼭 나쁜 것만은 아닌 것이지요. 걸림돌이 디딤돌이 될 수도 있다는 사실, 인생을 살아가며 어려운 일이나 불행한 사고를 당할 때 꼭 기억할 수 있으면 좋겠습니다.

P. S.
여러분과 함께 듣고 싶습니다. 봄의 새싹들처럼 다시 일어나라고, 다시 한번 해보라고 외치는 노래 김광석의 〈일어나〉입니다. 〈싱어게인2〉의 17호 가수가 부릅니다.

 〈일어나〉

한 줄 소감

정혜선2458
정말 위로가 되는 글입니다. 책도 너무 좋았지만 교수님의 소개글은 정말 최고예요!! 살아가면서 힘들고 고통스러운 순간이 올 때 꼭 다시 꺼내 읽고 싶어요.

박라영1545
Humpty Dumpty를 통해 "위기는 기회"라는 말의 의미를 다시 한번 새롭게 깨닫게 되네요. 힘들지만 일어설 힘과 용기가 솟아납니다.

김인화1344
저도 대놓고 설교하는 듯한 책은 싫어하는데, 이 책은 다르네요. 그림과 스토리텔링에 쏙 빠지게 돼요. 모두 좋았지만 특히 마지막 반전에는 전율을 느꼈습니다.

이미숙2026
중요한 건 '사건'이 아니라 사건 이후에 내가 보인 '반응'임을 깨닫습니다. 영어책 읽는 맛과 감동을 제대로 느낄 수 있는 최고의 책이었어요.

이진경2236
이번 중학교 입시에서 실패한 딸을 생각합니다. 실패는 성장을 위한 필수 과정인 것 같아요. 실패를 당당하게 마주하고 앞으로 나아가는 딸과 함께 읽고 싶네요.

윤보영3189
삶의 진정한 교훈을 그림책을 통해 배웁니다. 이보다 값진 일이 또 있을까요? 오늘도 넘어진 나를 일으켜 세워주는 Humpty Dumpty의 감동적인 이야기와 교수님의 따스한 위로를 가슴에 담아갑니다.

김지혜2858
실패했을 그 당시에는 정말 인생이 끝났다고 생각했는데, 지나고 나서 보니 아무것도 아니더라고요. 그 실패가 저를 오히려 더 단단히 만든 것 같습니다. 큰 위로가 되는 소개글, 감사드려요.

홍정현3764
높은 곳에 오르다 떨어져 다시 오르기까지 방황하던 날들이 떠오릅니다. 고난과 고통은 나를 성숙하게 하는 연단의 과정이라 믿어요. 교수님 소개글에 크게 위로받고 갑니다.

조연주2492
돌이켜보니 불행이라 생각했던 것들이 오히려 의미 있는 일이었고 내가 성장할 수 있었던 기회였음을 깨닫습니다. 정말 amazing한 책입니다!

고경희1047
성공했을 때가 아니라 실패를 딛고 다시 일어설 때 비로소 진짜 인생이 시작된다니요! 담장에서 떨어진 Humpty Dumpty 이야기에 이렇게 깊은 인생 철학이 숨어 있다니 정말 놀랐습니다.

송현주1789
위도 아래도 보지 않고 한 번에 한 걸음씩 올라갈 때 '아, 이 방법이구나!'라고 생각했습니다. 걸림돌이 디딤돌이 될 수 있다는 말씀, 꼭 기억하겠습니다.

한혜원2675
감사해요, 교수님. 새끼 독수리가 높은 곳에서 떨어지며 비상하는 법을 배우는 듯, 추락은 영원한 나락이 아닌 비상을 위한 과정이며, 실패를 딛고 일어서면 더 성장한 내가 된다는 사실을 꼭 기억할게요.

느리게 100권 읽기

DAY 054

난이도 ■■■□□

On the Night You Were Born
by Nancy Tillman

누군가 한 사람이 내게 옴으로써 인생에 큰 변화가 생기고 그로 인해 이전과는 전혀 다른 삶을 살게 된다면 그 사람은 정말 특별한 존재일 수밖에 없을 겁니다. 오늘 우리가 함께 읽을 늘백의 그림책은 그런 특별한 순간의 감동을 노래한 Nancy Tillman의 《On the Night You Were Born》입니다.

1.
한 아이가 태어날 때 달님이 경이로운 얼굴로 미소 짓고 별들이 슬며시 들여다보며, 비와 바람이 세상의 곳곳을 다니며 모든 사람이 들을 수 있도록 아이의 이름을 속삭인다면, 그 아이는 얼마나 특별한 아이일까요? 그뿐이 아닙니다. 그 아이의 탄생 소식을 듣고 북극곰들이 새벽까지 계속 춤을 추고, 거위들은 멀리서부터 집으로 날아옵니다. 또 달님은 밤새 한숨도 자지 않으며, 무당벌레들은 단 한 마리도 날아가지 않고 아침이 될 때까지 꽃과 풀잎 위에 머물러 있습니다. 그런데 이것이 모두 그 아이가 미소 짓는 걸 보기 위해서라면 그 아이는 얼마나 대단한 존재일까요? 그런 아이가 있다면 세상 전체를 다 뒤져도 오직 단 하나밖에는 없을 것입니다. 그런 아이가 정말 있을까요? 있다면 그 아이는 대체 누구일까요?

2.
세상의 모든 아이들에게 "너는 이 세상에 오직 단 하나뿐인 특별한 존재란다"라고 말해줍니다. 자신의 아이가 얼마나 특별하고 얼마나 소중한 존재인지를 아는 엄마 아빠들의 마음이 그대로 담겨 있습니다. 아이에 대한 각별한 느낌과 생각을 구체적으로 표현할 수 있는 방법을 알려줍니다. 나아가 자신의 마음속에 있는 말들을 밖으로 꺼내 사용할 수 있도록 돕습니다.

매 장면이 아이들의 꿈과 마음속 세계를 그대로 옮겨놓은 듯합니다. 온기로 가득한 부드럽고 포근한 느낌의 그림들이 독자의 시선을 사로잡습니다. 아름답기 그지없는 시적인 표현들과 함께 어우러져 마음을 편안하고 정갈하게 해줍니다. 표현 하나하나에 아이를 향한 엄마의 깊은 애정과 목소리가 담겨 있습니다.

아이가 태어났을 때 벅차올랐던 감동과 기쁨이 생생하게 떠오릅니다. 한 아이의 탄생이 얼마나 큰 축복이며 대단한 일인지를 다시금 깨닫게 됩니다. 읽을 때마다 가슴이 먹먹해집니다. 아이의 마음에도 잔잔한 감동과 여운을 남깁니다. 진실로 사랑받고 관심받고 있음을 느끼게 해줍니다.

3.
아기의 탄생을 기다리고 있다면 매일 꾸준히 읽어보세요. 천천히 소리 내어 읽으며 한 부분씩 음미해보세요. 각 표현의 이미지를 머릿속에 떠올리며 감동이 가슴에서 온몸으로 퍼지는 것을 느껴보세요. 엄마와 아빠는 물론 뱃속 아이에게도 최고의 태교가 될 것이라 확신합니다.

세상의 모든 것은 보기 나름이며, 내 인생은 내가 만들어가는 것이고, 내 아이의 자기 이미지와 자존감이 상당 부분 엄마 아빠에게 달려 있다고 믿는다면 절대 빼놓을 수 없는 책입니다. 자신의 특별함을 알게 해주고 확신케 하는 이런 책을 어떤 아이가 싫어할까요? 태어나면서부터 함께했고 한 뼘 두 뼘 커가면서 계속 읽었던 책, 한 살 두 살 나이를 먹어 청년이 되어가면서 자신이 얼마나 소중한 존재인지를 더욱 깊이 깨닫게 됩니다.

4.

오늘은 누구와의 만남을 기대하시나요? 친구를 만나기로 하셨나요? 아니면 직장이나 사무실에서 고객을? 그것도 아니라면 가정에서 남편이나 아내, 혹은 아이를 기다리시나요? 누가 오든 한 사람이 온다는 것은 어느 시인의 말처럼 실로 어마어마한 일입니다. 그 사람의 과거와 현재, 미래로 이루어진 일생 전체가 오는 것이기 때문입니다.

그 사람의 마음은 분명 이런저런 일로 깨어지고 상처 입었을 텐데, 그 깨어짐과 상처 하나하나가 한 편의 스토리가 될 수도 있을 텐데, 그런 지치고 피곤한 마음을 헤아리고 보듬어준다면 얼마나 큰 위로와 힘이 될까요? 분주한 일상에 쫓기고 치여 나도 모르는 사이에 사랑하는 가족과 친구, 내게 오는 어마어마한 인연을 홀대하지는 않았는지 생각해봅니다.

아이가 태어나 내게 온다는 것, 나와 평생을 함께할 반려자를 만난다는 것, 그리고 '슬로우 미러클의 느리게 100권 읽기'를 통해 여러분 한 사람 한 사람이 제게 온다는 것은 정말 어마어마한 인연이었음을 깨닫습니다. 앞으로 남은 날들을 살아가면서 누군가 온다는 것이 실로 엄청난 일임을 잊지 않고 싶습니다. 찾아오는 모든 분들을 환대하고 성심으로 섬기고 싶습니다. 나의 방문도 상대에게 실로 어마어마한 일이 될 수 있으면 좋겠습니다.

한 줄 소감

천주연3249
이 책을 왜 이제야 알게 됐을까요? 보물 같은 책을 알게 해주셔서 감사드려요. 오늘부터라도 매일 읽어줘야겠어요. "너는 이 세상에 오직 단 하나뿐인 특별한 존재란다! 사랑해." ♥

심은주3175
교수님의 소개글이 안뽀사를 부르네요. 소중한 내 아이를 품에 안고 빨리 책을 펼쳐보고 싶습니다. 책을 함께 읽으며 안아주고 뽀뽀하고 또 사랑한다 말해주고 싶습니다.

윤보영3189
어느 한 문장도 빼놓을 것이 없네요. 내 마음속 생각을 이리도 아름답게 표현해주니 어찌 공감하지 않을 수 있을까요?

김희정3452
교수님 글들을 읽으면서 책을 보는 눈이 깊어질 줄은 알았지만 사람을 대하는 눈까지 깊어지게 될 줄은 몰랐습니다. 가만히 맨발로 숲길을 걸으며 온전히 행간을 음미하고 싶습니다.

이주옥3346
눈물이 핑, 코끝이 찡합니다. 왜 자꾸 잊는 걸까요? 아이가 우리에게 처음으로 왔던 그때를 회상해봅니다. 더 사랑하겠다고 다짐합니다.

성미진1747
감동이 물밀듯 밀려옵니다. 늘 손 닿는 곳에 두고 펼쳐보며, 아이가 사랑스러울 때도, 아이 때문에 속상할 때도 아이의 소중함을 마음에 새기겠습니다.

김희연3451
지금 당장 아이에게 읽어주고, 출산을 기다리는 친구에게도 선물하고 싶습니다. 나의 방문이 누군가에게 어메이징한 일이 되기를 바랍니다.

조연주2492
한 사람이 온다는 것은 실로 어마어마하다는 것인데 그걸 잊고 지냈네요. 그들을 환대하고 성심으로 섬기고 싶다는 교수님 말씀이 마음속 깊이 다가옵니다. 저 또한 그런 사람이고 싶습니다.

고희선1063
교수님의 소개글과 함께 읽으니 감동이 배가됩니다. 아이와의 만남뿐 아니라 소중한 모든 인연에 대해 깊이 생각하게 되네요. 그들의 존재만으로도 감사한 오늘입니다.

서유미3165
글을 읽으며 울컥합니다. 고물고물 눈도 안 떠지는데 엄마 품에서 젖을 빨던 첫 순간이 떠오르네요. 그런데 벌써 미운 사춘기 돌입하신 우리 아드님!^^ "나에게 온 첫 손님, 네가 내게 온 것은 실로 어마어마한 일이었단다. 오늘은 한번 안아보자꾸나!! 응?"

배은영1692
소개글 첫 줄부터 눈물이 핑 돕니다. 다른 사람들이 아이를 보고 판단할 때마다 부모로서 마음이 아픕니다. 그 사람들에게 묻고 싶어요. 이 아이가 얼마나 소중하고 특별한지 알고 있느냐고. 그리고 말하고 싶어요. 이 특별한 아이의 반짝임을 봐달라고. 그냥 봐도 예쁘지만 자세히 보면 더 예쁘다고.

이유영2133
누군가 내게 온다는 건 그 사람의 일생 전체가 온다는 소개글의 문구가 가슴 깊이 파고듭니다. 그 소중한 사람을 홀대함이 없도록 더 사랑하고 섬기며 살아가기를 소망합니다.

느리게 100권 읽기

DAY 055

난이도 ■■■■■■

The Three Little Wolves and the Big Bad Pig
by Eugene Trivizas, Helen Oxenbury (illustrator)

아기 돼지 삼형제와 이들 형제를 괴롭히는 나쁜 늑대 이야기, 아마도 모르시는 분은 거의 없을 겁니다. 너무도 유명하다 보니 매우 다양한 버전이 존재합니다. 오늘 우리가 함께 읽을 늘백의 그림책은 그런 많은 이야기 중에서도 그 기발함이 특히 돋보이는 《The Three Little Wolves and the Big Bad Pig》입니다. Eugene Trivizas가 글을 쓰고 《We're Going on a Bear Hunt》의 삽화가 Helen Oxenbury가 그림을 그렸습니다.

1.

아기 늑대 삼형제는 엄마로부터 독립하여 따로 살기 위해 세상으로 나갑니다. 덩치 큰 못된 돼지를 조심해야 한다는 엄마의 말씀에 따라 늑대 삼형제는 무서운 돼지로부터 자신들을 지키기 위해 집을 아주 튼튼하게 짓습니다. 하지만 크고 힘센 돼지는 처음에 벽돌로 지은 집은 커다란 무쇠 해머로, 그다음에 콘크리트로 더 튼튼하게 지은 집은 공기 드릴(pneumatic drill, air drill)로 아주 쉽게 부숴버립니다. 그래서 늑대 삼형제는 다시 장갑 철판으로 난공불락의 요새 같은 정말 튼튼한 집을 지었지만 무식하기 이를 데 없는 돼지는 그마저도 다이너마이트로 단숨에 폭파해버리고 맙니다. 매번 돼지의 무서운 공격으로부터 겨우 목숨만을 부지했던 불쌍한 늑대 삼형제, 이제는 더 튼튼한 집을 지을 방법도, 안전하게 숨을 곳도 없습니다. 대체 어찌하면 좋을까요?

2.

그 유명한 전래동화 《The Three Little Pigs (아기 돼지 삼형제)》의 패러디 작품입니다. 이번에는 (원전에서처럼 돼지 셋, 늑대 하나가 아니라) 늑대 세 마리에 돼지가 한 마리입니다. 그것만이 아닙니다. 놀랍게도 양쪽의 입장이 정반대로 바뀌어 우락부락하고 험악하게 생긴 돼지가 연약하고 착한 늑대들을 괴롭힙니다. 늑대와 돼지의 전통적인 이미지, 특히 양자의 역할과 관계에 대한 기존의 고정관념을 산산조각 내버립니다. 독자들의 마음을 뒤흔들며 선과 악에 대한 뿌리 깊은 관념과 이분법적 사고에 도전장을 던집니다. 편견과 선입견으로 굳어진 우리의 생각을 부드럽게 풀어주고 이전과는 다른 눈으로 세상을 바라볼 수 있게 도와줍니다.

과감하고도 기상천외한 발상에 감탄을 금할 수 없습니다. 원전의 본래 느낌을 잘 살리면서 동시에 기발하고도 유머러스하게 기존의 이야기를 비틀어 완전히 색다른 이야기를 경험할 수 있게 합니다. 정교하고도 단단하게 짜인 이야기 구성과 빠른 속도로 긴장감을 더해가는 진행 방식이 독자들의 마음과 이목을 사로잡고 순식간에 이야기 속으로 빠져들게 합니다. 낯익음과 낯설음이 적절한 조화를 이루어 적지 않은 글밥에도 불구하고 편안한 마음으로 영어책을 읽는 재미와 즐거움을 느낄 수 있게 해줍니다.

이미 알고 있던 이야기와는 사뭇 다른 설정과 내용들이 아이들의 마음을 계속 흔들고 놀람과 의문, 흥분과 새로운 기대 등 다양한 반응을 이끌어냅니다. 더 나아가 아이들의 엉뚱한 상상력을 자극하고 귀여운 창작 의욕을 불러일으켜 자신만의 이야기를 만들어보도록 격려합니다. 일반적인 기대를 뛰어넘는 신선한 결말도 인상적입니다. 꽃향기에 취해 개과천선한 악당 돼지, 닫힌 마음을 열고 돼지와 즐겁게 어울리는 늑대 삼형제, 한 걸음 더 나아가 차와 다과를 즐기며 행복하게 함께 살아가는 돼지와 늑대들의 모습에 아이들은 환호하고 어른들은 미소 짓습니다.

3.
케이트 그린어웨이 메달(CILIP Kate Greenaway Medal) 2회 수상에 빛나는 Helen Oxenbury의 수채화 그림이, 참신한 아이디어로 무장한 흥미진진한 이야기에 섬세한 디테일을 더해줍니다. 등장인물들의 얼굴 표정과 눈빛이 생생하게 살아 있습니다. 작은 몸짓 하나하나에서도 생각과 감정이 고스란히 느껴집니다. 못된 돼지의 우악스러움과 집요함, 소심한 늑대들의 두려움과 불안함, 안도와 기쁨, 편안하고 행복한 마음 등. 순진하고 약하게만 느껴지던 돼지를 무서운 악당으로, 포악하고 위협적인 늑대는 착하고 순박한 존재로, 그리고 마지막 순간 못된 돼지를 선하고 친절한 이웃으로 둔갑시킨 발상의 기발함과 자연스럽고 설득력 있는 스토리텔링이 무척 인상적입니다.

영어를 잘 모르는 어린아이들에게 오히려 더 많은 것이 더 잘 보이는 그림책의 마법, 종종 경험해보셨으리라 생각합니다. 문장의 해석과 텍스트의 내용 파악에만 몰두하지 말고 그림을 자세히 살펴보아야 합니다. 마음의 여유를 가지고 천천히 가면서 그림의 작은 디테일에도 관심을 기울여보세요. 그러면 이전에는 보이지 않았던 것들이 보이기 시작할 것입니다. 첫 장면에서 머리와 꼬리에 헤어롤을 말고 발톱에 매니큐어를 바르고 있는 엄마 늑대의 모습, (영국의 차 문화를 강조하려는 의도라도 있었던 것일까요?) 돼지를 피해 탈출하는 위기 상황에서도 매번 잊지 않고 꼭 챙겼던 찻주전자, 바로 그 찻주전자로 마지막 장면에서 돼지와 함께 차를 즐기는 모습 등. 삽화의 많은 부분에서 작가의 재치와 뛰어난 유머 감각을 확인할 수 있습니다.

4.
《The Three Little Pigs》의 많은 패러디 중 아래의 두 작품과 함께 최고로 꼽히는 작품입니다. 모두 널리 읽히고 인정받는 작품이니 꼭 읽어보시길 권해드립니다.

- 《The Three Pigs》by David Wiesner (2001)
- 《The True Story of the 3 Little Pigs》by Jon Scieszka, Lane Smith (illustrator) (1989)

각각 다음 제목으로 출간된 우리말 번역본도 있습니다.

- 《아기 늑대 세 마리와 못된 돼지》(김경미 역, 시공사)
- 《아기 돼지 세 마리》(이옥용 역, 마루벌)
- 《늑대가 들려주는 아기 돼지 삼형제 이야기》(황의방 역, 보림)

5.
여린 바람에도 흔들리는 약하디약한 꽃들의 강한 힘을 보고 나니 바람과 해님의 이야기가 떠오릅니다. 매섭고 거센 북풍을 굴복시킨 해님, 그 따뜻함과 부드러움이 지닌 힘을 다시 한번 깨닫게 됩니다. 물론 공격이 최선의 방어이며 상대의 공격은 더 강력한 힘으로 맞받아쳐야 한다는 주장도 타당한 근거가 있을 겁니다. 또한 타협이나 물러섬이 없는 단호한 대처가 효과를 발휘할 때도 분명 있을 것 같고요. 하지만 강대강의 강력한 맞대응은 상황을 더 악화시키고 문제를 더욱 심각하게 만들 수 있습니다. 내게 주어진 문제들을 풀어내기 위해 나는 매번 더 강하고 튼튼한 집을 지으려고만 하고 있지는 않았는지 돌아봅니다.

한 줄 소감

김경애1126
선입견이 마음속에 얼마나 굳건히 자리 잡고 있었는지를 새삼 느낍니다. 만약 아이가 이런 패러디물을 먼저 읽고 원작을 읽는다면, 악당과 선한 주인공에 대한 생각이 좀 말랑하게 자리 잡힐까요? 궁금해지네요.^^

이유진2977
오! 이런 패러디 버전도 있군요. 너무나도 잘 아는 이야기인데, 완전히 새로운 느낌의 이야기로 만들었네요. 이런 작품은 익숙함에 더해진 신선함 때문인지 늘 흥미롭습니다.

문상미1518
소개글을 보고 나니 얼른 읽고 싶어집니다. "기존에 알고 있던 아기 돼지 삼형제는 모두 잊어라! 늑대는 네가 알던 늑대가 아니고, 돼지도 네가 알던 돼지가 아니다!" 이렇게 말해주는 것 같아요.

이효정2290
발상이 기발하고 내용도 아주 흥미롭네요. 독자들에게 거부감을 주지 않으면서 편견과 선입견을 깰 수 있도록 마법을 걸어주는 책 같아요.

박선향1567
포악스러운 돼지와 순진하고 착해 보이는 늑대들의 모습이 너무나 그럴 듯하고 리얼해서 절로 빠져듭니다.^^ 따뜻하고 부드러운 것이 역시 강하네요.

송봉선1770
이미 아는 전래동화인데 완전히 다른 이야기가 되었네요. 거기에다 깨달음까지 주고요. 너무 재미있어요. 다시 읽어봐야겠어요.^^

유지민1941
발상의 전환으로 이렇게 새롭고 재미난 이야기가 만들어질 수 있다니 정말 놀라워요. 너무나도 잘 그려놓아서 돼지가 포악하게 느껴지고 자연스레 늑대의 편에 서게 되네요.

 박진희1659
이야기에 빠져 즐기고 나니 그동안 나도 모르는 편견이나 선입견 때문에 많은 진실을 보지 못하고 있었던 것은 아니었을까 갑자기 반성하게 됩니다.

 임숙연3218
따뜻함을 마주하면 무장 해제가 되지요. 그런데 강한 척하는 상대는 좀 골려주고 싶기도 하더라구요.^^

 김세영2838
해머와 드릴과 다이너마이트까지 등장하는 것도 모자라 꽃향기에 취해 개과천선하는 로맨틱한 악당이라니, 아이들이 너무 재미있어하겠네요! 이런 책을 많이 읽은 아이들은 편견이나 선입관, 고정관념에 갇히지 않고 아주 포용적인 사람이 될 것 같아요.

 김태은1432
원래 패러디 작품을 좋아하지 않았는데 이런 패러디 작품이라면 좋아하지 않을 수가 없을 것 같아요.^^ 늑대가 이리 가엾게 느껴질 줄이야 누가 상상이나 할 수 있었을까요!

 조정은3244
직장 동료와의 갈등에서 더 크고 튼튼한 벽을 쌓으려고만 했던 저 스스로가 부끄럽습니다. 상대의 태도에 분노하여 칼을 뽑아 들었지만 결국 감정적으로 무너진 것은 저였네요. 부드러운 꽃과 따뜻한 해님이 지닌 지혜와 힘을 배워야 할 것 같습니다.

 이희정2294
오랫동안 제가 가지고 있던 선입견이 완전히 무너지는 경험을 했네요. 익숙한 주제인데도 읽는 내내 아주 흥미진진했습니다.

 손미경1756
발상의 전환이 정말 인상적입니다. 제 관점과 생각을 과감하게 바꿀 필요가 있다는 것을 깨달았어요.

 이영선2111
어느새 제 마음의 빗장을 풀고 엉뚱한 상상을 하게 해주네요. 저도 이런 스토리 써보고 싶어요.

느리게 100권 읽기

DAY 056

난이도 ■□□□□

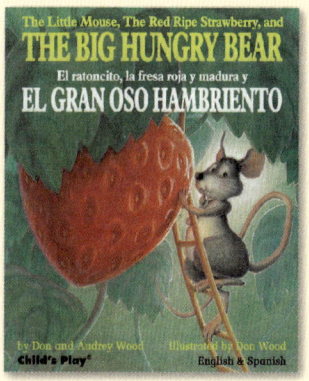

The Little Mouse, the Red Ripe Strawberry, and the Big Hungry Bear
by Don and Audrey Wood, Don Wood (illustrator)

무언가 아주 좋은 것이 있을 때 여러분은 어떻게 하시나요? 어딘가에 숨겨두고 혼자서만 몰래 조금씩 즐기고 싶은 마음도 있고, 때로는 누군가와 함께 그 즐거움을 나누고 싶은 마음이 들기도 하겠지요? 오늘 우리 모두가 가벼운 마음으로 함께 읽을 늘백의 그림책은 바로 그런 고민에 빠진 생쥐의 흥미진진한 이야기입니다.

1.

작고 귀여운 생쥐 한 마리가 정말이지 탐스럽게 잘 익은 빨~간 딸기를 막 따 먹으려고 합니다. 근데 덩치가 아주 크고 무서운 곰도 딸기를 무척 좋아한다고 하네요. 아주 멀리서도 냄새를 맡을 수 있고, 어디에 어떻게 숨기든, 누가 지키든, 어떻게 위장을 하든, 금방 찾아낼 거라고도 하고요. 사실 딸기를 지킬 수 있는 방법은 오직 하나밖에 없다고 합니다. 그 방법은 대체 뭘까요? 생쥐는 과연 무시무시한 곰으로부터 맛있는 딸기를 지켜낼 수 있을까요?

2.

선명하면서도 부드럽고 따뜻한 색감의 사실적인 그림이 독자의 눈길을 사로잡습니다. 쉽고 짧은 스토리 속에 긴장감이 넘쳐흐릅니다. 이렇게 짧은 글 속에 이토록 흥미진진한 이야기를 담아낼 수 있다니, 작가의 재능이 놀랍기만 합니다. 글과 그림 속에 가득한 작가의 위트와 유머 감각을 느껴보세요. 매 장면이 보석 같지만 특히 안경과 콧수염으로 위장한 장면에서는 여러분 모두가 빵 터지고 엄지척할 것이라 확신합니다.

3.
긴 제목과는 정반대로 읽기가 매우 쉬운 책. 쉬우면서도 재미있고 거기에다 가볍지 않은 내용까지 담고 있는 책. 시종일관 누가 내레이터인지 궁금하게 만드는 매력이 있는 책입니다. 내레이터가 생쥐에게 말을 건네면 생쥐가 거기에 반응하는 방식으로 스토리가 전개됩니다.

표지 그림에서 "쉿!" 하고 있는 생쥐의 깜찍한 모습이 뭔가 비밀스럽고 조심스런 이야기가 펼쳐질 것이라는 기대감을 갖게 합니다. 이어지는 생쥐의 다양한 표정과 행동에서 시시각각으로 변하는 생쥐의 심정을 생생하게 느낄 수 있습니다. 딸기를 지키기 위해 이런저런 방법을 다 생각해보는 생쥐의 모습이 웃음을 자아내고 아이들의 상상력을 마구마구 자극합니다. 직접 내레이터가 되어 주인공 생쥐에게 말을 건네는 마음으로 읽어보세요. 그렇게 하면 읽는 사람이나 듣는 사람 모두 이야기에 더 깊이 몰입할 수 있습니다.

혼자 다 가지려는 욕심을 버리고 누군가와 함께 나누면 걱정은 줄고 행복은 더 커진다는 것을 말해주기라도 하려는 것일까요? 무서운 곰에 대한 두려움으로부터 해방된 생쥐의 행복한 모습에서 작가가 전하고자 하는 메시지를 짐작해볼 수 있습니다.

4.
이 이야기의 내레이터는 과연 누구일까요? 곰은 대체 어디에 있는 것일까요? 실제로 존재하기는 하는 것일까요? 생쥐의 선택은 현실에서도 충분히 현명한 것이 될 수 있을까요? 정답은 정해져 있는 것이 아닙니다. 스스로 찾고 직접 만들어가는 것입니다. 좋은 책일수록, 훌륭한 독자일수록 더욱 그러합니다. 영어책 읽기도 마찬가지입니다.

5.
(뒤표지의 그림에서처럼) 언제 빼앗길지 모를 딸기를 숨겨두고 크고 무시무시한 곰의 어두운 그림자에 갇혀 계속되는 공포와 두려움에 떠는 생쥐. 이와

는 반대로 (마지막 삽화에서처럼) 탐스럽고 맛있는 딸기를 기꺼이 나누어 먹은 후에 느끼는 만족감과 편안함에 세상 부러울 것 없이 행복한 생쥐. 누구에게든 그리 어려운 선택은 아닐 것이라 생각합니다. 문제는 역시 깨달음과 실천이겠지요. 여러분의 삶은 어떤 모습인가요? 어느 선택에 더 가까운가요? 현실에서 여러분의 딸기는 무엇인가요? 누구와 함께 나누어 먹기를 원하시나요?

쉽고 재미있는 영어책을 골라 하루 한 권씩 천천히 읽어나가는 '늘백'이라는 딸기는 누군가와 나누어 먹을 때 더욱 맛이 있습니다. 영어책 읽기의 즐다잘은 나누면 나눌수록 더 즐겁고 그 효과도 더 커지기 때문입니다. 하지만 슬로우 미러클까지 가는 길은 멀고 시간이 걸립니다. 험하고 힘든 고비도 있을 것입니다. 그렇지만 함께 걸으면 멀고 험한 길도 문제없고 충분히 멀리까지 갈 수 있습니다. 여러분은 이 탐스러운 딸기를 누구와 나누어 먹길 원하시나요?

한 줄 소감

박라영1545
딸기 하나 나눠 먹는 이야기가 추리소설만큼이나 흥미신진하다니! 똑같은 이야기도 작가의 <u>스토리텔링</u> 능력에 따라 완전히 달라지는 것 같아요. 우리 삶도 비슷하겠지요?

황현주2733
딸기 나오는 책이라고 첫째가 그렇게 많이 가져오더니 이제 두 돌 지난 둘째도 이 책을 가져옵니다. 새빨간 맛난 딸기가 나온다는 이유만으로도 두 아이에게 한가득 사랑받는 책이네요.

김지영1386
한 편의 애니메이션을 본 것 같아요. 그림이 너무도 아름답고 생생하여 생쥐가 드라마틱한 표정을 지으며 딸기와 함께 책 밖으로 튀어나올 것 같았어요. 몰입도가 정말 장난 아니네요.^^

유선영192
능청스럽고 짓궂은 내레이터 옆에서 세상 진지한 생쥐의 귀여운 고군분투를 지켜보고 있자니 제가 딸기를 빼앗아 먹은 것도 아닌데 죄책감이 들 지경입니다. 근데 아무렴 어떻겠어요? 모두 맛있게 나누어 먹었으니 그것으로 충분히 행복! 흐뭇~합니다.

강자영1035
선명하고 사랑스러운 색감, 생쥐의 심정과 기분이 실감나게 느껴지는 글이 정말이지 일품입니다. 아이가 클수록 여러 역할을 번갈아 해보리라 즐거운 계획을 세워봅니다.

김효정3716
딸기 하나로 이렇게 긴장될 일인지?ㅎㅎ 생각해보니 가진 것을 절대 놓지 않으려 할 때, 집착할 때, 이런 불안감이 생겼던 것 같아요. 이젠 나누며 마음 편한 게 더 좋겠다는 생각이 듭니다.

권은화3409
배고픈 곰에게서 딸기를 숨기기 위해 동분서주하는 생쥐! 문제는 곰을 볼 수 없다는 것!ㅎㅎ 책 속의 딸기가 너무나 탐스러워 갑자기 딸기가 먹고 싶어지네요.

임수지2307
먹어도 먹어도 또 먹을 게 있는 슬미 딸기밭으로 오세요! 슬미에 참여하는 모든 분들과 맛난 것들을 함께 나누며 여유롭고 행복하게 영어책 읽기의 즐거움을 계속 누리고 싶어요. 오늘도 또 하나의 깨달음을 얻어갑니다.

원문기1909
나누고 난 뒤 생쥐의 표정이 압권입니다. "잃어버리진 않을까? 상하거나 썩지는 않을까?" 염려하며 노심초사, 안절부절. 하지만 이웃과 나누어 먹으면 기쁨이 두 배, 행복도 두 배! 꼭 우리 슬미 같습니다.^^

이예린2124
슬로우 미러클을 통해 멀리 가려면 함께 가야 한다고 강조해 말씀하시는 메시지의 진정한 의미를 점점 더 깊이 깨닫고 있습니다. 저에게 늘백은 기꺼이 나누고 싶은 딸기입니다.

정희정3755
늘백이란 딸기는 먹어도 먹어도 또 먹고 싶고, 먹을수록 더 맛있으며, 나누어 먹으면 더욱 커지는 마법의 딸기입니다.

여민정3483
"여러분의 딸기는 무엇인가요?"라는 질문에 "늘백이요~!"라고 대답한 후 다음 글을 보니 그대로 적혀 있네요.ㅎㅎ 현재 가진 것만으로 충분히 나누기가 힘들다면 계속해서 새로 만들어내면 되겠지요. 소비하는 삶에서 생산하는 삶으로 가는 길목에 서 있는 기분입니다.

이현정2266
그림이 너무 예뻐서 내용도 보지 않고 구입했던 책이에요. 그림만으로도 모든 게 이해되고, 특히 생쥐의 심경 변화가 섬세하게 느껴집니다.

민정선3717
늘백이라는 딸기를 거의 매일 아이와 나눠 먹고 있어요. 근데 제가 더 맛나게 먹고 있는 것 같아요.

김혜란3447
생쥐 스스로 가둔 감옥 같아요. 오래전 저의 그림책 입문서였는데 나이 들어 다시 보니 감회가 새롭네요.

느리게 100권 읽기

057

난이도 ■■□□□□

Kitten's First Full Moon
by Kevin Henkes

한국의 명절 가운데 추수의 기쁨과 함께 우리의 마음을 가장 풍성하게 해주는 한가위, 그 한가위 하면 커다란 보름달이 가장 먼저 떠오르시지요? 오늘 우리가 함께 읽을 늘백의 그림책은 크고 탐스러운 보름달이 두둥실 떠 있는 Kevin Henkes의 《Kitten's First Full Moon》 입니다.

1.

반딧불이가 반짝이며 날아다니는 평온한 어느 날 밤입니다. 하늘에 떠 있는 보름달을 난생처음 본 아기 고양이는 그것을 우유가 가득 담겨 있는 그릇이라 생각합니다. 우유가 먹고 싶어 눈을 감고 목을 쭉 빼고 핥아봅니다. 달을 향해 온 힘을 다해 뛰어오릅니다. 계속 쫓아 달려갑니다. 그렇지만 우유 그릇은 조금도 가까워지지 않네요. 높은 나무 꼭대기까지 기어올라 보지만 소용이 없습니다. 바로 그때 연못 위에 떠 있는 더 크고 탐스러운 달을 발견합니다. 그리고 단숨에 달려 내려가 연못으로 풍덩 뛰어듭니다. 하지만 차가운 물에 흠뻑 젖고 말지요. 춥고 배고프고 지친 불쌍한 아기 고양이, 이제는 하는 수 없이 터덜터덜 걸어서 집으로 돌아갑니다. 아기 고양이는 어떻게 되었을까요?

2.

밤하늘에 떠 있는 보름달을 보며 그릇에 담겨 있는 우유와 아기 고양이를 생각해낸 작가의 상상력과 창의성이 놀랍습니다. 책 전체에 가득한 동그라미가 안정감과 편안함을 줍니다. 흑백의 그림이 달밤의 정서를 잘 드러냅니다. 흑백이라 오히려 더 매력적이고 더 쉽게 집중됩니다. 굵은 선의 단순한 그림이 보름달에 푹 빠진 아기 고양이의 모습과 감정을 오롯이 담아내고 있습니다. 슬기로운 화면 분할로 시간의 흐름과 시시각각 변하는 고양이의 심정을 잘 표현하고 있습니다. 비전문가의 눈으로 보기에도 그림으로 상 받을 만하다는 생각이 듭니다. 2005년 칼데콧 메달(Caldecott Medal) 수상작입니다.

그림만 보아도 스토리를 이해할 수 있고 그림을 보아야 줄거리 이상의 이야기를 감상할 수 있습니다. 그림을 보며 아이와 함께 스토리를 만들어보세요. 밤하늘의 복스럽고 소담스런 보름달과 함께 자연스레 떠오르는 생각들을 나누며 행복한 대화의 시간을 가져보시기 바랍니다.

3.
아이들이 크게 공감합니다. 고양이가 처음 보는 모르는 것을 자기가 좋아하는 것과 연관시켜 생각하는 모습이 아이들과 무척 닮았기 때문일 겁니다. 고양이의 움직임과 표정이 너무나도 사랑스러워 좋아하지 않을 수 없습니다. 자꾸 다시 읽어달라고 합니다. 이 책을 읽고 나면 아이들이 갑자기 우유를 접시에 따라놓고 핥아먹으려 할지도 모릅니다.

눈에 선합니다, 보름달을 잡기 위해 이리 뛰고 저리 뛰는 고양이의 모습에 한없이 즐거워할 아이들의 행복한 모습이. "Poor Kitten!"을 외치며 세상에서 가장 안쓰럽고 안타까운 표정을 지을 아이들의 순수한 얼굴이. 그리고 현관 앞에서 우유를 발견하고 기뻐하는 고양이를 보며 갑자기 환하게 밝아질 아이들의 해맑은 얼굴 표정이. 느껴집니다, 배불리 맛있게 먹고 편안히 잠든 아기 고양이의 모습을 보며 행복해하는 아이들의 예쁜 마음이.

언제 읽어도 좋을 책이지만 잠자리에 들기 전 아이와 함께 커다란 보름달을 생각하며 읽으면 더욱 좋습니다. 황홀하고 멋진 밤이 될 것이라 확신합니다.

What a night!

4.

〈확장된 책 읽기 1: 달님의 눈으로 보기〉

이 책을 읽는 또 하나의 방법은 아기 고양이를 지켜보는 달님의 눈으로 상황을 바라보는 것입니다. 달님은 아기 고양이를 보며 무슨 생각을 했을까요? 모습은 물론 하는 짓도 귀엽고 사랑스럽기 그지없는 아기 고양이를 보며 빙그레 미소 짓지 않았을까요? 급하게 달려가 연못으로 뛰어들었을 때에는 깜짝 놀라서 "조심해!" 하고 크게 외쳤을 것 같기도 하고요. 고양이가 차가운 연못 물에 흠뻑 젖어 춥고 배고플 때, 그리고 불쌍하고 처량한 모습으로 돌아갈 때에는 마음이 무척 아팠겠지요.

〈확장된 책 읽기 2: 작가의 Read Aloud〉

그림책은 대부분 소리 내어 읽어야 제맛을 느낄 수 있습니다. 언어는 글보다 말소리이기 때문이지요. 그런데 아이에게는 엄마 아빠의 목소리가 단연 최고입니다. 아무리 훌륭한 전문가라도 엄마 아빠를 대신할 수는 없습니다. 그다음으로 좋은 것은 아마도 작가의 목소리로 듣는 것이 아닐까 합니다. 원작자만큼 작품을 잘 알기도 힘들지만 모든 것을 떠나 그 자체로서 특별한 의미가 있으니까요. 다음은 이 책의 작가 Kevin Henkes의 리드 얼라우드 동영상입니다.

 \<Read Aloud with Kevin Henkes>

5.

Kevin Henkes는 아이들의 마음과 생각을 이해하고 표현하는 능력이 탁월한 작가입니다. 그림 그리는 재능 못지않게 글 쓰는 재주도 아주 뛰어나 《Olive's Ocean (병 속의 바다)》과 《The Year of Billy Miller (빌리 밀러)》로 2004년과 2014년에 뉴베리 아너상(Newbery Honor)을 받기도 했습니다. 그가 지금까지 내놓은 50여 권의 작품 가운데 다음 그림책들을 가장 우선적으로 추천합니다.

- 《Chester's Way》 (1988)
- 《Julius, the Baby of the World》 (1990)
- 《Chrysanthemum》 (1991)
- 《Owen》 (1993)
- 《Lilly's Purple Plastic Purse》 (1996)
- 《Wemberly Worried》 (2000)

6.
저 멀리 하늘에 있는 보름달을 잡으려 한참을 고군분투했지만 아무것도 얻지 못한 채 지치고 피곤한 몸을 이끌고 달을 등지며 집에 돌아온 고양이. 그 고양이가 현관에 놓여 있던 우유를 발견하고 깨달은 것은 다음과 같은 것 아니었을까요?

"아, 행복은 멀리 있지 않고 정말 가까운 곳에 있었구나!"

"네 잎 클로버는 행운, 세 잎 클로버는 행복!"
저는 가까운 곳에 있는 행복이면 충분합니다. 여러분은 어떠십니까? 행복은 가까운 곳에 있음을 기억하면서 각자에게 주어진 행복을 되찾고 누리는 하루가 되시길 바랍니다.

한 줄 소감

정혜선2458
고양이가 너무 귀엽네요! "행운은 혹시 모르겠지만 행복은 그리 멀리 있지 않다!"는 말씀을 마음에 새기며 오늘도 절 위해 예비된 행복을 찾아 상쾌한 하루를 시작합니다.

신송인2920
고양이 흉내를 내며 물과 우유를 핥아 먹는 우리 아이가 최고로 애정하는 책입니다. 매번 고양이에게 감정을 이입하여 책에 푹 빠져버리네요.^^ 아이도 고양이도 너무너무 사랑스럽습니다.^^

김경미1121
보름달과 고양이의 동글동글함이 너무도 닮았습니다. 행운을 좇느라 놓친 행복이 없었는지 기억을 더듬으며 반성해봅니다.

이현숙2261
지치고 피곤한 고양이 앞에 놓인 우유 그릇, 그리고 그것이 주는 포근함과 편안함. 우리 아이들에게는 엄마가 바로 그런 존재 아닐까요? 멀리 있는 이상이나 요행을 좇느라 일상의 소소한 행복을 놓치지 말아야겠다고 다짐해봅니다.

박태미3462
그동안 예쁜 색깔의 그림책이 좋아 보였는데, 그 생각을 완전히 깨는 책이네요. 만일 화려한 색이 들어갔다면, 오히려 이런 감동은 나오지 않을 것 같아요.

윤미숙1954
Poor Kitten! 아기 고양이의 순진한 모습이 무척 안쓰럽네요. 흑백의 그림이라서 아기 고양이의 표정과 행동을 더욱 집중해서 볼 수 있었습니다. 아늑하고 편안하며 달콤하기까지 한 그림책입니다.

유선영1927
밝고 둥근 커다란 달님은 아기 고양이를 얼마나 사랑스럽게 내려다보았을까요? 집으로 돌아가는 길 내내, 우유 한 그릇 뚝딱 할 때까지 환하게 비춰주었을 것 같아요.

최민희2563
고양이의 귀여운 모습에 빠져들어 보다가, 인생의 교훈을 얻게 되네요. 멀리 있는 행운을 좇느라 가까이 있는 행복을 놓치지 않는 삶이 되길 바랍니다.

김세진3710
모든 노력을 기울인 후에도 원하는 것을 얻지 못해 실망과 좌절 속에 있을 때, 전혀 엉뚱한 곳에서 뜻밖의 행복을 얻게 되는 반전. 실제 우리 주변에도 드물지 않은 것 같아요. 저도 경험 있습니다.^^

정미나2397
솔직히 그동안 저는 책소개를 주로 줄거리 파악용으로 생각했어요. 그랬던 제가 요즘 영어책 읽기의 새로운 맛을 느끼고 있습니다.^^ 오늘은 확장된 책 읽기에서 알려주신 대로 달님의 시선으로 고양이를 바라보았는데 또 다른 안타까움과 사랑스러움이 느껴졌어요.

김윤희1316
저희집에는 영어가 부족한 poor kitten이 셋이나 있어요. 슬미 안에서 다른 슬미 키즈들과 함께 영어책 읽기를 즐기다 보면 우리 아이들도 영어를 잘하는 happy kittens가 될 수 있겠지요?

김소연1235
오늘 아침 아들이 그러더군요. "엄마, 사람들은 행운을 찾으려고 행복을 밟는대요." 그런데 오늘 교수님께도 같은 말을 들으니 정말 신기하네요! 지금 내 곁에서 함께하는 아이가 최고의 행운이며 행복이란 걸 다시 깨닫습니다.

느리게 100권 읽기

058

난이도 ■■■■□□

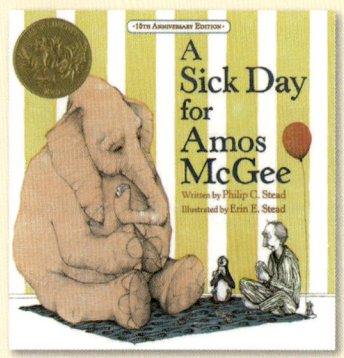

A Sick Day for Amos McGee
by Philip C. Stead, Erin E. Stead (illustrator)

"내게 진짜 친구는 과연 몇이나 될까?" 이런 생각을 진지하게 해보신 적이 있으신지요? 오늘 우리가 함께 읽을 늘백의 쉰여덟 번째 그림책은 한 동물원 관리인과 동물들의 우정을 통해 친구가 어떤 존재인지를 생각해보게 할 Philip C. Stead 글, Erin E. Stead 그림의 《A Sick Day for Amos McGee》입니다.

1.

Amos McGee 할아버지는 동물원에서 일을 합니다. 매일 아침 일찍 일어나 5번 버스를 타고 동물원에 가요. 할아버지는 바쁜 와중에도 언제나 짬을 내서 동물 친구들과 함께 시간을 보냅니다. 코끼리와는 체스를 둡니다. 근데 코끼리는 생각이 깊어서인지 체스 말을 아주 천천히 움직이네요. 느린 거북이와는 달리기 경주를 합니다. 근데 승자는 신기하게도 언제나 거북이지요. 수줍음이 많은 펭귄과는 그냥 조용히 곁에 있어줍니다. 콧물이 그칠 날 없는 코뿔소에게는 손수건을 빌려주고요. 그리고 해 질 무렵에는 어둠을 무서워하는 부엉이에게 책을 읽어줍니다. (세상에, 부엉이가 어둠을 무서워하다니!^^) 그런데 어느 날 할아버지는 몸이 아파 동물원에 가지 못하게 됩니다. 동물들은 할아버지가 오기만을 기다리는데 대체 어찌하면 좋을까요?

2.

할아버지와 동물 친구들의 우정에 관한 흐뭇한 이야기입니다. 이야기가 어렵거나 복잡하지 않으며 그림만으로도 내용을 충분히 짐작할 수 있습니다. 친근함과 편안함을 주면서도 조금도 진부하게 느껴지지 않습니다. 잔잔하게 이어지는 글 속에 유머러스하고 따뜻한 위트가 번뜩이며 은근한 재미와 감동이 있습니다. 나뭇결이 느껴지는 부드럽고 은은한 색감의 목판화와 연필로 그린 그림이 포근하고 아늑한 분위기를 연출하며, 글과 한데 어우러져 하나의 온전한 작품을 만들어내고 있습니다.

작가들의 이름에서 짐작할 수 있듯이, 남편이 글을 쓰고 아내가 그림을 그린 두 작가 부부의 멋진 합작품입니다. 계속 돌고 도는 원 모양의 헌사(獻詞, dedication)가 매우 인상적입니다. 서로에게 이 책을 바친다니 이보다 더한 사랑과 존경의 표현이 또 있을까요?

2011년 칼데콧 메달(Caldecott Medal) 수상작으로 할아버지와 동물 친구들의 건강한 우정처럼 앞으로도 계속 꾸준히 사랑을 받을 것이라 기대되는 작품입니다.

친구됨의 의미와 참된 우정에 대해 생각해보길 원하는 분들에게 추천하고 싶은 책, 심신의 건강이 약한 상태에 있을 때 읽어주면 좋을 책입니다. 동물 친구들에게 Good Night! 인사를 하며 조용히 잠자리에 드는 것으로 마무리되고 있어 잠자리 이야기(bedtime story)로도 매우 좋은 작품입니다.

3.
등장인물의 몸짓과 표정 하나하나에 작가의 따뜻한 관심과 애정이 묻어납니다. 아침에 일어나 파자마를 입은 채 스트레칭하는 할아버지의 모습에서 마음을 푸근하게 해주는 정겨움이 느껴집니다. 양말을 신은 펭귄, 목도리를 한 코뿔소의 모습이 미소를 자아냅니다. 안경을 쓰고 책을 들고 있는 부엉이의 모습도 매우 자연스럽고 모든 등장인물이 실제 우리 주변에서 오랫동안 함께 있어 온 것과 같은 느낌이 듭니다. 할아버지의 베품과 그 베품에 보답하는 동물 친구들의 사랑스런 모습을 보며 코끼리와 체스를 두고, 부엉이에게 책을 읽어주고 싶은 마음이 들 만큼 장면 장면이 마음에 와닿습니다.

작가의 섬세한 터치가 돋보이는 삽화의 디테일에 유의하며 읽어보세요. 출근 버스 안에서 신문을 읽고 있는 토끼. 콧물을 닦아주는 할아버지와 코뿔소의 뒤편 배경에 있는 꽃들. 펭귄처럼 발을 안쪽으로 모은 채 함께 조용히 앉아 있는 할아버지. 다양한 위치에 놓인 할아버지의 테디 베어. 여기저기 눈에 띄지 않게 조용히 등장하여 감초 같은 역할을 하고 있는 생쥐와 참새. 할아버지 집에서 할아버지 주변에 모여 있는 각 동물들의 위치와 모습. 잠들기 전 침대에서 코끼리의 코에 살짝 걸쳐놓은 할아버지의 왼손과 코뿔소의 코와 거의 맞닿아 있는 할아버지의 왼발, 그리고 마지막 순간에 달라지는 빨간 풍선의 운명까지. 놓치기 쉬운 사소한 것들이지만 하나하나가 장면 속에 자연스럽게 녹아들며 재미와 의미를 더하고 작품의 완성도를 높여줍니다.

4.
진정한 친구, 참된 우정에 대해 많은 것을 생각하게 합니다. 전달하려는 메시지를 직접적으로 표현하기보다 흥미로운 이야기 속에 넌지시 제시함으로써 작품을 즐기는 과정에서 자연스레 느끼고 깨닫도록 도와줍니다. 곁에 있어 주고 서로의 연약함을 돌보아주는 할아버지와 동물 친구들의 모습을 보며 "이런 게 진짜 친구지!" 하고 생각하게 됩니다.

여유를 가지고 천천히 읽으면 느끼게 되실 겁니다. 진정한 우정은 결코 우연이 아님을. 친구를 얻는 가장 좋은 방법은 내가 먼저 친구가 되어주는 것임을. 우정은 상대에 대한 배려와 친절에서 시작되고 그것을 계속 주고받으면서 그 깊이가 더해지고 더욱 싱그러운 향기를 갖게 되는 것임을. 참된 친구는 좋은 때는 물론이고 어렵고 힘들 때도 언제나 곁에 있어 고통을 함께 나누며 따뜻하고 부드러운 손길로 상처를 어루만져주는 존재임을. 그리고 삶에서 진정으로 중요한 것은 내가 무엇을 소유하고 있느냐보다 내게 어떤 친구가 있느냐임을.

한 줄 소감

현연금2693
동물원에 사는 동물들을 이해하고 각기 다른 특성에 맞춰 배려해준 Amos 할아버지의 사려 깊은 배려와 우정이 인상적입니다. 마음이 흐뭇하고 절로 미소가 나네요.

김지혜2858
그림만 보아도 마음이 따뜻해지는데 교수님의 소개글을 읽으니 마음이 더욱 몽실몽실해집니다. 덕분에 오늘도 더 많은 것을 보고 더 깊이 사색하게 됩니다.

채지연2547
따뜻하고 포근합니다. 동물들의 앉아 있는 뒷모습이 너무 귀엽네요. 말없이도 위로가 되는 잔잔한 우정이 느껴집니다.

손다은3473
한때는 영혼을 나눈 것 같았는데 아이들을 키우다 보니 친구를 잃어버린 것 같아 서글픕니다. 내 아이들은 부디 우정을 제대로 간직하길!

유수현1932
동물들에 대한 Amos 할아버지의 세심한 배려와 따뜻한 사랑이 결국 할아버지에게 돌아오는군요. 역시 어려울 때 곁을 지켜주고 말없이 내 편이 되어주는 친구가 진짜 친구죠! 가슴이 훈훈합니다.

서율희1730
친했던 친구들이 멀어졌다고 생각하며 서운해한 저를 반성합니다. 연락을 기다릴 게 아니라 먼저 해봐야겠네요.^^ 내가 먼저 좋은 친구가 되어주는 일, 저도 제 아이도 잊지 않았으면 좋겠습니다.

노미영1502
어려울 때 친구가 진짜 친구라던데 내가 아프고 힘들 때 과연 나에게 진정으로 손 내밀어주는 친구는 몇 명이나 될까요? 진정한 우정은 결코 우연이 아니라는 말씀이 오늘따라 더욱 크게 와닿습니다.

정성호3532
친구를 얻는 가장 좋은 방법은 내가 먼저 상대에게 다가가 친구가 되어주는 것! 이렇게 단순한 진리를 그동안은 왜 생각하지 못하고 있었을까요? 오늘부터라도 당장 실천해야겠습니다.

김미정1174
돌이켜보니 지금까지 제가 먼저 다가가기보다는 누군가 먼저 다가와 친구가 되어주기를 기대하면서 살았네요. 그래서 제게 친구가 별로 없나 봅니다.ㅠㅠ 할아버지와 동물들의 우정이 참 따뜻하게 느껴집니다. 부럽습니다.

조정은3244
Amos 할아버지와 그의 동물 친구들을 보면 슬미 친구들이 떠오릅니다. 직접 만난 적은 없지만 매일 같은 책을 읽으며 서로의 깊은 마음을 나누고 있으니 우리는 이미 아주 좋은 친구인 것 같네요. 슬미가 아니라면 이런 행복은 누릴 수 없었겠죠?!

김경애1126
오늘의 책을 읽고 떠오르는 친구가 있어 연락했습니다. 근데 그 친구도 제 생각을 하고 있었다고 하네요. 행복하고 가슴 벅찬 하루였습니다. :)

정미나2397
동물 친구들의 다양한 특성이 할아버지를 만나 더 사랑스럽고 더 아름답게 빛나는 것 같습니다. 세상은 혼자 살아갈 수 없고 우리는 모두 부족한 존재이니 함께하며 서로를 채워주는 친구야말로 인생 최고의 선물이 아닐까요?

느리게 100권 읽기

059

난이도

The Big Orange Splot
by Daniel Manus Pinkwater

여러분은 어떤 꿈을 갖고 계십니까? 그 꿈은 여러분 자신의 진정한 모습을 담고 있나요? 오늘 우리가 함께 읽을 늘백의 그림책은 우리의 정체성과 그것의 표현인 꿈에 관한 이야기, Daniel Manus Pinkwater의 《The Big Orange Splot》입니다.

1.

Mr. Plumbean이 사는 거리의 집들은 모두 똑같이 생겼습니다. 사람들은 모두 하나같이 그렇게 깨끗하게 잘 정돈된 거리를 좋아했지요. 그러던 어느 날 갈매기가 물고 날아가던 페인트 통이 Mr. Plumbean의 집 위에 떨어져 지붕에 커다란 오렌지색 얼룩이 생깁니다. 그것을 본 이웃 사람들은 지붕에 칠을 다시 할 수밖에 없게 되었다며 안타까워하지요. 하지만 Mr. Plumbean은 무슨 이유에서인지 그저 바라보기만 합니다. 사람들이 불만을 토로하며 빨리 조처를 취하라고 재촉을 해도 전혀 아랑곳하지 않습니다. Mr. Plumbean은 대체 무슨 생각을 하고 있는 것일까요?

2.

자신의 정체성과 꿈, 개성과 창의성의 표현, 다양성의 추구에 관한 이야기입니다. 자신에게 진실하고자 노력할 때 자연스럽게 나타나는 결과들, 즉 전통이나 관행이나 인습, 다수의 질서나 대세에 대한 거부와 저항을 다루고 있습니다. 주인공의 자아 발견이, 거주하는 집과 생활 모습에서 큰 변화로 이어지고 이웃까지도 달라지게 만듭니다. 인간은 누구나 다르기에 다름은 그 자체가 의미 있는 것이며 우리 각자가 지닌 다름은 추구할 만한 충분한 가치가 있음을 보여줍니다.

초현실적인 느낌을 주는 풍부한 색채의 그림이 상상력을 자극하고 철학적 깊이를 지닌 메시지에 집중하도록 도와줍니다. 언어의 재치 있는 사용, 그 속의 유머와 익살이 책 읽는 재미를 더해줍니다.

3.
다분히 현실성이 결여된 설정과 스토리임에도 불구하고 결국엔 설득당하게 될 겁니다. 이야기 속에서 두 차례 반복되는 No one knows why가 웃음을 자아내지만 진지한 생각으로의 발전을 가로막지는 않습니다. 세상에는 역시 설명되지 않는 무수한 일들이 있음을, 커다란 변화나 엄청난 성공도 많은 경우 대수롭지 않은 듯 보이던 작은 일에서 우연히 시작될 수 있음을 모두가 알고 있기 때문이지요.

불일치를 해소하라는 이웃들의 압력에 굴하지 않고 더 크고 개혁적인 일탈로 대응한 Mr. Plumbean의 용기가 부럽기만 합니다. 저도 Mr. Plumbean의 이웃에 살면서 내가 원하는 대로 집을 꾸미고 내가 편한 방식으로 살고 싶습니다. 나의 집이 곧 나 자신이며, 내가 있고 싶은 곳이자 나의 꿈이라고 당당하게 말하고 싶습니다. 마을 사람들에게 일어난 변화를 보며 신념과 열정이 지닌 큰 힘을 느낍니다. 사람들을 설득하고 변화시킨 힘의 원천은 논리가 아닌 열정이었을 겁니다.

> "My house is me and I am it. My house is where I like to be and it looks like all my dreams."

4.
사실, 다르다는 것은 정말 좋은 것입니다. 그런데 다름은 왜 좋은 것일까요?

우선, 사람은 모두 다릅니다. 결코 바꿀 수 없는 사실입니다. 그렇다면 그것을 인정하고 각자 자기 자신이 되어 자신의 다름이 지닌 장점을 살리려고 노력하는 것이 바람직하지 않을까요? 더구나 자기 자신이 되는 것은 우리를 편안하고 행복하게 해줍니다. 본래의 나와 다른 사람이 되려고 힘들게 애쓸 필요 없이 그냥 원래의 내가 되기만 하면 되기 때문입니다. 내가 아닌 다른 사람이 되려고 하면 힘듭니다. 매우 소모적이어서 심신을 피곤하게 만듭니다. 하지만 본래의 내가 되는 것은 아주 자연스러운 일이기 때문에 스트레스가 되지 않습니다. 큰 해방감과 자유로움을 줍니다.

그리고 무엇보다 남과 다르다는 것은 누구도 당신을 대체할 수 없다는 뜻입니다. 당신만이 진짜 당신일 수 있고, 그 일에서만큼은 당신이 최고가 될 수 있다는 뜻이지요. 진정한 내가 되면 내면이 빛을 발하기 시작합니다. 그런 사람은 상대의 마음을 잡아끄는 힘이 있습니다. 사람의 매력은 바로 자기 자신이 되는 일에 얼마나 성공했느냐, 그리하여 자신의 독특한 다름이 얼마나 제대로 드러나고 있느냐에 달려 있다고 해도 과언이 아닙니다. 자신에 대한 확신과 애정을 가지고 있으며 상대의 다름을 있는 그대로 받아들이고 격려해주는 사람만큼 매력적인 사람이 또 있을까요? 그런 사람에게는 부족한 부분이 오히려 매력 포인트가 되어 약점까지도 강점으로 작용하게 될 것입니다.

5.
사람이 사는 곳이면 어디나 다 비슷한 것일까요? 일렬로 나란히 서 있는, 똑같은 모양과 색깔의 집들, 그런 질서정연함과 깔끔함을 모두가 추구해야 할 선이라 여기며 다름이나 일탈은 도저히 용납하기 어려운 사람들, 그리고 그 속에서 자신의 색깔과 정체성을 당당하게 드러내는 용기 있는 몇몇 사람들까지. Mr. Plumbean을 찾아간 이웃 사람들이 하나씩 달라지는 모습에서 슬로우 미러클 운동의 미래를 보게 됩니다.

우리 자신의 진짜 모습, 우리가 진정으로 원하는 것을 찾고자 한다면 현재 상태에서 벗어나야 합니다. 비슷한 생각, 같은 지향점을 가진 사람들과 함께 꿈을 꾸고 열정을 키워가야 합니다. 시간이 걸리더라도 서로 격려하며 함께 걸어가야 합니다.

슬로우 미러클 마법학교는 꿈을 꾸는 곳입니다. 〈느리게 100권 읽기〉를 범국민 운동으로 발전시키고자 하는 꿈입니다. '영어책 읽기의 즐다잘'을 대한민국 영어교육의 상식으로 만들고 싶습니다. 아이들이 영어책 읽기의 즐거움에 빠져 어린 시절을 행복하게 보낼 수 있다면 얼마나 좋을까요? 유창한 영어뿐 아니라 큰 지식과 지혜도 함께 얻을 수 있다면 더할 나위가 없겠지요.

P. S.
꿈을 꾸고자 하는 모든 분들과 함께 다시 한번 듣고 싶습니다. 제천 간디학교의 교가 〈꿈꾸지 않으면〉입니다.

 〈꿈꾸지 않으면〉

한 줄 소감

 김건희1118
우연히 떨어진 오렌지 스팟처럼 저에게 다가온 슬미입니다. 교수님의 슬미 운동도 시나브로 더 크고 많은 변화를 만들어가길 기원합니다.

 이유영2133
"이게 바로 나야. 나를 바꾸려고 하지 마. 다른 사람들과 똑같을 필요는 없으니까." 오늘의 책에서 또 저의 내면에서 제게 이렇게 말해주는 목소리가 들립니다. 다르다는 것을, 달라지는 것을 두려워 말라고 말해줍니다.

 박라영1545
정체성을 찾아 유지하고 창의성을 발휘하는 것에는 용기가 필요함을 깨닫습니다. 틀을 깨고 현재 상태를 벗어날 수 있는 용기, 나만의 특별함을 표현하고 지킬 용기 말이죠.

 고희선1063
내가 누군지, 나의 꿈이 무엇인지 아는 것이야말로 제대로 된 삶의 시작이 아닐까 생각합니다. 꿈이라는 단어에 끌리신다면 이 책을 절대 놓치지 마세요.

 김지형3603
커다란 오렌지색 얼룩 하나가 Mr. Plumbean의 꿈을 일깨우고 동네 사람들도 하나씩 바꾸어가네요! 슬미도 이렇게 천천히 세상을 바꾸어가길 응원합니다. 영어책 읽기의 즐다잘이 대한민국 영어교육의 상식이 될 때까지!

천주연3249
갈매기가 쏘아 올린 Big orange splot, 그 우연한 점 하나가 바로 새로운 희망과 커다란 변화의 시작이었네요.

 염향란3484
남들이 뭐라건 자신의 소신을 지킬 줄 아는 멋진 사람, 정말 부럽습니다. 저는 팔랑귀거든요. 저도 그런 자신감을 가지고 싶어요. 혼자서는 힘들 것 같은데 슬로우 미라클 안에서 많은 분들과 함께하면 저도 가능하겠지요?

 최민희2563
익숙함이 분명 정답이 아님을 알면서도 그 익숙함에서 벗어나 진정 원하는 것을 찾아 나서는 것에 얼마나 큰 용기가 필요하던지요! 늘백에 참여하여 많은 분들과 함께하면서 그 용기를 내어볼 '용기'를 얻었습니다.

 김경애1126
내가 진정으로 원하는 것에 집중하다 보면 개성이 자연스레 드러나는 것 같아요. 다름은 틀린 것도 잘못된 것도 아니니 다양성과 개성이 존중받는 사회가 되면 좋겠습니다.

 김보람1198
남들 눈을 의식하여 영어책 읽기를 감추며 지냈습니다. 그러다가 늘백에 참여하면서 영어책 읽기의 중요성을 확실히 깨달았고, 저의 소신과 깨달음을 주위에 전하게 되었습니다. 저도 밤새도록 사람들과 영어책 이야기를 하고 싶습니다.

 이지현2226
무리에서 벗어나 학습이 아닌 즐거운 책 읽기를 당당히 즐기고 있는 전국의 수많은 슬미 가족들! 이 모든 여정을 혼자가 아니라 함께 걸어가고 있기에 더욱 든든하고 더욱 신이 납니다. 우리 모두 끝까지 손 붙잡고 함께 가요!

성미진1747
아시죠? 우리에게도 Mr. Plumbean 못지않은 분이 있다는 사실을. 그분의 이야기를 들으면 어느새 즐다짐을 다짐하고 또 실천하고 있는 우리의 모습을 보게 됩니다. 함께 꿈을 꾸며 만들어갈 앞으로의 변화가 정말 기대됩니다.

느리게 100권 읽기

DAY 060

난이도 ■■■■■☐

Anatole

by Eve Titus, Paul Galdone (illustrator)

누군가가 당신에 대해 심한 편견과 부정적인 생각을 갖고 있다면 마음이 어떨까요? 그런 경우 기분이 좋지 않은 것은 물론이고 사람에 따라서는 미워하는 마음과 원한까지 갖게 될지도 모릅니다. 오늘 우리가 함께 읽을 늘백의 그림책은 바로 그런 상황에 처한 한 생쥐의 이야기, Eve Titus 글, Paul Galdone 그림의 《Anatole》입니다.

1.

Anatole은 프랑스의 파리 근교에서 가족들과 함께 행복하게 살고 있는 생쥐입니다. 저녁이 되면 동료들과 함께 시내로 들어가 가족들이 먹을 음식을 구해 오지요. 그러던 어느 날 Anatole은 먹을 것을 찾기 위해 들어간 집에서 사람들이 하는 말을 듣고 큰 충격에 빠집니다. 쥐들은 없어져야 할 해롭고 쓸모없는 존재라고 말하고 있었기 때문입니다. Anatole은 마음에 깊은 상처를 입고 정체성에 큰 혼란을 느낍니다. 하지만 놀랍게도 Anatole은 사람들을 미워하거나 체념에 빠지지 않고 자신의 명예를 회복할 방법을 찾기 위해 고심합니다. 그리고 아내와 고민을 나누던 중 영감을 얻어 아주 참신하고 고상한 해결 방안을 찾게 됩니다. Anatole이 찾은 방법은 대체 어떤 것일까요?

2.

프랑스 파리, 생쥐, 치즈가 표면적인 키워드라면, 내용적으로는 자존감과 명예, 직업윤리와 정직성, 객관적이며 합리적인 사고, 긍정적이고 적극적인 마음가짐, 창의적이며 건설적인 시각, 그리고 상대에 대한 선의와 배려 등이 핵심 키워드가 되는 매우 특별한 이야기입니다.

흑백의 그림에 (프랑스 국기의) 파랑과 빨강이 조화롭게 섞여 있어 프랑스적인 느낌을 주고, 예스럽고 빈티지한 분위기가 작품의 출간 시기를 어렴풋이 짐작하게 합니다. 독특한 소재와 구성, 이를 뒷받침하는 삽화가 모두 뛰어나고 이야기도 대단히 흥미롭습니다. 주인공 선택과 캐릭터 창조에도 성공하여 생쥐의 새로운 전형을 만들어내고 있습니다. 모두 10편으로 구성된 Anatole 시리즈의 첫 작품입니다. 다른 작품들도 재미있지만 역시 첫 작품이 최고인 듯합니다. 1957년 칼데콧 아너북(Caldecott Honor Book) 수상작입니다.

3.
애니메이션 영화 〈라따뚜이(Ratatooee, 2007년 개봉)〉의 주인공 생쥐 레미(Remy)를 떠올리게 합니다. 프랑스 파리 배경의 음식을 소재로 한 이야기라는 점은 물론이고 뛰어난 미각과 긍정적인 자세로 새로운 가능성을 추구하며 문제를 적극적으로 해결해나가는 주인공의 모습까지 매우 비슷합니다. 아이러니하게도 비위생적이라 생각되어 사람들이 가장 혐오하는 쥐가 각각 가장 맛있는 치즈와 요리를 만들어 사람들에게 큰 감동을 줍니다. 두 작품의 이미지가 너무도 흡사하여 이 영화의 원작이 《Anatole》이 아니었을까 하는 생각이 들 정도입니다.

4.
큰 충격 속에서도 감정에 휘둘리지 않고 상황을 냉철하게 평가하여 생쥐들의 자존감과 명예를 지키고 자신의 위상과 품격까지 크게 높인 Anatole, 그의 자기 성찰과 높은 자존감, 균형 잡힌 안목, 초긍정의 가치관, 더불어 사는 삶에 대한 확신, 창의적 발상, 결단과 실행력에 감탄을 금할 수 없습니다. 사람들에게 크게 해를 끼치지는 않았지만 유익을 준 것도 없으며, 특히 정당한 대가를 지불하지 않고 있었다는 점을 인지하고 인정한 것부터가 높이 평가할 만합니다. '인간보다 나은 동물'이란 말은 바로 이럴 때 어울리는 표현인가 봅니다.

그래도 은혜를 잊지 않은 치즈 공장 사장님을 통해 인간에 대한 한 가닥 희망을 볼 수 있으니 그나마 다행이라고 해야 할까요? 갑자기 마음이 착잡해집니다. 혼란 속에서 고뇌하며 자신의 자존감과 명예는 어디에서 찾을 수 있느냐고 외치는 Anatole의 목소리가 들려오는 듯합니다.

"It is horrible to feel scorned and unwanted!
　Where is my self-respect? My pride? MY HONOUR?"

5.
만일 우리가 Anatole과 같은 상황이었다면 어땠을까요? 분노하고 미워하며 원한을 품을 수도 있지 않았을까요? 아니면 큰 실망과 좌절에 빠져 급기야는 "그게 인생이지!(C'est la vie!)" 하고 체념하며 낮은 자존감의 삶을 살아가지 않았을까요?

주변 사람들이 자신을 인정해주지 않을 때, 더 나아가 비난하고 비방할 때 사람은 누구나 움츠러들 수밖에 없습니다. 하지만 아십니까, 당신을 실패자로 만들 수 있는 사람은 이 세상에 오직 당신뿐이라는 사실을? 설사 주변의 모든 사람이 당신에게 등을 돌리고 손가락질하며 비웃는다 해도, 당신이 허락하지 않는 한 그 어느 누구도 당신을 패배자로 만들 수 없습니다. 그것을 잊지 않으면 좋겠습니다.

한 줄 소감

김은영3432
교수님의 글은 음성 지원이 되는 것 같아요.^^ "하지만 아십니까, 당신을 실패자로 만들 수 있는 사람은 이 세상에 오직 당신뿐이라는 사실을?" 이 말에 가슴이 뜨거워집니다.

황현주2733
책의 분위기와 스토리에 압도당해 처음부터 끝까지 초집중 상태로 숨죽이며 읽었어요. 좌절하여 숨어버리지 않고, 자신과 타인에게 존중받는 길을 선택한 아나톨, 정말 멋집니다.

노미영1502
치즈와 생쥐는 떼려야 뗄 수 없는 관계인데 정말 찰떡같은 이야기가 책 속에 펼쳐져 있네요. 사람들의 편견을 바꾸기 위해 자신이 가장 잘할 수 있는 것으로 자신의 존재감을 보여주다니, 참 현명한 생쥐입니다.^^

이현숙2261
자신을 비난하고 자신의 존재를 부정하는데 상처받지 않을 수 있을까요? 하지만 자신에 대한 확고한 믿음이 있다면 그 상처를 극복하고 자신의 가치를 증명해낼 수 있을 것이라 믿습니다. 아나톨이 했던 것처럼 말이죠.

 임수지2307
내가 허락하지 않는 한 누구도 나를 패배자로 만들 수 없다는 말씀에 다시 일어설 용기를 얻습니다. 이런 경험이 바로 책 소개글을 읽는 묘미인 것 같아요. 이와 같은 것을 슬미가 아니면 또 어디에서 경험할 수 있을까요?

 정혜선2458
감정에 휘둘리지 않고 냉철한 상황 판단으로 자신의 명예를 지키고 자신의 품격과 위상까지 높인 Anatole. 그의 힘은 대체 어디에서 오는 걸까요? 그의 당당함과 자기 절제, 지혜와 겸손을 배우고 싶습니다.

 전미양3351
주변 사람들이 나를 인정하지 않고 부당하게 날 비방할 때, 나는 아나톨처럼 당당하게 행동할 수 있을까? 그가 보여준 자기 성찰과 높은 자존감, 초긍정의 마인드, 창의적 발상, 결단과 실행력, 어느 하나도 쉬운 게 없는 것 같아요. 정말 대단합니다.

 김인화1344
분노와 자괴감을 느낄 수밖에 없는 그 순간에도 오히려 자신을 비난하는 인간들을 돕기 위해 자신이 할 수 있는 일을 찾고자 노력하는 아나톨이 정말 멋있었어요. 자존감과 명예는 역시 스스로 지키는 것이죠.

 위원혜3489
솔직히 오늘은 마음이 조금 무거운 날이었어요. 누구도 나를 결코 실패자나 패배자로 만들 수 없다는 말씀에 위로를 받습니다. 내 인생의 주인은 바로 나 자신임을 잊지 않겠습니다.

 정정은2433
절대로 허락하지 않겠습니다. 저 스스로 제 자신을 패배자로 만드는 것을! 중심을 잘 잡고 흔들리지 않고 살아가겠습니다. 오늘도 위로와 힘이 되는 소개글 감사드려요.

 최민희2563
무슨 일이든 늘 불안해하고 두려워해 시작이 너무나 어려운 저에게, 일을 어렵게 만드는 건 다름 아닌 저 자신이라고 호되게 꾸짖네요. 아나톨의 자신감과 당당함을 본받고 싶어요.

 박호영2900
사회생활을 하면서 Anatole과 같은 경험을 한 적이 있습니다. 누군가가 나에 대해 가지는 부정적인 시각, 편견이 당시에는 씁쓸했지만 나를 객관적으로 돌아보고 더 당당하고 떳떳한 '나'가 될 수 있는 계기가 되었던 것 같아요.

느리게 100권 읽기

DAY 061

난이도 ■□□□□□

Each Peach Pear Plum
by Janet Ahlberg & Allan Ahlberg

아이들의 영어책 읽기가 많은 경우 '읽는 척'으로 시작된다는 것을 알고 계셨나요? 오늘은 아이들이 영어를 읽는 척하기에 아주 좋은 《Each Peach Pear Plum》이란 그림책을 함께 읽어보도록 하겠습니다. 부부 작가 Janet Ahlberg와 Allan Ahlberg의 작품입니다.

1.

I Spy는 일종의 알아맞히기 게임입니다. 모두가 볼 수 있는 물건에 대해 한 사람이 "I spy with my little eye, something that … (예: … that is red /… that begins with A)"라고 말하며 물건에 대한 힌트를 주면 다른 사람들이 그 물건의 이름을 맞히는 것이지요. 《Each Peach Pear Plum》은 이런 I Spy 게임과 숨은그림찾기를 즐기면서 동화나 전래동요에 나오는 주인공들을 만날 수 있는 책입니다. Tom Thumb, Mother Hubbard, Cinderella, Three Bears, Baby Bunting, Bo-Peep, Jack and Jill, Wicked Witch, 그리고 Robin Hood 에 이르기까지, 누구 하나 빼놓을 수 없는 보물 같은 존재들입니다.

2.

그냥 보면 매우 쉽고 단순하게 느껴져 누구나 부담 없이 읽을 수 있는 책입니다. 하지만 실제로는 아주 많은 것들이 숨겨져 있습니다. 보면 볼수록 좋은 책이란 생각이 드실 겁니다. 특히 동화와 전래동요의 유명 캐릭터들을 하나로 묶어 새로운 이야기를 만들어내는 작가의 스토리텔링 능력과 번뜩이는 재치에 감탄하게 될 것입니다.

그림 속에 서정적인 아름다움이 가득합니다. 색감이 아주 예쁘고 따뜻한 기운이 흘러 보고 있으면 마음이 절로 편안해집니다. 이 책이 가진 다른 매력 중 하나는 매 페이지마다 만날 수 있는 멋들어진 라임입니다. 리듬에 맞춰 소리 내어 읽어보면 입에 착착 붙는 것을 느낄 수 있을 겁니다.

3.
책 읽기는 표지를 읽는 것에서부터 시작됩니다. 그림책은 특히 그러하고 이 책은 그중에서도 더 특별합니다. 본문의 왼쪽 페이지에 있는 사물들이 대부분 표지 그림 속에 숨겨져 있습니다. 또 표지 바로 다음의 타이틀 페이지를 넘기면 사건이 전개되는 마을과 주변 전경을 한눈에 볼 수 있는 커다란 그림이 나옵니다. 좌측 중앙에 있는 하얀 집을 중심으로 이야기가 시작되고 언덕과 숲을 지나 다시 하얀 집으로 등장인물들이 모여들어 이야기를 마무리하게 됩니다.

4.
이 책의 등장인물들이 나오는 동화와 전래동요를 알고 있다면 당연히 큰 도움이 됩니다. 무엇이든 아는 만큼 보이고 배경 지식의 정도에 따라 보이는 것과 떠오르는 생각이 달라지기 때문입니다.

흔히 마더 구스(Mother Goose) 혹은 너서리 라임(nursery rhyme)이라 불리는 전래동요는 영어의 리듬과 라임, 영미권 문화와 정서까지 한꺼번에 자연스레 접할 수 있는 보물창고입니다. 영어의 기초 확립은 물론 아이들의 정서와 인지 발달에도 큰 도움이 될 수 있습니다. 각 등장인물에 대해 알아보고 친해질 기회를 가져보시기 바랍니다. 알면 알수록 책을 읽는 즐거움도 그만큼 더 커지게 됩니다. 마더 구스 캐릭터가 나오는 노래를 들어보고 아이와 함께 불러보는 것도 책 읽기의 재미를 더할 수 있는 좋은 방법입니다.

5.
좋은 동영상을 선택하여 보고 듣기를 즐기도록 도와주면서 동시에 쉽고 재미있는 영어책을 꾸준히 읽어주면 굳이 파닉스를 따로 공부하지 않아도 아이들은 자신도 모르는 사이에 영어 읽는 법을 조금씩 터득하게 됩니다. 그러다가 어느 날 정말로 혼자서 영어책 읽기를 시작하게 되는 것이죠.

그런데 이런 식으로 혼자 읽기를 시작하는 아이들은 영어를 진짜로 읽는다기보다 단지 읽는 척을 하는 경우가 많습니다. 단어와 문장을 통째로 외우게 되었기 때문이지요. 하지만 아십니까, 그 읽는 척이란 걸 계속하면 진짜로 읽을 수도 있게 된다는 것을? 마치 착한 척이란 걸 계속하다 보면 진짜로 착해지는 것처럼 말입니다. 《Each Peach Pear Plum》, 우리 아이들이 영어책을 읽는 척하기에 딱 좋은 책 중 하나입니다.

한 줄 소감

박태미3462
헉! 도서관에서 빌릴 책을 고를 때, 휘리릭 넘기곤 재미없겠구나 싶어 다시 꽂아놓았던 책이네요. ㅠㅠ 이렇게 흥미로운 책일 줄은 정말 몰랐어요. 당장 도서관으로 달려가야겠습니다.

문설희1519
교수님 소개글이 없었다면 단순히 넘겼을 책이에요. 전래동요와 동화 캐릭터들의 보물창고네요. 덕분에 아이와 마더 구스도 찾아 듣고, I spy 놀이도 해가며 다양하게 즐길 수 있습니다.^^

백나영1696
책을 읽다 보면 페이지를 넘기기가 무섭게 어느새 아이의 손가락이 이미 그림을 가리키고 있네요. 그림 속 등장인물이 누구인지 몰라도 척척 찾아내고 정말 신나 해요.^^ 알면 더 재밌겠지만 몰라도 충분히 즐거운 책이네요.

박라영1545
단순한 숨은그림찾기가 아니라 전래동화까지 알아야 하는 고난도의 알아맞히기 게임이었네요. 하지만 몰라도 여전히 재미있어요.^^ 거기에 흥겨운 라임까지 있으니 정말 멋진 책인 것 같아요.

정미나2397
말씀하신 대로 아이들이 영어책 읽기를 시작할 때 읽는 척하기에 딱 알맞은 책 같습니다. 의미를 정확히 알지 못해도 내용을 즐길 수 있고, 숨은 그림을 찾는 재미와 소리를 내어 읽는 맛도 장난이 아니네요. 아이들과 정말 즐겁게 읽었습니다.

김정은1357
읽는 척으로 시작해서 진짜 읽기가 가능해지는 마법! 둘째가 요즘 한창 읽는 척하느라 바쁘거든요. 그래서인지 읽는 척이란 말이 더욱 실감나고 기대됩니다. 아이가 진짜 영어책을 읽기 시작하면 넘나 기특할 것 같아요.^^

김경애1126
책 속에 숨어 있는 마더 구스 주인공들을 찾으며 노래도 부르고, I spy 게임도 한참 했네요.^^ 입에 착착 감기는 라임 때문에 read aloud도 매우 즐거웠어요.

구지예1082
읽을 때마다 보이는 장면이 달라서 보는 즐거움이 배가되네요. 아는 만큼 보인다는 게 어떤 의미인지 확 와 닿습니다. 읽는 척하다가 진짜 읽게 되는 마법이 우리집에도 속히 찾아오길 바라봅니다.^^

이예린2124
가볍게 읽었는데 소개글을 보니 책 속에 숨겨진 마더 구스를 이해해야 진정한 재미를 느낄 수 있겠더군요. 결국 아는 만큼 보인다는 것이겠지요. 천천히 읽으며 잘 찾아보겠습니다.

윤보영3189
단순한 책인 줄 알았는데 처음 볼 때와 두세 번째 볼 때가 확실히 다르더라고요. 역시 배경지식이 생기니 훨씬 재밌네요.^^

서유미3165
어린 시절 친구가 되어준 마더 구스 주인공들, 절묘한 라임, 아름다운 그림, 거기에다 숨은그림찾기까지. 마치 어릴 때 받아 들고 흥분했던 종합선물세트 같아요.^^

김명옥1156
교수님이 강조하시는 '착한 척과 읽는 척', 이 두 가지 '척'이 모두 진정한 착함과 진짜 영어책 읽기를 향한 발돋움임을, 가식이 아니라 노력하는 과정임을 깨닫습니다. 두 가지 '척', 앞으로 계속 열심히 해볼게요.

이진경2236
읽는 즐거움을 알게 해준 책이에요. 이 책을 읽으며 해석보다는 영어라는 언어를 입 밖으로 내는 즐거움을 배우게 되네요.

정숭아2416
꼬리에 꼬리를 무는 캐릭터 찾기 게임의 최고봉인 것 같아요.

황미영2712
아이들과 숨은그림찾기를 하며 즐겁게 읽었습니다. 부분부분 다른 책과 연결되는 것이 무척 흥미로웠어요.

김경희2823
익숙한 캐릭터일 텐데 잘 안 보여요.ㅠㅠ 이참에 동화 속 주인공들을 하나씩 다시 만나볼게요.

느리게 100권 읽기

DAY 062

난이도 ■■☐☐☐☐

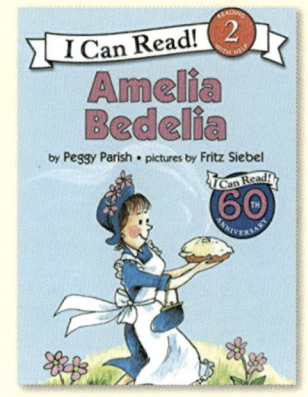

Amelia Bedelia
by Peggy Parish, Fritz Siebel (illustrator)

무슨 일을 하든 꼼꼼하거나 찬찬하지 못해 이런저런 실수와 잘못을 계속 저지릅니다. 그런데도 미움을 받기는커녕 오히려 사람들을 미소 짓게 하고 그로 인해 더 큰 사랑을 받습니다. 그런 사람 혹시 주변에 없으신지요? 오늘 우리가 함께 읽을 늘백의 그림책은 Peggy Parish가 글을 쓰고 Fritz Siebel이 그림을 그린, 유쾌한 웃음을 참기 힘든 책 《Amelia Bedelia》입니다.

1.
Rogers 저택의 가정부로 일하게 된 Amelia Bedelia는 모든 일을 지시받은 대로 아주 정확하고 성실하게 처리합니다. 그렇지만 무슨 이유에서인지 결과적으로 어느 것 하나도 제대로 되는 일이 없어 Rogers 부부를 당혹스럽게 합니다. 그런데 흥미롭게도 Rogers 부부는 그런 그녀를 오히려 더 좋아하게 되고 계속 일해 달라고 부탁합니다. 대체 어찌 된 일일까요? Amelia Bedelia에게 무슨 특별한 비밀이라도 있는 것일까요?

2.
아주아주 웃기는 책입니다. 너무나도 재미있어 읽을 때마다 웃음을 참을 수 없습니다. 웃기려는 생각도 없습니다. 자신이 얼마나 웃기는지도 모릅니다. 언제나 아무것도 모르는 듯 늘 천연덕스럽기만 합니다. 그래서 더욱 웃기고 더 재미가 있습니다. 영어 단어의 다양한 의미와 쓰임, 낱말 놀이와 재치있는 말장난에 흥미를 느끼는 사람이라면 결코 빼놓을 수 없는 최고의 홈런북 중 하나가 될 것이라 확신합니다.

《Amelia Bedelia》읽기에서 그 핵심은 바로 Amelia Bedelia가 영어 표현을 해석하고 적용하는 기발한 방식을 이해하는 것입니다. 영어 표현의 행간을 읽지 못하고 고지식하게 문자적으로 해석하여 매번 엉뚱한 결과를 낳는 Amelia Bedelia, 그녀가 지닌 기상천외할 정도의 엄청난 재능에 감탄이 절로 나오실 겁니다. 《Amelia Bedelia》를 제대로 읽고 즐기려면 다음 영어 표현들이 지닌 전혀 다른 두 가지 의미를 알아야 합니다.

- Change the towels (p.16)
    - (a) 다른 수건으로 교체하라.
    - (b) 수건을 다른 모양으로 바꾸어라.
- Dust the furniture (p.20)
    - (a) 먼지를 털어라.
    - (b) 먼지나 파우더를 뿌려라.
- Draw the drapes (p.25)
    - (a) 커튼을 닫아라.
    - (b) 커튼을 그려라.
- Put the lights out (p.28)
    - (a) 불을 꺼라.
    - (b) 전구를 밖에 내놓아라.
- Measure two cups of rice (p.34)
    - (a) 쌀 두 컵을 계량해 두라.
    - (b) 두 컵의 쌀을 자로 재라.
- Trim the fat (p.38)
    - (a) 지방을 잘라내라.
    - (b) 지방을 장식하라.
- Dress the chicken (p.38)
    - (a) 닭고기를 손질하라.
    - (b) 닭에게 옷을 입혀라.

3.

어이가 없고 때론 황당하기까지 한 실수와 잘못의 연속, 예상되는 상대의 짜증과 분노, 하지만 오히려 밝은 미소와 마음의 흐뭇함을 만들어내는 Amelia Bedelia, 이 모든 것의 비밀은 바로 그 모든 문제를 단번에 해결해버리는 그녀만의 특급 레몬머랭파이(lemon-meringue pie)에 있습니다. 대체 얼마나 맛있길래 입에 넣는 순간 모든 불평과 불만, 분노를 사라지게 만들까요? 우리에게도 Amelia Bedelia의 레몬머랭파이처럼 많은 문제나 실수를 한 방에 날려버릴 수 있는 비장의 카드가 있다면 얼마나 좋을까요?

4.

Amelia Bedelia 시리즈의 첫 번째 책으로 1963년 최초 출간 이후 오랜 세월 동안 변함없이 전 세계적으로 큰 사랑을 받고 있습니다. 원작자 Peggy Parish가 쓴 Original Series 12권과 그녀가 죽은 후 조카인 Herman Parish가 이어서 쓴 책을 포함해 모두 50권에 가까운 Amelia Bedelia 책들이 출간되어 있습니다. 모르면 모를까 한번 그 맛을 알고 나면 푹 빠져들 수밖에 없습니다. 아이들보다 어른들이 더 깊이 빠져들 수도 있습니다. 밝은 기운과 명랑한 유머가 그득합니다. 교훈이나 철학, 교육적 메시지 같은 것은 잊어주세요. 그냥 웃기고 재미있고 훈훈하여 오히려 더 즐겁고 신나는 읽기가 가능합니다. 가히 언어유희(言語遊戱)의 끝판왕이라 할 만합니다. 지금 당장 이 모든 것들을 직접 경험하고 느껴보시기 바랍니다.

한 줄 소감

이은주2157
글밥 많은 책은 영알못 아이들이 싫어할 거라는 선입견을 한 방에 깨준 책입니다. 끝까지 하하 호호 웃으며 듣던 아이의 환한 얼굴이 떠올라요.

문상미1518
교수님의 친절한 소개글 덕분에 정말 재미있게 읽을 수 있었어요. 계속 키득키득 웃게 되네요.^^ 영어의 언어유희가 참 매력적이란 걸 다시 한번 느낍니다. 역시 원서를 읽어야겠네요.

정희정3755
제가 알고 있던 평범한 문장이 그렇게도 해석되는군요. 엉뚱해서 웃고 황당해서 웃고! 어쩌지 하는 생각에 마음 졸이기도 하고, 그러다가 기가 막힌 한 방에 상황 끝! 정말 기발하고 재밌습니다. 작가는 진짜 천재네요.^^

손정현1765
처음엔 좀 어려웠지만 소개글 보며 그림 보며 정말 재밌게 봤어요. 나름 최선을 다해 자신의 임무를 수행하는 과정이 멋져 보이면서도 살짝 웃픈 이야기였네요.^^ 비슷한 상황이 실제 현실에서 일어났다면 어땠을까 궁금합니다.

홍정현3764
아멜리아가 기발한 생각을 실천하는 모습이 꼭 아이들을 닮았네요. 아이들의 무기는 당연히 웃음 한 방, 안아주기, 뽀뽀 필살기지요! 그런 거 한두 방이면 모든 죄(?)를 용서할 수밖에 없지 않나요?^^

구지예1082
허당미에 특급 요리실력까지 갖춘 Amelia Bedelia, 너무 멋져요! 그녀를 만나면 그녀가 직접 구워준 머랭파이를 얻어 먹고 흘러넘치는 긍정 에너지를 받아 가고 싶습니다.

이현숙2261
기상천외할 정도의 엉뚱한 행동과 해맑은 표정의 조합이 환상적입니다. 기발하면서도 이해하기 쉬운 언어 유희가 듬뿍 담겨 있어 좋아하지 않을 수 없네요. 치명적인 매력이 뿜뿜이에요.^^

정혜선2459
Amelia의 행동에서 저의 남편이 보여요.ㅎㅎ 그런데 슬프게도 남편에겐 비장의 무기가 없네요!ㅠㅠ

류호연3453
와우~! 그 어떤 실수나 잘못도 순식간에 사르르 녹여버리는 재주라니! 그런 재능이 있으면 얼마나 좋을까요? 정말 부러워요. 아무리 생각해도 저나 제 남편은 아닌 것 같고, 우리집 재간둥이 둘째는 가능할 것 같네요.^^

최민희2563
허허! 영어 공부를 더 열심히 해야겠다는 다짐을 하게 만드네요.ㅎㅎ 언어유희의 즐거움도 뭘 좀 알아야 가능하니 말입니다.

손다은3473
찰떡같이 말해도 콩떡같이 알아듣는디!? 실제로 그러면 엄청 스트레스 받을 텐데 그게 진~짜 재미네요! 정말정말 웃겨요. 그래도 저는 행간을 잘 읽는 사람이 되고 싶습니다.^^

백나영1696
언어유희는 영어 실력이 있어야만 즐길 수 있다고 생각했던 제 편견을 산산이 깨버리네요. 그야말로 언어유희의 끝판왕입니다! 한번 빠지면 저처럼 절대 헤어나올 수 없을 거예요.^^

느리게 100권 읽기

DAY 063

난이도 ■■■□□

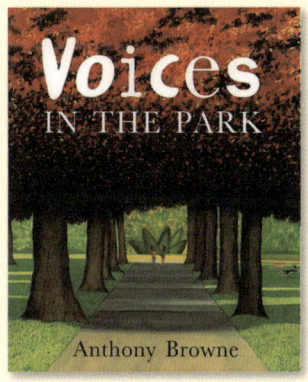

Voices in the Park
by Anthony Browne

각종 인터넷 매체와 SNS를 통해 그야말로 홍수처럼 쏟아지는 정보들, 그 가운데 어느 것이 사실이고 어디까지 믿어야 하는지, 왜곡된 부분이나 숨겨진 진실은 없는지 심사숙고하지 않을 수 없습니다. 판단을 내리기 전에 여러 당사자의 말을 잘 들어보는 것이 필요함을 더욱 크게 느낍니다. 오늘 우리가 함께 읽을 그림책은 똑같은 상황을 네 가지 서로 다른 시각에서 볼 수 있게 해주는 Anthony Browne의 그 유명한 《Voices in the Park》입니다.

오늘의 책은 평소보다 더 느리게 더 천천히 읽어보시길 권해드립니다. 크게 두 부분(1~5, 6~9)으로 나누어 읽어보시면 편리합니다. 다음은 책을 읽기 전에 읽어도 되며, 그렇게 하기를 권장합니다.

1.
공원에 산책 나온 어느 엄마와 아들, 아빠와 딸의 이야기입니다. 두 가족이 각각 개를 데리고 공원에 산책 나왔다가 약간의 시간을 보내고 집으로 돌아간다는 매우 평범한 이야기이지요. 하지만 지극히 일상적이고 뻔해 보이는 이야기라도 다른 목소리로 들려주면 완전히 다른 이야기가 될 수 있음을 보여줍니다. 역시 세상의 모든 것은 보기 나름, 많은 것은 결국 입장과 관점의 차이. 그래서 상대를 제대로 이해하려면, (내게는 잘 맞지 않는 상대의 신발을 신어봄으로써) 상대의 (어려운) 입장이 되어봐야 하고(be in someone's shoes), 관련 당사자의 말을 모두 들어보기 전에는 어떤 것도 성급하게 판단하지 말라고 하는 것이겠지요.

2.
똑같은 사안이라도 보는 관점에 따라 해석이 크게 달라질 수 있다는 것은 누구나 잘 압니다. 하지만 그 사실을 이 책만큼 실감나게 보여주는 작품이 또 있을까요? 4개의 다른 목소리, 목소리마다 다른 폰트 모양과 크기, 단어의 선택과 표현 방식, 거기에 목소리를 들려주는 순서까지. 관점의 차이, 말하는 사람의 생각, 느낌, 시선이 그림을 통해 잘 표현되고 있습니다. 글자의 모양까지도 그림처럼 활용되고 있습니다. 표지의 책 제목 폰트부터가 다릅니다. 목소리의 주인공이 바뀔 때마다 함께 달라지는 폰트의 모양에도 주의하세요. 어느 한 부분도 그냥 넘기기 어렵습니다.

3.
그럼에도 불구하고 작가의 의도가 무엇인지, 무엇이 올바른 해석인지 알아내려고 지나치게 애쓸 필요는 없습니다. 작가의 의도와 다른, 의도한 것 이상의 해석도 얼마든지 가능하기 때문입니다. 굳이 어려운 문학 이론을 거론하지 않더라도 훌륭한 작품은 다양한 해석의 여지를 가지기 마련입니다. 그런 여지가 크면 클수록 더 새롭고 깊이 있는 책 읽기를 경험할 수 있습니다.

따라서 단어 선택, 글자 모양, 그림 등 이런저런 장치를 통해 작가가 본래 의도한 바가 무엇인지를 따지는 일에 너무 큰 비중을 두지 않기 바랍니다. 많은 경우 주장은 있겠지만 정해진 답이 존재하는 것은 아니며, 설사 작가의 의도를 확인한다 해도 그것이 꼭 정답이 되는 것도 아닙니다. 책 읽기의 목적은 작가의 의도를 파악하여 정답을 알아내는 것이 아닙니다. 그것을 넘어 논리적 추론과 상상력을 발휘해 새로운 이해와 해석을 만들어가는 것입니다. 그리고 무엇보다 그것을 즐기는 것입니다.

4.
다른 많은 책들과 달리 여러 번 반복해 읽고 책의 앞뒤를 왔다 갔다 하며 보게 될 것입니다. 그러한 수고와 귀찮음을 마다하지 않고 오히려 즐길 수 있게 되길 바랍니다.

숨은그림찾기의 재미를 놓치지 마세요. Anthony Browne의 작품은 숨겨져 있는 그림을 찾고 그 속에 담겨 있는 이야기를 읽는 재미가 매우 특별합니다. 그중에서도 《Voices in the Park》는 그 정수를 보여줍니다.

모든 것을 한꺼번에 다 이해하려고 하지 마세요. 그냥 느껴지는 대로 느끼고 이해되는 만큼 이해하시기 바랍니다. 다시 읽을 때마다 혹은 나이가 들어가면서, 새로운 읽기, 더 발전된 읽기가 가능해질 것입니다. 느긋한 마음을 가지고 천천히 느리게 읽으면서 그런 변화를 머릿속에 그려보는 것도 책 읽기를 즐기는 또 하나의 요령입니다.

5.
이 책은 다양한 해석의 여지가 큰 작품입니다. 따라서 아이와 함께 읽기 전에 가급적 엄마 아빠가 먼저 읽고 생각할 시간을 갖는 걸 추천합니다. 아이와 함께 읽는다면 너무 많은 것을 이해시키려고 하지 마세요. 그냥 함께 읽고 대화하면서 아이 스스로 자신의 느낌과 생각을 자유롭게 충분히 표현하도록 도와주시기 바랍니다.

작가의 의도도 절대적이지 않은데 전문가나 독자의 해석이 절대적일 리 없습니다. 책 읽기에서 정답이란 것은 처음부터 존재하지 않으니 나름의 논리와 상상의 나래를 마음껏 펼치도록 최대한 허용해주시기 바랍니다. 그렇게 하면 훨씬 더 풍성한 책 읽기가 될 수 있습니다. 작가가 들려주는 4개의 목소리와 구분되는 제5의 목소리를 들을 수 있게 될지도 모릅니다.

다음 내용은 가급적 책을 먼저 읽은 후 읽어보세요.

6.
첫 번째 목소리

(1)
첫 문장부터가 파격적입니다. 산책을 가는데 엄마가 아들보다 기르는 개를 먼저 언급하고 있네요. 그리고 (아주 어린 아이도 아닌) 제법 큰 아이에 대해 "함께 산책을 간다(to go for a walk with Charles)"라고 하기보다 "(강아지처럼) 산책에 데리고 간다(to take Charles for a walk)"라고 하고 있습니다. 마치 (개에게 하는 것같이) "산책을 시킨다"는 말처럼 들리는 것은 저만의 착각이려나요?

(2)
〈두 번째 그림〉 개를 풀어주는 장면에서 크게 보이는 개와 달리 Charles는 안타깝게도 신발만 보이네요. 또 얼굴이 일부만 보이는 다른 개는 자신의 혈통 좋은 개(our pedigree Labrador)와는 차원이 다른 지저분한 잡종견(scruffy mongrel)에 불과합니다.

〈세 번째 그림〉 두 마리 개들이 사이좋게 뛰어다니고 있고 자신의 개 Victoria가 뒤따르고 있음에도 불구하고 Charles 엄마에게는 오히려 형편없는 잡종견이 Victoria를 귀찮게 쫓아가고 있는 것으로만 보입니다(the horrible thing chased her all over the park). 그리고 엄마는 아들 Charles에게 명령조(Sit. Here.)로 말하면서 눈길도 주지 않고, Charles는 엄마와 다른 곳을 바라보고 있네요.

〈여섯 번째 그림〉 사라졌던 아들을 발견했을 때 함께 대화 중이던 밝고 상냥한 소녀 Smudge는 매우 거칠어 보이는 아이(a very rough-looking child)에 불과합니다. 그리고 아들에게는 냉정하게 "Charles, come here. At once!" 하지만 개에게는 자상하게 "Come here, please, Victoria."라고 말하고 있네요.

〈일곱 번째 그림〉 공원을 나서는 장면에서 나무 한 그루가 불타고 있고, 이제는 거의 보이지 않을 만큼 가려져 산책 나갈 때보다 존재감이 더 작아진 Charles의 모습. 이 모든 것들을 통해 Charles 엄마가 어떤 사람인지, 그녀의 평소 생각과 시각은 어떠한지, 관심은 어디에 있는지 어렵지 않게 읽어낼 수 있습니다.

7.
두 번째 목소리

(1)
우울하고 지쳐 보이는 Smudge 아빠의 모습, 무거운 느낌의 고딕 볼드체 폰트가 잘 어울립니다. Charles 엄마와는 달리 산책을 나가는 일반적이며 정상적인 방법을 알고 있네요(Me and Smudge took the dog to the park). 공원으로 가는 길도 매우 어두운 분위기입니다. 우중충한 무채색 색상, 액자 속 인물의 찡그린 얼굴, 구걸하는 산타클로스 거지까지.

(2)
공원에 있는 내내 아빠는 여전히 어두웠지만 산책을 마치고 돌아오는 길은 한층 밝아진 분위기입니다. 즐겁게 재잘거리는 Smudge와 춤추는 거리의 사람들, 빌딩 꼭대기에 있는 킹콩 고릴라의 실루엣까지. 아주 많은 것들이 산책하러 공원으로 가던 때와는 크게 달라진 모습이라 완전히 다른 장소처럼 느껴질 정도입니다.

8.
세 번째 목소리

(1)
세 번째 목소리의 주인공은 왠지 외로워 보이는 Charles. 희미하고 얇고 크기도 작은 폰트가 주인공의 심정과 상태를 말해주고 있는 듯합니다. 공원에 도착해서도 엄마의 그림자에 가려진 Charles의 뒷모습이 쓸쓸하게만 느껴집니다. Charles의 눈에 비치는 공원의 분위기도 구름과 안개가 가득하고 우중충하며 생기라고는 전혀 찾아볼 수가 없네요.

(2)

공원 벤치에 앉아 Smudge와 대화하는 장면에서 가로등 좌우로 크게 대비되는 색상의 명암과 날씨를 놓치지 마세요. 미끄럼을 타는 장면에서 그림의 배경 밖으로까지 삐져나올 만큼 길고 가파른 미끄럼틀과 겁먹은 듯한 Charles의 얼굴 표정, 하지만 구름이 조금씩 걷히면서 점점 밝아지는 하늘의 모습도 흥미롭습니다. 정글짐(climbing frame)을 탈 때와 나무에 오를 때도 Charles는 "똑같이 했다(did the same)" 혹은 "요령을 알려줬다(showed her how to do it)"고 말하지만 그림은 오히려 겁먹고 주저하는 모습을 보여줍니다. 글과 그림, 글씨의 모양까지, 동원 가능한 모든 것을 통해 말하고 있는 작가의 표현력은 한마디로 쩐다고 할 수 있겠네요.

9.
네 번째 목소리

(1)
마지막 네 번째 목소리의 주인공은 자유분방한 소녀 Smudge. 글자 모양부터가 자유분방한 듯 모양도 굵기도 제각각이고 꼬불꼬불합니다. 공원의 모습도 밝고 선명하며 알록달록한 천연색으로 예쁘다는 느낌이 확 듭니다. Smudge의 눈에 비친 공원의 모습은 모든 면에서 밝고 생동감이 넘칩니다.

(2)
자신의 개 Victoria가 Smudge의 개 Albert를 따라 달리는 것을 보고 엄청나게 분노한 Charles 엄마의 모습, 그런 엄마에 비해 유난히 왜소하고 소심해 보이는 Charles. 그리고 Smudge에게 한 송이 꽃을 선물할 때 한층 밝아진 Charles의 모습과 돌아가는 길에 쓸쓸하고 슬퍼 보이는 얼굴의 대비. Smudge의 눈에 비친 이와 같은 장면 하나하나가 매우 인상적이며, 같은 것을 바라보는 전혀 다른 시각을 보여줍니다.

한 줄 소감

 이진희3520
앞뒤로 왔다 갔다 하며 여러 번 자세히 보았습니다. 교수님 소개글은 정말 캄캄한 밤길을 환하게 비춰주는 등대 같아요.

 김혜란3447
저랑 같은 책 보신 거 맞죠, 교수님? 정말 재미있었고 감탄하며 읽은 책이지만 교수님의 10분의 1도 못 읽었네요.ㅠㅠ 느리게 읽기의 참뜻을 다시 한번 새기게 됩니다.

 신송인2920
역시 아는 만큼 보이나 봐요. 이렇게 자세하고 친절하게 짚어주시니 거인의 어깨에서 세상을 내려다보는 기분입니다.

 서유미3165
사실 전 앤서니 브라운 작가님 책은 끌리지가 않았어요. 저 너머의 심오한 메시지가 읽히지 않아 답답했기 때문인 것 같아요. 그런데 와우~! 오늘 교수님 소개글로 눈이 번쩍 뜨이네요. 너무도 놀라운 경험이었습니다. 감사드려요~.

 정미나2397
교수의 설명을 따라 책을 다시 보면 눈을 뜬 장님처럼 안 보이던 부분들이 보이기 시작합니다. 이토록 이해하기 쉽고 친절한 설명이 또 있을까요! 누군가 영어 그림책을 읽어야 하는 이유를 묻는다면 조용히 건네주고 싶어요. 물론 교수님의 소개글과 함께요.^^

 김정은1357
와우! 감탄사가 절로 나옵니다~! 먼저 책을 만든 작가님께, 그리고 해설해주신 교수께, 느리게 100권 읽기 안 했으면 정말 후회할 뻔했어요. 작품에 대해 깊이 있게 이해하고 싶었는데 오늘 정말 큰 도움을 받았습니다. 너무 감사드려요.

 이영선2111
혼자 읽을 때는 몰랐었는데 교수님이 하나하나 짚어주시니 완전히 새로운 내용이 펼쳐지네요. 정말 마법 같아요. 그림에 숨겨진 내용이 가득해 읽을수록 놀라고 또 놀라게 됩니다.

 이예린2124
오늘 교수님의 소개글을 읽고 전율을 느꼈습니다. 혼자서 읽을 때는 보이지 않던 많은 것들이 보이기 시작하면서 영어 그림책을 읽는 감동이 오늘따라 특히 더 컸네요. 같은 상황을 서로 다른 목소리로 듣고 다양한 시선으로 바라보는 재미, 정말 보고 또 보게 만드는 책입니다.

 김연희1283
교수님께서 쩐다는 표현을 쓰시다니~ 빵 터졌어요.ㅋㅋ 교수님의 소개글이야말로 정말 쩝니다. 책을 찬찬히 몇 번을 읽고 작가의 의도를 충분히 파악했다고 생각했는데 교수님 소개글을 보고 다시 읽으니 느껴지는 바가 완전히 다르네요. 정말 멋진 책을 재발견하게 해주셔서 감사드려요.

 채지연2547
왜! 굉장하네요. 감탄이 절로 나와요. 저는 왜 설명하신 부분들을 보지 못하고 읽지 못했던 걸까요? 저는 까막눈을 가지고 있었네요. 오늘 책은 정말 감동입니다. 교수님 설명 덕분에 울림이 더욱 크네요. 슬미가 강조하는 '천천히'의 힘을 느낍니다.

 신선미1795
교수님의 설명을 읽고 정말 무릎을 탁 쳤어요! 그림책을 보는 법을 이제야 알겠네요. 정말 대단하십니다. 처음 읽었을 때는 도무지 이해가 안 되었는데 설명해주신 것을 꼼꼼하게 읽고 보니, 아! 완벽 그 자체입니다. 그림책을 보는 제 눈이 확 달라질 것 같아요. 정말 고맙습니다.

 오현미1895
교수님, 입이 안 다물어져요. 교수님이야말로 쩝니다! 쩔어요!! 어디에서도 이런 설명 본 적이 없어요. 교수님의 진정한 내공이 느껴집니다. 최근 이 책과 《Into the Forest》를 읽고 감명받아서 이 작가의 책을 모으기 시작했는데, 저는 그저 수박 겉핥기였네요. 아! 정말이지 늘백하길 잘했어요!!

느리게 100권 읽기

DAY 064

난이도 ■■■□□

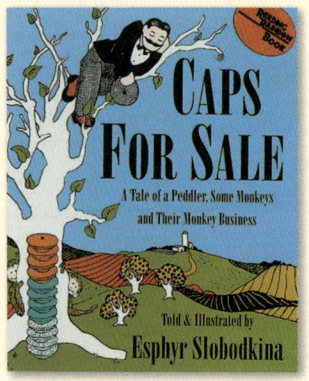

Caps for Sale
by Esphyr Slobodkina

만일 여러분이 이리저리 돌아다니며 모자를 파는 도붓장수라면 모자를 어떻게 가지고 다니시겠습니까? 그리고 가지고 있던 모자를 모두 잃어버린다면 또 어떻게 하시겠습니까? 오늘 우리가 함께 읽을 늘백의 그림책은 Esphyr Slobodkina의 유쾌하고 신나는 이야기 《Caps for Sale》입니다.

1.

"Caps! Caps for sale! Fifty cents a cap!"

(모자요, 모자 팔아요! 한 개에 50센트!)

머리에 하늘 높이 여러 가지 색깔의 모자를 잔뜩 쓰고 여기저기 팔러 다니는 모자 장수. 너무 피곤했던 탓일까요? 잠시만 쉬려 했던 커다란 나무 밑에서 한참을 자게 되고, 그사이 머리에 있던 모자들은 모두 사라져버립니다. 대체 누가 모자를 가져간 것일까요?

2.

민간에 전해오는 설화를 바탕으로 한 이야기입니다. 다른 행상인들과 달리 팔 물건을 모두 머리에 이고 다니는 주인공, 그 설정부터가 특이하여 아이들의 호기심과 흥미를 자극합니다. 혹시라도 그림체가 촌스럽게 느껴지고 글밥까지 좀 있는 것 같아 왠지 마음에 들지 않으시나요? 그렇다면 아마도 실망(?)하게 되실 겁니다. 보기보다 훨씬 재미있고 쉬우며, 그림도 아주 잘 어울리거든요. 짧고 단순한 문장과 패턴의 반복, 이야기 속에 가득한 여유와 익살이 읽는 사람의 마음을 편안하고 즐겁게 해줍니다. 짓궂은 원숭이들을 물리치고 모자를 되찾는 주인공의 재치 넘치는 행동에 아이들은 환호하며 흥겨워합니다.

그래서 클래식인 것일까요? 무척 단순한 이야기인데도 읽어도 읽어도 질리지 않습니다. 아이들이 깔깔대며 좋아합니다. 손가락을 흔들며, 발을 구르고, 쯧쯧(tsk tsk tsk)거리며 돌아다닙니다. 집 안의 모자란 모자는 모조리 찾아내 주인공 흉내를 내기도 합니다. 머리 위를 조심스레 확인하고 두 손을 모은 채 조심조심 걸어갑니다. 나중에는 주인공이 왼쪽을 보면 오른쪽을 보고, 오른쪽을 보면 왼쪽을 보는 장난을 치기도 합니다. 그리고 어느새 "Caps! Caps for sale! Fifty cents a cap!"을 따라 외치기까지 하지요. 1940년 출간된 이후 무려 80년이 넘도록 변함없는 인기를 누려온 작품입니다. 왕초보에게도 문제없고, 읽고 또 읽고 싶을, 쉽고도 재미있는 영어책, 여기 하나 더 추가합니다.

3.
목소리만이 아니라 행동으로 읽어주어야 하는 책입니다. 거의 모든 부분이 행동을 요구하기 때문입니다. 가급적 많은 것을 몸짓과 얼굴 표정으로 보여주세요. 액션이 크고 우스꽝스러울수록, 망가지면 망가질수록 책 읽기의 재미는 더욱 커집니다.

모자를 머리에 하나씩 올려놓기, 떨어지지 않게 손으로 잡기, 자세를 꼿꼿이 하고 두 손을 모은 상태로 조심스럽게 걸어 다니기, 모자를 사라고 소리 높여 외치기, 배고픈 배를 살살 문지르기, 나무에 천천히 기대며 앉기, 머리 위에 모자가 그대로 있는지 손으로 만져보기, 모자가 사라진 것을 알고 깜짝 놀라기, 좌우와 앞뒤를 바라보며 모자를 찾아보기, 원숭이들에게 손가락을 흔들며 당장 돌려달라고 소리치기, 원숭이들의 행동을 흉내 내기, 화를 내며 발을 쾅쾅 구르기, 쓰고 있던 모자를 벗어 땅바닥에 내팽개치기 등.

4.
책 읽기를 풍성하게 하는 좋은 방법 중 하나는 질문을 많이 하는 것입니다. 아이에게 질문을 던지고 아이 스스로도 많은 질문을 만들어내도록 격려합니다. 문장의 해석에 지나치게 얽매이지 말고 질문을 주고받으며 이야기를 능동적으로 만들어갑니다. 그렇게 하다 보면 이런저런 질문이 계속 이어지게 됩니다. 무엇이든 가능한 이야기 속의 세계에서 불가능한 질문이란 것은 없습니다. 설사 어리석게 느껴진다고 해도 궁금증이 드는 것은 어쩔 수 없는 일 아닐까요?

- 주인공은 왜 모자를 모두 머리에 이고 다니는 것일까요?
- 그 많은 모자를 어떻게 머리에 올렸을까요?
- 모자를 왜 항상 색깔별로 모아 같은 순서로 쌓을까요?
- 모자를 쌓는 순서에 어떤 규칙이나 이유가 있는 것은 아닐까요?
- 주인공은 왜 두 손을 모은 상태로 걸어 다니고, 쉬거나 낮잠을 잘 때에도 같은 자세를 유지하는 것일까요?
- 모자의 색깔은 왜 하필 회색, 갈색, 청색, 빨간색의 네 가지일까요?
- 모자는 왜 하나도 팔리지 않았을까요? 모자가 팔리긴 하는 것일까요?
- 원숭이들이 모자를 가져갈 때 주인공이 쓴 체크무늬 모자는 왜 남겨두었을까요?
- 원숭이들에게 화를 내며 모자를 돌려달라고 한 주인공의 행위는 처음부터 의도된 것이었을까요? 아니면 중간에 떠오른 아이디어였을까요?
- 주인공은 왜 마지막 남은 모자를 땅바닥에 내팽개쳤을까요? 머리끝까지 화가 나서 그랬던 것일까요? 아니면 계획적으로 한 행동이었을까요?
- 마지막에 모자를 모두 되찾게 된 것은 주인공의 재치와 기지 때문이었을까요? 아니면 그보다는 운이 좋았기 때문일까요?
- 모자와 원숭이들의 숫자가 딱 맞는데 거기에 어떤 의미라도 있는 것일까요?
- 표지 그림은 책의 내용과 다릅니다. 왜 다를까요? 무엇을 의미하는 것일까요?

5.
이 책의 작가 Esphyr Slobodkina는 영감을 믿지 않았다고 합니다. 그녀에게 영감이란 것이 있다면 그것은 작품에 대한 관심과 집중, 그리고 헌신이었다고 하네요. 이와 비슷하게 에디슨에게도 영감이란 것은 신의 계시나 천재성 같은 것이 아니라 목표를 향한 열정과 도전이었다고 합니다. 결국 무언가 큰 목표를 이루고자 하는 사람에게 가장 먼저 필요한 것은 역시 가슴 설레는 꿈과 식지 않는 열정인가 봅니다. 그리고 그 열정은 넘어지고 깨어져도 다시 일어나 도전을 계속해 나가는 불굴의 의지와 노력으로 뒷받침되어야만 하고요. 그런 사람은 영감이 떠오르거나 좋은 기회가 주어지길 마냥 기다리고만 있지는 않을 겁니다. 당연히 재능의 부족함이나 환경의 열악함을 한탄하며 소중한 시간을 그냥 낭비하고만 있지도 않겠지요.

한 줄 소감

배은영1692
교수님의 소개글이 아니었다면 아마도 펼쳐 들지 않았을 책입니다. 그런데 의외로 아이들이 무척 재밌어하네요. 덕분에 숨은 보석을 발견했습니다.

이은정3367
아이의 눈과 어른의 눈은 역시 다른가 봐요. 전 좀 별로였는데 아이들은 정말 좋아하네요. 책은 역시 아이가 원하는 것을 읽어줘야겠지요? 망가지더라도 온몸으로 열심히 읽어줘서 평생 잊지 못할 추억으로 만들어주고 싶어요.

김미은1173
목소리로만 읽어줬는데 망가지며 행동으로 읽어줘야 하는 것이군요! 아이들이 아직 어려서 정말 다행입니다. 내일 당장 모자를 모아봐야겠습니다.

박선향1567
몸으로 읽지 않아서일까요? 그다지 재밌게 느껴지지 않는 책이었는데, 교수님 소개글 읽고 나니 그냥 지나칠 수가 없네요. 말씀대로 집에 가서 온몸 연기에 음향 효과까지 섞어서 다시 한번 제대로 읽어보도록 하겠습니다.

이주옥3346
책도 재밌게 읽었지만 읽고 나서 아이들과 신나게 모자 놀이를 즐겼습니다. 책을 읽고 주인공을 따라 하는 것만큼 좋은 독후활동도 없는 것 같아요. 그거야말로 책에 대한 최고의 찬사일 테니까요.

최옥희2585
책은 일방적으로 읽어주는 것이 아니라, 같이 즐기고 나누며 몸으로도 함께해보는 것이라는 말이 십분 공감되는 책입니다. 오늘은 집에 있는 모자를 다 모아 아이들과 역할극을 해봐야겠어요.

송여진2915
워낙 유명한 책이라 구매는 했는데 그림체 때문에 선뜻 손이 안 갔어요. 근데 소개글을 읽으니 클래식의 위대함이 느껴집니다. 얼른 아이들과 모자 찾기 하고 싶어요.^^

신송인2920
교수님의 팁을 통해 아이와 더 풍성한 책 읽기를 할 수 있었어요. 직접 모자를 가지고 놀면서 읽었더니 아이가 영어책 읽기를 더 좋아하게 된 것 같아요.

 김경미1121
역할놀이를 좋아하는 아이들에게 안성맞춤인 그림책 같아요. 아이들과 책도 즐겁게 읽고 모자 장수와 손님 역할을 번갈아 하면서 즐거운 시간을 보낼 수 있었네요.

 이은주2157
가만히 앉아서 읽으면 맛을 알기가 어려운 것 같아요. 처음엔 그저 그런 책이라 생각했는데, 몸으로 읽으니 아이가 정말 좋아하네요. 머리 위에 모자가 잔뜩 있다 생각하여 조심조심 걷고, 또 모자를 사라고 크게 외치고, 원숭이 흉내도 내면서 말이죠. 최대한 몸으로 읽어야 합니다.

 조정은3244
영감에 대한 작가의 말에 공감합니다. 제가 하고 있는 일에 대한 관심, 집중, 열정, 헌신을 쏟을 때 머리 속에서 뭔가 사샤샥~ 하고 시도해볼 만한 생각들이 떠오르는 것 같아요. 아이들 머릿속에 input이 차고 흘러넘칠 때 output이 나오듯 말이죠!

 김지혜2858
교수님께서 가르쳐주신 것처럼, 책을 읽을 때 액션을 크~게 하여 아이 앞에서 크~게 한번 망가져봐야겠습니다. ㅋㅋ

 서을희1730
집에 있는 모자가 다 모이게 되는 마법 같은 책입니다. 아이들과 역할극을 하며 노는 게 정말 재미있었어요.

 정광은3229
작가가 "영감을 믿지 않았다"는 점이 뇌리에 콕 꽂힙니다. 마냥 기다리지 않고 실행에 옮기는 사람이 되고 싶어요.

 송여진2915
소개글을 읽으니 클래식의 위대함이 느껴집니다. 얼른 아이들과 모자 찾기를 하고 싶어요.^^

느리게 100권 읽기
DAY 065

난이도

Blueberries for Sal
by Robert McCloskey

아이들과 함께 딸기나 블루베리 같은 과일을 따러 가보신 적이 있나요? 혹시 그곳에서 토끼나 다람쥐 같은 야생동물을 만나신 적은 없었는지요? 오늘 우리가 함께 읽을 늘백의 예순다섯 번째 그림책은 그 두 가지를 동시에 경험해볼 수 있는 Robert McCloskey의 《Blueberries for Sal》입니다.

1.

Sal과 엄마는 블루베리 언덕으로 블루베리를 따러 갑니다. 겨울 동안 먹을 블루베리 잼을 만들어두려고 하거든요. 같은 시간 언덕의 반대편에서는 귀여운 아기 곰이 엄마 곰과 함께 긴 겨울을 대비해 블루베리를 먹으려고 언덕을 올라오고 있었습니다. 블루베리가 너무나 맛있었기 때문일까요? 블루베리 먹기에 몰두하던 Sal과 아기 곰은 도중에 그만 엄마와 떨어지게 됩니다. 엄마들은 그런 사실을 모른 채 계속 올라가고 있었고요. Sal과 아기 곰은 다시 엄마를 만나 무사히 집으로 돌아갈 수 있게 될까요?

2.

미국 메인(Maine) 주의 작은 시골 도시를 배경으로 펼쳐지는 한 어린 소녀와 엄마의 블루베리 피킹에 얽힌 이야기입니다. 뜻하지 않은 곰과의 조우가 긴장감을 형성하며 스릴러로서의 면모도 보여줍니다. 산이나 들로 블루베리나 딸기를 따러 간 아이들의 마음과 기분을 너무나 자연스럽고 그럴 듯하게 묘사하고 있어 과거의 추억이 절로 소환됩니다. 세 가지 사건(즉 블루베리 피킹, 곰과의 조우, 아이의 뒤바뀜)의 흥미로운 조합, 그 속에 흐르는 긴장감, 하지만 두려움이나 염려보다는 기대감을 더 갖게 하는 사건의 전개가 책 읽는 재미와 즐거움을 더해줍니다.

자연과 동물에 대한 이상적인 기대감 때문일까요? 곰과의 조우는 실제로 매우 위험할 수 있는 상황이라 불안과 긴장감을 피할 수 없지만 천진난만한 얼굴을 한 Sal이나 아기 곰, 그리고 그와 달리 놀람, 당황, 황당함이 뒤섞인 듯한 엄마들의 표정에 웃음이 나옵니다. 아이들도 보통은 긴장감보다 재미가 더 큰지 낄낄대며 즐거워합니다. 다시 엄마를 만나 돌아가는 장면에서는 안도하며 흐뭇해합니다.

1949년 칼데콧 아너북 수상작입니다. 미국의 〈School Library Journal〉이 2009년에 발표한 'Top 100 Picture Books'에서 열세 번째로 뽑힐 만큼 널리 인정받는 작품입니다. 이 책의 속편인 《One Morning in Maine》(1953년 칼데콧 아너북)도 강추합니다.

3.
앞으로 전개될 사건의 전조를 암시하기 위함일까요? 블루베리 잼을 만들고 있는 엄마 곁에서 패킹 고리를 가지고 놀기에 바쁜 Sal의 모습이 천사 같은 순진무구함이나 천진난만함보다 지극히 아이다운 장난기와 사고의 가능성을 떠올리게 합니다.

아니나 다를까, 양동이에 담는 것보다 입에 넣는 것이 더 많고 나중에는 담아 놓은 것까지 먹어치웁니다. 겨울 동안 먹을 잼을 만들어야 하니 다 먹으면 안 된다고 하는 엄마의 말보다는 오히려 무조건 많이 먹어두는 게 최고라는 엄마 곰의 조언을 따릅니다. 동물의 방식을 따르는 것이 어쩌면 더 아이다운 모습일 수도 있겠다는 생각이 듭니다.

흔치 않은 이야기 전개 방식 때문일까요? 충분히 기대되는 전개와 결말임에도 불구하고 진부하거나 식상하다는 느낌은 들지 않습니다. 특히, 같은 방향으로 동시에 진행되는 2개의 사건 설정이 흥미롭습니다. 결이 다른 두 엄마의 말이 두 사건의 대칭성을 높여줍니다.

(a) "Now, Sal, you run along and pick your own berries. Mother wants to take her berries home and can them for next winter."
(b) "Little Bear," she said, "eat lots of berries and grow big and fat. We must store up food for the long, cold winter."

이야기를 다 읽은 후 책의 처음과 끝부분에 삽입된 똑같은 부엌 그림을 보며 생각합니다. '일상 속의 평범한 작은 장면 하나에도 그 이면에 정말 많은 사건과 스토리가 숨어 있을 수 있겠구나!' '오늘의 나와 나의 모습, 나의 내면은 여러 가지 크고 작은 일들이 쌓이고 복합적인 상호작용을 일으켜 만들어진 것이로구나!'

4.
칼데콧 상을 무려 다섯 번(메달 2회, 아너북 3회)이나 수상한 작가라는 선입견 때문일까요? 그림이 뭔가 다르게 보입니다. 어두운 청색 잉크를 사용해 펜화 방식으로 그려낸 삽화들이 매우 아름답습니다. 예스러운 분위기를 연출하며 지나간 시절에 대한 향수를 불러일으킵니다. 과거의 행복했던 추억들을 불러오고 그리움을 자아냅니다. 자연 속의 평화롭고 여유로운 분위기를 잘 살려 안정감과 편안함을 느끼게 합니다. 삽화와 폰트에 사용된 어두운 청색이 지니는 의미에도 유의하세요. 이야기의 핵심 소재인 블루베리의 색상으로서 조용히 주제를 부각시키고 강화해주고 있으니까요.

선들의 섬세한 터치가 사실성(寫實性)을 더해주며 등장인물의 몸짓과 표정은 물론 생각이나 태도까지도 보여주는 듯합니다. 자연의 위엄을 세밀하고도 생생하게 담아내고 있습니다. 특히, Sal과 아기 곰의 천진난만함과 장난기 가득한 얼굴, (실제 곰을 보는 듯한) 곰들의 윤기 나는 털, 두 엄마의 놀란 표정, 언덕과 바위, 큰 나무 등의 음영 처리가 돋보입니다.

여기에 블루베리 떨어지는 소리(kuplink, kuplank, kuplunk!)가 더해져 오감을 자극하고 시각적인 이미지의 효과가 극대화됩니다. 아이들은 소리의 맛을 잘 보여주는 의성어에 끌리게 되어 있습니다. 무의미한 의성어나 의태어가 많은 Dr. Seuss의 책이 아이들에게 인기 있는 이유가 있는 것이지요. 의성어 표현은 특히 바로 지금 여기에서 사건이 실제로 일어나고 있는 것 같은 느낌, 즉 현장감과 현재성을 더해줍니다. 상상력을 자극하여 책 읽기를 더욱 재미있고 흥미진진하게 만듭니다.

5.
그림이 검정에 가까운 단색으로 되어 있어 단조롭게 느껴지고 영 마음이 가질 않으신다고요? 아이들이 좋아할지도 모르겠다고요? 하지만 의외로 아이들은 무척 좋아합니다. 천천히 가면서 그림 위주로 읽어주고 대화하는 것이 핵심 요령입니다. 그렇게 하면 대부분 쉽게 집중하고 재미있어합니다. 아마도 아이들의 마음에 어필하는 부분이 많아서일 겁니다. 아이들이 쉽게 공감할 수 있는 내용, 편안한 분위기 속에서 형성되는 긴장감, 아이들의 세계와 생각을 정확하고도 생생하게 담아내고 있는 이야기와 그림 등. 특히, 엄마 곰을 만나고 나서도 크게 당황하지 않은 Sal의 모습은 충분히 가능한 설정입니다. 실제로는 매우 위험할 수 있어도 어른들과 달리 두려움을 모르는 아이의 모습을 잘 표현하고 있기 때문입니다.

물론 곰과의 조우는 위험천만한 일이며, 안전한 귀환은 현실성이 떨어지는, 책 속에서나 가능한 이야기일 수 있습니다. 실제 현실은 책의 해피 엔딩과는 정반대일 수도 있겠지요. 하지만 이야기와 다를 수 있는 현실을 지나치게 의식하여 책 읽기의 즐거움을 망치는 우를 범하지는 마시기 바랍니다.

6.
아이들이 경험하는 블루베리 피킹은 어른들의 것과 본질적으로 다르다는 점을 아십니까? 우선, 아이들은 야외에서 크고 작은 것들을 찾는 걸 무척 즐깁니다. 또, 블루베리는 크기가 작아 아이들의 작은 손에 잘 어울립니다. 더욱이, 아이들은 키도 몸집도 작다 보니 낮은 곳에 접근하기가 더 쉽고 관심도 자연히 낮은 곳을 향하기 마련입니다. 그런 까닭에 아이들은 야생의 블루베리를 발견하고 따기에 어른들보다 훨씬 유리하며 더 즐거운 경험이 될 수 있습니다.

무엇이든 상대의 입장이 되어보아야 그 마음과 처지를 충분히 이해할 수 있다고 하지요? 이것은 어려운 일에서뿐 아니라 즐겁고 행복한 일에서도 마찬가지일 겁니다. 어린 시절의 즐거움은 오직 어린 시절에만 누릴 수 있습니다. 이것이 바로 세상의 모든 아이가 어릴 때 마음껏 즐기고 가능한 한 많은 행복을 누려야 하는 이유입니다. 매 순간을 의미 있는 시간으로 만들고 행복하고 즐거운 기억을 하나라도 더 만들어주는 것, 이것이야말로 사랑하는 내 아이에게 줄 수 있는 최고의 선물이 될 것입니다.

미국에서의 연구년 기간 중 온 가족이 함께 갔던 블루베리와 체리 피킹이 아직도 기억에 생생합니다. Kuplink, kuplank, kuplunk! 행복했던 순간들이 주마등처럼 지나갑니다. 여러분에게는 어떤 소리, 어떤 장면이 아름다운 추억들을 떠올리게 하는지요?

한 줄 소감

장미영2338
블루베리가 양동이에 들어갈 때마다 짤랑거리는 소리, 그 장면에서 우리 아이의 천진난만한 모습이 떠오릅니다. 블루베리처럼 달콤하고 사랑스러운 그림책이네요. 블루베리 피킹, 꼭 도전해봐야겠어요.

박라영1545
책을 읽으며 오감을 모두 쓸 수 있어 좋았습니다. 눈으로 파란 배경을 가득 담고, 코로는 향긋한 블루베리향을 즐깁니다. 손으로 블루베리를 따고 만지며, 양동이에 떨어지는 소리를 듣고, 맛있게 먹습니다. 그 평화롭고 행복한 모습이 보이는 듯 들리는 듯합니다.

이은주2157
Kuplink, kuplank, kuplunk! 깡통에 갓 딴 블루베리를 던져 넣으면 정말 이런 소리가 나는지 궁금해 아이와 바로 실행해봤어요. 이럴 수가! 정말 비슷한 소리가 나네요. 그 후로 아이는 매번 입으로 그 소리를 낸답니다!

원문가1909
올해 지인의 농장에 블루베리 피킹 예약을 해두고 가지 않은 게 너무 후회되네요. 내년에는 꼭 갈 겁니다. 바구니를 채우려 욕심내기보다는 그 자리에서 한 움큼씩 먹어치울 겁니다. Sal과 아기 곰처럼 말이죠. 허, 이, 입술이 보라색으로 변할 때까지요. 상상만 해도 즐겁네요! 하하하.

이진희3520
야외에서 눈을 더 반짝이는 아이들의 얼굴이 떠오르면서 아이의 시선에서 바라보면 세상이 다르게 보이겠다는 생각이 들었어요. 더 흥미롭고 나눌 것도 더 많을 것 같고요.

임수지2307
당장 블루베리를 따러 떠나고 싶어집니다. 행복한 어린 시절을 위해 해주고 싶은 게 참 많네요. 아이들이 하루하루 커가는 게 정말 아쉬워요. 교수님 말씀 잊지 않고 아이들에게 행복하고 즐거운 기억을 하나라도 더 만들어주기 위해 최선을 다할게요.

고희선1063
아이들은 역시 한 가지 일에 몰두하면 주변은 신경 쓰지 않네요.^^ 입가에 블루베리를 묻힌 Sal과 아기 곰의 모습이 무척 사랑스럽습니다. 꼭 우리 아이들을 보는 것 같아 흐뭇한 눈으로 따라갈 수 있었습니다. 마음이 절로 편안하고 행복해지네요.

이명숙2017
산골 소녀였던 옛날을 생각케 합니다. 아이들과 산에 오르며 고라니라도 만나면 조용히 관찰했지요. 행복했던 과거 시절의 추억, 자연 속의 평온함, 잔잔히 흐르는 사랑을 느낄 수 있어 좋았어요.

신송인2920
블루베리를 좋아하는 저희 아이가 참 좋아하는 책이에요. 자기가 꼭 주인공 소녀 Sal이 된 것 같아 더 재미있나 봐요.

곽경남1066
한글책과 영어책 모두 집에 있는데 역시 원서로 읽어야 그 진가를 알 수 있는 것 같아요. 느껴지는 분위기와 맛이 다르네요. 아, 교수님 소개글 덕분인지도 모르겠네요.^^

김동희1151
단순한 색상의 현실감 넘치는 그림 덕분에 Sal과 함께 블루베리를 따고 있는 느낌이 들었습니다. 읽다 보면 마음이 절로 편안하고 행복해지는 책입니다.

손다은3473
아이는 그렇게 현재의 행복에 충실한데, 저는 아이가 현재를 즐기지 못하게 방해하고 있는 것은 아닐까 하는 생각이 문득 들었습니다. 미래를 준비한다며 아이를 통제하고 재촉하면서 말이죠.

느리게 100권 읽기

DAY 066

난이도 ■□□□□

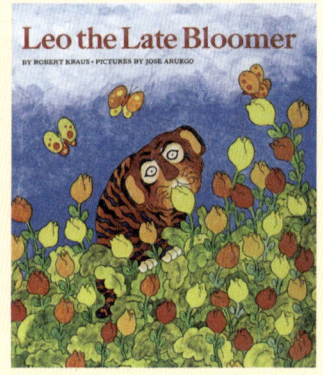

Leo the Late Bloomer
by Robert Kraus, José Aruego (illustrator)

댁에 혹시 느린 아이가 있으신가요? 말도 행동도 배우는 것도 느리고, 사실상 거의 모든 면에서 느린 아이. 그런 아이 때문에 걱정이 되고 속도 타고 초조한 마음이 드시나요? 오늘 우리가 함께 읽을 늘백의 그림책은 Robert Kraus 글, José Aruego 그림의 느린 새끼 호랑이 Leo와 Leo 엄마의 이야기 《Leo the Late Bloomer》입니다.

1.

아기 호랑이 Leo는 제대로 할 줄 아는 것이 하나도 없습니다. 읽을 줄도 쓸 줄도 모르고 그림도 그리지 못합니다. 먹을 때는 여기저기 흘리기만 하고요. 심지어는 말을 한 마디도 하지 못합니다. 그런 Leo를 보며 아빠는 애가 탑니다. 모든 면에서 느리고 언제나 주눅이 들어 있는 아이를 보면 어떤 부모라도 안타까운 마음이 들지 않을 수 없을 겁니다. 그런데 정말 운 좋게도 Leo에게는 뭔가를 아는 엄마가 있었습니다. 아이를 위해 가장 중요한 것이 무엇인지를 알고 그 앎을 실천할 줄 아는 훌륭한 엄마. Leo의 엄마는 대체 무엇을 알고 있었던 것일까요?

2.

느린 아이, 느리다고 생각되는 아이, 빨리만 가려고 애쓰는 아이, 그리고 그런 아이들을 둔 엄마 아빠를 위한 책입니다. 아이를 키우는 부모라면 누구나 "아!" 하고 무릎을 치게 됩니다. 가슴 찡한 감동이 밀려들고 눈시울이 뜨거워집니다. 위로와 격려를 얻고, 더 큰 확신도 얻게 됩니다.

느림과 느긋함의 미학을 배울 수 있습니다. 조급한 마음을 내려놓으면 여유와 평안이 찾아옵니다. 문제가 있어도 감사할 수 있습니다. 감사가 계속되면 기쁨이 따라옵니다. 감사하고 기뻐할 줄 아는 당신이 바로 행복한 사람입니다. 그런 엄마나 아빠를 둔 아이는 정말 운 좋은 사람이고요.

알게 되길 바랍니다. 남보다 느리고 못 해도 전혀 문제가 없음을. 그리고 많은 경우 기다림이 최선이자 유일한 방법임을. 아이들도 깨닫게 되길 바랍니다. 현재 있는 모습 그대로 충분히 좋음을. 그리고 자기 속도에 맞추어 천천히 가면 된다는 것을.

3.
느린 아이는 단지 더 많은 시간이 필요한 것뿐입니다. 어쩌면 좀 오래 기다려야 할지도 모르지요. 하지만 자기 속도에 맞춰 열심히 노력하고 있으니 결국은 해내게 될 겁니다. 명심하세요. 엄마 아빠의 믿음뿐 아니라 조급한 마음도 아이에게 그대로 전달됩니다. 믿음을 가지고 기다려주세요. 포기하거나 뒤로 가지 않도록 도와주세요. 변함없이 지지하고 끝까지 응원해주세요.

4.
모든 사람은 같은 속도로 발전하지 않습니다. 빠른 아이도 있고 느린 아이도 있기 마련입니다. 그런데도 우린 언제나 아이가 빠르길 바라고 늦으면 걱정합니다. 아십니까, 느린 아이가 오히려 더 행복할 수 있다는 사실을? 느린 만큼 우직하게 꾸준히 정진하므로 성공할 가능성도 그만큼 더 높아집니다. 장점은 최대한 살리고 단점은 할 수 있는 만큼만 보완해 나가면 됩니다. 아이가 그렇게 할 수 있느냐의 여부는 거의 전적으로 엄마 아빠에게 달려 있습니다.

느려도, 늦었어도, 천천히 제대로 가야 합니다. 아니, 그럴수록 더욱 그래야만 합니다. 링컨 대통령이 했다는 다음 말이 떠오릅니다.

"I am a slow walker, but never walk back."
(나는 천천히 가는 사람입니다. 하지만 결코 뒤로 가지는 않습니다.)

5.
첫 문장(Leo couldn't do anything right)이 주는 착잡함이나 안타까움을 마지막 문장(I made it)이 깔끔하게 날려 보냅니다. Leo에 대한 아빠의 거듭된 조급함과 염려를 각각 짧은 단어 하나(즉, nothing, patience)로 정리해버리는 엄마의 멋진 모습에서 Leo에 대한 흔들림 없는 믿음을 보게 됩니다.

"What's the matter with Leo?" asked Leo's father.
"Nothing," said Leo's mother.

"Are you sure Leo's a bloomer?" asked Leo's father.
"Patience," said Leo's mother.

6.
제게는 다음 구절이 특히 재미있었습니다.

"Patience," said Leo's mother. "A watched bloomer doesn't bloom."
So Leo's father watched television instead of Leo.

조급한 마음으로 지켜보지 말라고 했더니, 아들 대신 TV를 보는 아빠라니! 기다림을 모르는 세상의 많은 아빠들에게 전하고 싶습니다.

세상의 아빠들이여,
조바심 가득한 눈으로 아이를 지켜보며 다그치지 말고 TV나 열심히 보시라!
— 슬로우 미러클 —

여러분에게는 어떤 부분이 가장 마음에 와닿을지 궁금합니다.

한 줄 소감

정승아2416
아이가 어릴 때 말이 많이 느려 걱정했던 때가 떠올라 울컥했습니다. 그때 이 책을 알았더라면, 교수님의 소개글을 읽었더라면, 좀 더 현명하게 지나갈 수 있었을 텐데 말입니다.

문상미1518
느린 아이를 키우고 있습니다. 교수님의 말씀에 마음이 먹먹해집니다. 눈물이 날 것 같아요. 각자의 속도가 다르고 느린 아이가 오히려 더 행복할 수 있다는 말씀. 기다림이야말로 최선의 방법이란 것을 잊지 않을게요.

조민아2480
이 책을 처음 접했을 때의 감동이 다시 살아오는 듯합니다. 내 아이는 그저 자신만의 속도로 가고 있었다는 것을 느끼면서 눈물이 나기도 했어요. 늘 곁에 두고 혹시나 하는 불안감이 밀려올 때는 꼭 다시 펼쳐보고 싶습니다.

이진경2236
느린 아이를 13년째 키우고 있는데 이 이야기가 정말 큰 힘이 되었습니다. 그리고 이제는 확신합니다. 느리지만 더 건강하고 더 예쁘게 피어나고 있으니까요.

김보람1198
레오의 가족 모두를 칭찬하고 싶어요. 느리지만 최선을 다해준 레오, 무한한 믿음으로 아이의 때를 기다려준 레오 엄마, 그리고 나름의 방법으로 함께 기다려준 레오의 아빠를요. 인생책 한 권 추가합니다.

김미성1165
저의 인생 그림책입니다. 제 속을 샅샅이 통과한 단 몇 장의 그림을 통해 제가 가지고 있던 엄마의 걱정, 불안을 정화받은 느낌이에요.

성미진1747
책도 너무 좋지만 오늘 소개글은 모든 문장에 밑줄 그으며 읽고 벽지로 도배하고 싶은 글이었어요. 느림의 미학을 깨닫게 해주셔서 감사합니다.

김효정3716
정말 깊은 울림을 주는 책과 소개글입니다. 아이가 행복하길 바라면서도, 더 잘하길, 더 앞서가길 바라며 재촉하고 조급해하던 모습들이 떠오르네요. 그런 제 모습이 후회스럽습니다.

서유미3165
기다리다가도 기다림 속에서 참아온 화를 한꺼번에 쏟아버려 아이를 아프게 했던 기억들이 떠올라 마음이 안 좋네요. 진즉 슬미와 함께하며 아이를 키웠다면 아이가 덜 아팠겠죠?ㅠㅠ 미안한 마음이 커지는 날입니다.

위원혜3489
아하~! TV를 보는 저의 남편의 깊은 뜻을 교수님 덕에 알게 되었습니다.^^ 감사합니다. Be Patient or Watch TV for Late Bloomer!

이명숙2017
"세상의 아빠들이여 아이를 조급함 가득한 눈으로 지켜보며 다그치지 말고 TV나 보시라!" 크게 공감합니다. 엄마 아빠가 꼭 읽어야 할 책이라고 생각해요.

윤민이1955
느림의 미학을 믿습니다. 'Leo 그리고 슬로우 미러클과 함께'라면, 느린 아이라도 꽃필 날을 설레는 마음으로 기다릴 수 있을 것 같아요.

느리게 100권 읽기

067

난이도 ■■□□□

The Adventures of Beekle: The Unimaginary Friend

by Dan Santat

혹시 상상의 친구를 가져보신 적이 있나요? 아이들은 누구나 상상하길 즐기고 때론 상상의 세계 속에서 자신만의 친구를 만들어 함께 놀기도 합니다. 우리가 오늘 함께 읽을 늘백의 그림책은 아이들의 상상력을 춤추게 할 Dan Santat의 《The Adventures of Beekle: The Unimaginary Friend》입니다.

1.

Beekle은 상상 속의 존재입니다. 통통하게 부푼 하얀 마시멜로처럼 생겼고 머리에 왕관을 쓰고 있는 작고 귀여운 친구이지요. 그는 아주 먼 곳에 있는 상상의 섬에서 태어나 그곳에 살며 다른 친구들과 함께 현실 세계의 아이들로부터 선택받기를 기다립니다. 하지만 기다리고 기다려도 자신의 차례가 오질 않자 현실 세계로 가서 직접 친구를 찾아보기로 합니다. 길고 험한 여정을 통해 낯선 현실 세계에 도착한 Beekle은 여기저기 열심히 다녀봅니다. 하지만 어디에서도 친구는 찾을 수 없었습니다. Beekle은 과연 자신의 친구를 찾을 수 있게 될까요? Beekle을 상상해주는 아이가 아예 없는 것은 아닐까요?

2.

상상의 친구 Beekle이 자신의 현실 세계 친구를 찾아 낯선 세상으로 모험을 떠나는, 매우 독특한 설정의 이야기입니다. 연필, 크레용, 수채화, 잉크, 포토샵 등을 복합적으로 사용해 그려진 매력적인 삽화들이, 단순하지만 강렬한 메시지를 담은 텍스트와 완벽한 조화를 이루어 상상력과 우정, 용기와 불굴의 의지에 관한 매우 인상적인 이야기를 들려줍니다.

매 페이지가 대부분 간단한 한두 문장 정도로 되어 있어 읽기가 쉽습니다. 짧고 단순한 이야기이지만 많은 것을 생각하게 합니다. 미국도서관협회(ALA)의 묘사처럼, 섬세한 디테일과 만화경처럼 변화무쌍하고 강렬한 색상, 곡선과 모난 선들이 절묘한 조화를 이루어 어린 시절의 특별한 관계에서 경험할 수 있는 아름다운 정서를 매우 훌륭하게 표현하고 있습니다. 2015년 칼데콧 메달(Caldecott Medal) 수상으로 그 작품성을 인정받은 바 있습니다.

3.
읽을 때마다 Beekle의 감정과 생각, 도전과 탐험을 새롭게 느낄 수 있어 읽고 또 읽게 됩니다. 아이들로 하여금 상상을 통해 자신만의 특별한 친구를 찾아보도록 격려합니다. 자신과 다른, 새로운 친구에게 먼저 다가가 손을 내밀도록 용기를 북돋아줍니다. 상상의 세계를 즐기는 모든 아이들을 위한 책입니다. 그런 어린 시절을 돌아보고 싶은 어른들을 위한 책이기도 합니다.

읽는 사람마다 와닿는 것이 다르고 다양한 방식으로 해석될 수 있습니다. 아이들의 꿈과 용기, 열린 마음에 관한 이야기가 될 수 있습니다. 아이들이 첫 친구를 사귈 때 갖게 되는 염려와 불안, 혹은 다른 아이들과 어울리거나 새로운 환경에 적응할 때 느끼는 어려움을 읽어내는 사람도 적지 않을 듯합니다.

4.
여러모로 Maurice Sendak의 《Where the Wild Things Are》를 떠올리게 합니다. 상상력이 그 웅장한 힘을 우아하고도 멋지게 발휘하고 있기 때문입니다. 《Where the Wild Things Are》에서 주인공 소년 Max가 괴물들이 사는 나라로 모험을 떠나는 것처럼, Beekle도 자신의 친구를 찾아 미지의 세계로 뛰어듭니다. 하지만 《Where the Wild Things Are》에서는 현실의 소년이 가진 시각으로 상상의 나라를 그리고 있는 반면, 이 책에서는 상상의 친구 Beekle의 관점에서 현실 세계를 묘사하고 있어 흥미로운 대조를 이룹니다.

5.
아시지요, 천천히 가며 자세히 들여다보면 더 많은 것들이 보인다는 사실을? 이 책은 특히 더 느리게 읽어야 하는 책 중 하나입니다.

(1)
상상의 친구란 결국 아이 자신의 마음과 생각이 반영된 것이기 때문일까요? 면지에 그려진 상상의 친구와 각 아이의 모습이 왠지 무척 닮은 것같이 느껴집니다. 앞 면지에서 다른 아이들과 달리 홀로 외롭게 서 있는 Beekle의 쓸쓸한 모습이 작품의 전체적인 주제와 분위기를 암시하고 있습니다. 반면에, 뒤 면지에서 친구 Alice와 함께 있는 Beekle의 즐거운 모습은 행복한 결말을 기뻐하는 아이들의 환한 얼굴을 떠올리게 합니다.

(2)
이야기의 진행과 상황의 변화에 따라 달라지는 색상에 유의하세요. 특히, 무채색과 컬러 색상의 대비를 통해 세상을 바라보는 Beekle의 시각과 생각을 효과적으로 잘 드러내고 있습니다. 즉, Beekle이 상상의 섬을 떠나 현실 세계에서 아이들을 만나기 전까지의 시간은 주로 회색 계열의 색상으로, 아이들이 상상의 친구들과 놀고 있는 놀이터와 그 이후의 장면은 점점 더 밝고 다채로운 컬러 색상으로 그려내고 있습니다.

(3)
친구를 만나기 전까지의 장면에서 Beekle을 구석에 위치시키거나 다른 사람들에게 둘러싸인 형태로 고립시킴으로써 그가 느끼는 외로움과 쓸쓸함을 강조하고 있습니다. 앙상한 가지의 나무 위에 홀로 외로이 앉아 떨어지는 낙엽 속에서 "But no one came."이라고 혼잣말을 내뱉는 Beekle의 우울한 모습에서는 깊은 슬픔과 좌절이 느껴집니다.

(4)
우리 삶의 웃픈 현실을 반영하고 있기 때문일까요? Beekle이 머릿속에 그리던 친구는 남자아이였지만 실제로 만나게 된 친구는 여자아이였다는 사실이 흥미롭습니다. Alice와의 우정이 시작될 때 Beekle의 어색했던 미소가 편안하고 환한 웃음으로 바뀌는 장면도 놓치지 마세요.

(5)
뒤 면지 왼쪽 페이지에서 느껴지는 작가의 세심한 배려도 주목할 만합니다. 왕관을 쓰고 있는 아들 Alex의 사진에서는 작품에 대한 영감의 출처를, 자전거 그림에서는 Beekle이란 이름의 유래를 짐작하게 합니다. 그리고 책의 편집자와 디자이너의 모습을 담은 사진에서도 작가의 따뜻한 마음이 전해지는 듯합니다.

6.
나의 운명 같은 상상의 친구가 어딘가에 이미 존재하고 있고, 상상의 힘으로 선택되며, 특별한 이름이 주어지길 기다린다니! 정말 특별한 발상이 아닐 수 없습니다. 작가가 자신의 아들이 태어나길 기다리며 아이를 위한 선물로 집필했다고 합니다. 아이가 세상에 태어나 자신의 품에 안기기까지의 과정을 은유적으로 표현하고 있다고도 하네요.

평생 모든 것을 바쳐 사랑하게 될 내 아이, 그 아이의 탄생을 기다리는 초보 아빠의 초조한 마음엔 희망과 기대, 염려와 불안이 뒤섞여 있을 겁니다. 그런 기다림의 시간을 거쳐 아이를 실제로 품에 안게 되면 그동안의 상상은 현실이 되고, 자신만의 특별한 이름을 갖게 되면서 상상 속의 존재는 마침내 현실의 아이가 되는 것이겠지요. "내가 그의 이름을 불러주었을 때 그는 나에게로 와서 꽃이 되었다"라고 노래한 어느 시인의 시구처럼 말입니다.

7.
다음 두 표현이 기억에 특히 오래 남을 것 같습니다.

So rather than waiting … he did the unimaginable.
Sometimes the best friends lie just beyond our imagination.

Beekle이 아무도 자신을 선택해주지 않는다고 그냥 섬에 머물며 하염없이 기다리기만 했다면 어떻게 되었을까요? 친구를 만나지 못해 불행하게 되었을 뿐 아니라 자신을 찾고 있었던 친구 Alice까지도 슬프게 하지 않았을까요? 나를 위해 준비된 운명, 나의 진정한 소울 메이트(soul mate)를 찾고자 한다면 긍정적인 마음과 적극적인 자세, 낯선 세계로의 모험을 두려워하지 않고 과감하게 도전하는 용기와 굳센 의지가 필요함을 느낍니다.

진정으로 얻고자 하는 가치 있는 것이 있다면, 아무것도 하지 않은 채 현재 있는 그대로 머물러 있으면 안 됩니다. 도전하고 모험하는 과정에서 직면하게 될 어려움과 위험, 치르게 될 대가나 희생이 두려워 피하기만 해서도 안 됩니다. 상상의 친구 Beekle처럼 자신의 친구가 기다리고 있을 미지의 세상 속으로 과감하게 뛰어들어 도전과 탐험을 시작해야 합니다. 남보다 잘나고 뛰어난 사람이 아니라 그런 용기 있는 사람이 소망하는 바를 이룰 수 있기 때문입니다.

P. S.
여러분과 함께 듣고 싶습니다. 친구를 다시 만나면 그에게 모든 것을 말해주겠노라고 노래하는 〈See You Again〉입니다. One Voice Children's Choir가 부릅니다.

 <See You Again>

한 줄 소감

신향진1819
이런 유형의 그림책은 처음인데도 친숙하고 편안하게 느껴지네요. 아마 제게도 어릴 때부터 상상의 친구가 있었기 때문인가 봐요. 그 친구는 지금도 가끔씩 제게 말을 걸어옵니다. 특히 힘든 날에는요.

정성호3532
더 이상 상상하기를 멈춘 제게는 신선한 충격을 주는 책이었습니다. 저희 아이에게는 상상의 친구가 있을까요? 한번 물어봐야겠어요.

김은영3432
나와 꼭 맞는 영혼의 단짝. 어린 시절엔 어디엔가 그런 존재가 있을 거라는 상상을 하고 언제 어떻게 만나게 될까 기대하곤 했던 것 같아요. 나의 Beekle은 어디에 있을까요? 잠들어 있는 5살 우리 딸, 혹시 너였니?^^

전수인2372
제 딸아이는 자신의 상상의 친구를 '빵떡이'라고 이름 붙여줬어요! 언제 어디든 내 편이 되어줄 친구가 있다면 정말 마음의 위안이 될 것 같아요. 그게 비록 상상의 존재일지라도요.

조은영3240
제게는 아이가 오랜 기다림 끝에 온 천사이자, 친구이자, 선물입니다. 저를 만나기 위해 기나긴 모험을 하고 온 아이에게 마음껏 상상하고 꿈을 펼치며 살게 해주고 싶습니다. 나의 Beekle, 나의 딸아, 엄마가 너의 Alice가 되어줄게!

최미나3252
남은 삶을 의지하며 함께 살아갈 수 있는 친구가 있으면 얼마나 좋을까요? 이 책이, 교수님의 소개글이 지금도 늦지 않았다고 속삭여주네요.^^

원문기1909
저는 슬로우 미러클에서 거의 매일 상상의 친구들을 새롭게 만나고 있어요. 책을 한 권, 한 권 읽을 때마다 늘어가는 상상의 친구들! 근데 오늘 만난 Beekle이 단연 최고의 친구가 될 것 같아요. 자주자주 만날 거예요.

김연정1281
진정으로 얻고자 하는 것이 있다면 아무것도 하지 않고 그대로 머물러 있으면 안 된다는 말씀에 심장이 덜컥했습니다. 지금부터라도 무엇을 해야 할지 진지하게 고민해보겠습니다.

김혜란3447
저에게도 Beekle이 왔을까요? 이미 다녀갔다면 다시 오게 될까요? 그동안은 미처 생각하지 못했던 많은 것들이 마음에 들어와 좀처럼 떠나질 않네요.

이지윤2221
슬미에서 만난 가장 좋은 제 친구는 교수님이세요. 어디서 이런 책 소개글을 볼 수 있을까요? 오늘도 진심과 정성이 가득한 교수님의 책 소개글을 읽을 수 있음에 감사하고 행복합니다.^^

김보람1198
교수님의 소개글을 보고 책을 읽으니 정말이지 제가 아이를 기다리던 마음이 그대로 전해져 가슴이 뭉클합니다. 저희 아이에게 이 책을 천천히 읽어주면서 Beekle을 소개해줄래요.

전미양3351
너무나 흥미로운 소재와 스토리 덕분에 저의 상상력 또한 커지는 기분이 듭니다. 책 한 권으로 꿈과 용기, 모험과 우정, 그리고 상상력까지 모두 얻을 수 있는 슬미, 정말 최고예요. 함께할 수 있어 참 행복합니다.

느리게 100권 읽기

068

난이도 ■■■□□

Fortunately
by Remy Charlip

세상일은 워낙 변화가 많아 어느 것이 화(禍)가 되고, 어느 것이 복(福)이 될지 예측하기 어렵습니다. 오늘 우리가 함께 읽을 늘백의 그림책은 인생의 길흉화복(吉凶禍福)에 대해 생각해보게 하는 Remy Charlip의 《Fortunately》입니다.

1.
Ned는 기쁘게도 깜짝 파티에 초대를 받았습니다. 그런데 하필이면 파티 장소가 현재 있는 곳에서 엄청나게 멀리 떨어진 Florida라고 하네요. 하지만 다행히도 친구가 비행기를 빌려준답니다. 그래서 비행기를 타고 Florida로 날아가는데 글쎄 비행기 모터가 폭발해버리는 것 아니겠습니까? 그렇지만 다행스럽게도 비행기에는 낙하산이 있었습니다. 그래서 낙하산을 타고 유유히 내려오는데 정말 재수 없게도 낙하산에 구멍이 뚫려 있지 뭡니까? Ned는 결국 땅으로 수직 낙하하게 되고 매우 급박하고 위태로운 상황에 처하게 됩니다. Ned는 과연 어떻게 될까요?

2.
인생사 새옹지마(塞翁之馬)란 한자성어가 딱 어울리는 책입니다. 표지에서부터 컬러와 흑백 색상이 번갈아 사용되면서 이야기의 전개 방식이 예견되고 있습니다. 이야기 전개가 매우 빠릅니다. 꼬리에 꼬리를 물고 좋은 일과 나쁜 일이 반복적으로 이어지며 내용이 반전에 반전을 거듭합니다. 다행스런 상황과 불운한 상황이 각각 산뜻한 컬러와 우중충한 흑백 색상의 그림으로 대비되어 표현되고 있습니다. 상황이 반전될 때마다 달라지는 Ned의 얼굴 표정을 놓치지 마세요.

3.
영어가 쉽고 글밥이 적으며 내용 이해도 어렵지 않습니다. 일부 낯선 단어가 있지만 그림을 보고 그 의미를 어렵지 않게 짐작할 수 있습니다. 설사 영어를 몰라도 상황을 유추하고 상상의 힘으로 이야기를 만들어갈 수 있습니다. 한 번만 읽어도 핵심 단어인 fortunately와 unfortunately의 의미와 쓰임을 확실하게 알 수 있습니다. 좋은 일이 있으면 나쁜 일도 있을 수 있고, 좋은 것이 항상 좋은 것만은 아니며 나쁜 것도 항상 나쁜 것만은 아니라는 것을 자연스레 보여줍니다.

사건 전개의 현실성이 다소 떨어지고 억지스러운 면이 없지 않습니다. 하지만 아이들은 그것과 상관없이 반전을 거듭하는 Ned의 운과 함께 천당과 지옥을 오가며 환호하고 즐거워합니다. 해피 엔딩에 특히 기뻐하고, 이어지는 반전이 너무나도 흥미로워서인지 자꾸만 다시 읽고 싶어합니다.

4.
새옹지마의 핵심은 한마디로 "좌절과 절망 금지, 우쭐과 자만 금지"라고 할 수 있습니다. 좋지 않은 일이 생겨 어려움을 겪고 있다면 지나친 좌절과 절망에 빠지지 않도록 조심해야 합니다. 힘이 들수록 "앞으로 얼마나 좋은 일이 생기려고 이렇게 힘들까?" 하는 마음으로 자신을 격려하며 앞으로를 대비해야 합니다. 지금 겪고 있는 고난과 역경은 가면을 쓰고 찾아온 축복이며 시련의 시간은 복을 받기 위해 자신을 준비하는 과정임을 알아야 합니다.

반대로 일이 잘 되어간다고 너무 우쭐대거나 자만에 빠지면 안 됩니다. 감사하는 마음으로 겸손하고 낮은 자세를 유지해야 합니다. 인생의 길흉화복(吉凶禍福)은 시시각각으로 바뀌어 언제 어떻게 될지 전혀 알 수 없기 때문입니다.

어떤 경우든 눈앞에 보이는 결과만이 전부라고 생각해서는 안 됩니다. 사람의 일은 정말 알 수 없으니 매사에 일희일비(一喜一悲)하지 않아야 합니다.

그동안의 삶을 돌이켜보면 나쁜 일인 줄 알았던 것이 결국 좋은 일이었고, 좋은 일인 줄 알았던 것이 오히려 좋지 않은 일이었던 경우가 적지 않습니다. 삶의 햇수를 더하면서 그래도 뭔가 깨달은 것이 있기 때문일까요? 지나친 절망도 자만도 하지 않을 수 있는 지혜를 이제서야 조금씩 배워가고 있는 것 같습니다.

한 줄 소감

이명숙2017
반전에 반전이 계속 이어져 아이들이 좋아할 것 같아요. 그리고 fortunately와 unfortunately의 의미와 쓰임을 정말 확실히 이해할 수 있도록 해주네요.^^

배가란1683
크게 보면 행운과 불운의 다채로움으로 채워진 제 인생이 얼마나 감사한지요! 그 자체를 누림이 크나큰 Fortune 이라는 생각이 듭니다.

서유미3165
어제 아들이 원했던 학교 추첨에서 떨어졌는데 아들과 제가 동시에 "인생은 새옹지마야!"라고 자가 위로를 했어요. 근데 오늘 이 책을 읽으니 "앞으로 얼마나 좋은 일이 생기려고 이렇게 힘들까?"를 함께 나눠야겠네요. 감사합니다, 교수님!!

김정은1357
긍정의 마인드, fortunately에 초점을 맞춰 책을 읽었는데, 그 반대의 면도 짚어주시니 생각할 것들이 더 많아집니다. 슬미에서의 영어책 읽기는 역시 다르다는 사실, 새삼 다시 느껴요.

박호영2900
포기하지만 않으면 최악이라는 것은 없는 것 같아요. 달도 차고 기울지만 여전히 아름답듯이 좋은 일과 나쁜 일을 겪으며 우리 인생도 더 성숙해지는 것이 아닐까요? 그림책을 읽으며 인생을 배웁니다.^^

김지나1380
"좌절과 절망 금지, 우쭐과 자만 금지!" "지금 겪고 있는 고난과 역경은 가면을 쓰고 찾아온 축복"이라는 표현에 감탄이 절로 나옵니다. 지나친 자만도, 절망도 하지 않는 지혜, 꼭 배워 실천하고 싶어요.

권민희1090
인생은 굴곡이 심할수록 그 안에 더 큰 가치와 성숙미를 키워갈 수 있는 것 같습니다. 짧은 그림책을 통해 응축된 인생의 깊은 교훈을 얻습니다!

김세진3710
개인적으로 힘든 시간을 겪으면서 많은 생각을 했었지요. 결국엔 인내와 내려놓음을 통해 마음의 평안을 얻었던 것 같습니다. 내 앞에 펼쳐지는 일들에 일희일비(一喜一悲)하지 않고 내게 주어진 하루하루를 감사하며 살아가야겠다 다짐해봅니다.

문설희1519
사실은 대부분 들어본 말 같은데, 왜 이렇게 마음에 와닿는지 모르겠습니다. 교수님께서 삶의 경험으로 느끼고 깨달으신 지혜를 진심을 담아 전해주시기 때문이 아닐까 생각되네요. 감사드려요.

김효정3716
인생이 마냥 좋으란 법이 없음을 잘 알기에 큰 시련에는 '액땜하는 거다. 전화위복의 기회야.' 하며 이겨 나가려 합니다. 그런데 오히려 하루하루 일어나는 작은 일에는 항상 일희일비하게 되네요. 그래서 부족한 인간인가 봅니다.

함주현2680
"지금 겪고 있는 고난과 역경은 가면을 쓰고 찾아온 축복이며 시련의 시간은 복을 받기 위해 자신을 준비하는 과정임을 알아야 합니다." 네!! 교수님. 꼭 기억하고 어려울 때마다 힘을 내겠습니다!

윤미숙1954
결론을 정말 명쾌하게 내려주셨네요. "좌절과 절망 금지, 우쭐과 자만 금지!" 이것만 명심하면서 살아도 현명한 삶을 살 수 있을 것 같아요. 감사합니다.

김연희1283
만화 같은 반전의 연속극이 진짜 우리 인생을 말해주는 것 같네요. 절망의 순간에도 희망을 포기하지 않는 사람이 되고 싶어요.

서춘희3470
중용을 배웁니다. 지나치게 낙담하지도 지나치게 기뻐하지도 않기. 우리 삶의 모든 것은 다 지나가는 것일 뿐!

하진희3777
인생은 살아보기 전에는 알 수 없는 거죠.^^ 눈앞의 상황에 흔들리지 않겠습니다.

전수인2372
모든 일에는 언제나 양면이 있는 것 같아요. 그러한 진리를 오늘의 책을 읽으며 다시 한번 깨닫습니다.

김소연1235
많은 일들이 우리 앞에 끊임없이 펼쳐지지만 바로 앞의 일도 알 수 없는 것이 우리의 인생이니 당장 내 앞에 주어진 오늘 하루부터 잘 살아내고 싶습니다.

느리게 100권 읽기

DAY 069

난이도 ■■■■□□

Stuck
by Oliver Jeffers

어릴 때 연을 날리다가 연이 나뭇가지나 지붕 혹은 전깃줄 같은 것에 걸린 적이 있으신지요? 그때 어떻게 하셨는지 기억나십니까? 오늘 우리가 함께 읽을 늘백의 그림책은 흘러간 과거의 아련한 추억과 함께 큰 웃음을 주며 많은 생각까지 하게 할 Oliver Jeffers의 《Stuck》입니다.

1.

Floyd는 나뭇가지에 걸린 연을 흔들어 떨어뜨리려 하지만 잘 되지 않습니다. 어떻게 해야 할까요? 당연히 당장 손에 잡히는 신발 한 짝을 던지는 것이겠지요? 누구나 가장 쉽게 생각할 수 있는 선택이니까요. 근데 재수 없게도 그 신발까지 걸리고 맙니다. 그래서 다른 한 짝을 또 던져보지만 공교롭게도 그 신발마저 나무에 걸려 꼼짝하지 않네요. 이쯤 되면 그만두거나 다른 방법을 생각해볼 수도 있을 텐데 Floyd는 정말 우직한 아이인가 봅니다. 그는 포기하지 않고 고양이, 사다리, 페인트 통, 부엌의 싱크, 오랑우탄, 거대한 고래 등 말도 되지 않는 것들까지 포함해 상상할 수 있는 온갖 것들을 닥치는 대로 계속 던집니다. 하지만 안타깝게도 던지는 족족 모두 나무에 걸리고 마네요. Floyd는 과연 연을 되찾을 수 있게 될까요?

2.

던지는 것으로 시작해 던지는 것으로 끝나는 매우 단순하고 싱거운 이야기처럼 보일 수 있습니다. 말도 되지 않는 방식으로 계속 이어지는 터무니없는 던지기가 매우 비현실적으로 느껴져 마음에 들지 않을 수도 있고요. 또한 상대의 입장은 전혀 생각지도 않는 이기적이며 무책임한 모습에 화가 날 수도 있습니다. 거기에다 알아보기 힘들게 휘갈겨 쓴 손 글씨체가 읽기를 힘들게 만드니 짜증이 날 수도 있겠네요. 하지만 앞으로의 진행을 예측하기 힘든 흥미진진한 사건 전개, 독자들의 웃음보를 한껏 자극하는 위트 넘치는 유머 코드, 그리고 마지막 순간에 가서야 드러나는 예기치 못한 복선까지 어느 것 하나 빼놓을 수 없는 대단한 작품입니다.

상상력의 열차를 타고 한바탕 여행을 할 수 있게 해줍니다. 주인공 소년의 엉뚱하고 터무니없는 '닥치는 대로 던지기'가 아이들의 마음을 열어주고 생각을 흐르게 합니다. 이런저런 다양한 생각과 감상들이 꼬리에 꼬리를 물고 계속 이어집니다. 어른들도 크게 다르지 않습니다. 읽을 때마다 이런저런 생각이 떠오릅니다. 스스로의 모습도 겹쳐 보입니다. 숨겨진 속마음까지 엿보이는 것 같습니다. 그러니 빠져들지 않을 수 없습니다.

남녀노소를 불문하고 그 터무니 없음에 웃음을 참을 수 없어 피식거리고 키득거리게 됩니다. 처음 읽을 때보다 두 번째 읽을 때가, 두 번째보다는 세 번째가 더 웃기고 더 재미있어 읽고 또 읽게 됩니다. 자동차나 로봇, 공룡이나 해적 같은 것에 시큰둥한 아이, 심지어는 책 읽기를 좋아하지 않는 아이라도 피해 가기가 어렵습니다.

3.
문제의 해결을 시도하는 과정에서 문제가 계속 쌓이게 되고 그 터무니없음이 극에 달하면서 사건이 마무리되는 누적적인 구조의 이야기(cumulative tale)입니다. 주인공이 우연히 맞닥뜨린 작은 문제를 해결하기 위해 이런저런 시도를 해보지만 그 시도들은 오히려 더 많은 문제를 야기하게 되고 상황은 점점 더 악화되는 것이지요. 누구에게나 언제라도 충분히 있을 법한 평범하고도 일상적인 사건을 얼토당토않게 느껴질 수준까지 끌어올린 작가의 상상력과 재치, 유머 감각에 감탄하지 않을 수 없습니다.

삽가가 색상을 사용하는 방식도 무척 흥미롭습니다. 궁금증을 자아내며 책 읽기의 재미와 의미를 더해줍니다. 특히 같은 대상인데도 색깔을 달리해 표현하고 있는 점에 유의하세요. 같은 나무인데도 왜 색깔이 자꾸 달라지는 것일까요? Floyd의 머리카락과 연에 사용된 붉은색이 다른 것들에도 사용되고 있습니다. 이와 같은 색상의 사용에는 어떤 의미가 있는 것일까요? 같은 색상으로 그려진 것들 사이에는 무슨 관계가 있는 것일까요? 분명 각 상황에서 주인공이 갖게 되는 생각이나 감정과 관련이 있을 듯한데, 혹자는 이러한 것들이 이야기의 터무니없음을 나타내기 위한 의도적인 장치라고 말하기도 합니다. 여러분들의 생각은 어떨지 궁금합니다.

4.
어른 아이 할 것 없이 모두가 구경꾼이 되어 Floyd의 던지기를 응원합니다. 무언가를 던지고 그것을 되찾기 위해 다시 다른 것을 던지는, 어리석기 그지없는 던지기에 어이없어하면서도 Floyd가 연을 되찾게 되기를 고대합니다. 이야기가 시작되어 궤도에 오르면 던지기에 열중인 주인공뿐 아니라 심지어는 어느새 푹 빠져버린 독자들에게조차 다른 것은 크게 중요하지 않습니다. 잠시만 흥분을 가라앉히고 생각이란 것을 조금만 해보면 다른 방법이 떠오를 만도 하건만 언제나 선택은 문제의 해결보다는 구경꾼들의 즐거움을 위한 쪽이니까요. 사다리를 타고 올라가 연을 되찾을 수도 있건만 그런 가능성은 전혀 떠오르지도 않나 봅니다. 상식이나 논리, 독자들의 기대 따위는 안중에도 없다는 듯이 그냥 가차 없이 던져버립니다. 도와주겠다는 소방관들과 그들의 소방차마저도 예외가 될 수는 없습니다. 모두 그냥 던져버리고 마니까요. (이 글을 쓰면서도 자꾸만 웃음이!^^)

단연 최고는 결말 부분의 마지막 던지기입니다. 작가가 우리의 주인공 Floyd를 통해 던지는, 기대치 못했던 깜짝 선물이지요. 잠자리에 들기 전 Floyd는 자신이 분명 무엇인가 중요한 것을 잊고 있다는 느낌을 갖습니다. 그런데 그게 뭔지는 도저히 알 수 없습니다. 그 많은 것들을 던져 그토록 되찾고 싶었던 연을 찾아 실컷 놀았기 때문일까요? 아니면 지치고 피곤한 나머지 아예 알고 싶지도 않았던 것일까요? 어쨌거나 그게 무엇이든 이제 Floyd에게는 그것이 별로 중요하지 않습니다. 마치 우리 자신의 모습, 우리의 일상과 인생을 보는 것 같습니다.

5.
우리의 어리석고 고집스런 사고방식과 이기적이고 무책임하기까지 한 모습을 이토록 적확하게 그려낼 수 있을까요? 그러면서도 모든 것을 유머러스하게 표현하여 상당히 불편하게 느껴질 수도 있는 이야기를 처음부터 끝까지 웃고 즐길 수 있게 해주다니! 그동안 살아오면서 내 인생의 나뭇가지에 걸린 무언가를 끌어 내리기 위해 던졌던 많은 것들을 떠올리게 합니다. 우매하고 용렬했던 셀 수 없이 많은 던지기들이 주마등처럼 지나갑니다.

(1)
모든 일은 정말 그렇게 시작되는 듯합니다. 연이 나뭇가지에 걸린 것처럼, 그냥 별것 아닌 듯이. 충분히 일어날 수 있는 일이니까요. 그런 일이 생기면 우리는 당연히 문제 해결을 시도하지요. 우선 흔들어 빼내려고 하고 안 되면 아무것이나 손에 잡히는 것을 집어 던져봅니다. 하지만 문제는 해결되지 않고 오히려 더 심각해지면서 그런 식으로 문제가 진짜로 시작되는 것이죠.

> It all began
> when Floyd got his kite stuck in a tree.
> He tried pulling and swinging but it wouldn't come unstuck.
>
> The trouble really began
> when he threw his favourite shoe to knock the kite loose ...
> ... and that got stuck too!

(2)
몇 번의 시도와 실패를 경험하고 나면 우린 다짐합니다. 이번이 정말 마지막 이리고. 그러면서도 매번 똑같은 던지기를 계속하지요. 그때라도 그만두었더라면 얼마나 좋았을까요?

> He was going to sort this out once and for all ...

(3)
단지 우연히 그 시간 그 장소에 있었다는 것 때문에 불행에 휘말리는 경우가 정말 많지요. 나무 위로 던져진 고래처럼 말이죠. 그리고 호기심이 너무 많거나 너무 많이 알려고 하면 다친다는 말도 어느 정도는 진실인가 봅니다. 고래가 비록 그 시간 그 자리에 있었다 해도 호기심만 가지지 않았더라면 나무에 던져지는 운명에 처해지지 않았을 텐데 말이죠.

> ... a curious whale in the wrong place at the wrong time, to knock down the lighthouse ...

(4)
사실 누군가를 도우려고 하는 것도 상당히 위험한 일입니다. 그러다가 곤욕을 치르게 되는 경우가 비일비재하거든요. 지나가는 길에 뭔가 도움이 되려고 했다가 소방차와 함께 나무 위로 던져진 소방관들처럼 말이죠.

> The firemen stopped to see if they could help at all. And up they went ... first the engine, followed by the firemen, one by one.

(5)
살다 보면 오랫동안 원하고 바라던 것을 얻게 되어 문제가 해결되는 것같이 보이는 경우도 종종 있습니다. 하지만 그것은 우리의 던지기가 성공한 것이라기보다는 단지 그동안 너무 많은 것들이 잘못되어 더 이상 잘못될 것이 없거나 더 큰 문제가 사소한 문제를 밀어냈기 때문일 뿐이지요.

And that was it! There was no room in the tree and the kite came unstuck.

(6)
연을 다시 찾은 것이 너무나 기쁜 나머지 우린 그동안 잃어버린 것들에 대해선 까마득하게 잊어버리고 다시 찾은 연을 가지고 놀기에 바쁩니다.

Floyd was delighted. He had forgotten all about his kite and put it to use immediately, enjoying the rest of his day very much.

그러고 나서는 너무나도 피곤한 나머지 그냥 잠들어버리고 말죠. 무언가 중요한 것을 잊고 있는 것이 확실한데 그게 뭔지는 모른 채 말이죠.

Though before he did, he could have sworn there was something he was forgetting.

한 줄 소감

김미연1169
이 책은 정말 기발하군요. 그런데 교수님 설명이 더 기발한 것 같아요.^^ 교수님의 글을 통해서 항상 책에 나온 내용을 다시 생각하게 됩니다.

김효정3716
아이에게 방법은 오직 던지기였나 봅니다. 지극히 아이다운 모습에 자꾸 웃음이 나네요. 어리석어 보일 수도 있지만 아이로서는 최선을 다한 것 아닐까 하는 생각도 듭니다. 암튼 "이렇게까지?"를 연발하며 정말 재밌게 읽었습니다.

김연희1283
엄청나게 웃기면서도 심오한 메시지를 가진 책 같아요. 문제 해결을 시도하지만 상황은 더 악화되기만 하고, 문제들이 산적해 있어도 모든 걸 잊고 일단 잠자리에 들어야 살아갈 수 있는 삶! 뭐 그런 거 아닐까요?

이희정2294
어리석었던, 그렇지만 놓지 못했던, 그래서 일만 자꾸 커졌던 지난날의 후회스런 경험들이 떠오릅니다. 그래서일까요? 던지기 하는 상황이 웃기면서도 한편으론 씁쓸하네요.

김영희2842
문제를 해결하려고 열심히 노력했는데 상황은 오히려 악화되고 더 많은 것을 잃게 되는 경우, 결코 남의 일처럼 들리지 않습니다.ㅠㅠ

채지연2547
가장 좋아하는 작가의 가장 좋아하는 책, 교수님 소개글 중에서도 가장 좋아하는 글 중 하나입니다! 운 나쁘게 Floyd 곁에 있던 소방관과 고래와는 달리 저는 운 좋게도 슬미에 있게 되어 감사할 따름이에요.^^

박하영1667
올리버 제퍼스의 매력에 빠져 작가의 책을 모두다 읽게 된 책이었어요. 기발한 상상력에 감탄했었는데 교수님의 글을 읽고 나니 많은 부분이 새롭게 보입니다.

조은경2505
교수님 소개글이 없다면 그저 동심으로만 읽었을 것 같아요. 근데 이렇게 이해하기 쉽게 풀어주시고 많은 질문을 던져주시니 너무 좋습니다. 영알못이 아니라 책알못이 더 맞는 거 같아요. 이렇게 계속 배워가며 책을 잘 읽는 사람이 되고 싶습니다.

여민정3483
교수님의 글을 읽으며 올리버 제퍼스 책을 조금 더 이해하게 됩니다. 어리석으면서 용렬했던 과거의 나. 현재도 진행 중이지만 이 책과 소개글을 읽으며 나의 어리석음을 다시 깨닫고 더 겸손하게 살아야지 마음먹습니다.

함주현2680
늘 그렇지만, 오늘 소개글도 넋을 놓고 읽었습니다. 이렇게나 철학적으로 해석할 수도 있군요! 늘백 그림책 한 권 한 권이 너무 좋지만, 저는 늘 교수님의 소개글이 기다려지고, 책보다 소개글이 더 좋습니다. 기억하고 싶은 부분은 필사까지 하지요. 공부와는 거리가 있지만, 전 이게 너무 좋네요.

송여진2915
작가들이 교수님께 상을 드려야 할 것 같아요. 뭐 이런 황당하고 말도 안 되는 책이 있지 했다가도 소개글을 읽고 나니 역시 올리버 제퍼스다운 깊은 메시지가 있구나 생각하게 되네요. 아이들에게는 재미를, 어른들에게는 깊은 울림을 던져주는 책인 것 같습니다.

원문기1909
무작정 던지지 않기로 다짐해봅니다. 괜히 옆에 있다가 휘말리는 경우, 도와주려다가 곤욕을 치렀던 일들, 오지랍 넓었던 과거의 우매한 저를 떠올리니 웃음만 나네요. 교수님 설명에는 또 웰케 웃음이 나는지요! 이제서야 조금 깨달은 듯합니다.

느리게 100권 읽기

DAY 070

난이도 ■■■■■

The Little House
by Virginia Lee Burton

전 세계적인 기후변화와 계속되는 자연재해 소식을 접하며 자연환경의 변화와 그 영향을 크게 실감하고 있습니다. 그런 의미에서 오늘은 Virginia Lee Burton의 《The Little House》를 천천히 함께 읽으며 점점 파괴되어가는 우리의 소중한 자연에 대해 생각해볼 기회를 가져보는 것은 어떨까 합니다.

1.

언덕 위에 있는 작고 예쁜 집입니다. 아침저녁으로 뜨고 지는 해와 밤하늘에 빛나는 달과 별을 지켜보며, 계절에 따라 달라지는 아름다운 자연을 누리며 사는 삶이 행복하기만 했지요. 그런데 어느덧 세월이 흘러 저 멀리 도시의 불빛이 조금씩 더 밝게 느껴지고 가까워지는 듯하더니 주변이 빠르게 도시로 변해가면서 작은 집도 점점 공해로 찌든 초라한 폐가가 되어갔습니다. 이제는 계절의 변화조차 거의 느낄 수 없게 된 작은 집, 자연 속에서의 평온했던 과거의 삶이 그립기만 합니다. 다시 옛날로 돌아가 자연과 벗하며 살고 싶은 간절한 소망을 작은 집은 과연 이룰 수 있게 될까요?

2.

자본주의의 급속한 발전과 함께 미국이 무섭게 달라지던 시기에 쓰인 작품입니다. 자연 속에서 평화롭고 행복하게 살았던 시절에 대한 절절한 그리움과, 자연과 더불어 사는 세상에 대한 간절한 바람이 담겨 있습니다. 도시화로 인해 자연이 파괴되고 주변이 변해갈수록 더 크게 느꼈을 두려움, 사랑하는 친

…들을 하나씩 잃을 때마다 느꼈을 슬픔, 그리고 갈수록 깊어지는 옛 시절에 대한 그리움이 읽는 이의 마음을 안타깝고 아프게 합니다.

3.
그림이 너무나도 아름다운 책입니다. 작은 집을 둘러싼 주변 환경이 계절의 변화와 시간의 흐름에 따라 달라지는 모습을 잘 표현하고 있습니다. 또한 그런 변화에 따라 달라지는 작은 집의 심리 상태가 색상과 얼굴 표정에 잘 드러나 있습니다. 책장을 넘기면서 점점 어두워졌다가 한순간에 환하게 밝아지는 아이들의 표정 변화도 함께 느껴보시기 바랍니다.

부드러운 곡선의 유려한 흐름이 무척 아름답습니다. 활자의 배열까지도 그림의 일부처럼 느껴집니다. 글과 그림의 조화로운 어우러짐이 자연의 잔잔한 아름다움과 그 속에서 살아가는 삶의 평온함을 느끼게 합니다. 자연과 함께 조화롭게 살아가는 세상을 떠올리게 합니다.

자연의 소중함을 일깨워줄 책. 자연환경의 파괴로 인해 인간의 삶과 안전이 크게 위협받고 있어 갈수록 더 큰 반향을 일으킬 책. 자연 속에서 뛰어놀던 어린 시절과 고향에 대한 향수를 불러일으킬 책. 많은 사람들에게 전원생활에 대한 꿈을 갖게 해줄 가능성이 매우 큰 책. 빠르고 현란하며 자극적인 첨단의 디지털 세상 속에서 느리고 소박하며 잔잔한 아날로그적인 삶의 가치를 느끼게 해줄 책입니다. 책장을 덮고 난 후에도 여운이 사라지지 않고 오래도록 남아 있을 책. 1943년 칼데콧상 수상작으로서 놀랍게도 80년에 이르는 긴 세월 동안 그 아름다움과 감동이 조금도 줄어들지 않고 있는 클래식 중의 클래식입니다.

4.
폐가처럼 변하여 완전히 잊혀지고 있을 때 누군가 홀연히 나타나 작은 집을 알아보게 되는 기적과도 같은 순간, 가슴속에 뭉클한 감동이 밀려옵니다. 그 놀라운 순간을 기억하며 그동안 내려놓았던 기적에 대한 소망을 다시금 되살…

려보는 것은 어떨까요? 모두가 아니라고 말할 때에도 기적의 가능성은 존재합니다. 희망의 끈을 놓아버리지 않고 기적을 꿈꾸며 천천히 앞으로 계속 나아가고 있는 한 말이지요.

눈물을 흘리며 씨를 뿌리는 자는 기쁨으로 단을 거두게 될 것이라는 시편(126: 5-6)의 말씀을 믿습니다. 만일 포기하고 있었다면 마음을 추스르고 씨앗 뿌리는 일을 다시 시작해보시길 바랍니다. 희망과 사랑, 성공과 행복의 씨앗을 뿌리는 일 말입니다. 하루하루 흘리는 정직한 땀과 지혜로운 노력은 반드시 풍성한 결실로 돌아옵니다. 그것은 말씀 이전에 자연의 법칙입니다. 자연은 결코 서두름이 없지만 결국 모든 것을 성취합니다. 뿌린 씨앗을 직접 거두지 못하게 될 수도 있습니다. 하지만 우리에겐 아이들이 있고 또 그 아이들의 아이들이 있기에 오늘도 씨 뿌리는 일을 멈추거나 포기할 수 없습니다.

P. S.
여러분과 함께 듣고 싶습니다. 고향에 대한 그리움이 절절히 묻어나는 정지용의 서정시를 바탕으로 한 노래 〈향수〉, 이동원과 박인수가 부릅니다.

 〈향수〉

한 줄 소감

 김태은1432
가슴이 먹먹합니다. 작은 집의 표정을 따라가며 마음 졸이고 읽었어요. 작은 집이 미소를 되찾아 다행이에요. 덩달아 기분이 좋고 행복합니다.

 윤민이1955
이렇게 예쁜 그림 속에 그렇게 마음 아픈 스토리가 있을 줄 몰랐어요. 우리 인간의 편의를 위한 이기심에 대해 깊이 반성하게 됩니다.

 강자영1035
매우 아름답고, 매우 그립고, 매우 가슴 아프기도 한 책이네요. 80년씩이나 된 작품이라니 믿어지지가 않습니다. 긴 세월 동안 사랑받은 이유를 알 수 있을 것 같아요.

이예린2124
초고속 카메라로 같은 장소에서 수십 년의 세월을 기록하여 빠르게 재생하는 것을 감상한 것 같은 기분입니다. 세월의 변화와 그 속의 소박하면서도 소중한 삶에 대해 다시 한번 생각해보게 되네요.

 천주연3249
우리 아이가, 우리 아이의 아이가 4계절의 변화를 온몸으로 느끼며 살아갈 수 있으면 좋겠습니다. 그러기 위해서는 지구온난화로 사라지고 있는 봄, 가을을 지켜내야 할 텐데… 그래도 희망을 품어봅니다.

 조연주2492
마음이 무겁습니다. 오늘 나는 이 지구에, 내 아이에게 어떤 씨앗을 뿌리고 있는가? 비닐봉지 하나라도 덜 쓰고, 미래 세대를 위한 사랑의 씨앗을 심고 싶습니다.

 김지형3603
빌딩 사이에 쓸쓸하고 외롭게 남아 있던 작은 집의 모습이 너무나 안타까웠어요. 그래도 작은 집의 입장에서는 훈훈한 결말이었는데 우리의 현실은 전혀 그렇지 못한 것 같네요. 너무나도 슬프고 걱정이 됩니다.

 이희정2294
Little house 속의 모습보다 더 심각해진 오늘의 현실에 마음이 무겁습니다. 소중한 자연을 더 이상 해치면 추억도 그리움도 희망도 몽땅 사라져버릴 것 같아요.ㅠㅠ

 김은영3432
지금도 작은 집의 수난이 되풀이되고 있어 정말 슬픕니다. 청약당첨이나 개발이익을 꿈꾸는 욕망이 사라져야 제 무덤 파는 삽질이 멈출 것 같은데 대체 어찌하면 좋을까요?

 정소라2410
지구를 위해, 인류를 위해, 후손을 위해, 아니 거창하게 말고, 내 아이를 위해 작은 집을 되찾아주고 싶습니다. 자연 속에서 마음껏 뛰놀 수 있는 그런 곳이요. 그런데 그런 일이 가능할까요? 지금도 망쳐지고 있는 지구를 생각하면 암울하기만 합니다.

 성미진1747
뒤늦은 깨달음으로 시작된 자연환경에 대한 노력들이 꼭 결실을 맺었으면 좋겠습니다. 그런데 작은 집이 평화로운 자연의 품으로 돌아갈 수 있었듯이 우리도 죽기 전에 달라진 지구의 모습을 볼 수 있을까요?

 최민희2563
왜 우리는 언제나 "좀 더 일찍 깨달았더라면 참 좋았을 텐데!" 하는 후회를 하며 사는 걸까요? 자연환경에 대한 걱정이 커가는 요즘, 이미 늦은 것은 아닐까 두려워집니다.

느리게 100권 읽기

DAY 071

난이도 ■□□□□

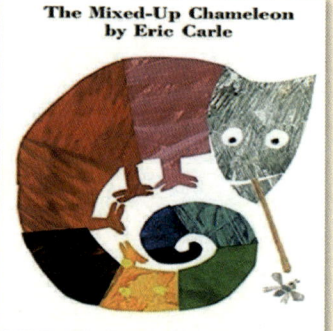

The Mixed-Up Chameleon
by Eric Carle

"다른 사람들의 멋진 모습만을 골라 그것들을 모두 나의 것으로 만들 수 있다면 얼마나 좋을까?" 혹시 이런 생각을 해보신 적은 없으신지요? 그런데 그런 소망이 실제로 이루어진다면 정말 기대한 것만큼 만족스럽고 행복하게 될까요? 오늘 우리가 함께 읽을 늘백의 그림책은 Eric Carle의 《The Mixed-Up Chameleon》입니다.

1.
주위 환경에 따라 몸의 색깔을 자유자재로 바꿀 수 있는 카멜레온, 정말 대단하다고 생각지 않으십니까? 그런데 재미있게도 카멜레온은 정작 자신의 그런 모습과 재능이 마음에 들지도 만족스럽지도 않은가 봅니다. 큰 변화 없는 삶이 너무 무료했던 것일까요? 어느 날 카멜레온은 동물원에서 다른 멋진 동물들을 보고 자신의 초라한 모습과 비교하며 그 동물들처럼 되었으면 좋겠다고 생각합니다.

그런데 이게 웬일입니까? 놀랍게도 소원을 빌 때마다 카멜레온의 모습은 자기가 바라는 대로 변해갑니다. 북극곰처럼, 플라밍고처럼, 여우처럼, 물고기처럼, 그리고 자신이 부러워하는 많은 다른 동물들의 모습으로. 이제 자신이 원하는 모습을 모두 가지게 되었으니 카멜레온은 충분히 행복하겠지요?

2.
색채의 마술사라고 불리는 Eric Carle의 작품답게 알록달록한 색상이 돋보이고 보는 것만으로도 기분이 좋아집니다. 그림에 생동감이 흘러넘치고 당장이라도 튀어오를 것만 같습니다. 카멜레온의 모습에 색깔이 하나씩 더해지고 더 괴상한 모습으로 변해갈수록 아이들의 즐거움도 더 커집니다. 익살스럽고 터무니없어 보이는 설정 속의 따뜻한 메시지가 감동을 주고 여운을 남깁니다.

알게 되실 겁니다. 본래의 나, 처음부터 내가 가지고 있었던 내 모습이 나에게 가장 잘 어울리고 가장 편안한 것임을. 남들에게도 내가 나일 때 가장 멋져 보이고 또 제대로 인정받을 수 있음을. 비록 카멜레온처럼 작고 느리고 약해도 남이 아니라 자기 자신일 때 비로소 행복할 수 있음을. 그리고 건강한 자존감은 자신의 모습이 어떻든 자신을 사랑할 줄 알고 귀히 여기는 마음가짐에서 나오는 것임을.

3.
여러분은 여러분 자신을 사랑하며 자신의 모습에 대해 감사하고 계십니까? 혹시라도 여러분의 현재 모습이 마음이 들지 않아 다른 사람처럼 되고 싶은 바람을 갖고 계십니까? 사람마다 주어진 것이 다르고 세상이 공평하지 않은 것 같으니 그런 바람은 어쩌면 당연한 것인지도 모릅니다.

하지만 먼저 스스로에게 물어보십시오. "나는 왜 다른 사람처럼 되길 원하는가?" "왜 그 사람처럼 되고 싶은 것일까?" "원하는 대로 되고 나면 정말 만족하고 행복하게 될까?" 이런 문제에 대한 진지한 성찰과 고민 없이 단지 자기 모습을 버리고 다른 사람이 되려는 생각에만 몰두하면 설사 원하는 것을 얻는다고 해도 정작 자신에게 진짜 중요한 것은 놓치기가 쉽습니다.

더구나 그런 사람은 불만족의 악순환에서 벗어나지 못하고 모든 문제를 같은 방식으로 해결하려고 할 가능성이 매우 큽니다. 그리고 그러한 선택은 자신을 점점 더 깊은 수렁에 빠지게 만듭니다. 결국에는 이도 저도 아닌 뒤죽박죽이 되어 뒤늦게 자신의 본래 모습으로 돌아가길 바라지만 그조차도 쉽게 되지 않는 후회스러운 상황에 처할 수도 있습니다.

4.

현재의 모습 중에는 변화가 필요한 부분도 분명 있을 겁니다. 하지만 그런 경우에도 자신에 대한 사랑과 자존감의 회복이 먼저입니다. 자신의 가치를 모른 채 상대의 모습만을 부러워하면 남의 떡이 커보일 수밖에 없습니다. 카멜레온처럼 자신의 것은 모두 부정적으로 보이고(not very exciting, small, slow, weak), 남의 것은 모두 좋아 보이며 또 좋은 부분만 보입니다(big & white, handsome, smart, swimming like a fish, running like a deer, seeing things far away, hiding in a shell, strong, funny, being like people). 상대에 대한 부러움과 칭찬도 건전한 자기 사랑과 자존감을 바탕으로 할 때 건강한 것이 될 수 있습니다. 그래야만 서로에게 진정한 기쁨과 행복을 더해줄 수 있게 될 것입니다.

5.

세상의 눈으로 볼 때 잘났든 못났든, 남들이 어떻게 평가하든 자신을 사랑할 줄 알아야 합니다. 내 아이가 왜 예뻐 보이는지, 왜 그토록 사랑스러운지, 왜 모든 것을 다 내어줄 수 있는지 생각해 보십시오. 잘나서도 아니고 뛰어나서도 아닙니다. 어떤 모습 어떤 조건을 지니고 있을지라도 내 아이이기 때문이지요. 부족하다고 느끼는 부분에서는 달랐으면 하는 마음이 있을 수 있습니다. 하지만 오히려 그 부족함 때문에 더 크게 사랑할 수 있는 것 아닐까요?

우리는 모두 다르게 만들어졌습니다. 세상에 같은 사람은 단 한 사람도 없습니다. 다름을 받아들이고 부족한 부분은 그냥 인정해버리십시오. 다른 사람처럼 되고 싶은 열망이 큰 사람에게는 결코 쉬운 일이 아닐 겁니다. 하지만 부족하고 약하기 때문에 더 겸손할 수 있고 더 사랑하고 더 사랑받을 수 있습니다. 바라는 모든 것을 다 갖게 된다 해도 자기 자신을 받아들이지 못한 사람은 결코 행복할 수 없습니다. 자신에게 더 솔직하고 더 용감할수록 더 떳떳하고 더 편안하며 더 크고 건강한 자존감을 가질 수 있습니다.

저는 세상의 모든 사람이 사랑받기 위해 태어났다고 믿습니다. 이따금씩 안타까운 소식이 들려오지만 단 한 사람도 예외 없이 크게 사랑받을 자격이 있다고 믿습니다. 우리는 서로 다르지만 모두가 사랑받기 위해 태어난 특별한 존재입니다.

P. S.

여러분과 함께 듣고 싶습니다. 〈당신은 사랑받기 위해 태어난 사람〉입니다.

 〈당신은 사랑받기 위해 태어난 사람〉

한 줄 소감

 손유나1759
감동과 힐링을 함께 느낍니다. 예전에는 마냥 자연 관찰책처럼 보였던 에릭 칼의 작품 속에 이렇게 저 자신을 깨워주는 깊은 메시지가 들어 있는 줄 몰랐네요. 감사합니다.

 문상미1518
교수님의 소개글을 읽으며 나를 사랑하는 법을 배웁니다. 잊지 않을게요. '나'를 변화시키기 전에 '나'를 사랑하는 것이 먼저라는 것을.

 장미영2338
교수님 글에 눈시울이 붉어집니다. 우리 아이들이 꼭 자신을 사랑하는 자존감 높은 아이로 성장하길 진심으로 바랍니다.

 임수지2307
소개글을 읽기 전에는 이 책이 이렇게 깊은 의미를 지닌 책인 줄 미처 몰랐습니다. 아이의 부족한 부분을 발견할 때 걱정과 두려움이 앞서서 좀 달랐으면 하는 마음부터 들었는데 이젠 아이의 모습 그대로를 더 많이 사랑해주고 싶습니다.

 조정은3244
사랑받기를 그렇게 원하면서도 사랑한다는 말을 들으면 울컥하며 목부터 메이는 사람이 저입니다. 잘나거나 뭘 잘해서가 아니라 그냥 존재 그 자체로 사랑받을 자격이 있다는 것을 자꾸만 잊어 아픔을 반복했네요. 그랬던 제가 이제는 슬미와 함께 "나 사랑하기"를 연습 중입니다.

 한혜원2675
내게 없는 것을 부러워하며 그것을 갖고자 노력하다가 진짜 내 모습을 잃지는 않았는지 되돌아봅니다. 이제부터라도 내가 가진 장점들을 찾아 진정한 제 모습을 가꾸어 나가고 싶어요.

 민정선3717
남과 다름을 받아들이고 부족한 부분은 인정하라는 말씀이 마음에 크게 와닿습니다. 건강한 자존감을 생각하며 아침을 시작합니다.

 김미연1169
다른 사람이 되고픈 욕망이 컸던 적이 있었습니다. 지금도 제 모습에 만족하지 못할 때도 있구요. 그래서인지 자신의 부족함을 받아들이라는 말씀에 도전과 위로를 받습니다. 제 모습이 마음에 들지 않을 때마다 교수님의 글을 떠올리며 용기를 내볼게요.

 김정은1357
나의 부족함을 쿨하게 인정해 버리고 더 솔직하고 더 당당하게 살고 싶어요. 있는 그대로의 나를 인정하고 받아들이는 건강한 자존감, 제게 가장 필요한 것을 찾은 것 같습니다.^^

윤보영3189
덕지덕지 다른 모습을 애써 붙이고 그것이 나인 양 살고 있는 것은 아닌지, 그래서 카멜레온처럼 기괴할 정도의 이상한 모습으로 변해가고 있는 것은 아닌지!? 나의 참모습은 무엇일까요? 생각이 깊어지는 밤입니다.

최숙희2577
타인을 볼 땐 장점을, 자신을 볼 땐 단점을 먼저 보는 우를 범하곤 합니다. 사실 한 걸음 떨어져서 보면, 꽤 괜찮은 사람일지도 모르는데 말이에요.

전주연2378
내가 아니면 누가 나를 사랑하고 아껴줄까요? 슬미에서 즐겁게 책 읽기를 하며 하루하루 성장하고 있는 제 자신이 자랑스럽고 또 사랑스럽습니다. 지금의 나를 있는 모습 그대로 자랑스럽게 여기고 사랑할래요.

이희정2294
남의 시선과 평가로 인해 자신을 있는 그대로 사랑하지 못하는 것은 정말 비극인 것 같아요.

안경미1839
나를 사랑하는 내가 되어야지! 내 아이의 특별함 또한 잊지 말아야지! 우리 모두는 각자 아주 특별한 존재이니까.

성미진1747
모든 것을 다 잘할 필요가 있나요? 우리 함께 각자의 특별함으로 더욱 아름답고 다채로운 세상을 만들어가요.

홍현지2707
오늘의 책을 읽으며 있는 그대로의 내 모습을 바라봅니다. 그 존재만으로도 정말 아름답고 사랑스럽게 느껴집니다. 지금 이 마음을 지켜가고 싶어요.

느리게 100권 읽기

DAY 072

난이도 ■■□□□□

Giraffe Problems
by Jory John, Lane Smith (illustrator)

세상에 문제가 없는 사람은 아마 아무도 없을 겁니다. 사실은 사람뿐 아니라 동물들도 모두 저마다의 문제를 가지고 있나 봅니다. 오늘 우리가 함께 읽을 늘백의 그림책은 목이 길어 슬픈 동물 기린의 이야기를 들려주는 Jory John 글, Lane Smith 그림의 《Giraffe Problems》입니다.

1.

기린은 엄청나게 길고 가늘어 잘 휘어지는 자신의 목이 영 마음에 들지 않습니다. 왜 자신만 그렇게 우스꽝스럽고 터무니없이 긴 목을 가지고 있는지 도무지 이해가 되지 않습니다. 기분도 좋지 않고요. 그래서 남들이 자신의 긴 목을 알아볼 수 없도록 온갖 노력을 다 기울입니다. 스카프를 잔뜩 목에 감아보기도 하고 다양한 모양의 넥타이를 매어보기도 합니다. 키가 큰 나무 뒤에 숨기도 하고 강물 속에 들어가 오래 머물기도 하지요. 하지만 상황이 조금도 나아지지 않자 좌절과 자포자기 상태에 빠집니다. 바로 그때 거북이가 나타나 몇 마디 말로 기린에게 문제 해결의 실마리를 제공합니다. 거북이는 기린에게 대체 무슨 말을 해준 것일까요?

2.

유난히 긴 목 때문에 우울한 기린의 고민과 깨달음, 그리고 기대치 못했던 우정에 대한 유머러스하면서도 아름다운 이야기입니다. 환상의 그림책 작가 콤비 Jory John과 Lane Smith가 펭귄의 문제를 다룬 《Penguin Problems》에 이어 두 번째로 내놓은 합작품입니다. 자존감(self-esteem), 자기 자신의 수용(self-acceptance), 자기 몸 긍정주의(body positivity) 등에 대한 메시지가 담겨 있습니다. 자신의 문제와도 관련되어 있어 거의 모든 아이들이 공감할 수 있습니다. 진지한 주제를 다루고 있지만 설교하듯 노골적으로 가르치려 하지는 않습니다. 가벼운 마음으로 웃고 즐길 수 있는 유쾌하고도 감동적인 이야기를 통해 자연스럽게 메시지를 전달하고 스스로 깊이 생각해볼 수 있도록 돕습니다.

풍부한 표현력을 지닌 삽화가 독자들의 눈길을 단번에 사로잡습니다. 동물들의 마음속 생각과 감정, 성품까지도 느껴지는 생생한 얼굴 표정과 몸짓에 대한 묘사가 인상적입니다. 처음부터 끝까지 유쾌함을 마구 뿌려대는 기분 좋은 삽화와, 등장인물들의 우스꽝스럽고 때로는 바보같이도 느껴지는 대화가 색다른 매력 포인트로 다가옵니다.

등장인물에 따라 그 모양과 크기가 달라지는 폰트의 사용에도 유의하세요. 읽는 방향도 바꿔야 하고 페이지를 쭉 펼쳐야 하는 구성 방식도 흥미롭습니다. 독자로 하여금 책장을 적극적으로 넘기도록 유도하여 책 읽기에 보다 능동적으로 참여할 수 있게 해줍니다.

3.
자신의 긴 목을 숨기려 온갖 창의적인 방법을 다 동원하는 기린, 그 진지하고도 필사적인 모습이 독자들을 미소 짓게 합니다. 비록 잠시일지라도 우리 스스로의 문제에 대해서도 넉넉하고 너그러운 마음을 갖게 해줍니다. 한없이 부끄럽고 숨기고 싶었던 기다란 목이 자신을 자신답게 해주고 특별한 존재로 만들어주는 최고의 특징임을 깨닫는 기린, 그의 변화하는 모습에서 우리 자신의 변화 가능성을 생각해보게 됩니다. 우리에게 주어진 모습을 인정하고 받아들이는 것이 얼마나 중요한지 알게 됩니다. 마지막 장면에서 기린과 거북이가 함께 나비넥타이를 하고 환하게 웃고 있는 모습이 보는 이의 마음을 흐뭇하게 합니다. 다름 덕분에 문제도 해결하고 새로운 우정도 찾게 된 두 친구의 기쁘고 뿌듯한 마음이 느껴집니다.

4.

같은 문제에 대해 정반대의 입장에 있는 기린과 거북, 그 둘의 만남이 우리 자신의 모습을 바라보는 새로운 시각과 해석 방법을 제시해줍니다. 어떤 모습을 가지고 있든 사람은 누구나 있는 그대로 사랑하고 사랑받을 충분한 자격과 가치가 있습니다. 따라서 부족하거나 불완전한 부분이 있어도 그것을 부정적으로만 보지 말고 자신을 있는 그대로 받아들이고 사랑하라고 말합니다. 내가 그토록 싫어하며 달랐으면 하고 간절히 바라는 나의 그 모습이 누군가에게는 도리어 큰 부러움의 대상이 될 수도 있음을 알게 해줍니다.

지나치게 자기 자신에게만 몰두하여 잊기 쉬운 여러 가지 중요한 점을 깨닫게 됩니다. 남들도 나 못지않은 많은 문제와 심각한 고민을 갖고 있구나. 내가 노심초사하며 가급적 숨기려 노력하는 문제들을 다른 사람들은 신경조차 쓰지 않는구나. 지금 내가 고민하는 일들이 그렇게 나쁜 것만은 아닐 수도 있겠구나. 남과 다른 모습들이 반드시 단점일 필요는 없으며, 오히려 나 자신만의 특별한 자산이 될 수도 있겠구나.

5.

음수끼리의 곱은 양수가 된다고 하지요? 흥미롭게도 정반대의 이유로 고민하고 있던 두 동물의 만남이 문제 해결의 시발점이 됩니다. 기린과 거북이가 그런 상황을 상상이나 할 수 있었을까요? 그 둘의 만남과 대화를 통해 서로 달라도 얼마든지 좋은 친구가 될 수 있음을, 그 다름으로 인해 사귐과 우정이 오히려 더 깊고 순수해질 수 있음을, 좋은 친구는 상대를 있는 그대로 인정하고 받아들이며 서로에게서 가장 좋은 것을 끌어내는 존재임을 깨닫게 됩니다. "난 내 모습이 너무 싫어." "달랐으면 좋겠어." 이와 같은 생각을 가지고 있는 아이들에게 기린과의 만남이 자신과 주위 세상을 새로운 눈으로 볼 수 있는 계기가 되면 좋겠습니다.

기린과 거북이의 문제처럼, 우리에게는 아무리 고민해도 해결되지 않는 문제들이 많이 있습니다. 혹시라도 기린처럼 어쩔 수 없는 문제로 인해 고민하고 계십니까? 고민해도 소용이 없는데 무엇 때문에 계속 고민하십니까? 그런 문제들은 보통 우리가 바라고 기대하는 방식으로 해결되는 경우가 거의 없습니다. 해결(solution)이 아니라 해체(dissolution)가 필요한 문제들이기 때문이지요. 현재 고민하고 있는 문제에 대해 무언가 할 수 있는 일이 있다면 망설이지 말고 실행에 옮기십시오. 만일 그렇지 않다면 더 이상의 고민은 아무 의미가 없습니다. 그러므로 고민을 그만 멈추고 그 문제를 바라볼 새로운 관점, 그 문제를 해체할 영감과 지혜를 구하시기 바랍니다.

6.
간절히 찾고 구하는 것이 있으십니까? 한 소설가의 말처럼, 그것이 무엇이든 그것은 당신이 원하는 모습으로는 오지 않을 가능성이 매우 큽니다.

> Whatever it is you're seeking won't come in the form you're expecting.
> ― Haruki Murakami ―

복이라는 것은 보통 고난과 역경, 실패와 좌절이라는 가면을 쓰고 찾아옵니다. 그 겉모습이 두렵고 그 과정이 힘들어도 포기하지 않는 사람, 연단을 통해 합당한 그릇을 만들고 자신을 증명한 사람에게만 제 모습을 드러냅니다. 복은 그것을 받을 준비가 된 사람에게만 허락된다는 뜻입니다.

여러분은 여러분의 어느 부분이 마음에 들지 않으십니까? 눈, 코, 입, 턱, 얼굴 크기, 작은 키, 너무 큰 키, 튼튼한 다리, 건강한 몸매? 아니면 혹시 기린이나 거북이 같은 목? 마음에 드는 곳이 아예 한 곳도 없으시다고요? 나의 결함이나 흠이 다른 누군가에게는 소중한 자산이 될 수 있다는 식의 메시지를 좋아하지 않는다고요?

복을 받기 원한다면 무엇보다 먼저 주어진 것에, 현재의 내 모습과 여건에 감사할 줄 알아야 합니다. 상황이 바뀌길 기다리거나 상대를 바꾸려고 노력하는 것보다 내가 먼저 변해야 합니다. 그것이 바로 문제 해결의 시작이며, 성공과 행복에 이르는 가장 빠른 길입니다.

한 줄 소감

서유미3165
해결보다는 해체!! 교수님께서는 오늘 해결의 늪에서 헤매는 저에게 번뜩이는 영감을 주셨습니다. 제가 가진 문제들을 벌써 새로운 눈으로 보게 되는 것 같네요.

김미연1169
내가 어찌할 수 없는 문제에 대한 고민은 이제 그만! 문제를 바라볼 새로운 시각과 문제를 해체할 영감과 지혜를 달라고 기도를 하렵니다. 늘백의 소개글은 언제나 옳습니다!^^

이주옥3346
그것이 무엇이든 내가 원하는 모습으로는 오지 않을 가능성이 크다는 말이 가슴에 크게 와닿습니다. 마음에 깊이 새겨둘게요.

채지연2547
원하는 것을 꼭 원하는 형태로 받고자 했었습니다. 생각지 못한 형태로 올 수도 있음을 기억할게요. 감사하는 마음이 행복의 시작임도 잊지 않겠습니다. 고맙습니다, 교수님.

고희선1063
오늘은 교수님께 인생 상담을 받았네요.^^ 상대가 아니라 내가, 상황이나 환경이 아니라 나 자신의 눈과 마음이 달라져야 한다는 것을 다시 한번 깨닫습니다.

류호연3453
초등학교 시절 친구에게 눈 모양이 아주 매력적이라는 말을 듣고 콤플렉스였던 눈을 저의 매력 포인트로 여기게 되었지요. 돌이켜보니 한마디 짧은 말이 사람의 생각을 한순간에 바꿀 수 있다는 게 너무도 신기합니다.

위원혜3489
기린과 거북이가 친구가 되다니요! 또 슬미가 제 삶에 이리 묵직하게 자리 잡게 될 줄은 누가 알았을까요? 생각지 못하고 기대치 않았던 뜻밖의 일들이 종종 우리 삶의 기쁨이 되고 설렘으로 다가옴을 느낍니다.

신송인2920
늘백의 그림책을 읽으며 나 자신을 있는 그대로 사랑할 때 시작되는 놀라운 변화를 경험하고 있습니다. 영어뿐 아니라 내 인생도 달라지고 있음을 느낍니다.

성미진1747
가지지 못한 걸 한탄하는 데 아까운 시간을 허비하지 않고 가진 걸 더 반짝반짝 빛나게 갈고닦아야겠어요. 사실 내가 생각하는 나의 단점은 많은 경우 다른 사람들은 신경도 쓰지 않더라고요.ㅠㅠ

김희정3452
해결이 아닌 해체, 연단을 통한 그릇 만들기, 복은 현재의 상황에 감사할 줄 아는 준비된 자에게. 오늘도 위로와 평안의 회복, 삶의 지혜와 영감을 한 아름 얻고 갑니다.♡

이은정3367
생각해보니 나와 남을 쉽게 비교하고 판단하는 순간 열등감도 교만도 생기는 것 같아요. 저도 상대도 있는 그대로를 예쁘게 바라볼 수 있는 사랑을 갖고 싶습니다.

배가란1683
그동안 교수님의 소개글을 열심히 탐독하다 보니 이제는 기린이든 거북이든 그 어떤 상황에서도 모든 것을 긍정적으로 바라보고 감사할 수 있는 필터를 장착하게 된 것 같습니다. 늘백에서의 영어책 읽기가 제게 기적 같은 선물을 안겨주었네요.^^

느리게 100권 읽기

DAY 073

난이도 ■■■□□□

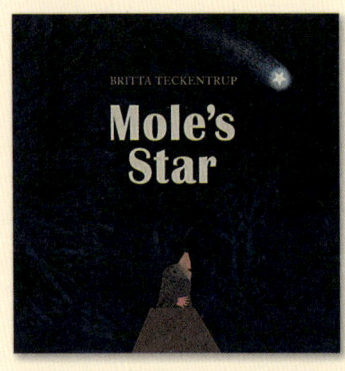

Mole's Star
by Britta Teckentrup

무언가 정말 좋아하는 것이 있다면 누구라도 그것을 소유하고 싶을 겁니다. 때로는 오롯이 자신만의 것으로 간직하고 싶은 마음이 생길 수도 있겠지요. 더구나 그것이 많은 시간과 노력을 들여 얻은 것이라면 그런 마음은 더욱 클 겁니다. 오늘 우리가 함께 읽을 늘백의 그림책은 Britta Teckentrup의 《Mole's Star》입니다. 밤하늘의 빛나는 별을 모두 갖고 싶어했던 두더지의 특별한 이야기를 들려줍니다.

1.

땅속 깊은 곳에 사는 두더지는 밤마다 밖으로 나와 자신이 가장 좋아하는 바위 위에 앉아서 밤하늘의 반짝이는 별들을 바라봅니다. 보석처럼 빛나는 별들이 무척 아름답고 사랑스러웠기 때문이지요. 그러던 어느 날 별똥별 하나가 떨어지는 것을 보고 눈을 꼭 감은 채 소원을 빕니다. "이 세상의 모든 별들을 다 가질 수 있다면 얼마나 좋을까!" 그러자 놀랍게도 여기저기에 하늘까지 닿는 사다리가 생겨납니다. 너무나도 기쁜 나머지 두더지는 부지런히 움직여 모든 별들을 땅속의 집으로 가져왔지요. 어둡고 외로웠던 땅속 집이 별빛으로 가득하게 되자 두더지는 정말 행복했습니다. 그런데 그렇게 여러 날이 흐른 후 바위가 그리워 밖으로 고개를 내민 두더지는 깜짝 놀라게 됩니다. 대체 무엇을 보았기에 그렇게 놀란 것일까요?

2.

그림이 아주 예쁜 책입니다. 앞표지를 보고 시큰둥했던 사람도 뒤표지를 보면 생각이 달라지고 책장을 펼치는 순간 작은 탄성을 발하게 됩니다. 아름다운 그림들이 작가의 상상력에 바탕을 둔 환상적인 이야기와 함께 어우러져 모든 것이 진짜로 가능한 마법처럼 느껴지게 합니다. 읽는 이의 마음을 움직이고 작가의 속삭임에 귀 기울이게 합니다. 나눔과 배려, 자연환경의 이용과 이에 따르는 책임에 대해 생각하게 합니다.

좋은 것을 소유하고 싶은 마음이 지나쳐 욕심이 되면 상대에 대한 배려를 잊게 되고 모두를 불행하게 만들 수 있습니다. 나의 욕심이 이웃의 불행을 초래하고 있음을 알았을 때 아픔을 느껴야 합니다. 자신의 실수를 깨달았을 때 솔직히 인정한 후 용서를 구하고 잘못을 만회하기 위해 노력한 두더지가 참으로 기특합니다. 그런 두더지를 비난하지 않고 회복을 위해 함께 힘쓴 동물 친구들도 정말 훌륭하네요. 우리도 두더지처럼, 동물 친구들처럼 그렇게 할 수 있을까요?

3.
누구도 독점할 수 없는 해와 달과 별뿐 아니라 깨끗한 공기와 물을 비롯한 우리 주변의 모든 자연은 누구의 것도 아닙니다. 우리 모두의 것이고 또한 미래 세대의 것입니다. 그런데도 우리는 그것들을 마치 내 것인 양 함부로 다룹니다. 정말 내 것이라 생각한다면 더 소중히 간직해야 할 텐데 그렇게 하지 않습니다. 이것은 단순한 욕심을 넘어 어리석음과 무책임입니다. 남에게 해를 끼치고 모두의 행복과 아이들의 미래까지도 망치게 되는 커다란 어리석음입니다. 안타깝기 그지없는 극도의 무책임입니다.

넘쳐나는 쓰레기로 인해 온 지구가 몸살을 앓고 있습니다. 환경 오염은 생태계 파괴와 지구 온난화로 이어져 전 인류적 재앙을 초래하며 우리의 생존 자체를 위협하고 있습니다. 이 같은 상황을 직접 목격하고 경험하면서 사태의 심각성과 자연 보호의 중요성을 알게 되었으면서도 당장의 편리함만을 좇아 환경을 더럽히고 해치는 행위를 스스럼없이 하고 있습니다. 현재 우리가 누리고 있는 것은 우리 자녀들과 미래 세대의 것을 앞당겨 사용하는 것입니다. 우리는 어떻게든 살다 갈 수 있겠지요. 하지만 환경 보호를 지금 당장 구체적인 행동으로 옮기지 않는다면 우리 아이들의 미래는 아예 없을 수도 있음을 잊지 말아야겠습니다.

두더지와 친구들이 밤하늘의 빛나는 별들을 다시 함께 누릴 수 있게 되어 다행입니다. 우리의 욕심 때문에 심하게 훼손된 지구, 모두의 일치된 노력으로 어떻게든 다시 회복시켜 우리 아이들과 자손들이 오염되지 않은 환경 속에서 건강하고 행복하게 살 수 있게 되길 간절히 빌어봅니다.

4.
보석 같은 다음 문장들이 여운을 길게 남기며 기억 속에 오래 자리할 것 같습니다. 장면을 하나하나 떠올리며 천천히 음미해보시기 바랍니다.

(1) "I wish I could own all the stars in the world," he whispered.
   (하늘의 별들을 모두 소유하고 싶어요.)

(2) My children love to stargaze while I sing their bedtime lullaby. They will be so sad.
   (잠자리에서 자장가를 불러줄 때 우리 아이들은 별을 바라보는 것을 즐기죠. 아이들이 정말 슬퍼할 거예요.)

(3) Mole felt terrible. He didn't know the other animals loved the stars as much as he did.
   (두더지는 마음이 괴로웠어요. 다른 동물들도 자신만큼 별을 사랑하고 있는 줄 몰랐거든요.)

(4) Oh, how I wish I had never taken the stars.
   (별을 가져오지 않았더라면 얼마나 좋을까!)

(5) I'm sorry. ... but now I know the stars belong to everyone. I'm going to put them back.
   (미안해요. … 하지만 이제는 알아요. 별들은 모두의 것이라는 것을. 다시 돌려놓을게요.)

(6) And all the animals in the forest could share the wondrous light of the twinkling night sky.
   (숲속의 모든 동물들은 반짝이는 밤하늘의 경이로운 빛을 함께 누릴 수 있게 되었어요.)

P. S.

오늘은 여러분과 별에 관한 노래를 함께 듣고 싶습니다. 〈2개의 작은 별〉, 세시봉의 윤형주와 송창식이 부릅니다.

 〈2개의 작은 별〉

한 줄 소감

 염향란3484
혼자만 갖고 싶었던 하늘의 별들이 모두의 것임을 알게 된 순간, 자신의 실수를 깨닫고 즉시 잘못을 바로잡았던 두더지의 용기에 박수를 보냅니다. 두더지의 그런 겸손하고 용기 있는 자세를 배우고 싶습니다.

 김소연1235
별은 역시 하늘에 있을 때 가장 아름답군요. 세상의 모든 아름다운 것들이 언제나 마땅히 있어야 할 그 자리에 있도록 지켜주고 싶습니다.

 박지원1644
너무 예쁜 책이라 보고만 있어도 마음이 따뜻해집니다. 아름다운 것, 좋은 것은 역시 함께 나눌 때 더욱 빛이 나지요.

 채경진2545
마치 자기가 좋아하는 것을 혼자만 소유하고 싶어하는 아기 같았어요. 하지만 그걸 함께 나눔으로써 더 행복할 수 있음을 알게 된다면 정말 멋진 아이겠지요?

 고명희1049
어릴 적 밤하늘에 가득했던 별들을 사람들이 두더지처럼 욕심을 내어 모두 가져갔나 봅니다. 그 별들을 하루 빨리 되돌려놓아 별빛이 총총한 아름다운 밤하늘을 다시 보고 싶습니다.

 강민정3101
현재 우리가 누리고 있는 것은 우리 자녀들과 미래 세대의 것을 앞당겨 사용하는 것이라는 말씀이 계속 머릿속에 남습니다. 아껴 쓰고 잘 관리하여 깨끗하고 온전한 상태로 아이들에게 넘겨주고 싶습니다.

 윤보영3189
이 그림책을 혼자 읽었을 땐 '역시 욕심 부리면 안 돼', '행복한 결말이라 좋다' 정도로만 생각했어요. 근데 함께 읽으니 생각의 깊이가 달라지네요. 지구의 망가진 부분을 우리 모두가 합심하여 돌려놓을 수 있으면 얼마나 좋을까요? 이러다 반짝이는 별들이 영영 돌아오지 않을까 봐 무서워요.

 조민아2480
잘못을 인정하고 뉘우치는 두더지와 잘못을 탓하지 않고 문제를 해결하기 위해 함께 애쓰는 친구들의 모습이 정말 감동적입니다. 앞으로 그림책을 통해 지구에 대해 아이와 이야기 나누는 일이 많아질 것 같아요.

 정소라2410
절대 욕심내면 안 되는 것이 있습니다. 나와 내 아이가 함께 숨 쉬고 있는 이 지구별 안에 있는 것들입니다. 욕심내야 하는 것이 있습니다. 바로 나와 내 아이가 딛고 있는 우리 지구별 안에서의 행복입니다.^^

 채지연2547
요즘의 기후변화를 보면 인간의 만행을 참다못해 지구가 크게 화를 내고 있는 것 같습니다. 제발, 부디, 너무 늦지 않기를 바라봅니다.ㅠㅠ

최숙희2577
나의 욕심이 이웃의 불행을 초래하고 있음을 알았을 때 아픔을 느낄 줄 알아야 한다는 말씀이 가슴에 콕 박히네요.ㅠㅠ

전수인2372
모두들 잠시 머물다 가는 나그네일 뿐이라서 이 소중한 지구를 함부로 대하는 것일까요? 지금 당장 자연을 내 것처럼 돌보지 않으면 모두에게 아주 큰 불행이 될 텐데 정말 마음이 무겁습니다.

이은정3367
해와 달은 세상 모두를 공평하게 비춰주는데 우리 인간들은 왜 나와 내 가족만을 위하고, 또 많은 것을 독점하려고 할까요?

김지나1380
잘못을 인지했을 때 곧바로 사과하고 돌이킬 줄 아는 자세, 우리 아이들이 꼭 배워 실천하면 좋겠어요.

신송인2920
아름다운 자연에 대한 책을 우리 아이들이 많이 읽으면 좋겠어요. 자연의 소중함을 잊지 않도록 말이에요.

조은영3240
하늘의 별들이 모두의 것임을 깨달은 순간, 회복을 위해 힘쓰는 두더지의 모습이 정말 멋지네요.

정성호3532
자신의 실수를 깨닫고 즉시 잘못을 바로잡았던 두더지처럼 깨달음을 행동으로 옮기는 삶을 살고 싶습니다.

김장현2848
모두의 것을 혼자만 누리려는 욕심을 제발 버렸으면 좋겠어요. 우리 모두가 함께 누려야 할 행복이 망쳐지지 않도록요.

느리게 100권 읽기

074

난이도 ■■■■□□

Chrysanthemum
by Kevin Henkes

어릴 때 자신의 이름에 대해 불만이나 콤플렉스를 가져본 적은 없었나요? 어떤 친구는 이름이 너무 특이해서, 어떤 친구는 이름이 너무 평범하고 흔해서 불만입니다. 오늘 우리가 함께 읽을 늘백의 그림책은 Kevin Henkes의 《Chrysanthemum》입니다. 이 책을 읽으며 한 어린 소녀의 이름에 얽힌 이야기를 통해 자부심과 자존감, 놀림과 왕따, 다름과 다양성의 문제에 대해 생각해보면 좋겠습니다.

1.

말 그대로 '완벽한' 아이 Chrysanthemum은 '국화'를 뜻하는 자신의 이름을 무척 사랑합니다. 모든 면에서 완벽하다고 생각합니다. 그런데 이런 자부심은 학교에 간 첫날 친구들의 놀림에 의해 여지없이 무너지고 말지요. "이름이 정말 길구나." "꽃 이름을 따서 지었네." "우리 꽃 냄새 좀 맡아볼까?" "꽃이나 따볼까?" "나라면 당장 바꿀 텐데." 친구들의 심술궂은 한마디 한마디가 Chrysanthemum의 마음에 상처를 주고 그녀를 침울하게 만듭니다. Chrysanthemum은 자신의 모든 것을 자랑스럽게 생각하고 맑고 밝은 에너지를 뿜뿜 뿜어내는 아이로 다시 돌아갈 수 있을까요? 끔찍하게만 여겨지는 학교생활은 과연 변화나 반전의 기회가 있을까요?

2.

작가 특유의 명랑하고 유머러스한 글과 환하고 따뜻한 느낌의 그림이 완벽하게 어우러져 독자들의 마음을 푸근하고 편안하게 해줍니다. 타인에 대한 애정, 아이들의 심리에 대한 이해, 아이들 문제에 대한 통찰과 영감이 가득합니다. 아이들이 성장 과정에서 흔히 겪게 되는 중요한 문제들을 유쾌하고도 센스 있게 풀어나가는 능력이 탁월합니다. 문제에 부딪혔을 때 어떻게 대처해야 하는지에 대해서도 배울 수 있습니다.

스토리와 삽화의 여기저기에서 작가의 유머와 위트, 창의성이 번뜩입니다. Chrysanthemum에 대한 엄마 아빠의 사랑과 믿음에도, Chrysanthemum이 자신의 이름을 사랑하고 자랑스럽게 여기는 다양한 모습에도, 마음 상태에 따라 크게 달라지는 등굣길 모습에서도, 심지어는 반 친구들이 Chrysanthemum을 짓궂게 놀릴 때에도, 그리고 음악 선생님의 개입으로 갑작스런 반전이 일어날 때에도.

3.
자신을 사랑하고 소중히 여길 줄 아는 Chrysanthemum이 너무나 사랑스럽습니다. Chrysanthemum의 출생에서부터 행복한 결말에 이르기까지 시종일관 흐뭇한 미소가 떠나지 않습니다. 사랑하는 법을 아는 훌륭한 엄마와 아빠, 무엇이 중요한지를 아는 현명한 선생님, 이런 분들을 만난 Chrysanthemum이 정말 부럽습니다.

누군가를 놀리거나 놀림을 당하는 것은 결코 유쾌한 일이 아니지만 그 방법이 너무도 기발하고 재미있어 웃음을 참을 수 없습니다. 여기저기에 웃음 지뢰가 깔려 있습니다. Chrysanthemum이란 이름이 전체 알파벳의 반이나 되는 열세 글자라고 놀리는 부분도 우습고, 한 팔로는 가족을 끌어안고 다른 한 팔로는 육아서를 보는 아빠도 웃기며, 학교에 가기 싫어 최대한 느릿느릿 걷는 것도, 멀리멀리 돌아서 가는 것도 재미있습니다. 이 모든 것들이 합해져 잔잔하지만 깊은 감동을 주고 긴 여운을 남깁니다.

동서고금을 막론하고 이름을 가지고 놀리는 것은 다 똑같은가 봅니다. 특이한 이름 때문에, 남들과 다르기 때문에 놀림을 받거나 왕따 당해 힘들어하는 아이들에게 희망의 메시지를 전해줍니다. 친구 관계로 고민하고 갈등하는 아이들에게 힘을 주고 다름을 어찌 대해야 하는지 가르쳐줍니다. 음악 선생님의 지혜로운 몇 마디 말에 상황이 순식간에 역전되는 것을 보며 선생님의 역할이 한 사람의 운명에 얼마나 큰 영향을 미치는지 생각하게 됩니다. 문제를 명확히 인식하고 그 해법을 알며 단호함까지 갖춘 선생님을 만난 아이들은 정말 운이 좋은 것이지요.

4.
사람은 기본적으로 낯선 것을 부정적으로 보는 경향이 있습니다. 잘 알지 못하는 대상에 대해 경계심을 갖고 조심하는 것은 어쩌면 당연한 것인지도 모릅니다. 하지만 자신의 안전을 위협하는 것도 아닌데 자신과 다르다는 이유만으로 상대를 놀리거나 미워하고 따돌리는 등의 적대적인 태도를 보이는 것은 누구에게도 도움이 되지 않는 어리석은 일이 될 것입니다.

아이가 다른 사람들과 다르다는 이유로 차별을 받는다면 그 부모는 얼마나 마음이 아플까요? 나와 내 아이도 언제든지 편견과 차별의 대상이 될 수 있습니다. 모든 사람은 잠재적인 장애인이며 자기가 사는 지역이나 국가를 벗어나면 이방인이 됩니다. 상대에게 존중받기를 원한다면 내가 먼저 상대를 존중할 줄 알아야 합니다. 그렇지 않으면 나와 내 아이도 언젠가는 무례와 무시, 경멸의 대상이 될 수 있습니다.

5.
혹시 오늘의 책이 글밥도 제법 되고 낯선 단어도 자주 보여 선뜻 손이 가질 않으시나요? 그렇다고 해도 지나치게 겁먹거나 주눅 들지 않기를 바랍니다. 영어책 읽기는 모르는 단어를 찾아보며 문장을 해석하는 것이 아닙니다. 모르는 것이 있어도 그림과 문맥적 단서를 최대한 활용하여 어떻게든 내용을 파악하고 읽기를 최대한 즐기는 것입니다.

물론 더 많은 단어를 알기 위한 노력을 평소에 꾸준히 기울여야 합니다. 단어 실력이 뒷받침되어야 영어책을 읽는 능력이 계속 성장할 수 있기 때문입니다.

하지만 단어 공부와 영어책 읽기는 구분하는 것이 좋습니다. 일단 영어책 읽기에 들어가면 알고 있는 것을 최대한 우려먹는 데 집중해야 합니다. 영어책을 읽을 때 모든 문장의 의미를 정확히 알 필요는 없습니다. 문장을 우리말로 해석하거나 번역하려는 노력도 바람직하지 않습니다. 모르는 부분, 잘 이해가 되지 않는 부분이 있어도 책을 끝까지 읽고 내용을 파악하며 즐길 수 있도록 노력해야 합니다.

P. S.

알고 계시죠? 당신이 누구이든, 어떤 모습을 지녔든, 무엇을 하며 살아가든, 당신 그 자체로 사랑받고 인정받으며 귀히 여김을 받을 충분한 가치와 자격이 있다는 것을. "당신은 사랑받기 위해 태어난 사람"입니다. 다시 한번 여러분과 함께 듣고 싶습니다. 이번에는 울산 KBS어린이합창단이 부릅니다. 많은 어린이들이 한목소리로 부르는 노래, 수화로 함께하는 모습이 무척 감동적입니다.

 〈당신은 사랑받기 위해 태어난 사람〉

한 줄 소감

 조정은3244
어릴 때 '유리'라는 이름의 동생을 "유리 창문아" 하고 놀리던 기억이 있어요. Chrysanthemum 친구들도 예쁜 이름이 부러워서 그랬을 거예요.^^

 김효정3716
어린 시절 독특한 이름을 가진 친구가 불쌍하다고 생각했어요. 근데 이제 와 생각해보니 쉽게 잊혀질 수 없는 아주 특별하고 멋진 이름이었네요.

 이현정2266
부끄럽게도 다른 사람의 특별함을 '튄다'고 깎아내리는 나의 이중적인 모습을 발견할 때가 있습니다. 다른 사람의 장점을 찾아 칭찬하고 격려하며 용기를 주는 사람이 되고 싶어요.

 정지윤2448
딸 아이가 자기 이름이 남자 이름 같다고 투덜대더라구요. 그럴 때 Chrysanthemum 이야기를 해줘야겠어요.

신항진1819
평범하고 흔하면 밋밋하다고, 특별하고 드물면 너무 튄다고 싫어하거나 놀리는 경우가 있지요. 모든 아이가 자신을 소중하게 여기고, 있는 그대로의 자기 모습을 사랑할 수 있는 사회가 되면 좋겠습니다.

김은주2847
이름으로 상처받은 주인공을 따뜻하게 보듬어주는 부모님과 지혜로운 선생님이 있었기에 주인공이 자존감 높은 아이로 성장할 수 있었네요. 아이의 높은 자존감은 타고나는 것이 아니라 만들어지는 것이라는 사실, 잊지 않을게요.

김새봄1210
자존감이 높은 사람이라도 타인들의 부정적 평가에 크게 흔들릴 수 있습니다. 그러나 누군가의 작은 지지와 응원, 친절한 말 한마디가 얼마나 큰 힘을 발휘하는지요! 오늘의 책과 소개글을 통해 다시 한번 깨닫게 됩니다.

홍정현3764
어떻게 하면 상대의 다름을 편견 없는 눈으로 바라보고 있는 그대로 인정할 수 있을까요? 어른들에게도 힘든 일인데 그런 어른들이 많은 세상에 사는 아이들이라면 더욱 어렵겠지요? 제 아이도 좋은 선생님을 만나 자신을 사랑하고 자랑스럽게 여기는 사람으로 성장하면 좋겠습니다.

원문가1909
제목이 너무 긴데다 발음까지 어렵고, 글밥도 많아 솔직히 읽기 싫었던 책이었어요. 그런데 교수님의 소개글을 통해 이런 보물 같은 책을 알게 되어 정말 기쁩니다. 저도 이름 때문에 무지 속 썩었던 어린 시절이 있어서 감동이 더욱 크네요.^^

정성호3532
모든 사람은 잠재적인 장애인이며 사는 지역이나 국가를 벗어나면 이방인이라는 말씀이 마음에 크게 와닿습니다. 내가 만나는 모든 사람들에게 따뜻한 미소, 친절한 인사 한마디 건네는 상큼한 하루를 살아보겠습니다.

정숙경2415
우리에게는 낯선 것을 부정적으로 보는 경향이 있다는 말이 계속 마음에 남습니다. 낯선 것을 편견 없이 대하고 너그럽게 품을 수 있는 따뜻한 사회가 되어야 할 텐데, 갈수록 더 편을 나누고 자신과 다른 사람들을 이유 없이 미워하는 것 같아 안타깝습니다.

윤보영3189
늘백의 영어 그림책 읽기가 너무도 좋습니다. 우리의 내면을 단단하게 만들어주고, 우리 안의 좋은 것을 끌어내 계속 발전시켜 나가도록 도와주니까요. 이런 일에 슬미의 영어책 읽기만큼 좋은 것은 없는 것 같아요.^^

느리게 100권 읽기

DAY 075

난이도 ■■■■□

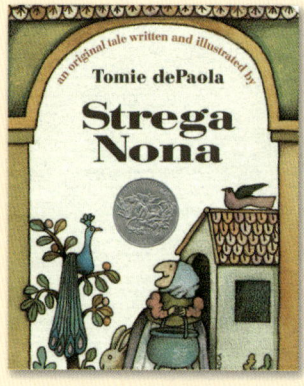

Strega Nona
by Tomie dePaola

사람들이 자신의 말을 믿어주지 않고 심지어 비웃기까지 한다면 정말 속이 상하겠지요? 그리고 어떻게든 자신의 말이 사실이라는 것을 꼭 보여주고 싶을 겁니다. 오늘 우리가 함께 읽을 늘백의 그림책은 인간 심리의 내면을 돌아보게 하는 Tomie dePaola의 《Strega Nona》입니다.

1.

마을 사람들을 열심히 도와주는 착한 마녀 Strega Nona는 나이가 들면서 집안일을 도와줄 조수로 Big Anthony를 고용합니다. 그리고 Big Anthony에게 해야 할 일을 하나씩 가르쳐주면서 파스타 솥단지(pasta pot)는 절대 건드리지 말라고 당부하지요. 그런데 어느 날 Big Anthony는 Strega Nona가 솥단지에 주문을 걸어 파스타를 만드는 광경을 목격하게 됩니다. 그리고 다음 날 자기가 본 것을 사람들에게 말해주지만 아무도 믿지 않습니다. 이에 화가 난 Big Anthony는 호시탐탐 기회를 노리다가 Strega Nona가 마을을 비운 사이 그녀의 경고를 무시하고 자신의 말을 증명할 엄청난 일을 벌이게 되지요. Big Anthony의 파스타 만들기 신공, 과연 문제없이 잘 해냈을까요?

2.

사람들이 Strega Nona('마녀 할멈')라고 부르는 마녀와 그녀의 조수 Big Anthony의 이야기입니다. 글밥이 제법 되지만 읽기가 어렵지는 않습니다. 부드러운 곡선과 편안하게 느껴지는 색감, 둥글둥글한 인물 묘사, 읽으면 읽을수록 구수하게 느껴지는 이야기가 마치 서서히 끓어오르는 파스타 솥단지처럼 천천히 다가와 마음 한구석에 어느새 확고히 자리를 잡게 됩니다.

주의력 결핍이나 부주의함도 문제가 되지만 마음을 지키지 못하면 좋지 않은 많은 일이 생기기 마련입니다. "무릇 지킬 만한 것보다 더욱 네 마음을 지키라"라는 성경 말씀(잠언 4:23)이 생각납니다. 마을을 뒤덮기 시작한 파스타를 막기 위해 이런저런 방법을 다 동원하고 기도까지 해보았지만 아무 소용이 없었고, 결국 Strega Nona가 개입하고 나서야 문제가 해결되는 장면에서는 왠지 모를 쓸쓸함이 느껴집니다.

1976년 칼데콧 아너북(Caldecott Honor Book) 수상작입니다. 미국의 학교도서관저널(SLJ, 2012)이 선정한 최고의 그림책 100권(Top 100 Picture Books)에도 선정된 바 있는 책입니다. (출간 순서가 아닌) 스토리의 전개 순서로 이전의 일을 다룬 속편(prequel) 《Big Anthony: His Story》(1998)를 읽으면 Big Anthony를 이해하는 데 도움이 됩니다.

3.
Big Anthony의 생각과 행동이 참으로 어리석다고 생각되시지요? 하지 말라고 하면 오히려 더 하고 싶은 청개구리 심보는 그래도 이해가 됩니다. 하지만 부주의한 탓에 마법의 가장 중요한 부분이라 할 수 있는 마무리 방법은 배우지 못합니다. 혼자 간직해야 할 비밀을 동네방네 떠들고 다닙니다. 자신을 믿어주지 않아 화나는 마음을 이기지 못하고 사람들의 코를 납작하게 해주려고 기회만을 노립니다. Strega Nona가 마을을 비우자 마음속으로 쾌재를 부릅니다. 인정받고 싶은 욕구를 절제하지 못하고 결과에 대한 생각은 전혀 없이 일부터 벌입니다. 심지어는 상황이 이상하게 돌아가기 시작한 후에도 사람들의 칭찬을 받기에 여념이 없습니다. 사람이 어쩌면 이토록 어리석을 수 있을까요!

하지만 여기에서 잠시 생각을 멈추고 스스로를 돌아봅니다. '나는 과연 Big

Anthony보다 얼마나 나은가?' 과거의 모습을 하나하나 떠올려보며 내게도 그 못지않은 어리석음이 있었음을 깨닫습니다. 어리석음의 대명사 Big Anthony, 그가 바로 나 자신이었음을 고백하지 않을 수 없습니다.

4.
나의 어리석음을 알고 나니 이번에는 Strega Nona가 얼마나 대단한 존재인지를 깨닫게 됩니다. 온갖 마법을 행할 줄 알면서도 악용하거나 남용하지 않습니다. 사람들이 자신을 마녀 할멈이라 부르며 수군대는 것을 알면서도 전혀 내색하지 않습니다. 많은 도움을 주면서도 대가는 물론 칭찬도 바라지 않고 우쭐대지도 않습니다. 마을 전체의 커다란 위기 상황에서도 차분히 문제를 해결합니다. 분노한 마을 사람들이 Big Anthony를 처형해야 한다고 외칠 때에도 이성을 잃지 않습니다. 자신의 거듭된 경고와 당부를 듣지 않고 커다란 잘못을 저지른 Big Anthony에게 누구보다도 더 크게 화가 날 법도 하건만 넘치지도 모자라지도 않는, 딱 맞는 수준의 처벌을 제안하고 그 와중에서도 기발함과 유머를 잊지 않습니다. 단순히 흥미로운 옛날이야기, 혹은 대수롭지 않은 마녀 이야기라고 생각하셨다면 그런 생각을 잠시 내려놓고 다시금 천천히 느리게 읽어보시길 권해드립니다.

5.
엄청난 다작 작가인 Tomie dePaola의 대표적 작품 중 하나인 이 책은 총 11권이 있는 Strega Nona 시리즈의 첫 번째 작품입니다. 시리즈 책의 장점은 뭐니 뭐니 해도 즐독과 다독을 쉽게 해준다는 것입니다. 일단 한 권만 제대로 읽으면 꽤 많은 책을 계속 읽을 수 있기 때문입니다. 그런 의미에서 같은 주인공, 비슷한 성격의 새로운 이야기가 흥미롭게 계속 이어지는 챕터북은 즐다잘을 위한 최고의 선택 중 하나가 됩니다. 하지만 아직 영어책 읽기의 호흡이 짧은 영알못이나 어린아이들에게는 쉬운 챕터북도 어렵게 느껴질 수 있습니다. 그럴 때 유용한 것들이 Strega Nona처럼 시리즈로 된 그림책입니다. 글밥이나 모르는 단어에 너무 겁먹지 말고 그림과 아는 표현들을 최대한 활용하여 내용을 즐기는 데 집중하시기 바랍니다.

한 줄 소감

전민경2365
한마디로, 인정받고 싶은 욕구가 불러온 참사네요. 솔직히 자랑하고 싶고, 인정받고 싶어하는 내 마음을 들킨 것 같아요. Strega Nona의 지혜와 여유, 재치를 배우고 싶어요.

송봉선1770
마녀 할멈이란 이름에, 마녀 같은 겉모습에 편견과 선입견을 가지고 책을 펼쳤나 봐요. 의외의 이야기 전개가 흥미로웠어요. 개인적으로 황당한 결말에 놀랐고요. Big Anthony에게 어떤 처벌을 내렸을까요?ㅎㅎ 궁금하면 저처럼 그림책을 펼쳐보세요!

김연희1283
착하고 인자한 마녀 할멈이라니! 틀을 깨는 발상이 궁금증을 일으키네요. 모두들 마녀 할멈이라고 하지만 오히려 포용력과 지혜로움을 갖춘 큰 어른 같아요. 소개글을 읽고 나니 결말도 너무 궁금하고, 추천해주신 다른 Strega Nona 시리즈 책들도 모두 기대됩니다.

위원혜3489
외출할 때 이것저것 당부의 말을 하는 엄마와 그걸 기어이 어기고야 마는 우리집 아들의 이야기 같아서 재미나게 읽었어요. 책을 읽고 아들과 Big Anthony에게 주어진 벌이 적절한지 이야기를 나누었는데 아들은 Big Anthony가 안쓰러운가 봐요.^^

임숙연3218
빠르게 기승전결로 안내하면서 통쾌한 느낌을 주는 책입니다. 특히 벌칙이 참 맘에 드네요. 배 좀 부르겠어요.ㅋㅋ

원문기1909
뭘 좀 안다고 이웃 아줌마들 앞에서 나대며 잘난 척했던 지난 과오들이 아프게 스쳐 지나갑니다. 욕을 배부르게 실컷 먹은 뒤에야 비로소 제가 어리석었다는 것을 알아차렸었죠. 교훈적인 옛이야기가 너무 마음에 와 닿고 또 재미있습니다.

이유영2133
내 안에도 Big Anthony가 살고 있는 것 같아요. 그런데 어떤 때는, 특히 아이들에게는, Strega Nona가 되기도 하는 듯합니다. 인생을 살다 보면, 이런 역할도 저런 역할도 하게 되는 것 같아요.

임수지2307
교수님께서 "어리석음의 대명사 Big Anthony, 그가 바로 나 자신이었음을 고백하지 않을 수 없다"고 하셨을 때 마치 제게 하시는 말씀 같았어요. Strega Nona 같은 현인이 되기는 어렵겠지만 적어도 Big Anthony 처럼 어리석은 사람이 되고 싶지 않습니다.

손채연3170
저 또한 어리석은 행동을 많이 하기에 Big Anthony의 행동에 마냥 비난은 못 하겠네요. 하지만 Strega Nona같이 현명한 사람이 될 수 있도록 노력해보렵니다.

황보혜인2715
내 맘속엔 과연 몇 명의 Big Anthony가 있을까요? 모두 끄집어내고 Strega Nona 한 사람만 넣어 두고 싶어요.^^ 어떤 상황에서도 유머와 여유, 차분함을 잃지 않는 기발한 그녀의 노련함과 지혜를 배우고 싶습니다.

전수인2372
내 안의 Big Anthony를 잘 다스리고 싶어요. 타인의 평가에 좌우되지 않도록, 다른 사람의 인정이나 칭찬보다는 내면의 나와 나 스스로 가치 있다고 믿는 일에서 성취감과 만족감을 얻도록요.

손유나1759
교수님은 Strega Nona 같으셔요. 마법처럼 저희들에게 끝도 없이 많은 소중한 책들을 선물해주고 계시니까요.^^ 그래서 '슬로우 미러클 마법학교'인가 보네요. 다시 생각해도 정말 멋진 이름입니다.^^

At one time most of my friends could hear the bell,
but as years passed, it fell silent for all of them.
《The Polar Express》

겨울

슬로우 미러클을 즐겨요

SLOW MIRACLE

'슬로우 미러클'을 만들어내는 즐다잘, 올바른 방법을 모르면 성공할 수 없습니다. 알아도 혼자서는 쉽지 않습니다. 서로 격려하며 함께 가야 멀리까지 갈 수 있습니다. 이것이 바로 〈느리게 100권 읽기〉와 즐다잘이 범국민 운동이 되어야 하는 이유입니다.

느리게 100권 읽기

076

난이도 ■□□□□□

Goodnight Moon
by Margaret Wise Brown, Clement Hurd (illustrator)

아이가 감성이 풍부한 사람으로 자라나길 원하시죠? 어떻게 하면 아이의 감성을 일깨우고 공감 능력과 부드러움 속의 강함을 지닌 사람으로 키울 수 있을까요? 여러 가지 방법이 있겠지만 감성이 듬뿍 담긴 아름다운 그림책을 읽어주고 함께 즐기는 것만큼 좋은 방법도 흔치 않을 겁니다. 오늘 우리가 함께 읽을 늘 백의 그림책은 Margaret Wise Brown 글, Clement Hurd 그림의 지극히 감성적인 그림책 《Goodnight Moon》입니다.

1.

어둠이 서서히 내리고 밤이 찾아와 이제는 잠잘 준비를 할 시간입니다. 하지만 아직은 좀 일러서인지 아기 토끼는 잠이 잘 오지 않나 보네요. 침대에 누워 주위를 둘러보며 방 안의 여러 친구들에게 잘 자라고 인사를 건넵니다. 방에게, 달님에게, (그림 속의) 암소에게, 빨간 풍선에게, 곰들에게, 의자들에게, 그리고 다른 많은 친구들에게도. 그러는 사이 방 안은 조금씩 어두워지고 창밖은 점점 밝아집니다. 달님이 더 높게 더 밝게 떠오르는 것이겠지요. 그렇게 Goodnight 인사를 하다가 스르르 잠이 듭니다.

2.

베드타임 스토리(bedtime story), 즉 잠자리 동화책의 고전으로 알려져 있습니다. 애정을 듬뿍 담아 주변의 사물들에게 정겨운 인사를 건네는 아기 토끼가 너무나 사랑스럽습니다. 그런 아기 토끼를 보며 흐뭇한 미소를 짓고 있는 엄마 토끼의 모습이 그렇게 행복해 보일 수 없습니다. 세상의 모든 것을 다 소유하고 있는 것 같습니다. 그런 엄마의 넉넉한 마음으로 천천히 느리게 읽어보세요. 표현의 의미를 굳이 생각하지 않아도 느낌으로 이해할 수 있습니다. 이렇게 짧은 한 권의 그림책 속에 이토록 많은 것들이 담겨 있다니! 이미 읽어보신 분들도 새롭게 보이는 것들에 놀라실 겁니다.

빨강, 노랑, 파랑, 초록, 하양, 검정의 여섯 가지 색으로 그려진 그림이 여느 그림책들과는 다른 독특한 느낌을 줍니다. 마치 다색 판화를 보는 듯합니다. 강렬한 원색으로 칠했는데도 촌스럽거나 지나쳐 보이지 않습니다. 서로 확연히 대비되는 강렬한 원색의 페이지와 차분한 흑백 페이지 사이를 걷다 보면 감정의 흐름도 어느새 평온해지고 있음을 느낍니다.[1]

단어 끝에서 같은 소리가 반복되는 라임(rhyme)이 많이 사용되고 있습니다 (예: balloon/moon, bears/chairs). 라임에 유의하여 리듬감 있게 소리 내어 읽으면 영어 말소리 특유의 맛을 느낄 수 있습니다. 아이와 함께 운이 맞는 단어들을 찾아보는 것도 좋습니다. 음소 인식 능력을 향상시킬 수 있을 뿐 아니라 소리와 문자의 패턴을 파악하여 파닉스도 조금씩 자연스럽게 터득할 수 있게 됩니다. 하지만 잊지 마세요. 무엇이든 공부 욕심은 내려놓고 최대한 재미와 즐거운 책 읽기로 접근해야 한다는 것을. 그래야만 책 읽기도 영어도 둘 다 잡을 수 있습니다.

3.
쉽고 익숙한 책이라도 정말 좋은 작품은 더 천천히 더 여유 있게 읽어볼 필요가 있습니다. 그래야 보이니까요. 그래야 생각이 흐르기 시작하고, 그래야 새로운 느낌과 색다른 감흥을 맛볼 수 있으니까요. 책에 나오는 시계가 저녁 7시부터 8시 10분까지 10분씩 지납니다. 달도 움직입니다. 공기와 밤의 소리에게까지 밤 인사를 건네네요. 여기저기 숨은그림찾기 하는 재미도 제법 쏠쏠합니다.

---

[1] 그림책의 색상에 관한 내용은 늘백 가족이신 김지영 님의 후기에서 비롯된 것임을 밝힙니다.

벽에 걸린 액자에 왠지 눈길이 간다면 기뻐하세요. 맨 왼쪽 첫 번째 액자에서 토끼가 당근을 미끼로 다른 토끼를 낚고 있는 그림은 Margaret Wise Brown 의 《The Runaway Bunny》에 있는 장면입니다. 엄마 품에서 자꾸 떠나고 싶어하는 아기 토끼와 엄마 토끼의 큰 사랑을 그린 작품이지요. 일종의 자기 표절인 셈인데 반갑고 즐거울 뿐 하나도 밉게 보이지 않습니다. 두 번째 액자 속의 "The cow jumping over the moon"은 본래 《Hey Diddle Diddle》 에 있던 것입니다. 똑같은 것이 David Wiesner의 그 유명한 칼데콧 메달(Caldecott Medal) 수상작 《Three Little Pigs》에도 나옵니다. 마지막으로, 세 번째 액자에서 의자에 앉아 있는 세 마리 곰은 《Goldilocks and the Three Bears》를 떠올리게 합니다. 그림책 읽기를 계속하다 보면 많은 작품들에 이와 같이 전래동요(nursery rhymes)의 내용이 재활용되는 것을 자주 보게 되실 겁니다.

"Goodnight Cow jumping over the moon"이라니! 꼬마 토끼의 감성이 장난이 아닙니다. 이렇게 낭만적이며 아름다운 그림이 걸려 있는 집에 살고 있기 때문일까요? 집 안의 작은 물건 하나에도 흥미로운 스토리와 소중한 추억들이 담겨 있을 것이라 생각하니 모든 것이 다르게 느껴집니다. 공기와 주변의 소리는 물론 심지어 Nobody(존재하지 않는 그 누군가)에게까지도 Goodnight 인사를 건넬 수 있는 것은 결코 우연이 아닌가 봅니다.

4.
1947년 출간 이후 오랫동안 변함없이 큰 인기를 누려와서인지 패러디 작품도 많이 있습니다. 그중 하나가 Ann Droyd의 《Goodnight iPad》인데 시대의 변화를 반영하여 아이패드가 달님을 대신하고 있습니다.

침실과 거실에는 원작의 침실에 있었던 암소와 아기 곰 그림 액자, 장난감 집 대신 대형 디지털 TV, 오디오, 아이패드, 휴대폰 등의 전자기기로 가득 차 있습니다. 가족들이 늦은 밤까지 자지 않고 전자기기에 몰두하고 있는 모습을 보다 못한 할머니가 방 안의 전자기기를 모두 창밖으로 내던지기 시작합니다. 그렇게 하여 온 가족을 잠자리로 보낸 할머니는 침대에서 휴대 전등을 켜고 동화책을 읽습니다. 근데 할머니가 읽고 있는 동화책이 흥미롭게도 《Goodnight Moon》이네요. 세월이 흘러 디지털 시대가 되었어도 할머니는 알고 있었던 것이지요. 책 읽기는 역시 종이책이며 그래야 참맛을 느낄 수 있다는 것을. 어린 시절의 추억을 소환하는 것도, 그것을 손주들과 온전히 공유하는 것도 모두 아날로그라야 비로소 가능하다는 것을.

P. S.
다음은 《Goodnight iPad》의 유튜브 동영상과 리드 얼라우드입니다.

 동영상

 리드 얼라우드

한 줄 소감

 김효정3716
간결하고 단순한 색채의 그림과 문장이 안정감과 편안함을 가져다주네요. 잔잔하지만 라임 가득한 동요를 즐기다 보면 어느덧 편안히 잠자리에 들게 되는 사랑스러운 책입니다.

 김태은1432
아이들 어릴 때 베드 타임 스토리로 시작은 했으나 아이들 눈은 더욱 말똥말똥해지는 신기한 경험을 했던 책이에요. 소개해주신 《Goodnight iPad》도 격세지감의 웃픈 현실을 잘 반영해주는 패러디라 공감 백배하고 갑니다.

 이예린2124
저희 아이도 이 책을 함께 읽은 뒤 잠자기 전에 같이 놀던 인형, 블록, 책들을 정리할 때 각각의 이름을 불러주며 "Goodnight~" 한참 인사하다가 불을 끕니다. 너무나 사랑스럽습니다.^^

 고명희1049
원색의 그림이 촌스럽지 않고 예쁘다고 느껴지는 책이에요. 그리고 숨은 그림 찾듯이 주변에 바뀐 그림을 찾는 재미도 있어서 문장은 짧지만 볼거리와 이야깃거리가 아주 많은 것 같아요.

 이진경2236
입으로 소리 내어 읽었을 때 더 아름답게 느껴지네요. 노래하는 듯 아이에게 들려주면 기분이 참 좋아져요. 원문과 번역본이 주는 소리의 맛 차이가 커서 꼭 영문으로 읽어야 할 것 같아요.

 위원혜3489
무언가에 쫓기듯 바쁘게 마무리되는 우리집의 밤이 부끄러워집니다. 따스한 잠을 불러주는 마법의 주문 같은 책이네요. 저도 내일은 아들에게 잠의 주문을 들려주어야겠습니다.

하진희3777
잠들기가 아쉬운 아이도 결국은 잠들 텐데, 지금까지 왜 아이에게 빨리 자라고 닦달했을까요?!ㅠㅠ 모두에게 굿 나잇 인사를 할 정도의 기다림은 아이에게도 제게도 편안한 취침을 준비하는 시간이 될 텐데 말이죠.

서유미3165
아들이 아가였을 때는 제 손에 잘 안 잡힌 책이었어요. 근데 오늘 소개글을 보고 다시 보니 완전히 다르네요. 아들을 하나 더 낳아야 할랑가요~?ㅎㅎ 이제서야 진가를 보게 되네요. 다 커버린 아들과 아이패드 버전이라도?^^;;

전주연2378
라임이 잘 맞춰진 책이라는 것은 알았는데 몇 년 동안이나 그림의 숨은 의미를 모른 채 읽은 거였네요!! 교수님의 주옥같은 설명은 역시 꼭 읽어야 해요!

오성희3485
역시 아는 만큼 보이나 봐요. 좋은 잠자리 동화로만 알고, 잔잔한 책이라고만 생각했는데 이런 디테일이 살아 있었네요. 재미있는 요소가 이렇게나 많은지 미처 몰랐습니다. 패러디 작품도 처음 알게 되었는데, 재미있고 매력적인 것 같아요.

김인화1344
아이들 어렸을 때 한글책으로 읽어주면서 왜 유명한지 잘 이해할 수 없었던 책이었어요. 교수님의 설명을 듣고 영어 원서로 읽으니, 읽으면 읽을수록 매력이 뿜뿜이네요. 패러디 《Goodnight iPad》도 한참 웃었습니다.

이진희3520
늘백을 하면서 자주 느낍니다. 아이가 좀 더 어렸을 때 슬미를 알았더라면 얼마나 좋았을까? 그러면 아이와 더 많은 교감을 나눌 수 있었을 텐데! 아쉬움이 정말 크네요. 느리게 천천히 제대로 읽을 수 있는 재미와 그 방법을 알려주셔서 감사합니다.

김승연1259
아이와 라임 가득한 동요를 즐기다 보면, 어느새 아이들이 편안히 잠들게 됩니다. 정말 사랑스럽습니다.

최민희2563
재우려는 엄마 아빠와 자지 않고 버티려는 아이들의 눈치 작전이 치열한 저희집 베드 타임을 평화로 바꾸어 준 아주 고마운 책입니다.

손유나1759
문명이 주는 편리함보다는 편안함이, 도시의 활발함보다는 고요함이 그리워집니다. 지금 이 순간 제 마음속 바람과 너무도 잘 어울리는 내용이네요.

이주영2195
천천히 느리게 읽어봅니다. 책장을 넘기며 눈길을 주는 사물의 이름 하나하나에서도 맑고 고요한 소리가 들려옵니다. 여운이 오랫동안 남을 것 같습니다.

강은혜1031
감성이 몽글몽글 충만해지는 것 같아요. 그림을 자세히 보니 더 많은 것이 읽힙니다. 책장을 덮어도 쉽게 잠들지 못할 것 같아요.

느리게 100권 읽기

DAY 077

난이도 ■■☐☐☐☐

There Was an Old Lady Who Swallowed a Fly by Pam Adams

살다 보면 뚜렷한 동기나 이유도 없는데 스스로도 이해할 수 없는 일을 하게 되는 경우가 종종 있습니다. 때로는 별생각 없이 시작한 사소한 일이 점점 커져서 아주 심각한 일이 되기도 하지요. 오늘 우리가 함께 읽을 늘 백의 그림책은 무모하게도 무언가를 자꾸 삼키게 되는 한 할머니에 관한 터무니없는 이야기입니다. 널리 알려진 이야기를 Pam Adams가 각색하고 그림으로 표현한 작품입니다.

1.
무슨 이유에서인지 파리 한 마리를 꿀꺽 삼킨 할머니가 있습니다. 그런데 할머니는 그 파리를 잡기 위해 거미를, 거미를 잡기 위해 새를, 새를 잡기 위해 다시 고양이를 삼키면서 점점 더 큰 동물을 꿀꺽합니다. 할머니는 왜 그런 이상한 짓을 할까요? 그렇게 많은 동물들을 삼키고도 무사할 수 있을까요?

2.
오랫동안 구전되던 전래동요를 바탕으로 한 그림책입니다. 발상이 독특하고 이야기가 괴이할 정도로 엉뚱할 뿐 아니라 결말까지도 평범하지 않습니다. 이야기가 꼬리에 꼬리를 물고 이어집니다. 문장이 반복되고 추가되면서 계속 쌓여가는 누적적인 구조의 노래(cumulative song)입니다. 그 옛날 어릴 적 동네 친구들과 함께 즐겨 부르던 "원숭이 똥구멍은 빨개, 빨가면 사과, 사과는 맛있어~"라는 노래가 떠오릅니다. 다음을 어렵지 않게 예측할 수 있고 굳이 애쓰지 않아도 저절로 외우게 됩니다. 리듬과 라임이 살아 있어 즐겁게 소리 내어 읽을 수 있고 흥겹게 노래할 수 있습니다.

3.

세상에, 할머니가 소를 삼켰다니 그게 가당키나 한 일인가요? 그러고 나서도 죽지 않는 슈퍼우먼이라니 더욱 말이 되지 않지요. 그리고 마지막 순간에는 왜 갑자기 논리적인 현실로 돌아온단 말입니까? 모두 맞습니다. 이야기의 시작부터 끝까지 한 군데도 말이 되는 부분이 없는 듯합니다. 한마디로 황당무계하고 심지어는 엽기적이기까지 한 이야기입니다.

그런데 그런 이야기가 수백 년 이상 구전으로 전해 내려온 전래동요랍니다. 많은 작가들이 다양한 버전의 작품을 계속해서 출간하는, 패러디 작품도 엄청나게 많은, 인기 절정의 이야기랍니다. 어른들의 시각에서는 이해하기가 쉽지 않습니다. 하지만 아이들은 즐겁기만 합니다. 황당하기 때문에 더 좋아합니다.

Oliver Jeffers의 《Stuck》에서 나무에 걸린 연을 되찾기 위해 온갖 예측 불허의 것들을 계속 집어던지던 한 소년의 무모하기 이를 데 없는 모습이 생각납니다. 이번에는 남보다 자신을 해치게 된다는 점이 다를 뿐 어처구니없기는 마찬가지입니다. 인간의 어리석음과 욕심의 끝은 대체 어디까지일까요?

4.

황당하다고요? 맞습니다. 그런데 그렇게 꼭 황당하기만 한 설정일까요? 어떤 이유에서든 파리나 벌레를 삼킬 수 있습니다. 그리고 그 문제를 해결하기 위해 거미를 삼킬 수도 있고요. 처음에는 그렇게 대수롭지 않던 것이 점점 더 심각한 문제로 발전하여 결국엔 돌이킬 수 없는 지점까지 가는 것, 현실에서도 드물지 않게 일어나는 일 아닌가요? 바늘도둑이 소도둑 되는 것도 같은 원리 아닐까요? 생각이 이쯤에 미치면 이 황당한 이야기가 반드시 그렇게 황당한 것만은 아닐 수도 있다는 생각을 할 수 있습니다.

끔찍하게 느껴지는 결말이 마음에 들지 않으신다고요? 그렇다면 약간의 융통성을 발휘해보는 것은 어떨까요? 예를 들어, Scholastic에서 출판된 Lucille Colandro의 버전에서는 그동안 삼킨 동물들을 모두 토해내고 친구가 됩니다. 같은 출판사의 Fly Guy 버전《There Was an Old Lady Who Swallowed Fly Guy》에서는 Buzz의 할머니가 실수로 Fly Guy를 꿀꺽 삼키면서 이야기가 시작되지만 마지막에는 모든 동물들이 탈출에 성공하여 행복한 마무리를 하게 됩니다. 빈약한 상상력 때문에 쉽지 않다고요? 그렇다면 아이들의 상상력을 빌려보는 것은 어떨까요? 마음을 열고 생각을 조금만 바꾸면 더 재미있고 더 풍성한 책 읽기가 될 수 있습니다.

5.
칼데콧 아너북(Caldecott Honor Book) 수상작이면서 그림도 더 뛰어난 Simms Taback의 작품도 있는데 왜 하필이면 이 책을 선택했느냐고요? 아무리 많은 것을 삼켜도 조금도 변함이 없는 할머니의 얼굴 표정, 곧 죽을지도 모르는데 인자한 미소를 띤 모습이 영 마땅치 않으시다고요? 더구나 무언가를 자꾸 삼키면서 뚱뚱해지는 과정과 눈의 핏줄까지 생생하게 그려내어 힘들다는 것을 확연히 보여주는 Simms Taback의 그림과 비교하면 불만이 더 커질 수도 있을 겁니다.

하지만 생각해보셨습니까? 할머니의 편안하고 인자한 얼굴 모습 뒤에 끔찍하고 엽기적인 부분을 순화시켜 주기 위한 의도가 숨어 있을 수도 있다는 점을? 자칫 심각해지기 쉬운 죽음이라는 주제가 흥미롭게도 이 책에서는 재미있고 유머러스하게 느껴집니다. 생각이나 언급은 피할 수 있어도 그 자체는 누구도 피할 수 없는 죽음, 그것을 소개하는 이보다 더 슬기로운 방법이 또 있을까요?

> **한 줄 소감**
>
> **박연주1604**
> 이 말도 안 되는 내용을 이렇게 철학적인 성찰이 가능하도록 풀어주시는 교수님의 소개글! 늘백이 아니면 어디에서 이런 걸 경험할 수 있을까요?
>
> **문상미1518**
> 어른들의 논리로는 도저히 맞지 않는 이야기들, 아이들의 시선으로 바라보면 이해가 되기 시작하고, 교수님의 친절한 설명과 함께 읽으면 그제서야 고개를 끄덕이게 됩니다.

김정은1357
아이들은 전혀 심각하지 않고 마냥 즐겁기만 한가 봐요. 아이가 받아들이는 것은 확실히 다르네요. 어른들도 가끔은 심플해질 필요가 있을 것 같다는 생각이 듭니다.

홍정현3764
하나하나 삼키면서 몸도 커지고, 삼키는 것도 점점 커지는 할머니를 보면서 내 그녀 왈. "어떻게 삼켰을까?" 정말 진지하게 고민하는 모습에 빵! 터졌답니다. 역시 먹는 것에는 언제나 진심인 그녀의 지극히 아이다운 생각, 생각할수록 웃음이 나네요.

김지영1386
엄마는 엽기적이어서 놀라고, 아이는 점점 가속도가 붙으며 신나게 노래하는 책이었어요. 그런데 저는 교수님 소개글 아니었다면 그냥 엽기적이라 생각하고 끝났을 것 같아요.^^ 많은 그림책은 역시 논리적인 것은 잠시 내려놓고 동심이 되어야 오롯이 즐길 수 있나 봐요.

박하영1667
이 구전동화는 대체 무엇을 말하려는 걸까 하며 계속 의아해했던 기억이 납니다. 근데 교수님의 글을 읽으며 답답함이 해소됨을 느껴요.^^ 무모하고 단순하게만 보였던 이 그림책이 이제는 심오하게 느껴집니다.

권민희1090
그저 먹다가 죽는다는 설정이 비호감이라서 황당하기만 한 이야기였습니다. 근데 늘백을 통해 새롭게 보이는 책 중에 하나가 되었네요. 아이들이 진짜? 진짜? 하며 계속 읽어달라고 달려오는 매력 넘치는 책! 이제는 저도 즐겁게 감상합니다.

성경미1745
아이들에게 죽음을 소개하는 슬기로운 방법이 오늘의 그림책 속에 있다니! 너무나도 잘 알려진 책이라 알 만큼 알고 있다고 생각했는데… 한 방 세게 맞은 느낌이에요.

김명옥1156
아! 이제야 이 책을 고르신 이유를 깨닫습니다. 고통의 시간을 가져보니 죽음은 꼭 슬프고 어둡지만은 않고 웃음과 즐거움으로 마무리할 수 있다고 저도 믿고 있습니다.

배은영1692
터무니없게만 느껴졌던 이야기에 이렇게 깊은 뜻이 숨어 있었다니! 교수님의 소개글이 아니었다면 고개를 갸웃하고 지나쳤을 책인데, 관점을 달리해 이면의 가능성을 생각해보니 정말 새로워 보이네요. 물론 아이들은 그런 것과 상관없이 그저 즐거운 것 같고요.

임숙연3218
저도 심스 태백 버전보다 이 책이 나았어요. 칼데콧이 무슨 소용인가요? 끔찍한 것은 순화하고 완화하여 아이들에게 전달할 더 나은 방법을 찾아야지요.

김새봄1210
어른들에게는 엽기적인 이야기가 아이들에게는 유쾌하고 신나는 상상 여행이 될 수 있다는 것, 바로 이것이 아이들과 함께 그림책을 읽는 매력인가 봅니다. 또 그런 책을 새로운 관점에서 바라볼 수 있게 해주는 것은 슬로우 미러클만의 매력인 것 같네요.

느리게 100권 읽기

DAY 078

난이도 ■■■□□

The Heart and the Bottle
by Oliver Jeffers

사랑하는 사람의 죽음과 그로 인한 슬픔에 대처하는 가장 좋은 방법은 무엇일까요? 어린아이들에게는 어떻게 설명해주면 좋을까요? 오늘 우리가 함께 읽을 늘백의 그림책은 죽음을 대하는 자세나 마음가짐에 대해 생각하도록 도와줄 Oliver Jeffers의 《The Heart and the Bottle》입니다.

1.

다른 아이들과 크게 다르지 않은 한 평범한 소녀가 있었습니다. 세상에 대한 호기심과 주변의 많은 것들에 대한 경이로 가득 차 있었고 새로운 발견을 즐기던 아이였지요. 그런데 어느 날 모든 것을 함께하던 할아버지가 돌아올 수 없는 먼 곳으로 떠나시고 할아버지의 빈 흔들의자만이 남게 됩니다. 소녀는 슬픔을 감당할 자신이 없었습니다. 그래서 자신의 마음을 병 속에 넣어 목에 걸고 살아가게 되지요. 그렇게 하면 견딜 수 있을 것이라, 더 이상 상처를 입지 않게 되리라 생각했던 것일까요? 하지만 마음을 닫자 모든 것이 달라집니다. 세상에 대한 호기심은 사라지고 어떤 것에도 감흥을 느끼지 못하게 됩니다. 병 속에 갇힌 소녀의 마음은 과연 어떻게 될까요? 다시 밖으로 나올 수 있게 될까요?

2.

사랑하는 이를 잃었을 때 느끼는 깊은 슬픔에 관한 이야기입니다. 말로 표현하기 힘든 주제를 군더더기 없는 간결한 글과 따뜻하면서도 산뜻한 느낌의 직관적인 그림으로 이해하기 쉽게 설명하고 있습니다. 넓고 시원한 여백의 아름다운 삽화가 마음을 차분하게 해주고 조용히 사색할 수 있게 도와줍니다. 유리병 속의 심장과 비어 있는 의자가 두고두고 기억에 남을 것 같습니다.

표지 그림부터가 심상치 않습니다. 소녀의 심장은 유리병 속에 들어 있고 얼굴에는 입이 그려져 있지 않네요. 입이 없는 것은 아닐 텐데 굳게 닫혀 열릴 줄 모르기 때문일까요? 소녀는 왜 그런 모습을 하고 있을까요? 무엇이 그렇게 만들었을까요? 대체 어떤 심정일까요? 소녀의 삶은 또 어떤 모습일까요? 우리 주변에도 분명 마음을 어딘가에 숨겨두고 살아가는 사람들이 있을 텐데 그 사람들은 왜 그렇게 되었을까요? 무겁고 우울한 질문들이 이어집니다.

3.
중요한 많은 것을 알게 해줍니다. 이야기의 첫 문장(Once there was a girl, much like any other)이 암시하는 것처럼, 죽음과 그로 인한 슬픔은 누구도 피할 수 없는 모든 사람의 문제임을. 그러한 문제는 더 이상의 아픔을 피하기 위해 마음을 닫는 것으로 해결될 수 없음을. 문제를 잠시 피할 수는 있지만 영원히 피할 수는 없으며 언젠가는 용기 있게 직면해야 비로소 해결이 가능하게 됨을. 그리고 사랑을 잃은 슬픔과 고통은 오직 사랑을 통해서만 치유가 가능하다는 것을.

말로 설명하기 쉽지 않고 어른들조차 현명하게 대처하기 힘든 죽음과 그로 인한 큰 슬픔을 어린아이도 이해할 수 있게 도와줍니다. 마음이 상처 입거나 병들었을 때 어떻게 해야 하는지 생각하게 합니다. 읽고 대화하는 것만으로도 상실감으로 무기력해진 마음에 큰 위로가 될 수 있습니다. 기쁨과 행복을 주는 사랑, 그 사랑을 잃은 슬픔, 그리고 치유와 회복으로 이어지는 과정을 바라보며 나도 누군가의 슬픔과 고통에 참여하고 그 해결에 도움이 될 수 있으면 좋겠다는 바람을 가져봅니다.

4.
사랑하는 가족이나 애완동물의 죽음을 어린아이들에게 어떻게 설명하는 것이 좋을까요? 어린 마음이 감당하기에는 너무 힘든 문제이니 최대한 뒤로 미루어두거나 가급적 부드럽게 순화시켜 충격을 줄여주는 것이 좋을까요? 아주 많은 사람들이 선택하는 방법이지만 그것이 최선의 방법인지, 충분히 지혜로운 방법인지는 의문입니다. 아무리 크고 다루기 어려운 문제라도 그것이 피할 수 없는 우리 삶의 일부라면, 그 본질과 대처 방법을 알지 못한 채 문제를 만나 극심한 고통과 불행 속에 빠지기 전에, 미리 이해를 돕고 필요한 준비를 하도록 도와주는 것은 어떨까요?

삶 속에서 누구나 만나게 되는 커다란 슬픔과 그로 인한 고통을 어떻게 하면 아이들에게 이해시키고 준비하도록 도울 수 있을까요? 가장 좋은 방법 중 하나는 아마도 그런 문제에 관한 그림책을 함께 읽고 그것을 매개로 이야기를 풀어나가는 것이 될 겁니다. 그림책 테라피(using picture books in therapy), 즉 그림책을 이용한 독서 치료(bibliotherapy)의 핵심은 책의 내용을 현실의 문제와 연결 지어 의미 있는 대화를 나누고 이를 통해 문제의 이해와 해결을 돕는 것입니다. 누구에게나 문제는 있기 마련입니다. 문제를 모두 피할 수도 없지만 피한다고 해결되는 것도 아닙니다. 특히 우리의 행복을 좌우하는 큰 문제들은 적극적으로 대처할 필요가 있습니다. 그림책 읽기는 그런 문제들을 이해하고 해결하는 데 필요한 지혜와 요령을 가르쳐줍니다. 그러한 지혜의 터득과 실천은 어른에게도 쉬운 일은 아니지만 어린아이라도 얼마든지 배워 자신의 것으로 만들 수 있습니다.

5.
큰 상실과 아픔을 경험한 사람들은 아마도 모두 비슷할 것입니다. 더 이상 상처받고 싶지 않아서 마음의 문을 굳게 닫아버리게 되는 것 말입니다. 하지만 그렇게 마음을 닫아두면 고통은 덜할지 모르지만 다른 것들에도 무감각해져 열정도 호기심도 사라지고 삶의 모든 것이 달라집니다. 그렇다고 상처가 치유되는 것도 아닙니다. 단지 덮어두는 것이지요. 상실과 그로 인한 슬픔과 아픔에 용기 있게 직면해야 합니다. 자신의 상처를 적극적으로 어루만져야 합니다. 그런 경험을 성공적으로 해낸 사람은 다른 사람의 아픔도 이해하고 돌볼 수 있게 됩니다. 그리고 타인의 치유를 도움으로써 자신도 치유받게 될 것입니다.

P. S.
죽음 하면 떠오르는 노래가 있습니다. "나 슬퍼도 살아야 하네. 나 슬퍼서 살아야 하네. 이 삶이 다하고 나야 알 텐데, 내가 이 세상을 다녀간 그 이유" 하고 노래하는 〈나 가거든〉입니다. 로엘(Roel)과 포레스텔라가 각각 부릅니다. 비교하며 들어보시기 바랍니다.

 〈나 가거든: 로엘〉

 〈나 가거든: 포레스텔라〉

한 줄 소감

 조민아2480
예쁜 노란색 표지와 대비되어서 아이의 슬픔이 더욱 크게 다가오는 것 같아요. 슬픔과 오롯이 마주하는 일은 아이에게도 어른에게도 쉽지 않은 일이겠지요. 이별과 이별의 슬픔에 대해 고민이 많아집니다.

 이주옥3346
늘백에서 이 책을 만난 후, 죽음에 대해 아이에게 어떻게 설명해줘야 할지 생각해보게 되었어요. "나 슬퍼도 살아야 하네." 너무나도 가슴 아픈 현실의 표현이네요.ㅠㅠ 유리병 속에 들어간 심장이 여전히 생생하게 떠올라 제 마음을 아프게 합니다.

 김은주2847
이 책을 읽고 내 마음의 병 속에 꼭꼭 숨겨두었던 감정을 꺼내어 마주볼 수 있었습니다. 또 말로 설명하기 어렵고 어떻게 받아들여야 할지도 모르는 죽음을 조금이나마 무겁지 않게 아이와 이야기해볼 수 있었던 시간이었어요.

 홍지윤3765
얼마나 견디기 힘들었으면 마음을 병 속에 넣어두었을까요? 아이의 막막함, 슬픔과 괴로움이 전해집니다. 하지만 그것과 직면해야 치유될 수 있다는 말에 공감합니다. 슬미의 그림책 읽기를 통해 마음의 근육을 키우는 법을 배웁니다.

 황보혜인2715
피할 수 없다면 즐겨라. 잘 이해되지 않았던 말이었습니다. 그런데 시간이 좀 지나고 보니 '꼭 피해야만 능사가 아니구나, 맞닥뜨리고 적극적으로 대응하면서 내가 성장하는구나' 하는 것을 느끼는 중입니다. 이 책이 더 소중하게 다가온 이유인 것 같습니다.

박선향1567
슬미에서 늘백 하며 그림책 테라피를 경험하고 있는 사람이 바로 저입니다. 비어 있었던 유년시절을, 그때 보았어야 할 그림들과 읽었어야 할 언어들로 채워 나가는 기분입니다.

조정은3244
'독서 치료'라는 표현이 정말 마음에 와닿습니다. 오늘은 학교 수업 중에 슬미에서 읽은 책을 읽어주었는데 몇몇 학생들의 눈에서 흘러내리는 반짝거림을 보았습니다. 아이들의 마음에도 울림을 주었나 봅니다.♥

윤지수1973
이 책을 읽으며 크게 와닿지 않아 아이가 공감하기 어려울 것이라고 생각했는데… 왜! 오늘은 책을 읽다가 감동이 밀려와 울어버렸습니다. 그림책 테라피라는 말이 딱 와닿네요! 오늘 이 책을 읽어줄 때 아이도 제 감정을 고스란히 느끼는 것 같았어요.

송현주1789
힘든 고통을 겪고 있는 사람, 특히 사랑하는 사람과 이별한 사람에겐 어떤 위로를 건네는 것이 좋을지 아직도 어렵습니다. 이 책을 소개하는 것도 한 가지 좋은 방법이 될 것 같네요.

이지현2226
자신의 상처를 부드럽게 어루만지고 싸매 적극적으로 치유하는 일, 제게는 정말 필요한 것이었어요. 그런데 슬미에서 교수님과 슬미인들을 만나 그림책을 읽고 대화하는 사이 어느새 그 힘이 쑥 자랐다는 느낌이 듭니다.

임수지2307
꼭 죽음이 아니더라도 힘든 일을 겪고 마음의 문을 닫아버리면 생기뿐 아니라 세상에 대한 호기심이나 관심마저 사라지더라구요. 사랑만이 그 문을 다시 열어준다는 말씀에 많은 공감이 되었습니다.

김지혜2858
슬미를 통해서 제가 그림책 테라피를 하고 있는데, 그 영향이 아이에게도 가는 것 같아요. 그림책을 통해 내 감정들을 돌보고 나를 아끼니, 아이를 대할 때도 감정적으로 대하지 않으려 노력하게 되고, 여유를 가지고 한 템포 쉬어가게 되네요.

느리게 100권 읽기
DAY 079
난이도 ■■■□□

The Tiger Who Came to Tea
by Judith Kerr

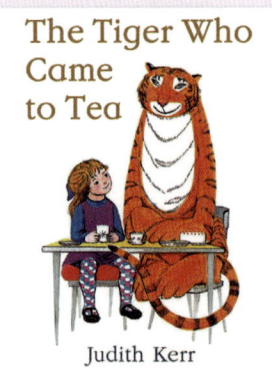

바쁜 일상으로부터 잠시 벗어나 모처럼 만에 차 한 잔의 여유를 즐기고 있는데 갑자기 낯선 손님이 찾아와 잠시 쉬어가기를 청한다면? 오늘 우리가 함께 읽을 늘백의 그림책은 전혀 예기치 못했던 한 손님의 방문에 얽힌 특이하고도 흥미로운 이야기 《The Tiger Who Came to Tea》입니다. 영국의 작가이자 삽화가인 Judith Kerr가 글을 쓰고 그림도 그렸습니다.

1.

소피와 엄마는 부엌에서 차를 마시고 있었습니다. 그런데 갑자기 초인종이 울려 현관문을 열어보니 놀랍게도 커다란 호랑이 한 마리가 와 있는 것이 아니겠습니까? 호랑이의 예의 바름 때문이었을까요, 아니면 엄마의 큰 담력과 용감함 때문이었을까요? 함께 차를 마실 수 있겠느냐고 정중하게 묻는 호랑이를 엄마는 기꺼이 맞아들입니다. 그리고 그렇게 셋에서 티타임을 갖게 되지요. 배가 엄청나게 고팠는지 호랑이는 테이블 위의 간식을 허겁지겁 먹기 시작합니다. 그리고 나서는 집 안 구석구석을 돌아다니며 음식이란 음식은 모조리 먹어 치우고 심지어는 물 한 방울까지도 남김없이 마셔버리고 맙니다. 이제 소피의 집에는 저녁으로 먹을 음식은 물론 마시거나 씻을 물조차도 전혀 없습니다. 소피와 엄마는 대체 어찌하면 좋을까요?

2.

피곤하고 지친 영혼에 대한 환대와 친절, 배려와 사랑의 마음을 담고 있는 책입니다. 사랑스럽고 정감 넘치는 등장인물을 중심으로 기발한 발상의 유쾌한 이야기가 흥미진진하게 펼쳐집니다. 호랑이에 대한 주인공 소녀 소피의 애정 어린 시선과 따뜻한 마음이 잘 드러나 있는 표지 그림부터가 독자들의 눈길을 끌며 앞으로 전개될 이야기에 대해 큰 기대감을 갖게 합니다. 일상 속으로 불쑥 쳐들어와 집 안을 온통 난장판으로 만들고 떠나버린 호랑이, 하지만 원망은커녕 언제든 다시 찾아올지도 모른다는 생각에 여분의 음식을 준비하는 모습까지, 단 하나도 평범한 장면이 없습니다. 읽지 않을 수는 있어도 한 번만 읽고 말기는 사실상 불가능한 책입니다.

어려운 어휘도 거의 없고 일상생활 속의 친숙한 표현이 많아 영어에 대한 큰 부담 없이 내용을 즐길 수 있습니다. 반복해 읽어도 지루하지 않습니다. 작은 성공의 경험을 더할 수 있어 "나도 영어책을 읽을 수 있다"는 자신감을 갖게 해줍니다.

3.
깨끗하고 깔끔하면서도 따뜻한 애정이 가득 담겨 있는 삽화가 매력적입니다. 불안한 마음을 완전히 떨쳐버리기 힘든 이야기를 시종일관 편안한 마음으로 즐길 수 있게 도와줍니다. 모든 등장인물이 하나같이 사랑스럽고 호감이 가는 존재로 그려져 보는 이들의 마음을 흐뭇하게 합니다. 아무리 배가 고파도 그렇지, 집 안의 모든 음식을 다 먹어치우다니! 참으로 염치없는 손님이지만 소피의 아름다운 마음 때문인지 신기하게도 그런 호랑이조차 결코 얄미운 존재로 느껴지지 않습니다.

우리에게는 호랑이가 두렵게 여겨지는 맹수이지만 영국에서는 동물원에서나 볼 수 있는 이국적인 동물이기 때문일까요? 호랑이를 바라보는 시선이 무척 색다르고 신선하게 느껴집니다. 호랑이가 차를 마시러 온다니! 그 설정이 너무나도 기상천외하여 독자들의 흥미를 한껏 자극합니다. 호기심을 불러일으키고 상상의 나래를 펼치게 합니다.

4.

커다란 덩치만큼이나 엄청난 식욕으로 음식을 모조리 먹어치우는 호랑이, 그런 호랑이를 시종일관 따스한 연민의 눈으로 바라보는 소피. '얼마나 배가 고팠으면 저럴까?' '마음의 상처도 작지 않겠지!' 하고 생각하며 안쓰러워하는 모습이 역력합니다. 호랑이에 대해 약간의 언짢아하는 기색도 보이지 않는 쿨한 아빠, 다시 올지 모를 호랑이를 위해 음식을 준비하는 사려 깊은 엄마, 그런 엄마 아빠의 모습을 보니 소피의 너그러운 마음과 뛰어난 공감 능력이 결코 우연히 주어진 것은 아니었네요.

책장을 덮은 후 스스로에게 물어봅니다. 어느 날 갑자기 누군가가 집으로 불쑥 찾아와 도움을 청한다면 난 그를 흔쾌히 맞아들일 수 있을까? 상대의 어려운 처지와 상처받은 마음을 안타깝게 여기며 필요를 채워주고 가만히 기다려줄 수 있을까? 실제 그렇게 하는 사람들이 있다면 그들은 단지 어리석고 신중하지 못하기 때문일까? 아니, 작가의 상상력으로 꾸며낸 동화 속에서나 가능한 이야기라고 해야 할까? 호랑이는 다시 찾아오지 않았지만 낯선 이웃은 언제든 다시 찾아올 수 있겠지. 만일 그와 같은 일이 일어난다면 나도 소피나 소피의 엄마 아빠처럼 할 수 있을까? 오히려 거짓이 판을 치는 세상의 험악함을 평계 삼아 무조건 상대를 의심하고 도움을 청하는 손길을 외면하며 스스로를 정당화하려 하지는 않을까?

5.

2019년 97세의 나이로 타계한 독일 태생의 영국 그림책 작가 Judith Kerr의 대표작 중 하나입니다. 1968년 출간 이후 50년 넘게 전 세계적으로 큰 사랑을 받으며 그림책의 고전 중 하나로 자리매김하고 있지요. 당시 영국의 생활과 문화는 물론 언어적 특성까지 엿볼 수 있습니다.

호랑이가 무엇을 나타내는지에 대해서는 의견이 분분합니다. 작가가 어린 시절 경험한 독일 나치의 위협과 관련이 있다고 말하는 사람도 있습니다. 하지만 작가 스스로 호랑이는 호랑이일 뿐이라고 여러 차례 밝힌 바 있습니다. 어쩌면 독자들의 상상력을 제한하지 않으려는 작가의 친절한 의도가 숨어 있을 지도 모르지요. 아무튼 작가의 배려 덕분에 지난 50여 년 동안 독자들은 호랑이의 정체와 행동에 대해 상상의 나래를 마음껏 펼치며 책 읽기를 즐길 수 있었다고 할 수 있겠네요.

P. S.

2019년 출간 50주년을 맞아 영국의 채널 4(UK's Channel 4)가 공개한 애니메이션이 있습니다. 드라마 〈셜록(Sherlock)〉과 영화 〈어벤져스: 엔드게임(Avengers: Endgame)〉으로 우리에게도 잘 알려진 배우 베네딕트 컴버배치(Benedict Cumberbatch)가 자상한 소피 아빠의 목소리를 연기한 작품입니다. 무엇보다 원작의 그림체와 분위기를 그대로 살려 책 읽기의 감동을 다시 한번 고스란히 느낄 수 있습니다.

다음은 그 애니메이션의 Trailer입니다.

 〈The Tiger Who Came to Tea〉

한 줄 소감

 김하영1436
우리집의 빼놓을 수 없는 하루 일과 중 하나는 바로 Tea Time입니다. 향기로운 차 한 잔과 디저트에 흐뭇한 미소, 몸속에 따스함이 사르르 퍼질 때의 만족감, 정말 똑같아서 읽는 내내 흐뭇했어요.

 김미성1165
무서운 호랑이 손님이라니! 그런데 책장을 펼치자마자 두려움은 온데간데없고 함께 차 마시는 상상을 하고 있는 내!ㅋㅋ 좋은 그림책의 힘은 정말 엄청나네요.^^

 김정은1357
호랑이에 대한 우리의 고정관념을 싹 바꿔버릴 수 있을 것 같아요. 호랑이 얘기하면 자연스레 "떡 하나 주면 안 잡아먹지!"를 떠올리는 아이들에게 신선하게 다가갈 호랑이네요.ㅎ

 이희정2294
영국의 작은 시골에서 새로운 생활을 막 시작한 저희 가족에게 이곳 사람들의 환영, 나눔, 친절, 그리고 배려가 너무나 큰 힘이 됩니다. 이 책을 이곳에 와서 다시 읽으니 영국의 문화와 삶이 그대로 느껴져 더욱 새롭습니다.

이현정2266
저는 솔직히 호랑이가 얄미웠고, 소피의 가족들은 어리숙하리만치 착해서 속상했습니다. 하지만 동시에, 영악해져야만 살아남을 수 있는 요즘 같은 시대에 소피 가족의 이런 순수함이 바보처럼 취급받지 않기를 바라봅니다.

김연희1283
누군지도 모르는 타인의 불쑥 방문에 이토록 환대를 해줄 수 있을까요? 비현실적이란 생각이 자꾸 고개를 들지만 그래도 다 퍼주고도 더 주고 싶어하는 소피 가족의 따뜻한 마음이 제 마음까지 훈훈하게 해주네요.^^

송현주1789
호랑이를 집 안에 들인다는 설정 자체가 정말 신선하네요. 음식을 다 먹어버리는데도 그 모습을 잔잔한 미소와 호기심 어린 눈으로 바라보는 소피가 놀랍고 인상 깊었습니다. 전 의심과 걱정이 많은 편이라 아마 문도 안 열어줬을 것 같아요.

정희정3755
며칠 전 아이들 할머니가 "잠깐 나갔다 올 테니 집 잘 보고 있어" 해서 저와 아이들이 "호랑이가 와도 문 열어주지 않을게요" 하며 함께 웃었어요. 근데 이제는 호랑이에게 문을 열어줘야 할 것만 같아요.^^

조정은3244
호랑이의 정체는 다름 아닌 소녀의 아빠라는 것에 한 표! 마법에 걸린 아빠가 호랑이 모습을 하고서도 가족의 환대를 받게 되는지 마녀가 시험을 했고, 다행히 시험에 통과한 아빠는 마법에서 풀려 가족의 품으로 돌아왔지요. 이미 과식한 아빠는 가족과 외식할 때 뭘 드시지 않는 듯하고요.ㅎㅎ

김보람1198
호랑이가 다 먹어버려 아무것도 먹을 게 없다고 했을 때 아주 쿨하게 외식하자! 말하는 아빠의 공감능력이 정말 대단한 것 같아요. 어느 날 저도 남편에게 연기 한번 해볼까요?^^

문설희1519
호랑이가 다시 올 것에 대비해 큰 통의 Tiger Food를 안고 오는 Sophie의 모습이 특히 기억에 남습니다. 열린 마음의 정도에 대해 Sophie가 큰 생각거리를 안겨주네요. 그런데 왜 호랑이는 다시 오지 않았을까요?

박라영1545
집에 누군가 왔을 때 불청객이 될지, 반가운 손님이 될지는 상당 부분 우리의 마음에 달려 있는 것 같아요. 사랑과 배려, 환대가 가득한 이야기에 가슴이 따뜻해집니다.

Stellaluna
by Janell Cannon

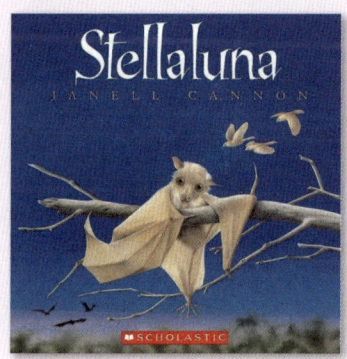

좋은 책은 힘이 셉니다. 그런 책을 느리게 천천히 읽으며 마음을 열고 귀를 기울이면 그 힘을 느끼고 경험할 수 있습니다. 그리고 그런 경험은 종종 우리의 마음과 생각에 변화를 가져옵니다. 오늘 우리가 그러한 기대를 가지고 함께 읽을 영어책은 Janell Cannon의 사랑스런 아기 박쥐 이야기 《Stellaluna》입니다.

1.

Stellaluna는 아주 어린 아기 박쥐입니다. 엄마 품에 꼭 안겨 맛있는 과일향을 쫓아 날아가던 중 사나운 올빼미의 공격으로 추락해 새들이 살고 있는 둥지로 곤두박질치게 됩니다. 그런 인연으로 새들과 함께 살면서 진짜 새처럼 자라나게 되고 박쥐의 본 모습은 점점 잃어버리게 되지요. 그러던 어느 날 나는 법을 배워 멀리 날아가다가 지쳐서 쉬고 있을 때 그곳에서 꿈에도 그리던 엄마와 감격적인 상봉을 하게 됩니다. Stellaluna는 과연 자신의 본래 모습과 삶을 다시 찾게 될까요? 아기 새들과의 우정은 어떻게 될까요?

2.

엄마를 잃어버린 아기 박쥐의 모험과 우정, 자기 정체성과 다름, 그리고 다름의 수용에 대한 이야기입니다. 그림책이나 동화책으로는 드물게 박쥐를 주인공으로 하고 있습니다. 실사로 보일 만큼 사실적으로 그려진 박쥐의 모습이 매우 사랑스럽고 매력적으로 느껴집니다. 나무에 거꾸로 매달려 있지 않고 날개로 나무를 붙들고 있는 표지 그림의 모습에서 뭔가 심상치 않은 사연이 있음을 느낄 수 있습니다. 엄마도 잃고 자신도 잃고 자신과 비슷한 친구들도 모두 잃을 위기에 처합니다. 하지만 결국엔 엄마도 찾고 자신도 찾고 진정한 우정까지도 얻게 되지요.

3.
박쥐를 좋아하지 않는다고요? 섬뜩한 느낌이 들고 징그럽기까지 하다고요? 박쥐 같은 기회주의자들을 세상에서 제일 싫어하신다고요? 거기다가 글밥까지 많아 선뜻 손이 가지 않던 책이었겠지요? 다 이해합니다. 저도 크게 다르지 않았으니까요. 하지만 조금만 마음을 열고 천천히 느리게 읽어보시길 바랍니다. 박쥐에 대한 생각이 바뀔 수도 있다는 기대감을 가지고 말이죠. 그러면 귀엽고 사랑스러운 박쥐도 있다는 사실을 알게 되실 겁니다. (실제 일부 종은 상당히 귀엽게 생겼고 애완동물로 키우기도 합니다.) 그리고 적어도 "스텔라루나"라는 이름만큼은 친근하게 느껴지기 시작할 겁니다.

잃어버린 Stellaluna를 애타게 찾아 헤매는 엄마 박쥐의 모습을 떠올리면 가슴이 미어집니다. Stellaluna에게서 박쥐의 습성을 없애고 새처럼 되게 만들려는 엄마 새가 야속하기만 합니다. 어떻게든 살아보겠다고 먹는 것은 물론이고 행동하고 생활하는 것까지 모두 새에게 맞추어야만 했던 어린 박쥐 Stellaluna의 모습에 안쓰러운 마음을 금할 수 없습니다. 그래서일까요? 박쥐의 몸으로 새처럼 우아하게 날아 앉으려 노력하는 Stellaluna의 우스꽝스러운 모습이 우습기는커녕 오히려 더 사랑스럽게 느껴집니다. 거꾸로 매달리지 않겠다고 한 약속을 지키기 위해 나뭇가지에 똑바로 매달려 있는 Stellaluna의 모습이 한편으론 기특하면서도 마음을 심히 아프게 합니다. 박쥐의 모습을 찾은 후에도 새들과의 우정을 소중히 여기는 Stellaluna가 참으로 장하고 대견합니다.

박쥐에 대한 사람들의 부정적인 인식 때문에 책을 쓰게 되었다는 집필 동기가 인상적입니다. 박쥐를 좋아하는 사람들에겐 최고의 박쥐 이야기가 될, 그렇지 않은 사람들에겐 박쥐에 대한 생각을 바꾸게 할 가능성이 농후한 책입니다.

특히 박쥐에 대한 혐오나 부정적인 인식에 변화가 생길 수도 있습니다.

4.
같은 줄 알았는데 실제로는 많이 다름을 확인한 Stellaluna와 아기 새들, 그렇게 많이 다르면서도 어떻게 그토록 깊은 동질감을 느낄 수 있었을까요? 그런데 놀랍게도 그 이유가 바로 "친구이기 때문"이라고 하네요. 동질감을 느껴서 친구가 된 것이라기보다는 친구이기 때문에 동질감을 느끼는 것이랍니다.

> "How can we be so different and feel so much alike?" mused Flitter.
> "And how can we feel so different and be so much alike?" wondered Pip.
> "I think this is quite a mystery," Flap chirped.
> "I agree," said Stellaluna. "But we're friends. And that's a fact."

다른 점이 많지만 마음이 비슷한 친구, 같은 부분이 많은 듯하지만 마음은 다른 친구, 여러분은 어떤 친구에게 더 끌리시나요? 어떤 친구를 더 많이 가지고 계신가요?

달라도 친구가 될 수 있습니다. 다름 덕분에 오히려 더 특별한 우정을 경험하고 더 좋은 친구가 될 수도 있습니다. 박쥐는 박쥐로, 새는 새로, 타고난 자신의 본래 모습을 소중히 하면서 상대의 다름을 인정하고 받아들인 Stellaluna와 아기 새들처럼 말이죠. 이것이 진짜 친구됨의 핵심 요건이기 때문일 겁니다. 더 나아가 다름 때문에 차별하거나 멀리하지 않고 오히려 더 따뜻한 가슴으로 품어주는 것, 이것이 바로 더불어 사는 행복한 사회를 위해 현재의 우리에게 가장 절실히 요구되는 덕목이 아닐까 생각해봅니다.

살아온 세월과 경험, 현재 처한 상황과 입장은 달라도 같은 곳을 바라보며 함께 걸어가는 늘백 가족 여러분, 여러분이 제 친구입니다. 우리의 사귐이 갈수록 깊고 단단해지기를 원합니다. 여러분이 있기에 슬로우 미러클의 꿈을 계속 키워갈 수 있습니다. 슬로우 미러클은 사랑하는 내 아이를 위한 꿈입니다. 우리 사회의 다수 보통 아이들의 행복과 성공을 위한 것입니다. 무엇보다 우리 자신을 위한 것이지요. 여러분과 함께 그 꿈을 하나하나 이루어가고 싶습니다.

한 줄 소감

문상미1518
단순히 잃어버린 엄마를 찾은 이야기가 아니었네요. 상처를 딛고 멋지게 성장한 스텔라루나의 모습에 가슴이 먹먹해지고 깊이 감동하게 됩니다.

김은빈3431
교수님 소개글만 보아도 벌써 박쥐에 대한 편견이 없어지는 듯합니다. 엄마 없이도 홀로서기에 성공한 아기 박쥐의 이야기가 무척 기대되네요. 별(stella)과 달(luna)의 아름다움을 품은 스텔라루나, 그 이름값을 어떻게 하는지 얼른 책을 펼쳐보고 싶습니다.

김민숙1190
오! 박쥐도 사랑스러울 수 있다니요! 제가 박쥐 그림을 보고 있다니요! 묻지도 따지지도 않고 읽는 슬미의 추천책으로 시야 확장이 확확 되네요!

임숙연3218
이 책 한 권으로 박쥐가 좋아져버렸어요. 작가님이 그걸 의도하셨다니 멋지게 성공하셨네요. 기성복에 몸을 맞추듯 자라는 아이들이 슬로우 미러클 운동으로 서로 달라서 더 좋은 친구가 되면 좋겠습니다.

김경애1126
슬로우 미러클이 아니었다면 결코 보지 않았을 책입니다. 늘백을 통해 책 읽기를 배우고, 하루하루 마음을 열어갑니다. 나 자신과 타인을 이해하고 인정하며 포용한다는 것이 무엇인지 생각해보게 됩니다. 슬미는 미러클 맞습니다.^^

김지희3579
박쥐에 관한 이야기라서 관심을 두지 않았습니다. 근데 소개글을 읽고 나니 마음이 바뀌네요. 책장을 넘길수록 스텔라루나와 그 친구들이 더 애틋하고 더 사랑스러워집니다. 모두가 달라도 중요한 것은 우리가 친구라는 사실! 그게 바로 슬로우 미러클!

이유진2977
엄마와 다시 만나기 전까지의 과정과 정체성에 대한 질문들이 미운 오리 새끼의 박쥐 버전 같아요. 아이와 읽으며 많은 이야기를 나누었네요.

김희연3451
거꾸로 매달리지 않겠다는 약속을 지키려고 나뭇가지에 안간힘을 다해 똑바로 매달려 있던 스텔라루나, 그 모습이 가슴을 심히 아프게 합니다.

배소영1690
스텔라루나를 새처럼 살도록 만든 어미 새처럼, 아이의 타고난 모습이나 특성을 무시하고 내가 원하는 모습을 강요하며 내 고집대로 양육하고 있지는 않은지 돌아보게 됩니다.

김효정3716
친구이기 때문에 동질감을 느끼는 것이라는 말씀에 무릎을 칩니다. 서로의 다름을 인정하고 서로에게 맞추려 노력하는 과정에서 동질감이 싹트는 것이겠지요. 마치 처음 만난 또래와도 금방 친해지는 우리 아이들 같다는 생각이 듭니다.

오성희3485
늘백 가족이 모두 친구라는 교수님의 말씀에 힘을 얻습니다. 외롭고 만만찮은 세상에서 평생의 친구를 얻은 것 같은 이 든든함은 대체 뭘까요?^^

이지현2226
스텔라루나와 아기 새들의 모습에서 슬미 가족을 봅니다. 서로의 다름을 껴안은 채 공통의 분모를 만들어가는 우리 슬미들. 그 과정에서 서로의 마음이 느껴지고, 서로를 아름답게 물들여가고 있으니까요.

하진희3777
돌이켜 보니 주변 사람들에게 맞추기 위해 나를 바꾸어왔지만, 결국은 본래의 내 모습을 찾아가는 것 같습니다. 근데 그곳에 가보니 친구들이 있네요.

배은영1692
작가의 집필 동기에 딱 맞는 독자가 저였습니다. 박쥐를 싫어하던 제가 책을 다 읽고 난 후 Stellaluna와 눈을 마주치며 한참을 바라보게 되었으니 말입니다.

조민아2480
조금씩 조금씩 엄마와 떨어지는 연습을 시작하는 아이들과 엄마에게 용기를 주는 책이네요. 아이들은 생각보다 용감하고, 어려움을 견디는 힘이 큰 것 같아요.

김동희1151
주인공인 박쥐는 여전히 좋아지지 않는데 엄마도 생각나고, 딸아이도 생각나고, 친구도 생각나는 신기한 책이네요.

조정은3244
나랑 성향이 너무도 달랐던 그 친구를 친구라고 생각해도 될까 고민했던 20살 그때. 이젠 친구라는 이름으로 함께 나이를 먹어가는 그녀에게 점점 더 동질감을 느낍니다.

김명옥1156
책을 읽는 동안 학대 당하면서도 부모 말을 잘 들으려 노력하는 아이들이 생각났어요. Stellaluna에게서 그 아이들의 순수한 모습이 보이네요.

김지영1386
오늘은 스텔라루나를 애타게 찾아다니는 엄마의 시점에서 읽어보았습니다. 스텔라루나의 관점에서 읽던 때와는 매우 다른 느낌입니다. 마치 새로운 책처럼 느껴지네요!

김하영1436
아이들은 기대는 많으면서도 편견은 적고, 부정적인 경험을 한 후에도 빠르게 회복하고 상대에게 기회도 더 주더라구요. 빠르게 손절하는 것은 어른들이나 하는 것 같아요. 관계에 있어 아이들의 순수함이 참 예쁩니다.

느리게 100권 읽기

081

난이도 ■□□□□□

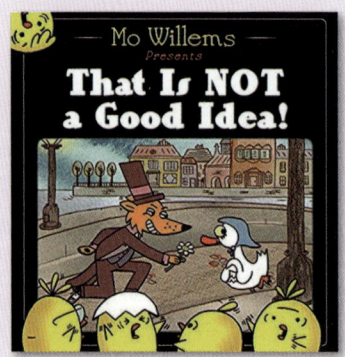

That Is Not a Good Idea!
by Mo Willems

살다 보면 어떤 일의 결과나 내용이 처음 예상과는 너무도 달라 깜짝 놀라게 되는 때가 종종 있습니다. 그런 경우에는 아마도 '세상일은 정말 모르는 거야' 하는 생각이 절로 들 겁니다. 오늘 우리가 함께 읽을 늘백의 그림책은 어른 아이를 막론하고 영어책 읽기의 즐거움을 만끽하도록 도와줄 Mo Willems의 반전 드라마 《That Is Not a Good Idea!》입니다.

1.

양복을 말쑥하게 차려입은 여우가 순박한 모습의 거위를 만나 숲속에 있는 자신의 집으로 산책을 가자고 말합니다. 그러고는 저녁 식사에 초대하지요. 거위는 수줍어하면서도 여우의 초대에 기꺼이 응합니다. 여우는 왜 거위를 초대했을까요? 너무 뻔한 것 아니냐고요? 그렇다면 거위는 대체 무슨 생각으로 여우의 초대를 받아들인 것일까요? 둘의 저녁 식사는 별 탈 없이 잘 진행될 수 있을까요?

2.

페이지를 넘길 때마다 모두가 아는 파국을 향해 점점 가까이 다가가는 여우, 갈수록 악화되는 사태에 경고의 강도를 높여가는 익살스런 모습의 새끼 거위들, 새끼 거위들의 애타는 심정에도 불구하고 여우의 제안을 계속 받아들이는 거위, 사건의 진행과 함께 높아져가는 긴장감이 장난이 아닙니다. 독자들의 허를 찌르는 예측 불허의 반전과 흐뭇하면서도 섬뜩한 결말이 있습니다. 책장을 덮고 나면 "왜 내가 그렇게 생각했지?" 하고 묻게 되실 겁니다.

새끼 거위들과 똑같은 입장에서 여우와 거위의 대결을 보며 웃고 즐깁니다. 아니 그렇게 한다고 생각합니다. 하지만 곧 알게 되지요. 거위 가족 사기단에게 속았음을. 그런데 흥미롭게도 속았음을 알고 나서 더욱 즐거워합니다. 아이들이 소리 높여 Again! Again!을 외칩니다. 아마도 그동안 읽었던 영어책 중에서 가장 웃기는 책이라고 생각하실 겁니다.

전 세계 아동들에게 영어책 읽기의 큰 즐거움을 선사해주는 Pigeon 시리즈와 Elephant and Piggie 시리즈의 작가 Mo Willems의 작품입니다. 그토록 쉽고 짧으며 단순한 언어로 이토록 흥미진진한 스릴 만점의 이야기를 만들어낼 수 있다니! 삽화와 단어 선택에 재치와 기발함이 번뜩입니다. 작가의 기상천외한 발상과 위트 넘치는 스토리텔링 능력에 감탄이 절로 나옵니다. "Genius!"라는 찬사에 Mo Willems만큼 잘 어울리는 작가가 또 있을지 의문입니다. 쉽고 재미있는 영어책의 대명사라는 가이젤상(Theodor Seuss Geisel Award) 수상과 〈세서미 스트리트(Sesame Street)〉 각본으로 받은 에미상(Emmy Awards)이 결코 우연이 아니었음을 보여줍니다.

3.
교활하게 웃음 짓는 여우와 순진해 보이는 거위, 그리고 이 둘을 걱정스러운 눈으로 지켜보는 새끼 거위들이 함께 만들어가는 한 편의 극적인 드라마입니다. 영화의 한 장면을 보여주는 듯한 책 표지에서부터 출연진 소개 페이지와 속표지(title page)를 거쳐 각 장면에 이르기까지 마치 영화가 상영되는 것처럼 스토리가 전개됩니다. 검은색 배경에 하얀 테두리를 두른 대화 상자가 그 옛날 찰리 채플린 시대의 무성영화를 떠올리게 합니다. 작가 특유의 굵은 선으로 그린 그림들이 풍부한 표현력과 우스꽝스러움으로 독자들의 이목을 사로잡습니다. Pigeon 시리즈의 유명 배우 비둘기의 카메오 출연도 놓치지 마세요.

4.
삶의 어두운 면을 익살스럽게 묘사하여 웃음을 자아내게 하는 블랙 유머(black humor)를 담고 있습니다. 비록 불길하고 섬뜩하게까지 느껴질 수 있는 내용의 블랙 코미디(black comedy, dark comedy)이지만 취학 전의 어린아이들도 얼마든지 재미있게 즐길 수 있습니다.

독자들의 일반적인 상식이나 기대와는 매우 다른 결과를 낳음으로써 더 큰 웃음과 즐거움을 선사합니다. 평소에 악당이라 여기던 여우가 당하는 것이 고소하기 때문에, 그리고 무엇보다 예상과는 정반대로 교활한 여우가 오히려 순진한 거위에게 속아 먹이가 되기 때문에 더 큰 쾌감과 만족감을 느낍니다. 자신이 판 함정에 빠진 어리석은 여우보다는 우리가 더 지혜롭고 우월하다는 생각, 그런 생각이 은연중에 있었기 때문이기도 할 겁니다.

매 페이지마다 삽화와 대화를 교묘하게 짜넣어 독자들도 여우와 똑같은 덫에 걸리고 함정에 빠지도록 만듭니다. 모두 끝나기 전까지는 결코 끝난 것이 아님을 알게 해줍니다. 누가 누구를 함정에 빠뜨리려 하는 것인지, 누가 할 말을 누가 하는 것인지, 천진난만하게 보이는 새끼 거위들이 하는 말이 누구를 위한 것인지 판단하기 어렵습니다. 마지막 순간에 이르러서야 비로소 엄마 거위와 새끼 거위들이 한통속이었음을 알게 됩니다. 새끼 거위들의 말에 우리도 여우와 똑같이 속고 있었고 사실상 같은 운명에 처해 있었음을 깨닫습니다.

"Well, we DID try to warn him."

5.
짧고 쉬운 이야기 속에 어린아이와도 함께 나눌 수 있는 진지하고 의미 있는 질문들이 많이 담겨 있습니다.

- 여우는 왜 거위에게 당하게 되었을까?
- 독자들은 왜 작가가 파놓은 함정에 빠지는 것일까?
- 우리는 왜 여우가 거위를 잡아먹을 것이라 생각했을까?
- 우리는 왜 새끼 거위들의 경고가 엄마 거위를 향한 것이라고 생각했을까?
- 내가 만일 여우라면 거위가 파놓은 함정에 빠지지 않을 수 있을까?

- 만일 그렇다면 그렇게 생각하는 이유는 무엇인가?
- 이 이야기는 왜 재미있고 웃기는 것일까?
- 만일 내가 여우의 입장이라면 그 경우에도 여전히 재미있을까?
- 만일 여우가 아니라 거위가 당했다면 그래도 재미있을까?
- 실제 삶 속에서 기대했던 것과 정반대의 결과를 얻은 적이 있다면 왜 그런 결과가 나왔다고 생각하는가?
- 결과와 다른 기대를 했던 이유는 무엇일까?

6.
마지막으로, 성공적인 영어책 읽기를 위한 작은 팁 하나.
이 책은 쉽고 단순한 문장으로 구성된 짧은 영어책이기 때문에 아이들이 혼자 읽기를 시작하기에 아주 좋습니다. 아이들이 혹시라도 엄마 아빠에게 읽어 준다고 한다면 잊지 마세요. 책을 한 번도 읽어보지 않은 것처럼, 특히 결말을 모르는 것처럼 행동해야 한다는 것을. 책을 읽는 도중 장면마다 엄마 아빠의 얼굴에서 불안과 걱정, 당황스러운 표정을 확인하며 즐거워하는 모습을 그려 보세요. 결말 부분에서 엄마 아빠가 느끼게 될 반전의 즐거움을 지켜보며 기쁨의 비명을 지르는 아이들의 모습을 상상해보시기 바랍니다.

한 줄 소감

김장현2848
영어책 읽기를 싫어하는 아이가 이 책 이후로 영어책을 조금씩 보기 시작했어요. 보고 또 봐도 재미있는 책! 한마디로 익숙함의 배신이네요. 강추합니다.

김지나1380
Mo Willems 작가님은 정말 천재네요! 어떻게 하면 반전이 이렇게 위트 있고 우아할 수 있습니까?!

이예린2124
이 책의 마지막 반전에 정말 깜짝 놀랐어요. 작가의 재기발랄한 결말이 교수님의 소개글과 만나니 더욱 완성도 높은 책이 되었네요.^^

고희선1063
작가는 어쩜 이리 색다른 눈으로 세상을 볼 수 있을까요? 교수님은 책 하나를 어쩜 이렇게 다양한 각도로 풀어낼 수 있을까요? 그림책 한 권을 읽었을 뿐인데 고상한 철학책을 읽은 것 같습니다.

송여진2915
천사 같은 거위 엄마의 연기력이 단연 돋보이는 반전의 책. 소개글 마지막 안내처럼, 아이가 저에게 읽어주게 되는 그날을 기다립니다.

박라영1545
가장 좋아하는 그림책이 뭐냐고 물으니 잠시의 주저도 없이 《That Is Not a Good Idea!》라고 대답하는 아들.^^ 반전과 유쾌한 웃음이 있는, 그야말로 최고의 책이네요!

엄현지1875
교수님의 소개글은 책을 꼭 읽고 싶게 만듭니다. 심심할 때나 책을 읽고 싶을 때는 물론 우울할 때를 포함한 그 언제든지요! 이번에도 교수님 소개글을 더하니 책 읽는 재미가 두 배가 되네요.^^

조민아2480
즐겁게 뒷통수 치기의 달인! Mo Willems를 만날 때마다 드는 생각이에요. 이제는 그만 속을 때도 된 것 같은데 매번 다시 속게 되네요.^^ 근데 That is not a good idea!는 바로 어리숙한 제게 하는 말이었나 봐요.ㅠㅠ

조은경2505
Mo Willems의 책은 아이에게 읽어줄 때 찰진 연기가 늘 부담이었는데 교수님의 소개글에 용기가 샘솟습니다. 보자기 뒤집어쓰고 얼른 한번 망가져보겠습니다.^^

김인화1344
엄마 거위와 아기 거위들이 너무나도 연기를 잘해서 깜빡 속았어요! 이 정도면 가족 사기단이네요! 세상에 자신의 어린 아기들까지 사기단에 연루시키다니! 정말 무서운 세상이 아닐 수 없습니다.ㅋㅋ

김연정1281
예측 불허! 흥미진진! 심장 쫄깃! 완전 역대급 반전! 교수님 소개처럼 블랙 코미디가 떠오르네요.^^ 아이는 교수님 예언(?)대로 Again!을 연신 외칩니다.^^

임수지2307
아이가 읽어줄 때 결말을 전혀 모르는 것처럼 연기해야 하는 거군요!^^ 오늘 소개글 읽고 또 하나 배워갑니다. 교활한 여우를 능가하는 거위 가족의 우월한 유전자! 어른인 저도 반전의 재미 때문에 자꾸만 펼치게 되네요.

느리게 100권 읽기

082

난이도 ■■☐☐☐

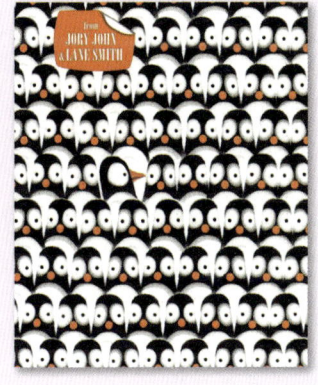

Penguin Problems
by Jory John, Lane Smith (illustrator)

"내 삶은 왜 이리도 힘들고 문제가 많을까? 일은 해도 해도 끝이 없고, 문제는 계~속 생겨나고, 이렇게 힘들고 지겨운 삶에서 과연 벗어날 수는 있는 것일까?" 혹시라도 이런 생각을 하며 살고 있지는 않으신지요? 오늘 우리가 함께 읽을 늘백의 그림책은 Jory John 글, Lane Smith 그림의 펭귄인 것을 싫어하는 펭귄 이야기 《Penguin Problems》입니다.

1.
우리의 주인공 펭귄은 정말 많은 문제를 가지고 있습니다. 아침에 눈을 뜨면 너무 이른 시간이고, 부리는 시리기만 합니다. 다른 펭귄들의 꽥꽥 소리는 시끄럽기만 하고, 밤새 내린 눈도, 주위가 너무 밝은 것도 마음에 들지 않습니다. 배가 고파 물고기를 먹고 싶지만 어디에도 보이지 않네요. 바닷물은 너무 짜고, 바닷속은 어둡기만 합니다. 바다표범이나 상어에게 잡아먹히지 않으려고 열심히 도망치다 보니 지느러미가 욱신거리네요. 뒤뚱뒤뚱 걷는 것도 싫고, 새처럼 날고 싶지만 날 수도 없습니다. 심지어 남들과 똑같이 생긴 것도 불만입니다. 이처럼 모든 것이 문제라서 너무나도 힘든 펭귄, 하지만 누구도 그에게 관심을 보이지 않습니다. 펭귄은 대체 어찌하면 좋을까요?

2.
앞표지에 책 제목이 없는 것부터가 다릅니다. 문장이 짧고 단순하며 내용이 명쾌합니다. 바다코끼리가 말하는 장면에서 페이지를 꽉 채우는 글밥에 헉하는 소리가 날지도 모릅니다. 하지만 천천히 느리게 읽으면 생각보다 어렵지 않음을 알게 되실 겁니다. 그림이 깔끔하고 산뜻하며 부드럽고 따뜻한 느낌을 줍니다. 펭귄의 얼굴 표정을 완벽하게 그려내고 있습니다. 투덜대는 펭귄의 목소리가 들리는 듯합니다. 불평하는 모습까지도 예쁘고 귀여워 아이들이 좋아하고 킥킥거리며 즐거워합니다. 어렵지 않은 글 속에 담겨 있는 깊은 메시지로 인해 오히려 어른들에게 더 어필할 수도 있습니다.

재미와 웃음을 잃지 않으면서 진지한 메시지를 전해줍니다. 누구나 마음속에 불평불만을 조금씩은 가지고 있기에 모두를 위한 책이라고 할 수 있습니다. 같은 작가의 《Giraffe Problems》(2018)란 책도 있습니다. 역시 펭귄에게만 문제가 있는 것은 아니었네요. 기린에게는 대체 무슨 문제가 있을까요? 어떻게 하면 문제를 해결할 수 있을까요? 궁금하다면 일독을 권합니다.

3.
어느 순간 펭귄의 삶에 불쑥 들어와 잠시 머물다가 사라진 바다코끼리의 조언이 많은 것을 생각하게 합니다. 흔치 않은 지혜와 통찰이 담겨 있습니다. 무엇이든 늘 부정적인 면만 보는 사람들에게 모든 것에는 양면이 있으니 어두운 면만 보지 말고 밝은 면을 보라고 말합니다. 어떻게 받아들이냐에 따라 큰 행운이 될 수도 있습니다. 문제 해결의 실마리나 근본적인 변화를 가져올 계기가 될 수 있으니까요.

노골적으로 교훈적이며 너무 대놓고 가르치려 하는 바다코끼리가 마음에 들지 않을 수도 있습니다. 그래서 펭귄이 처음에 그랬던 것처럼 빈정대며 냉소적인 반응을 보일 수도 있고요.

> Who on earth was that guy?!
> Why do strangers always talk to me?
> Walruses don't understand penguin problems.
> (대체 누구지? (나와 상관없는) 낯선 자들이 왜 항상 내게 뭐라 떠들지?
> 바다코끼리가 펭귄의 문제를 이해할 리 없잖아.)

그래서일까요? 바다코끼리의 조언을 진지하게 생각하는 펭귄의 태도가 참으로 기특하게 느껴집니다. 문제 해결과 변화의 가능성을 보게 됩니다.

> "Maybe that walrus has a point. After all, I do love the mountains. And the ocean. I have friends and family. This is my only home, and this is my only life. Maybe things will work out, after all."

모든 게 혼란스럽고 갈피를 잡기 어려울 때는 부인할 수 없는 아주 기본적인 것에서부터 출발해야 한다는 것을 깨달은 것일까요? 그 모든 것에도 불구하고 자신은 산과 바다를 진심으로 좋아하며 사랑하는 가족과 친구가 있다는 사실을 기억하게 됩니다. 몇 가지 감사할 것을 찾게 된 것이지요. 그리고 나니 깨달음이 이어집니다. 여기가 나의 유일한 집이고 나의 유일한 삶이라는, 바꿀 수도 부인할 수도 없는 현실을 깨닫고 인정하게 된 것이지요. 현실적으로 가능하지 않은 걸 바라거나 동경하면서 불평과 불만 속에 빠져 사는 것은 아무 도움이 되지 않는다는 사실을 깨닫게 된 것이지요. 이러한 깨달음을 얻고 주어진 현실을 받아들이고 나니 이제 자신의 삶과 주변 세상이 조금씩 다르게 보이기 시작합니다. 이전과는 다른 생각과 삶의 가능성을 어렴풋하게나마 보게 된 것이지요.

우리 아이들도 누군가 자기에게 지혜의 말을 건넸을 때 펭귄과 같은 긍정적인 태도와 마음가짐을 가질 수 있다면 얼마나 좋을까요? 설사 상대가 어른 행세를 하려는 듯 느껴져 거부감이 든다고 해도 말이지요. 자신의 모습과 자신에게 주어진 많은 것들이 불만족스러워 불행하게 느껴지거나 삶의 의미를 찾지 못하고 방황할 때, 펭귄과 같은 깨달음을 얻어 문제 해결의 실마리를 찾게 된다면 얼마나 감사할까요?

4.
일면 삐딱하게 들릴 수도 있는 바다코끼리의 말 속에 이제는 상당한 진리가 있음을 인정하지 않을 수 없습니다. 문제가 있기는 누구나 마찬가지이니 세상은 공평한 것이라고 말하지 않습니다. 더 이상 불평하지 말고 주어진 현실에 감사하며 열심히 살아가라고 설교하지도 않습니다. 세상의 모든 것은 그야말로 마음먹기 나름이니 긍정적인 생각을 가진다면 환경도 얼마든지 바꿀 수 있고 문제도 해결될 것이라는 무책임한 말도 하지 않습니다.

누구에게나 문제는 있기 마련입니다. 많은 문제들이 한꺼번에 닥쳐올 수도 있습니다. 제게도 당신에게도 그런 힘든 날이 있을 수 있겠지요. 그럴 때는 바다 위에 비친 아름다운 산과 맑고 푸른 하늘을 바라보라고 말합니다. 추위로 꽁꽁 얼어버린 몸을 따뜻하게 녹여주는 부드러운 햇살을 느껴보라고 권합니다. 그리고 당신을 사랑하고 지지하는 부모님, 형제자매와 친구들을 잊지 말라고 조언합니다.

때로는 좋지 않은 일이 계속 생길 수도 있습니다. 문제가 너무 커서 도저히 감당하기 어려운 수준이 될지도 모릅니다. 그래서 살아가는 즐거움이나 재미는커녕 삶의 의욕조차 느끼기 어려울 수 있겠지요. 하지만 그럼에도 불구하고 그 문제들 때문에 계속해서 불만족과 불평 속에서 살아갈 것인지, 감사를 완전히 잊은 채 투덜대기만 하며 소중한 삶을 계속 낭비할 것인지 묻고 있습니다.

5.
삶의 무게가 너무나 무거워 그 어떤 조언도 위로나 도움이 되지 못할 수 있습니다. 그렇다 할지라도 당신 삶의 주인은 바로 당신입니다. 그 누구도 당신의 삶을 대신해줄 수는 없습니다. 다른 사람의 삶과 바꿀 수도 없고요. 그러한 사실을 깨닫고 인정하는 것이 모든 문제 해결의 시발점이 됩니다.

남보다 많은 문제가 있어도 감사할 수는 있습니다. 세상은 달라지지 않아도 우리는 달라질 수 있고요. 고통이나 역경은 축복의 다른 모습이라고 하지 않습니까? 감사하는 마음을 가지고 자신을 변화시키면, 세상은 여전히 그대로일지 몰라도 이전과는 달라져 보이기 시작할 겁니다. 문제도 새롭게 보이기 시작하고 하나씩 해결이나 해체의 실마리도 찾을 수 있게 될 겁니다.

P. S.

〈It's a Wonderful Life〉란 영화를 아시나요? 1946년에 제작되어 벌써 80년 가까이 되었지만 아직도 최고의 가족 영화 중 하나로 꼽히는 작품입니다. 아이와 함께 보면 정말 좋을, 느리고 잔잔한 영화입니다. 보고 나면 그 깊은 감동과 여운 때문에 적어도 며칠 동안은 세상이 달라 보일 거라 확신합니다.

 〈It's a Wonderful Life〉 (Official trailer)

한 줄 소감

 윤보영3189
오늘도 마음을 울리는 소개글 감사합니다~. 지금 제 모습이 딱 펭귄이 아닐까 싶네요. 작가의 한마디 한마디, 그리고 교수님의 한마디 한마디가 따뜻한 위로와 힘이 됩니다.

 채지연2547
오늘 소개글을 읽어보니 교수님께서 저의 마음을 꿰뚫어 보고 계시는 듯한 느낌이 들었어요! 역시 세심하신 교수님~! 처음 읽었을 때는 대체 무슨 소리지? 했는데 교수님의 소개글을 통해 그림책이 더더득 풍성해지는 것 같습니다. 항상 감사합니다.

 정혜선2459
맞습니다. 상황은 통제할 수 없어도 나의 감정은 얼마든지 통제가 가능하지요. 불평불만 투성이던 펭귄의 태도 변화를 본받고 싶어요. 그런 의미에서 오늘도 슬미 가족 모두에게 Happy Day!

 김인화1344
지치고 힘들어서 투덜거리고 하소연하고 싶은 날, 조용히 꺼내 다시 보고 싶습니다. 가진 것에 감사하는 마음으로 주변을 돌아보면 하루하루가 새롭게 보일 것 같아요.

 임숙연3218
문제투성이일 때조차 좋은 일이 생기면 기분이 나아지잖아요? 당장 어찌할 수 없는 문제 때문에 틈새의 행복을 놓치는 일은 없어야 할 것 같아요. 문제를 치우느라 행복까지 날려버리지 않도록요.

 성미진1747
제가 요즘 감사하게도 태도 변화를 보이기 시작한 펭귄의 마음에 가까워져 있었나 봅니다. 펭귄에게 walrus가 있었다면 오늘 저에겐 이 책과 교수님의 소개글이 있네요.^^

 김명옥1156
감사하다 보면 감사할 일들이 더 많이 생기는 것 같습니다. 그걸 보면 무엇보다 그 시작이 중요한 것 같아요. 날 위한 조언을 귀담아 들을 수 있는 겸손한 마음과 현명한 귀가 내게 있기를!

 이지현2226
내 앞에 주어진 문제들을 감사의 기회로 삼고 싶어요. 이제는 책을 덮고 감사하는 마음으로 오늘 하루 삶의 첫 페이지를 펼쳐봅니다. 슬미 교수님표 감사 레슨, 고맙습니다.^^

 고희선1063
불평불만이 가득한 상황에서도 자신의 문제에 대해 고민하며 바다코끼리의 말에 귀를 기울일 줄도 아는 펭귄이 존경스럽습니다. 역시 모든 일에 있어서 관건은 내 마음이었네요. 매일 슬미의 그림책으로 오늘의 깨달음을 얻습니다.

이명숙2017
오늘은 정말 아무것도 되는 게 없어 너무 힘들고 지치는 날입니다. 그런데 《Penguin Problems》가 선물처럼 절 기다리고 있었네요. "세상은 달라지지 않아도 우리는 달라질 수 있다"는 말씀에 위로를 얻습니다. 다시 한번 힘을 내볼게요.

김영희2842
모든 것이 문제로 보이는 펭귄에게서 육아에 지친 제 모습을 봅니다. 나중에 돌아보면 사랑스런 아이들을 품에 안고 있는 지금이 가장 행복하고 반짝이는 순간일 텐데, 그걸 자꾸 망각하고 눈앞의 힘든 현실만을 보네요. 아이들과 더 웃도록 노력할게요.

정승아2416
펭귄처럼 매일이 힘들고 우울했던 나에게 슬미가 어느 날 바다코끼리처럼 찾아와 늘백의 그림책 읽기를 선물해주었습니다. 오늘도 슬미에서 재미과 감동이 있고 영감과 지혜를 얻을 수 있는 그림책과 교수님의 소개 글을 읽을 수 있어 행복하고 감사합니다.

이은주2157
고통스럽고 힘든 상황에서도 감사하는 마음을 가질 수 있다는 말씀이 마음에 와닿습니다. 다 울었으면 불평과 불만은 이제 그만 끝내고 다시 시작해야겠지요? 아자!! 아자!!

홍정현3764
문제로 방황하던 펭귄의 삶으로 불쑥 들어와 울림을 주는 바다코끼리. 내 삶에도 누군가가 이리 끼어들어 조금씩 변화하고 있어요. 참 고맙죠! 슬미도 불쑥 끼어들어 삶을 풍요롭게 하고 있네요!

정소라2410
문제가 없는 사람은 없지요. 제게 주어지는 문제를 문제가 아니라 하나의 '이벤트'라고 생각하렵니다. 감사할 거리가 있고 또 행복을 느낄 수 있는 실마리가 있는 그런 특별한 '이벤트'요.

김지혜2858
마음의 천국과 지옥은 내가 만드는 것. 오늘도 나는 '잘살고 있다고, 수고했다'고 다독여봅니다.

전민경2365
불평불만을 한다고 문제가 해결되지는 않겠지요. 하지만 그걸 들어주고 생각의 방향을 바꾸게 도와주는 친구가 있어 정말 감사해요.

조은영3240
문제가 많아 문제일 때, 마음가짐을 조금만 달리하면 하나도 문제가 될 게 없다는 것을 깨달았습니다. 그 깨달음이 필요한 순간 만난 책이라서 감사하고 또 감사합니다.

송현주1789
바다코끼리의 말을 진지하게 받아들이는 것만도 기특한데, 실제로 변화된 모습을 보여준 펭귄이 놀랍고 고맙습니다. 이제는 제 차례인 거죠?

장미영2338
엄마인 나로부터 시작해 아들의 불평과 불만이 감사와 평안으로 바뀔 수 있기를 바랍니다. 오늘은 바로 그런 마음으로 읽었습니다.

느리게 100권 읽기

083

난이도 ■■■□□

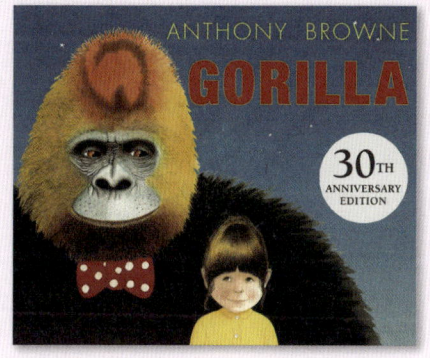

Gorilla
by Anthony Browne

아이들과 마음껏 놀아주고 충분히 대화하고 계신가요? 혹시라도 바쁜 일상에 치여 "나중에"라고 말하고 있지는 않은지요? 오늘 우리가 함께 읽을 늘백의 그림책은 아빠와 함께하는 시간을 갈구하던 한 소녀의 이야기, Anthony Browne의 《Gorilla》입니다.

1.

Hannah는 고릴라를 엄청나게 좋아해서 방 안을 온통 고릴라로 채워놓고, 읽는 책도 TV Show도 그리는 그림도 모두 고릴라입니다. 살아 있는 진짜 고릴라가 보고 싶어 동물원에 가고 싶지만 아빠는 항상 바쁘기만 하네요. Hannah의 간절함이 하늘에 닿았던 것일까요? 외롭고 쓸쓸한 마음으로 잠자리에 든 생일 전날 밤, 깊어진 실망과 좌절이 기대치 못했던 흥분과 기쁨으로 바뀌는 놀라운 일이 벌어집니다. 그날 밤 Hannah에게는 대체 어떤 일이 있었던 것일까요?

2.

우리나라 사람들이 가장 좋아하는 영어 그림책 작가 중 한 명인 Anthony Browne, 그런 그가 자신의 작품 중에서 최고로 꼽는다는 그림책입니다. 모든 사람들의 마음을 훈훈하게 해주는 마법 같은 이야기와 세밀하고도 정교한 터치가 돋보이는 그림이 독자들의 마음을 사로잡습니다. 아이들의 문제를 다루는 기발하고도 창의적인 방식, 등장인물들의 감정과 분위기를 나타내기 위한 색상의 의도적인 사용, 그리고 그림 속에 담겨 있는 유머와 익살(visual joke)이 특히 인상적인 작품입니다.

아이들의 미묘한 마음속 감정과 심리를 섬세하게 잘 그려내고 있습니다. 잠시라도 아빠와 함께하고 싶은 마음, 하지만 늘 바쁘고 피곤한 아빠와 그런 아빠로 인해 점점 커져가는 마음의 상처, 기대와 실망, 절망과 좌절, 슬픔과 외로움, 그리고 갑작스레 찾아온 꿈속에서의 행복한 경험과 마지막 깜짝 반전의 기쁨. 처음부터 끝까지 이야기의 모든 부분에서 Hannah와 같은 마음이 되어 크게 공감하고 감동을 느끼게 됩니다.

아빠와의 식사 그리고 그 분위기가 사뭇 다른 고릴라와의 식사 모습, 방구석에 쓸쓸히 홀로 앉아 스낵을 먹으며 TV를 보는 모습 등, 각 장면에서 그림의 배경, 등장인물의 표정, 색상의 밝기와 온도를 비롯한 그림의 요소요소를 꼼꼼히 살펴보세요. 삽화 속에 숨어 있는 명화들도 놓치기 아까운 부분입니다. 여유를 가지고 천천히 읽으며 그림을 하나하나 뜯어보면 이 책이 왜 케이트 그린어웨이 메달 수상작(Kate Greenaway Medal, 1983)인지 알게 되실 겁니다.

3.
Anthony Browne의 그림책이 지닌 특징 중 하나는 비슷하지만 미묘한 차이를 지니는 두 개의 그림을 사용하여 독자들에게 등장인물의 기분과 이야기의 분위기가 어떻게 달라지는지 보여주는 것입니다. 이 작품에서도 그러한 장치가 적어도 두 차례 사용되고 있습니다.

먼저, 테이블에 앉아 식사하는 장면을 보여주는 그림입니다. 두 그림 모두에서 Hannah는 등을 보이고 앉아 있습니다. 하지만 고릴라보다 아빠와 훨씬 더 멀리 떨어져 있어 둘 사이의 관계가 어떠한지 짐작해볼 수 있습니다. 또 파란색 계열의 색상으로 차갑고 슬픈 분위기를 자아내는 아빠와의 식사 장면과 달리 고릴라와의 식사 장면은 훨씬 더 선명하고 따뜻한 색깔로 그려져 있어 대조를 이룹니다. 아빠와 식사하는 테이블에는 음식이 아예 보이지 않는다는 점에도 유의할 필요가 있습니다.

비슷한 그림은 또 있습니다. Hannah가 고릴라와 손을 잡고 걷고 있는 장면과 아빠와 손을 잡고 걷고 있는 장면이 바로 그것이지요. 하지만 이번에는 두 그림에서 이렇다 할 중요한 차이를 찾기가 어렵습니다. 아빠와의 관계가 고릴라와의 관계처럼 긍정적으로 달라진 것을 보여주는 것이라고 할 수 있을 겁니다.

4.
읽다 보면 이런저런 질문이 생겨납니다. 좋은 책은 많은 생각을 자극하기 때문이지요. 그렇다고 정답이 꼭 정해져 있는 것은 아닙니다. 따라서 (작가의 의도와 전문가의 해설을 포함한) 그 어떤 것에도 크게 얽매임이 없이 자유롭게 생각을 펼쳐나가되 가급적 논리적인 근거나 설명도 함께 생각해보시길 권해드립니다.

- Hannah는 왜 고릴라를 그렇게 좋아할까?
- 아빠 옷을 입은 고릴라는 단지 Hannah의 간절한 소망이 반영된 꿈이나 상상이었을까?
- 아빠의 모자와 코트를 걸치면서 "A perfect fit"이라고 말한 고릴라의 속삭임은 대체 어떤 의미가 있을까?
- Hannah가 아름답지만 슬프다고 표현한 우리 안의 오랑우탄과 침팬지를 통해 작가는 대체 무엇을 말하고 싶은 것일까?
- 늘 무뚝뚝하고 차가운 아빠와 친절하고 상냥한 고릴라, 둘은 그렇게 대조적인데 뒷모습은 왜 그리 똑같을까?
- 아빠는 왜 갑자기 달라졌을까? 정말로 달라진 것일까?
- 아빠의 변화된 모습은 앞으로도 계속 유지될 수 있을까?
- 갑작스레 찾아온 아빠의 변화는 혹시라도 오래전부터 내재되어 있던 것은 아닐까?
- 마지막 장면에서 아빠의 바지 뒷주머니에 있던 바나나는 무엇을 의미할까?
- Hannah가 아닌 아빠의 입장에서 스토리를 다시 쓴다면 이야기의 각 장

면은 어떻게 달라질까?

이와 같은 질문 외에도 (위에서 설명한 것처럼) 서로 비슷한 장면을 보여주는 두 쌍의 그림을 바탕으로 여러 가지 흥미로운 질문을 만들어낼 수 있습니다. 잊지 마시기 바랍니다. 어떤 경우에도 답을 바로 알려주기보다는 질문을 통해 아이가 스스로 생각하고 시간이 걸리더라도 하나하나 직접 답을 찾아갈 수 있도록 돕는 것이 책 읽기의 올바른 방법이라는 점을.

5.
아이만큼이나 어른을 위한 그림책입니다. 아이는 아이대로 어른은 어른대로 서로와 서로의 관계에 대해 많은 생각과 고민을 하게 합니다. 아이 스스로 자신의 감정을 바라볼 수 있게 해줍니다. 다른 사람들의 생각과 감정까지 헤아려보도록 도와줍니다.

아이들의 내면을 들여다보며 우리 스스로를 돌아보게 됩니다. "Not now"라고 말할 때마다 점점 더 어두워지는 아이들의 얼굴 표정이 떠오릅니다. 오늘도 여전히 "지금은 안 돼"라고 말하고 있다면 당신이 말하는 내일은 언제나 오게 될까요? 아이들은 지금도 기다리고 있습니다. 아마 내일도 이번 주말에도 기다리겠지요. 하지만 언제까지 기다려줄까요?

아이들의 어린 시절은 정말 순식간에 지나갑니다. 훌쩍 커버린 모습을 곧 발견하게 될 겁니다. 무엇이 그렇게 바빴기에 잠시의 시간을 내줄 수 없었을까요? "Not now, Bernard"를 외치는 사이 아이가 괴물로 바뀌어버린 David McKee의 《Not Now, Bernard》가 생각납니다. 이 책의 이야기가 해피 엔딩으로 마무리되어 얼마나 다행스러운지 모릅니다. 당신과 당신 아이의 어린 시절이 행복하고 흐뭇한 스토리로 가득 채워지고 있기를, 혹시라도 그렇지 않다면 가급적 가까운 시일 안에 해피 엔딩을 위한 새로운 시작과 감동적인 반전이 기다리고 있기를 간절히 바랍니다.

P. S.

아빠를 생각할 때면 떠오르는 노래이지요. 〈아빠와 크레파스〉, 여러분과 함께 듣고 싶습니다.

 〈아빠와 크레파스〉

한 줄 소감

 배소영1690
그냥 꿈속의 고릴라 이야기가 아니었군요! 요즘 늘백에서 그림책을 읽으며 숨겨진 의미와 메시지에 감탄합니다. 왜 어른이 특히 부모가 먼저 그림책을 읽어야 하는지 그 이유를 알 것 같아요. 오늘은 Not now! 대신 Right now!를 외쳐보겠습니다.

 조경호3538
교수님의 소개글을 읽고 나서 책을 펼칩니다. 천천히 가면서 이야기와 그림을 더 자세히 보고 주인공들의 감정도 읽게 됩니다. 섬세한 터치의 그림들이 제 눈과 마음을 사로잡으니 글은 그냥 거들고 있을 뿐이네요.

 서춘희3470
저도 모르게 "어젯밤 꿈속에, 나는 나는 날개 달고~~" 콧노래가 흥얼거려지네요. 시대와 장소를 막론하고, 딸을 사랑하는, 하지만 바쁜 아빠의 뒷모습이 그려집니다.

 박민지1555
소개글을 읽고 무심코 그냥 넘겨 본 장면들을 다시 보게 됩니다. 그림 속에 어쩜 이리 많은 걸 숨겨두었을까요? 솔직히 Anthony Browne의 책은 좀 어려웠는데 이제는 숨은 그림을 찾는 재미도 쏠쏠하고 갈수록 더 특별하게 느껴집니다.

 임숙연3218
부모님의 등을 오래 보고 자랐으면서 저 또한 아이에게 등을 많이 보입니다. 곧 아이가 저에게 등을 보이겠지요. 이 책이 왜 어른들을 위한 책이라고 하시는지 알 것 같아요. 오늘도 마음을 울리는 좋은 책, 감사합니다.

 김건희1118
책을 읽고 나서 교수님의 소개글을 읽으면 미처 생각하지 못했던 많은 부분에서 아차! 소리가 절로 납니다.^^ 천천히 정독하면서 책 속의 수많은 물음표들을 하나씩 마침표나 느낌표로 바꾸어보겠습니다.

 신송인2920
저 같은 어른을 은근히 꾸짖는 뼈 때리는 그림책인 것 같아요. 저희 아이가 꼭 저 같다고 하네요. 반성합니다. 마음속에 잠자고 있던 Right now! 정신을 깨워볼게요.

 전미양3351
소개글을 읽는 것만으로도 눈물이 날 것 같습니다. 뭐가 그리 바쁘다고 아이에게 늘 "나중에"라고 말했던 걸까요? 매일같이 엄마와 함께하는 기쁘고 따뜻한 오늘을 선물하고 싶습니다.

 최수은2575
아이들에게는 Right now를 외치면서 정작 저는 Not now일 때가 많았어요. 아이들에게는 물론 저 스스로에게도요.ㅠㅠ 아이들의 마음이 어땠을까 생각해봅니다.

 이현숙2261
주말에 어두운 방 안에서 TV를 보고 있는 한나가 안쓰럽게 느껴지네요. 제 아이들뿐 아니라 부모님에게도, 또 친구들에게도 "나중에"라고 말하며 미뤄두었던 모든 순간이 후회스럽습니다. 지금이 아니면 함께할 시간이 영영 오지 않을지도 모른다고 생각하니 정신이 번쩍 납니다.

채지연2547
지금은 우리가 "잠깐만, 좀 이따가!" 하겠지만 아이들은 금세 커버리니 상황은 곧 역전되겠지요. 아이들이 우리에게 Not today or this week! 하는 시기가 성큼 오기 전에, 그래서 후회막급이기 전에, 맘껏 사랑해주세요. 오늘, 아니 지금 당장에요.

 정숙경2415
교수님의 소개글을 읽으면 전에 보았던 책도 새로운 작품을 읽는 기분이 들어서 좋아요. 덕분에 앤서니 브라운과도 훨씬 가까워진 느낌이 듭니다. 작가는 그림 하나에도 어찌 이리도 많은 이야기와 메시지를 담아두었을까요! 이해의 폭과 깊이가 더해지니 앤서니 브라운의 책들이 더 좋아집니다.

 배가란1683
교수님의 안내에 따라 풍부한 숨은 그림을 찾아가다 보니 눈시울이 붉어질 만큼 아버지 생각이 났습니다. 거칠고 험해진 손을 잡아드리고 싶습니다. 그저 함께 계셔주신 것만으로도 충분했다고 말씀드리고 싶어요.

 이지현2226
타임머신을 타고 제 어린 시절로 돌아가 아빠에게 펼쳐주고 싶은 책. 저를 사랑하지만 삶의 무게로 인해 눈맞춤 한번 할 여유가 없으셨던 부모 세대에게 이 소개글을 드리고 꼬옥 안아드리고 싶어요. "아빠 세대 덕분에 난 안뻐사를 할 수 있는 시대를 살고 있어요."

 여윤미1878
아이만큼이나 어른을 위한 동화라는 말씀에 동감입니다. 이 책을 보며 아이에게 한없이 미안한 감정이 생기네요. Not now. Not today. Maybe tomorrow! 같은 말을 하지 않기 위해 최선을 다하겠습니다.

 정혜선2458
Gorilla를 보면서 어릴 적 제가 생각났습니다. 엄한 아버지라 감히 범접하기 어려웠던 것 같아요. 이제 와 생각해보니 아버지도 자신에게 맡겨진 많은 역할에 충실하시느라 소소한 표현을 많이 못하지 않으셨을까 하고 그 마음을 헤아려봅니다.

 류호연3453
너무 사실적인 묘사로 그려진 표지의 고릴라 때문인지 손이 잘 가지 않는 책인데 소개글을 읽고 펼쳐보니 볼 곳이 너무 많은 책임을 느낍니다. 고릴라와 춤추는 장면에서 어릴 적 저와 아빠의 모습이 오버랩되네요. 새삼스레 아빠가 보고 싶습니다.

 이은정3367
앞으로는 not now가 아니라 right now 해볼래요. 아이가 말하고 싶은 것과 아이가 하고 싶은 것에 대해 말이죠.

 오성희3485
아이에게 시간을 내어주는 게 왜 그리 힘들었을까요? 아이들로부터 제가 받는 것이 훨씬 더 많았을 텐데요.

 정미나2397
교수님의 소개글을 읽고 자세히 여러 번 보니 그림이 마치 제게 말을 거는 듯한 느낌이 듭니다. 내일은 아이와 조금 더 눈을 마주치고 사랑한다 말해주고 싶어요.

 조연주2492
아빠와 함께하고 싶은 아이의 간절한 마음이 느껴집니다. 느끼고 깨닫는 바가 정말 많은 책입니다.

 김지나1380
우리 아이들이 한나처럼 느끼는 일은 절대 없었으면 좋겠어요. 엄마 아빠들에게 경종을 울리는 책이 될 것 같네요.

느리게 100권 읽기

DAY 084

난이도 ■■■□□

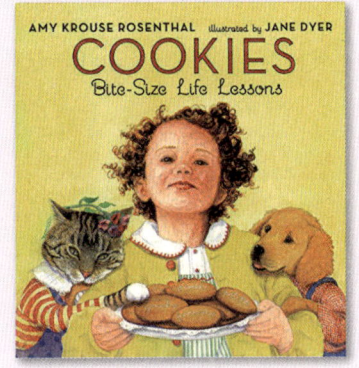

Cookies: Bite-Size Life Lessons
by Amy Krouse Rosenthal, Jane Dyer (illustrator)

막 구워 내어 고소하고 향긋한 냄새를 가득 풍기는 쿠키, 바삭하거나 쫀득한 식감과 달콤한 맛, 생각만 해도 침이 꼴깍 넘어갑니다. 그만 먹으려 해도 자꾸만 손이 가지요. 오늘 우리가 함께 읽을 늘백의 그림책은 쿠키를 통해 배우는 삶의 여러 덕목에 관한 이야기 《Cookies: Bite-Size Life Lessons》입니다. Amy Krouse Rosenthal이 글을 쓰고 Jane Dyer가 그림을 그렸습니다.

1.

버터와 달걀, 설탕과 소금, 땅콩과 초콜릿 등 여러 재료를 밀가루와 잘 섞어 쿠키 반죽을 만듭니다. 예쁜 모양으로 잘라 오븐에 넣고 굽습니다. 얼른 먹고 싶은 마음이 너무 크기 때문일까요? 기다리는 시간이 길게만 느껴집니다. 기다리고 또 기다린 끝에 맛과 향이 일품인 쿠키가 마침내 완성됩니다. 그렇게 만들어진 쿠키를 보면 가슴이 정말 뿌듯할 겁니다. 다른 사람들에게 자랑도 하고 싶을 것 같고요. 그런데 이렇게 쿠키를 만들고 나누어 먹는 일련의 과정 속에 삶의 소중한 교훈이 가득 담겨 있다고 하네요. 대체 무슨 말일까요?

2.

《I Wish You More》의 작가 Amy Krouse Rosenthal의 영감과 지혜 가득한 글이 Jane Dyer의 정감 어린 삽화와 잘 어우러져 갓 구워 낸 고소하고 향긋한 쿠키처럼 독자의 마음을 사로잡습니다. 부드러움과 따뜻함이 가득한 수채화 그림이 포근하고 아늑한 느낌을 줍니다. 단순함 속에 심오함을 담은 텍스트를 보완하여 독자의 이해를 돕고 마음을 열게 합니다.

서로 다른 피부색의 아이들과 다양한 동물들로 구성된 등장인물을 통해 작가의 열린 시각과 다문화적 감수성, 동물 사랑과 생명 존중을 엿볼 수 있습니다. 낯선 단어(예: compassionate, pessimistic, optimistic)가 종종 눈에 띄지만 각 단어의 의미가 쿠키와 관련된 친숙한 문맥 속에서 자연스레 설명되기 때문에 이해가 어렵지 않습니다. 설사 완벽하게 이해되지 않는다 해도 내용을 파악하고 읽기를 즐기는 데는 아무 문제가 없습니다.

3.
쿠키의 비유를 통해 삶의 중요한 가치와 덕목을 배울 수 있게 도와줍니다. 가히 쿠키를 통해 배우는 인생철학이라 할 만합니다. 새로운 개념의 작은 덕목 사전이라고도 할 수 있습니다.

다른 사람들과의 협동(cooperate), 기다림 속의 인내(patient), 성취에 대한 자랑스러움(proud)과 겸손(modest), 어른에 대한 공경심(respect), 믿음직함(trustworthy), 공평과 불공평(fair & unfair), 연민과 동정심(compassionate), 욕심과 관대함(greedy & generous), 비관과 낙관(pessimistic & optimistic), 예의바름(polite), 정직(honest), 용기(courageous), 부러움(envy), 신의(loyal), 열린 마음(open-minded), 후회(regret), 만족(content), 그리고 현명함(wise)까지.

모든 정의가 하나같이 주옥같고 기발함이 넘쳐흐릅니다. 맛있는 과자라고만 생각했던 쿠키를 가지고 복잡한 개념들을 이렇게 쉽고도 재치 있게 풀어낼 수 있다니! 작가의 삶에 대한 성찰과 표현 능력에 감탄이 절로 나고 계속 무릎을 치게 됩니다.

설명이 쉽지 않은 추상적인 개념들을 아이들의 눈높이에서 쉽게 설명하여 그 의미를 직관적으로 느끼고 깨달을 수 있게 합니다. 거부감이나 부정적인 느낌 없이 즐거운 마음으로 기꺼이 배움에 참여하도록 도와줍니다. 삶의 다양한 가치에 대해 생각해보고 함께 이야기 나눌 수 있는 기회를 제공합니다. "인성 교육도 역시 책 읽기야!"라고 생각하게 되실 겁니다. 아이들에게 가르쳐줘야 하는 사심 가득한 마음으로 읽어주기 시작한 엄마 아빠가 더 큰 감동과 울림을 경험하게 될 것이라 확신합니다.

4.
제가 이 책을 일종의 작은 사전이라고 했나요? 사전 하면 영국의 저명한 사전 편찬자 사무엘 존슨(Samuel Johnson)의 《A Dictionary of the English Language》를 빼놓을 수 없습니다. 영어의 역사에서 가장 중요한 영어 사전 가운데 하나이지요. 이 사전에서 사무엘 존슨은 귀리(oats)를 "영국에서는 말에게 사료로 주지만 스코틀랜드에서는 사람이 먹는 곡물"이라고 정의하고 있습니다. 그의 이러한 정의에서 여러분은 무엇이 보이십니까? 재치와 기발함입니까, 아니면 편견과 선입견입니까?

> A grain, which in England is generally given to horses, but in Scotland supports the people.

똑같은 물컵을 놓고서도 정반대의 해석이 가능한 것처럼 모든 것은 그것을 바라보는 사람의 마음에 따라 달라질 수 있습니다. 나에게 무엇이 주어졌든, 현재의 처지가 어떠하든, 그것의 해석과 적용은 나 자신에게 달려 있는 것입니다.

5.
가장 나중에 제시된 정보가 기억에 가장 잘 남는다는 최신 효과(recency effect) 때문일까요? 책 속에 설명된 여러 덕목 가운데 제게는 맨 마지막에 주어진 현명함(wise)의 정의가 가장 인상적이었습니다.

> WISE means, I used to think I knew everything about cookies, but now I realize I know about one teeny chip's worth.

위 정의에 따르면 현명하다는 것은 한마디로 자기가 아는 것이 얼마나 적은지를 아는 것이라고 할 수 있습니다. 그런 깨달음이 있다면 겸손할 수밖에 없을 겁니다. 교만이나 자만에도 쉽게 빠지지 않겠지요. 또 그런 깨달음을 지닌 사람만이 자신을 가둔 틀을 깨고 나와 비로소 성장과 발전을 시작할 수 있을 겁니다. 여러분은 여러 덕목의 정의 가운데 어떤 것이 가장 마음에 드십니까? 혹시 저자와 다르게 설명하고 싶은 덕목이 있을까요?

한 줄 소감

이은주2157
깊이가 있어 어려운 단어는 아이들에게 알려줄 필요가 없다는 편견을 깨주는 책인 것 같아요. 인생에 대한 교훈을 아이들 눈높이에 맞추어, 그것도 아이들이 좋아하는 쿠키에 비유하여 이렇게 쉽게 설명할 수 있다니 놀라울 따름입니다.

김주은3437
쿠키 하나로 어려운 개념들을 이렇게 쉽게 알려주다니, 감탄했습니다. 실제로 아이들이 정말 잘 이해하더라고요. 쿠키를 만들고 나누는 과정을 따라가다 보니 저도 어느새 삶의 지혜를 배우고 교훈을 얻게 되네요.

김민숙1190
친근하고 익숙한 쿠키로 인생을 배우게 하는 책! 쿠키만 잘 구워도 멋진 인생을 살 수 있을 것 같아요. 그림책은 0세부터 100세까지 보는 책임을 증명하는 책이네요! 역시 슬로우 미러클입니다.^^

이유영2133
쿠키 하나에 인생의 여러 가치가 담겨 있네요. 꼭 쿠키에서만 찾을 수 있는 건 아니겠지만 정말 기발합니다. 묵직한 내용을 이토록 쉽고도 가볍게 풀어낼 수 있다니 정말 놀라워요.

신송인2920
제게 이 책은 직접 쿠키를 만들어 먹으며 삶의 달콤함을 느낄 수 있는 체험형 책이었어요. 아이에게 자칫 설교가 될 수 있는 내용이 쿠키라는 매개체를 통해 자연스럽고 흥미롭게 다가갈 수 있어 정말 좋았습니다.

조정은3244
'Bite-Size Life Lessons'란 부제처럼 한입에 베어먹을 수 있을 만큼 부담스럽지 않게 삶의 교훈을 배울 수 있었네요. 중딩 애기들(?)에게도 읽히면 아주 좋을 것 같아요. 덕목은 살짝 숨기고 정의에 어울리는 덕목을 찾아보라고 할까 봐요.^^

김양은1277
한글 번역본으로 보고 감탄했던 책입니다. 근데 원서로 읽으니 느낌이 확실히 다르네요. 훨씬 더 좋아요. 따뜻한 감동이 밀려옵니다. 아이들의 이해와 깨달음을 방해하지 않기 위해서라도 우리말로 해석해주고 싶은 마음을 꾹 눌러야 할 것 같습니다.

이주영2195
이 책 so sweet~ 하네요!! 저는 pessimistic과 optimistic을 보고 크게 웃었습니다. 쿠키가 조금 남았을 때 아이들의 표정이 떠올랐거든요. 어느 쪽이든 참 귀엽습니다. 때마침 주말이니 쿠키를 구워야겠어요.♡

정희정3755
얼른 아이와 함께 쿠키를 만들어 먹으며 이야기 나누고 싶어요. 그림책 한 권으로 인생의 지혜와 교훈을 이렇게 쉽고 재밌게 배울 수 있으며 또 전할 수 있다는 것이 놀랍고 감사합니다.

천주연3249
베알못(베이킹을 잘 알지 못하는)이지만 당장 아이와 쿠키를 굽고 싶어지네요. 그 안에 담긴 인생의 가치들을 함께 곁들이면서요!

함주현2680
현명하다는 것은 자기가 아는 것이 얼마나 적은지를 아는 것, 여기에 밑줄 쫙! 현명함은 결국 겸손과 연결되어 있다는 말에 공감합니다. 오늘도 주옥같은 책, 저의 인생책으로 저장합니다!

채지연2547
쿠키를 좋아하는 제겐 너무나 잘 와닿습니다. 하나하나가 주옥같지만, 마지막 WISE의 정의가 제게도 홈런 문장입니다. 자신이 아는 게 얼마나 적은지를 아는 현명한 사람은 겸손하게 될 것이고, 주어진 것에 감사하여 만족할 줄도 알 것 같아요. 나머지 덕목도 자연스레 따라올 것 같구요.

이지현2226
쿠키를 만들고 나누는 과정을 따라가다 보니 어느새 삶의 지혜를 배우게 되네요. 쉽게 설명하기 어려운 개념들을 정말 생생하게 느껴지도록 풀어낸 것 같아요.

김혜란3447
쿠키만 잘 구워도 멋진 인생을 살 수 있을 것 같아요. 이것도 슬로우 미러클이네요.^^

배은영1692
이토록 쉽고 친근하게 인생을 배울 수도 있다니 정말 감동입니다. 가볍게 읽히는데도 마음에 와닿는 것은 묵직하네요.

전수인2372
아이에게 열 마디, 백 마디 말을 하기보다 오늘의 이 책 한 권을 나누고 싶어요.

황현경2729
어른들도 계속 다시 짚어보게 되는 가치 사전, 이보다 더 쉽고 친절할 수는 없을 것 같네요. 아이랑 다시 봐야겠어요.

윤나경3329
사물을 단순한 사물로 보지 않고 우리 삶의 중요한 문제들과 연결시켜 풀어내는 솜씨에 감탄이 나옵니다.

느리게 100권 읽기

085

난이도 ■■■■□

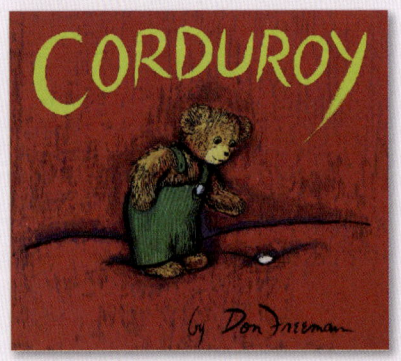

Corduroy
by Don Freeman

아이들은 대부분 인형을 좋아하지요? 그중에서도 곰 인형은 특히 인기가 있는 듯합니다. 오늘 우리가 함께 읽을 늘백의 여든다섯 번째 그림책은 어린아이 특유의 꾸밈없는 순수함으로 인해 전 세계 독자들의 큰 사랑을 받아온 테디 베어 이야기, Don Freeman의 《Corduroy》입니다.

1.

Corduroy는 백화점의 장난감 코너에서 누군가가 자신을 집으로 데려가 주길 기다리는 테디 베어입니다. 어느 날 한 소녀가 Corduroy를 갖고 싶어하지만 소녀의 엄마는 멜빵바지의 단추가 떨어졌다는 이유로 사주지 않습니다. 바로 그날 밤 Corduroy는 잃어버린 단추를 찾으러 백화점을 돌아다니게 되는데 그의 눈에는 모든 것이 신기하고 놀랍기만 합니다. 2층 가구 매장에서 푹신한 침대를 보고 기어 올라간 Corduroy는 그 위에서 작고 동그란 단추를 발견하고 크게 기뻐합니다. 드디어 잃어버렸던 단추를 찾게 된 것일까요? 단추를 찾았으니 곧 누군가의 집으로 갈 수 있게 될까요?

2.

순수한 우정과 그 우정의 시작이 되는 (친구로서의) 받아들임에 대한 이야기입니다. 가족이 함께 어울려 사는 아늑한 집과 마음을 나눌 수 있는 친구에 대한 테디 베어의 간절한 소망, 그리고 어린 소녀 Lisa의 깊은 사랑과 우정이 전 세계 아이들의 마음을 사로잡아 그림책의 고전으로 자리 잡은 작품입니다. 똑같은 곰 인형을 보고도 구입 비용과 제품의 상태를 먼저 따져보는 어른들의 현실적인 모습과, 그 인형을 하나의 가치 있는 존재로 여기고 마음의 소리에 귀 기울이는 아이들의 순수한 모습이 서로 대비되어 그려지고 있습니다. 어린 아이들은 Corduroy를 좋아하지 않을 수 없습니다. Corduroy와 그의 친구 Lisa에게서 바로 자기 자신의 모습을 발견할 수 있기 때문이지요.

사람을 외모나 가진 것만 보고 평가하지 말라고, 무엇이든 그 겉모습만을 보고 판단하지 말라고 말해줍니다. 백화점의 화려함과 보통 사람들의 평범한 삶이 지닌 간극을 묘사하려는 작가의 의도가 깔려 있습니다. 작품성과 대중성을 널리 인정받아 미국교사협회(NEA, 2007)의 Teachers' Top 100 Books for Children과 학교도서관저널(SLJ, 2012)의 Top 100 Picture Books에 선정된 작품입니다.

3.
Corduroy란 이름의 출처와 유래도 흥미롭습니다. 본래는 작가의 미출간 그림책《Corduroy, the Inferior Decorator》에서 아파트 벽에 그림을 그려 부모를 화나게 하는 소년의 이름이었다고 하네요. Corduroy는 처음부터 지극히 아이다운 우리 주변의 보통 아이 중 하나였던 셈이지요. 어느 가정이건 사실상 하나씩은 꼭 있는 아이이기도 하고요.

《Corduroy》출간 10년 후인 1978년에 나온 속편(sequel)《A Pocket for Corduroy》도 있습니다. 원작 못지않게 널리 호평받는 작품입니다. 이들 두 작품을 바탕으로 TV 애니메이션 시리즈 〈Corduroy〉(2000, 총 26개 에피소드)가 제작되어 방송된 바 있습니다. Corduroy가 일으킨 반향이 대단히 컸기 때문일까요? 원작자가 아닌 다른 작가들이 원작의 전편(prequel)과 속편(sequel)을 포함해 Corduroy를 주인공으로 한 작품을 상당수 출간했다는 점도 이례적입니다. 특히 B. G. Hennessy란 작가는《Corduroy Lost And Found》와《A Christmas Wish for Corduroy》를 포함해 20권에 가까운 Corduroy 책을 집필한 바 있습니다.

4.

아이들의 때 묻지 않은 무구한 모습과 특성을 잘 보여주는 Corduroy의 행동에 주목하세요. 뭔가 바라는 것이 있거나 필요한 것이 생기면 앞뒤 가리지 않고 일단 행동으로 옮기고 봅니다. 어른들의 기대와는 달리 안전한 곳에 머물지 않고 늘 자신이 원하는 것을 찾아 위험이 도사리고 있는 미지의 세계로 뛰어드는 것도 마다치 않습니다. 그래서 결국 매트리스 위의 단추를 뜯어내려고 하다가 침대에서 떨어져 커다란 램프에 세게 부딪칩니다. 마치 《Five Little Monkeys Jumping on the Bed》의 새끼 원숭이들처럼 말이죠.

세상을 바라보는 Corduroy의 눈과 생각의 표현에도 아이들의 천진난만함과 상상력이 그대로 담겨 있습니다. 에스컬레이터를 보고 늘 올라가고 싶었던 높은 산을 떠올립니다.

"Could this be a mountain?"
"I think I've always wanted to climb a mountain."

멋진 가구들이 가득한 2층의 가구 매장을 보고 감탄하며 오매불망 그리던 화려한 궁전이 틀림없다고 생각합니다.

"This must be a palace!"
"I guess I've always wanted to live in a palace."

Lisa와 함께 집에 와서는 Lisa의 방을 둘러보며 확신에 차서 말합니다. 에스컬레이터와 가구 매장을 보았을 때 사용했던 (의미가 약한) think나 guess 대신 know라는 표현을 쓰고 있는 점에 유의하세요.

"This must be home."
"I know I've always wanted a home."

Lisa의 품에 안겨 서로의 마음을 확인할 때에는 더 큰 확신을 가지고 고백합니다. 이번에는 굳이 know라는 동사도 필요치 않습니다.

"You must be a friend."
"I've always wanted a friend."

5.
이야기의 거의 마지막 부분에서 Lisa가 Corduroy의 옷에 단추를 꿰매주며 속삭인 다음의 표현이 마음에 깊이 와닿습니다.

"I like you the way you are, but you'll be more comfortable with your shoulder strap fastened."

"있는 그대로 사랑해주세요!"라고 옮기고 싶습니다. 친구라 생각한다면, 누군가를 진실로 아끼고 사랑한다면, 진정한 벗이 되길 원한다면, 상대를 있는 모습 그대로 받아들일 수 있어야 합니다. 백화점에서 처음 보는 순간부터 Corduroy를 알아본 Lisa는 역시 상대를 있는 모습 그대로 사랑할 줄 아는 훌륭한 아이였네요. 그러면서도 상대의 필요를 헤아리고 채워줄 줄도 아는 기특한 아이이기도 하고요.

한 줄 소감

이지현2226
동심을 가진 사람이라면 누구나 코듀로이에게 빠져들 수밖에 없을 것 같아요. 코듀로이와 리사의 이야기를 따라가다 보니 어느새 어린 시절의 따뜻한 기억에 닿게 되네요.

현연금2693
Lisa의 품에 안겨 있는 Corduroy의 표정이 너무도 사랑스럽네요. Lisa가 Corduroy에게 건네는 따뜻한 위로의 말이 들리는 듯합니다. "걱정하지 마. 끝까지 널 지켜줄게!"

임수지2307
소개글을 읽기 전까진 뻔한 곰 인형 이야기일 거라 생각했어요. 하지만 리사의 말 한마디로 이제는 모든 게 이해됩니다. "지금 그 모습 그대로 너를 사랑해(I like you the way you are)." 이 책의 진가를 느끼게 해주셔서 감사드려요.

이예린2124
어린 시절 불 꺼진 밤에 장난감 친구들은 대체 뭐하는지 궁금했던 적이 있었는데 그 비밀이 이 책에 담겨 있었네요.^^ 조건 없는 따뜻한 우정이 참로로 감동적입니다.

 이진경2236
어릴 때 아이가 읽고 첫눈에 반한 책이에요. 아직 영어는 물론 한글도 잘 모르던 때였는데 계속 읽어달라고 가져왔었지요. 이제 그 이유를 알았네요. 슬미 덕분에 아이와 저의 최애 영어책이 하나하나 쌓여가고 있습니다. 속편도 꼭 찾아볼게요.

 송현주1788
누군가가 나를 있는 모습 그대로 사랑해준다면 어떤 경우에도 행복할 수 있을 것 같아요. "있는 그대로 사랑하기." 나도 마음속 깊이 원하고 내 아이에게도 꼭 해주고 싶은 것! 다시 한번 되새겨봅니다.

 정숙경2415
Corduroy와 Lisa의 순수한 우정에 마음이 따뜻해집니다. 교수님께서 짚어주신 think, guess, know 등 어휘 변화에 따라 달라지는 미묘한 뉘앙스 차이를 알고 나니 책 읽는 맛이 달라지네요.

 이유진2977
곰 인형이 살아 움직이는 것도, 한밤중에 백화점을 탐험하는 것도 매우 흥미로운 설정 같아요. 그동안 이 책이 왜 그렇게 유명한지 궁금했는데 교수님의 소개글을 읽고 나니 그 이유를 알 것 같네요.

 황현경2729
코듀로이와 리사의 우정을 더욱 빛나게 해주는 교수님의 소개글, 잘 읽었습니다. 필요한 배경지식이 생기고, 이면의 흥미로운 이야기까지 알고 나니, 책이 이전과는 완전히 달라 보이네요.^^

 신선미1795
리사의 "I like you the way you are."가 마음을 울리네요. 누가 그림책을 아이들이 보는 책이라 하나요? 깊은 위로와 힐링이 되는 그림책의 매력, 다시 한번 늘백을 통해 경험합니다.

 성미진1747
모두가 Corduroy의 낡은 옷을 보고 있을 때 오직 Lisa만이 그의 맑은 눈을 봐주었지요. 누군가를 제대로 알기 위한 최고의 방법은 역시 눈맞춤인가 봐요.

 김희정3452
결혼식 축사로 유명했던 〈불구하고의 사랑〉이 떠오르네요. 그때는 '그럼에도 불구하고' 서로 사랑했는데 이제는 '그래서' 서로를 미워하고 있지는 않은지… 있는 모습 그대로 인정하고 아껴준다면 여전히 '그럼에도 불구하고' 사랑할 수 있지 않을까 생각해봅니다.

느리게 100권 읽기

DAY 086

난이도 ■□□□□

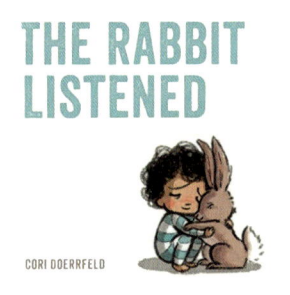

The Rabbit Listened
by Cori Doerrfeld

가족이나 친구가 속상한 일이 있어 힘겨워할 때 여러분은 어떻게 하시나요? 여러분에게 괴로운 일이 있을 때는 상대가 어떻게 해주기를 바라시나요? 오늘 우리가 함께 읽을 늘백의 그림책은 우리 주변의 누군가가 부정적인 감정으로 인해 우울하고 힘들어할 때 무엇을 어떻게 하는 것이 가장 현명한 것인지 생각해보도록 해주는 지혜와 통찰의 책, Cori Doerrfeld의 《The Rabbit Listened》입니다.

1.

뭔가 새롭고 근사한 것을 만들기로 결심한 Taylor는 많은 시간을 들이고 열심히 노력하여 아주 멋진 작품을 완성합니다. 큰 성취감에 마음이 뿌듯하고 정말 자랑스럽습니다. 그런데 갑자기 어디선가 새들이 날아와 Taylor가 공들여 만든 것을 한순간에 무너뜨리고 맙니다. 갑작스런 사고에 Taylor는 깊은 실의에 빠지게 되고, 그 사연을 알게 된 동물 친구들이 하나씩 찾아와 이런저런 방식으로 도우려 애씁니다. 하지만 Taylor의 기분은 조금도 나아지지 않습니다. 바로 그때 토끼가 찾아옵니다. 그리고 Taylor는 서서히 회복되기 시작합니다. 토끼는 대체 무엇을 어떻게 한 것일까요?

2.

작가 자신의 경험을 바탕으로 한 책입니다. 아이와 토끼가 꼬옥 껴안고 있는 모습의 표지 그림이 보는 이의 감성을 자극합니다. 지극히 단순하고 조용하지만 놀랄 만큼의 강력한 힘과 깊이를 지니고 있습니다. 절제가 느껴지는 쉽고 짧은 글, 등장인물의 내면을 섬세하게 드러내는 부드럽고 따뜻한 느낌의 아름다운 그림, 그리고 매 장면의 넉넉한 여백이 함께 어우러져 천천히 생각할 여유를 주고 스토리에 집중하도록 도와줍니다. 마음을 열어주고 공감을 불러일으키며, 들려오는 목소리에 설득력을 더해주고 그 힘을 극대화합니다.

기다려주고 들어주는 것이 갖는 힘을 잘 보여줍니다. 진정한 위로가 어디에서 오는지 알게 됩니다. 어른 아이 할 것 없이 누구나 위로받고 깨달음을 얻을 수 있습니다. 잔잔하지만 깊고 오래가는 울림이 있습니다. 아이에게 읽어주고 함께 읽으면 가슴 뭉클한 감동을 느낄 수 있습니다. 굳이 말을 하지 않아도, 그냥 바라보기만 해도 공감하고 교감할 수 있습니다.

아이 스스로 자신의 감정을 이해하고 소화해낼 수 있도록 도와줍니다. 누구나 그럴 때가 있다고, 그렇게 느끼는 것은 결코 나쁜 것이 아니라고, 애써 부정하거나 억누르려 하지 말고 자연스레 사그라들 때까지 조용히 혼자만의 시간을 가져보라고 말해줍니다. 아이의 감성 지능 향상에 큰 도움이 될 책, 어린 자녀를 둔 부모라면, 아이를 가르치는 교사라면 반드시 알고 실천해야 할 지혜를 가르쳐주는 책입니다.

3.
누구에게나 문제는 있기 마련입니다. 시련과 역경을 완전히 피할 수도 없습니다. 살아가면서 언젠가는 실패와 좌절, 배신과 상처, 갈등과 괴로움, 상실과 슬픔을 경험하게 됩니다. 우리 아이들도 예외가 될 수는 없습니다.

사랑하는 아이에게 어떤 문제가 생겼을 때 여러분은 어떻게 하시나요? 혹시 적극적으로 나서서 문제를 직접 해결해주려고 하지는 않는지요? Taylor의 동물 친구들은 저마다의 방식으로 Taylor를 위로하고 문제 해결을 도우려고 노력했습니다.

안타까워하며 함께 대화하자고 합니다. 분노를 억누르지 말고 적극 표출해야 한다고도 하네요. 내용을 알아야 문제를 해결할 수 있으니 설명해보라고 설득합니다. 대범하게 잊어버리거나 그냥 웃어넘기라고 조언하기도 합니다. 이와 같이 매우 다양한 노력을 기울였지만 아무 소용이 없었습니다.

4.
하지만 토끼는 달랐습니다. 조용히 곁에 다가와 따뜻함을 느끼게 해주었습니다. 말없이 기다려주었습니다. 들어주고 또 들어주었습니다. 그리고 내내 떠나지 않고 함께 있어주었습니다. 해결책을 제시하거나 무언가를 적극적으로 하려 하지 않았습니다. 그냥 말없이 곁에 있으면서 기다려주고 들어주기만 했을 뿐입니다. 그런데도 Taylor는 마음의 상처를 치유받고 다시 일어날 용기를 얻게 되었지요.

감정을 추스르고 이겨내는 것은 아이 스스로 해야 하는 일입니다. 아이에게 필요한 것은 문제를 대신 해결해주는 것이 아닙니다. 함께 있어주어 혼자가 아님을 알게 해주는 것입니다. 기다려주고 들어주는 것입니다. 힘들고 복잡한 감정을 이해하고 정리하려면 시간이 필요합니다. 홀로 충분한 시간을 갖고 나면 자신의 감정과 마음을 표현할 준비가 됩니다. 곁에 머물며 충분히 기다려주고 끝까지 들어주면 아이는 결국 마음의 상처를 이겨내고 다시 일어날 용기와 힘을 얻게 될 것입니다. 말없이 기다려주고 들어주는 것, 이것이야말로 마음의 상처를 보듬어주고 회복을 돕는 최고의 선택이 될 수 있습니다.

P. S.
여러분과 함께 듣고 싶습니다. "그대여 아무 걱정 하지 말아요~♬"
마음속에 근심과 염려가 스멀스멀 피어오를 때 우리에게 위로를 주고 평안의 회복을 돕는 노래 〈걱정 말아요 그대〉입니다. 음악대장 하현우가 부릅니다.

 〈걱정 말아요 그대〉

한 줄 소감

 김은빈3431
조용히 눈물이 났던 책입니다. 옆에 가만히 기대어 앉아 있는 모습이 참으로 보기 좋았어요. 제 마음까지도 편안해지고 위로가 되었습니다.

 배은영1692
그림만 봐도 가슴이 찡하고 눈물이 나려고 하네요. 아이가 슬퍼하고 힘들어할 때 토끼 같은 엄마가 되고 싶었는데, 꼬치꼬치 캐묻거나 말을 하지 않는다고 답답해하지는 않았는지 반성하게 됩니다.

 이은정3367
힘들 때 이 책을 읽고 정말 많이 울었습니다. 진정한 위로가 무엇인지를 알게 해주고, 가만히 바라보는 것만으로도 힐링이 되는 참 고마운 책입니다.

 조민아2480
가만히 곁에 있어주고 들어주는 것이 가장 큰 위로가 되는 것이군요. 생각해보니 아이가 제게 그런 존재였었네요. 힘들 때면 그 작은 팔로 꼬옥 안아주던 녀석들 모습이 떠올라 콧잔등이 시큰해집니다.

 최수은2575
아이 스스로 감정을 추스르고 용기와 힘을 얻게 해주는 방법을 배우네요. 곁에 머물며 따뜻함을 느끼게 해주고, 기다려주고, 말없이 들어주고 또 들어주기!!! 꼭 실천하겠습니다. 토끼를 떠올리면서요.

 김연희1283
언젠가 몹시 힘들어하던 친구 곁에 두 시간을 나란히 앉아 말없이 한강물을 바라보던 기억이 있습니다. 그저 같이 있어주는 게 무척 고맙고 커다란 지지가 되는 기분, 저도 느낀 적이 있었거든요. 가족과 친구 사이에 이런 위로는 참 큰 힘이 되어주는 것 같아요.

 조연주2492
내 얘기를 들어주는 사람 한 명만 있어도 세상은 참 따뜻하고 살 만할 것 같습니다. 나부터 그런 사람이 되어야겠다고 생각이 드네요. 따뜻한 마음은 전염이 되니까요.

 정숙경2415
무조건 곁에 있어주기, 어떤 조언이나 해결책을 제시하려고 하지 말고, 그냥 옆에 누군가 있음을 알게 해주기. 쉬운 듯하지만 정말 어려운 일인 것 같습니다. 하지만 그게 최선이라는 것을 토끼에게 배워갑니다.

 임숙연3218
사랑하는 제 고양이가 제 옆에서 등을 대주면 그 따뜻한 체온이 제 마음을 녹입니다. 그런 게 바로 함께 있어주는 것이고 또 들어주는 것이겠지요? 감사하게도 제게는 이미 토끼 같은 존재가 있었네요.

 유선영1927
정말 쉬운 것 같지만 결코 쉽지 않은 "그냥 곁에 있어주기", "가만히 들어주기", "아무 말 하지 않고." 큰 슬픔에 위로의 말조차 듣기를 원치 않는 사람들에게 해줄 수 있는 건 바로 이것이로구나! 생각해봅니다.

 송현주1789
아이를 위해 뭐라도 해주고 싶은데, 아무것도 하지 않고 마음의 문이 열릴 때까지 기다려주는 것, 그것이 얼마나 어렵고 얼마나 깊은 성숙을 요구하는지, 얼마나 대단한 재능인지를 깨닫습니다. 저는 언제나 그것을 제대로 하는 부모가 될 수 있을까요?

 손유나1759
슬미를 통해 경청을 배우고 있습니다. 진정한 위로는 그저 들어주는 것임을, 들어주는 것만으로도 많은 문제들이 해결될 수 있음을 느낍니다. 사랑하고 아끼는 마음이 크기에 오히려 기다리기 어려운 소중한 가족들의 말도 더욱 잘 귀담아듣겠습니다.

느리게 100권 읽기

DAY 087

난이도 ■■□□□

Square
by Mac Barnett, Jon Klassen (illustrator)

칭찬은 고래도 춤추게 한다지만 때로는 상대에게 커다란 부담이 되기도 합니다. 오늘 우리가 함께 읽을 늘백의 그림책은 Mac Barnett 글, Jon Klassen 그림의 어두운 분위기와 무표정으로 하는 연기가 특징적인 작품 《Square》입니다. 친구의 칭찬과 기대를 저버릴 수 없어 무모한 일을 시도하는 우직한 Square의 이야기입니다.

1.

Square는 매일 지하 동굴에서 사각 블록을 하나 골라 지상의 언덕 위로 옮깁니다. 어느 날 지나가던 Circle이 그것을 보고 Square와 정말 똑같은 모양의 블록을 만들었다고 감탄하며 자기를 닮은 블록도 하나 만들어달라고 부탁을 합니다. 그러고는 미처 해명할 틈도 주지 않고 가버리지요. 친구의 기대를 차마 저버릴 수 없었기 때문일까요? 아니면 천재적인 조각가라고 말한 친구의 칭찬에 크게 고무되었던 것일까요? 한동안 블록을 유심히 바라보던 Square는 작업을 시작합니다. 하지만 문제는 안타깝게도 Square가 조각가도 아니지만 조각하는 방법 자체를 모른다는 것이었지요. Square는 과연 잘해낼 수 있을까요?

2.

Mac Barnett과 Jon Klassen이 합작한 도형 3부작(The Shapes Trilogy)의 두 번째 작품(2018)입니다. 여러 번 읽고 마음속에 한동안 담아둔 후에야 비로소 이해가 되는 책이 있습니다. 이 책이 바로 그런 책 중 하나입니다. 다른 두 작품

《Triangle》(2017), 《Circle》(2019)과 마찬가지로 독자들에게 직접 무언가를 말하거나 설명하려 들지 않습니다. 단순한 삽화로 독자들의 관심을 끌고 이야기 속으로 끌어들입니다. 호기심을 자극하며 반복해서 읽고 살펴보도록 유도합니다. 쉽고 짧은 문장, 충분한 여백이 심리적 공간을 만들면서 자연스럽게 생각할 여유를 갖게 합니다. 열린 결말을 통해 독자 스스로 생각해보게 합니다.

아마도 작가가 의도한 것이겠지요? Square의 모습에서 본래 그 이름이 의미하는 바처럼 건장함과 튼튼함(broad, strong, solid), 공명정대함과 정직함(fair, honest)이 느껴집니다. Circle의 칭찬이 Square로 하여금 자신에 대한 의구심을 떨쳐버리고 자신감을 갖도록 돕습니다. 하지만 동시에 그것이 완벽을 향한 압박으로 작용하는 것을 보면서 나의 칭찬이나 격려가 상대에게 지나친 부담이 되는 경우는 없었는지 생각해봅니다. 방법도 모르면서 친구를 위해 어떻게든 해내려고 노력하다가 결국에는 쓰러져 빗속에 잠들게 되는 Square의 모습이 무척 안쓰럽습니다.

3.
글보다 그림을 읽는 맛이 더욱 특별한 책이 있습니다. 이 책을 비롯한 Jon Klassen의 작품들이 특히 그러합니다. 따라서 텍스트 내용에 크게 신경 쓰지 않고 그림 위주로 읽어보는 것도 이 책의 특이하고 색다른 그림을 즐기는 좋은 방법이 됩니다. 두 주인공의 눈 모양과 시선, 각 장면의 배경, 그리고 색상의 변화에 유의하면서 삽화들 사이를 걸어보세요.

전체적으로 어둡고 무거운 분위기 때문에 마음이 쉽게 끌리지 않을지도 모릅니다. 하지만 천천히 읽으며 하나하나 여유 있게 음미하면 작가 특유의 그림과 글이 주는 맛과 재미를 느낄 수 있습니다. 명확한 해답이 없어 오히려 호기심을 더욱 자극합니다. 표시나지 않게 은근히 웃깁니다. 머지않아 deadpan humour(진지한 표정으로 하는 유머)의 달인이라 평가받는 Jon Klassen의 작품 세계에 푹 빠져들 수도 있습니다.

4.
어린아이들도 쉽게 접근할 수 있는 단순한 그림과 이야기 속에 어른들도 쉽게 답하기 어려운 질문과 이슈들이 많이 담겨 있습니다.

- 블록은 Square에게 무슨 의미가 있는 것일까?
- 동굴은 또 무엇을 의미할까?
- Square는 왜 블록을 지상으로 옮겨 언덕 위에 쌓아놓는 것일까?
- 어두운 지하 동굴에서 밝은 지상으로 블록을 옮기는 일은 무엇을 의미할까?
- 예술가란 대체 어떤 존재일까?
- 예술은 반드시 특별한 재능을 요구하는 것일까?
- Square의 예술적 재능에 대한 Circle의 해석은 단순한 오해에 불과한 것일까?
- 예술적 아름다움도 결국 보는 사람의 눈에 달려 있는 것은 아닐까?
- 일상의 평범한 일과 예술 창작 작업은 그 차원이 다른 것일까?
- 다시 말해, Square가 블록을 옮기는 일과 자신의 이미지를 만들어내는 작업은 정말 차원이 다른 일인가? 만일 그렇다면 대체 어떤 근본적인 차이가 있는 것일까?
- 예술 작품의 창작에서 우연이나 실수, 기대하지 않았던 뜻밖의 행운은 어느 정도의 역할을 하는 것일까?
- 예술 작품을 평가할 때 평가자의 주관적 생각이나 취향이 미치는 영향은 얼마나 클까?

한 줄 소감

오성희3485
아무 생각 없이 펼쳤다가 깊은 울림을 받은 책입니다. 단순한 삽화로 내면의 감정선을 어찌 그리 잘 담아내는지! Square의 고난과 실패가 안타까웠고 예상치 못한 결말에 희열을 느꼈어요.

박다정3455
Jon Klassen의 책은 난해하다고만 생각했는데 교수님의 소개글 덕분에 열린 마음으로 다양한 사고를 해보는 주체적인 독자가 되고 싶어졌어요. 질문도 잘 활용해볼게요.

이현정2266
진지한 표정으로 웃음을 유발하고 은근히 웃기면서 자연스레 공감을 이끌어낸다는 말씀이 크게 와닿습니다. 제대로 된 이해를 위해서라도, 그리고 매력을 알고 나면, 절대 한 번만 읽고 말 수는 없는 책. 그리고 아이보다는 어른을 위한 그림책 같아요.

아끼꼬1838
처음에는 깊은 생각 없이 그냥 읽었는데 교수님 설명을 읽고 나니 그림도 내용도 다시 생각하게 되네요. 단순해 보이는데 정말 큰 의미가 담겨 있는 신기한 책인 것 같아요.

여민정3483
색이 다양하지 않아 오히려 수묵화 느낌이 납니다. 교수님의 질문에 답하려고 책을 여러 번 읽다 보니 제 마음을 들여다보게 되네요.

성경미1745
칭찬에 부응하려 애쓰는 Square의 모습이 안쓰럽게 느껴집니다. 누군가 무심코 던진 말에 너무 연연하지 않았으면 합니다. 자신을 잃어버릴 수도 있으니까요.

심희정1837
우직한 Square가 볼수록 좋아집니다. 그런데 엄마의 간사한 마음일까요? 우리 아이가 Square처럼 되지는 않았으면 하네요.

김건희1118
교수님의 글을 읽고 생각하지 못했던 많은 걸 깨닫고 또 알게 됩니다. 아이와도 생각할 거리를 풍성하게 나눌 수 있어서 너무 좋아요.

현연금2693
Square를 보며 제 모습을 보는 것 같아 안쓰럽고 안타까웠어요. 누가 부탁하면 밤을 새워서라도 해주곤 했거든요.ㅠㅠ 거절할 수도 있는 건데 말이죠.

최수은2575
처음엔 어려워서 "뭐지?" 하며 다시 읽었는데 그래도 잘 모르겠더라고요. 근데 교수님과 함께 읽으니 한결 가볍네요. 앞으로 어려운 책은 교수님의 설명부터 읽어야겠어요. 아, 그리고 쓰러져 빗속에 잠든 친구 바로 '저'입니다.^^

임숙연3218
저도 모르게 어느새 Square를 응원하게 됩니다. "그걸로 충분해. 그냥 솔직하게 말해. 아주 잘했어." 책에서는 다행히 해피 엔딩으로 끝나지만 현실은 전혀 다를 수 있겠지요. 제 아이에게는 과도한 칭찬도, 결과에 대한 비난이나 실망감 표출도 하지 않을래요.

이유진2977
읽을 때마다 새롭네요. 처음 읽을 때에는 지나친 칭찬에 부담을 느끼면서도 상대의 기대를 저버리지 못하는 모습이 무척 안타까웠어요. 근데 이번에는 "못 해!"라고 말할 수 있는 용기와 그 필요성에 대해 고민해보게 되네요. 생각이 자꾸 발전하나 봅니다.

Owl at Home
by Arnold Lobel

아무도 찾지 않는 한적한 곳에서 혼자 지내는 삶을 생각해보신 적이 있으신가요? 누군가와 함께 있기보단 혼자 있는 것을 더 좋아하는 사람들의 일상과 내면은 어떤 모습일까요? 오늘 우리가 함께 읽을 늘백의 영어책은 고독한 삶의 다양한 측면을 엿볼 수 있게 해주는 Arnold Lobel의 《Owl at Home》입니다.

1.
(1) 부엉이는 작고 아늑한 집에서 혼자 살고 있습니다. 홀로 지내는 외로움 때문일까요? 춥고 눈 내리는 어느 날 밤 예고도 없이 찾아와 문을 쾅쾅 두드리는 겨울을 기꺼이 자신의 집으로 맞아들입니다. 둘은 함께 즐거운 시간을 보낼 수 있을까요?

(2) 밤이 되어 잠을 자려고 침대에 누웠는데 발끝 부근에 혹 2개가 튀어나와 있습니다. 깜짝 놀라 담요를 들춰 보니 어느새 사라져 보이지 않네요. 담요를 덮고 자려고 하면 그 혹이 어디선가 다시 나타나고, "잠든 사이 혹이 점점 더 커지면 어쩌지?" 하는 무서운 생각이 들면서 잠이 오질 않습니다. 부엉이는 대체 어찌하면 좋을까요?

(3) 부엉이는 종종 눈물로 차를 만들어 먹습니다. 괴이하게 들릴지 모르지만 정말 자신의 눈물로 차를 끓인답니다. 그런데 마실 만큼의 차를 끓이려면 꽤 많은 양이 필요할 텐데 그 많은 눈물은 대체 어디서 어떻게 구할까요?

(4) 부엉이는 늘 궁금합니다. 1층 거실에 있을 땐 2층이, 반대로 2층에 있을 땐 1층이 아무 일 없이 잘 있는지. 1층과 2층에 동시에 있을 수는 없을까? 이렇게 골똘히 생각한 끝에 드디어 방법을 찾아냅니다. 부엉이가 찾아낸 방법은 과연 무엇일까요?

(5) 어느 날 밤 해변가로 산책을 나간 부엉이는 달님을 친구로 사귀게 됩니다. 시간이 늦어져 작별 인사를 하고 집으로 돌아오는데 무슨 이유에서인지 달님이 부엉이를 계속 따라옵니다. 그러지 말라고 거듭 타일러보지만 달님은 듣지 않습니다. 달님은 대체 왜 따라오는 것일까요?

2.
다섯 가지의 짧은 에피소드로 구성된 옴니버스 형식의 작품입니다. 고독과 유머의 완벽한 조합을 보여줍니다. 어리석을 정도로 순진하고 순수한 주인공 부엉이, 기괴스러울 정도로 엉뚱하고 별난 이야기, 그리고 그런 주인공과 이야기의 분위기에 너무나도 잘 어울리는 으스스한 느낌의 삽화들, 이 세 가지가 한데 어우러져 어린아이부터 어른까지 함께 웃고 즐길 수 있는 한 편의 흥미진진한 드라마를 만들어냅니다.

외로움을 이토록 참신한 방식으로 유머러스하게 다룬 작품이 또 있을까요? 천재와 바보는 종이 한 장 차이라지만 누가 또 이렇게 바보스럽고 동시에 천재적일 수 있을까요? 부엉이와 같은 성격으로 세상을 제대로 살아갈 수 있을까요? 혹시 작가 자신의 삶이나 내면이 반영된 것은 아닐까요? 이런 생각들이 문득문득 스쳐 지나갑니다.

3.
은근히 엄청나게 웃깁니다. 당연히 아이들이 무지하게 좋아합니다. 이야기가 하나같이 재미있고 괴이하면서 때로 섬뜩하기까지 합니다. 거부할 수 없는 매력에 읽고 또 읽게 됩니다. 나이가 들어가면서도 계속 기억나고 떠올릴 때마다 행복한 미소를 짓게 합니다. 아이와 같은 순수한 마음을 가지고 있다면 어른들도 그 재미와 즐거움을 피해가기 어렵습니다. 어젯밤 대학 졸업반인 셋째 아이와 통화하면서 몇 구절 읽어주었는데 부엉이가 차 끓일 눈물을 얻기 위해 이런저런 슬픈 생각을 하는 장면에서는 웃음을 도저히 참지 못하더군요. 여유를 갖고 천천히 읽으면서 얼마나 웃기고 재미있는지 직접 확인해보시기 바랍니다.

일부 장면에서는 오싹한 느낌이 들 수도 있습니다. 특히 불청객 '겨울'이 문을 열기가 무섭게 쳐들어와 모든 것을 순식간에 얼려버리는 장면과 어두운 밤 침대의 발치에서 괴상하게 생긴 혹을 발견하는 장면에서는 누구도 예외가 되기 어렵습니다. 하지만 으스스할 뿐 지나치게 무섭지는 않습니다. 오히려 그런 느낌이 이야기에 흥미로움을 더하고 기억 속에 쉽게 잊히지 않을 강한 흔적을 남깁니다. 어린아이들까지도 안전하게 즐길 수 있는 최고의 공포물이 되는 것이지요.

4.
글밥이 많다고 지레 겁부터 먹지 마세요. 모두 64쪽이나 될 정도로 길고 페이지 당 텍스트도 상당하지만 어려운 단어가 많지 않고 표현과 문장이 단순하여 의외로 쉽게 잘 읽힙니다. 더구나 모든 에피소드가 하나같이 웃기고 기발하여 지루함을 느낄 틈이 없습니다. 따라서 두려워하지 말고 서둘러 빨리 가려는 조급함도 버리고 여유 있게 천천히 읽어나가길 바랍니다. 그러면 충분히 읽어내고 내용을 즐길 수 있음을 알게 되실 겁니다. 반복해 읽어도 줄어들지 않는 재미와 웃음에 읽고 또 읽게 될 것입니다.

5.
얼마나 외로웠으면 무례하고 제멋대로인 겨울 같은 불청객을 집 안으로 받아들이고, 혼자 사는 작은 집 안에서 다른 층을 그리워하고, 슬픔으로 가득 찬 눈물로 차를 만들어 마실까요? (마지막 에피소드에서) 계속 따라오던 달님이 구름에 가려져 보이지 않게 되자 다시 깊은 슬픔에 빠진 부엉이, 그가 느꼈을 외로움과 쓸쓸함이 그대로 전해오는 듯합니다.

"It is always a little sad to say good-bye to a friend,"
 he says to himself.

하지만 간절히 갈구하고 찾아 헤매면 하늘도 돕는 것일까요? 외롭고 어두운 밤 내내 함께 있어 주고 부드럽게 감싸 비춰주는, 생긴 것도 성품도 둥글둥글한 달님 같은 친구를 만나게 되었네요. 잠자리에 들려다가 침실 창밖으로 집에까지 따라온 달님을 발견하고 기뻐하던 부엉이의 환한 모습이 눈에 선합니다.

"Moon, you have followed me all the way home.
 What a good, round friend you are!" said Owl.

친구가 곁에 있는 한 계속 슬퍼할 이유도 홀로 고독을 느낄 필요도 없는 것이지요. Arnold Lobel의 또 다른 친구 이야기 《Frog and Toad Are Friends》에서 늘 함께 있어 모든 것을 같이 하고, 친구의 고민을 들어주며 덜어주려고 최선을 다하던 단짝 친구 개구리와 두꺼비가 떠오릅니다.

진정한 친구와 참된 우정에 대한 희망을 포기하지 않고 계속 찾고 또 찾는다면, 그리고 기회가 왔을 때 내가 먼저 기꺼이 친구가 되어준다면 개구리와 두꺼비 같은 진실한 친구를 얻게 되리라 믿습니다. 심지어 홀로 외롭게 사는 부엉이에게도 달님 같은 뜻밖의 좋은 친구가 생겼으니까요. 누구에게나 그런 우정, 그런 행복이 가능하다는 희망을 보게 됩니다.

P. S.
나그네 같은 고달픈 인생길, 친구와 함께라면 오히려 즐겁고 행복하며 슬픔과 괴로움, 고난과 역경도 능히 견디어 이겨낼 수 있지 않을까요? 꿈에서도 보고 싶은 친구, 기쁨도 슬픔도 외로움도 함께할 수 있는 친구, 그런 친구가 우리 모두에게 현실이 되길 바랍니다. 여러분과 함께 듣고 싶습니다. 조용필이 부르는 〈친구여〉입니다.

 〈친구여〉

한 줄 소감

 김영희2842
대학 졸업반인 청년에게도 재미있을 수 있다니! 이끌어주시는 부모님이 계시기에 가능한 일 같아요. 저 또한 아이가 커도 그림책으로 마음을 나누고 싶어요.

 신향진1819
오늘만큼은 영어 그림책이 쉽고 재미있었어요! 크게 외치고 싶을 만큼 흠뻑 빠져들게 하는 매력이 있습니다. 순수한 Owl 때문에 마음이 행복해졌어요. 눈물차는 어떤 맛일지 궁금하네요.

 홍지윤3765
고독과 유머. 어울릴 것 같지 않은 두 단어가 함께하는 책이라고 하시니 호기심을 자극합니다.

 윤미숙1954
은근히 엄청나게 웃긴다는 소개글이 딱입니다. 그림도 약간 칙칙하고 처음엔 선뜻 손이 가질 않는 책이었는데, 늘백을 통해 혼자라면 절대 읽지 않았을 보물 같은 책을 만났네요.

 성미진1747
외로움에 지친 부엉이의 웃픈 모노드라마로 주말을 보냈어요. 때론 배꼽 잡고 때론 매우 진지한 마음으로 읽게 되네요. 근데 교수님, 이 책을 왜 이제서야 소개해주신 건가요?^^

 유선영1927
늘백에서 읽은 책 중 단연코 가장 참신했던 책입니다. 너무 황당해서 그 기발함에 웃음이 터졌어요!

 문설희1519
아이와 읽으면서 엄청나게 웃었어요. 소개글을 읽으며 외로움에 대해 생각해보니, 마지막 장면에서 바람이 세게 부는 날씨에도 창문을 활짝 열고 달님과 함께 자는 모습이 더 애절하게 다가와요.

 김세영2838
처음엔 두껍고 글이 길어 걱정했죠. 근데 웬걸요? 소개글 덕분인지 술술 읽히네요. 리더스도 이렇게 재미있을 수 있단 걸 처음 알았어요. 비슷한 책을 더 읽고 싶어 검색을 해봤을 정도예요.^^

 구지예1082
슬픔의 눈물을 차로 승화시키는 눈물의 차, 얼마나 웃었는지 모릅니다. 우리 아이들이 눈물 흘릴 때 컵에 받아본 기억이 있어요. 얼마나 배꼽 잡았는지 정말 즐거잘을 만들어준 책입니다.

 임수지2307
참된 우정을 위해 먼저 좋은 친구가 되도록 노력하라는 말씀이 와닿습니다. 전 항상 받기만 했었는데 이젠 제가 먼저 주려는 노력을 하고 싶어요.

 천주연3249
고독과 외로움을 이렇게나 유머러스하게 풀어낼 수 있다니요! 부엉이의 모습이 나의 모습 같아 슬퍼지다가도 자꾸만 웃음이 나오는 건 역시 부엉이의 엉뚱한 매력 덕분이겠죠?

 김지혜2858
요즘 저에게는 늘백이 제 친구 같아요. 책을 혼자서 읽는다면 작심삼일 했을 텐데, 외롭지 않아 꾸준히 읽을 수 있습니다. 책을 통한 생각 나눔도 너무 재밌고 행복해요.

Peppe the Lamplighter
by Elisa Bartone, Ted Lewin (illustrator)

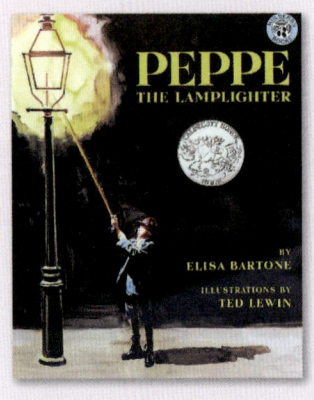

사람은 누구나 주위 사람들로부터 인정받기를 원합니다. 그런데 자신이 소중하게 여기는 일에 대해 인정은커녕 비난이나 비판을 받는다면 그 마음이 어떨까요? 오늘 우리가 함께 읽을 늘백의 그림책은 아이들과의 관계에서 우리의 모습을 돌아보게 해줄 한 소년의 이야기 《Peppe the Lamplighter》입니다. Elisa Bartone이 글을 쓰고 Ted Lewin이 그림을 그렸습니다.

1.
아주 오래전 전기가 없었던 시절, 뉴욕의 리틀 이탈리아(Little Italy)라는 곳에서 있었던 일입니다. 가난한 이민자 가정의 외동아들이었던 Peppe는 엄마가 돌아가신 상태에서 몸이 아픈 아빠를 도와 여덟 명이나 되는 누이들을 먹여 살려야 했지요. 그래서 여기저기 다니며 알아보았지만 Peppe에게 일자리를 주는 곳은 아무 데도 없었습니다. 그러던 중 거리의 가스등을 켜는 점등원이 Peppe에게 자신이 고향을 방문하는 동안 일을 대신 맡아달라고 부탁합니다. 기쁘고 감사한 마음에 Peppe는 매일 밤 열심히 거리를 다니며 가스등에 불을 밝힙니다. 하지만 아빠는 Peppe가 하는 일에 큰 실망을 나타냅니다. 화를 내고 심한 말을 하여 Peppe를 침울하게 만듭니다. Peppe는 결국 마음에 큰 상처를 입고 낙담하여 가로등 켜는 일을 중단하게 되지요. 그런데 바로 그날 밤 아빠의 태도를 확 달라지게 만드는 사건이 발생합니다. 대체 무슨 일이 생긴 것일까요?

2.
미국 역사의 초기, 이탈리아에서 미국으로 건너와 어렵게 생활하던 한 이민자 가족의 이야기입니다. 가로등에 직접 불을 붙여야 했던 시절의 미국 이민자들과 그들의 생활상을 생생하고도 현실감 있게 그려내고 있습니다. 자신이 하는 일에 대한 아빠의 인정을 갈구했던 한 소년의 감동적인 이야기가 펼쳐집니다.

스토리도 감동적이지만 그림이 예술입니다. 마치 미술관에 가야만 볼 수 있는 멋진 명화를 보는 듯합니다. 마차와 수레가 주요 교통수단이었던 때의 뉴욕으로 시간 여행을 떠나 그때의 거리 모습을 감상할 수 있습니다. 1994년 칼데콧 아너(Caldecott Honor) 수상작입니다.

3.
그림이 전체적으로 어둡고 무겁게 느껴져 쉽게 눈길이 가지 않을 수 있습니다. 하지만 여유를 가지고 천천히 오래 들여다보면 그 진가를 알게 되실 겁니다. 현실성과 사실성이 뛰어난 그림과 감동적인 이야기가 서로를 보완하며 독자들에게 책 읽기의 색다른 경험을 선사합니다. 그림의 이미지와 텍스트 내용이 함께 어우러져 암울함과 기쁨, 빛과 어둠이 공존하는 Peppe와 그의 주변, 그가 하는 일의 의미를 매우 효과적으로 묘사하고 있습니다.

밝은 웃음과 유쾌함이 있는 이야기가 아니라서 아이가 좋아하지 않을 것 같다고요? 의외의 반응에 놀라실 수도 있습니다. 그동안 접해보지 못했던 독특한 소재와 분위기, 미국 초기 이민자들의 낯선 생활 모습에 큰 관심을 보이고 질문을 쏟아낼 수도 있습니다. 그리고 무엇보다 Peppe와 아빠, 그리고 동생 Assunta가 이끌어가는 스토리의 재미와 감동을 맛보고 나면 또다시 읽어달라고 할 가능성이 매우 큽니다.

4.
글밥이 좀 많아 보여 어렵게 생각될 수도 있습니다. 하지만 어려운 단어는 그리 많지 않습니다. 설사 모르는 단어를 만나더라도 너무 겁먹지 마세요. 잘 모르는 표현이 있는 것은 지극히 정상입니다. 모르는 단어는 빈칸이라 생각하고 그림과 문맥을 단서로 삼아 의미를 추측해보세요. 문장의 의미 해석이 시원하게 되지 않는다 해도 지나친 실망은 금물입니다. 그런 부족함도 영어책 읽기의 매우 일반적인 모습이니까요. 모호성을 즐기면서 이야기와 그 속에 담겨 있는 작가의 목소리를 듣고 스토리를 즐기려고 노력해보시기 바랍니다.

영알못이라서 모르는 것이 너무 많고 어렵게만 느껴진다고요? 그럴 수도 있습니다. 그런 경우에는 아는 단어와 그림을 바탕으로 느끼고 상상하며 마음 가는 대로 이야기를 만들어보세요. 책의 내용과 좀 달라도 괜찮습니다. 그렇게 하는 것도 영어책 읽기의 자연스런 한 부분이며, 나중의 즐거움을 위한 일종의 저축이 되는 것이니까요.

5.
책을 읽으며 인상적으로 다가왔던 구절과 떠오른 생각들을 함께 나누어봅니다.

(1)
"Did I come to America for my son to light the streetlamps?"
 He walked out, slamming the door behind him.

한걸음에 달려와 일자리를 구했다는 소식을 알리는 Peppe에게 아빠는 내가 그런 꼴을 보려고 미국에 온 줄 아느냐며 차갑게 쏘아붙입니다. 가장의 역할을 다하지 못하고 어린 아들을 거리로 내몬 스스로에 대한 분노와 죄책감, 부모로서의 괴로운 심정이 느껴집니다.

(2)
Then one by one he lit them all—and each one Peppe imagined to be a small flame of promise for the future. What a joyful feeling it was to light the streetlamps! It was almost like lighting candles in the church for special favors from the saints.

아빠의 차가운 반응에도 불구하고 Peppe는 자신의 일에 큰 의미를 느끼며 최선을 다합니다. Peppe가 매일 밤 불을 붙이는 거리의 가로등은 단순히 도시의 거리를 밝혀주는 것이 아닙니다. 부정적인 생각으로 가득 찬 아빠의 마음에서 어둠을 몰아내고, 하루하루가 어렵고 힘든 사람들에게 밝은 미래를 약속하는 희망의 등불이었던 것이지요.

(3)
This one for Giulia, may have the chance to marry well ...
⋮
This for my mother, may she look on us with pleasure ...
And this one for Papa, may heaven help his heart!
And this one for me, that I will always be able to help Domenico light the lamps.

거리의 가로등에 하나씩 불을 붙이며 돌아가신 엄마를 포함해 11명이나 되는 가족 모두를 위해 기도합니다. 사랑하는 가족을 생각하는 착하고 기특한 마음에 가슴이 찡합니다. 평범하고 소박한 소망에 마음이 훈훈해집니다. 이런 것을 아빠는 꿈에도 생각하지 못하셨겠지요. 어른들은 왜 아이들이 보는 아름답고 소중한 것들을 보지 못할까요?

(4)
"You'll belong to the streets!" he shouted.
"You'll never amount to anything," he grumbled.
"I don't even want to look at you, you make me so ashamed," he said.

Peppe에게 던져진 많은 잔인한 말들, 어린 그가 받았을 마음의 상처를 생각하면 가슴이 미어집니다. 과거의 어리석었던 내가 범한 수많은 실수와 상처의 말들이 마음을 심히 무겁게 합니다. 하나하나 떠오르며 가슴을 후벼팝니다.

(5)

"It's a stupid job," he said to himself. And he began to imagine that people of the neighborhood laughed behind his back.

계속되는 마음의 상처를 견디지 못하고 무너져가는 Peppe의 모습에 안타까움을 금할 수 없습니다. 평소에 무심코 내뱉는 부정적인 말 한두 마디가 아이들의 마음에 상처를 주고 삶을 조금씩 갉아 먹습니다. 깨닫고 노력하면 시간이 지나면서 그 상처는 아물 수도 있겠지요. 하지만 흉터는 여전히 남아 우리의 마음을 슬프게 할 겁니다.

(6)

"The streets are dark, Peppe," said Papa. "Assunta is frightened. Tonight the job of lamplighter is an important job ... Please, Peppe, light the lamps. You will make me proud."

아빠는 왜 이제서야 그것을 알게 되었을까요? 가장 어린 Assunta도 알고 있었던 중요한 사실을 왜 몰랐을까요? 우리는 왜 무언가를 잃어버리거나 잃게 될 상황에 처해야만 비로소 소중한 것들의 소중함을 알게 되는 것일까요? 그 깨달음이 너무 늦지 않아 정말 다행입니다. 우리에게도 그 기회가 충분히 일찍 주어지길 간절히 바랍니다.

아빠의 변화된 모습에 Peppe의 기쁨은 얼마나 컸을까요? 그토록 애타게 갈구했던 아빠의 인정인데 얼마나 놀랍고 감사했을까요? Peppe와 그 누이들은 아마도 알고 있었을 겁니다. 먼 이국땅에서 엄마도 없이 병든 몸으로 9명이나 되는 자녀들을 부양해야 하는 아빠의 삶이 얼마나 버거웠었는지를. 그런 아빠를 원망하지 않고 아빠의 애정과 인정만을 간절히 바란 Peppe에게서 여리고 착한 우리 아이들의 모습을 보게 됩니다.

(7)
"... I think it must be the best job in America."
"The best job?" said Peppe, wondering.
"You scare the dark away," Assunta told him.

가장 어린 막내동생 Assunta가 말합니다.
"오빠는 어둠을 겁주어 쫓아버리는 일을 하잖아."

미국 최고의 직업이라고 했을 때는 단순히 격려의 말인 줄 알았는데 어린 동생은 그 이유를 아주 분명하게 알고 있었네요. 아이들은 어른들이 생각하는 것보다 훨씬 더 똑똑합니다. 근데 우리는 왜 나이를 한 살 두 살 먹으면서 그러한 현명함과 분별력을 잃어버리게 되는 것일까요? 모르는 사이 커져버린 욕심이 우리의 눈을 가리고 마음을 우둔하게 만드는 것은 아닐까요?

(8)
So Peppe lit the streetlamps once again, pretending with all his might that each one was a small flame of promise for tomorrow like it used to be.

Peppe는 상상합니다. 자신의 온 힘을 다해. 가로등 하나하나가 밝은 내일을 약속하는 작은 불꽃임을. 자신이 맡은 일에 모든 것을 쏟아붓는 Peppe의 모습에서 빗자루질 하나에도 온 존재를 바치라고 말하는 태국의 전설적인 승려 아잔 차(Ajahn Chah)의 목소리가 들려오는 듯합니다.

"If you're going to sweep the grounds, give it everything you've got."

저 자신에게 묻습니다.
나는 지금 하고 있는 일에 나의 모든 것을 바치고 있는가?

한 줄 소감

이진희3520
소개글을 읽는 내내 가슴이 먹먹했습니다. 어두운 배경에 환한 빛의 조화, 그리고 감동적인 내용이 마음을 훈훈하게 해주네요. 순수하고 따뜻한 아이의 마음이 오래오래 변치 않으면 좋겠습니다.

홍정현3764
먹먹한 감동이 마음을 가득 채우고 있습니다. 한 편의 명작 영화를 본 후 차마 자리를 떠날 수 없는 맘이네요. 오늘 하루도 나의 그녀에게 격려와 사랑을 듬뿍 안겨주겠습니다.

이유진2977
거리의 가로등만이 아니라 우리 마음속의 불빛까지도 환하게 빛나도록 해주었네요. 직업이 지닌 아름다움은 그것이 나를 넘어 다른 이들에게 빛이 될 때인 것 같아요. 가로등을 켠다는 것은 정말 멋진 은유 같습니다.

김소연1235
감동 그 자체입니다. 어두운 밤 거리의 가로등처럼 세상을 밝게 비추고자 하는 슬로우 미러클의 의미를 제대로 알려주는 책인 것 같아요. 영어책 읽기의 묘미와 슬미의 정신을 알고자 한다면, 단연 강추합니다.

위원혜3489
그림이 예술이라는 교수님의 말씀에 격공하는 일인입니다.^^ 슬미 도슨트의 친절하고도 자상한 설명을 들으며 그림을 마음껏 감상하는 경험하시길 바라요.^^ 물론 거기에 물밀듯 밀려오는 이야기의 커다란 감동은 덤입니다.

황보혜인2715
교수님의 소개글이 오늘따라 더 감동입니다. 어두운 이미지와 그림, 많은 글밥에 선뜻 손이 가질 않았는데 저 같은 영알못도 책을 온전히 느낄 수 있게 이끌어주시네요. 덕분에 페페의 마음을 섬세하게 따라가며 읽을 수 있었습니다.

정광은3229
거리의 어둠뿐만 아니라 사람들의 마음속까지 밝혀주는 Peppe가 정말 기특하네요. 마지막 부분에서는 갑자기 눈시울이 뜨거워집니다. 열정적으로 할 수 있는 일이 있다는 게 얼마나 행복한 것인지 아이에게 알려주고 싶어요.

서춘희3470
쌀쌀한 늦가을에 마음길 속 streetlamp 하나를 켜봅니다. 메리 포핀스의 램프 켜는 사람, 어린 왕자의 램프 켜는 사람, 보스턴 Little Italy 이탈리아 이주민 구역에서 바라보는 lighthouse까지. 정말 많은 생각을 일으키는 책입니다.

고희선1063
한마디 말이 지니는 큰 힘을 다시금 깨닫습니다. Peppe의 아버지처럼 아이에게 상처 준 적은 없었는지 돌아봅니다. 오늘도 하루를 긍정, 존중, 용기의 말로 채우고 싶습니다.

김미연1169
주인공 여동생 말이 가슴을 찡하게 하네요. "오빠는 어두움을 겁주어 쫓아버리는 일을 하잖아." 제 안에 있는 어두움이 페페가 켜운 불빛에 겁을 먹고 달아난 것 같은 느낌입니다.

윤보영3189
멋진 시간여행을 하고 돌아온 기분입니다. 세상에 하찮은 일은 단 하나도 없음을 깨닫습니다. 모든 정답을 다 아는 듯 아이를 가르치고 훈계한 지난 날의 잘못도 반성하고 갑니다.

문설희1519
가슴이 아릴 만큼 현실감이 느껴집니다. 불빛을 하나씩 밝히며 가족을 위해 기도하는 Peppe의 모습이 정말 큰 울림을 주네요. 같은 상황도 긍정의 눈으로 바라보고 지혜롭게 해석하여 아이에게 힘과 용기를 줄 수 있는 어른이고 싶습니다.

느리게 100권 읽기

DAY 090

난이도 ■■■■■■

Cloudy with a Chance of Meatballs
by Judi Barrett, Ron Barrett (illustrator)

구약성경 출애굽기에는 이스라엘 백성들이 이집트를 탈출하여 광야 생활을 할 때 하늘에서 만나와 메추라기가 내렸다는 이야기가 나옵니다. 만일 그와 비슷한 일이 현재 우리가 사는 세상에서도 가능하다면? 오늘 우리가 함께 읽을 늘백의 그림책은 지나친 풍족함이 내포하고 있는 위험성에 대해 생각해보게 하는 《Cloudy with a Chance of Meatballs》입니다.

1.
만일 하늘에서 비나 눈 대신 우리가 먹을 음식이 내린다면 얼마나 좋을까요? 음식을 구할 필요도, 요리할 필요도 없으니 시간과 비용이 크게 절약되고 매우 편리하지 않을까요? 더 나아가 일용할 양식은 물론 인류의 심각한 식량 부족 문제까지 해결할 수도 있으니 실로 엄청난 복이라고 할 수 있겠지요?

그런데 그런 일이 실제 벌어진다면 정말 우리에게 축복이 될 수 있을까요? 만일 도저히 감당할 수 없을 만큼 많은 음식이 계속 내린다면 어떨까요? 아니면, 음식의 종류가 매우 제한적이어서 선택의 여지가 거의 없고 거기에다 맛까지 별로라면 그래도 괜찮을까요?

2.
"달콤한 초콜릿이 커다란 우박처럼, 부드러운 솜사탕이 하얀 눈처럼, 달고 시원한 주스가 소낙비처럼 하늘에서 내린다면 얼마나 좋을까?" 어릴 적 누구나 한두 번쯤은 해보았을 법한 상상을 흥미진진한 이야기로 풀어낸 작품입니다.

그러한 상상이나 소망의 아름다운 부분만을 주로 생각해보았다면 예상치 못한 전개와 반전이 더욱 흥미로운 경험을 안겨줄 것입니다. 약간의 무서운 마음도 들게 하면서 쉽게 잊기 어려운 강한 흔적을 남깁니다. 영어를 잘 몰라도 누구나 어렵지 않게 즐길 수 있는 기발한 설정의 초현실적인 이야기이지만 우리의 삶과 밀접하게 관련된 심각한 질문들을 던지고 있습니다.

섬세한 선의 사용이 돋보이는 인상적인 그림들이 잠시도 눈을 돌리지 못하게 합니다. 상황에 대한 단순한 묘사를 넘어 독자들의 호기심을 한껏 자극하고 상상력에 날개를 달아줍니다. 등장인물들의 표정이 살아 있는 사실적인 묘사를 통해 상황의 심각성과 그 충격을 생생하게 느끼도록 도와줍니다. 흑백으로 차분하게 표현된 현실 세계와 달리 가상의 상황을 클로즈업하여 컬러로 실감나게 표현함으로써 이야기의 현장감과 생동감을 높여주고 있습니다. 장면 장면이 우습게 느껴지면서도 자신도 모르는 사이에 이야기 속의 세계로 푹 빠져들게 됩니다.

3.
글과 그림 모두 황당할 정도의 창의성과 상상력의 극치를 보여줍니다. 이야기 속에 이야기가 있습니다. 엉뚱하고 기발한 발상은 역시 평범한 일상 속에서 예기치 않게 찾아오는 것일까요? 부엌에서 요리를 하던 중에 실수로 날아간 팬케이크가 다른 사람의 머리에 떨어집니다. 이 우발적인 사건을 하늘에서 음식이 떨어지는 가상의 상황으로 연결하여 이야기 속의 이야기로 자연스럽게 진행합니다. 이야기를 들은 다음 날 아침 언덕에서 눈썰매를 타던 아이들에게는 마치 거대한 버터 덩어리가 보이는 듯하고 으깬 감자 냄새가 나는 듯합니다. 바로 어젯밤 할아버지가 들려주신 이야기의 충격과 여운이 가시지 않았기에 아이들의 마음과 현실은 이전과 같을 수 없었던 것이지요.

현실성이 결여된 허황된 생각으로 치부할 수도 있을 겁니다. 하지만 그와 비슷한 일이 앞으로 일어나지 않을 것이라고 누가 감히 장담할 수 있을까요? 얼마든지 현실이 될 수도 있습니다. 아니, 이미 현실인지도 모릅니다. 만나 이야기처럼 성경 속에서나 읽을 수 있는 이야기만은 결코 아닙니다. 상상력이라는 것은 실제로 경험하지 못했거나 현실성이 없다고 여겨지는 것을 마음속으로 그려보는 힘입니다. 바로 그 상상력이 과학적인 논리만으로는 풀 수 없는 어려운 문제들을 풀 수 있게 도와줍니다. 부정적인 생각을 잠시 내려놓고 아이와 함께 상상의 나래를 마음껏 펼치면서 이야기를 즐겨보시길 바랍니다.

미국교사협회(NEA, 2007)의 Teachers' Top 100 Books for Children과 미국의 학교도서관저널(SLJ, 2012)의 Top 100 Picture Books에 이름을 올려 최고의 영어 그림책 목록에 계속 선정된 작품입니다. 2개의 속편《Pickles to Pittsburgh》(1997)와《Planet of the Pies》(2013)가 있습니다. 책이나 영화에서는 특히 형만 한 아우가 없다는 속설을 증명이라도 하듯 첫 작품에서와 같은 신선함은 기대하기 어렵습니다. 하지만 즐다잘을 생각한다면 충분히 읽어볼 만한 책입니다. 2009년 동명의 애니메이션 영화로도 만들어져 개봉된 바 있으며,《하늘에서 음식이 내린다면》이란 제목의 우리말 번역본도 있습니다.

4.
이기적인 욕심과 어리석음을 버릴 수 없기 때문일까요? 모든 것이 풍족하고 부족함이 없을 때 우리는 그것을 당연하게 여기고 감사를 잊습니다. 수반되는 책임과 절제를 생각하지 않습니다. 귀를 기울이면 충분히 감지할 수 있는 재앙에 대한 경고를 무시하고 비웃기까지 합니다. 머지않아 꼭 일어날 수밖에 없고, 어쩌면 이미 진행 중인지도 모르는데 현재를 즐기기에 바빠 상황의 심각성을 느끼지 못합니다. 우리의 존립 근거를 통째로 흔들고 삶 전체를 망가뜨릴 수도 있는데 상황의 절박함을 전혀 깨닫지 못합니다.

아무리 좋은 것이라도 지나치면 좋지 않기에 과도한 풍족함은 그 안에 큰 위험성을 내포하고 있습니다. 현재 누리고 있는 축복은 언제라도 사라질 수 있으며 재앙으로 바뀔 수도 있습니다. 행복을 위해 필요한 것은 갑자기 주어진 큰 행운이 아닙니다. 있는 그대로의 자연스러운 모습, 소박하고 평범한 일상, 그리고 정당한 대가를 치르고 얻은 결실입니다. 조금 더 욕심을 내자면 서로에 대한 배려와 친절, 나눔과 섬김일 것입니다. 이 책을 읽으며 다시 한번 그러한 깨달음을 되새기게 됩니다.

한 줄 소감

박연주1604
기상천외할 정도로 기발한 소재와 생생한 그림에 압도되어 글밥은 정말 아무것도 아니게 되는 책이었어요. 순식간에 빠져들어 눈을 크게 뜨거나 찡그리기도 하고, 헉 소리가 절로 나고, 다행이다 싶어 안도하다 보니 어느새 결말이네요. 정말 최곱니다.

김지나1380
평범한 일상을 살짝 비틀었을 뿐인데 독특한 상상의 세계를 만날 수 있고, 또 그 멋진 상상력이 우리에게 매서운 질책과 교훈을 주기도 하네요. 참 놀랍습니다.

최미나3252
원서를 먼저 알았더라면 영화를 보지 않았을것 같아요. 너무 재미없었거든요.ㅠㅠ 책의 그림체가 영화보다 더 생생하고 표정도 더 실감나서 아주 재밌게 읽었습니다.

윤나경3329
울 1호는 이 책을 읽더니 느무느무 무섭다고 했어요. 하늘에서 음식이 내리면 좋지 않을까 했더니 "엄마, 좋긴 뭐가 좋아? 엄청 무서워. 음식은 엄마가 해주는 것이 딱 좋아."ㅋㅋ 역시 만족을 아는 울 1호입니다.^^

최민희2563
책을 보여줬더니 아이가 재미있어하면서도 환경 파괴로 인한 식량의 위기를 이야기하며 무서워하네요. 그 사이 또 생각 주머니가 컸구나 느꼈습니다.

홍정현3764
먹는 것에 한결같이 진심인 나의 그녀는 날마다 상상하는 일이랍니다.^^ 근데 그런 일이 정말 일어나도 진심을 다해 좋아할지 의문입니다. 왠지 모를 섬뜩함이 있네요. 생각하면 생각할수록 무서워요.ㅠㅠ

이예린2124
하늘에서 음식이 내린다니 재밌겠네 하고 읽었는데 작가의 상상력과 창의력에 한 번 감탄하고, 교수님의 깊은 성찰이 담긴 소개글에 두 번 감탄합니다. 역시 늘백입니다.

이영선2111
상상력이 샘솟는 느낌입니다. 기발하다 생각하며 정신없이 빠져들어 읽었는데 덮고 나니 마음이 조금씩 무거워지네요. 감사함도 생기고요. 늘백이 아니었으면 읽지 않았을 책. 이렇게 또 귀한 책을 한 권 더 알아갑니다.

이유영2133
자판기 정도라면 모를까 하늘에서 통제할 수 없을 만큼의 음식이 내린다면 그 뒤처리는 한마디로 감당 불가네요. 기발한 상상력을 통해 절제의 필요성을 배우게 됩니다.

김명옥1156
인간의 과도한 욕심에 대한 엄중한 경고! 어느 정도의 모자람은 매우 중요한 요소인 것 같아요. 꼭 필요합니다. 정말 꼬옥요! 이 책을 보며 그것을 더욱 크게 느낍니다.

김경희2823
밥 나와라 뚝딱! 필요에 의한 제공이 아닌 무조건적인 공급 상황. 거리에 주스가 철벅거리네요. '만나'를 40년 동안 먹으면? 세 번만 먹어도 질리는데…ㅠㅠ 저는 아이들에게 공짜는 다 쓰레기라고 가르쳤어요. 땀 흘린 노력의 결실이 아름답습니다.

송봉선1770
하늘에서 음식이 떨어지면 엄마인 제가 편할 것 같았는데 너무나도 단순한 생각이었네요.^^;; 깊이 있는 책 읽기를 통해 더 배우겠습니다. 소박하고 평범한 일상에서 행복을 찾고 싶어요. 서로에 대한 배려와 친절, 나눔과 섬김을 실천하는 삶을 위해 노력하겠습니다.

Joseph Had a Little Overcoat
by Simms Taback

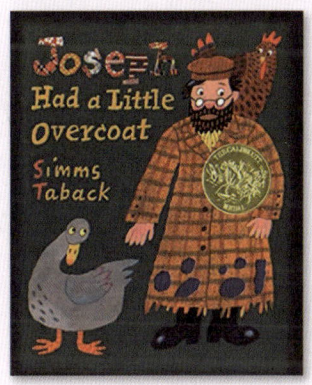

무언가 있는 것을 변형하거나 다른 용도로 사용하는 것은 크게 어렵지 않습니다. 하지만 있던 것이 사라져 아무것도 남지 않았을 때에는 무엇을 할 수 있을까요? 오늘 우리가 함께 읽을 늘백의 그림책은 유태인들의 삶의 지혜와 교훈이 담겨 있는 Simms Taback의 《Joseph Had a Little Overcoat》입니다.

1.

유태인 농부 Joseph은 줄무늬가 있는 외투 한 벌이 있습니다. 근검절약과 창의적 재활용의 표본이라고나 할까요? 외투가 오래되어 낡게 되자 알뜰한 Joseph은 외투를 작은 재킷으로 만듭니다. 시간이 흘러 낡아진 재킷은 다시 조끼로, 조끼는 스카프로, 스카프는 넥타이로, 넥타이는 다시 손수건으로, 손수건은 결국 멜빵바지의 단추로 만들어집니다. 그런데 어느 날 시간의 흐름 속에서 많은 사연과 추억이 쌓인 단추가 그만 사라지고 맙니다. 더 이상 남아 있는 것이 없으니 Joseph이 할 수 있는 것은 이제 아무것도 없겠지요? 그런데 정말 그럴까요?

2.

유럽과 북아메리카의 유태인들이 사용하는 이디시어(Yiddish 語) 노래 〈I Had a Little Overcoat〉에 바탕을 둔 이야기입니다. 이미 알려진 이야기를 바탕으로 하고 있음에도 불구하고 작가의 독창성과 재창조의 정신이 돋보입니다. 따뜻함, 유머, 삶에 대한 긍정, 사람에 대한 애정이 느껴집니다. 수채화와 다양한 재료의 콜라주 기법으로 만든 삽화가 참으로 예뻐 독자의 시선을 사로잡습니다. 선명하고 풍부한 색상의 그림들이 시끌벅적할 정도로 명랑하고 유쾌한 분위기를 만들고, 그러면서도 동시에 절제된 느낌을 줍니다.

금형을 사용하여 정교하게 오려낸 구멍(die-cut holes)이 그림과 이야기를 이어줍니다. 아이들의 시선을 사로잡고 이번에는 Joseph이 무엇을 만들까 궁금해하며 다음 이야기를 기대하게 합니다. 표현의 효과적인 반복, 장난기가 가득한 세부 묘사, 글과 그림 속에 담겨 있는 유머와 위트가 읽는 재미를 더해주고 읽어도 읽어도 또 읽고 싶은 마음을 갖게 합니다. 2000년 칼데콧 메달(Caldecott Medal) 수상작입니다.

3.
비슷한 내용을 다룬 책으로 Phoebe Gilman의 《Something from Nothing》이 있습니다. 마찬가지로 유태인의 민담을 바탕으로 한 책입니다. 유태인 가정의 생활 모습, 그들의 생각과 지혜를 엿볼 수 있습니다. 할아버지와 손자 간의 따뜻한 사랑 이야기, 손자의 절대적인 신뢰를 받는 행복한 할아버지와 할아버지를 그렇게 신뢰할 만큼 엄청난 사랑을 받은 운 좋은 아이의 이야기이지요. 무엇보다 책의 제목처럼 무에서 유가 만들어지는, 흥미로운 반전이 있는 이야기, 스토리는 물론 그림의 부분 부분과 전체적인 분위기, 등장인물의 모습에서도 시종일관 따스함이 느껴지는 이야기입니다.

이 책을 읽은 후 두 책을 서로 비교하며 다시 읽어보시길 권합니다. 두 책의 유사점과 차이점에 주목하며 비슷하면서도 다른 부분에 특히 주의하여 읽으면 책 읽기가 더 풍성해질 것이라 기대합니다. 진짜 좋은 책, 제대로 된 책 읽기는 예상치 못했던, 기대치 않았던 많은 것들을 이어줍니다. 별 관련이 없을 것 같은 이런저런 생각과 사물을 이어줍니다. 지나간 과거의 기억을 소환하여 현재의 삶에 이어주며, 저 멀리 있는 미래까지도 끌어와 연결해줍니다. 엄마 아빠와 아이도 이어주고, 친구들을 이어주며, 여러분과 저의 마음도 단단히 묶어줍니다.

4.

"소도 비빌 언덕이 있어야 한다(You can't make something out of nothing)"는 어찌 보면 지극히 합당한 말, 여러분은 어떻게 생각하시는지요? 단추를 잃어버렸을 때 실망하거나 포기하지 않고 오히려 근사한 이야기를 만들어 새로운 차원의 발전을 이루어낸 Joseph의 긍정적인 자세와 적극적인 지혜가 부럽습니다. 모든 것이 사라진 후 그것이 글이 되고 책으로 만들어지면서 기술이 예술로 승화되는 짜릿한 느낌, 만일 단추가 사라지지 않았더라면 Joseph에게 그런 창의적인 반전이 가능했을까요? 無에서 有를 창조하기 위해 반드시 먼저 있어야 할 버림이나 비움, 과연 우리는 그걸 담담하게 받아들일 수 있을까요?

5.

칼데콧 메달과 칼데콧 아너북을 수상할 정도로 뛰어난 작가인 Simms Taback. 하지만 그런 그도 오랫동안 생계형 삽화가에 불과했고 나중에 칼데콧 메달을 수상한 작품을 출간했을 때조차도 대단한 반응은 없었다고 합니다. 작가의 실력과 작품의 가치는 충분했는데 운이 따르지 않았다고나 할까요?

저는 성공의 비결로 재능, 노력 혹은 실력보다 운을 더 강조하는 편입니다. (여기에서 '운'이란 밑도 끝도 없이 바라는 요행(luck)을 의미하는 것은 물론 아닙니다.) 노력과 실력이 중요하지 않다는 것이 아닙니다. 운으로만 성공할 수 있다는 것도 아닙니다. 운이란 것도 실력이 준비되어 있어야 잡을 수 있고 또 계속 지켜나갈 수 있을 겁니다. 그런데 영어 공부에서의 성공은 약간 다른 듯합니다. 아이가 어릴 때 영어책 읽기의 즐거움을 깨닫게 해주고 책 읽기의 마법 속에 계속 머무름으로써 즐다잘의 눈덩이 효과가 가능하도록 도와주는 엄마 아빠를 만나지 못한다면 성공은 정말 어렵습니다. 타고난 재능에 노력을 더하면 높은 점수와 시험 합격은 가능하겠지만 유창한 영어실력을 얻는 것은 결코 쉽지 않습니다. 운이 따르지 않으면 영어로부터 자유롭게 되는 것은 정말 어렵습니다. 내 아이를 운 좋은 사람으로 만들어주는 일, 그 책임은 바로 엄마 아빠에게 있습니다. 영어책 읽기의 가치를 깨닫고 올바른 방법을 배워 실천하는 엄마 아빠만이 해낼 수 있습니다.

P. S.

성공의 비결을 이제는 알 것도 같지만 여전히 어떻게 하면 좋을지 모르겠다고요? 그런 경우 제일 좋은 방법은 거인의 어깨에 올라타는 것입니다. 거인의 어깨에 올라타는 것은 마치 기차를 타고 여행하는 것과 같습니다. 목적지에 딱 맞는 기차에 올라타기만 하면 나머지는 그야말로 여행을 즐기기만 하면 되는 것이니까요. 오늘 늘백 가족 여러분과 함께 듣고 싶은 노래는 바로 〈You Raise Me Up〉입니다. COLOR MUSIC Children's Choir의 합창으로 즐겨 보시기 바랍니다.

 ⟨You Raise Me Up⟩

한 줄 소감

 이진희3520
아이에게 fortune을 선물하고 싶습니다. 이제 거인의 어깨에 올라탔으니 열심히 즐다잘을 해보렵니다.

 최수은2575
영어책 읽기의 가치를 깨닫고 올바른 방법을 배워 실천하는 책임 있는 부모가 되고 싶습니다. 그래서 아이들을 운 좋은 사람으로 만들어줘야지요. 저희가 교수님을 만나 운 좋은 사람이 된 것처럼요.

 박혜영1675
사용하던 물건이 수명을 다해 사라진다 해도, 그 안에 우리의 삶과 사연이 담겨 있다면 그것이 아름다운 추억으로 남아 평생 우리와 함께하는 것이겠지요.

 김장현2848
아무것도 없는 것 같았지만 그 속에 오랜 세월 축적된 따뜻함과 지혜로움이 숨겨져 있었네요. 그래서 그 무엇이라도 만들어낼 수 있지 않았을까요?

 신향진1819
물건을 너무도 쉽게 사고 쉽게 버리는 공급 과잉의 시대에 깨달음과 잔잔한 울림을 주는 책이네요. 소개글을 한 번 더 읽을 때마다 그림책이 달라져 보입니다. 감사드려요.

 황보혜인2715
이 책을 보고 "《Something from Nothing》의 카피본 아닌가?" 하고 혼자서 오해하며 웃었던 기억이 있습니다. 책을 읽고 나니 벌써부터 아무것도 아니었던 물건들이 something이 되어가고 있는 것 같아요.

 손다은3473
책을 읽는 내내 "이 눈에 아무 증거 아니 뵈어도 믿음만을 가지고서 늘 걸으며~"라는 찬송가 구절이 생각났습니다. 비단 영어뿐이겠습니까?

 여민정3483
먼저 비워야만 새로운 것을 만들어낼 수 있는 것이군요. 비움과 버림의 중요함을 다시 한번 깨닫게 됩니다.

윤민이1955
말씀해주신 《Something from Nothing》도 아주 좋았어요. 업사이클링의 대가 할아버지, 그리고 無에서 有를 창조한 Joseph~, 대대손손 정말로 멋진 집안입니다.

박태미3462
비워야 하는데, 미련이 남아 붙잡고는 다른 것에 눈을 돌리는 제 모습이 떠올라 읽는 내내 마음이 뜨끔했던 책입니다. 그래서 애들한텐 아직 못 보여주겠어요. 조금 비우고 나서 슬며시 함께 보며 이야기하고 싶어요.

이지현2226
거인의 어깨에 올라타기만 하면 되는 거지요? 목적지에 도착하는 그날까지 여행을 즐기기만 하면 된다고 생각하니 마음이 편안하고 함께하는 매 순간이 소중하게 느껴집니다. 근데 어깨가 엄청 무거울 것 같은데 그냥 밑에서 같이 받쳐드려야 하려나요?^^

조민아2480
내 아이를 운 좋은 사람으로 만드는 일! 이 한마디가 다시 영어 그림책을 펼쳐 들게 만드는 것 같아요. 영어 그림책 읽기에 고비가 있을 때마다 이 말을 기억하려 합니다.

함주현2680
가치 있는 것들을 소중하게 간직하기, 거인의 어깨에 올라타기! 저도 다른 사람들에게 어깨를 내어줄 수 있는 거인이 되어보고 싶어요.^^

노미영1502
두 책을 비교하며 읽는 재미가 쏠쏠합니다. 제게는 《Something from Nothing》의 그림과 색감이 더 따뜻하게 느껴져 정감이 갔어요.

서울희1730
좋아하는 물건이 없어지고 난 후에 그것으로 끝이 아니라 그 기억을 소중히 간직하며 사는 모습이 인상적이었습니다. 저도 그런 삶을 살고 싶어요.

이영선2111
소개글을 한 번 읽고 두 번 읽고 할 때마다 이해의 깊이가 달라집니다. 오늘의 이야기처럼 마치 무에서 유가 만들어지는 것 같아요.

Small in the City

by Sydney Smith

거대한 도시 속에서 스스로가 작고 초라한 존재로 느껴졌던 기억이 있으신지요? 오늘 우리가 함께 읽을 늘백의 아흔두 번째 그림책은 그때의 기억을 되살려주고 여러 가지 깊은 상념에 빠지게 해줄 Sydney Smith의 《Small in the City》입니다.

1.

굳은 표정의 한 아이가 전차에 몸을 싣고 어디론가 가고 있습니다. 시내 한복판에서 내려 도시의 소음이 가득한 거리를 걸어갑니다. 커다란 빌딩 사이를 지나고 골목을 가로질러 공원에 도착합니다. 길을 가는 동안 계속 누군가에게 친절한 말로 이것저것을 알려줍니다. 어느 골목으로 가야 좋은지, 어디에 숨을 수 있고 어떤 나무를 올라가면 좋은지, 어디에서 따뜻한 바람을 쐴 수 있는지, 또 어디에서 반가운 얼굴을 만날 수 있는지 등. 사실 아이는 무언가 잃어버린 것을 찾고 있는 중입니다. 아이가 찾는 것은 무엇일까요?

2.

커다란 도시 속에서 느끼게 되는 작고 초라함의 감정을 다룬 작품입니다. 그것이 어떤 느낌인지, 또 도시에서 길을 잃는다는 것은 무엇인지 깨닫도록 도와줍니다. 잃어버린 고양이가 다시 길을 찾아 안전하고 조용하며 따뜻하고 편안한 집으로 돌아오길 바라는 간절한 소망을 담고 있습니다. 아련한 슬픔과 우울함이 깊이 배어 있으면서도 희망과 행복감을 느끼게 해줍니다. 고양이에 대한 염려와 상실감이 매우 컸을 텐데 그럼에도 불구하고 차분하게 스스로를 다독이며 긍정적인 마음으로 문제가 해결되기를 기다릴 줄 아는 아이의 성숙함이 놀랍습니다.

아름다운 수채화 그림이 때로는 페이지 전체를 채우고 때로는 작은 패널에 담겨 펼쳐집니다. 간헐적으로 빨간색이 사용되고 있지만 화려함이나 현란함은 전혀 없습니다. 회색 겨울의 차가움과 스산함이 묻어납니다. 복잡하고 소음 가득한 도시의 삭막함과 외로움이 가슴속 깊이 느껴집니다. 동시에 그 속에서 간간이 찾아오는 고요하고 평화로운 순간들을 함께 경험할 수 있습니다.

짧고 간단한 책이지만 글과 그림이 정말 많은 것을 말해줍니다. 텍스트의 양이 많지 않고 글 없는 페이지들도 자주 눈에 띕니다. 하지만 흥미롭게도 여백과 그림이 모두 쉼표처럼 느껴져 자주 멈추면서 더 천천히 가게 됩니다. 결말을 서두르거나 강요하지 않습니다. 여유를 가지고 자세히 오래 살펴보고 다시 읽으며 더 깊이 생각하게 됩니다.

3.
약간의 미스터리와 함께 반전도 있는 책입니다. 아이가 어딘가를 향해 걸음을 옮기면서 함께 진행되는 내레이션. 누군가에게 부드럽게 건네는 자상하고도 친절한 말들. 누가 누구에게 하는 말일까요? 처음에는 엄마가 아이를 안심시켜 주고 용기를 주기 위해 하는 말이라는 생각이 들었지요. 그런 엄마의 말을 떠올리며 아이가 자신에게 하는 말이라는 생각이 들기도 했었고요. 하지만 다시 처음으로 돌아가 천천히 주의를 기울여 읽어보면 그것과는 사뭇 다른, 즉 아이가 고양이에게 하는 말이었음을 알게 될 것입니다.

> But I know you. You'll be alright.
> (난 널 알아. 넌 괜찮을 거야.)

그럼에도 불구하고 이 말은 동시에 모두를 위한 것이라고 할 수 있습니다. 엄마가 아이에게, 아이가 자기 자신에게, 그리고 도시의 어딘가를 헤매고 있을 고양이에게 해주는 말이었던 것이지요. 이제 독자들에게도 속삭입니다. 거대한 세상, 낯설고 불친절한 도시의 한가운데서 위축되고 초라하게 느껴져도 괜찮다고, 아무 문제 없을 것이라고, 모든 것이 잘 될 것이라고.

4.
그림을 특히 잘 읽어내야 하는 작품 중 하나입니다. 예술적인 감각도 부족하고 그림을 보는 눈도 없는 저와 같은 사람에게는 역시 천천히 가면서 자세히 오래 살펴보는 것 외에 다른 뾰족한 방법은 없는 듯합니다.

(1)
책의 주제와 분위기가 압축되어 담겨 있는 표지 그림이 매우 인상적입니다. 전차의 유리창에 비친 아이의 우수 어린 얼굴. 그 얼굴 너머 반대편 유리창에 비친 다른 승객들의 검은 실루엣. 유리창을 통해 비치는 도시의 풍경들. 그중에서도 빌딩과 자동차들, 신호등과 전화 및 전기선들. 그리고 자동차의 뒷유리창에 반사되는 신호등의 빨간색 불빛. 이 모든 것들이 조화롭게 어우러져 표지 그림을 하나의 명화로 만듭니다.

(2)
첫 장을 넘겨 본격적으로 이야기가 시작되면 네 페이지에 걸쳐 글 없이 그림만으로 들려주는 스토리텔링이 이어집니다. 특히 첫 두 페이지의 그림 패널 4개에 담긴 내용이 무엇을 말하는 것인지 궁금증을 자아냅니다. 적어도 한 가지만큼은 분명한 듯합니다. 이 책은 단순히 아이들에게 읽어주기 위한 것만은 아니라는 것이죠. 상상력을 발휘하여 함께 읽고, 깊이 생각하며 질문하고, 적극적으로 대화해야 하는 책이라는 것입니다.

(3)
시간의 흐름에 따라 달라지는 날씨에도 유의하세요. 전차에서 내려 거리를 걷기 시작했을 때에는 그림자가 선명하게 보일 정도로 햇살이 환하게 내리쬐는

화창한 날씨입니다. 하늘 높이 솟은 빌딩들과 공사 현장을 지나면서 눈발이 가볍게 흩날리기 시작합니다. 공원을 지나면서 눈발이 더욱 거세지고 나뭇가지에는 어느새 하얗게 눈이 쌓이기 시작하지요. 주변을 돌아보니 이제는 오직 어두운 검은 하늘과 온 세상을 뒤덮으며 떨어지는 눈송이뿐입니다. 아이가 그 속에서 마치 커다란 세상에 홀로 있는 듯한 고독감을 느끼지 않았을까요?

(4)
드디어 집에 도착했을 때 초조한 마음으로 기다리고 있던 엄마와의 반가운 재회와 따뜻한 포옹, 그리고 안도감. 바로 이 장면에서 세상의 모든 부모가 공감할 수 있는 엄마의 마음이 느껴집니다. 아이의 무사 귀환에 대한 기쁨과 감사. 아이가 느끼고 있을 상실감에 대한 안타까움. 아이의 홀로서기를 방해하지 않으려는 배려와 절제. 그리고 슬픔과 고독 속에서 한 뼘 더 성장한 아이를 바라보는 뿌듯함.

그리고 마지막으로,
다시 한번 귓가에 들려오는 위로와 격려의 말.

But I know you. You will be all right.

한 줄 소감

손미경1756
생각지도 못했던 반전이 있었네요.^^ 소개글을 읽고 나서야 알게 되었어요. 엄마도 아이도 고양이도 모두 괜찮아지기를! 오늘 제게도 책이 전하는 따뜻한 위로를! I will be all right.

박선향1567
이 그림책을 우리말로 먼저 접했는데 그때 받았던 그 느낌이 바로 '위로'였군요. 이번에 원서로 다시 읽으며 쓸쓸한 풍경 속에 충만한 따뜻한 위로를 제가 바로 그 소년이 되어 받았습니다.

김희정3452
제 인생책이에요!! 교수님의 소개글을 통해 다시 보니 넘 반갑고 책에 대한 애정이 짙어집니다. 늘백에서 함께 천천히 읽고 이야기 나누니 역시 다르네요.

송현주1789
소개글을 길잡이 삼아 앞뒤로 넘겨가며 여러 번 되짚어보며 읽었습니다. 읽을 때마다 새로운 것이 보이고 다른 것을 깨닫게 되네요. 따뜻한 위로를 느낄 수 있는 분위기도 좋고, 마음이 놓이는 결말도 아주 좋습니다.

이희정2294
처음엔 몰랐는데 소개글을 읽고 나서 천천히 자세히 살펴보니 내레이터는 비단 아이를 향한 엄마만이 아니었더군요. 쉼표를 가지고 쉬엄쉬엄 가면서 충분히 사색하고 느끼며 읽어야 하는 작품인 것 같습니다.

 이진희3520
"넌 괜찮을 거야. You'll be alright!" 이 메시지 하나만으로도 아주 큰 위로가 되는 책입니다. 교수님의 소개글을 읽을 때에도 언제나 이렇게 말씀해주시지요. 늘 감사드립니다.

 이지윤2221
읽는 내내 "괜찮아!"라고 다독여주며 나를 위로해주네요. 먼 훗날 아이가 홀로서기할 때 "괜찮아!"라고 따뜻한 말을 건네며 응원해주고 싶습니다.

 조은영3240
암울한 도심 분위기로 시작하였으나 고양이를 향한 그리움, 믿음, 배려로 마음이 따뜻해지고, 고양이를 향한 마지막 말에 위로를 받습니다. 아이의 기다림이 오래 가지 않으면 좋겠어요.

 박태미3462
표지에서 느껴지는 어두운 느낌 때문에 선뜻 손이 안 갔었는데 마음을 아주 편안하게 감싸주고 따뜻한 위로가 되는 책이었어요. 아이들보다 어른인 나를 위한 책이라고 느꼈습니다.

 문설희1519
아이를 혼자 보내놓고 기다리는 내내 마음이 불편했을 것 같아요. 아이가 돌아왔을 때 꼭 안아주는 엄마의 마음이 느껴져 가슴이 찡했습니다.

 최수은2575
깊고 잔잔한 감동이 밀려옵니다. But I know you. You will be all right. 꼭 저에게 속삭이는 말 같아 울컥합니다. 큰 위로가 되고 마음에 평안을 주네요. 힘든 일이 있을 때는 언제나 저 자신에게, 또 제 아이에게 잊지 않고 꼭 말해주고 싶습니다.

 김연정1281
코끝이 찡해지고 눈물이 맺힙니다. 외로움을 고스란히 느끼고 난 뒤 오는 카타르시스가 있는 책인 것 같아요. "그대여~, 아무 걱정하지 말아요~." 2020년 7월 20일 늘백의 시작 전날 교수님께서 모두에게 공유해주신 노래를 들으며 울컥했던 생각이 납니다.

느리게 100권 읽기

The Wednesday Surprise
by Eve Bunting, Donald Carrick (illustrator)

사랑하는 사람을 위해 몰래 특별한 선물이나 이벤트를 준비하는 것은 언제나 신나고 가슴 설레는 일입니다. 오늘 우리 모두가 함께 읽을 늘백의 그림책은 놀라운 반전이 있는 깜짝 선물과 가족 사랑에 관한 이야기 《The Wednesday Surprise》입니다. Eve Bunting이 글을 쓰고 Donald Carrick이 그림을 그렸습니다.

1.

Anna와 할머니는 수요일 저녁마다 아빠의 생일에 공개할 아주 특별한 일을 준비하고 있습니다. 드디어 아빠의 생일이 되어 멀리 일 나갔던 아빠가 집에 돌아오고 온 식구가 한자리에 모입니다. 할머니도 큰 가방에 무언가를 가득 담아 가지고 오셨네요. 아빠가 생일 촛불을 불어 끄고 가족들은 아빠에게 생일 선물을 전달합니다. 그런데 갑자기 Anna와 할머니가 묘한 눈빛을 교환하네요. 무언가 둘만이 알고 있는 기분 좋은 비밀, 오랫동안 아빠를 위해 몰래 준비해 온 특별한 선물 때문인가 봅니다. Anna와 할머니가 준비한 깜짝 선물은 과연 무엇일까요?

2.

읽는 능력의 중요성과 책 읽기의 기쁨을 가족 간의 사랑과 신뢰를 바탕으로 아름답게 풀어낸 감동적인 이야기입니다. 바쁘게 살아가는 보통 가정의 평범한 이야기일 뿐인데 시종일관 마음을 편안하고도 넉넉하게 해줍니다. 이야기가 절정에 다다르면서 이런 편안함을 신선한 기쁨과 벅찬 행복감으로 바꾸어주는 특별한 반전이 일어납니다. 독자의 예상과 기대를 여지없이 깨어버리는 기분 좋은 반전이지요. 아들 내외와 손주들 앞에서 책을 꺼내 들고 자랑스럽게 소리 내어 읽는 할머니의 얼굴에 기쁨의 광채가 반짝입니다. 그 순간 독자들의 얼굴에는 흐뭇한 미소가 피어납니다. 마치 한 가족이 되어 현장에 함께 있는 듯한 착각을 불러일으킵니다.

3.
책을 읽는 도중에 자연스럽게 들었던 생각입니다.

"Anna는 정말 운이 좋은 아이네요. 책 읽기의 즐거움을 깨닫게 도와주고 함께 책 읽기를 즐길 수 있는 할머니가 계시니까요. 방문할 때마다 커다란 가방에 흥미진진한 책을 가득 채워 들고 오시는 할머니, 정말 부럽고 존경스럽습니다. 이미 커버린 저희 네 아이뿐 아니라 저희 아이들의 아이들까지도 운이 좋은 아이들로 만들어주고 싶다는 바람이 더욱 커지네요."

하지만 위와 같은 생각은 아빠의 생일날 할머니와 Anna가 매주 수요일 저녁마다 다른 가족들 몰래 준비했던 깜짝 사건(the Wednesday surprise)이 공개되면서 다음과 같이 살짝 바뀌게 됩니다.

"Anna의 할머니는 정말 행복한 분이네요. 마음껏 사랑할 수 있는 아들 내외와 손주들이 있으니까요. 무엇보다 문자를 해독하고 책 읽는 법을 배워 여태껏 경험하지 못했던 전혀 새로운 세계에 눈을 뜨게 되셨고, 덕분에 인생의 새로운 맛을 알게 되셨으니까요. 사랑하는 손녀 Anna와 함께 책 읽기의 신비한 마법 속에 푹 빠져 재미있는 책 읽기를 마음껏 즐길 수 있게 되었으니까요. 그리고 정말 감사하게도 자신의 새로운 도전을 격려하고 성공에 한없이 기뻐해 주는 가족들이 있으니까요."

4.
글을 읽지 못하는 노인들의 문맹 문제가 바탕에 깔려 있습니다. 당연하게만 여겨지는 책을 읽는 능력이 얼마나 큰 선물인지 새삼 느끼게 됩니다. 한국에는 이제 한글을 읽지 못하는 성인들이 드물겠지만 영어 문맹은 아주 많을 겁니다. 우리글도 아닌 영어를 읽지 못한다고 무슨 문제가 되겠느냐고요? 나이 들어 굳이 영어책을 읽을 필요가 있겠느냐고요? 충분히 타당한 말씀입니다. 하지만 배움에는 나이가 없습니다. 수명이 길어져 은퇴한 노령 인구가 급격하게 늘어나는 오늘날의 한국 사회에서는 갈수록 더 큰 의미를 갖게 됩니다. 사실 새로운 언어를 배우는 것은 그 자체로서 값진 경험이 됩니다. 세상에 대한 새로운 눈을 갖게 되는 것이니까요. 그것도 평생에 걸쳐 늘 한으로 남아 있던 영어를 제대로 배워서 쉽고 재미있는 영어책들을 일상 속에서 즐기고 함께 나눌 수 있다면 얼마나 좋을까요? 생각하는 것만으로도 흥분이 되고 매일매일의 삶에 생기와 활력을 불어넣어 줄 좋은 계기가 될 수 있지 않을까요?

책 읽기는 모두를 행복하게 합니다. 놀라운 신세계에 눈을 뜨게 합니다. 저는 사실상 모든 것이 가능한 어린아이들뿐 아니라 은퇴 전후의 '젊은 언니 오빠들'을 영어책 읽기의 세계로 인도하고자 하는 강한 열망을 가지고 있습니다. 우선, 엄마 아빠들이 영어책 읽기의 즐다잘을 배워 그 재미를 맛보고 그 열정을 아이들에게 전하도록 돕고 싶습니다. 동시에 할머니 할아버지를 비롯한 젊은 언니 오빠들에게도 영어책 읽기의 재미를 선물하고 싶습니다. 쉽고 흥미로운 영어책을 함께 읽으며 책 읽기의 묘미를 만끽하고 책 읽는 즐거움을 통해 그분들의 삶이 더욱 활기차고 행복해질 수 있게 되길 진심으로 바랍니다.

P. S.
나이는 정말 숫자에 불과한 것일까요? 한 가지 분명한 점은 그렇다고 믿는 사람들이 점점 늘어가고 있다는 사실인 것 같습니다.

트로트 열풍에 힘입어 요즘 인기를 더하고 있는 노래 두 곡을 여러분과 함께 듣고 싶습니다. 당신의 나이가 현재 몇이든 오늘이 당신 인생의 가장 젊은 날임을 알려주는 〈오늘이 젊은 날〉, 그리고 당신의 운명을 사랑하라(Amor Fati)고 외치는 〈아모르 파티〉입니다.

 〈오늘이 젊은 날〉

 〈아모르 파티〉

한 줄 소감

 이예린2124
읽다가 반전에 깜짝 놀란 책입니다. 중반부까지 할머니의 속사정을 전혀 눈치 못 챘지 뭐예요. 저도 책 읽기의 묘미를 만끽하며 나이 들어가고 싶습니다.

 손다은3473
이 할머니가 영어 문맹인 나였구나! 이 손녀가 슬로우 미러클 너였구나!

 송여진2915
할머니의 글을 배우는 기쁨, 가족들 몰래 할머니를 돕는 아이의 기쁨, 그리고 그 둘이 나머지 가족들에게 선사한 깜짝 선물의 큰 기쁨, 마치 기쁨의 종합선물세트 같아요.^^

 황미영2712
미처 생각지 못했던, 아주 감동적인 이야기입니다. 책에 푹 빠지는 기쁨을 느낄 수 있어 정말 행복합니다. 언어를 배우고 즐기는 기쁨을 많은 사람들과 나누고 싶어요.

 원문기1909
나이는 숫자! 마음이 진짜! 할머니의 마음을 진짜로 알아주는 사랑스런 손녀와 든든한 아들이 있어 너무 행복해 보입니다. 책만 읽는 수요일이 아니라, 사랑과 꿈과 행복을 쌓는 수요일이었네요.

 이현정2266
너무 감격적인 반전입니다. 와~ 하는 탄성이 절로 나네요. 할머니의 깜짝 반전에 뭉클했어요. 저도 이렇게 멋지고 순수하며 해맑은 호호 할머니로 나이 들고 싶습니다.

 노미영1502
할머니에게 읽기를 가르쳐주는 손녀라니! 할머니께는 그 시간이 얼마나 소중하고 간절한 시간이었을지 상상만으로도 마음이 따뜻해집니다. 초등학생 시절에 외할머니께 한글을 가르쳐드리던 생각이 불현듯 나네요. 갑자기 할머니가 보고 싶어요.

 박태미3462
당연히 할머니께서 읽어주시는 것이겠거늘 했다가 생각지도 못한 반전에 가슴이 먹먹해지고 눈물이 났습니다. 그 많은 책을 들고 다니며 연습하신 할머니의 열정도 부러웠고요. 울 엄마가 바로 저렇게 끊임없이 공부하세요. 사랑하고 존경하는 엄마를 자랑해봅니다.

 이희정2294
돌아가신 외할머니께서 한글 학교에 다니시며 한글 배운 것을 자랑하시던 기억에 가슴이 뭉클해집니다.

 이은정3367
반백살 영잘못 엄마가 교수님 덕분에 그림책에 완전 빠지셨어요. 느리지만 천천히 멀리 가려고 매일 그림책을 읽고 있는 지금이 가장 행복합니다.

 전성미2369
친정 엄마가 생각나요. 배우지 못한 아쉬움에 몰래 줄 치며 공부하시고 메모하시던, 한 장 한 장 읽으시던, 너무 보고 싶은 그 모습, 사랑합니다!

서유미3165
서툰 글씨로 매일 성경을 필사하시는 엄마가 생각나 눈시울이 붉어집니다. "세상을 잘 만났다면 뭐든 되었을 거다"라고 말씀하시는 엄마!! 배움의 열정에 늘 마음의 박수를 보냅니다.

성미잔1747
인생 후반기에 들어선 친정 엄마와 함께 그림책 수다 떠는 모습을 그려봅니다. 상상만으로도 아이들과 읽는 것 이상의 뭉클함이 피어오르는 듯합니다.

문설희1519
아이를 위한 책 읽기는 늘 생각해왔던 부분이지만, 부모님을 위한 책 읽기는 이 소개글 덕분에 처음 생각해 보게 되었어요. 우리 부모님들께도 책을 통한 감동을 드리고 싶다는 마음의 싹부터 틔웁니다.

이미숙2026
저의 꿈이 된 책입니다. 한글이든 영어든 재미난 책을 맛깔스럽게 읽어주는 '책 읽어주는 할머니!' 상상만 해도 신나네요. 그런 의미에서 오늘도 즐다잘!

정광은3229
언어를 배워 세상을 보는 새로운 눈이 생긴다는 것은 정말 큰 설렘과 희망인 것 같아요. 슬미를 통해 그런 눈이 조금씩 생기는 것 같습니다. 감사드려요.

김지혜2858
제 꿈은 집에 사랑방을 꾸며 우리 아이와 동네 아이들에게 영어책 읽어주는 할매 되기입니다. 교수님과 슬미 덕분에 매일 가슴 벅찬 꿈을 키워가고 있습니다.

오성희3485
저도 책 읽기의 즐거움을 알려주는 할머니가 되고 싶어요. 지금 있는 영어책들은 모두 소중한 가보로 삼아 나중에 손주들이 생기면 읽어줄 거예요.^^

정희정3755
슬미를 통해 영어 그림책에 눈을 뜨니 더 읽고 싶은 욕구가 생깁니다. 저도 꿈꿔요, 영어 그림책 읽어주는 할머니를!

권숙잔1093
하루라도 그림책을 읽지 않으면 마음에 큰 구멍이 생긴 것처럼 허전해요. 영어 그림책 읽기의 즐거움이 널리 널리 퍼졌으면 좋겠습니다.

홍정현3764
언젠가 내가 호호 할머니가 되어 내 그녀의 아들, 딸들을 옆에 두고 책을 읽어주는 상상을 한답니다. 상상만 해도 벅차고 눈물이 몽글몽글 빚어지네요. 훗날 꼭 하고 싶은 버킷리스트랍니다.

이명숙2017
영어의 한!! 이 오랜 한을 슬미를 만나서 조금씩 풀고 있습니다. 영어 그림책을 읽을 때마다 미국이나 영국 여행을 하는 듯합니다.^^

느리게 100권 읽기

094

난이도 ■■■■□□

Stone Soup
by Marcia Brown

상대로부터 무언가를 얻어내고자 할 때 여러분은 어떤 방법을 생각하십니까? 여러분의 부탁이나 요청을 거절한다면 어떻게 하시겠습니까? 오늘 우리가 함께 읽을 늘백의 아흔네 번째 그림책은 해님의 부드러움과 지혜를 가르쳐주는 Marcia Brown의 《Stone Soup》입니다.

1.

전쟁이 끝나 고향으로 돌아가던 세 사람의 군인들이 있었습니다. 이틀 동안 아무것도 먹지 못하고 쉬지 못해 매우 피곤한 상태였지요. 길을 걷던 중 저 멀리 마을이 보이자 이제는 곧 먹을 것과 쉴 곳을 얻을 수 있다는 기대를 갖게 됩니다. 하지만 낯선 사람들이 두려웠던 마을 사람들은 식량을 모두 숨깁니다. 그러고는 핑계를 대며 군인들의 부탁을 모두 거절합니다. 사람들의 그런 차가운 반응에 실망하거나 화를 냈냐고요? 천만의 말씀입니다. 군인들은 놀랍게도 마을 사람들의 말을 그대로 받아들입니다. 그러고는 배고픔을 해결하기 위해 돌로 수프를 만들겠다고 합니다. 군인들은 대체 무엇을 하려는 것일까요? 정말 돌을 재료로 수프를 만들려는 것일까요?

2.

프랑스에서 오래 전부터 전해 내려오는 이야기를 바탕으로 한 작품입니다. 책의 제목부터가 사람들의 호기심을 자극합니다. 처음 접하는 사람이라면 질문하지 않을 수 없습니다. "돌로 만든 수프라니, 대체 어떤 것일까?" 여러 다양한 버전이 있을 정도로 꽤 널리 알려진 스토리이지만 반복해 읽어도 지루하거나 질리지 않습니다. 이야기의 느린 전개 속도가 읽는 이의 마음을 편안하게 해줍니다. 등장인물들에게 구체적인 이름(즉 Paul과 Françoise, Albert와 Louse, Vincent와 Marie)을 부여하여 이야기의 현실성을 높여주고 생동감을 더해줍니다. (같은 이야기의 다른 버전과 달리) 마을 사람들이 어리석은 촌뜨기라는 이미지보다 순박한 시골사람들로 느껴져 좋습니다. 시종일관 독자의 마음을 훈훈하게 해주고 미소 짓게 합니다.

1947년 출간되어 벌써 70년이 넘은 작품입니다. 풍부한 색상과 다채로운 빛깔의 세련되고 화사한 그림을 기대하는 독자라면 약간 실망할지도 모릅니다. 하지만 흑백과 회색, 오렌지 색조의 단순하지만 매우 자연스런 조합이 텍스트 내용과도 잘 어울려 따뜻하고 편안한 분위기를 연출합니다. 1948년 칼데콧 아너북(Caldecott Honour Book) 수상작입니다.

3.
낯선 사람들, 특히 군인들에 대해 경계심을 가질 수밖에 없는 농부들의 마음을 이해하고 있었기 때문일까요? 사람들의 닫힌 마음을 열고 나눔의 행복과 기쁨을 깨닫도록 도와준 군인들의 재치와 넉넉한 마음이 매우 인상적입니다. 돌 수프의 마법이 긴장과 대립으로 이어질 수 있었던 관계를 화합과 축제의 장으로 변화시킵니다. 나눔의 의미와 나눔이 주는 즐거움에 대해 생각하게 합니다. 누군가와 함께 나누면 가진 것은 줄어들지 모르지만 도리어 더 많은 것을 더 오래 누릴 수 있습니다. 욕심을 내려놓고 자신의 것을 먼저 내놓으면 어렵고 부족한 상황에서도 얼마든지 더불어 행복할 수 있습니다.

4.
마을 사람들이 두려워한 상대는 단순히 낯선 사람들이 아니라 무기를 든 군인들이었습니다. 전쟁으로 많은 피해를 경험했을 농부들은 당연히 군인들을 경계할 수밖에 없었겠지요. 적대감을 보여도 크게 이상하지 않습니다. 따라서 낯선 군인들이 마을로 들어오려 할 때 먹을 것을 숨기고 잠잘 곳이 없다고 한 것은 욕심이 아니라 자연스런 자기 보호적 행위라고 할 수 있습니다. 식량과 소유물을 빼앗길 수도 있다는 두려움이었을 겁니다.

이러한 점에 주목하면 마을 사람들의 마음을 열게 만든 군인들의 지혜가 더욱 돋보입니다. 단순한 요령이 아니라 마을 사람들이 기대치 못했던 의외의 선의이며 배려라고 할 수 있을 것입니다. 북풍의 매서운 바람보다 더 힘이 세고 더 효과적인 해님의 따스한 햇볕이었던 것이지요. 바로 그런 따스함과 부드러움으로 상대에게 살며시 다가가 마음을 열게 하고 깨우침을 준 것이지요. 친절한 가르침에 감사하고 배움을 진심으로 기뻐하는 마을 사람들의 달라진 모습에서 우리도 비슷한 변화를 이끌어낼 수 있다는 희망을 가져봅니다.

5.
마지막의 배웅 장면에 제시된 다음 문장이 많은 생각을 하게 합니다.

"Such men don't grow on every bush."

훌륭한 사람, 위대한 인물은 결코 하늘에서 뚝 떨어지지 않습니다. 많은 경험, 실수와 실패를 통한 배움과 성장, 시련과 연단을 거친 후에야 비로소 나오게 됩니다. 진정한 가치를 지닌 것은 사실 어떤 것이라도 결코 거저 얻어지는 법이 없습니다. 우연히 생기는 것도 아닙니다.

유창한 영어라는 기적도 마찬가지입니다. 올바른 방향과 방법을 알고 마음을 지켜 제대로 끝까지 가는 사람에게만 주어지는 선물입니다. 아이의 진정한 행복과 성공을 위해 무엇이 필요하며 무엇이 중요한지를 확실히 알고 그 앎을 끝까지 실천하는 부모만이 선물할 수 있습니다.

6.
같은 이야기를 바탕으로 만든 동일한 제목의 작품이 꽤 여럿 있습니다. 그중에서도 다음 두 작품을 추천합니다.

- 《Stone Soup》 by Jon J. Muth (2003)
- 《Stone Soup》 by Ann McGovern, Winslow Pinney Pels (illustrator) (1971)

Jon Muth의 작품에서는 옛날 중국을 배경으로 세 사람의 스님이 주인공으로 등장합니다. Ann McGovern과 Winslow Pinney Pels의 작품에서는 지혜로운 청년이 한 노파를 상대로 돌 수프를 만듭니다. 작가에 따라 이야기가 어떻게 얼마나 달라질 수 있는지 알아보는 것도 책 읽기의 재미를 더해주는 좋은 방법이 될 수 있습니다.

그리고 유럽의 여러 나라에 조금씩 다른 버전의 stone soup 이야기가 있습니다. 버전에 따라 마을에 들어오는 낯선 사람이 군인, 부랑자(tramp), 수도승(monk) 등으로 달라집니다. 수프를 만드는 재료도 달라져 돌 수프 외에도 도끼 수프(axe soup), 단추 수프(button soup), 못 수프(nail soup), 나무 수프(wood soup) 등이 등장합니다. 이와 같은 변화나 차이에 대해서도 설명하고 이야기 나누면 아이들의 상상하는 힘과 스토리텔링 능력을 길러줄 수 있습니다.

한 줄 소감

정지윤2448
돌멩이 수프라니 제목부터가 호기심을 자극했어요. 군인들의 지혜 덕분에 마음이 닫혔던 마을 사람들이 나눔의 행복을 알고 깨달음도 얻게 되었네요.

배은영1692
익숙한 줄거리인데도 배경과 설정이 달라지니 또 새롭네요. 마을 주민들의 닫힌 마음을 열어가는 군인들의 모습이 너무나 따뜻하고 감동적입니다.

원문기1909
Wow~! 늘백 책 중 다섯 손가락 안에 꼽을 만큼 감동적이고 교훈적인 책이었네요. 표지만 보고 그냥 지나쳤으면, 평생 후회했을 거예요. 누군가와 나누는 지혜와 그 가치를 배웠으니 실제 나누는 기쁨도 가져볼게요.

이주옥3346
아들과 함께 읽으며 군인들의 지혜에 감탄하고 마음의 빗장을 서서히 열어가는 마을 사람들의 모습에 흐뭇한 마음이 들었습니다. 흑백의 그림도 촌스럽기보다는 오히려 "묵어서 제맛"인 고전의 찐한 맛을 느낄 수 있었어요.

정성호3532
군인들의 지혜와 너그러움이 참 부럽습니다. 소개글을 읽고 나니 알던 이야기가 더 새롭고 의미 있게 다가오네요. 늘백은 역시 특별합니다.^^

이현숙2261
타인의 마음을 열기 위해서는 매서운 바람보다 따뜻한 햇빛이 더 효과적임을 다시 한번 깨닫습니다. 군인들의 재치와 지혜를 배우고 싶어요.

박태미3462
누군가의 마음을 얻는다는 것은 정말 힘든 일인 것 같아요. 하지만 순수한 의도와 배려하는 마음을 가지고 지혜롭게 접근한다면 의외로 쉬울 수도 있지 않을까요?

김연정1281
보이는 모습이 전부가 아닌데도 우리는 늘 보이는 것에 지나치게 흔들리는 것 같아요. 낯선 사람을 경계하는 건 당연한 일이지만 편견을 버리고 마음을 여는 용기도 함께 필요한 것 같습니다.

노미영1502
전쟁과 배고픔으로 지친 군인들을 향한 마을 사람들의 냉대를 보고 마음이 아팠습니다. 그럼에도 불구하고 무력을 사용하지 않고 현명하게 음식과 잠자리를 얻어내는 군인들의 모습이 감동적이네요.

백나영1696
돌로 수프를 만든다고 하여 처음에는 유럽판 봉이 김선달인가 생각했어요.^^ 하지만 읽으면 읽을수록 군인들의 선의와 지혜가 돋보이는 책이었습니다.

송봉선1770
70년이 넘은 작품이라니요! 지금까지도 많은 사람들이 찾는 것을 보니 정말 훌륭한 작품인가 봅니다. 추천해 주신 다른 두 권의 책도 읽어보고 싶어요. 작품마다 이야기가 어떻게 다른지 궁금합니다.

위원혜3489
전쟁의 쓰라린 상처도 낫게 해주는 따스한 마법의 돌멩이 수프네요! 우리의 돌멩이 수프는 슬미의 그림책 읽기이지요. 많은 슬미인들의 상처를 부드럽게 어루만져주고 새로운 것에 마음을 열게 해주고 있으니까요.

느리게 100권 읽기

DAY 095

난이도 ■■■□□

No Roses for Harry!
by Gene Zion, Margaret Bloy Graham (illustrator)

개나 고양이를 좋아하시는 분들 정말 많으시죠? 동물에 대한 사람들의 생각도 그동안 계속 변하여 이제는 '애완동물'이라는 말 못지않게 '반려동물'이라는 표현도 아주 많이 사용되고 있는 것 같습니다. 오늘 우리가 함께 읽을 늘백의 그림책은 강아지 이야기의 고전이라 할 수 있는 《No Roses for Harry!》입니다. Gene Zion이 글을 쓰고 Margaret Bloy Graham이 삽화를 그렸습니다.

1.
검은 점박이 강아지 Harry는 아주 귀여운 개구쟁이입니다. 할머니가 스웨터를 생일선물로 보냈는데 처음 보는 순간부터 마음에 들지 않았습니다. 입었을 때 포근하고 아늑한 느낌은 좋았지만 싫어하는 장미꽃 무늬가 있었거든요. Harry는 스웨터를 없애버리려고 많은 애를 씁니다. 하지만 모든 시도는 실패로 끝나고 말지요. 그런데 좌절과 우울함 속에 빠져 있던 Harry에게 전혀 뜻밖의 사건이 발생합니다. 대체 무슨 일이 생긴 것일까요? Harry는 과연 문제를 해결할 수 있게 될까요?

2.
아주 매력적이고 장난기 가득한 강아지에 얽힌 이야기입니다. 자연스럽게 어우러진 삽화와 글 속에 유머와 재치, 익살이 가득합니다. Harry의 정감 넘치는 행동과 표정에 마음이 훈훈해지고 편안한 미소를 짓게 됩니다. Harry의 고민이 해결되는 전혀 뜻밖의 반전, 그리고 이어지는 또 하나의 깜짝 전개가 스토리의 재미를 더해줍니다. 강아지를 좋아하는 아이라면 Harry가 너무나도 귀엽고 사랑스러워 읽고 또 읽게 되고, Harry에 관한 다른 책이 없는지 찾아보게 될 것입니다. 사실은 Harry the Dog가 주인공인 그림책이 3권 더 있습니다. 모두 하나같이 아주 재미있습니다.

- 《Harry the Dirty Dog》(1956)
- 《Harry by the Sea》(1956)
- 《Harry and the Lady Next Door》(1960)

3.
초록과 주황, 검정의 세 가지 색상으로 그려진 삽화가 예스러운 느낌과 함께 향수를 불러일으키고, 소박하고 따뜻한 분위기를 더해줍니다. 1950~60년대의 문화와 패션을 반영하는 등장인물들의 옷 스타일에서 세월의 변화를 느낄 수 있습니다. 그 이후로 많은 것들이 변했지만 강아지를 바라보는 사람들의 시선과 생각은 여전한 듯합니다.

적어도 한두 번씩은 비슷한 경험이 있어서일까요? 아니면 누군가에게 그런 경험을 하게 만든 기억이 있기 때문일까요? 좋아하지 않는 옷인데도 입어야만 하는 Harry의 난처한 입장에 쉽게 공감합니다. Harry의 고민과 좌절, 이어지는 반전의 기쁨에도 기꺼이 참여하게 됩니다. 누구의 마음도 상하게 함이 없이 문제가 해결되는 해피 엔딩에 마음을 쏟아내립니다. 책을 읽는 내내 새로 사준 옷을 좀처럼 입지 않으려 하던 아이, 그러면서도 엄마 아빠의 마음을 상하게 할까 봐 걱정하던 여리고 착한 마음씨의 어떤 아이가 떠올랐습니다.

4.
아시지요? 내게는 별 쓸모없는 것이 누군가에게는 아주 유용한 것이 될 수 있다는 사실을. 따뜻한 마음이 담긴 할머니의 스웨터 선물이 Harry에게는 없애 버리고만 싶은 골칫덩어리였지만 새들에게는 무엇보다도 소중한 보물이 되었던 것처럼 말이죠. 세상의 많은 것들은 정말 보기 나름이며, 처한 입장과 상황에 따라 크게 달라질 수 있음을 깨닫습니다. 그리고 혹시라도 무언가 아주 소중한 것의 가치를 제대로 알아보지 못하고 있는 것은 아닌가 하는 생각이 문득 들었습니다.

정말 간절한 마음으로 온갖 노력을 다 기울여보았지만 풀리지 않던 문제. 그래서 실망하고 좌절하며, 사는 것이 그야말로 지옥 같다고 느끼고 있을 때, 전혀 생각지도 않았던 곳에서부터 문제가 해결되는 놀라운 경험, 혹시 해보셨는지요? 그런 경험을 통해 스스로가 얼마나 부족한 존재인지를 깨닫습니다. 더 겸허해지고 더 낮아져야겠다는 생각을 하게 됩니다.

한 줄 소감

송여진2915
장미 무늬 옷이 맘에 안 들어 없애버리고 싶어하는 강아지라니. 정말 너무 사랑스러운 캐릭터입니다. 문제가 어떻게 해결되는지 빨리 읽어보고 싶어요.

안영지1845
Harry의 행동이 귀엽게 느껴져 Harry의 시선으로만 따라갔는데 이번에도 생각지 못했던 깨달음이 있었네요. 역시나 교수님의 책 소개는 언제나 감동입니다.

박선향1567
글과 그림이 옛것 같지 않고 새롭고 세련되게 느껴지네요. Harry의 싫지만 미안한 감정까지 다 읽어내 주시다니! 그림을 다시 보러 가야겠습니다.

이현숙2261
사람이든 물건이든 자기에게 맞는 짝이 있나 봐요. 나에게 별로인 것이 다른 이에게는 최고의 선물이 될 수도 있으니까요. Harry의 옷이 새들에게 큰 쓸모가 있는 것이라서 정말 다행입니다.

유선영1927
며칠 전 아이가 받은 생일선물이 자기가 애타게 기다리던 것이 아니었어요. 그런데 아빠가 서운해할까 봐 말도 못 하고 혼자 끙끙 앓다가 눈물을 뚝뚝 떨구던 모습이 떠오릅니다. 아이는 우는데 전 너무 귀여워서 웃음이 났네요.^^

여민정3483
말씀하신 '그 어떤 아이'가 우리집에도 있어요. 마음에 들지 않지만 엄마를 위해 입어주는(?) 느낌이 팍 오지요. Harry 마음이 그 아이의 마음이었을까요?

권민희1090
'내 취향에 맞는 것을 "잘 어울린다"고 합리화시키며 딸아이에게 강요하진 않았나?' 문득 이런 생각에 가슴이 뜨끔해집니다.^^ 내 눈에 예쁘다고 아이들에게 옷 입기를 강권하지 말아야겠어요.

정숙경2415
아무리 상대방을 위한 것이라도 상대가 원하지 않으면 호의가 아니고 괴롭힘이 되는 것 같아요. 그리고 상대가 원하는 것이 무엇인지 알려면 애정과 관심을 가지고 충분히 지켜봐야 할 것 같아요. 상대의 마음을 이해하고 인정할 것! 꼭 기억할게요.

신향진1819
아무리 애를 써도 해결되지 않던 문제가 정말 우연한 기회에 허무하리만큼 쉽게 풀리는 경우가 정말 있지요. 때로는 그냥 한 발자국 뒤로 물러서서 힘을 빼고 때가 오기를 기다리는 것도 좋은 방법이 될 것 같아요.

손유나1759
오늘이 제게 그런 하루였어요. 해결되지 않아 불편한 마음 가득했는데 갑작스럽게 풀려버린 듯한 매듭. 더욱 겸허히 살아갈게요. 감사합니다, 교수님.

임수지2307
아이의 영어 문제로 엄청나게 고민하던 그때 교수님과 슬로우 미러클을 알게 되었어요. 정말 뜻밖의 행운이었답니다.

채지연2547
생각지도 못했던 슬미와 교수님과의 만남, 그림책을 달리 보는 안목, 영어책을 읽고 나누는 친구들, 그리고 함께 일하는 동료를 제게 행운처럼 안겨주었네요. 감사합니다.^^

위원혜3489
정말 감사하게도 Harry 덕분에 우리 아이가 무엇을 왜 좋아하는지 알게 되었어요. 귀여운 Harry 또 만나고 싶어요.

김연정1281
교수님이 말씀하신, 생각지도 못했는데 우연히 찾아온 기회, 그것이 제게는 바로 슬미였습니다.^^

김윤정1309
슬미의 늘백을 통해 오늘도 보고 싶은 시리즈가 하나 더 늘어납니다.^^ 늘백의 날이 더해질수록 제 마음도 삶도 더 풍요로워지네요. 고맙습니다.

김주은3437
전혀 생각지도 못한 곳에서 뜻밖의 감동을 받기도 하고, 의도치 않게 도움을 얻기도 도움이 되기도 하는 경험, 그런 경험들이 삶에 생동감을 더해주는 것 같아요.

김지나1380
내게 무용한 것들이 누군가에게 유용하게 쓰일 수 있다면 정말 감사할 것 같아요. 귀엽고 깜찍한 Harry에게 삶의 유머와 지혜를 배우네요.

느리게 100권 읽기

DAY 096

난이도 ■□□□□

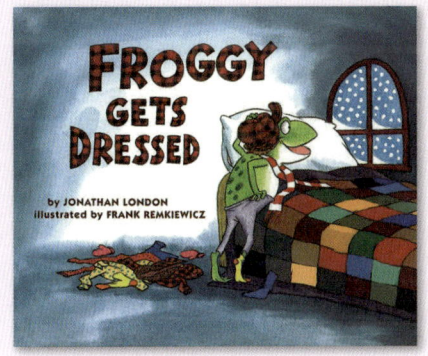

Froggy Gets Dressed
by Jonathan London, Frank Remkiewicz (illustrator)

한참 자야 할 시간인데 아이가 자지 않고 울거나 놀자고 하는 바람에 잠을 설쳤던 경험, 다들 있으시지요? 오늘 우리가 함께 읽을 늘백의 그림책은 너무도 웃기고 재미있어 도저히 웃음을 참을 수 없는 이야기 《Froggy Gets Dressed》입니다. Jonathan London이 글을 쓰고 Frank Remkiewicz가 그림을 그렸습니다.

1.

겨울잠을 자야 하는 개구리, 그렇지만 Froggy는 밖에 나가 놀고 싶어합니다. 봄이 올 때까지 기다려야 한다는 엄마의 말은 전혀 들리지 않는지 순식간에 옷을 입고 함박눈이 내리는 들판으로 뛰어나갑니다. 그런데 흥미롭게도 엄마는 그런 Froggy가 조금도 걱정되지 않나 봅니다. 얼굴에 염려의 기색은커녕 왠지 모를 여유가 느껴지니까요. 밖에 나가 막 신나게 뛰어놀려는 Froggy를 큰 소리로 외쳐 부르는 엄마의 얼굴에는 장난기 섞인 듯한 미소가 가득합니다. 엄마는 대체 무슨 생각을 하고 있는 걸까요?

2.

혼자서 옷을 입는 것이 어린아이들에게 얼마나 힘들고 어려운 일인지 잘 보여주는 유쾌하고도 익살 넘치는 이야기입니다. Froggy의 심정, 말과 행동이 전혀 낯설게 느껴지지 않습니다. 어린아이라면 누구나 일상에서 쉽게 경험하고 공감할 수 있는 것들이기 때문입니다. 함박눈에 설레는 마음도, 밖에 나가 놀고 싶은 마음도, 매번 무언가를 하나씩 잊거나 빠뜨리는 것도, 그래서 다시 집으로 들어와 벗고 입고를 반복하는 것까지도.

3.
엄마와 아들 개구리의 표정 연기가 일품입니다. 특히 Froggy의 다양한 표정과 몸 개그를 놓치지 마세요. 매 장면이 다 재미있지만 특히 Froggy가 속옷 입는 걸 까먹은 곳에서는 어른 아이 할 것 없이 모두 빵 터질 것이라 확신합니다. "어머나, 에구머니(Oops!), 키득키득, 낄낄, 킥킥." 반응은 제각각 조금씩 다르겠지만 어느 누구도 피해 가지 못할 겁니다.

마지막 장면에서 Froggy의 졸린 모습과 엄마의 표정도 아주 재미있습니다. 처음부터 모든 것이 엄마의 계획이었던 것일까요? 그래서 엄마의 얼굴에 시종일관 여유와 장난기가 넘쳐 흘렀던 것일까요?

그림책인데도 마치 동영상이 재생되고 있는 것처럼 장면 장면이 생생하게 느껴집니다. 영상과 음성이 모두 지원되는 듯한 착각이 들 수도 있습니다. 만일 잠자리에 들 시간이라면 조심해야 합니다. 너무나 재미있고 웃겨서 잠을 설칠 수도 있으니까요.

4.
엄마와 Froggy의 음성이 어디선가 들리는 것 같지 않나요? 아이에게 읽어주거나 함께 읽을 때의 포인트는 엄마가 "FRRROOGGYY!" 하며 큰 소리로 부르고 Froggy가 "Wha-a-a-a-t?" 하고 소리 지르듯 대답하는 부분을 그럴 듯하게 연기하는 것입니다. 그렇다고 무슨 대단한 요령이 필요한 것은 아닙니다. 굳이 말하자면 "망가지는 것을 두려워 말고 목소리와 표정에서 충분히 오버할 것" 정도가 될 겁니다. 모든 것은 엄마 아빠 하기 나름입니다. 엄마 아빠가 어떻게 하느냐에 따라 아이들의 반응이나 호응도 크게 달라지니까요.

5.
입을 것(예: socks, boots, hat, pants, shirt)과 입고 벗기(예: put on, pull

on; tug off, take off)에 대한 다양한 표현을 배울 수 있다는 둥, 대화체 표현이 아이들의 말하기 공부에 좋다는 둥, 이런저런 독후활동이 효과적이라는 둥 많은 말들이 있을 겁니다. 하지만 가급적 학습은 모두 잊고 그냥 즐기는 것만 생각하시길 추천합니다. 아무리 좋은 것이라도 스토리를 즐기는 것보다 더 좋기는 어렵습니다. 읽기를 온전히 즐기다 보면 영어도 지식도 모두 따라오게 되어 있습니다. 그리고 그렇게 하는 것이 가장 효율적이고 효과적이며 아주 멀리까지 갈 수 있는 최고의 방법입니다.

6.
쉽고 짧은 표현들이 운율까지 맞추어 리듬감 있게 반복됩니다. 따라서 재미있게 계속 즐기다 보면 노력하지 않아도 저절로 외워집니다. 의성어(예: zoop, zup, zip, zat, zwit)가 많이 사용됩니다. 역시 공부하려 할 필요가 없습니다. 그냥 있는 그대로 느끼고 소리의 맛을 살려 흥겹게 읽어주면 충분합니다. 무엇보다 이런 것들은 모두 언어의 참맛을 느끼고 책 읽기의 재미를 더하기 위한 것입니다. 어떤 의미에서건 책 읽기를 어렵게 만들 이유가 전혀 없습니다.

P. S.
아이를 재우려다, 책을 읽히려다, 공부를 좀 시키려다 짜증 내고 화낸 경험들이 있으시지요? 겨울잠을 망치고 아이가 말을 듣지 않는 상황에서도 마음의 여유와 따뜻한 미소, 심지어는 유머까지도 잊지 않는 Froggy 엄마, 정말 멋지다고 생각되지 않으십니까? 자식 때문에 겨울잠도 제대로 자지 못하는 엄마 개구리. 사람이든 동물이든 엄마는 역시 위대합니다.

한 줄 소감

 김연정1281
Frogggggy~~~! 외치는 엄마의 목소리가 왜 이리 꿀 떨어지는 목소리로 들리는지요. 교수님 소개글을 읽고 나니 더 오버해서 연기해보고 싶어졌습니다.^^

송여진2915
아이들이 정말 좋아하는 책입니다. 꺄르르 웃겨 죽지요. 아이들의 웃음보를 터트려주는 작가의 능력에 감탄합니다!

 김건희1118
아이와 함께 너무 재미있게 읽었습니다. Froggy 엄마는 다 계획이 있으셨군요!!ㅋㅋ

 안영자1845
뛰어봤자 엄마 손바닥 안! 오늘도 아이와 함께 커가는 엄마들, 언제나 파이팅입니다.

 정혜선2459
단어는 무작정 암기하는 것이 아니라 책을 읽다 보면 저절로 익히게 된다는 사실을, 그 중요하면서도 잊기 쉬운 사실을 아주 확실하게 경험하도록 도와주는 것 같아요.

 정선린3231
육아의 달인 Froggy 엄마는 우리 금쪽이 프로기를 이렇게 키우셨군요! 아주아주 유쾌한 배움이 있었어요.^^

 윤지수1973
엄마가 프로기를 부르는 소리가 여기까지 들릴 정도라 영상이 지원된다는 말이 확 와닿습니다. 이 책을 보는 순간 영어책으로 영어를 배운다는 게 무슨 말인지 알 수 있었어요.

 박하영1667
저희집 홈런책이에요. 교수님 말씀대로 망가져보니 아이가 더 좋아하네요. 며칠 동안 연달아 가지고 왔던 책, 반복해 읽어도 계속 깔깔거리며 웃던 그날들이 어느새 추억이 되었어요.

 김지영1386
Froggy를 읽고 put on을 완전히 이해한 우리 아이, 단어를 외우지 않아도 암기가 되어버리는 신박한 그림책!

 최수은2575
아이와 정말 재미있게 읽었지요. 아이 이름을 "소지~~~니~" 부르면, "Wha-a-a-a-t?" 대답해줍니다. 책을 읽으며 소소한 재미와 추억들을 쌓아갑니다.

 원문가1909
우리집에도 이런 아이 하나 있어요. 아이들은 왜 Froggy만 보면 크크크, 마냥 신난다는 표정으로 입꼬리가 올라가고 눈빛이 반짝반짝거릴까요? 자기 이야기를 하는 것 같아서일까요?

김지혜2858
소개글의 마지막 P. S.에서 뜨끔~ 찔렸네요. 프로기~~~! 대신 김태뤼~~~! 하고 재미나게 큰 목소리로 외쳐봅니다.

느리게 100권 읽기

DAY 097

난이도 ■■☐☐☐☐

Click, Clack, Moo: Cows That Type

by Doreen Cronin, Betsy Lewin (illustrator)

인간이 키우는 소나 닭, 오리 등의 가축이 말을 하거나 글을 쓸 수 있다면 어떤 일이 벌어질까요? 오늘 우리가 함께 읽을 늘백의 그림책은 Doreen Cronin이 글을 쓰고 Betsy Lewin이 그림을 그린 《Click, Clack, Moo: Cows That Type》입니다. 상상력의 극치를 보여주는 쉽고도 매우 흥미로운 작품입니다.

1.

언제부터인가 Farmer Brown의 외양간에서는 타자 치는 소리가 들려오기 시작합니다. "소들이 타자를 친다고?" Farmer Brown은 도저히 자신의 귀를 믿을 수 없었습니다. 하지만 하루 종일 들려오는 타자 소리에 결국 외양간으로 달려간 Farmer Brown은 젖소들이 쓴 편지를 발견하고 깜짝 놀랍니다. 이번에는 자신의 눈을 믿을 수 없었지요.

> "The barn is very cold at night. We'd like some electric blankets."
> (외양간이 추우니 전기담요를 주세요.)

요구가 받아들여지지 않자 젖소들은 파업에 들어가 우유를 생산하지 않겠다고 선언합니다. 다음 날에는 암탉들을 위한 전기담요까지 요구합니다. 하지만 답이 없자 암탉들도 파업에 참여해 달걀 생산을 중단하겠다고 통보합니다. 그럼에도 불구하고 Farmer Brown이 강경한 태도를 유지하자 상황은 악화일로를 걷게 됩니다. 젖소와 암탉들은 과연 자신들이 원하는 전기담요를 얻을 수 있게 될까요?

2.
한마디로 소가 웃을 일이 벌어집니다. 소가 타자기로 편지를 쓰고, 그것도 모자라 인간과 흥정을 시도하다니! 기발한 설정, 동물과 인간의 밀당, 그리고 중간자적 역할을 자처하던 오리들의 한술 더 뜨는 마지막 한 방까지 잠시도 지루할 틈이 없습니다.

클로즈업된 등장인물의 모습이 페이지를 꽉 채우며 이야기의 몰입도를 높여줍니다. 굵고 거침없는 테두리 선의 시원시원한 그림들이 작품의 역동성을 더해줍니다. 등장인물들의 표정과 그림자 모양을 보는 재미도 쏠쏠합니다.

아이들의 엉뚱하고 황당한 상상력에 불을 당기고 고품격의 유머 감각을 길러줍니다. 머리가 굳어버린 어른들에게조차 상상의 힘을 다시 되살려줄 것 같은 기대감을 갖게 합니다. 재미있어 자꾸 읽다가 자신도 모르는 사이에 통째로 외워버리기 십상입니다. 통단어 학습(whole word method)과 파닉스 학습이 함께 자연스레 이루어져 단어를 읽어내는 능력이 저절로 길러집니다. 편지의 처음과 마지막에 쓰는 Dear (Farmer Brown)이나 Sincerely의 감각적 터득은 그야말로 덤. 2001년 칼데콧 아너북(Caldecott Honor Book) 수상작입니다. 미국교사협회(NEA, 2007)와 학교도서관저널(SLJ, 2012)이 각각 선정한 최고의 그림책 100권에 계속 이름을 올린 책이기도 합니다.

3.
혹시라도 특별한 의미를 찾기 어렵고 공부할 것도 별로 없는 싱거운 작품이라고 실망하시는 분 계실까요? "동물들의 노동 운동 이야기", "동물 복지 문제를 제기한 선구적인 그림책", 뭐 이런 식으로라도 의미를 부여하면 좀 나아질까요?

책이란 본래 즐겁게 읽으면 그것으로 충분한 것. 영어도 (작품이 지니는) 의미도 군이 생각할 필요 없이 그냥 읽기를 즐기면 됩니다. 주입된 지식보다 남다른 상상력과 창의성이 경쟁력인 세상, 어쭙잖은 교훈이나 메시지, 책 읽기의 재미는 물론 영어 실력까지도 망치기 쉬운 학습 노력보단 흥미로운 스토리와 언어적 유희, 기발한 발상, 위트와 유머 가득한 책 읽기를 즐기는 것이 훨씬 유익합니다.

무엇보다 우릴 즐겁고 행복하게 해줍니다. 마음의 여유를 갖게 합니다. 영어 책 읽기의 즐거움을 깨닫고 즐다잘에 더 가까이 다가가도록 도와줍니다. 그리고 느리게 천천히 읽고 다른 사람들과 책 수다를 떨다 보면 크고 작은 많은 생각들이 꼬리에 꼬리를 물고 일어납니다. 혼자서는 기대하기 힘든 함께 읽기의 엄청난 힘입니다.

4.
이야기의 후반부에서 Farmer Brown은 전기담요를 소들에게 건네준 후 오리들이 타자기를 자신에게 가져다주길 기다립니다. 하지만 오리들은 타자기를 전달하지 않고 자신들의 요구 사항을 관철하기 위해 사용합니다. Farmer Brown의 기대와는 달리 사태가 끝나기는커녕 전혀 새로운 국면으로 접어들게 된 것이지요.

"끝날 때까지는 끝난 게 아니다(It ain't over till it's over)"라는 말을 들어보셨는지요? 뉴욕 양키스의 전설적인 야구 선수 요기 베라(Yogi Berra)가 1973년 뉴욕 메츠의 감독을 맡고 있을 때 한 말입니다. 당시에 팀이 지구 최하위로 떨어진 상황에서 "이번 시즌은 이제 끝난 건가요?"라고 묻는 기자에게 그가 그렇게 대답했다고 하죠. 결국 메츠는 그해 지구 우승을 차지해 월드 시리즈에 진출하게 됩니다.

혹시 온갖 노력을 다 기울였는데도 전혀 희망이 보이지 않아 이제는 모두 끝났다고 생각하고 계십니까? 우리의 인생은 물론이고 금년 한 해도, 이번 학기도, 이번 달이나 이번 주도, 심지어는 얼마 남지 않은 오늘 하루도 모두 끝날 때까지는 진짜로 끝난 게 아닙니다. 상황이 아무리 절망적이어도 끝까지 포기해서는 안 되는 이유, 마지막까지 최선을 다해야 하는 이유가 바로 여기에 있는 것이지요. 모든 것이 좋아 보이는 경우에도 마찬가지입니다. 앞으로 무슨 일이 있을지, 최종 결과가 어떻게 될지, 누구도 알 수 없으니까요. 이 또한 끝날 때까지는 끝난 게 아닌 것이지요.

5.
이런 스타일의 그림책이 마음에 드신다면 Doreen Cronin이 출간한 수십 권의 다른 그림책이 있습니다. 그중에서도 특히 많은 사랑을 받고 있는 다음 6권을 우선 추천합니다.

- 《Diary of a Worm》 (1996)
- 《Diary of a Fly》 (1996)
- 《Diary of a Spider》 (1996)
- 《Giggle, Giggle, Quack》 (2002)
- 《Duck for President》 (2004)
- 《Dooby Dooby Moo》 (2006)

한 줄 소감

최수은2575
저도 파업하고 싶어요. 편지를 써서 거실 벽에 붙여볼까요? "엄마도 아내도 휴식이 필요합니다!"^^

이지현2226
동물들의 유쾌한 반격을 발칙한 유머로 풀어낸 작가의 센스가 부럽네요. 심각한 메시지는 역시 유머로 풀어야 제맛이지요.^^

황현경2729
타자 치는 동물이라니!ㅎㅎ 책 읽기의 즐거움에 충실한 책이 바로 이런 책 아닐까 싶어요. 기발한 발상, 재미있는 표현, 위트와 유머, 거기다가 반전 결말까지, 정말 최고네요.

김건희1118
정말 깜짝 놀랐어요. 이렇게 기발한 책이 또 있을까요? 타자를 치고 자신들이 원하는 걸 적극 피력하는 소들이라니! 너무 유쾌하고 재미있습니다.

홍정현3764
귓가에 Click, Clack, Moo! 타자기 두들기는 소리가 들리는 듯합니다. 페이지 가득 요구 사항을 타자기로 찍어대던 젖소들의 모습에 내 그녀는 "젖소들이 너무하네. 농부 아저씨 힘들겠다" 하며 농부 편을 드네요. 나는 그저 재밌기만 했는데.ㅎㅎ

 이현정2266
너무도 기발한 설정이라서 처음에는 재미있게만 읽었는데, 동물 학대 뉴스를 많이 봐서인지, 그동안 고통받았던 동물들의 마음이 살~짝 느껴지네요.

 이희정2294
전적으로 공감합니다! 끝날 때까지는 그 어떤 것도 끝난 게 결코 아니죠! 현재의 삶이 아무리 어렵고 힘들어도 9회 말 역전승에 대한 기대를 놓지 않으렵니다. 오늘도 힘을 주는 슬미의 늘백 소개글, 감사합니다.

 원문기1909
교수님 소개글의 위트와 유머 가득한, 울림 있는 해설도 끝날 때까지는 절대 끝난 게 아니지요!^^ 오리의 마지막 한 방에 이어 영어책 읽기의 즐거움을 한 방 더 맞고 싶어, 소개해주신 다른 책들을 찾아 신나게 고~고~합니다!

 임수지2307
너무 힘들어 포기하고 싶어요.ㅠㅠ 그런데 끝날 때까지는 끝난 게 아니라는 말씀에 다시 한번 희망을 가져봅니다. 이 책을 읽을 때마다 생각날 것 같아요.

 노미영1502
아이와 너무 재미있게 읽었습니다. 교수님 말씀처럼 동물 복지라든가 그런 거창한 주제를 떠올리기보다는 click, clack, moo, moo! 를 외치며 아이와 신나는 역할놀이나 해야겠습니다.^^

 김연희1283
동물들이 생산해주는 우유와 달걀을 너무나 당연하게 받고만 있었네요. 동물들의 생활 환경과 복지 문제에 대해 생각해보게 됩니다.

 최민희2563
얼마 전 아이가 동물들도 그들만의 사회가 있을 것 같다고 했었는데, 딱 맞는 책이었습니다! 타자 치고, 파업도 하며, 누군가는 중간에서 이득을 취하고! 기발하면서도 다른 한편으론 인간 세상과 너무나 닮아 씁쓸하기도 하네요.

느리게 100권 읽기 DAY 098　　　난이도 ■■■□□

The Important Book
by Margaret Wise Brown, Leonard Weisgard (illustrator)

여러분의 삶에서 진정으로 중요한 것은 무엇입니까? 정보에 목말랐던 과거와 달리 이제 우리는 정보가 지나치게 많아 문제가 되는 정보 과잉의 시대를 살고 있습니다. 관련 정보가 많으면 선택의 폭이 넓어지는 장점이 있지만 넘쳐나는 정보 때문에 무엇이 정말 중요한지 알기 힘들어 선택과 결정에 어려움을 겪게 됩니다. 소위 말하는 선택 장애 혹은 결정 장애가 생기게 되는 것이죠. 오늘 우리가 함께 읽을 늘백의 그림책은 정보와 물질의 풍요로 인한 혼돈과 혼란 속에서 사물의 본질에 대해 생각하게 도와줄 《The Important Book》입니다.

1.
숟가락(spoon), 데이지 꽃(daisy), 비(rain), 풀(grass), 눈(snow), 사과(apple), 바람(wind), 하늘(sky), 신발(shoe), 그리고 너/당신/그대(you). 이런 것들을 어떻게 설명해야 아이들이 그 핵심을 쉽고도 명확하게 이해할 수 있을까요? 사전을 참고하여 쉬운 말로 풀어서 이야기해주면 될까요? 만일 그런 방법이 어떤 이유로든 마음에 들지 않는다면, 아이들의 마음속 세계를 속속들이 잘 아는 그림책 작가의 조언을 들어보는 것은 어떨까요?

《Goodnight Moon》의 작가 Margaret Wise Brown은 이성보다 감성에 호소하라고 말해줍니다. 보다 중요한 것에 집중하라고 알려줍니다. 각 사물이 지닌 다양한 모습을 시적으로 표현합니다. 그중에서도 중요한 것을 골라 설명의 처음과 끝부분에 제시합니다. 그렇게 함으로써 아이들의 머리뿐 아니라 마음에도 함께 다가갑니다.

2.

표현과 패턴이 효과적으로 반복되어 말하는 내용과 스토리텔링 방식의 이해를 쉽게 합니다. 텍스트를 배치하는 흥미로운 방식, 내용을 묘사하는 생생한 그림이 눈길을 사로잡습니다. 중요한 것과 덜 중요한 것을 구분하는 지혜도 가르쳐줍니다.

어린아이들의 때 묻지 않은 감성과 표현력에 호소하는 책. 경이의 눈으로 세상을 바라보던 순수한 마음을 되찾고 싶도록 만드는 책. 꼬리에 꼬리를 무는 생각, 하고 싶은 많은 말들, 그리고 끝없이 이어지는 대화의 향연, 이 모두를 가능케 하는 책. 우리의 혼란스런 마음을 안정시켜 주고 "You are you"라고 외치며 나는 나, 내 아이는 내 아이라고 분명하게 말해주는 책. 그리고 다 읽고 나면 기대하지 않았던 잔잔한 감동이 서서히 밀려오는 책입니다. 2007년 미국교사협회(NEA)가 선정한 어린이를 위한 최고의 책 100선(Teachers' Top 100 Books for Children)에 뽑힌 작품이기도 합니다.

3.

누가 정보책은 따분할 수밖에 없다고 말하나요? 누가 시나 노래가 될 수 없다고 하나요? 세상을 설명하고 지식을 전달하는 담백하고 산뜻하며 아름답기까지 한 방법이 여기 있습니다. 이런저런 수식이나 겉모양보다 그 안의 본질을 보게 합니다. 시적인 눈으로 세상을 바라보고 가슴으로 느끼며 생각하게 합니다.

작가의 말이나 생각에 선뜻 동의하기가 어렵다고요? 사실 무엇이 더 중요한가에 대해서는 사람마다 의견이 다르기 마련입니다. 하지만 마음을 열고 생각을 약간만 바꾸면 그러한 차이보다 더 중요한 것이, 단순한 내용적 진실보다 더 큰 진실이 보이기 시작합니다.

4.

어떤 대상을 이해하고 설명하는 좋은 방법 중 하나는 관련된 것들을 자유롭게 떠올려본 후 그중 중요하다고 느껴지는 한두 가지 것에 집중하는 것입니다. 아이들과 함께 주변의 사물이 지닌 다양한 특징을 말해보고 그 가운데 가장 마음에 와닿는 것을 골라보세요. 처음부터 깔끔한 몇 마디 말로 딱 맞는 정의를 제시하거나 그것을 암기하여 말하기를 기대하지는 마세요. 학습 욕심은 버리고 이미 알고 있는 것들도 잠시 내려놓고 생각이 자유롭게 흐르도록 해주는 것이 핵심입니다.

정답부터 찾으려는 조급함을 버리고 상상력을 마음껏 발휘할 수 있도록 도와주세요. 그 어떤 대답도 가능해야 하고 엉뚱할수록 더 즐거우며 즐거울수록 더 기발해집니다. 머리보다는 마음, 이성보다는 감성, 논리보다는 직관을 믿어보세요. 시인처럼 자유롭게 느끼고 깊이 생각하며 마음으로 표현하도록 격려해주세요. 당신의 아이도 Leo Lionni의 Frederick 같은 시인이 될 수 있음을 알게 해주세요. "어린 시절에는 나도 시인이었지!" 이렇게 먼 훗날 추억할 수 있도록 멋진 시간을 만들어주세요.

P. S.
중요한 일과 그렇지 않은 일을 잘 구분하며 살고 계신지요? 세상의 모든 일은 크게 네 가지로 나눌 수 있다고 합니다. 중요하면서 급하기도 한 일, 중요하지만 급하지 않은 일, 급하지만 중요하지는 않은 일, 중요하지도 급하지도 않은 일. 첫 번째는 누구나 가장 우선적으로 하려 할 것입니다. 네 번째는 반대로 누구도 크게 신경 쓰지 않을 테고요. 문제는 두 번째와 세 번째의 구분입니다. 어떤 사람은 급한 일을 처리하느라 늘 시간에 쫓기는 반면, 어떤 사람은 당장 급하지는 않지만 중요한 일에 열심을 내느라 바쁘게 살아갑니다.

여러분은 어떤 삶을 살고 계십니까? 혹시라도 급한 일에 치여 중요한 일을 미루거나 아예 망치고 있지는 않은지요? 만일 그렇다면 나중에는 중요한 일과 시급한 일을 구분하는 것조차 어렵게 될지도 모릅니다. 무엇이 진짜 중요한지를 분명히 알고 삶의 우선순위를 확실히 하는 것, 우리 아이들의 성공과 행복을 위해 엄마 아빠가 꼭 보여주어야 할 모범입니다.

한 줄 소감

고희선1063
책 표지와 제목을 보고선 크게 기대하지 않았는데 생각지 못한 잔잔한 감동에서 헤어나오지 못하고 있습니다. 누구든 이 책을 읽기 전 섣부른 판단은 금물! 꼭 말씀드리고 싶네요.

김경미1121
마지막 문장에 가슴이 쿵 했습니다. 표지만 봤을 땐 손이 가질 않았는데, 늘백의 영어책은 항상 이렇게 반전을 안겨주네요. 다 읽고 나면 기대하지 않았던 감동이 밀려오고 여운도 길게 남는 작품입니다. 정말 감사드려요.

조민아2480
오래전 읽었을 때는 큰 감흥이 없었어요. 근데 오늘 소개글을 찬찬히 읽고 나니 책을 천천히 다시 제대로 읽어야겠다는 생각이 듭니다. '정답'이란 것에 얽매여서 너무 많은 것들을 놓치고 있었던 것 같아요.

이은정3367
사물의 정의를 이렇게 아름다운 그림책으로 풀어낸 것이 놀랍습니다. 전혀 딱딱하지 않고 아이들과 함께 읽으면 추상적 개념까지도 폭풍 나눔할 수 있을 것 같아요.

정성호3532
제 생각이 얼마나 굳어 있었는지 깨닫게 됩니다. 아이들의 때 묻지 않은 감성과 표현이 가득한 이런 그림책을 통해 제 마음과 생각을 유연하게 만들고 싶어요.

박선향1567
한 편의 시를 읽는 것 같았습니다. 정보를 담고 있는 책이 이렇게 감성적일 수도 있다니 놀랍습니다. 사물의 핵심을 정확히 파악하고 멋지게 표현하는 방법을 배우고 싶어요.

이미숙2026
이른 아침 이 책을 읽고 나니 그동안 마음을 짓눌렀던 숙제들이 해결되는 것 같습니다. 모든 것을 다 내려놓고 가장 중요한 것만을 우선 생각하며 하루를 내딛습니다.

김연희1283
사전인가 싶은 책을 읽어가다 마지막 "You are you."란 말에 눈물이 왈칵! 맞아요! 아무리 중요한 것이 많아도 역시 내가 제일 소중하지요. 어떤 경우에도 삶의 핵심은 놓치지 말아야겠다는 다짐을 합니다.

채지연2547
저는 책 읽는 것도 좋지만 교수님의 소개글 읽는 게 너무 좋아요. 오늘도 얼른 책을 읽고 싶네요. 때론 단순하게 본질에만 집중하는 것이 백 마디 말보다 더 깊은 이해와 생각을 가져다주는 것 같습니다.

정광은3229
아침에 일어나 책상에 앉자마자 가장 먼저 오늘의 책을 읽었어요. 근데 마지막 페이지를 펼치는 순간, 가슴이 뭉클해지면서 눈물이 쏟아질 것 같았습니다. 지금도 여운이 남아 있네요. 저의 인생책이 될 것 같습니다.

송현주1789
뼈를 맞은 듯한 기분입니다. 교수님 설명을 읽고 급한 일들에 치여 정작 중요한 것들은 놓치고 있었다는 사실을 알게 되었습니다. 다른 사람들의 눈을 의식하느라 나다운 것이 무엇인지도 잊고 살았던 것 같아요. 정말 필요하고 중요한 일에 우선순위를 두고 싶습니다.

김동희1151
생각이 정말 많아지는 책이었습니다. 전혀 연관성 없어 보이는 것들이 툭툭 튀어나와서 이것을 어떻게 연결시킬 수 있을까 고민했는데 '아이'의 마음으로 읽으니 훨씬 생각이 자유롭게 흘러가는 것 같았어요. 오늘도 좋은 책 추천과 멋진 설명 감사드려요.

The Polar Express
by Chris Van Allsburg

어떤 형태로든 산타를 믿는 분은 아마도 많지 않으시겠지요? 그런데 산타는 단지 만들어낸 허구가 아니라 실존 인물과 매우 밀접한 관련이 있다고 합니다. 그리고 서구의 아이들은 대부분 산타가 북극 출신이라는 점을 잘 알고 있다고 하네요. 그런 의미에서 오늘은 Chris Van Allsburg의 《The Polar Express》를 함께 읽으며 산타가 살고 있다는 북극으로 여행을 떠나보도록 하겠습니다.

1.

크리스마스이브입니다. 다른 친구들과 달리 산타의 존재를 믿는 소년은 침대에서 산타의 벨 소리가 들려오길 고대하고 있습니다. 그런데 갑자기 밖에서 열차 멈추는 소리가 들립니다. 얼른 밖으로 나가보니 북극으로 가는 특급열차였습니다. 소년은 망설임 없이 기차에 올라타고는 다른 아이들과 함께 산타가 있는 북극으로 가슴 설레는 여행을 시작합니다. 무엇보다 기대가 되는 것은 북극에 도착했을 때 산타가 한 아이를 뽑아 직접 크리스마스 선물을 준다는 것이었습니다. 산타의 첫 선물은 과연 어떤 아이가 받게 될까요? 그 선물은 대체 무엇일까요?

2.

크리스마스 이야기 가운데 클래식으로 꼽히는 최고의 작품 중 하나입니다. 크리스마스이브에 북극행 열차를 타고 산타가 있는 북극을 방문한 한 소년이 크리스마스 선물로 받게 된 실버벨에 관한 이야기입니다. 디즈니월드 같은 놀이공원에 난생처음 놀러 가게 된 어린아이의 마음이 이와 비슷하려나요? 북극에 가서 산타를 만나보고 싶은 소년의 간절한 소망과 가슴 떨리는 여정을 생생하고도 실감나게 그리고 있습니다. 세심한 묘사로 사실감을 더해주는 삽화와 잔잔하고 따뜻한 분위기의 이야기 전개가 돋보이는 작품입니다.

손에 땀을 쥐게 하는 긴장감이나 흥미진진함, 예상 밖의 깜짝 장면이나 짜릿한 반전은 없습니다. 하지만 순수했던 어린 시절로 돌아가 동심의 세계를 느껴볼 수 있습니다. 아이들의 순수한 눈으로 북극을 바라볼 기회를 갖게 됩니다. 문밖에 지금 막 도착한 북극행 특급열차가 일상의 고민과 문제를 내려놓고 산타가 있는 북극으로 여행을 떠나자고 유혹합니다.

칼데콧 메달을 두 번(1981, 1986)이나 수상한 작가의 작품답게 삽화들이 무척 아름답고 북극으로의 여행이 자아내는 신비감을 잘 드러내고 있습니다. 숲과 나무, 동물 등 열차가 통과하는 지역의 풍경 묘사가 매우 사실적으로 다가옵니다. 은은한 불빛으로 빛나는 건물, 도시의 중앙에 모여든 수많은 요정들, 그리고 마침내 등장하는 산타의 모습이 아이들의 마음속에 쉽게 잊히지 않을 깊은 인상을 남기며 그곳에 꼭 가보고 싶은 강한 열망을 불러일으킬 것 같습니다.

3.
1986년 칼데콧 메달(Caldecott Medal) 수상작입니다. 미국교사협회(NEA, 2007)와 학교도서관저널(SLJ, 2012)이 선정한 최고의 영어 그림책 100권에 선정된 작품이기도 합니다. 2004년 동명의 영화로 제작되어 큰 인기를 누린 바 있으며, 톰 행크스가 1인 6역을 맡은 것도 흥미롭습니다.

훌륭한 책을 원작으로 하는 영화는 책에서 느낀 감동을 되살려볼 수 있다는 장점이 있습니다. 하지만 그 경우 영화보다는 책을 꼭 먼저 읽어보길 추천합니다. 그림책은 대부분 단순한 이야기 구성만으로도 최고의 스토리텔링을 선사하는데, 영화를 먼저 보게 되면 복잡해진 플롯과 늘어난 대사로 인해 원작의 정수를 맛보기가 어렵게 되기 때문입니다.

4.

주인공의 엄마 아빠처럼 우리도 아름다운 벨 소리를 듣지 못하고 벨이 고장나서 유감이라고 말하고 있지는 않나요?

> I shook the bell. It made the most beautiful sound my sister and I had ever heard. But my mother said, "Oh, that's too bad." "Yes," said my father, "it's broken."

이제는 어른이 되어버린 주인공 소년의 마지막 독백이 계속 귀에 맴돌며 안타까움을 느끼게 합니다.

> At one time most of my friends could hear the bell, but as years passed, it fell silent for all of them. Even Sarah found one Christmas that she could no longer hear its sweet sound. Though I've grown old, the bell still rings for me as it does for all who truly believe.

오래전 고향의 시골 교회에서 12월이 되기가 무섭게 성탄절 노래를 즐겨 부르며 성탄의 기쁨을 만끽했던 어린 시절이 떠오릅니다. 하지만 세월이 흐르면서 많은 것이 변해왔지요. 그중에서도 특히 성탄에 대한 설렘이 조금씩 사라지면서 순수한 동심까지도 함께 잃어버린 것 같네요. 주인공의 독백처럼, 믿음을 가진 사람에게는 실버벨 소리가 정말 들릴까요? 책장을 덮으며 평소와는 다른 상념에 잠겨봅니다.

5.
"본 적도 없는 산타를 믿는다고? 지금이 어느 세상인데!"

아마도 이렇게들 말씀하시겠지요? 우리는 무엇이든 직접 보거나 실제 경험해 봐야 확실히 알 수 있다고 생각합니다. 따라서 본 적도 없으며 꾸며낸 이야기라고 생각되는 산타를 믿는다는 것은 정말 어리석은 일로 여겨질 것입니다.

그런데 Seeing is believing, 즉 직접 보고 경험하는 것이 정말 진실을 알 수 있는 가장 확실한 방법일까요?

아인슈타인에 따르면, 자연은 단지 사자의 꼬리만을 보여줄 뿐이며, 우리는 그마저도 사자 위에 앉아 있는 아주 작은 벌레가 보는 방식으로밖에는 볼 수 없다고 합니다. 즉, 진실의 아주 작은 일부만을 볼 수 있을 뿐이며, 그것도 매우 제한된 시야로만 가능하다는 것이지요. 그렇다면 산타를 믿는 어린아이보다 (볼 수 있는 것도 지극히 적고, 본 것도 믿는 것도 행하지 못하는) 우리가 더 옳다고 어떻게 확신할 수 있을까요?

> Nature shows us only the tail of the lion.
> We see him only the way a louse sitting upon him would.
> — Albert Einstein —

한 줄 소감

정성호3532
더 이상 크리스마스가 설렘으로 다가오지 않는 저에게는 큰 선물 같은 책이었습니다. 이번 크리스마스에는 아이들과 함께 Polar Express를 꼭 타보고 싶네요.

김희연3451
초등 4학년 때까지도 산타를 믿던 나에게, 동생이 바보라고, 산타 없는 거 몰랐냐고 했을 때 순간 멍했던 기억이 떠오르네요. 바보라도 좋으니 우리 아이들은 산타를 오래오래 믿으면 좋겠습니다.

박라영1545
산타는 없다고 의심하기 시작한 아이와 함께 이 그림책과 영화를 보았어요. 보고 나서 아이가 산타를 다시 믿게 되었답니다.^^

성미진1747
산타에 대한 의심이 생긴 10살 아들을 이 열차에 태우고 싶어요. 아들아, 7살 동생의 동심을 올해까지만 지켜주면 안 되겠니?

박혜영1675
저 북극행 열차를 타면 저도 산타를 만날 수 있을까요? 괜스레 마음이 설렙니다.

김지혜2858
아직도 내 가슴속에 동심이 살아 있다는 걸 알게 해준 책이에요. 언젠가 산타 할아버지 만나러 아이랑 열차 타고 북극에 가고 싶어요.

전미양3351
교수님 설명을 읽다 보니, 어느새 제가 북극열차를 타고 산타를 만나는 아이가 되어 있습니다. 성탄절 분위기에 흠뻑 젖어 설레고 행복했던 동심을 다시 한번 느꼈습니다!

황현주2733
산타를 믿는 아이들의 순수한 마음이 왜 이렇게 커 보이는지요! 모르는 것이 많은 것은 아이나 어른이나 마찬가지인데 이왕이면 아이의 마음으로 살아야겠단 생각이 들어요.

원문가1909
어렸을 때 매년 성탄절 노래와 율동을 준비하며 성탄절을 즐겁게, 따뜻하고도 환하게 보냈던 기억을 떠올리면 너무나 행복합니다. 실버벨~, 실버벨~, 크리스마스 다가오네~! 이번 성탄도 슬미의 The Polar Express를 타고 환상의 세계로 Go, Go!

김지영1386
송이송이 눈송이가 차분차분 내리고 그 속에 뜨거운 증기를 내뿜으며 서 있는 열차를 보는 순간 열차에 오르고 싶었어요. 그러면 근심과 걱정, 삶의 무게가 잠시 사라질 것 같았거든요.

김명옥1156
산타를 믿고 기다렸던 마음이 그리워집니다. 돌아갈 수 없는 그 마음이 우리 아이들에게서 보일 때 너무나 소중하고 감사합니다.

조연주2492
보이는 것이 다가 아니라는 것을 어떻게 하면 알게 해줄 수 있을까요? 믿음을 가지고 실버벨 소리를 들으며 주변을 밝게 만들어가고 싶습니다.

조은영3240
그동안 살아오면서 솔직히 단 한 번도 진심으로 산타를 믿어본 적 없어요. 하지만 이제는 믿어보고 싶은 마음이 드네요.^^

정미나2397
실버벨 소리가 귓전에 실제로 울리는 듯합니다. 제 마음속의 산타를 오랜만에 다시 한번 소환해보는 시간이었습니다.

박호영2900
오늘의 책과 교수님의 소개글 덕분에 북극행 열차를 타고 산타를 기다리던 과거의 어린 시절로 시간 여행을 하고 돌아왔습니다.

느리게 100권 읽기

DAY 100

난이도 ■■■■□

Harvey Slumfenburger's Christmas Present
by John Burningham

다시 한 해가 저물어갑니다. 수많은 늘백 가족들과 지난 100일 동안 함께해온 대장정을 마치는 날입니다. 그런 의미에서 이번 크리스마스는 더욱 특별하게 느껴집니다. 슬로우 미러클의 느리게 100권 읽기, 그 마지막을 장식하게 될 백 번째 책은 크리스마스의 참된 정신과 의미를 생각해보게 하는 John Burningham의 《Harvey Slumfenburger's Christmas Present》입니다.

1.

크리스마스이브의 늦은 밤, Father Christmas는 세상 곳곳의 어린이들을 위한 선물 배달을 모두 마치고 겨우 집에 돌아왔습니다. 너무도 지치고 피곤하여 막 잠자리에 들려던 순간 배달할 선물이 하나 더 남아 있음을 알게 됩니다. 아주 먼 곳의 산꼭대기 오두막에 사는 Harvey Slumfenburger에게 가야 할 선물이었습니다. 너무 가난한 가정이라서 다른 선물은 기대할 수 없는 아이였지요. 하지만 썰매를 끌어줄 순록들은 이미 곤히 잠들어 있고 더군다나 그중 하나는 아프기까지 합니다. 그래도 Harvey를 실망시킬 수 없다는 생각에 Father Christmas는 하는 수 없이 선물을 챙겨 들고 혼자서 길을 나섭니다. 문제는 가야 할 길이 너무도 멀고 험하다는 것. 거기에다 추운 겨울밤에 눈썰매도 없이 걸어서 그 먼길을 가야 한다는 사실. Father Christmas는 과연 선물을 무사히 배달할 수 있을까요?

2.

글밥이 약간 많지만 쉬운 단어 선택과 단순한 문장 구조, 반복되는 표현으로 인해 읽기가 그다지 어렵지 않습니다. 특히, 다음 내용이 계속 반복됩니다. 하지만 조금도 지루하지 않습니다. 반복될 때마다 오히려 독자들을 이야기 속으로 점점 깊이 빠져들게 합니다.

> "Excuse me," he said, "my name is Father Christmas. I still have one present left in my sack, which is for Harvey Slumfenburger, the little boy who lives in a hut at the top of the Roly Poly Mountain, which is far, far away. And it will soon be Christmas Day."

3.
순록이 끄는 눈썰매 대신 비행기, 지프, 오토바이, 스키를 이용하는 것은 물론 밧줄을 이용한 암벽등반까지, 재치 넘치는 설정이 자칫 진부하게 느껴질 수 있는 익숙한 주제와 스토리에 흥미와 생동감을 더해줍니다. 늦은 밤 멀고 힘한 마지막 여정에서 Father Christmas에게 기꺼이 도움을 제공하고 더 이상 돕지 못함을 안타까워하던 이름 없는 사람들에게서 감동받고 힘을 얻습니다. 훈훈한 마음으로 미소 짓게 됩니다.

크리스마스의 참된 정신이 무엇인지 보여줍니다. 받는 것보다 주는 것, 선물을 주고받는 것보다 서로를 돌아보는 것, 우리끼리 편안하고 즐거운 시간을 갖는 것보다 어려운 이웃과 희망을 나누기 위해 수고와 불편을 마다치 않는 것, 그리고 미루거나 망설이다가 매번 기회를 놓치는 것보다는 크든 작든 착한 척이란 걸 지금 당장 실천에 옮기는 것 등. 하지만 조금만 더 생각해보면 알게 되실 겁니다. 이런 것들이 단지 크리스마스를 위한 것이라기보다는 우리의 일상 속에서 언제나 기억되고 날마다 실천되어야 할 덕목임을.

자신이 마지막으로 섬겼던 Harvey Slumfenburger의 오두막처럼 아무도 찾을 것 같지 않은 외진 곳에 초라한 모습으로 외로이 홀로 서 있는 Father Christmas의 오두막집이 기억에 남습니다. 그래도 Father Christmas에게는 산타의 루돌프 사슴과 같은 한 쌍의 순록이 있어 혼자가 아니라는 것에 감사해야 할까요?

4.
소외받는 아이 하나를 위해 멀고도 험한 길을 마다하지 않고 위험을 감수하며 기꺼이 여행한 Father Christmas에게서 한 마리의 잃어버린 양을 찾아 나선 선한 목자의 모습을 보는 듯합니다.

선물 배달에 성공하기까지 모든 난관을 하나하나 직접 헤쳐나가야만 했던 Father Christmas를 보며 그도 우리 중 하나와 크게 다르지 않음을 알게 됩니다. 그 다르지 않음이 오히려 더 큰 울림을 줍니다. 크리스마스는 그 자체로서 이미 충분히 큰 의미가 있기 때문에 더 이상의 기적이 필요하지 않음도 알게 됩니다. Tomie dePaola의 《Merry Christmas, Strega Nona》에서 Strega Nona가 매직을 사용해 축제 준비를 쉽게 하자고 말하는 Big Anthony에게 해주었던 말이 생각납니다.

> "No magic at Christmastime. Christmas has a magic all its own."
> (크리스마스에 매직은 필요 없어. 그 자체가 매직이니까.)

5.
우리가 당연하게 여기고 누리는 많은 것들의 이면에는 금쪽같은 시간을 쪼개 말없이 봉사하는 많은 분들의 수고와 희생이 있습니다. 힘들고 어려워도, 낙심되어 포기하고 싶어도 누군가는 꼭 해야 하는 일임을 잘 알기에 기꺼이 감당하고 있는 것이겠지요. 그럼에도 불구하고 그러한 봉사와 헌신을 당연하게 여기고 때로는 자신의 권리인 양 행동하는 사람들을 보게 됩니다. 안타까운 마음을 금하기 어렵습니다.

우리 사회의 어려운 이웃과 희망을 나누는 일은 가진 것의 크기와 큰 관련이 없는 듯합니다. 혹시라도 어떤 상관관계가 있다면, 그것은 '비례'보다 오히려 '반비례'에 더 가까울지 모릅니다. 가진 것이 많지 않아도 나눌 수 있고 부족함과 궁핍을 아는 사람만이 상대의 어려운 입장과 처지를 이해할 수 있기 때문입니다. 가야 할 길은 아무리 멀고 험해도 가야 합니다. 처음부터 함께하는 동무가 있다면 정말 큰 힘이 되겠지요. 하지만 Father Christmas처럼 혼자서라도 가야만 합니다. 포기하지 않고 가야 할 길을 계속 가다 보면 돕는 손길도 만나게 되고 결국에는 결실을 맺게 될 것이라 확신합니다.

우리가 선을 행하되 낙심하지 말지니 포기하지 아니하면 때가 이르매 거두리라.
― 갈라디아서 6장 9절 ―

P. S.
사랑하는 늘백 가족, 그리고 늘백의 독자 여러분과 함께 듣고 싶습니다. 〈석별의 정〉으로 번안되어 불리는 〈Auld Lang Syne〉입니다. University College Dublin의 합창단 학생들이 부릅니다.

 <Auld Lang Syne>

한 줄 소감

 이은주2157
마지막 100번째 책은 역시 신의 한 수! 산타 할아버지가 선물을 기다리는 어린 소년을 위해 기꺼이 모든 것을 감수하듯 우리도 슬로우 미러클을 향해 교수님과 함께 끝까지 가고 싶습니다.

 손다은3473
교수님의 선한 영향력이 Father Santa를 닮으셨군요. 제가 보니 슬미에는 쌩쌩한 루돌프들이 많더라고요. 그저 계속 선을 행하기만 하시면 20년 후에는 영읽힘으로 키워진 아이들의 세상을 보게 될 겁니다.

 김연정1281
대장정의 마지막이 아니라 또 다른 시작이라고 생각하고 기다릴게요. 저 너머 또 다른 즐거움이 기다리고 있는 것 같아요. 함께 책을 읽는 즐거움을 알게 해주셔서 감사합니다.

 배가란1683
뭉클한 감동, 우리의 끝이자 시작, 크리스마스의 비하인드가 이토록 아름답고 숭고하게 느껴진 적이 없어요. 페이지를 넘길 때마다 감동을 마주하는 소복함이 있었습니다.

 전수인2372
미약하겠지만 필요한 곳에 내 손길이 닿을 수 있도록 항상 마음의 불을 켜고 살아가겠습니다.

황보혜인2715
남은 12월, 그리고 새해에는 천천히 주변을 살피며 필요한 사람들에게 슬로우 미러클의 즐거움을 나누고 싶습니다.

박라영1545
Father Christmas를 통해 마음속 빛이 다시 켜지는 것 같습니다.

이희정2294
미약하나마 꺼져가는 작은 불씨를 다시 밝힐 수 있는 일에 기꺼이 함께하겠습니다.

김은영3432
산타의 여정이 힘들고 고단하여 말리고 싶었지만 선물을 보고 기뻐하는 소년의 모습에 정말 다행이란 생각이 들었어요. 산타도 기뻐하며 어디에선가 다음 성탄절을 준비하고 있겠지요?

김하영1436
올해는 추위와 코로나로 힘들고 답답한 한 해였지만 슬미와 함께하며 따뜻하고 뿌듯한 마음으로 잘 마무리할 수 있게 되어 감사합니다.

박진희1659
그 자체로 기적인 크리스마스, 100번째 책으로 단연 최고입니다.

안경미1839
Father Christmas를 본받아 이번 크리스마스에는 이웃과 따뜻함을 나눠봐야겠습니다.

이현정2266
누가 알아주지 않아도 인생의 마지막까지 도움의 손길이 되어 10분의 1이 아니라 10분의 9까지도 나누는 삶을 살고 싶습니다.

홍정현3764
글밥이 많아 주저했던 책인데 교수님의 소개글을 보니 읽을 용기가 생깁니다. 따스한 산타 이야기가 여기까지 퍼져서 맘이 포근하네요.

이현숙2261
모든 어린이들에게 선물을 나눠주기 위한 산타의 노력과 고민을 알게 되었고, 나눔의 기쁨과 섬기는 분들에 대한 고마움을 다시 한번 되새기게 하는 책이었어요.

이명숙2017
산타가 마지막 선물을 배달하고 집에 돌아왔을 때의 감동이 아직도 생생합니다. 저도 산타처럼 책임을 다하는 사람이 되고 싶습니다.

권은화3409
벌써 100권이군요. 덕분에 매일 영어책을 읽게 되었어요. 감사합니다. 크리스마스 정신을 믿는 어르니로 살아갈게요. 땡큐♡ 슬미^^

류호연3453
처음에는 글밥에 놀랐는데, 소개글의 안내에 따라 천천히 읽다 보니 산타의 여정에 웃음이 나기도 하고, 안타깝기도 했습니다. 그리고 교수님의 나눔이라는 말도 다시 한번 새겨봅니다.

김장현2848
산타 할아버지 힘드실까 봐 선물상자에 사탕, 젤리, 만 원, 손편지까지 준비해놓고 기다리는 아이들이 너무도 사랑스럽습니다. 이 순수함을 지켜주고 싶어요.

이미숙2026
"아무리 힘들어도 가야 할 길은 가야 한다"는 말씀을 마음에 새깁니다. 끝까지 혼신의 힘을 다했던 산타처럼, 저도 주어진 일에 최선을 다하겠습니다. 크리스마스도, 슬미도 기적이죠! (단, 아는 사람만요! 저는 땅잡은 사람입니당.)

윤민아1955
마지막을 장식하는 이 책이 참 좋습니다. 나눔이 날마다 실천되어야 하는 덕목이라는 말씀에 고개를 끄덕이게 됩니다. 늘 멋진 소개글을 써주시는 교수님 감사합니다.

박선향1567
교수님과 슬로우 미러클을 이끌어 가시는 선생님들의 금가루 같은 선물을 충분히 받은 한 해였습니다. 저로서는 그저 감사할 뿐입니다.

김은빈3431
대장정의 마지막이라니 마음 깊이 울컥 올라옵니다. 소중한 책들 덕분에 소중한 100일을 잘 보냈습니다. 정말 감사합니다.

최수은2575
나의 Father Christmas인 교수님께서 100권의 책소개라는 귀한 선물을 주셨네요. 수고와 희생, 진심으로 고맙습니다.

조민아2480
모든 여정의 끝에 홀로 있는 산타의 모습에 눈물이 날 것 같았어요. 대장정의 끝이라니, 더 울컥하네요. 100권의 그림책과 함께하는 시간은 그 자체가 매직이었어요.

정성호3532
크리스마스의 의미를 다시 생각해보며 받은 것을 기꺼이 나누고 싶어요. 수고에 정말 감사드립니다!

이영선2111
따뜻하고 소중한 시간 감사합니다. 100일 동안의 여정, 생각할수록 벅차오르는 시간이었습니다.

유지민1941
세상의 모든 아이들이 선물을 받을 수 있어야겠지요. 마음이 따뜻해지는 감동의 그림책, 고맙습니다.

조은영3240
마지막 아이까지 챙기는 험한 여정에 마음이 따뜻해집니다. 이번 크리스마스에는 정말로 챙김 받지 못한 아이가 없으면 좋겠습니다.

김건희1118
산타 할아버지의 노고가 고스란히 느껴지는 책이었어요. "얘야, 이렇게 힘든 여정을 통해서 너에게 선물이 온 거란다."^^

김연희1283
깊은 밤 한 아이에게 선물을 전달해주기 위해 다시 고된 길을 나선 산타 할아버지와 도움을 주신 분들의 노고가 감동적입니다.

정혜선2459
늘백을 만난 것은 Harvey가 받은 크리스마스 선물처럼 기적 같은 일입니다. 나의 Father Christmas인 교수님, 조교님 그리고 함께해주신 모든 늘백 가족들, 모두 감사합니다.

곽경남1066
대장정의 마지막이라니 아쉬움 가득입니다. 슬미 가족분들은 저의 든든한 동반자입니다. 함께 걸어갈 분들이 있어 행복합니다.

김은주2847
교수님 덕분에 그림책 100권의 감동을 오롯이 느낄 수 있었습니다. 새해에는 더 많은 것을 나눌 수 있게 되기를! 가야 할 길이 멀고 험해도 묵묵히 걸어가겠습니다.

김소연1235
12월엔 매일매일 읽어줘야 하는 책! 봉사해주신 선생님들 덕분에 100권까지 무사히 올 수 있었네요. 드러내지 않고 묵묵히 섬겨주신 선생님들 그리고 교수님, 깊이 감사드립니다! 복 받으실 거예요.

이지현2226
교수님과 함께한 100권의 여정. 폴라 익스프레스의 여정만큼이나 멋졌어요. 교수님 덕분에 1년 내내 크리스마스 선물 기다리듯 설렘 가득한 한 해였어요. 감사합니다.

고명희1049
느리게 100권 읽기가 이렇게 크리스마스의 의미를 생각해볼 수 있는 책으로 마무리되어서 참 좋네요. 12월이라서 설레고 들떠 있는 이 시간에 주위를 돌아보며 누구와 무엇을 나눌지 생각해보겠습니다.

신진숙1814
보이지 않는 분들의 수고에 감사하고, 주변에 도움이 될 일이 있는지 살피는, 깨어 있는 사람이 되고 싶습니다. 올 한 해 함께 즐다잘 할 수 있어 행복했습니다. 내년에도 즐다잘!

박민지1555
100번째 책으로 너무나 잘 어울립니다. 이번 연말은 나누고 돌아보는 따뜻한 마음 가득하게 보내고 싶습니다.

김미연1169
남을 돌아볼 여유 없이 지쳐 있었는데 이 책이 마음에 잔잔히 파고듭니다. 무엇보다 내 마음을 선하게 지켜야겠어요. 감사합니다.

손유나1759
Everyday is Christmas! 올 한 해 슬로우 미러클에서 행복하고 기쁜 순간들을 많이 경험했어요. 감사합니다, 교수님!

윤인아1965
산타 할아버지의 고귀한 사명감이 돋보였고, 성탄의 참 의미를 되새기게 하는 이야기였습니다.

최혜령2632
크리스마스 분위기를 즐길 생각만 했는데, 어렵고 힘든 이웃들을 생각하는 크리스마스를 보내야겠다는 생각이 듭니다.

김동희1151
포기하지 않고 가야 할 길을 가는 것, 가다 보면 도움의 손길을 만나기도, 도움의 손길이 되기도 하는 것, 그렇게 맺어가는 결실에 대해 생각해봅니다. 늘백을 알게 된 것은 코로나가 준 선물이었습니다. 수고 많으셨습니다. 감사합니다.

문설희1519
늘 크리스마스인 것처럼 우리의 일상에서 이러한 가치들을 느낄 수 있고, 그것을 실천해 나갈 수 있도록 100권의 그림책과 소개글이 마음의 울림과 함께 남아 있을 거예요. It was a wonder! It was magic!

김세진3710
지금 누리고 있는 것들이 누군가의 희생과 섬김의 결과임을 기억하고 감사하며 살겠습니다.

유선영1927
아이에게 크리스마스가 어떠해야 하는지 잘못 가르쳐준 것 같아요.ㅠㅠ 이번 크리스마스엔 무언가 작은 사랑을 실천해봐야겠어요.

배은영1692
마지막 선물을 전달하기 위해 온갖 수고를 마다치 않은 산타와 선물을 받고 기뻐하는 아이를 보며 어른으로서 우리가 해야 할 일이 무엇인지 생각하게 됩니다.

이유진2977
산타와 크리스마스, 아주 시기적절한 책이네요.

구지예1082
지난 100일 간의 여정, 너무나 뜻깊은 시간이었습니다. 교수님 덕분에 그림책과 사랑에 빠질 수 있었어요. 감사합니다.^^

김경희2823
산타 혼자 길을 나선다는 발상이 재미있습니다. 100권의 기나긴 여정, 정말 수고 많으셨습니다.

성미진1747
산타를 도와준 어른들과 아이들은 모두 silver bell의 은은한 종소리를 들을 수 있겠지요?^^

정숙경2415
지난 100일 동안 교수님의 소개글 하나하나가 저에겐 큰 선물이었습니다. 감사합니다.

윤보영3189
크리스마스에 매직은 필요 없어, 그 자체가 매직이거든. 이 말은 정말 감동 그 자체네요. 생각하면 생각할수록 좋은 말입니다.

박혜영1675
여기 슬로우 미러클 안에서 많은 분들의 수고와 노력 덕분에 제가 이런 호사를 누리는 게 아닌가 싶어요. 감사합니다.

아끼꼬1838
재미있는 크리스마스 이야기라고만 생각했었는데 교수님의 소개글을 읽으며 많은 생각을 하게 됩니다. 이젠 영어 그림책을 제대로 즐길 수 있게 된 것 같아요. 정말 귀한 경험, 감사합니다!

김윤정1309
그동안 놓친 책들이 좀 있어 아쉽지만 끝까지 오게 되어 기쁩니다. 너무나 특별하고 소중한 경험이었습니다.

 신송인2920
Father Christmas처럼 저도 끝까지 포기하지 않고 아이에게 영어책 읽기의 기쁨을 꼭 알게 해주고 싶어요. 교수님과 대화 나눈 지난 100일, 너무 행복했습니다.

 손미경1756
산타를 비롯한 등장인물들은 어찌 이리 선할까요? 선물이 무엇이든 아이의 마음은 기쁨으로 충만할 듯하여 덩달아 신나고 흐뭇합니다.

 송여진2915
소외된 자를 위해 헌신하고 희생하는 사람들의 이야기와 그 중심에 있는 한 사람을 통해 큰 감화를 받습니다. 이 책을 마지막 책으로 선택하신 이유가 느껴집니다.

 송현주1789
앞으로 일을 할 때 소명의식을 가지고 해야겠다는 생각이 들었습니다. 그리고 그런 사람들을 만나면 지지하고 열심히 응원하고 싶습니다.

 서유미3165
교수님, 대장정의 마지막을 장식한 존 버닝햄의 '크리스마스 선물', 뭉클한 감동입니다. 올해는 '슬미'라는 최고의 선물을 받아 행복했어요. 내년에도 계속 함께할래요. 건강히 만나요!

 이현주3751
뒤에서 수고하고 봉사하는 손길이 있다는 것은 참으로 감사하고 가슴 따뜻한 일입니다.

 김영희2842
매년 성탄절이 행복했던 건 산타에 대한 동경과 따뜻한 온정들 때문이었던 것 같아요. 이번 크리스마스에는 외롭고 소외된 이웃들을 위해 무얼 할 수 있을지 고민하고 실천해야겠어요.

 이은정3367
제가 누리는 셀 수 없이 많은 은혜에 감사합니다. 저도 제가 가야 할 길을 가며 받은 은혜를 더 많은 이웃들과 나눌게요.

 서을희1730
산타도 지치고 힘들었을 텐데 소외된 아이를 위해 루돌프도 없이 기꺼이 먼길을 떠나는 것이 감동이었습니다. 올해의 슬미도 감동이었어요.

 이예린2124
우리 슬로우 미러클의 Father Christmas이신 교수님으로부터 그림책 소개글을 선물로 받으며 매일을 크리스마스처럼 지내왔습니다. 진심으로 감사드립니다.

 정혜선2458
어느새 마지막 책이라뇨! 크리스마스 이야기로 대장정을 마무리하게 되니 더 뜻깊은 것 같아요. 하루빨리 교수님의 새로운 책이 나오길 기대합니다.

 김미은1173
선행을 실천하고는 싶은데 미루고 망설이다가 매번 놓치고 말아네요. 작은 것이라도 나누는 실행력이 중요한 것 같아요.

 김승연1259
예상치 못한 선물을 받으며 기쁨을 누리는 크리스마스네요. 하지만 진짜 기적은 그 선물을 전하기 위해 노력한 사람들의 따뜻한 마음이 아닐까 싶습니다.

 홍지윤3765
크리스마스 정신을 잘 표현하면서도 유머 코드를 잊지 않은 책! 100번째를 장식하기 더할 나위 없는 책인 것 같습니다.

 조혜영3780
마지막 책으로 너무 좋네요. 모든 아이들에게 행복한 크리스마스가 되었으면 좋겠어요.

 윤나경3329
맞습니다. 이웃들과 함께 나누는 기쁨은 크리스마스뿐 아니라 1년 내내 있어야지요.

위원혜3489
Father Santa의 긴 여정을 응원합니다. 가슴이 뭉클해지는 나눔과 배려의 크리스마스, 슬미와 함께하여 영광이에요. 메리 크리스마스!

김미성1165
해마다 맞는 크리스마스이지만 올해는 마음이 더 성숙해지고 싶어요.♡

강은혜1031
Father Christmas의 애틋한 마음과 감동이 전해오는 따뜻한 그림책이네요. 소개글을 읽고 나니 글밥이 좀 있어도 술술 재미있게 읽힙니다.^^

김지나1380
홀로 외로이 서 있는 작은 오두막만큼이나 초라하고 외로워 보이는 Father Christmas의 집을 보니 갑자기 울컥해지네요. 감사합니다. 모든 것에, 함께했음에.

최민희2563
Father Cristmas 같은 사람이 되고 싶습니다. 표지만으로도 행복해지는 책, 올 크리스마스에 받은 가장 큰 선물이 될 것 같습니다.

전주연2378
크리스마스 책 중에 가장 좋아하는 이 책이 마지막 100번째 책이라니 마음이 뭉클해집니다. 함께 추천해주신 음악도 정말 좋았습니다.

민경진1528
교수님의 나눔을 배우고, 좋은 책과 함께할 수 있어 감사합니다. 크리스마스의 진정한 의미인 나눔, 생활 속에서 실천하겠습니다.

이유영2133
뭔가 뭉클함과 울컥함이 밀려오네요. 없는 자에게 손 내밀어주고, 다가가 돕는 손길들, 그래도 아직은 살 만한 세상임을 믿습니다.

권숙진1093
크리스마스에 맞춰, 슬미 추천도서 100권 완독과 즐다잘을 선물받았네요. 어려운 영어, 부담 없이 즐기게 해주셔서 감사드립니다. 즐거움과 설렘 잊지 않고 평생 즐다잘하고 싶습니다. 슬로우 미러클 포레버!

이효정2290
너무나 감동적인 책 같아요. 아이한테 얼른 읽어주고 싶어요!

김정은1357
아이들이 산타 할아버지를 오래오래 믿으며 설레길 바랍니다. 책의 그림이 너무 아름다워서 눈을 떼기가 어려웠어요.

윤미숙1954
늘 선물에만 관심을 두고 선물 전달을 위해 산타가 어떤 노력을 하는지 생각하지 못했어요. 교수님과 뒤에서 묵묵히 수고하시는 분들, 올 한 해도 감사했습니다. 행복한 성탄 되세요.

신향진1819
크리스마스에 일어난 기적 같은 이야기네요. 제게는 아직 못다 이룬 꿈들이 남아 있어요. 그래도 기다려볼래요. 산타가 조금 늦는 것일 수도 있으니까요.

박하영1667
험난한 길인데도 포기하지 않은 Father Christmas의 모습이 감동이었습니다. 참 힘든 한 해였는데 소외된 사람들도 행복한 연말을 보냈으면 좋겠습니다.

조연주2492
조용히 선을 행하시는 산타와 같은 분들을 존경합니다. 교수님과 작가 선생님들, 성우 선생님들, 뒤에서 수고하시는 슬로우 미러클의 운영진 선생님들, 정말 모두 감사하고 또 감사합니다.

성경미1745
크리스마스를 앞두고 읽으니 감회가 새롭네요. 단 한 아이도 소외되지 않도록 배려한 Father Christmas의 따뜻한 마음이 전해옵니다.

원문기1909
영어가 부족한 저희들에게 영어책 읽기의 재미와 희망을 심어주신 교수님, 조교님들, 그리고 보이지 않는 봉사자분들께 무한한 축복이 내려지길!

조정은3244
크리스마스의 기적을 기대하며 엄마 곁을 지키고 있습니다. 작년 크리스마스처럼 엄마가 속히 회복되시길 희망을 가지고 기도합니다.

김효정3716
여태껏 크리스마스를 어떻게 즐길 것인가에 초점을 두었는데, 올해부터는 나누고 베풀고 도울 수 있는 크리스마스가 되도록 노력하겠습니다.

김희연3451
올해는 슬미와 늘백을 해서 더욱 뜻깊었습니다. 오늘로 100권의 책이 마무리되니 더욱 연말 느낌이 나네요.

송봉선1770
Father Christmas의 마음을 잊지 않겠습니다. 크리스마스날 아이들과 읽고 싶네요. 감사합니다. 교수님!

김지혜2858
작은 아이 하나 놓치지 않는 Father Christmas, 내 주변에 소외된 이는 없는지 돌아볼게요. 올해는 슬미를 만나 너무 값진 한 해였습니다. 내년에도 동행하며 즐다잘하렵니다. 영어책 읽기의 즐거움에 더해 나눔의 기쁨까지도 알게 해주신 교수님, 선생님들, 감사합니다!

이진희3520
교수님의 100번째 소개글을 읽고 아이와 나눌 크리스마스를 떠올리며 행복한 시간을 보냈습니다. 교수님, 너무너무 감사했습니다. 건강 잘 챙기셔서 이렇게 좋은 글을 계속 읽을 수 있게 해주세요.

황현주2733
아이 둘 키운다고 주변은 돌아보지 못하고 살고 있는데 제가 잊고 있던 소중한 마음을 일깨워주셨어요. 몰랐으면 너무 아쉬웠을 소중한 책을 소개해주셔서 감사합니다.

김희정3452
이렇게 고운 마음을 가진 Father Christmas라니! 올해 제가 받은 크리스마스 선물은 슬미의 늘백이었어요. 고맙습니다.

홍현지2707
한 해 동안 수고 많았다고 저와 제 남편, 그리고 아이들에게 토닥토닥 꼭 안아주고 싶어요.

정미나2397
영어책 읽기의 즐거움을 알게 해주신 슬미에 영광의 박수를! 보이지 않는 곳에서 애써주신 모든 분들께 깊은 감사를! 보물 같은 100권의 책을 교수님의 풍성한 소개글과 함께 즐길 수 있어 매우 소중한 시간이었습니다.

여민정3483
Father Christmas 같은 교수님과 슬미 선생님들, 바쁜 시간을 쪼개 다른 사람들이 더 좋은 길로 갈 수 있게 도와주시는 분들, 소개글을 읽으며 저절로 떠오릅니다. 감사합니다.

장미영2338
산타 할아버지는 아이를 위해 고군분투하는 우리 부모들의 자화상이 아닐까 생각해보았어요. 그동안 너무도 감사하고 행복했습니다. 행복한 연말 보내시고 모쪼록 건강하세요.

한혜원2675
받으면 그저 기쁘고 좋았던 선물이 누군가의 배려와 희생, 정성과 사랑이 담겨진 것임을 깨닫습니다. 늘백을 나누어주시느라 애써주신 많은 분들이 떠오릅니다. 감사합니다. 잊지 않을게요!

선미희1743
크리스마스의 매직은 나눔을 실천하고, 그 기쁨을 누리는 것임을 깨닫고 모두가 동참하는 날이 되길 바랍니다.

김윤희1316
영알못인 제게 영어책 읽기의 즐거움을 선물로 주신 것에 대해 감사드립니다. 이 기쁨을 저도 다른 이들과 나누도록 노력하겠습니다.

노미영1502
역시 이 책이네요. 아이에게 선물을 전하기 위해 힘든 길을 마다치 않는 Father Christmas에게서 슬로우 미러클의 기적을 선물해주신 교수님을 봅니다. 감사합니다!

김보람1198
기다리는 아이에게 선물을 전달하고자 이불을 박차고 나오는 Father Christmas, 그리고 자신의 것을 선뜻 내어주는 사람들을 보며 우리 슬미가 자연스레 떠올랐습니다. 느리게 100권 읽기 선물, 감사합니다.

김인화1344
느리게 100권 읽기를 하면서 소중한 그림책을 한 권 한 권 천천히 살펴보고 소개글을 읽으면서 행복했습니다. 이번 크리스마스에는 아이들과 나눔의 의미를 생각해봐야겠어요.

강민정3101
100권을 소개받으면서 그림책의 매력을 맛보았습니다. 다른 데 한눈팔지 않고 아이랑 천천히 읽겠습니다.

김세영2838
소개글에서 크리스마스의 참된 정신을 배우고 갑니다. 받는 것보다 주는 것, 선물을 주고받기보다 주변을 살피는 것, 어려운 이웃을 생각하고 착한 척을 실천에 옮기는 것! 잊지 않을게요.

이지윤2221
100일 동안 교수님의 주옥같은 소개글이 제게는 그 어떤 선물보다도 뜻깊고 감동적이었습니다. 진심으로 감사드립니다. 교수님.^^

김신우1266
이렇게 수고해주는 산타 할아버지처럼 우리를 위해서 고생하신 교수님, 넘 감사합니다.

정희정3755
혼자서는 하지 못했을 100권 읽기를 슬미 덕분에 하게 되었습니다. 감사합니다. 내년에 출간될 책이 너무 기대됩니다.

박경원1536
소외된 작은 아이의 마음까지 헤아리는 Father Christmas의 깊은 사랑과 헌신이 감동적이었습니다. 저도 누군가에게 작은 사랑을 베푸는 사람이 되고 싶어요.

이주옥3346
코로나로 인해 힘든 시기라 더욱 가슴이 찡하네요. 올해는 Father Christmas 흉내라도 내보는 크리스마스가 되어야겠어요. 크리스마스의 의미를 되새겨주셔서 감사합니다.

고희선1063
가장 낮은 곳이라 여겨지는 곳까지 슬로우 미러클이 퍼지기를! 작은 나눔으로 풍성해지는 성탄이 되기를 기대합니다.

정광은3229
Father Christmas의 끈기에 박수를 보냅니다. 아마도 돕는 손길이 있었기에 그 길고도 험난한 여정을 견딜 수 있었던 것이겠지요? 늘백을 하면서 정말 많은 것을 얻었습니다. 주옥같은 책들을 볼 수 있었고, 그 속의 깊은 의미도 곰곰이 생각해보고 사색할 수 있었습니다. 이런 귀한 기회를 갖게 해주셔서 감사합니다.

윤지수1973
마지막 책에서 크리스마스의 참된 정신에 감동받았고, 100권의 책을 읽으며 슬로우 미러클의 정신에 감동받았습니다. 이젠 슬로우 미러클이 이루어지도록 우리가 함께 노력할 때인 것 같습니다. 모두에게 감사드립니다.

전민경2365
올해의 크리스마스는 슬미를 통해 더 의미 있게 기억될 것 같습니다. 크리스마스 선물 같은 100권 읽기를 경험하게 해주셔서 정말 감사합니다.

정선린3231
내가 당연하게 누리고 있는 기쁨들의 이면엔 많은 분들이 함께하고 있단 걸 느껴요.

박호영2900
우리에게 주어진 하루하루가 매직 아닐까요? 많은 소중한 것들을 너무 당연히 여기며 사는 것은 아닌지 모르겠네요.

권민희1090
크리스마스 선물 같은 슬미. 삶의 진정한 가치와 소중함을 알게 해주는 멋진 책으로 행복한 크리스마스 보내겠습니다. 감사합니다.

염향란3484
Father Christmas의 마음을 기억하겠습니다. 이번 크리스마스는 배려하는 마음으로 지내야겠어요.

강자영1035
참신하고 재밌었어요. Father Christmas와 그가 만난 사람들의 헌신과 기쁨이 녹아 있어 마음이 따뜻했습니다.

 정정은2433
Father Christmas처럼 주변을 둘러보며 따뜻한 마음을 나누어볼게요.

 채경진2545
100권의 책들을 깊이 읽어볼 기회를 갖게 되어 행복했습니다. 특히, 마지막 두 권은 성탄절의 의미를 다시 생각해볼 수 있는 소중한 시간이었습니다.

 현연금2693
오래오래 기억에 남을 책, 최고의 크리스마스 선물입니다. 하나 남은 선물을 받은 아이의 기분이 이러했겠지요. 감사합니다, 교수님.

 박태미3462
점점 삭막해지는 시대에 코로나가 더해지니, 크리스마스의 의미도 나눔도 잘 보이지 않았어요. 그런데 내가 보지 않으려 한 건 아닐까 하는 생각이 듭니다. 세상 탓은 그만하고, 가족과 함께 진정한 크리스마스의 의미를 생각하며 나눠보렵니다. 감사합니다.

 김태은1432
늘백의 대미를 장식하는 책이네요. 산타로부터 커다란 선물을 받은 느낌입니다. 100권의 그림책과 함께한 행복한 시간, 교수님의 소개글 하나하나가 마음에 온기를 더하는 산타의 멋진 선물이었습니다. What a fantastic journey!

 임수지2307
100번째 소개글이라니 감회가 새롭습니다. 한 아이라도 소외되지 않도록 배려하는 Father Christmas의 마음과 정신을 본받겠습니다. 저희 아이들에게 꼭 읽어주고 싶어요.

 함주현2680
남은 한 명을 위해 휴식을 포기하고 천근만근 무거운 몸으로 길을 나서는 산타의 모습, 이것이 크리스마스 정신 아닐까요? 크리스마스 정신으로 살아가는 12월이 될 바랍니다.

 이주영2195
드디어 one last present를 받았어요! 교수님, 도와주신 선생님들, 그리고 슬미 가족분들, 모두 감사드립니다. 크리스마스의 진정한 의미를 새겨보며 작은 나눔부터 실천해보겠습니다.

 김지영1386
드디어 100번째 책이네요. 마지막 책을 함께 읽게 되어 감사합니다. 아픈 사슴들을 사려 깊게 살피고 마지막 남은 한 아이를 위해 험한 여정을 마다치 않은 산타를 보며 저도 이런 어른이 되어야겠다는 다짐을 합니다.

 양동식1853
100권을 마치기까지 포기하지 않고 지금까지 달려온 시간들, 이게 올해 최고의 크리스마스 선물이네요.^^

 이진경2236
크리스마스의 기적을 다시 한번 생각하게 하는 글이에요. 선물을 주고 받으며 웃고 떠드는 것보다 외롭고 낮은 곳에 찾아가는 것이 크리스마스의 본질임을 기억할게요.

 전성미2369
아름다운 크리스마스에 너무너무 찰떡궁합입니다. 우리의 간절한 소망, 책을 통해 이루어지는 즐다잘! 너무너무 고맙습니다. 함께해서 정말 즐거웠어요.

 문상미1518
아무리 멀고 험해도 가야 할 길을 포기하지 않고 묵묵히 가는 Father Christmas의 모습에서 교수님을 떠올립니다. 슬로우 미러클과 함께한 한 해 너무나 행복했습니다. 깊이 감사드려요.

 전미양3351
소외된 이들을 위해 기꺼이 손 내미는 사람들, 힘들어도 누군가는 꼭 해야 할 일이라 믿기에 시간과 노력을 아끼지 않는 고마운 분들을 생각합니다. 고맙습니다.

 백나영1696
Father Christmas가 항상 순록이 끌어주는 썰매로 쉽게 선물을 배달하는 것이 아니라는 것, 그리고 아이 하나하나에게 고민과 정성을 쏟는다는 것을 아이에게 알려줄 수 있었어요.

정효주3778
누구도 소외되는 일이 없도록 마지막 한 아이를 위해 고난과 역경을 기꺼이 감당한 Father Chirstmas에 감동했습니다. 크리스마스 선물 같은 책, 감사합니다.

김경미1121
산타의 희생과 헌신을 기억하며 어딘가에서 외로워하고 있을 이들을 돌아보는 연말이 되었으면 합니다. 교수님의 마음이 슬미 회원들에게 전해져 세상을 따스하게 만들고 있습니다. 고맙습니다.

김새봄1210
모두에게 행복한 크리스마스를 위해 수고한 산타와 험난한 여정을 함께해준 많은 조력자들, 이런 사랑과 배려가 누군가의 삶을 바꿀 수 있는 큰 희망이 될 수도 있겠지요. 작은 것이라도 기꺼이 나누는 아름다운 존재가 되고 싶어요.

박지원1644
크리스마스트리가 아니라 크리스마스의 의미를 되새겨야 할 때네요. Father 산타와 그를 돕는 손길들의 여정이 제가 가야 할 길임을 다시 한번 깨닫습니다.

민정선3717
어느새 마지막 100권의 소개글을 읽게 되었네요. 책을 보는 시야가 깊고 넓어진 느낌이에요. 존 버닝햄 작품을 참 좋아하는데 오늘 소개글 역시 너무 좋네요. 교수님, 감사합니다.

황미영2712
한 아이도 소외시키고 싶지 않은 산타의 마음에 감동이 일렁입니다. 산타의 선물에 담긴 노고와 내가 누리는 것들의 감사함에 대해 아이들과 이야기 나누고 싶어요.

김주은3437
크리스마스가 기다려지는 책입니다. 크리스마스는 역시 크리스마스 그 자체로 의미가 있는 것 같아요.

정지윤2448
보이지 않는 곳에서 조용히 봉사하는 분들을 당연하게 생각하지 않았나 반성해봅니다. 고난과 역경을 딛고 아이에게 희망을 선물하는 책 속의 Father Christmas가 되고 싶네요.

김지희3579
슬로우 미러클은 제게 영어 그림책을 선물로 준 Father Santa입니다. Merry Christmas!

정소라2410
한 명도 포기하지 않는 산타 할아버지! 표지를 보면 마음이 바쁘셨는지 잠옷바지를 입고 달려가시는 것 같아요. 그 따뜻한 마음을 언제나 가슴에 품고 살도록 애쓰렵니다.

김지형3603
슬로우 미러클에서 좋은 책과 좋은 글로 풍성한 선물을 받은 것 같습니다. 감사합니다.

천주연3249
아이와 함께 이 책을 읽고 크리스마스의 의미를 되새기며 우리 지역의 '산타맘 프로젝트'에도 참여해봐야겠어요. 나눔과 선행이 매일의 삶에서 일상화되길 바랍니다.

황현경2729
매번이 크리스마스 선물 같은 늘백의 소개글이었습니다. 마지막은 더욱 특별한 선물 같습니다. 감사해요, 교수님.

김명옥1156
크리스마스가 다가오는 이 시점에 꼭 한 번은 꺼내드는 그림책입니다. 아이들에게도 한 번 더 읽어줘야겠습니다.

안근영1840
소외되는 사람이 없도록 다시 나서는 산타 할아버지의 모습이 무척 인상적이었어요.

김혜란3447
나도 누군가의 산타가 되고 싶어요.

손정헌1765
산타 할아버지의 마음이 너무나 감동적입니다. 산타 할아버지의 마음으로 이번 크리스마스를 준비할래요.

김민숙1190
그 한 사람을 위해 멀고도 험한 길을 마다 않고 가는 모습이 꼭 교수님 같습니다. 100권의 책을 그렇게 달려 오신 것 같아요. 지칠 때도, 힘들 때도, 하기 싫을 때도 분명 있으셨을 텐데, 하루도 빠짐없이 정말 수고하셨어요! 감사합니다.

채지연2547
100권의 그림책에 대한 교수님의 소개글이 한 권의 멋진 책으로 나올 날을 기대합니다. 밤낮을 깨우며 글을 쓰신 교수님의 노고를 알기에 정말 큰 선물을 받는 느낌입니다. 우리나라 많은 아이들과 엄마 아빠들의 영어책 읽기가 풍성해지는 그날까지! '대한민국 영어책 읽기의 교과서' 늘벡 1탄의 출간을 축하드리고 응원하겠습니다. 감사하고 축복합니다. 교수님!

책 찾아보기

A

A Bad Case of Stripes · 139
A Chair for My Mother · 178
A Child of Books · 111
A Color of His Own · 170
A Friend for Dragon · 154
A House Is a House for Me · 033
A Sick Day for Amos McGee · 290
A Visitor for Bear · 174
After the Fall: How Humpty Dumpty Got Back Up Again · 267
Alexander and the Terrible, Horrible, No Good, Very Bad Day · 043
Amelia Bedelia · 307
Anatole · 299

B

Big Red Lollipop · 081
Blueberries for Sal · 323

C

Caps for Sale · 318
Chrysanthemum · 369
Click, Clack, Moo: Cows That Type · 483
Cloudy with a Chance of Meatballs · 451
Cookies: Bite-Size Life Lessons · 421
Corduroy · 426

Don't Let the Pigeon Drive the Bus! · 022
Don't Push the Button! · 077

E

Each Peach Pear Plum · 303

F

Fortunately · 339
Froggy Gets Dressed · 479

Giraffe Problems · 359
Good Night, Gorilla · 256
Goodnight Moon · 380
Gorilla · 415
Guess How Much I Love You · 058

Harvey Slumfenburger's Christmas Present · 497
Have You Filled a Bucket Today? · 158

I

I Spy Fly Guy! · 122
I Want My Hat Back · 233
I Wish You More · 047
If You Give a Mouse a Cookie · 220

Joseph Had a Little Overcoat · 455

Kitten's First Full Moon · 285

Leo the Late Bloomer · 329
Library Lion · 195
Little Blue and Little Yellow · 103

Me … Jane · 224

Miss Nelson Is Missing! · 039
Miss Rumphius · 117
Mole Music · 085
Mole's Star · 364

No Roses for Harry! · 475
Not a Box · 146
Now One Foot, Now the Other · 131

Ocean Meets Sky · 238
Officer Buckle and Gloria · 135
Olivia · 052
On the Night You Were Born · 272
Owl at Home · 439

Penguin Problems · 409
Peppe the Lamplighter · 444

R

Ruby the Copycat · 201

Sam and Dave Dig a Hole · 260
Small in the City · 460
Someday · 126
Square · 435
Stellaluna · 399
Stephanie's Ponytail · 063
Stone Soup · 470
Strega Nona · 374
Stuck · 343
Swimmy · 242
Sylvester and the Magic Pebble · 228

T

That Is Not a Good Idea! · 404

The Adventures of Beekle:
   The Unimaginary Friend · 333
The Big Orange Splot · 294
The Dot · 166
The Fantastic Flying Books of Mr. Morris
   Lessmore · 068
The Gardener · 182
The Heart and the Bottle · 389
The Important Book · 488
The Kissing Hand · 108
The Library · 246
The Little House · 350
The Little Mouse, the Red Ripe Strawberry,
   and the Big Hungry Bear · 281
The Man Who Walked Between the Towers · 095
The Mixed-Up Chameleon · 354
The Paper Bag Princess · 162
The Polar Express · 492
The Rabbit Listened · 431
The Relatives Came · 250
The Snail and the Whale · 205
The Three Little Wolves
   and the Big Bad Pig · 276
The Tiger Who Came to Tea · 394
The True Story of the 3 Little Pigs! · 089
The Wednesday Surprise · 465
There Was an Old Lady
   Who Swallowed a Fly · 385
They All Saw a Cat · 027

Voices in the Park · 311

We Found a Hat · 186
We're All Wonders · 099
When Sophie Gets Angry—
   Really, Really Angry... · 210
Where's My Teddy? · 150
Whistle for Willie · 215
Who Sank the Boat? · 191

- 가족과 이웃, 자연과 다른 세상, 그리고 나 자신에 대해 탐험할 수 있었던 꿈같은 시간들, 느리지만 여전히 함께하고 있습니다.
  – 따뜻한 어른이가 되고픈 윤혜정
- 나와 우리 아이들을 위한 즐겁고 행복한 시간! 멈추지 않을 거예요! – 효효 맘 이서영
- 알면 알수록, 보면 볼수록 더 재미있는 늘백의 그림책 소개글은 생각지 못했던 깜짝 선물이었어요. – 다엘(7세) 라엘(5세) 엄마 이유영
- 영알못 엄마도 아이들에게 제대로 된 영어의 방향과 길을 안내해줄 수 있도록 도와주는 책과 실천 프로그램!
  – 홍준(9세) 홍솔(7세) 엄마 이은정
- 매일 다른 풍경의 그림책 속 세상이 내 마음을 설레게 합니다. – 문수(7세) 태희(6세) 엄마 이주영
- 늘백이 선물하는 '즐다잘'과 '안뽀사'의 세계로 당신을 초대합니다. – 로하(5세) 엄마 윤이나
- 영어+그림책에 눈을 뜨게 해준 슬로우 미러클의 늘백에서 매일매일 미러클을 경험하고 있어요.^^ – 슬미 찐 멤버 이지윤
- 책 읽기는 좋은 거라는 걸 머리가 아니라 가슴으로 느끼게 해준 마법 같은 슬미, 지금 바로 함께해요! – 8세 남매둥이 엄마 이진희
- 삶을 upgrade해주는 엄선된 그림책과 감탄할 만한 소개글, 오직 슬로우 미러클의 늘백에만 있어요. – 슬미 예비 작가 임수지
- 이제야 오롯이 '영어'라는 언어가 세상의 이야기를 담는 말과 글, 책 읽기의 수단으로 느껴집니다! – 태은(3세) 엄마 전미양
- 감동적인 영어책에 교수님의 소개글이 더해져 완전체가 되는 늘백, 일상의 힐링 루틴입니다. – 준형 엄마 정광은
- 늘백하다 보니 그동안 모진 풍파에 단단해졌던 내 마음이 몰랑거려요. – 복뚱이 엄마 정정은
- 모두모두 슬미 카페로 구경 오세요. 늘백에 참여하면 기적이 일어납니다. – 엄마와 함께 영어 그림책에 빠진 남매 우성 서연
- 늘백에서 한 학기 동안 읽은 영어책이 50권! 하지 않았다면 0권! – 다연(7세) 민지(5세) 엄마 정희정
- 긍정적인 삶의 시작과 변화가 늘백 안에 있어요. 영어는 물론 내 삶에도 빛을 비춰주네요. – 남우(13세) 나현(11세) 엄마 조연주
- 한 기수 끝날 때마다 바로 다음 기수 등록하게 하는 마성의 늘백은 나를 위한 힐링 타임이지요. – 사춘기 아들 맘 조윤정
- 느리게 제대로 내 인생의 터닝 포인트가 되어준 늘백, 고마워요. – 나예(7세) 다윤(4세) 엄마 조현진
- 보물 같은 영어 그림책을 발견하고 사랑하게 만들어주는 늘백, 날마다 새로운 감동과 배움의 기쁨이 언제나 함께합니다.
  – 은서(1세) 현서(8세) 엄마 최미나
- 영알못 엄마도 도전하게 하는 늘백 프로젝트를 딸들에게 물려주고 싶어요. – 정자매 엄마 최숙희
- 늘백이 기적처럼 영어와 그림책이란 두 원수를 우리집 사랑스러운 강아지로 만들어주었어요.
  – 시은(9세) 나은(7세) 유찬(4세) 엄마 최지나
- 선물 같은 소개글과 그림책 속에서 기적을 만나는 삶의 나침반이 되었어요. – 효진(11세) 도진(8세) 엄마 한경은
- 그림책 속에 깊이 숨은 지혜와 사랑. 늘백은 하루하루 보석이 그득한 보따리를 전해주네요. – 예주(초5) 엄마 황정희
- 엄마의 무릎 품 같은 늘백. 아이를 무릎에 앉히고 책 읽어주는 시간이 지나면, 나는 늘백과 함께 그림책을 읽는다.
  – 서윤(8세) 엄마 김민주
- 영어는 잘 몰라요. 그런데도 재미있네요. – 인준(13세) 혜원(17세) 세원(21세) 엄마 김현미
- 즐다잘 교수님의 범국민 늘백 운동, 유일한 길 두고 헤매면 나만 손해! – 연아(11세) 윤아(8세) 엄마 이지영
- 늘백하며 내 아이와 어린 시절의 내가 한자리에서 호흡할 수 있는 기적 같은 시간을 가져요. – 수빈(7세) 엄마 김경미
- 영어 그림책과 함께하는 나를 위한 시간, 아이들도 덩달아 행복합니다. – 창민(13세) 가연(10세) 엄마 안수정
- 미지의 영어 세계를 함께 여행하고 싶다면 늘백은 필수! – 정휘(8세) 엄마, 영어교사 이정현
- 영어 그림책을 읽는 하루하루가 추억이 되고 행복이 됩니다. – 찬솔 윤슬 엄마 강보영
- 늘백에서 즐다잘하며 영어 그림책의 참맛을 알아갑니다. – 재현(초3) 엄마 구진경
- 백과사전처럼 늘 곁에 두고 자꾸만 읽고 싶은 영어 그림책과 소개글, 오직 늘백에만 있어요. – 대학원생 김경애
- 따뜻하고 아름다운 그림으로 아이와 교감하며 읽는 영어책, 느린 듯하지만 사실은 가장 빠르고 가장 확실한 진짜 영어! 늘백에서 실천해요! – 지은(9세) 엄마 김미경
- 늘백은 나의 친구! 변함없는 우정으로 우리 평생 친구해요. – 이삭(10세) 이온유(7세) 엄마 김윤정
- 엄마인 나 자신을 사랑하고 행복해지는 법을 가르쳐준 마법 같은 시간이었어요. – 우현(7세) 우민(3세) 엄마 김은주
- 제대로 읽는 영어책의 힘! 학생 시절의 설렘을 다시 느낄 수 있는 시간. 아이와 함께 천천히 걸어갑니다.
  – 이나(5세) 이찬(3세) 엄마 김젬마
- 늘백이 제게 꾸준히 영어책 읽는 습관을 만들어주었어요. – 주원(7세) 엄마 윤민이

- 우리 딸과 함께 읽는 슬미 영어 그림책, 미래의 손주들에게도 그대로 읽어줄래요. – 나래(5세) 엄마 김지영
- 늘백에 오시면 마음껏 책 이야기를 할 수 있고 늘 따뜻한 시선으로 함께하는 친구들이 있어요. – 안젤라(7세) 맘 김연정
- 슬로우가 미러클이라고요? 네! 슬로우하니 관점이 달라지고 세상이 달리 보입니다. – 하하동 맘 김혜란
- 늘백과 함께한 책의 바다에서는 수영을 못하는 나도 "나는야 돌고래!" – 좋은땅 가정학교 김희영
- 매일 함께 읽는 그림책이 아이에게 빛이 되고, 그 아이가 주변의 빛이 되리라 믿어요. – 은행원 박범수
- 늘백에서 영어책을 읽으며 책 친구들과 인생길을 함께 여행하고 있습니다. 끝까지 함께하고 싶어요. – 박미현
- 함께여서 느낄 수 있었던 영어 그림책의 찐한 감동이 본래 모습 그대로 전해옵니다. – 민준(12세) 민찬(9세) 엄마 박선희
- 매일매일 마음속 깊이 스며드는 늘백의 감동과 여운, 결코 생략할 수 없어요. – 은성(6) 엄마 박지혜
- 늘백하며 영어책을 즐기는 엄마가 되었어요. 이젠 여러분이 즐길 차례네요!! – 하영(9세) 찬영(4세) 엄마 김송화
- 엄마와 매일 영어 그림책을 읽으며 세계여행, 시간여행, 보물찾기를 함께해요. – 초등학생 형제 량건(11세) 려원(8세)
- 슬로우 미러클의 늘백, 일단 재밌습니다! 감동과 영어 실력은 그냥 따라오고요. – 이서연 엄마 배소혜
- 늘백은 저의 행복한 하루 마감 루틴! 부디 우리 아이들에게도 행복한 루틴이 되어주길!♡ – 유슬(7세) 규리(4세) 엄마 서을희
- 이제 곧 늘백 소개글을 언제든 펼쳐 볼 수 있다니 갈증이 해소되는 기분이에요. – 다준(10세) 다현(7세) 엄마 성미진
- 늘백! 우리의 하루를 특별하게 만드는 소중한 비법. 늘백의 그림책을 통해 지혜와 평안을 얻으며 함께 성장합니다.
  – 하준(9세) 동재&동민(7세) 하동동 삼형제 엄마 김새봄
- 슬로우 미러클, 이 눈에 아무 증거 아니 뵈어도 믿음을 갖고 가다 보면, 꼭 만나게 될 거라 믿어요. – 낸시(6세) 조조(4세) 엄마 손다은
- 함께하는 힘은 엄청납니다. 우리 함께 좋은 영어 그림책 읽어요. – 최씨 남매 아빠 최경욱
- 매일 밤 10시, 퇴근 후 하루의 피로를 씻어주는 나만의 그림책 힐링 타임. – 지나간 어린 시절을 늘백으로 보상받은 신윤이
- 그림책이라고 우습게 보지 마세요. 읽다 보면 내 모습, 내 마음인 것 같아 뭉클할 때가 많거든요. 그림책으로 인생 공부를 하고 있네요! – 설(6세) 산(2세) 엄마 안경미
- 그냥 보면 그림과 글자, 알고 보면 인생의 지혜가 담겨 있는 커다란 선물. – 하연 유준(8세) 맘 오성희
- 늘 함께할 거예요. 백발의 멋진 할머니가 될 때까지 쭈~욱이요~! – 림(16세) 율(14세) 승현(10세) 엄마 위원혜
- 영어 그림책 읽는 설렘으로 하루하루 행복을 만들어가요. – 서연(8세) 민송(5세) 보경(2세) 엄마 윤나경
- 늘백 소개글을 통해 매일 영어책 읽기의 숨겨진 보물을 발견해요. – 새롬(13세) 은결(12세) 시영(10세) 아빠 김민석
- 하루 중 나를 위해 허락된 Me-Time은 늘 슬미와 함께합니다. – 슬미 예비 작가 윤민이
- 늘백을 통해 영어 그림책을 느리게 곱씹으며, 책 읽기의 참맛을 알고 인생을 배워갑니다. – 드니(5세) 다미(4세) 엄마 윤인아
- 멀게만 느껴졌던 영어책, 늘백과 함께하니 일상이 되었어요! – 준수(초5) 엄마 이경화
- 설레면서도 두려웠어요. 하지만 서로 돕고 챙겨주니 즐겁고 신이 납니다. 감사해요, 늘백!^^ – 이영란
- 늘백은 아내가 하니까, 아이들이 좋아하니까, 나도 함께하니까, 정말 좋습니다. – 슬미 아빠 최동호
- 혼자서는 불가능한 영어 그림책 읽기, 늘백과 함께라면 누구나 가능해요! – 홍준(9세) 홍솔(7세) 엄마 이은정
- '영어'라는 어두운 밤, '늘백'이라는 랜턴에 기대어 만나는 영어책 읽기의 길! 아이와 같이 천천히 꾸준히, 단 하나라도 제대로 밟아가요. – 재욱 엄마 이주욱
- 엄마표 영어의 길목에서 만난 기적 같은 그림책과 멋진 친구들 그리고 교수님. 다시는 오지 않을 우리 아이의 황금 같은 유년기에 찾아와 주셔서 감사합니다. – 성해(9세) 엄마 이지현
- 늘백에서 아이와 함께 영어책을 즐기면서 느리지만 오래 그리고 멀리 갈 수 있다는 확신이 들었어요. – 율찬(6세) 엄마 이혜원
- 읽은 건 100권, 즐거움은 매일, 감동은 평생, 내가 얻은 많은 책 친구들. – 수하(18세) 엄마 임숙연
- 영어 그림책에 대한 두려움이 즐거움으로 변하는 기적을 경험할 수 있어요! – 해선 찬희 엄마 김승연
- 늘백으로 나와 내 아이가 하루를 마감해요. 이 시간이 너무나 소중합니다. – 지수(8세)와 즐다잘하고 싶은 엄마 전민경
- 육퇴 후 영어 그림책을 읽으며 울고 웃고 위로받다 보니 어느새 추억 가득한 영어책이 100권이나 되네요!♡
  – 아인 아름 아윤 엄마, 교사 정다슬
- 늘백은 나의 에너지! 나와 내 아이들이 마음을 열고 소통하게 해주는 마법의 열쇠! – 지민(초4) 준서(초2) 엄마 정주영
- 나만의 시간을 가지며 힐링하고, 또 아이와 함께 삶의 지혜를 나눌 수 있는 늘백! 감사하고 또 감사해요!
  – 다연(7세) 민지(5세) 엄마 정희정

- 눈뜨면 그림책, 자기 전에도 그림책! 늘백 루틴으로 즐독하는 세현 맘을 보며 따라하고 싶어졌어요. - 세현 친구 재현 엄마
- 따뜻한 감동과 교훈의 다양한 그림책을 매일 접할 수 있는 선물 같은 시간이었어요. - 하은(3세) 엄마 조은영
- 인생의 전환점에서 만난 늘백 그림책은 새로운 소명을 갖게 해준 보석입니다. - 슬미 bookworm Jeeyeon
- 오롯이 나를 바라보는 마법 같은 시간, 감사하며 누리고 있어요. - 호영(12세) 덕명(10세) 맘, 영어 강사 최민정
- 나를 위해 시작했지만 어느새 두 아이가 내 품에 쏘옥! 늘백은 가족이 함께 읽으며 즐기는 곳! - 가온 라온 엄마 최여울
- 늘고 있는 우리 가족의 영어 실력과 감수성을 책임지고 있는 100점짜리 인생 체험, 쭉 같이 갑니다. - 신난찬 엄마 최지나
- 매일 한 권의 영어 그림책으로 육아와 인생을 배우며 나를 찾아가는 시간을 갖고 있어요. - 승혁(9세) 승진(6세) 엄마 한혜원
- 나조차 몰랐던 내 안의 또 다른 나를 찾아주는 마법의 시간, 신기하고 놀라워요! - 삼남매 엄마이자 피아노 선생님 노동희
- 그림책이 주는 감동과 그 이상을 느낄 수 있는 최고의 기회, 아니 유일한 기회, 놓치지 않을 거예요. - 우혁(17개월) 엄마 황보혜인
- 늘백 덕분에 어려웠던 영어책이 이젠 아이와의 행복한 대화의 시간이 되었어요. - 하윤(10세) 도윤(8세) 엄마 아끼꼬
- 매일 아침을 설렘과 기대로 열어 사랑과 감사로 채우는 하루. 늘백이 만들어준 기적입니다. - 효주(11세) 엄마 황현경
- 아이 셋 낳고 만난 따뜻한 늘백, 한겨울 온탕처럼 힐링타임이었어요. - 하경(6세) 하율(4세) 하은(2세) 엄마 강은혜
- 출산은 첫 번째 기적, 늘백은 두 번째 기적 체험! - 우형 & 제인 엄마 조이
- 늘백은 거인의 어깨에 올라타고 천천히 멀리 깊이 항해하는 인생 여정. - 사랑(5세) 엄마 강자영
- 영어책을 제대로 읽고 즐기도록 해준 늘백, 내 생애 최고의 선물! - 현진(9세) 현서(7세) 현우(3세) 맘 권민희
- 한 걸음씩 느리게, 제대로, 즐겁게 함께하는 행복한 영어 친구들이 있는 곳. - 병훈(14세) 민서(12세) 엄마, 바른 마음 써니 김경선
- 인생의 가을에 늘백에서 만난 영어책 읽기. 영어 그림책 옆에 끼고 백 세까지 가렵니다. - 슬미 할미 김경희
- 하루 한 권 그림책의 마법! 정보의 홍수 속에서 묵직한 늘백 덕분에 중심 잡았어요. - 엘사(8세) 안나(7세) 엄마, 수학교사 김미성
- 영어책이 나의 인생책이 될 줄이야! 온 가족을 단단하게 잡아준 황금 동아줄, 놓치지 않을래요. - 현서(5세) 엄마 김보람
- 늘백의 영어책 읽기는 영알못 엄마도 자라게 해줍니다. 아이들과 함께 즐기는 하루하루가 신기하고 즐겁습니다.
  - 하율(4세) 하온(4세) 하안(3세) 엄마 정지경
- 거인의 어깨에 올라탄 행운을 아이들에게 전할 수 있는 감동의 슬미, 사랑합니다. - 윤후(10세) 세준(9세) 예성(7세) 엄마 김윤희
- 아이들을 위해 참여했는데, 도리어 제가 영어 그림책의 매력에 푹 빠졌네요. - 남우(12세) 시우(10세) 엄마 김인화
- 영어의 재미와 루틴을 선사한 힐링 메이트! 내 인생에 영어를 이토록 재밌게 접했던 적이 있었던가! - 삼남매 맘 김선희
- 매일 아침 늘백에서 '오늘의 책'을 기다리며 다시 그림책과 사랑에 빠졌어요. - 서준(9세) 시현(5세) 맘 김주은
- 늘백을 만나 처음으로 영어책 읽기를 제대로 즐기고 있어요. - 예안(10세) 필립(6세) 모세(3세) 엄마 김지형
- 혼자 읽었더라면 몰랐을 보물 같은 그림책, 늘백이 가져다준 최고의 선물입니다. - 예승(8세) 예한(5세) 엄마 박민지
- 그림책을 읽는 깊이가 달라집니다. 감동이 달라집니다. 아이들의 미래도 달라질 거예요. - 그림책의 매력에 빠진 43세 디자이너
- 함께라서 행복이고 또 영광이었습니다. 앞으로도 쭈욱 즐다잘할게요~.♡ - 윤서(13세) 다경(10세) 엄마 박진희
- 누구나 다 아는 것 같은 영어 그림책 읽기, 늘백을 시작하고 나서야 제대로 배우고 있네요. - 건(11세) 원(8세) 엄마 박호영
- 늘백, 느리지만 확실한 마법! 매일 다른 모습의 감동, 웃음, 울림이 있는 인생책 100권을 만나요. - 지온 하준 엄마 김혜진
- 막막했던 영어책 매일 읽기, 늘백과 함께하니 어렵지 않네요. - 채린(5세) 엄마 백나영
- 나에게 늘백이란? 일상을 씩씩하게 살아갈 수 있는 반짝반짝 마법 가루약 두 스푼. - 혜주(17세) 영석(15세) 민지(12세) 엄마 서춘희
- 늘백은 과거를 돌아보고 현재엔 충실하고 미래를 꿈꾸게 합니다. - 준현 아빠 김종우
- 늘백은 우리를 주옥같은 그림책 세상으로 이끌어주는 친절하고 든든한 길잡이죠. - 유안(10세) 유나(8세) 엄마, 국어교사 손미경
- 행복합니다. 늘백이 제게 또 다른 삶을 안겨주었어요. 고마워요 슬로우 미러클! - 우성(초4) 서연(초2) 엄마 송봉선
- 늘백은 언제나 영양 만점, 한결같이 따뜻하고 든든한 매일의 집밥 같아요. - 은재(7세) 은우(8세) 엄마 김희정
- 어릴 적 듣고 싶었고 딸에게도 해주고 싶은 이야기를 늘백이 대신해주네요. 고마워요 늘백! - 수연(8세) 엄마 신진숙
- 늘백의 영어책에는 신기하게도 언제나 내가 찾는 정답이 있어요! - 다인(초5) 채윤(초2) 엄마 안영지
- 영어책 어렵지 않아요. 같이 읽으니 계속 읽게 돼요. - 수진(8세) 시영(6세) 엄마 여민정
- 늘백의 묘미는 원서로 만나는 웃음과 감동이지요. 가슴에 깊이 남습니다. 누구나 체험할 수 있습니다. - 다연(9세) 엄마 유선주

- 영어 공부는 내려놓고 나만의 시간을 가져요. 아이와 함께하는 행복한 시간을 만들어가요. - 유진(11세) 소연(6세) 엄마 윤두희
- 늘백은 가보지 못한 세상으로 모험을 떠나게 해주는 Magic Key이죠! - 주원(7세)
- 내 삶의 최고 선물 늘백! 내 인생에서 영어 그림책을 이렇게 다양하고 아름답게 읽어낼 수 있다니요! - 연년생 남매맘 인아
- 그림책 속에서만 느낄 수 있는 소중한 감정을 아이에게 전해주기 위해 오늘도 늘백해요. - 민찬(5세) 시아(2세) 엄마 이미현
- 늘백은 뭐니 뭐니 해도 아이와 함께 떠나는 영어 그림책 여행의 최고 길잡이지요. - 한울(7세) 엄마 이영화
- 영어에 대한 의심과 불안을 확신과 사랑으로 바꾸어준 슬미, 정말 고마워요. - 이소윤(6세) 엄마 이유진
- 이제는 영어학원을 끊고 엄마랑 재미있는 영어 그림책을 함께 읽어요. 영어가 더 재밌고 더 좋아요. - 초등학생 윤홍준
- 늘백에서 천천히 함께 가면서 읽은 영어책들이 어느덧 200권이 넘었네요! 그동안 경험한 재미와 감동을 어떻게 말로 표현할 수 있을까요! - 재연 호연 맘 정미나
- 영어 그림책의 낯섦을 극복하게 해주고, 하루를 따뜻함과 감동 속에서 보내게 해준 늘백, 고마워요. - 민서(4세) 엄마 이지영
- 155권의 그림책을 만난 늘백과의 2021년, 아이와 내 삶의 페이지는 그림책이라는 물감으로 아름답게 물들어간다. - 작가 이지현
- 늘백은 슬로우 미러클로 가는 특급열차! 기차가 안전하게 도착할 때까지 늘백 또 늘백할래요. - ♡현수(4세) 맘 경진
- 누구나 영어 원서를 즐길 수 있는 시간, 내 하루의 힐링 타임, 교수님의 친절한 소개글과 함께 읽다 보면 감동이 밀려옵니다. - 제승 예지 엄마 이혜진
- 늘백과 함께 영어 그림책을 읽으니, 이 또한 즐겁지 아니한가! - 다연(7세) 민지(5세) 이모 정선희
- 즐다잘, 왜 이제야 나타났나요? 울 아들 고둥이에요.^^ 그 대신 학원 아이들에게 영어 그림책 읽는 즐거움을 알려주고 있어요. - 학원쌤 세현 맘 조윤정
- 혼자선 할 수 없는 일이지만 함께라서 안 읽을 책도 읽어지는 마법이 일어납니다. - 조은진
- 우리 엄마가 달라졌어요. 질풍노도 사춘기 아들과도 소통하게 하는 늘백의 힘, 정말 놀라워요. - 사춘기 중1 승주
- 혼자라면 불가능했을 '함께'의 기적! 아이가 매일 오늘의 책을 찾아오는 행복도 함께 누려요. - 희슬(8세) 엄마 민희
- 코로나 시대가 아닌 슬로우 미러클 시대를 살게 해준 《영읽힘》과 늘백, 감사합니다. - 다윤(12세) 찬웅(8세) 하윤(7세) 엄마 최영진
- 아이를 위해 시작한 영어 그림책 읽기가 이제는 엄마인 저를 성장시키고 있습니다. - 지명(5세) 엄마 최혜령
- 꿈을 꾸게 되는 곳, 희망이 있는 곳, 늘백에서 우리 함께 그림책 읽어요. - 꿈을 꾸는 아빠 경욱
- 호기심에 들어왔다가 빠져나가지 못하고 있어요. 늘백만의 신비한 매력, 계속 즐길래요. - 아이들을 사랑하는 현연금
- 늘백에서 '함께 꾸준히 읽는 힘'은 말로 표현할 길이 없습니다. 너무 좋습니다. - 빅토리아(초4) 아빠 정영엽
- 책을 즐기고 있다는 걸 제대로 느낄 수 있는 시간들, 가슴이 뿌듯합니다! - 준혁 수정 수연 아빠 양현진
- 늘백이 주는 영어책 읽는 즐거움, 어느새 일상이 된 늘백으로 하루를 시작합니다! - 동건(8세) 유라(6세) 엄마 전성미
- 영어가 무서웠는데 슬미와 늘백 덕분에, 교수님 덕분에 영어 그림책을 재밌게 읽게 되었어요. - 중1 보경
- 천천히 시간을 들여 아이와 함께하는 귀한 시간을 선물받았습니다. - 봉봉단비 아빠 이성호
- 저를 매일 영어책 읽는 엄마로 만들어준 슬로우 미러클, 감사해요. 제 영어의 유일한 버팀목입니다. 흔들리지 않고 더욱 느리게 즐다잘할게요. - 현서 엄마 김보람
- 매일 영어 그림책 한 권이 가져다주는 가슴 벅찬 감동을 사춘기 아이들과 함께 나눠요. - 예은 은호 엄마 이현주
- 책을 좋아하지 않는 나 같은 사람도 책을 읽고 느낌을 적으며 하루를 마무리하게 해주네요. 책 읽기만큼은 아이들에게 모범이 되고 싶어요. - 예주(10세) 예율(7세) 엄마 안보영
- 늘백의 순수하고 섬세한 책 읽기 덕분에 영어와 책은 물론 아이들과도 더 가까워지는 꿈꾸던 날을 보내고 있습니다. - 태오(4세) 태린(2세) 엄마 안나영
- 늘백, 하루 한 권 오롯이 나를 위한 시간! 자연스럽게 아이도 함께하는 슬로우 미러클! 감동, 눈물, 재미가 다 있는 힐링의 순간들! - 리은 엄마 민선희
- 행복한 영어책 읽기의 마법에 빠졌어요. 나도 아이도 함께 성장하고 있습니다. - 리은 아빠 길상현
- 영어를 배운 지 몇십 년, 두려움으로 시작했지만 늘백과 함께하기에 해낼 수 있었습니다. - 그림책 읽기가 취미가 된 이영실
- 늘백은 내 마음을 알아주고 위로가 되는 시간, 온 가족이 함께여서 행복한 시간, 그림책과 사랑에 빠지는 시간을 만들어주는 마법입니다. - 책 읽기 초보 아빠 박종신